Thomas Döring, Uta Eichborn, Heinz Hagel, Michael Piek

Basiswissen IT-Berufe

Wirtschafts- und Geschäftsprozesse

8. Auflage

Bestellnummer 11151

■ Bildungsverlag EINS
westermann

service@bv-1.de
www.bildungsverlag1.de

Bildungsverlag EINS GmbH
Ettore-Bugatti-Straße 6-14, 51149 Köln

ISBN 978-3-427-**11151**-1

westermann GRUPPE

© Copyright 2017: Bildungsverlag EINS GmbH, Köln
Das Werk und seine Teile sind urheberrechtlich geschützt. Jede Nutzung in anderen als den gesetzlich zugelassenen Fällen bedarf der vorherigen schriftlichen Einwilligung des Verlages.
Hinweis zu § 52a UrhG: Weder das Werk noch seine Teile dürfen ohne eine solche Einwilligung eingescannt und in ein Netzwerk eingestellt werden. Dies gilt auch für Intranets von Schulen und sonstigen Bildungseinrichtungen.

Vorwort

Das vorliegende Buch **Wirtschafts- und Geschäftsprozesse (WGP)** hat das Wissen um **betriebliche Basisprozesse** zum Inhalt. Schwerpunkte sind:

- Ablauf, Analyse und Gestaltung von **Geschäftsprozessen**,
- Aufbau der betrieblichen **Organisation**,
- Gestaltung von **Markt- und Kundenbeziehungen** sowie
- Dokumentation, Planung und Kontrolle der betrieblichen **Werteströme**.

Gliederung und Vorgehensweise des Buches stimmen mit der grundsätzlichen Struktur der Lernfelder überein.

Das Buch kann als Wissensspeicher den Unterricht sowohl „entlang" der Lernfelder als auch situativ begleiten, da die Inhalte in sich abgeschlossen dargelegt werden und mit Verweisen auf vorausgehende oder weiterführende Sachverhalte verknüpft sind.

Das Buch ist für den Einsatz in allen vier bzw. fünf Fachrichtungen der IT-Berufe

- **Informations- und Telekommunikationssystemelektroniker(in)**,
- **Fachinformatiker(in) (Anwendungsentwicklung/Systemintegration)**,
- **Informations- und Telekommunikationssystemkaufmann/-frau** und
- **Informatikkaufmann/-frau**

geeignet. Die Auswahl der Inhalte orientiert sich an den im Fach WGP umfassender ausgeprägten Lernfeldern der beiden kaufmännischen Berufe.

Das BuchPlusWeb-Angebot bietet eine methodisch-didaktische Einleitung für „Wirtschafts- und Geschäftsprozesse" und eine Übersicht über die Lernfelder. Zusätzlich finden Sie weitere Inhalte zu „Arbeitsmethoden und Informationsquellen" aus der Vorauflage.

Die Autoren

Inhaltsverzeichnis

1	**Der Betrieb und sein Umfeld**	7
1.1	**Das System Betrieb – das System Unternehmen**	7
1.1.1	Systemansatz	7
1.1.2	Untersuchungs- und Erklärungsmodelle	11
1.1.2.1	Unterscheidung zwischen Betrieb und Unternehmung	11
1.1.2.2	Zielsystem einer Unternehmung	12
1.1.2.3	Betrieb als soziotechnisches System/Unternehmung als soziotechnisches System	13
1.1.2.4	Unternehmen als informationsverarbeitendes System	15
1.1.2.5	Unternehmen/Betrieb als System der Leistungserstellung	16
1.1.2.6	Betrieb/Unternehmen als System von Wertschöpfungsprozessen	19
1.1.2.7	Betrieb als System von Prozessen	21
1.2	**Wirtschafts- und Sozialkunde**	23
1.2.1	Berufsausbildung	23
1.2.2	Die Stellung des Betriebes in Wirtschaft und Gesellschaft	28
1.2.2.1	Gesellschafts- und Wirtschaftsordnung	28
1.2.2.2	Arbeitsteilung	30
1.2.2.3	Wirtschaftskreislauf	32
1.2.2.4	Bruttoinlandsprodukt	33
1.2.3	Wirtschaftliches Handeln	36
1.2.3.1	Bedürfnisse, Bedarf, Nachfrage	36
1.2.3.2	Güter	37
1.2.3.3	Ökonomisches Prinzip	38
1.2.3.4	Kennzahlen wirtschaftlichen Handelns	39
1.2.4	Rechtliche Rahmenbedingungen wirtschaftlichen Handelns	43
1.2.4.1	Grundlagen	43
1.2.4.2	Handelsrecht	49
1.2.4.3	Unternehmensformen	54
1.2.5	Arbeits- und Tarifrecht	61
1.2.5.1	Individualarbeitsrecht	61
1.2.5.2	Kollektivarbeitsrecht	63
1.2.5.3	Besteuerung von Einkommen	65
1.2.6	Betriebliche Mitbestimmung	72
1.2.7	Unternehmerische Mitbestimmung	76
1.2.8	Sozialversicherung	76
1.2.9	Arbeits- und Sozialgerichtsbarkeit	79
1.2.10	Arbeitsschutz	80
1.2.11	Marktstrukturen und ihre Auswirkungen	83
1.2.11.1	Märkte	83
1.2.11.2	Anbieter- und Nachfrageverhalten	83
1.2.11.3	Preisbildung	84
1.2.12	Kooperation und Konzentration	89
1.2.13	Bereiche staatlicher Wirtschaftspolitik	94
1.2.13.1	Wettbewerbspolitik	94
1.2.13.2	Konjunkturpolitik	96
1.2.13.3	Geldpolitik	99
1.2.13.4	Fiskalpolitik	101

2	**Geschäftsprozesse und betriebliche Organisation**	108
2.1	**Managementaufgaben**	108
2.1.1	Rahmenbedingungen und Wettbewerbsfaktoren	109
2.1.2	Prozessmanagement	115
2.1.3	Projektmanagement	116
2.1.3.1	Projekt	116
2.1.3.2	Hilfsmittel der Projektplanung und -steuerung	119
2.1.4	Informationsmanagement	122
2.1.5	Betriebsorganisation	128
2.1.5.1	Entwicklung der Aufbauorganisation (Analyse – Synthese – Konzept)	130
2.1.5.2	Netzplan als Instrument der Ablauforganisation	137
2.2	**Geschäftsprozessorientierung**	149
2.2.1	Analyse von Geschäftsprozessen	149
2.2.1.1	Definition und Merkmale des Begriffs Geschäftsprozess	149
2.2.1.2	Prozessarten	152
2.2.1.3	Beschreibungssichten von Geschäftsprozessen	154
2.2.2	Gestaltung von Geschäftsprozessen	157
2.2.2.1	Prozessidentifikation	159
2.2.2.2	Gestaltungsmethode	162
2.2.3	Kontrolle von Geschäftsprozessen	170
2.2.4	Unternehmensübergreifende Geschäftsprozesse	172
3	**Markt- und Kundenbeziehungen**	175
3.1	**Marketing und Kundenverhalten**	175
3.2	**Marktbeobachtung und Marktforschung**	178
3.3	**Datenerhebungen als Instrumente der Marktforschung**	181
3.4	**Informationsquellen**	187
3.4.1	Interne Quellen	187
3.4.2	Externe Quellen	193
3.5	**Kundenanalyse**	196
3.6	**Konkurrenzanalyse**	202
3.7	**Marketing-Mix**	204
3.7.1	Produkt- und Sortimentspolitik	205
3.7.2	Preispolitik	212
3.7.3	Konditionenpolitik, Servicepolitik	215
3.7.4	Distributionspolitik	219
3.7.5	Kommunikationspolitik	223
3.7.6	Onlinemarketing	228
3.7.7	E-Commerce, E-Business	228
3.8	**Kundenberatung, Angebot und Vertragsgestaltung**	233
3.8.1	Auftragsgewinnungsprozess	233
3.8.2	Kundenstrukturen	235
3.8.3	Kundenanforderungen, Kundenansprüche	238
3.8.4	Bestandsaufnahme und Konzeption	241
3.8.5	Typische Verhaltensmaßnahmen in Verkaufssituationen	243

3.8.6	Präsentation von Produkten und Dienstleistungen	250
3.8.7	Verkaufskalkulation	253
3.8.8	Angebotserstellung	259
3.8.9	Möglichkeiten der Finanzierung	260
3.8.10	Kauf-, Service- und Leasingverträge	263
3.8.11	Allgemeine Geschäftsbedingungen	273
3.8.12	Fakturierung	275
3.8.13	Zahlungsvorgänge	279
3.8.14	Mahnwesen	283
3.9	**Beschaffung von Fremdleistungen, Beschaffungsmarketing**	**287**
3.9.1	Beschaffungsobjekte	287
3.9.2	Beschaffungsprozesse	288
3.9.3	Beschaffungsentscheidungen	291
3.9.4	Beschaffungsstrategien	291
3.9.5	Bedarfsermittlung	293
3.9.6	Bezugsquellen	295
3.9.7	Anfragen	297
3.9.8	Lieferantenbewertung, Angebotsvergleiche	298
3.9.9	Bestellung	302
3.9.10	Bestandsoptimierung in der Lagerhaltung	305
4	**Rechnungswesen und Controlling**	**308**
4.1	**Wertschöpfungsprozesse im Unternehmen**	**308**
4.2	**Dokumentation von Wertschöpfungsprozessen**	**310**
4.2.1	Inventur, Inventar, Bilanz	310
4.2.1.1	Auswirkungen von Wertschöpfungsprozessen auf die Bilanz	314
4.2.1.2	Aufzeichnung von Wertschöpfungsprozessen	317
4.2.2	Erfolgswirksame Wertschöpfungsprozesse	319
4.2.3	Buchung grundlegender Wertschöpfungsprozesse	321
4.2.3.1	Buchung beim Ein- und Verkauf	321
4.2.3.2	Eigenkapitalveränderungen durch Geschäftsfälle aus dem privaten Bereich	336
4.2.3.3	Anlagen- und Personalbuchungen	338
4.2.4	Organisation der Buchführung	351
4.2.5	Bücher der Buchführung	352
4.2.6	Ergebnis der Wertschöpfungsprozesse	354
4.3	**Wirtschaftlichkeit von Wertschöpfungsprozessen**	**362**
4.3.1	Grundbegriffe der Kosten- und Leistungsrechnung	363
4.3.2	Kostenartenrechnung	365
4.3.3	Kostenstellenrechnung	370
4.3.4	Kostenträgerrechnung	373
4.4	**Controlling**	**381**
4.4.1	Betriebswirtschaftliche Kennzahlen	381
4.4.2	Plankostenrechnung – Begriff, Ziele und Aufgaben	389
4.4.3	Prozesskostenrechnung	394
	Sachwortverzeichnis	**399**
	Bildquellenverzeichnis	**406**

1 Der Betrieb und sein Umfeld

1.1 Das System Betrieb – das System Unternehmen

In Unternehmen und Betrieben der Industrie und des Handels, in Banken, Versicherungen und Speditionen wirken Menschen und Sachmittel zusammen, um Erzeugnisse herzustellen oder Dienstleistungen anzubieten.

Unternehmen können jedoch nur dann auf Dauer existieren, wenn sie Gewinne erwirtschaften, Arbeitsplätze schaffen bzw. erhalten sowie umweltgerecht handeln. Dazu müssen sie sich dem Wettbewerb auf Absatz- und Beschaffungsmärkten beugen. Notwendig ist die permanente Bereitschaft, auf Änderungen des Konsumverhaltens der Nachfrager, auf Aktionen der Konkurrenten, auf technischen Fortschritt, auf die Preisentwicklung der Rohstoffe usw. zu reagieren.

Der Wettbewerbsdruck verlangt daher eine ständige Anpassung der Produktpalette eines Unternehmens, mitunter auch der Produktionsverfahren und der Beschaffungsmaßnahmen oder der Beschäftigtenstruktur an die jeweilige Marktsituation, an gesellschaftliche Trends und an politische Entwicklungen.

Unternehmen oder Betriebe (zum Unterschied der Begriffe vgl. S. 11) sind

- eingebettet in ein Umfeld mit einer großen Anzahl von Beziehungen und Abhängigkeiten,
- dabei meist selbst große, vielschichtige Gebilde, in denen eine Vielzahl von Tätigkeiten und Abläufen geplant, organisiert, durchgeführt und kontrolliert werden müssen.

Damit solche komplexen (= umfassenden) Gebilde genau untersucht und exakt beschrieben werden können, bedient man sich der Methode des Systemansatzes.

1.1.1 Systemansatz

Der Betrieb ist ein ...

1.) ... soziales System

2.) ... technisches System

3.) ... soziotechnisches System

4.) ... ökonomisches System

5.) ... ökologisches System

Jede dieser Aussagen ist korrekt bzw. sinnvoll. **Systeme** sind tatsächlich im Grunde nichts anderes als von Menschen geschaffene **gedankliche Gebilde**. Durch Definition, d. h. durch die Beschreibung der Merkmale des Systems, können diese eindeutig charakterisiert und gleichzeitig von anderen abgegrenzt werden.

Systeme sind also – objektiv gesehen – willkürlich und künstlich geformte Gebilde. Die Begründung für eine solche Vorgehensweise liegt auf der Hand:

Nahezu alle Fachgebiete bzw. Wissenschaften wenden die **Methode des Systemansatzes** an, um Probleme aus der Realität zu erfassen, zu untersuchen und Lösungsansätze zu erarbeiten. So können Sachverhalte beschrieben und erklärt, Situationen, Zusammenhänge und Bedingungen eindeutig dargelegt und bestimmt werden.

Der Systemansatz hilft, komplizierte Problemstellungen darzustellen und zu untersuchen, ohne dabei den Überblick zu verlieren.

Beispiel

Wenn ein Sportwissenschaftler einem Leichtathleten helfen will, die Technik des Weitsprunges zu verbessern, muss er die **Struktur** (Anordnung und Zusammensetzung) der Bewegungsabläufe beim Weitsprung analysieren. Die Gliederung des **Gesamt**bewegungsmusters in **einzelne** Handlungsabläufe und deren zeitliche Koordination ist dabei genauso wichtig wie die Kenntnis ihrer Bedeutung für die Gesamtbewegung oder -handlung vom Anlauf über den Absprung bis zur Landung.

Vereinfacht gesagt zerlegt man also ein Problem in viele Teilprobleme, die einzeln gelöst und später wie in einem großen Puzzle wieder zu einem sinnvollen Ganzen zusammengefügt werden. Vorgegangen wird dabei im Verfahren des **Stepwise Refinement** (= der schrittweisen Verfeinerung) vom **Komplexen** (= der Gesamtheit) zum **Detail** (= dem Einfachen).

Systembegriff

Als **System** bezeichnet man die Zusammenfassung (= **Integration**) von mehreren, sinnvoll aufeinander abgestimmten Elementen.

Die **Elemente** sind die kleinsten Einheiten (= Bausteine, Komponenten, Module) eines Systems und nicht weiter zerlegbar. Elemente können Lebewesen (Menschen, Tiere), Gegenstände (Maschinen, Sachen) oder Ordnungsmuster bzw. Regeln sein.

Beispiel

Die Maschinen M1 – M4 (z. B. Fräsen, Sägen, Hobeln, Schleifen) der Schreinerei in einem Betrieb der Möbelindustrie können je nach Sichtweise völlig unterschiedlich definiert werden. **Betriebswirtschaftlich** betrachtet stellen sie technische Hilfsmittel zur Herstellung der Möbel dar. Die **Volkswirtschaft** würde sie als Teil des „Maschinenparks" des Betriebes, der zur Herstellung anderer Sachgüter dient, in ihre Untersuchungen mit einbeziehen. Ingenieure und **Techniker** beschäftigen sich mit jeder der Maschinen als funktionierender Ansammlung von Funktionseinheiten F1 – F3 (z. B. Elektromotor, Treibriemen, Zahnräder usw.).

1.1 Das System Betrieb – das System Unternehmen

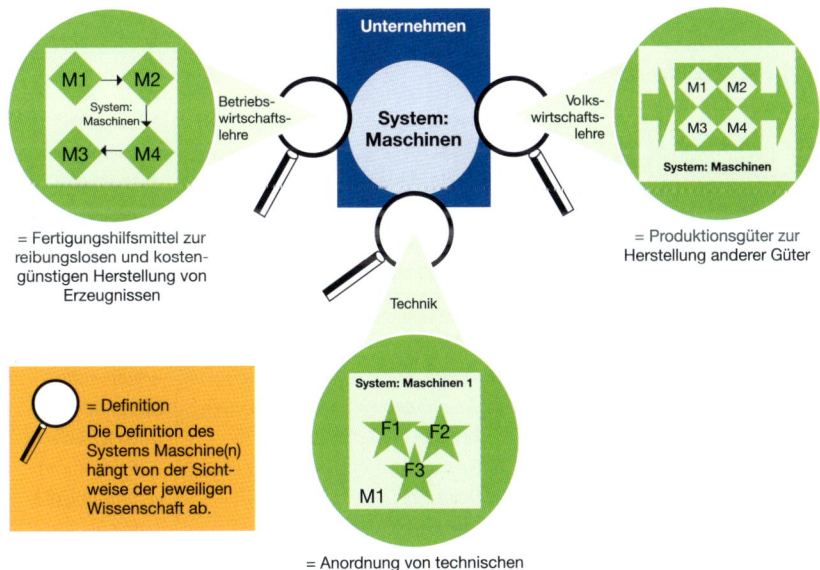

Definition von Systemen (Beispiel)

Systemstruktur und -merkmale

Wenn also gilt, dass es vor allem von der jeweiligen **Betrachtungsweise** abhängt, was als System angesehen wird, muss es möglich sein, ein System durch bestimmte Merkmale genau zu beschreiben bzw. von anderen Systemen abzugrenzen. Diesen Vorgang oder den Zustand, der die **System- oder Strukturmerkmale** eines Systems **festlegt**, bezeichnet man als **Definition**.

Systemstruktur				
Systemmerkmale	**Definition** Erläuterung	**Beispiele**		
		Computer (Hardware)	*Berufsschulklasse*	*Industriebetrieb*
Ziel	Systeme werden mit einer gewissen **Absicht** zur Erfüllung eines genau benannten **Zwecks** gebildet, sie sind **zielorientiert**.	*Informationsverarbeitung*	*Erwerb von Kompetenzen zum Bestehen der IHK-Abschlussprüfung*	*Fertigung von Produkten zur Bedarfsdeckung der Kunden*
Anzahl der Elemente	Systeme können **unterschiedlich viele** Elemente enthalten.	*eine Vielzahl von technischen Komponenten*	*Schülerinnen und Schüler*	*eine Vielzahl von Menschen und Maschinen*
Art der Integration	Systemelemente sind **Gegenstände** und/oder **Lebewesen**.	*Bauteile*	*Menschen*	*Menschen und Maschinen*

1 Der Betrieb und sein Umfeld

Systemstruktur				
Eigenschaften der Elemente	Der Zusammenschluss von Elementen zu einem System erfolgt nach **genau bestimmten Eigenschaften** und/oder den **Aufgaben** der einzelnen Bestandteile.	**Beispiele**		
		Die Bauteile erfüllen elektronische und elektromechanische Funktionen.	*Schülerinnen und Schüler mit bestimmten Vorkenntnissen*	*Menschen erfüllen Aufgaben, Maschinen erfüllen Funktionen.*
Struktur	Die Elemente eines Systems haben **Aufgaben zu erfüllen** bzw. besitzen **genau bezeichnete Eigenschaften**, die der Zielerreichung des Systems oder dem Zweck des Zusammenschlusses dienen. Diese Aufgaben werden in **Regeln** festgeschrieben. Innerhalb des Systems entsteht so eine einheitliche Struktur, die die Elemente durch eine sinnvolle Ordnung zueinander in Beziehung setzt und in gegenseitiger Abhängigkeit miteinander verbindet.	*Die Einzelteile erfüllen in ihrem Zusammenwirken die Funktionsfähigkeit als Instrument der Informationsverarbeitung.*	*Die Schülerinnen und Schüler lernen im Klassenverband in verschiedenen Fächern individuell bzw. in Gruppen, geleitet vom gemeinsamen Interesse, die Prüfung zu bestehen.*	*Je nach ihren Fähigkeiten erhalten die Menschen unterschiedliche Aufgaben und Anordnungsbefugnisse. Die Maschinen werden entsprechend ihren technischen Möglichkeiten eingesetzt.*
Systemumfeld	Systeme sind eingebettet in ihre **Umwelt**. Zwischen dem System und dem Umfeld bestehen Beziehungen.	*Software, Anwender, Computernetzwerk ...*	*Lehrer, Schüler anderer Klassen ...*	*Lieferanten, Kunden, Mitbewerber ...*

Subsysteme

Häufig werden Systeme in Teil- oder Untersysteme (= **Subsysteme**) gegliedert. Damit erreicht man zunächst eine bessere **Überschaubarkeit** großer und komplexer (= umfassender bzw. vielschichtiger) Systeme. Oft ist allerdings auch die Bildung von Subsystemen notwendig, wenn nur ein ganz bestimmter Teil eines Systems beschrieben und untersucht werden soll und andere Systembestandteile auszugrenzen sind. Die Subsysteme sind zueinander wie die Elemente eines Systems zusammengefasst und untereinander strukturiert.

Systemstruktur				
Systemmerkmale	Definition Erläuterung	**Beispiele**		
		Computer (Hardware)	*Berufsschulklasse*	*Industriebetrieb*
Subsysteme	Abgrenzung von Teil- oder Untersystemen zum Zweck der genauen Analyse bzw. Beschreibung	*Zentraleinheit, Eingabegeräte ...*	*Schülerinnen, Schüler ...*	*Arbeiter in der Produktion, Maschinen ...*

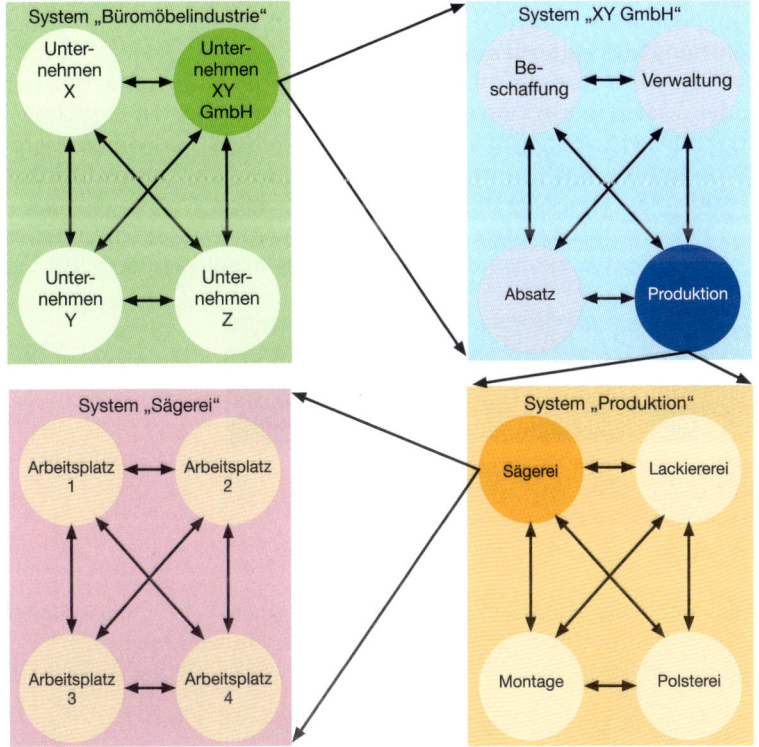

Das System „Sägerei" in einem Betrieb der Möbelindustrie besteht aus den Elementen Arbeitsplatz 1–4 und bildet ein Subsystem zum System „Produktion". Das System „Produktion" wird aus den Subsystemen – oder **je nach Sichtweise** aus den Elementen – „Sägerei", „Montage", „Polsterei" und „Lackiererei" gebildet usw. ...

System – Subsystem – Elemente (Beispiel)

Modellbildung

Systeme sollen nachvollziehbar und überschaubar – d. h. auf die wesentlichen Aspekte beschränkt – untersucht und beschrieben werden. Deshalb bildet man Systeme im **Modell** als vereinfachtes Abbild der Wirklichkeit (meist eines Ausschnitts aus der Wirklichkeit) nach.

1.1.2 Untersuchungs- und Erklärungsmodelle

1.1.2.1 Unterscheidung zwischen Betrieb und Unternehmung

Die Methode des Systemansatzes hilft, **betriebliche Sachverhalte** zu untersuchen und zu erläutern. Die Wissenschaft, die sich mit betrieblichen Prozessen und Funktionszusammenhängen beschäftigt, ist die **Betriebswirtschaftslehre**.
Wie alle Fachrichtungen oder wissenschaftliche Disziplinen bedient sie sich dabei auch einer – vor allem auf Begrifflichkeiten bezogenen – eigenen **Fachsprache**.
Im praktischen Sprachgebrauch werden die Begriffe **Betrieb** und **Unternehmung** bzw. **Unternehmen** i. d. R. gleichbedeutend nebeneinander verwendet. Die **Betriebswirtschaftslehre** aber – so merkwürdig das auf den ersten Blick erscheinen mag – versteht sich als **Lehre von der Unternehmung**.

Dieser Tatbestand hängt damit zusammen, dass die Betriebswirtschaftslehre den **Betrieb als Teil der Unternehmung/des Unternehmens definiert.**
Die Unternehmung hat einen Namen (= Firma, vgl. S. 51), unter dem sie Verträge z. B. mit Arbeitnehmern, Kunden, Lieferern usw. abschließt sowie Steuern entrichtet. Eine Unternehmung verfügt i. d. R. über ein Vermögen in Form von Geldmitteln, Maschinen, Materialien usw. Die **Unternehmung/das Unternehmen** ist ein **selbstständiges rechtliches und finanzielles Gebilde**, das einen oder mehrere Betriebe verwaltet.
Der Betrieb ist immer der **unselbstständige Teil** (= Element) einer Unternehmung, er bezeichnet den Ort oder die **Stätte**, an dem die Unternehmung **Produkte herstellt**.

Beispiel
Die Unternehmung „Chemiewerke AG" stellt in einem Betrieb Kosmetika, in einem weiteren Arzneimittel her und produziert in einem dritten Betrieb Pflanzenschutzmittel.

1.1.2.2 Zielsystem einer Unternehmung

Unter Berücksichtigung unterschiedlicher – sich ständig wandelnder – Interessen und Einflussfaktoren verfolgt ein Unternehmen **Ziele**.
Ziele sind konkretisierte Aussagen über anzustrebende **Zustände**, die in der **Zukunft** verwirklicht werden sollen. Es gibt je nach Betrachtungsschwerpunkt unterschiedliche Möglichkeiten, Ziele einzuteilen.

Einteilung/Unterscheidung von Zielen		
Betrachtungsweise	**mögliche Einteilung**	
Zeit	kurzfristige Ziele	langfristige Ziele
Maßstab	mengenmäßige Ziele	wertmäßige Ziele
Konkretisierung	strategische (geplante) Ziele	operative (klar definierte) Ziele
Inhalt	**Sachziele:** sachlicher Zweck oder Auftrag des Unternehmens, Produktion von Sachgütern und/oder Bereitstellung von Dienstleistungen	**Formalziele:** bewertbare Erfolgsziele wie Erzielung von Gewinn, Senkung der Kosten usw.

Eine andere zweckmäßige Einteilung ergibt sich aus folgender Übersicht:

Unternehmensziele
– Sachziele als eigentlicher sachlicher Zweck des Unternehmens – wirtschaftliche Ziele – soziale Ziele – ökologische Ziele

In der Regel sind es mehrere unterschiedliche Ziele, die gleichzeitig und nebeneinander verfolgt werden. So bildet sich für jedes Unternehmen ein ganz konkretes Zielsystem heraus, welches erreicht werden soll.

Beispiel

Zielsystem eines Computerherstellers		
Zielsystem	– Sachziele	– Herstellen und Vertreiben von Computern – Beratung der Kunden – Kundendienst
	– wirtschaftliche Ziele	– Erwirtschaften von Gewinn – Ausweitung der Marktanteile – Kostensenkung
	– soziale Ziele	– Sicherung der Arbeitsplätze – Schaffung von Ausbildungsplätzen – gerechte Entlohnung der Mitarbeiter
	– ökologische Ziele	– Verwendung umweltgerechter Werkstoffe – Rücknahme defekter Bauteile – Verringerung von Schadstoffemissionen

Ziele eines Unternehmens können sich ergänzen (**Zielharmonie**) oder gegenseitig beeinträchtigen (**Zielkonflikt**).

Beispiel
Gewinnerwirtschaftung und Kostensenkung sind harmonierende Ziele, während die Schaffung neuer Arbeitsplätze zunächst mit einer Kostensenkung nicht zu vereinbaren ist.

1.1.2.3 Betrieb als soziotechnisches System/Unternehmung als soziotechnisches System

Damit das System „Unternehmen" seinen Zweck erfüllt, müssen die Menschen und Sachmittel (z. B. Maschinen, Computer usw.) als **Elemente** des Unternehmens die ihnen **zugedachten Aufgaben** erfüllen. Dies funktioniert jedoch nur, wenn alle Elemente sinnvoll zueinander in Beziehung gesetzt sind, wenn in einer **optimalen Ordnung** zusammengearbeitet wird.
Die Unternehmensleitung (Management, Geschäftsführung) bzw. von ihr beauftragte Spezialisten (Organisatoren) sind dafür zuständig, dass eine solche **auf die Ziele ausgerichtete Ordnung** geplant und umgesetzt wird und erhalten bleibt (vgl. S. 108).

Um eine auf die Unternehmensziele ausgerichtete Organisation umzusetzen, können Unternehmungen bzw. Betriebe entweder nach der Art der Integration der Systemelemente oder nach der Art der Beziehung der Systemelemente eingeteilt werden.

Soziotechnisches System nach der Art der Integration

Nach der Art der **Integration** der Elemente unterscheidet man drei verschiedene Systeme:

Soziotechnisches System nach der Art der Integration		
Bezeichnung des Systems	**Elemente**	**Beispiele**
soziales System	Menschen	Familie, Schulklasse, Belegschaft eines Betriebes
soziotechnisches System	Menschen und Maschinen	IT-Unternehmen, Schreinerei, Schreibbüro, Spedition, Textilbetrieb
technisches System	Maschinen	Klimaanlage, Roboter, Computer, CNC-Maschinen

Unternehmen werden in der Betriebswirtschaftslehre grundsätzlich als **soziotechnische Systeme** angesehen. Sie enthalten immer die Subsysteme „soziales System" und „technisches System".

Soziotechnisches System Unternehmen/Betrieb		
Subsysteme	soziales System	technisches System
Elemente	Mitarbeiter, Mitarbeitergruppen	Sachmittel (Arbeitsmittel)

Rein technische Systeme sind für diese Art der Betrachtung in der Regel nur von untergeordneter Bedeutung bzw. nur als Kostenfaktor von Relevanz. In betriebswirtschaftlichen Überlegungen werden technische Systeme deshalb als **Black Box** behandelt.

Da ein solches (Sub-)System betriebswirtschaftlich in seiner Funktion nicht exakt zu beschreiben bzw. nicht zu verändern ist, wird es als Black Box in das Gesamtsystem integriert. Was in einer Black Box vorgeht, ist unbekannt bzw. für die Untersuchung nicht relevant. Gestaltungs- und Beschreibungselemente sind deshalb nur die Eingangs- (Input) und Ausgangsgrößen (Output).

Beispiel
Ein Maschinenhersteller setzt in der Produktion ein CNC-Zentrum für Bohr- und Fräsarbeiten ein. Die Maschine ist ökonomisch gesehen eine Black Box. Bekannt und damit beschreibbar bzw. bedeutend ist nur folgender Zusammenhang: Bei einer Bearbeitungsgeschwindigkeit von x können m Werkstücke (Output) gefertigt werden.

Die Gestaltung, Organisation und Steuerung von technischen Systemen bleibt Ingenieuren und Technikern überlassen.

Soziotechnisches System nach Art der Beziehungen

Um die Probleme der betrieblichen Praxis aufzunehmen und optimal zu lösen, betrachtet man **soziotechnische Systeme** auch als **Gesamtheiten**, die sich aus den nachstehenden Subsystemen bzw. Elementen zusammensetzen.

Soziotechnisches System nach Art der Beziehungen

Zwischen diesen Elementen bestehen Beziehungen. Aufgaben werden den Aufgabenträgern zugeteilt, Sachmittel unterstützen die Erledigung der Aufgaben und Informationen müssen zur Verfügung stehen, um die Aufgaben bewältigen zu können.

Beispiel

Zusammenwirken der Elemente	
Aufgaben	Für den abgelaufenen Monat müssen in einem Unternehmen die Lohnabrechnungen erstellt werden durch …
Aufgabenträger	… Lohnbuchhalterin Frau Krämer, die dazu …
Sachmittel	… einen Computer benutzt …
Informationen	… mit dem sie u. a. die geleisteten Stunden der Mitarbeiter aus den Speichergeräten abruft und anschließend die fertigen Abrechnungen ausdrucken lässt.

1.1.2.4 Unternehmen als informationsverarbeitendes System

Jedes unternehmerische Handeln ist begleitet von vielschichtiger und umfangreicher **Informationsverarbeitung**: Beschaffung, Aufbereitung, Auswertung, Aufbewahrung und Weitergabe von Informationen. Die Leistungserstellung einschließlich der notwendigen

1 Der Betrieb und sein Umfeld

Zusammenarbeit und Betriebsabläufe im Unternehmen können deshalb nur unter Einbeziehung aktueller, umfassender und vollständiger Informationen optimal geplant, organisiert und realisiert werden.

Betrachtet man eine Unternehmung als **Beziehungsgefüge** von Informationen, in dem sich

- Informationserzeugung,
- Informationsnutzung und
- Informationsweitergabe

vollzieht, dann kann ein **Unternehmen** selbst auch als **informationsverarbeitendes System** bezeichnet werden.

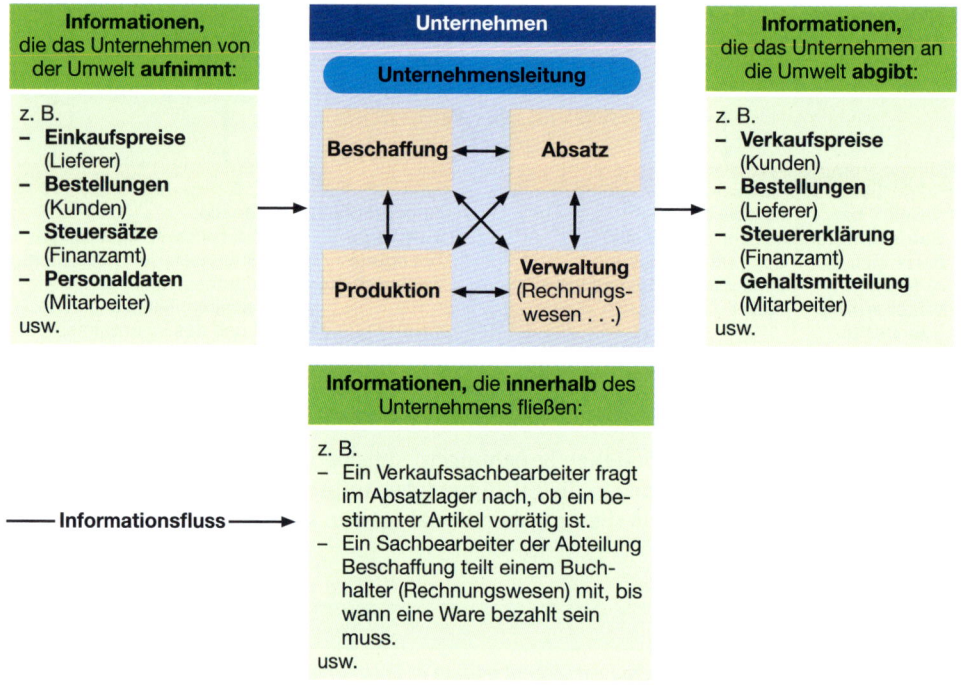

Das Unternehmen als informationsverarbeitendes System (Beispiel)

1.1.2.5 Unternehmen/Betrieb als System der Leistungserstellung

Betrieb als Kombination der betrieblichen Produktions- oder Leistungsfaktoren

Abhängig vom Zielsystem der Unternehmung stellt das Management Pläne auf, wie die **Leistungserstellung** (= Herstellung der Produkte) erfolgen soll. Das System der Leistungserstellung, also das **Produktionssystem**, beinhaltet drei Elemente oder Subsysteme:

- den **Output**, d. h. welches Produktionsergebnis im Prozess der Leistungserstellung erzielt werden soll bzw. welche Erzeugnisse und Dienstleistungen auf dem Absatzmarkt anzubieten sind,

- die eigentliche **Leistungserstellung** (Produktionsprozess) als **Kombination der Einsatzmittel**,
- den **Input**, d. h. die für die Leistungserstellung notwendigen Einsatzmittel.

Die im Produktionsprozess erforderlichen Einsatzmittel werden als **Leistungsfaktoren** oder **betriebliche Produktionsfaktoren** bezeichnet.
Da diese zur Leistungserstellung sinnvoll zusammenwirken müssen, wird das System „Betrieb" auch mit dem Begriff **Kombination der Produktionsfaktoren** belegt.

Leistungsfaktoren (betriebliche Produktionsfaktoren)				Beispiel: Produktion eines Bürotisches
Leistungsfaktoren (betriebliche Produktionsfaktoren)	Elementarfaktoren	**Arbeitsstoffe (Werkstoffe)** = Materialien, die bei der Herstellung verarbeitet, bearbeitet, eingebaut oder verbraucht werden	**Rohstoffe** = Hauptbestandteile eines Produktes, aber auch **fertige Bestandteile** (= Bauteile, die in die Produkte eingebaut werden) bzw. Waren im Handelsbetrieb	Spanplatten, Stahlrohre, Schubladenelemente usw.
			Hilfsstoffe = Nebenbestandteile eines Produktes	Leim, Lack usw.
			Betriebsstoffe = Materialien, die bei der Herstellung verbraucht werden, jedoch nicht Bestandteil des Produkts sind	Energie zum Betrieb der Maschinen usw.
		Arbeitsmittel (Betriebsmittel)	Gegenstände, die der Herstellung der Produkte direkt oder indirekt dienen	Werkzeuge, Maschinen, Lieferwagen usw.
		Ausführende Arbeitskräfte	... sind direkt oder indirekt mit der Herstellung von Produkten befasst. Sie handeln nach Anweisung der leitenden Arbeitskräfte.	Schreiner, Monteure usw.
	dispositiver Faktor	**Leitende Arbeitskräfte**	... setzen Ziele, stellen Pläne auf, organisieren, entscheiden und kontrollieren. Sie sind für die Kombination der elementaren Produktionsfaktoren und damit für den Leistungsprozess bzw. die Zielerreichung verantwortlich.	Produktionsleitung, Arbeitsvorbereitung, Geschäftsführung usw.

Grundlage von Plänen und Entscheidungen über die Kombination der Produktionsfaktoren sind **Informationen**, z. B. vom Beschaffungs-, Absatz-, Kapital- oder Arbeitsmarkt. Die Wirksamkeit unternehmerischer Entscheidungen und damit ein möglicher Wettbewerbsvorteil hängt von der Verfügbarkeit der benötigten Informationen bzw. vom zeitlichen und qualitativen Informationsvorsprung gegenüber den Konkurrenten ab.
Der **Inputgröße Information** kommt damit für die Leistungserstellung eines Unternehmens die gleiche Bedeutung zu wie den übrigen Produktionsfaktoren. Informationen können deshalb auch als – zusätzlicher – **Produktionsfaktor** bezeichnet werden.
Als **Output** (z. B. Patente, Werbebotschaften, veröffentlichte Bilanzen) an die Außenwelt der Unternehmung abgegeben, sind Informationen dann den Erzeugnissen gleichzusetzen.

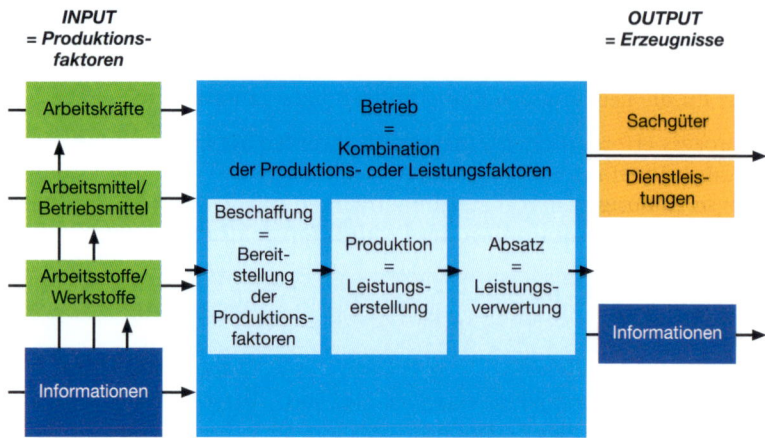

Betrieblicher Leistungsprozess

Betrieb/Unternehmen als System der (Grund-)Funktionen

In Unternehmen und Betrieben fallen eine Vielzahl von Aufgaben an. Typischerweise werden diese Aufgaben in sogenannten Grundfunktionen – meist als Abteilungen oder Bereiche – zusammengefasst und gegliedert:

Grundfunktionen der Unternehmung/des Betriebes			
Hauptfunktionen der Unternehmung	*Leitung/Management*		Hilfsfunktionen für den Betrieb
	Verwaltung, z. B. – Rechnungswesen – Finanzierung – Personalwirtschaft		
	Leistungserstellung	*Beschaffung*	Hauptfunktionen des Betriebes
		Produktion	
		Absatz	

Die Gliederung nach den Grundfunktionen entspricht i. d. R. gleichzeitig der organisatorischen Ordnung (= **Aufbauorganisation**, vgl. S. 127) einer Unternehmung. Diese **funktionsorientierte** Struktur gibt den Rahmen vor für die Zuordnung (= betriebliche **Arbeitsteilung**) der Teilaufgaben des Produktionsprozesses auf die Mitarbeiter und Sachmittel der Unternehmung (= **Ablauforganisation**).

Fasst man die Wechselbeziehungen zu den Absatz- und Beschaffungsmärkten sowie die am Leistungsprozess ausgerichtete funktionale Ordnung zusammen, entsteht folgendes Modell einer Unternehmung:

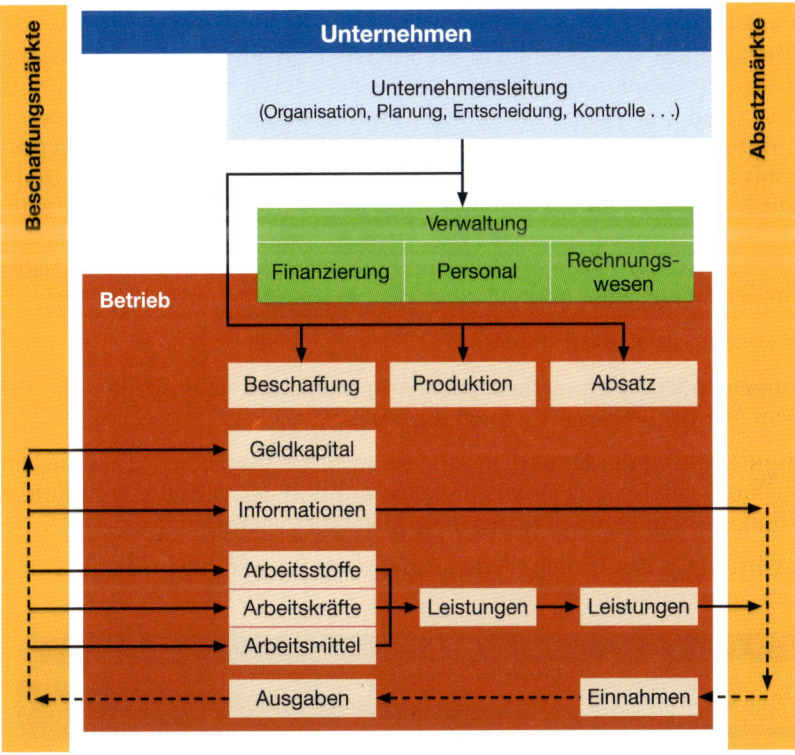

1.1.2.6 Betrieb/Unternehmen als System von Wertschöpfungsprozessen

Jedes Unternehmen tritt auf einem oder mehreren **Absatzmärkten** als **Anbieter** seiner **Leistungen**, d. h. der hergestellten Sachgüter und Dienstleistungen, auf. Als **Nachfrager** nach den Leistungsfaktoren agiert die Unternehmung auf den entsprechenden **Beschaffungsmärkten**.
Für die beschafften Mittel sind **Ausgaben** zu tätigen, für die abgesetzten Sachgüter und Dienstleistungen erhält die Unternehmung **Einnahmen**.
Damit entsteht vom Beschaffungsmarkt durch das Unternehmen hin zum Absatzmarkt ein **Güterstrom**, während in die entgegengesetzte Richtung vom Absatzmarkt zum Beschaffungsmarkt ein **Geldstrom** fließt. Güter- und Geldstrom bilden zusammengenommen einen **Wertkreislauf**.

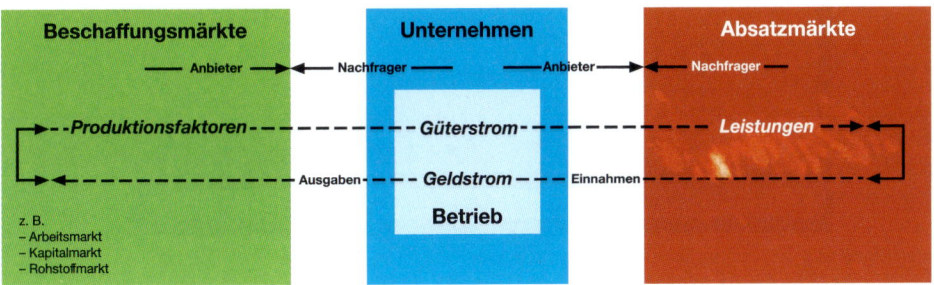

Unternehmen im Wertkreislauf

In Gang gehalten wird der Wertkreislauf durch die Leistungsverwertung der Erzeugnisse (= **Verkauf**) und den Zufluss von Geldmitteln in Form von Einnahmen auf der Absatzseite bzw. durch den Zugang (= **Einkauf**) der für die Leistungserstellung notwendigen Produktionsfaktoren und deren Bezahlung in Form von Ausgaben auf der Beschaffungsseite.

Die Produktionsfaktoren haben einen in Geldeinheiten bemessenen Marktpreis und werden im Produktionsprozess durch ihren Einsatz, durch Be- und Verarbeitung umgeformt bzw. gehen in die Erzeugnisse ein. Deshalb ist die Erstellung der Leistungen gleichzeitig auch ein **Wertverbrauch**.

Dem Wertverbrauch steht die **Wertschöpfung** gegenüber, die die Unternehmung selbst mit ihrer Leistungserstellung zum Wert der verkauften Erzeugnisse hinzugefügt hat.

Die Erzeugnisse erhalten ihren Wert durch

- die **Vorleistungen** anderer Unternehmen, d. h. Ausgaben, Kosten für Arbeitsstoffe, für Abnutzung von Arbeitsmitteln (= Abschreibungen) usw.,

- die **Produktionsleistung** der Unternehmung selbst, d. h. Ausgaben, Kosten für die Leistungserstellung, z. B. Personaleinsatz im Betrieb und in der Verwaltung, Informationsbeschaffung, Forschung und Entwicklung, Miete für Lagerhallen usw.,

- den **Gewinnzuschlag**, der in den Verkaufspreisen berücksichtigt wird und den „Verdienst" des Unternehmens darstellt.

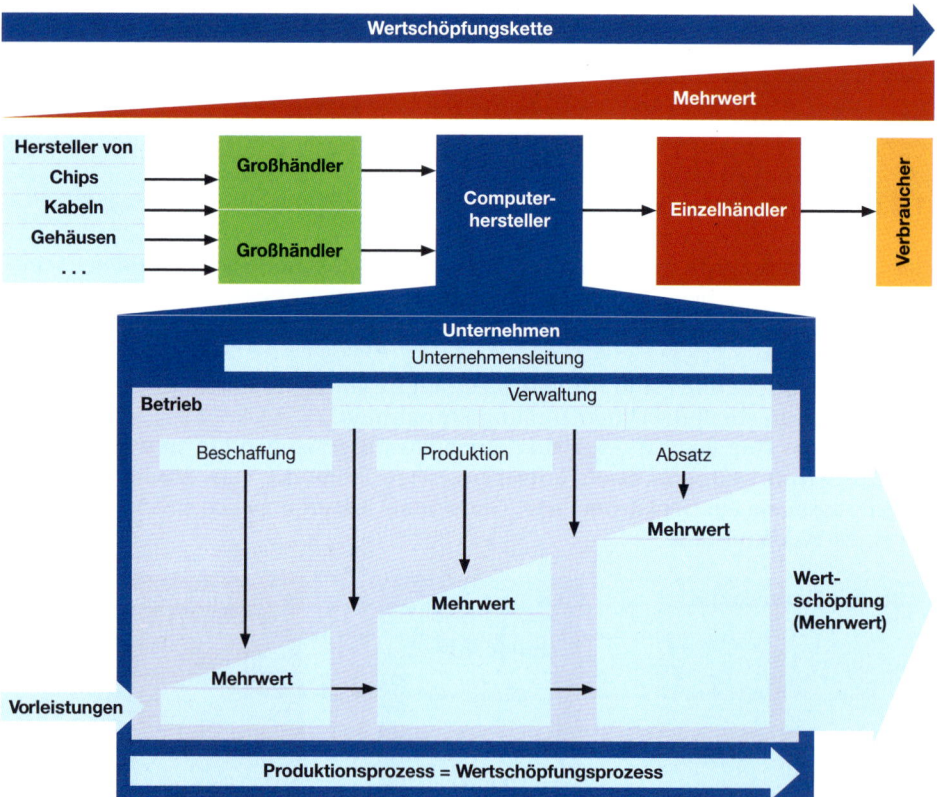

Unternehmen als System von Wertschöpfungsprozessen

Wertschöpfung bedeutet deshalb auch die Schaffung von **Mehrwert**.

```
    Verkaufserlöse    (Gesamtleistung der Unternehmung)
  – Vorleistungen     (bezogene Leistungen anderer Unternehmen)
  = Wertschöpfung     (Mehrwert)
```

Der Leistungsprozess einer Unternehmung ist immer gleichzeitig auch ein Wertschöpfungsprozess, der ein Glied in einer volkswirtschaftlichen Wertschöpfungskette darstellt, an der i. d. R. mehrere Unternehmen beteiligt sind.

1.1.2.7 Betrieb als System von Prozessen

Das traditionelle Modell der Unternehmung ist funktionsorientiert mit einer Gliederung nach Aufgabenbereichen. Daraus erwächst eine Organisationsstruktur, die grundsätzlich zwei Elemente umfasst:

- die **Aufbauorganisation** als **Gestaltung der Zusammenarbeit** zwischen den Funktionsbereichen und Mitarbeitern eines Unternehmens (vgl. S. 129) und

- die **Ablauforganisation** als **Gestaltung des Betriebsablaufes** und der Arbeitsgänge innerhalb des durch die Aufbauorganisation vorgegebenen Rahmens (vgl. S. 129).

Gleichzeitig verläuft die Leistungserstellung in Unternehmen und Betrieben von der Beschaffung der Produktionsfaktoren bis zum Absatz der Produkte in Form von **Leistungsketten**, deren Bestandteile die einzelnen Teilaufgaben sind. Derartige Leistungsketten lassen sich für jede Art von Unternehmung feststellen.
Fasst man die erforderlichen Tätigkeiten und Einzelaktivitäten einer Leistungskette vollständig und in der richtigen Reihenfolge zusammen (= **Prozessorientierung**), entstehen **Prozessketten** bzw. **Prozesse**. Typischerweise sind diese Prozesse dann an der Leistungs- bzw. Wertschöpfungskette eines Unternehmens ausgerichtet (vgl. S. 152).
Tatsächlich vollzieht sich in Unternehmen eine Vielzahl von miteinander verknüpften und voneinander abhängigen Prozessen, die direkt und indirekt der Leistungserstellung dienen.

Beispiel
- Materialbeschaffung
- Kapitalbeschaffung
- Marktuntersuchungen
- Herstellung von Produkten
- Informationsbeschaffung
- Marketingmaßnahmen
- Personalbetreuung
- Warenlagerung
- Organisation der Fertigungsverfahren

Es gilt, diese und andere Prozesse im Einzelnen und in der Summe aller im Unternehmen existierenden Prozesse zu organisieren und zu gestalten. Stehen bei der Gestaltung von Unternehmensaufbau und Betriebsablauf Prozesse im Vordergrund, d. h. die traditionell funktionale Organisationsstruktur wird an den Verlauf des Leistungs- und Wertschöpfungsprozesses angepasst, spricht man auch von **Geschäftsprozessorientierung oder -modellierung** (vgl. S. 149).

> Ein Prozess ist eine logische Folge von zusammenhängenden Aktionen (vgl. S. 149) und beschreibt die Vorgehensweise zur Erreichung eines Zieles. Ein Prozess kann beliebig viele Teilprozesse (z. B. Beschaffungsprozess, vgl. S. 288) enthalten.

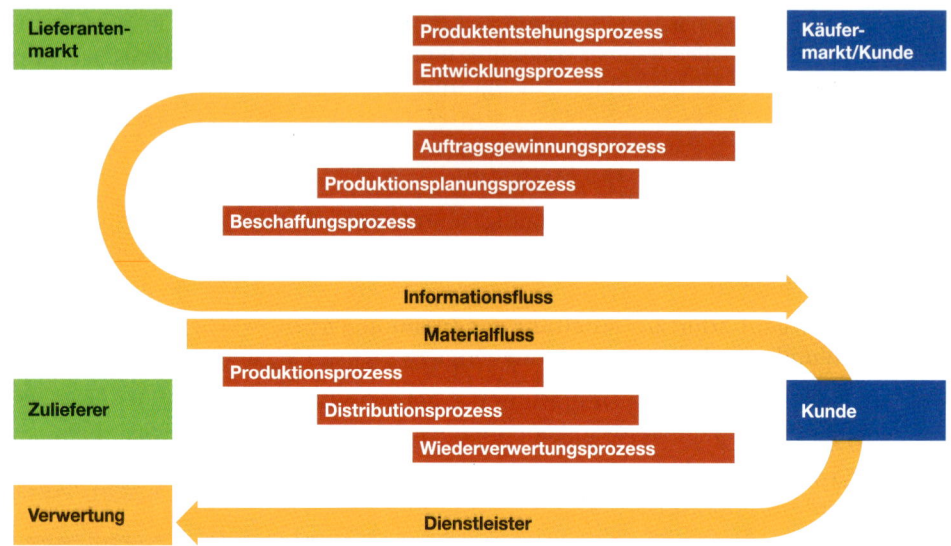

Prozessketten[1]

Die **Gesamtheit aller Unternehmensprozesse** zur Realisierung der strategischen Ziele (vgl. S. 108) wird auch als **Wertschöpfungsprozess** (vgl. S. 19) oder **Geschäftsprozess** (engl.: Business Process, vgl. S. 150) bezeichnet.

AUFGABEN

1. Alle Unternehmen verfolgen – mehrere – unterschiedliche Ziele.
    a) Es werden dabei ökonomische, ökologische und soziale Ziele unterschieden. Geben Sie für jede der drei Arten von Zielen zwei Beispiele an.
    b) Erläutern Sie drei Ziele, welche gerade im IT-Bereich zunehmend an Bedeutung gewinnen.
2. Entwickeln Sie ein Zielsystem für folgende Unternehmen:
    a) einen Automobilhersteller,
    b) ein Versicherungsunternehmen,
    c) ein IT-Systemhaus.
3. Jeder Unternehmensbereich eines Betriebs verfolgt seine eigenen Ziele. Diese müssen nicht immer übereinstimmen. Zeigen Sie mithilfe von drei realistischen Beispielen auf, wo Zielkonflikte zwischen Bereichen bestehen können.

---

[1] Thaler, K.: Supply Chain Management. Fortis FU Verlag Köln, Wien, Arau, Bern. 2007, S. 44

> **AUFGABEN**
>
> 4. Entscheiden Sie, ob die folgenden Zielpaare einer Unternehmung sich ergänzen, miteinander konkurrieren oder sich in keiner Form gegenseitig beeinflussen. Begründen Sie Ihre Entscheidung.
>   a) Kostensenkung und Gewinnsteigerung
>   b) Mitarbeiterzufriedenheit und Gewinnsteigerung
>   c) umweltfreundliche Produktion und Steigerung des Images
> 5. a) Nennen Sie jeweils zwei interne und externe Probleme, die bei der Zielerreichung auftreten können.
>   b) Machen Sie für jedes dieser Probleme einen Vorschlag, wie ein Betrieb darauf reagieren könnte.
> 6. Erklären Sie den Begriff „sozio-technisches System".
> 7. Entwickeln Sie eine Übersicht der Produktionsfaktoren mit konkreten Beispielen für
>   a) einen Automobilhersteller,
>   b) ein Versicherungsunternehmen,
>   c) ein IT-Systemhaus.
> 8. Erklären Sie den Begriff Wertschöpfung.
> 9. Beschreiben Sie die Abteilung Lagerwirtschaft eines IT-Systemhauses nach
>   a) den Systemelementen,
>   b) den Grundfunktionen,
>   c) dem System von Prozessen.

1.2 Wirtschafts- und Sozialkunde

1.2.1 Berufsausbildung

Das duale System der Berufsausbildung

Ausbildungsrahmenplan
Die Berufsausbildung in Deutschland erfolgt im **dualen System**, d. h. an zwei Lernorten: im Ausbildungsbetrieb und in der Berufsschule. Im **Ausbildungsbetrieb** erfolgt die **praktische Ausbildung** nach den Vorgaben des **Ausbildungsrahmenplans**. In der **Berufsschule** werden allgemeinbildende und berufsbezogene **theoretische Inhalte** vermittelt. Die Inhalte des Berufsschulunterrichts werden durch die **Richtlinien** der Länder vorgeschrieben.

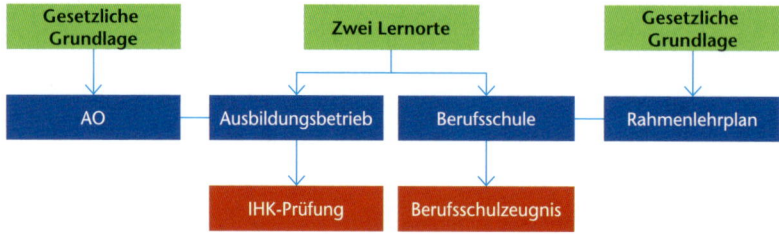

Rechtsgrundlagen der Berufsausbildung

Das Berufsbildungsgesetz

Die Rechtsgrundlage für alle anerkannten Ausbildungsberufe im dualen System bildet das Berufsbildungsgesetz (BBiG). Es enthält u. a. allgemeine Vorschriften zum Berufsausbildungsvertrag.

Mindestangaben, die gemäß § 4 Abs. 2 BBiG in einem Berufsausbildungsvertrag enthalten sein müssen, sind:

- Art, sachliche und zeitliche Gliederung sowie Ziel der Berufsausbildung, insbesondere die Berufstätigkeit, für die ausgebildet werden soll,
- Beginn und Dauer der Ausbildung,
- Ausbildungsmaßnahmen außerhalb der Ausbildungsstätte,
- Dauer der Probezeit,
- Zahlung und Höhe der Vergütung,
- Dauer des Urlaubs,
- Voraussetzungen, unter denen der Berufsausbildungsvertrag gekündigt werden kann.

Der Ausbildungsvertrag muss der Industrie- und Handelskammer zur Eintragung in das Verzeichnis der Berufsausbildungsverhältnisse vorgelegt werden. Mit Abschluss des Ausbildungsvertrags übernehmen sowohl der Auszubildende als auch der Ausbildende (der Betrieb) Pflichten, die gleichzeitig die Rechte der anderen Vertragsparteien sind.

Rechte und Pflichten der Vertragsparteien

Pflichten des Auszubildenden (Rechte des Ausbildenden)	Pflichten des Ausbildenden (Rechte des Auszubildenden)
– Pflicht, alle Lernmöglichkeiten zu nutzen – Pflicht, die Berufsschule zu besuchen und an Prüfungen teilzunehmen – Pflicht, Weisungen zu befolgen und die betriebliche Ordnung einzuhalten – Sorgfaltspflicht gegenüber Werkzeug, Maschinen und sonstigen Einrichtungen – Pflicht zur Wahrung von Betriebsgeheimnissen – Pflicht zur Führung eines Berichtshefts – Benachrichtigungspflicht beim Fernbleiben von Schule und Betrieb	– Pflicht zur Vermittlung von Fertigkeiten und Kenntnissen zur Erreichung des Ausbildungsziels – Pflicht, Ausbildungsmittel zur Verfügung zu stellen – Pflicht, den Auszubildenden für den Berufsschulbesuch freizustellen – Pflicht, dem Auszubildenden ausbildungsbezogene Tätigkeiten zu übertragen – Pflicht, das Berufsausbildungsverhältnis bei der Kammer anzumelden – Pflicht, den Auszubildenden zur Prüfung anzumelden – Pflicht, dem Auszubildenden Vergütung zu zahlen und Urlaub zu gewähren

Ausbildungsordnung

Die Ausbildungsordnung für die Berufsausbildung im Bereich der Informations- und Telekommunikationstechnik wurde am 10.07.1997 durch den Bundesminister für Wirtschaft erlassen. Sie stellt die rechtliche Grundlage für diese Ausbildungsberufe dar. Sie enthält die Regelungen über das **Ausbildungsberufsbild**, den **Ausbildungsrahmenplan**, die Angaben zur **Ausbildungsdauer** und zur **Prüfung**.

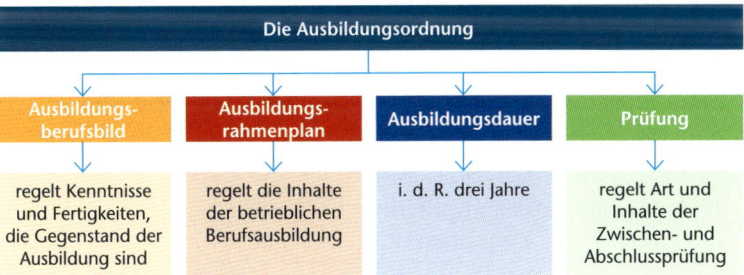

Rahmenlehrplan

Der Rahmenlehrplan vom 25.04.1997 lt. KMK-Beschluss umfasst die Lernfelder, Zeitrichtwerte, Zielformulierungen und Lerninhalte der Berufsschule.

> **Beispiel**
> **Lernfeld 1: Der Betrieb und sein Umfeld**
> 1. Ausbildungsjahr
> **Zeitrichtwert:** 20 Stunden
>
> **Zielformulierung:**
> Die Schülerinnen und Schüler können gesamtwirtschaftliche Zusammenhänge beschreiben. Ausgehend von der Stellung des Betriebes im Wirtschaftssystem erschließen sie sich die zur Leistungserstellung notwendigen Produktionsfaktoren. Sie erkennen, dass in industrialisierten Volkswirtschaften Leistungen arbeitsteilig erbracht werden und dass die Leistungserstellung durch Marktstrukturen, das Verhalten der Marktteilnehmer und den Staat als Ordnungsfaktor beeinflusst wird.
>
> **Lerninhalte:**
> Stellung eines Betriebes in Wirtschaft und Gesellschaft
>
> - Ziele und Aufgaben
> - Produktionsfaktoren und Faktorkombination
> - Arbeitsteilung in der Wirtschaft
> - Marktstrukturen und ihre Auswirkungen
> - Marktarten und Marktformen
> - Anbieter- und Nachfragerverhalten
> - Preisbildung
> - Kooperation und Konzentration
> - Grundzüge staatlicher Wettbewerbspolitik

Jugendarbeitsschutzgesetz

Das Jugendarbeitsschutzgesetz (JArbSchG) soll jugendliche Arbeitnehmer und Auszubildende vor Überforderungen im Berufsleben schützen. Es gilt für die 14- bis 17-jährigen Jugendlichen. Es enthält unter anderem folgende Regelungen:

Arbeitszeit	– tägliche Arbeitszeit maximal 8,5 Stunden – wöchentliche Arbeitszeit maximal 40 Stunden – An Sonn- und Feiertagen dürfen Jugendliche nicht beschäftigt werden, Ausnahmefälle sind zulässig.
Ruhepausen	– mind. 30 Minuten, wenn die tägliche Arbeitszeit 1,5 – 6 Stunden beträgt – mind. 60 Minuten, wenn die tägliche Arbeitszeit mehr als 6 Stunden beträgt
Urlaub	– 30 Werktage für 15-jährige Jugendliche – 27 Werktage für 16-jährige Jugendliche – 25 Werktage für 17-jährige Jugendliche
Berufsschule	– Jugendliche müssen für den Berufsschulunterricht freigestellt werden. – Bei Beginn des Berufsschulunterrichts vor 9 Uhr dürfen Jugendliche nicht vorher im Ausbildungsbetrieb beschäftigt werden. – Jugendliche müssen an mindestens einem Berufsschultag in der Woche mit mehr als 5 Unterrichtsstunden von der Arbeit befreit werden.
Gesundheitliche Betreuung	– Erstuntersuchung: Jugendliche müssen vor Beginn der Ausbildung ärztlich untersucht werden. – Erste Nachuntersuchung: Jugendliche müssen sich nach dem ersten Ausbildungsjahr einer Nachuntersuchung unterziehen.

AUFGABEN

1. Welche der folgenden Rechtsgrundlagen regeln die unten genannten Sachverhalte?

    Rechtsgrundlagen:

    a) im Berufsbildungsgesetz

    b) in der Ausbildungsordnung

    c) im Jugendarbeitsschutzgesetz

    d) in keiner dieser Rechtsgrundlagen geregelt

    Sachverhalte:

    1) Ausbildungsdauer

    2) sachliche und zeitliche Gliederung der betrieblichen Ausbildung

    3) Dauer der Probezeit

    4) Kündigung eines Auszubildenden nach der Probezeit

    5) Erst- und Nachuntersuchung minderjähriger Auszubildender

    6) Prüfungsanforderungen in der Abschlussprüfung

AUFGABEN

2. Rechtsgrundlage für einen Ausbildungsvertrag und für die Durchführung der Ausbildung ist das Berufsbildungsgesetz.
   Welche zwei der folgenden Aussagen entsprechen den Bestimmungen des Berufsbildungsgesetzes?

   a) Eine Kündigung des Berufsausbildungsverhältnisses durch den Auszubildenden ist nach der Probezeit möglich, wenn er eine Ausbildung in einem anderen Beruf beginnen möchte.

   b) Während der Probezeit kann das Berufsausbildungsverhältnis nur mit einer Kündigungsfrist von vier Wochen gekündigt werden.

   c) Vereinbarungen über die Tätigkeit nach Ausbildungsende können bereits im Berufsausbildungsvertrag festgelegt werden.

   d) Das Ausbildungsverhältnis endet erst mit Ablauf der Ausbildungszeit, auch wenn der Auszubildende die IHK-Abschlussprüfung vorher besteht.

   e) Der Ausbildende hat dem Auszubildenden bei Beendigung des Berufsausbildungsverhältnisses ein Zeugnis auszustellen.

3. Welche der unten stehenden Aussagen über das Berufsbildungsgesetz (BBiG) sind richtig?

   a) Das BBiG gilt nur in Nordrhein-Westfalen

   b) Das BBiG bestimmt die Inhalte der Berufsschule

   c) Das BBiG enthält die einheitliche Regelung der beruflichen Ausbildung im Betrieb

   d) Das BBiG beinhaltet die sachliche und zeitliche Gliederung der Berufsausbildung zum Informatikkaufmann

4. Welche vier der unten stehenden Angaben muss ein Berufsausbildungsvertrag mindestens enthalten?

   a) Beginn und Dauer der Ausbildung

   b) Dauer der Probezeit

   c) Dauer der Ausbildung in der Personalabteilung

   d) Ziel der Ausbildung

   e) Höhe der Vergütung

   f) Prüfungsordnung der zuständigen Industrie- und Handelskammer

   g) Name des Ausbilders

   h) Datum der IHK-Abschlussprüfung

5. Mit welcher der folgenden Rechtsgrundlagen lässt sich feststellen, ob die Vergütung eines Auszubildenden dem geltenden Mindestsatz entspricht?

   a) Berufsbildungsgesetz
   b) Jugendarbeitsschutzgesetz
   c) Lohn- und Gehaltstarifvertrag
   d) Manteltarifvertrag

AUFGABEN

6. In welchen Fällen kann das Ausbildungsverhältnis eines Auszubildenden auch nach Ablauf der Probezeit gekündigt werden?

   a) Ein Auszubildender in einem IT-Systemhaus möchte seine Ausbildung gern in der IT-Abteilung einer Bank fortsetzen.

   b) Ein volljähriger Auszubildender zum IT-Systemelektroniker möchte seine Ausbildung beenden, da seine Lebensgefährtin in eine andere Stadt umgezogen ist.

   c) Ein Auszubildender zum Informatikkaufmann versteht sich überhaupt nicht mehr mit seinem Chef. Er möchte aus diesem Grund kündigen.

   d) Ein Auszubildender zum IT-Systemelektroniker muss im ersten Ausbildungsjahr ausschließlich Lagerarbeiten verrichten.

   e) Der Ausbilder eines Auszubildenden zum IT-Systemkaufmann lässt den Auszubildenden einmalig wegen innerbetrieblichen Personalmangels vom Berufsschulunterricht freistellen.

7. Welche zwei der folgenden Pflichten muss ein Auszubildender erfüllen?

   a) Ausbildungsrahmenplan kontrollieren

   b) Berichtsheft führen

   c) In der Jugend- und Auszubildendenvertretung mitarbeiten

   d) Am Berufsschulunterricht teilnehmen

   e) Ausbilder kontrollieren

8. Ein Ausbildungsvertrag zum Informatikkaufmann endet am 31.08.2017. Der Auszubildende besteht die Prüfung am 12.07.2017. Das Prüfungszeugnis wird ihm am 16.07.2017 durch die IHK ausgehändigt. Wann endet das Ausbildungsverhältnis?

   a) am 12.07.2017 (Tag des Bestehens der Prüfung)

   b) am 31.08.2017 (Ablauf der vertraglich vereinbarten Ausbildungszeit)

   c) am 31.07.2017 (Ablauf des Monats, in dem die Prüfung bestanden wurde)

   d) am 16.07.2017 (Aushändigungstag des Prüfungszeugnisses)

1.2.2 Die Stellung des Betriebes in Wirtschaft und Gesellschaft

1.2.2.1 Gesellschafts- und Wirtschaftsordnung

Gesellschaftsordnung

Die Gesellschaftsordnung ist die Gesamtheit aller Verhaltensregeln, die für das Zusammenleben der Menschen in einer Gesellschaft gelten. Zu diesen Verhaltensregeln zählen sowohl die Verfassung und Gesetzesvorschriften als auch die Sitten und Brauchtümer einer Kultur.

Die Vielfalt der Verhaltensregeln lässt sich in vier Teilbereiche, die eng miteinander verflochten sind, unterteilen:

- Die **Rechtsordnung** umfasst die Gesamtheit der Rechtsnormen mit allen geschriebenen und ungeschriebenen Gesetzen. In der Regel hat heute jeder Staat eine eigene Rechtsordnung.
- Die **politische Ordnung** beinhaltet Herrschafts- und Machtverhältnisse eines Landes. Zur politischen Ordnung der Bundesrepublik Deutschland zählen die Demokratie und der Föderalismus.
- Die **Sozialordnung** umfasst die Gesamtheit der staatlichen und privaten Maßnahmen zur Sicherung eines Minimums an sozialer Sicherheit. Dazu zählen insbesondere die Sozialversicherungen.
- Die **Wirtschaftsordnung** umfasst sämtliche Regelungen zum Zusammenwirken der Wirtschaftssubjekte in einer Volkswirtschaft.

Wirtschaftsordnung

In einer arbeitsteiligen Wirtschaft müssen Regeln für das Zusammenwirken der Wirtschaftssubjekte (Unternehmen, private Haushalte, Staat etc.) vereinbart werden, damit deren wirtschaftliche Aktivitäten aufeinander abgestimmt werden. Die staatliche Wirtschaftspolitik (vgl. Kapitel 1.2.13) legt ein solches Regelsystem, die Wirtschaftsordnung, fest.

Die Wirtschaftsordnung regelt das Zusammenwirken der am Wirtschaftsprozess beteiligten Wirtschaftssubjekte (Unternehmen, private Haushalte, Staat etc.) in einer Volkswirtschaft.

Grundsätzlich lassen sich zwei idealtypische Modelle von Wirtschaftsordnungen anhand von verschiedenen Merkmalen unterscheiden: die **Marktwirtschaft** und die **Zentralverwaltungswirtschaft**.

Marktwirtschaft	Merkmal	Zentralverwaltungswirtschaft
Privateigentum an Produktionsmitteln	**Eigentumsordnung**	Gemeineigentum an Produktionsmitteln
eigene Planung der Wirtschaftssubjekte (private Haushalte, Unternehmen)	**Planung**	Pläne einer zentralen Planungsbehörde mit der Vorgabe, welche Produkte in welcher Menge mit welcher Qualität produziert werden sollen
Lenkung und Steuerung der Wirtschaftspläne erfolgen im Wirtschaftsprozess durch den Preismechanismus	**Lenkung und Steuerung**	Lenkung und Steuerung erfolgt durch die Planungsbehörde.
Erwirtschaftung eines Gewinns	**Produktionsziel**	Erfüllung eines bestimmten Plans
Preisbildung erfolgt über den Marktmechanismus	**Preisbildung**	Preisfestsetzung durch die Planungsbehörde
Schutz der Freiheiten der Bürger durch Festsetzung und Überwachung eines Ordnungsrahmens („Nachtwächterstaat")	**Rolle des Staates**	uneingeschränkte wirtschaftliche und politische Macht des Staates

Die soziale Marktwirtschaft als Wirtschaftsordnung der Bundesrepublik Deutschland

Die Wirtschaftordnung der Bundesrepublik Deutschland ist eine Weiterentwicklung der freien Marktwirtschaft, in der das Prinzip der Freiheit des Marktes mit dem Ziel des sozialen Ausgleichs verbunden wird.

Im Grundgesetz der Bundesrepublik Deutschland ist keine bestimmte Wirtschaftsordnung verankert, es lässt sich aber weder mit einer freien Marktwirtschaft noch mit einer Zentralverwaltungswirtschaft vereinbaren. Das verfassungsrechtlich verankerte **Sozialstaatsprinzip** verpflichtet den Staat, für soziale Sicherheit und soziale Gerechtigkeit zu sorgen.

Die **soziale Komponente** der sozialen Marktwirtschaft kommt in der Sozialpolitik zum Ausdruck. Der Staat greift ordnend und steuernd ins Marktgeschehen ein, wenn die Steuerung über den Marktmechanismus in sozialer Hinsicht versagt:

Beispiele
- Der Staat übernimmt das Angebot von Einrichtungen wie Schulen, Krankenhäusern, Verkehrsbetrieben und anderen öffentlichen Gütern.
- Durch die Sozialpolitik hat der Staat ein umfassendes System der sozialen Sicherung geschaffen, das denjenigen, die nicht am Leistungswettbewerb teilnehmen können, ein Existenzminimum zusichert.
- Der Staat nimmt durch die staatliche Einnahme- und Ausgabepolitik eine Umverteilung der Einkommen vor.
- Durch die Gesetze des Verbraucherschutzes verschafft der Staat den Verbrauchern größere Transparenz der Märkte und Preise.

Die Konzeption der sozialen Marktwirtschaft ist durch folgende Merkmale gekennzeichnet:

Eigentumsgarantie	Die Wirtschaftssubjekte haben gemäß Grundgesetz die freie Verfügungsgewalt über ihr Eigentum.
Vertragsfreiheit	Die Wirtschaftssubjekte können frei entscheiden, ob und mit welchem Vertragspartner sie einen Vertrag im Rahmen der bestehenden Gesetze abschließen. Der Vertragsinhalt kann frei gestaltet werden.
Gewerbefreiheit	Jedes Wirtschaftssubjekt kann unter der Beachtung der Gesetze ein Unternehmen gründen. Es kann Unternehmensgegenstand und die unternehmerischen Ziele frei bestimmen.
Konsumfreiheit	Jedes Wirtschaftssubjekt kann über sein Konsumverhalten frei entscheiden.
Tarifautonomie	Aufgrund der im Grundgesetz verankerten Vereinigungsfreiheit können Arbeitnehmer und Arbeitgeber im Rahmen der Tarifautonomie über Tarifverträge frei verhandeln.

1.2.2.2 Arbeitsteilung

Arbeitsteilung ist die Auflösung der Arbeit in Teilverrichtungen, die von verschiedenen Personen oder Wirtschaftseinheiten ausgeführt werden. Das Gegenteil der Arbeitsteilung ist die vollständige Selbstversorgung der einzelnen Person.

Berufliche Arbeitsteilung

Aus der ursprünglichen familiären Arbeitsteilung entwickelte sich im Laufe der Zeit eine Arbeitsteilung nach Tätigkeiten, da häusliche Arbeiten ausgegliedert wurden. Durch die Zusammenschlüsse der Angehörigen eines Aufgabengebietes (sog. Zünfte, Gilden) entstanden die **Berufe** (z. B. Landwirt, Tischler, Schneider, Bäcker). Durch Spezialisierung innerhalb dieser Berufe kam es zur **Berufsspaltung** (z. B. Viehlandwirt, Getreidelandwirt, Obstlandwirt).

Betriebliche Arbeitsteilung

Mit zunehmender beruflicher Arbeitsteilung spezialisierte sich die Arbeit auch innerhalb der Betriebe. Moderne Betriebe sind durch **Abteilungsbildung** nach Bereichen wie Beschaffung, Produktion, Absatz, Lager, Verwaltung u. a. gekennzeichnet. In den einzelnen Abteilungen wiederum werden die Arbeitsabläufe im Rahmen der **Arbeitszerlegung** in mehrere Teilverrichtungen zerlegt (z. B. Zerlegung der Gesamtaufgabe eines Tischlers in Sägen, Hobeln, Furnieren, Leimen).

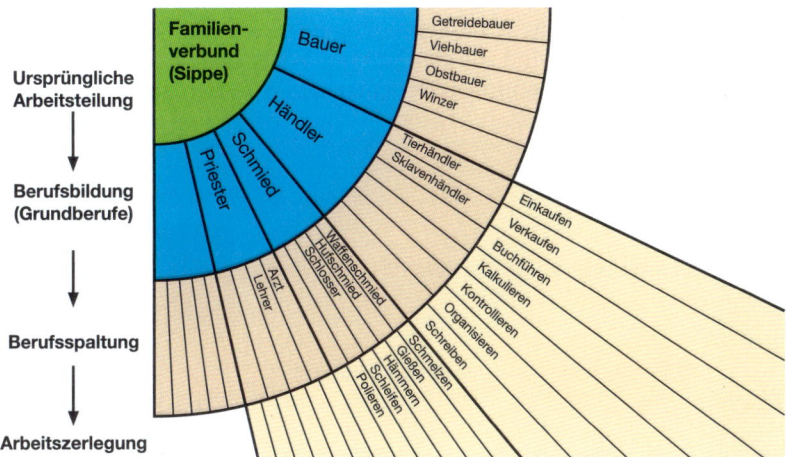

Volkswirtschaftliche (gesellschaftliche) Arbeitsteilung

Die volkswirtschaftliche Arbeitsteilung erstreckt sich nicht mehr auf Menschen und Betriebe, sondern auf die gesamte Volkswirtschaft. Diese lässt sich in drei verschiedene Wirtschaftsbereiche (Sektoren) unterteilen:

Urerzeugung (primärer Sektor)	Weiterverarbeitung (sekundärer Sektor)	Handel/Dienstleistungen (tertiärer Sektor)
Stoff- und Energiegewinnung	Bearbeitung und Verarbeitung im Produktionsprozess	Verteilung der hergestellten Güter und andere Dienstleistungen
– Land- und Forstwirtschaft – Fischerei – Bergbau – Erdölförderung – Steinbruch	– Chemische Industrie – Maschinenbau – Textilgewerbe – Nahrungsmittelgewerbe – Handwerk	– Handel – Banken – Versicherungen – Informationstechnologien – Ärzte

Internationale Arbeitsteilung

Der Abbau von Handelshemmnissen, der technische Fortschritt und die zunehmende Vernetzung der Weltwirtschaft haben das weltweite Zusammenwachsen der Märkte vorangetrieben. In einer **globalisierten Wirtschaft** kann jeder überall Kapital aufnehmen, sucht sich den günstigsten Standort für seine Produktion und verfügt per Internet schnell über alle notwendigen Informationen zur Produktvermarktung in der ganzen Welt.

Die entscheidenden Akteure der Globalisierung sind die sogenannten **Global Players**, d. h. Unternehmen, die am internationalen Wettbewerb durch Export und Import teilnehmen, internationale Investitionen tätigen und aufgrund ihrer Marktstellung diese Märkte beeinflussen.

1.2.2.3 Wirtschaftskreislauf

Das wirtschaftliche Geschehen in einer arbeitsteiligen Volkswirtschaft ist komplex und kaum überschaubar. Um die Vorgänge in einer Volkswirtschaft zu erfassen, stellt man die vielfältigen Beziehungen in einem **Modell** dar. Die ökonomische Modellbildung, in der die Realität stark vereinfacht wird, ist eine typische Verfahrensweise der Wirtschaftswissenschaften, um komplexe wirtschaftliche Zusammenhänge zu erklären.

Im **Modell des Wirtschaftskreislaufs** sind alle gleichartigen Wirtschaftssubjekte zu einem Sektor zusammengefasst und die Beziehungen der einzelnen Sektoren zueinander dargestellt.

Der einfache Wirtschaftskreislauf

Der erweiterte Wirtschaftskreislauf

Das einfache Modell lässt sich wie im Baukastensystem um weitere Sektoren wie den **Staat** und das **Ausland** erweitern. Außerdem müssen die **Kreditinstitute** einbezogen werden, da im Modell des einfachen Wirtschaftskreislaufs angenommen wird, dass die privaten Haushalte ihr gesamtes Einkommen für Konsumgüter ausgeben. In der Realität wird das Einkommen nicht nur konsumiert, sondern auch gespart.

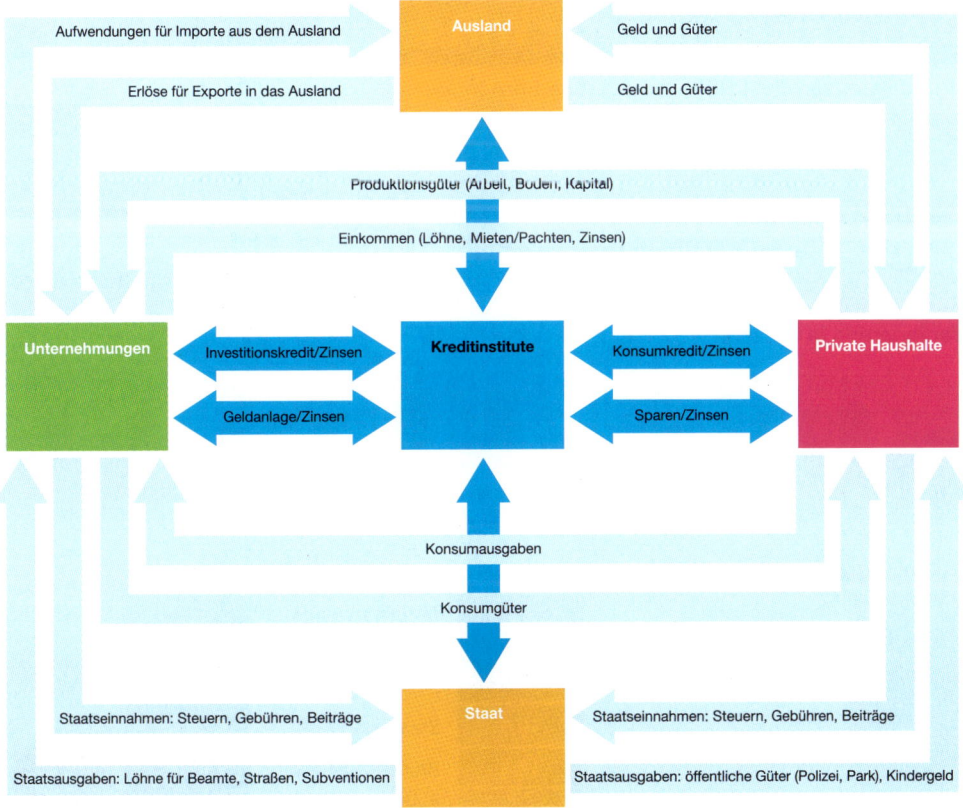

1.2.2.4 Bruttoinlandsprodukt

Im Rahmen der **Volkswirtschaftlichen Gesamtrechnung (VGR)** untersucht das Statistische Bundesamt rückblickend das wirtschaftliche Geschehen. Die VGR ist damit die wichtigste Grundlage für die Beurteilung wirtschaftlicher Abläufe, ihrer Ausprägung und ihrer möglichen Entwicklung (Analysen und Prognosen), weil sie eine sonst nicht übersehbare Vielzahl von Einzelvorgängen durch Aggregation transparent macht. Die VGR liefert so eine Plattform für wirtschaftspolitische Entscheidungen. Die mit Abstand bedeutendste Kennzahl ist das **Bruttoinlandsprodukt**.

> Das **Bruttoinlandsprodukt (BIP)** ist die Summe aller Sachgüter, Dienstleistungen, Konsumgüter und Investitionsgüter, die in einem Jahr in einer Volkswirtschaft von allen, die in dieser Volkswirtschaft leben, erstellt oder erbracht wurden.

Das BIP kann unter drei verschiedenen Blickwinkeln ermittelt werden.

- Die **Entstehungsrechnung** ermittelt, *wo*, d. h. in welchen Wirtschaftsbereichen das BIP entstanden ist.
- Die **Verwendungsrechnung** ermittelt, *wofür* das BIP verwendet worden ist.
- Die **Verteilungsrechnung** ermittelt, *wie* das BIP verteilt worden ist.

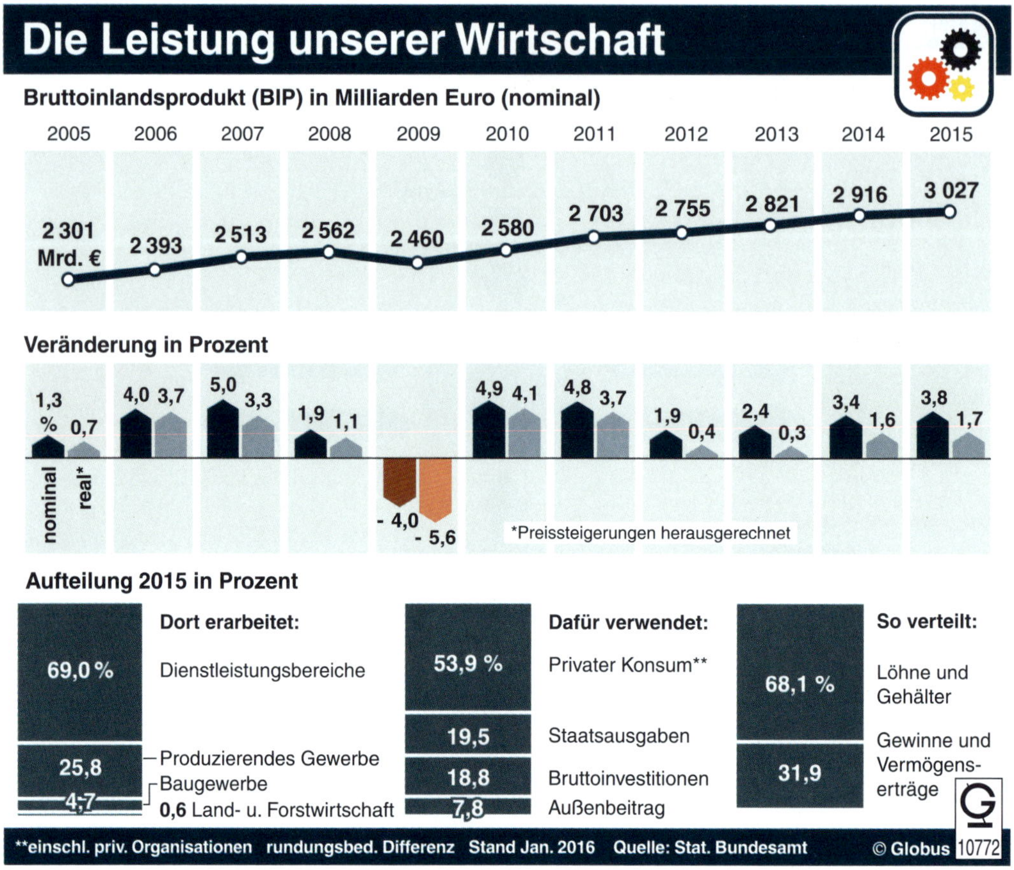

1 Der Betrieb und sein Umfeld

Die Leistung unserer Wirtschaft

Bruttoinlandsprodukt (BIP) in Milliarden Euro (nominal)

2005	2006	2007	2008	2009	2010	2011	2012	2013	2014	2015
2 301 Mrd. €	2 393	2 513	2 562	2 460	2 580	2 703	2 755	2 821	2 916	3 027

Veränderung in Prozent (nominal / real*)

- 2005: 1,3 % / 0,7
- 2006: 4,0 / 3,7
- 2007: 5,0 / 3,3
- 2008: 1,9 / 1,1
- 2009: −4,0 / −5,6
- 2010: 4,9 / 4,1
- 2011: 4,8 / 3,7
- 2012: 1,9 / 0,4
- 2013: 2,4 / 0,3
- 2014: 3,4 / 1,6
- 2015: 3,8 / 1,7

*Preissteigerungen herausgerechnet

Aufteilung 2015 in Prozent

Dort erarbeitet:
- 69,0 % Dienstleistungsbereiche
- 25,8 Produzierendes Gewerbe
- 4,7 Baugewerbe
- 0,6 Land- u. Forstwirtschaft

Dafür verwendet:
- 53,9 % Privater Konsum**
- 19,5 Staatsausgaben
- 18,8 Bruttoinvestitionen
- 7,8 Außenbeitrag

So verteilt:
- 68,1 % Löhne und Gehälter
- 31,9 Gewinne und Vermögenserträge

**einschl. priv. Organisationen   rundungsbed. Differenz   Stand Jan. 2016   Quelle: Stat. Bundesamt   © Globus 10772

AUFGABEN

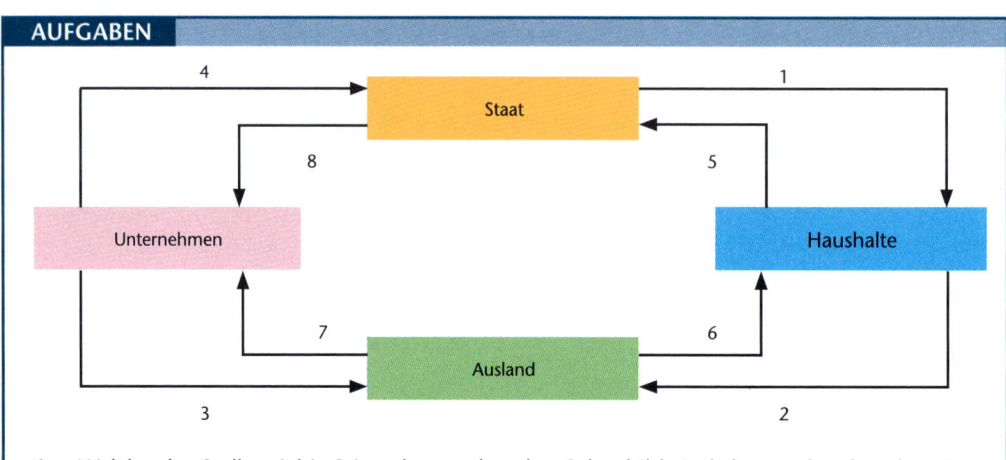

1. Welche der Stellen 1 bis 8 im oben stehenden Schaubild sind den nachstehenden Vorgängen zuzuordnen?

    a) Ein IT-Systemhaus zahlt Gewerbesteuer an das Finanzamt Bonn.

    b) Ein IT-Systemhaus vernetzt eine Arztpraxis.

    c) Frank Heinen ist Auszubildender in einem IT-Systemhaus.

AUFGABEN

    d) Für die Existenzgründung erhält ein IT-Systemhaus staatliche Unterstützung.

    e) Ein IT-Systemhaus bezieht von einem niederländischen Lieferanten Waren.

    f) Karin Kunze bezieht als Informatikkauffrau eines IT-Systemhauses Gehalt.

    g) Frau Kunze verbringt ihren Urlaub in Spanien.

    h) Die Tochter von Frau Kunze besucht die Grundschule in Bonn.

    i) Frau Kunze erhält für ihre Tochter monatlich 150,00 € Kindergeld.

    j) Ein IT-Systemhaus begleicht eine Rechnung des holländischen Lieferanten.

2. Zu welchen der folgenden Wirtschaftssektoren gehören die unten genannten Unternehmungen?
Wirtschaftssektoren:

   a) Primärer Sektor (Urerzeugung)

   b) Sekundärer Sektor (Weiterverarbeitung)

   c) Tertiärer Sektor (Handel/Dienstleistung)

   Unternehmungen:

   1) Zentrallager einer Computergroßhandlung   4) Betrieb zur Herstellung von Computern

   2) IT-Systemhaus   5) Bank

   3) Eisenhüttenwerk   6) forstwirtschaftlicher Betrieb

3. Ordnen Sie die unten stehenden Sachgüter/Dienstleistungen zu.

   a) dem Produktionsfaktor Arbeit   b) dem Produktionsfaktor Kapital

   c) dem Produktionsfaktor Boden   d) keinem dieser Produktionsfaktoren

   Sachgüter/Dienstleistungen:

   1) Ware im Verkaufsraum eines Computerhandels

   2) Parkplatz eines Computerhandels

   3) Scannerkasse im Computerhandel

   4) Telefon in einem privaten Haushalt

   5) Beratungsgespräch im IT-Systemhaus

4. Die Arbeitsplätze der Service-Mitarbeiter der IT-AG werden mit Notebooks ausgerüstet. Zu welchem der folgenden betriebswirtschaftlichen Produktionsfaktoren gehört ein Notebook?
Ein Notebook gehört zum ...

    a) Produktionsfaktor Werkstoffe.   b) Produktionsfaktor Betriebsmittel.

    c) Produktionsfaktor ausführende Arbeit.   d) dispositiven Faktor.

1.2.3 Wirtschaftliches Handeln

1.2.3.1 Bedürfnisse, Bedarf, Nachfrage

Bedürfnisse

Nahezu jeder Mensch hat eine unbegrenzte Anzahl von Bedürfnissen. Diese Bedürfnisse sind individuell unterschiedlich, wandelbar und von verschiedenen Bedingungen abhängig. Für jeden Einzelnen können diese Bedürfnisse mehr oder minder dringlich sein.

- Nach der **Dringlichkeit der Bedürfnisse** unterscheidet man Existenzbedürfnisse, Kulturbedürfnisse und Luxusbedürfnisse. **Existenzbedürfnisse** sind Bedürfnisse nach Grundnahrungsmitteln, ausreichender Kleidung und Unterkunft. Ihre Befriedigung sichert das Überleben des Menschen.
- **Kulturbedürfnisse** sind durch die Gesellschaft bestimmt und ihre Befriedigung nicht unbedingt lebensnotwendig. Hierzu zählen beispielsweise der Wunsch nach Bildung, einem Kinobesuch oder der Nutzung eines Schwimmbads.
- **Luxusbedürfnisse** richten sich nach Gütern, die die größere Zahl der Bevölkerung sich nicht leisten kann wie zum Beispiel einen Sportwagen, eine Yacht oder Kaviar.

Auf den amerikanischen Psychologen Abraham Maslow geht die Unterscheidung von mehreren Bedürfnisebenen zurück. Gemäß der sog. **Maslow-Pyramide** können folgende Bedürfnisarten unterschieden werden:

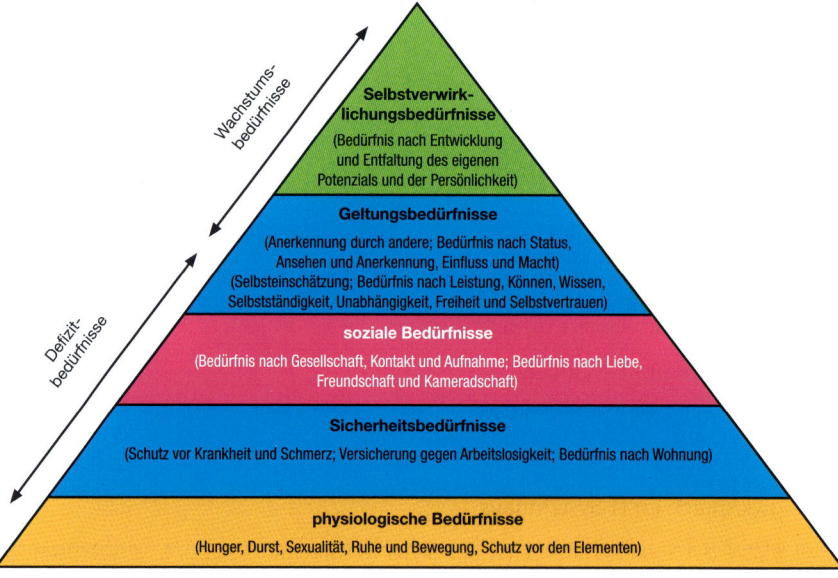

Bedürfnispyramide nach Maslow

Nach der **Bewusstheit der Bedürfnisse** unterscheidet man **offene und latente Bedürfnisse**. Bedürfnisse, die man konkret verspürt, wie beispielsweise Hunger, werden als offene oder bewusste Bedürfnisse bezeichnet. Die meisten Bedürfnisse werden aber nur unterschwellig empfunden oder oftmals erst durch Werbung geweckt.

Nach der **Art der Bedürfnisbefriedigung** unterscheidet man **Individualbedürfnisse** und **Kollektivbedürfnisse**. Während die Individualbedürfnisse von jedem Einzelnen im Rahmen seiner finanziellen Möglichkeiten erfüllt werden können, können Kollektivbedürfnisse nur durch die Gemeinschaft erfüllt werden. Meist ist das der Staat, der beispielsweise das Bedürfnis nach öffentlicher Sicherheit oder Freizeiteinrichtungen erfüllt.

Bedarf

Da die Bedürfnisse i.d.R. unbegrenzt sind, den Menschen aber nur begrenzte finanzielle Mittel zur Verfügung stehen, können nicht sämtliche Bedürfnisse sofort erfüllt werden. Die Bedürfnisse, die man mit den vorhandenen finanziellen Mitteln (Kaufkraft) erfüllen kann, werden Bedarf genannt. Diese erfüllbaren Bedürfnisse sind für die Wirtschaft von Interesse.

Nachfrage

Fragt der Verbraucher tatsächlich die entsprechenden Güter am Markt nach, so wird der Bedarf zur Nachfrage.

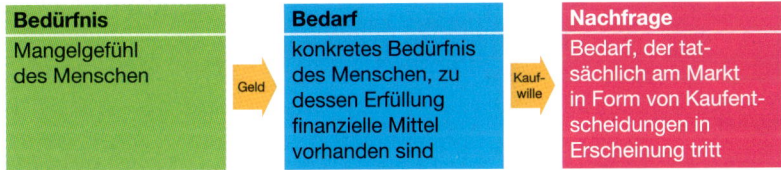

1.2.3.2 Güter

Als Güter werden alle Mittel bezeichnet, mit denen menschliche Bedürfnisse erfüllt werden können. Die Güter stiften dem Menschen dadurch Nutzen. Güter können nach verschiedenen Kriterien wie Verfügbarkeit, Beschaffenheit, Verwendungszweck oder Nutzungsdauer unterschieden werden.

Einteilung von Gütern nach Verfügbarkeit

Freie Güter stehen dem Menschen in unbeschränktem Maße zur Verfügung und können von jedem in Anspruch genommen werden. Sie haben deshalb keinen Preis (z.B. Luft, Sand, Meerwasser). **Wirtschaftliche Güter** sind knappe Güter, das heißt, sie sind nur in begrenztem Maß vorhanden. Diese Güter werden deshalb gehandelt und haben einen Preis.

Einteilung von Gütern nach Beschaffenheit

Materielle Güter sind körperliche (gegenständliche) Güter. Sie werden auch als Sachgüter bezeichnet (z.B. Computer, Pkw, Mantel, Brot). **Immaterielle Güter** sind Dienstleistungen (z.B. Friseurbesuch) oder Rechte (z.B. Forderung aus einem Vertrag).

Einteilung von Gütern nach Verwendungszweck

Konsumgüter sind Güter, die der unmittelbaren Bedürfniserfüllung des Endverbrauchers dienen (z.B. Brot, Möbelstück, Auto). **Produktionsgüter** dienen zur Herstellung (Produktion) von wirtschaftlichen Gütern (z.B. Maschinen, Werkzeuge, Rohstoffe). Es ist möglich, dass ein wirtschaftliches Gut sowohl zu einem Konsumgut (z.B. Schreibtisch in einem privaten Haushalt) als auch zu einem Produktionsgut (z.B. Schreibtisch in einem Unternehmen) werden kann, je nachdem, ob es vom Konsumenten oder vom Produzenten genutzt wird.

Einteilung von Gütern nach Nutzungsdauer

Gebrauchsgüter können mehrmals verwendet werden, auch über mehrere Jahre (z. B. Computer, Auto, Handy). **Verbrauchsgüter** können nur einmal genutzt werden, da sie dann verbraucht sind (z. B. Rohstoff, Getränk, Brot).

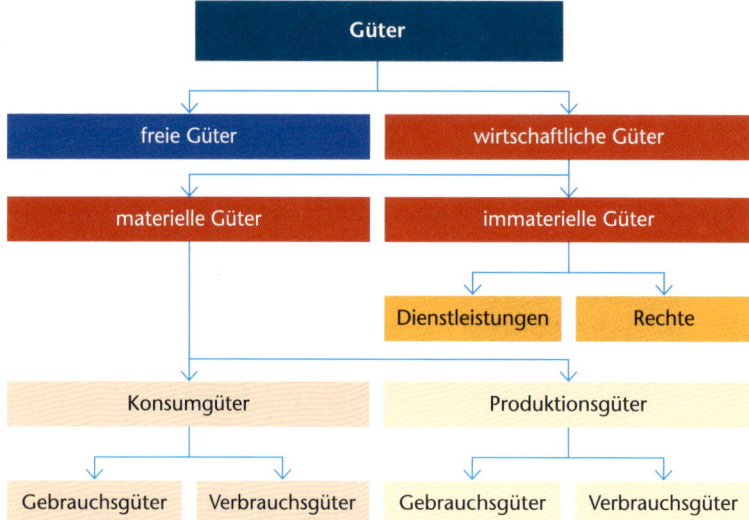

1.2.3.3 Ökonomisches Prinzip

Die Unbegrenztheit der menschlichen Bedürfnisse auf der einen Seite und die Knappheit der Güter auf der anderen Seite zwingen den Menschen dazu, seine Mittel möglichst sinnvoll einzusetzen, um den größtmöglichen Nutzen daraus zu ziehen.
Wirtschaften ist die planvolle Verwendung von Mitteln zur Beschaffung knapper Güter zur bestmöglichen Erfüllung der menschlichen Bedürfnisse. Das wirtschaftliche oder **ökonomische Prinzip** findet als **Minimalprinzip** oder **Maximalprinzip** Anwendung.

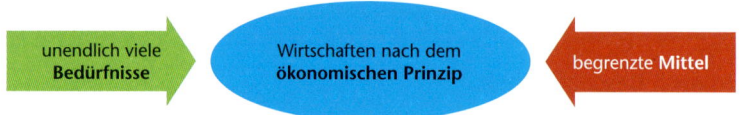

Maximalprinzip	Minimalprinzip
Unter Einsatz von gegebenen Mitteln soll ein größtmöglicher (maximaler) Ertrag erzielt werden.	Ein bestimmter Ertrag (Erfolg) soll mit möglichst geringem (minimalem) Mitteleinsatz erzielt werden.
Beispiel: Ein Haushalt versucht, mit gegebenem Einkommen möglichst viele Güter zu kaufen.	*Beispiel: Ein Betrieb versucht, ein vorgegebenes Umsatzziel mit möglichst geringen Kosten zu erreichen.*

1.2.3.4 Kennzahlen wirtschaftlichen Handelns

Kennzahlen (vgl. Controlling, Kapitel 4.4) werden aus den Daten des betrieblichen Rechnungswesens gebildet, um betriebliche Sachverhalte, Ergebnisse und Entwicklungstendenzen in Kurzform darzustellen. Sie dienen der Kontrolle der bisherigen betrieblichen Tätigkeit sowie der Planung zukünftiger Entscheidungen.

Das Management eines Unternehmens braucht Kennzahlen, um

- Informationen über Umweltfaktoren, Beschaffungs- und Absatzmarkt sowie Konkurrenten,
- Maßstäbe zur kritischen Beurteilung der eigenen Position im Wettbewerb und
- Orientierungspunkte für unternehmerische Zielsetzungen und Vorhaben zu erhalten.

Mathematisch gesehen sind Kennzahlen Verhältniszahlen. Sie werden gebildet als Quotient aus Beobachtungszahl (Zähler) und Bezugszahl (Nenner).

Produktivität

Die Produktivität beschreibt die **Ergiebigkeit des Einsatzes der Produktionsfaktoren**. Sie wird durch das Verhältnis der mengenmäßigen Produktionsleistung (Ergebnis) zum mengenmäßigen Einsatz der Produktionsfaktoren definiert. Je größer der Quotient ist, umso günstiger ist das Verhältnis zwischen Ausbringung und Faktoreinsatzmenge. Als Einsatzmenge werden verwendet die geleistete Arbeit in Stunden oder die eingesetzten Betriebsmittel in Euro.

$$\text{Arbeitsproduktivität} = \frac{\text{Produktionsleistung}}{\text{Arbeitsstunden}}$$

$$\text{Kapitalproduktivität} = \frac{\text{Produktionsleistung}}{\text{Kapitaleinsatz}}$$

Beispiel
Vor einer Rationalisierungsmaßnahme wurden bei einem Hardwarehersteller mit einem monatlichen Kapitaleinsatz von 200 000,00 € in 180 Arbeitsstunden 900 Lautsprecherboxen produziert. Durch die Rationalisierungsmaßnahme steigt der monatliche Kapitaleinsatz auf 252 000,00 €, die Produktionsmenge auf 1 260 Stück.

Vor der Rationalisierungsmaßnahme	Nach der Rationalisierungsmaßnahme
Arbeitsproduktivität = $\frac{900 \text{ St.}}{180 \text{ h}}$ = 5 Stück/h	Arbeitsproduktivität = $\frac{1260 \text{ St.}}{180 \text{ h}}$ = 7 Stück/h
Kapitalproduktivität = $\frac{900 \text{ St.}}{200\,000,00 \text{ €}}$ = 0,0045 Stück/€	Kapitalproduktivität = $\frac{1260 \text{ St.}}{252\,000,00 \text{ €}}$ = 0,005 Stück/€

Nach der Rationalisierung wurden pro Arbeitsstunde zwei Stück mehr bzw. je eingesetztem Euro 0,005 Stück zusätzlich hergestellt. Die Rationalisierungsmaßnahme dient deshalb der Steigerung der Produktivität.

Wirtschaftlichkeit

Die Wirtschaftlichkeit ist Ausdruck des **Grundprinzips des ökonomischen Handelns**. Jedes Unternehmen möchte rational (vernünftig) und optimal handeln, das heißt ein möglichst günstiges Verhältnis von Erträgen und Aufwendungen bzw. von Leistungen und Kosten verwirklichen.

In der Regel misst die Kennzahl **Wirtschaftlichkeit** das Verhältnis von wertmäßigen Leistungen und den Kosten, also dem Wert der eingesetzten Produktionsfaktoren eines Betriebes. Je stärker der Quotient den Wert 1 übersteigt, desto wirtschaftlicher hat der Betrieb gearbeitet.

$$\text{Wirtschaftlichkeit} = \frac{\text{Leistungen}}{\text{Kosten}} \qquad \text{Leistungen} = \text{Menge} \cdot \text{Marktpreis}$$

Beispiel

Vor einer Rationalisierungsmaßnahme konnten als Leistung aus der Produktion und dem Verkauf eines Produktes 400 000,00 € verzeichnet werden. Dem standen Kosten in Höhe von 320 000,00 € gegenüber. Nach der Rationalisierungsmaßnahme verursachte die Produktion nur noch 285 000,00 € Kosten bei gleicher Ausbringungsmenge.

Vor der Rationalisierungsmaßnahme	Nach der Rationalisierungsmaßnahme
Wirtschaftlichkeit = $\frac{400\,000{,}00\,€}{320\,000{,}00\,€}$ = 1,25 €	Wirtschaftlichkeit = $\frac{400\,000{,}00\,€}{285\,000{,}00\,€}$ = 1,40 €

Vor der Rationalisierungsmaßnahme erbrachte jeder eingesetzte Euro Leistungen in Höhe von 1,25 €, danach in Höhe von 1,40 €. Die Maßnahme ist demnach wirtschaftlich.

Rentabilität

Die Rentabilität gibt die Verzinsung des eingesetzten Kapitals an. Der Unternehmer misst damit, ob sich der Einsatz seines Kapitals im Betrieb im Vergleich zu anderen Kapitalanlagemöglichkeiten (z. B. Kauf von Wertpapieren) rentiert, das heißt gelohnt hat.

Die Rentabilität ist eine wertmäßige Verhältniszahl. Sie setzt den Gewinn in Beziehung zum eingesetzten Kapital. Multipliziert man den Quotienten mit 100, so erhält man die eigentliche Aussage über die Verzinsung.

Man unterscheidet zwei Formen der Rentabilität:

- **Eigenkapitalrentabilität** stellt den Quotienten aus Gewinn und Eigenkapital dar.
- **Gesamtkapitalrentabilität** gibt die Verzinsung des Gesamtkapitals (Eigen- und Fremdkapital) wieder. Im Zähler müssen zum Gewinn die Fremdkapitalzinsen hinzuaddiert werden, da mit dem Gesamtkapital nicht nur der Gewinn, sondern auch der Zins für das „geliehene" Kapital „verdient" werden muss.

$$\text{Eigenkapitalrentabilität} = \frac{\text{Gewinn} \cdot 100}{\text{Eigenkapital}}$$

$$\text{Gesamtkapitalrentabilität} = \frac{(\text{Gewinn} + \text{Fremdkapitalzinsen}) \cdot 100}{\text{Gesamtkapital}}$$

Beispiel
Im Vorjahr betrug der Gewinn eines Unternehmens 250 000,00 € bei einem Eigenkapitaleinsatz von 1 250 000,00 €. In diesem Jahr beläuft sich der Gewinn auf 295 000,00 €, das eingesetzte Eigenkapital betrug 1 400 000,00 €.

Vorjahr	Berichtsjahr
EK-Rentabilität = $\frac{250\,000{,}00\,€ \cdot 100}{1\,250\,000{,}00\,€}$ = 20 %	EK-Rentabilität = $\frac{295\,000{,}00\,€ \cdot 100}{1\,400\,000{,}00\,€}$ = 21,07 %

Trotz erhöhtem Eigenkapitaleinsatz konnte die Eigenkapitalrentabilität gesteigert werden, da der Gewinn entsprechend hoch ausfiel. Auf je 100,00 € eingesetztes Eigenkapital entfallen nun 1,07 € mehr Gewinn.

AUFGABEN

1. Stellen Sie fest, welche der unten stehenden Aussagen auf den Begriff „Bedarf" zutreffen. Der Bedarf

   a) ist ein nicht genau bestimmtes Mangelgefühl.

   b) entsteht durch die Knappheit der Güter.

   c) wird durch einen Kauf als Nachfrage am Markt wirksam.

   d) ist planbar und mit Kaufkraft ausgestattet.

   e) ist der Wunsch nach einer bestimmten Sache.

2. Stellen Sie fest, welche der folgenden Begriffe auf die unten stehenden Sachverhalte zutreffen.

   Begriffe:

   a) Bedürfnis　　　b) Bedarf　　　c) Nachfrage

   Sachverhalte:

   1) Ein Softwareentwickler hat den Wunsch, zukünftig näher am Arbeitsplatz zu wohnen.

   2) Ein IT-Systemelektroniker braucht Erholung und hat sich vorgenommen, seinen nächsten Urlaub in der Karibik zu verbringen.

AUFGABEN

    3) Ein Geschäftsführer eines IT-Unternehmens plant den Kauf des Nachfolgemodells seines Dienstwagens.

    4) Eine Schülerin meldet sich bei einem Kurs „Excel für Anfänger" an.

3. Ordnen Sie den unten stehenden Gütern die folgenden Güterarten zu.

   Güterarten:

   a) Konsumgut und Verbrauchsgut

   b) Konsumgut und Gebrauchsgut

   c) Produktionsgut und Verbrauchsgut

   d) Produktionsgut und Gebrauchsgut

   e) Dienstleistung

   Güter:

   1) Notebook im Haushalt eines Softwareentwicklers

   2) Scannerkasse im Verkaufsraum eines PC-Handels

   3) Beratung eines IT-Systemhauses durch seinen Steuerberater

   4) Kaffeemaschine in der Privatwohnung eines Informatikers

   5) Benzinvorrat im Tank des Dienstwagens eines Geschäftsführers

4. In welchem der folgenden Fälle handelt ein IT-Systemhaus nach dem ökonomischen Prinzip als Maximalprinzip?

   a) Für die neu entwickelte Tastatur „TASTA" soll ein festgelegter Marktanteil mit möglichst geringem Werbeaufwand erreicht werden.

   b) Der bisherige Marktanteil der DVD-Laufwerke soll erhalten bleiben, obwohl der Werbeaufwand dafür gesenkt wird.

   c) Durch Erhöhung des Werbeaufwands für PCs soll eine kontinuierliche Absatzsteigerung erreicht werden.

   d) Der Einsatz der fünf betriebseigenen Lastkraftwagen wird so organisiert, dass an jedem Tag möglichst viele Kunden beliefert werden können.

   e) Für die Fertigung der Druckertische wird durch Angebotsvergleiche der preisgünstigste Anbieter für Möbelrollen ermittelt.

5. Die Meuer GmbH erteilt der IT-AG einen Auftrag über die Aufrüstung von 300 PCs durch neue Netzwerkkarten. In welchem der folgenden Fälle würde die Meurer GmbH nach dem Minimalprinzip handeln?
   Die Meurer GmbH

   a) minimiert sofort die Aufwendungen für Werbung, weil jetzt ein Auftrag vorliegt.

   b) versucht, die Kosten für den Auftrag zu minimieren und den Erlös zu maximieren.

   c) erhöht nachträglich den Angebotspreis, weil der Gewinn aus diesem Auftrag minimal ist.

   d) beschafft die Netzwerkkarten von verschiedenen Herstellern so preswert wie möglich.

1.2.4 Rechtliche Rahmenbedingungen wirtschaftlichen Handelns

1.2.4.1 Grundlagen

Rechtsquellen

Öffentliches Recht
Das öffentliche Recht regelt die Beziehungen von Privatpersonen zum Staat. Der Staat als Inhaber hoheitlicher Gewalt ist dabei dem Bürger **übergeordnet**. Er kann im Interesse der Allgemeinheit und zur Verfolgung seiner Ziele den Bürgern einseitig Pflichten auferlegen und deren Nichtbefolgung durch Strafen ahnden. Zu den Rechtsgebieten des öffentlichen Rechts zählen Verfassungsrecht, Verwaltungsrecht, Steuerrecht, Strafrecht, Schulrecht, Prozessrecht, z. T. Arbeitsrecht.

Privates Recht
Das private Recht regelt die Beziehungen von Privatpersonen untereinander. Die Privatpersonen sind dabei untereinander gleichberechtigt. Im Gegensatz zum öffentlichen Recht können die Rechtsnormen des privaten Rechts durch individuelle Verträge geändert werden (Vertragsfreiheit). Zu den Rechtsgebieten des privaten Rechts zählen Bürgerliches Recht, Handelsrecht, Erbrecht, Wertpapierrecht, Eherecht, z. T. Arbeitsrecht.

Rechtssubjekte, Rechtsfähigkeit

Rechtssubjekte sind natürliche und juristische Personen. Unter Rechtsfähigkeit versteht man die Fähigkeit von Rechtssubjekten, Träger von Rechten und Pflichten zu sein.

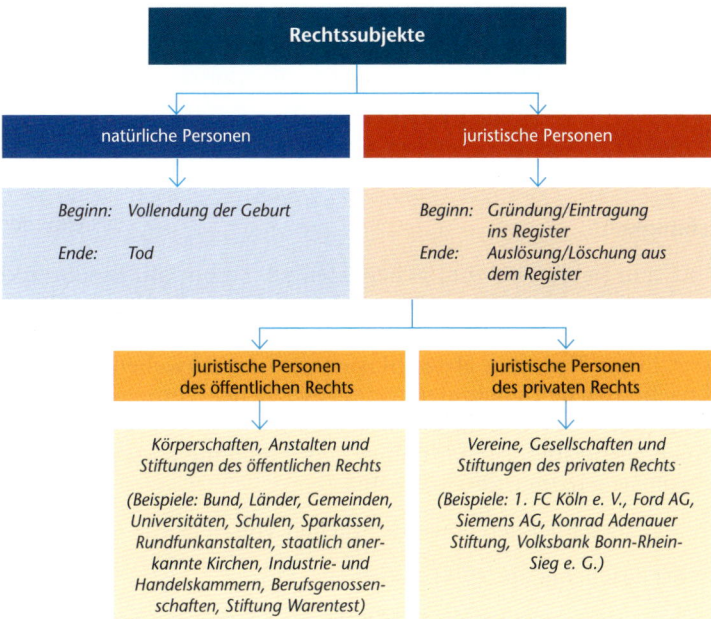

Geschäftsfähigkeit

Geschäftsfähigkeit ist die Fähigkeit von Personen, Rechtsgeschäfte rechtswirksam abschließen zu können.

Man unterscheidet drei Stufen der Geschäftsfähigkeit:

Geschäftsunfähigkeit	beschränkte Geschäftsfähigkeit	Geschäftsfähigkeit
0 bis unter 7 Jahre	7 bis unter 18 Jahre	ab 18 Jahre
Rechtsgeschäft ist von Anfang an **nichtig**.	Rechtsgeschäft ist bis zur Zustimmung des gesetzlichen Vertreters **schwebend unwirksam**.	Rechtsgeschäft ist von Anfang an **wirksam**.

Geschäftsunfähigkeit

Natürliche Personen sind bis zur Vollendung des siebten Lebensjahres **geschäftsunfähig**. Willenserklärungen dieser Personen sind **nichtig**, d. h. ungültig. Geschäftsunfähige Personen können keine Rechtsgeschäfte rechtswirksam abschließen. Das gilt auch für Personen, die dauernd geisteskrank sind.

Geschäftsunfähige können im Auftrag des gesetzlichen Vertreters für diesen ein Rechtsgeschäft als Bote wirksam abschließen. Der Bote tritt in diesem Fall als Erfüllungsgehilfe des Auftraggebers auf.

Beispiel

- Der 5-jährige Carl kauft sich am Kiosk ein Eis. Der Vertrag ist von Anfang an nichtig.

- Der 25-jährige dauernd geistig behinderte Andreas kauft eine CD. Der Vertrag ist von Anfang an nichtig.

- Die 6-jährige Ina wird von ihrer Mutter zum Bäcker geschickt, um fünf Brötchen zu kaufen. Es kommt ein rechtsgültiger Kaufvertrag zwischen der Mutter und dem Bäcker zustande.

Beschränkte Geschäftsfähigkeit

Natürliche Personen sind vom siebten bis zum vollendeten 18. Lebensjahr **beschränkt geschäftsfähig**. Eine beschränkt geschäftsfähige Person darf Rechtsgeschäfte in der Regel nur mit Zustimmung des gesetzlichen Vertreters abschließen. Ein Rechtsgeschäft, das ohne die Zustimmung des gesetzlichen Vertreters abgeschlossen wird, ist **schwebend unwirksam**. Es wird durch die nachträgliche Genehmigung des gesetzlichen Vertreters wirksam oder ist ohne dessen Zustimmung von Anfang an unwirksam.

In Ausnahmefällen können beschränkt geschäftsfähige Personen ohne Zustimmung des gesetzlichen Vertreters Rechtsgeschäfte wirksam abschließen:

- Das Rechtsgeschäft bringt ausschließlich einen rechtlichen Vorteil (§ 107 BGB).

- Geschäft im Rahmen des Taschengeldes (§ 110 BGB)

- Geschäfte im Rahmen eines Dienstverhältnisses, für das eine Zustimmung des gesetzlichen Vertreters vorliegt (§ 113 BGB)

- selbstständiger Betrieb eines Erwerbsgeschäftes mit Zustimmung des gesetzlichen Vertreters und des Vormundschaftsgerichts (§ 112 BGB)

Beispiel

- Die 15-jährige Marie kauft eine Stereoanlage im Wert von 500,00 €, ohne ihre Eltern um Erlaubnis gefragt zu haben. Nachdem die Eltern von dem Kauf erfahren, haben sie keinen Einwand, sodass der Kaufvertrag nachträglich durch die Zustimmung der Eltern zustande kommt.
- Der 17-jährige Oliver kauft sich von seinem Taschengeld ein neues Sweatshirt. Die Eltern sind von dem Kauf nicht begeistert. Das Rechtsgeschäft ist zustande gekommen, da Oliver das Sweatshirt im Rahmen seines verfügbaren Taschengeldes gekauft hat.
- Der 17-jährige Conrad kündigt seine Ausbildung zum IT-Systemkaufmann. Die Kündigung ist wirksam, da Conrad mit der Zustimmung seiner Eltern beim Abschluss des Ausbildungsvertrags alle Rechtsgeschäfte, die dieses Ausbildungsverhältnis betreffen, rechtswirksam abschließen kann.
- Der 17-jährige Christian gründet mit der Zustimmung seiner Eltern ein Unternehmen für IT-Services. Nachdem durch das Vormundschaftsgericht eine Genehmigung erteilt worden ist, kann er alle Rechtsgeschäfte im Rahmen des Unternehmens rechtswirksam abschließen.

Geschäftsfähigkeit

Mit Vollendung des 18. Lebensjahres sind natürliche Personen geschäftsfähig. Rechtsgeschäfte, die von Geschäftsfähigen abgeschlossen werden, sind voll wirksam.

Beispiel
Die 18-jährige Emily kauft sich ein neues Fahrrad. Das Rechtsgeschäft ist von Anfang an wirksam.

Rechtsobjekte

Rechtsobjekte sind die Gegenstände (Objekte, Sachen und Rechte), auf die sich die Rechte der Rechtssubjekte beziehen.

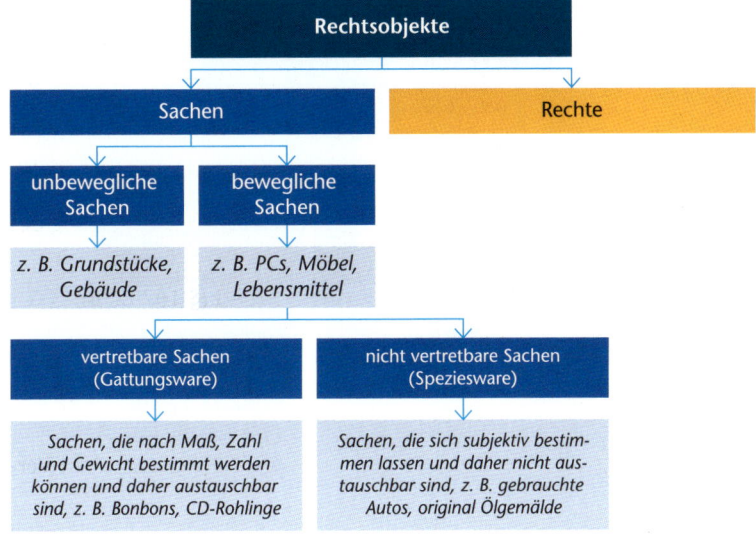

Eigentum und Besitz

Eigentum ist die rechtliche Verfügungsgewalt über eine Sache. Der Eigentümer einer Sache kann, soweit nicht das Gesetz oder Dritte entgegenstehen, mit der Sache nach Belieben verfahren (§ 903 BGB).

Besitz ist die tatsächliche Verfügungsgewalt über eine Sache (§ 854 BGB). Der Besitzer einer Sache kann nicht beliebig mit dieser verfahren, er kann sich lediglich widerrechtlicher Angriffe auf seinen Besitz erwehren (Selbsthilfe).

Beispiel
Die Auszubildende Sophie kauft sich in der Buchhandlung das Buch „IT-Systeme". Sie ist Besitzerin und Eigentümerin des Buches. Einige Wochen später verleiht sie dieses Buch an eine Klassenkameradin, welche nun Besitzerin des Buches ist. Sophie bleibt aber weiterhin Eigentümerin.

Rechtsgeschäfte, Willenserklärungen

Rechtsgeschäfte entstehen durch eine oder mehrere Willenserklärungen. Willenserklärungen sind gewollte und zwangsfreie Erklärungen einer Person mit der Absicht, eine rechtliche Wirkung herbeizuführen.

Arten von Rechtsgeschäften
Ein Rechtsgeschäft kann aus einer Willenserklärung (einseitige Rechtsgeschäfte) oder aus mehreren Willenserklärungen (zwei- oder mehrseitige Rechtsgeschäfte) bestehen.

Form von Rechtsgeschäften

Für die Form von Rechtsgeschäften besteht grundsätzlich Formfreiheit. Die Willenserklärungen können mündlich, schriftlich oder durch schlüssiges Handeln abgegeben werden.

Für einzelne Rechtsgeschäfte bestehen zum Schutz vor Missbrauch der Vertragsfreiheit und zur leichteren Beweiskraft **Formvorschriften**. Werden diese Formvorschriften nicht eingehalten, ist das Rechtsgeschäft nichtig.

Anfechtung und Nichtigkeit von Rechtsgeschäften

Nichtige Willenserklärungen sind von Anfang an ungültig. Sie haben keine Rechtsfolgen.

Nichtigkeitsgründe	Beispiel
Geschäftsunfähigkeit (Willenserklärung von Geschäftsunfähigen)	*Ein 5-jähriger Junge kauft ohne Zustimmung der Eltern ein Spielzeugauto.*
Zustand der Bewusstlosigkeit oder vorübergehende Störung der Geistestätigkeit	*Ein Mann kauft im volltrunkenen Zustand ein Auto.*
Scheingeschäft (Nur zum Schein abgegebene Willenserklärung)	*Ein Unternehmer lässt sich im Restaurant eine Quittung über 150,00 € ausstellen, obwohl er nur 100,00 € bezahlt hat. Den Beleg gibt er gegenüber dem Finanzamt als Betriebsausgabe an, um Steuern zu sparen.*
Scherzgeschäft (nur zum Scherz abgegebene Willenserklärung)	*Eine vermögende Frau sagt im Scherz: „Du kannst mein gesamtes Vermögen geschenkt haben."*
Formmangel (Rechtsgeschäft verstößt gegen die Formvorschrift)	*Ein Mann schließt einen Kaufvertrag über ein Haus und ein Grundstück schriftlich, aber ohne notarielle Beurkundung ab.*

Nichtigkeitsgründe	Beispiel
Verstoß gegen gesetzliches Verbot	Ein Dealer verkauft Rauschgift.
Sittenwidrigkeit (Rechtsgeschäft verstößt gegen die guten Sitten)	Ein privater Kreditvermittler vereinbart mit seinem Kunden im Kreditvertrag einen Monatszins in Höhe von 3 % (= Jahreszins in Höhe von 36 %).

Anfechtbare Willenserklärungen können im Nachhinein durch Anfechtung ungültig werden. Bis zur Anfechtung sind sie gültig.

Anfechtungsgründe	Beispiel
Irrtum in der Erklärung	Ein Informatikkaufmann bestellt irrtümlich 100 000 CD-Rohlinge statt 100 CD-Rohlinge.
Irrtum in der Eigenschaft einer Person oder Sache	Ein Unternehmer stellt einen Diplom-Informatiker ein und erfährt im Nachhinein, dass diesem bei seinem vorherigen Arbeitgeber wegen Betrugs gekündigt worden ist.
Irrtum in der Übermittlung	Ein Unternehmer nennt einem Kunden für eine Serviceleistung einen Preis von 259,00 €. Tatsächlich meinte er aber 295,00 €.
arglistige Täuschung	Ein Auszubildender kauft einen Gebrauchtwagen, der nach Aussagen des Händlers unfallfrei ist. Nach dem Kauf stellt sich heraus, dass es sich um einen Unfallwagen handelt.
widerrechtliche Drohung	Ein Kollege droht einem Auszubildenden, ihn gegenüber dem Chef anzuschwärzen, wenn er ihm nicht 50,00 € leihen würde.

Unterscheidung von wichtigen Vertragsarten nach dem BGB

Vertragsart	Vertragsinhalt	Beispiel
Veräußerungsverträge		
Kaufvertrag (vgl. Kapitel 3.8.10) §§ 433–514 BGB	Veräußerung von Sachen und Rechten gegen Zahlung von Entgelt	Ein Käufer kauft ein Auto in einem Autohaus.
Schenkungsvertrag §§ 516–435 BGB	Veräußerung von Sachen und Rechten ohne Zahlung von Entgelt	Ein Großvater schenkt seinem Enkel eine Briefmarkensammlung.
Überlassungsverträge		
Mietvertrag §§ 535–580 BGB	Überlassung von Sachen gegen Zahlung von Entgelt	Ein Vermieter vermietet seine Wohnung an einen Mieter.
Pachtvertrag §§ 581–597 BGB	Überlassung von Sachen zum wirtschaftlichen Gebrauch und wirtschaftlicher Nutzung gegen Zahlung von Entgelt	Ein Landwirt pachtet ein Stück Land, auf dem er Ackerbau betreiben darf. Die Ernte darf er behalten.

Vertragsart	Vertragsinhalt	Beispiel
Überlassungsverträge		
Leihvertrag §§ 598–606 BGB	Überlassung von Sachen zum Gebrauch ohne wirtschaftliche Zahlung von Entgelt	Ein Auszubildender leiht sich ein Buch in der Stadtbücherei.
Darlehensvertrag §§ 607–610 BGB	Überlassung von Sachen oder Geld gegen die Verpflichtung der späteren Rückgabe der Sache in gleicher Art, Güte und Menge	Ein Unternehmer nimmt bei seiner Hausbank ein Darlehen auf, das er zum vereinbarten Termin zurückzahlen muss.
Bestätigungsverträge		
Dienstvertrag §§ 611–630 BGB §§ 662–674 BGB	Leistung von Diensten gegen Zahlung von Entgelt	Ein Arbeitgeber schließt einen Arbeitsvertrag mit einem Arbeitnehmer ab.
Werkvertrag §§ 631–650 BGB	Leistung von Diensten gegen Zahlung von Entgelt mit Erfolgsgarantie	Eine Schneiderin näht für eine Kundin ein Kleid. Den Stoff liefert die Kundin selbst.
Werklieferungsvertrag § 651 BGB	Leistung von Diensten zur Herstellung eines Werkes bei gleichzeitiger Mitlieferung aller Werkstoffe gegen Zahlung von Entgelt	Eine Schneiderin näht für eine Kundin ein Kleid. Den Stoff für das Kleid liefert die Schneiderin.

1.2.4.2 Handelsrecht

Überblick

Das Handelsrecht ist das „Sonderprivatrecht" für Kaufleute. Es ist kein vollständiges eigenes Recht, sondern baut auf den Rechtsvorschriften des BGB auf und dient der Sicherheit, Vereinfachung und Beschleunigung des Geschäftsverkehrs innerhalb der Wirtschaft. Wichtigste Gesetzesgrundlage ist das Handelsgesetzbuch (HGB).
Statt von einer Unternehmung wird im HGB vom Kaufmann gesprochen. Das Handelsrecht ist nur anzuwenden, wenn Kaufmannseigenschaft gegeben ist.

Gründung einer Unternehmung

Da die Gewerbefreiheit ein wichtiges Element der marktwirtschaftlichen Ordnung ist, kann in der Bundesrepublik Deutschland grundsätzlich jeder ein Unternehmen gründen. Jedoch muss ein Unternehmer die gesetzlichen Rahmenbedingungen beachten, die der Gesetzgeber zum Schutz der Allgemeinheit festgelegt hat.

Voraussetzungen für die Gründung eines Unternehmens

Zur Gründung und erfolgreichen Führung eines Unternehmens sind umfassende wirtschaftliche und rechtliche Kenntnisse notwendig. Darüber hinaus sollte der Unternehmer einige persönliche Voraussetzungen für die Unternehmensgründung erfüllen.

persönliche Voraussetzungen	sachliche und wirtschaftliche Voraussetzungen	rechtliche Voraussetzungen
– Geschäftsfähigkeit – Risikobereitschaft – Aufgeschlossenheit gegenüber neuen Ideen – Entscheidungsfähigkeit – Kontaktfreudigkeit und Kontaktfähigkeit – Motivationsfähigkeit – Kritikfähigkeit – Durchhaltevermögen	– Branchenkenntnisse – Standortwahl – Kapital – Personal – Ware – Geschäftsverbindungen	– Gewerbeanmeldung – Anmeldung zur Eintragung ins Handelsregister – Anmeldung beim Finanzamt – Anmeldung bei der Berufsgenossenschaft – Anmeldung bei der IHK

Kaufmannseigenschaft

Kaufmann im Sinne des HGB ist, wer ein Handelsgewerbe betreibt.
Ein Handelsgewerbe ist jeder Gewerbebetrieb, der nach Art und Umfang einen in kaufmännischer Weise eingerichteten Geschäftsbetrieb erfordert. Personen, die ein Handelsgewerbe betreiben, sind Kaufleute kraft Gewerbebetrieb (**Istkaufmann**).
Personen, die einen Gewerbebetrieb betreiben, der keine kaufmännische Organisation erfordert, und Inhaber von land- und forstwirtschaftlichen Betrieben sind keine Kaufleute kraft Gewerbebetrieb. Sie können sich aber ins Handelsregister eintragen lassen und werden dadurch Kaufleute (**Kannkaufmann**).
Ohne Rücksicht auf die Art des Gewerbes sind alle Kapitalgesellschaften (GmbH, AG, KGaA) und eingetragenen Genossenschaften verpflichtet, sich ins Handelsregister eintragen zu lassen. Sie sind damit Kaufleute kraft Rechtsform (**Formkaufmann**).

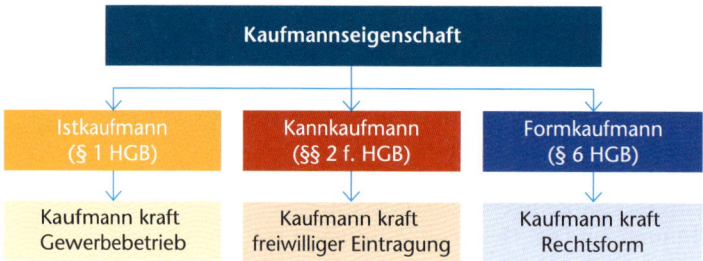

Handelsregister

Das Handelsregister ist ein beim Amtsgericht geführtes amtliches Verzeichnis der Kaufleute eines Amtsgerichtsbezirks. Durch das Handelsregister soll die Öffentlichkeit über die grundlegenden Rechtsverhältnisse der Unternehmungen unterrichtet werden. Außerdem dient es dem Schutz der Firma des Kaufmanns.

Gliederung des Handelsregisters

Das Handelsregister besteht aus zwei Abteilungen:

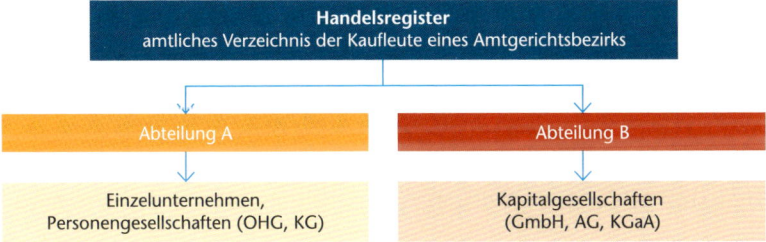

Wirkung der Eintragungen

- **Deklaratorische (rechtsbezeugende) Wirkung der Eintragung**
  Die Rechtswirkung kann bereits vor der Eintragung eingetreten sein. Die Eintragung bestätigt dieses lediglich.

> **Beispiel**
> Die Eintragung der Prokura ist gesetzlich vorgeschrieben. Die Erteilung der Prokura ist aber schon vor der Eintragung ins Handelsregister wirksam.

- **Konstitutive (rechtserzeugende) Wirkung der Eintragung**
  Die Rechtswirkung tritt erst durch die Eintragung ein.

> **Beispiel**
> Eine Aktiengesellschaft entsteht nicht mit der Gründung, sondern erst mit der Eintragung ins Handelsregister.

Öffentlichkeit des Handelsregisters

Das Handelsregister ist öffentlich, d.h. jeder hat das Recht, ins Handelsregister Einsicht zu nehmen. Die Eintragungen ins Handelsregister werden durch Veröffentlichung im Bundesanzeiger und in einer örtlichen Tageszeitung bekannt gemacht.

Firma

Die Firma ist der Name eines Kaufmanns, unter dem er seine Geschäfte betreibt und unterschreibt, klagen und verklagt werden kann.

Firmenarten

- **Personenfirma**
  Die Firma besteht aus einem oder mehreren bürgerlichen Namen und der Rechtsformbezeichnung.
  Beispiele: Marc Mönnig e.Kfm., Meurer und Lemloh KG, Hesselmann GmbH
- **Sachfirma**
  Die Firma besteht aus dem Firmennamen, der aus dem Gegenstand des Unternehmens abgeleitet ist, und der Rechtsformbezeichnung.
  Beispiele: IT-Systemhaus Bonn GmbH, Kölner Umzugsservice KG

- **Gemischte Firma**
  Die Firma beinhaltet den Personennamen und den Gegenstand des Unternehmens und die Rechtsformbezeichnung.
  Beispiele: Schmitz Eiscreme GmbH, Reisebüro Nicole Schöneberger e.Kfr.
- **Fantasiefirma**
  Die Firma besteht aus einem frei erfundenen Firmennamen und der Rechtsformbezeichnung.
  Beispiele: Ruckzuck KG, Living with a box GmbH, Golemkahüs AG

Firmengrundsätze
Bei der Wahl der Firma sind neben den gesetzlichen Vorschriften folgende Firmengrundsätze zu beachten.

Firmenwahrheit	Die Firma muss bei der Unternehmensgründung der Wahrheit entsprechen, d.h. z.B. bei einer Personenfirma müssen bürgerlicher Name und Firma übereinstimmen.
Firmenklarheit	Die Firma muss den Tatsachen entsprechen und darf nicht über Art und Umfang des Geschäfts täuschen. *Beispiel: Ein kleiner IT-Betrieb darf sich nicht „IT-Großmarkt" nennen.*
Firmenöffentlichkeit	Jeder Kaufmann ist verpflichtet, seine Firma im Handelsregister eintragen zu lassen.
Firmenausschließlichkeit	Jede Firma muss sich von einer anderen Firma am selben Ort unterscheiden. Bei einer Personenfirma mit gleichem Familiennamen muss die Firma eine eindeutige Unterscheidung ermöglichen.
Firmenbeständigkeit	Bei einem Inhaberwechsel des Unternehmens darf die Firma beibehalten werden. Ein Zusatz in der Firma muss auf das Nachfolgeverhältnis hinweisen. *Beispiele: IT-Service Steinkamp, Inhaber Rolf Schmitz*

Vollmachten

Unter Vollmacht versteht man das Recht eines Mitarbeiters, im Namen und auf Rechnung des Betriebes Rechtsgeschäfte abschließen zu können. Man unterscheidet Handlungsvollmacht und Prokura.

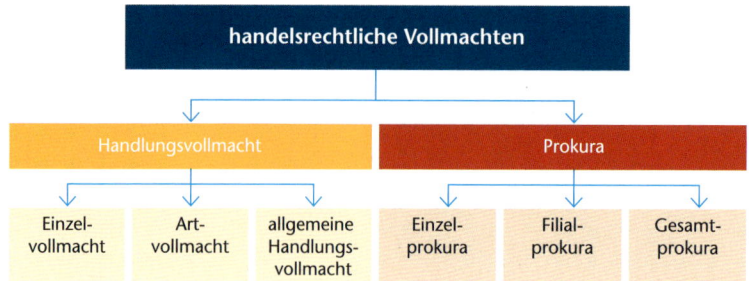

Prokura

Die Prokura ist die weitreichendste Vollmacht. Sie ermächtigt den Prokuristen zu allen Rechtsgeschäften, die der Betrieb **irgendeines Handelsgewerbes** mit sich bringt.

Umfang der Prokura
Ein Prokurist darf grundsätzlich alle gewöhnlichen und außergewöhnlichen Rechtsgeschäfte vornehmen.

> **Beispiel**
> Waren einkaufen und verkaufen, Mitarbeiter einstellen und entlassen, Grundstücke kaufen, Darlehen aufnehmen, Prozesse im Namen des Unternehmens führen, Bürgschaften eingehen u. v. m.

Eine besondere Vollmacht benötigt der Prokurist lediglich zum Verkauf und zur Belastung von Grundstücken.

Ein Prokurist darf nicht
- Prokura erteilen oder entziehen,
- Bilanzen und Steuererklärungen unterzeichnen,
- neue Gesellschafter aufnehmen,
- Eröffnung eines Insolvenzverfahrens beantragen,
- das Unternehmen auflösen oder veräußern.

Arten der Prokura

Einzelprokura	Filialprokura	Gesamtprokura
Der Prokurist ist ermächtigt, die Prokura allein auszuüben.	Die Prokura wird auf die Geschäfte einer Filiale eines Unternehmens beschränkt.	Die Vertretungsmacht darf nur von mehreren Prokuristen gemeinschaftlich ausgeübt werden.
Beispiel: Der Prokurist kann allein den Kauf eines neuen Betriebsgrundstücks vornehmen.	*Beispiel: Der Prokurist darf nur die Geschäfte der Filialniederlassung Bonn ausführen.*	*Beispiel: Der Prokurist Lehmann darf die Geschäfte nur gemeinschaftlich mit dem Prokuristen Immenhorst ausführen.*

Erteilung der Prokura
Die Prokura kann nur von einem Kaufmann erteilt werden.

Unterschrift des Prokuristen
Ein Prokurist unterschreibt, indem er der Firmenbezeichnung seinen Namen mit dem Zusatz ppa. (per procura) hinzufügt.

Beginn der Prokura
Die Prokura beginnt im Innenverhältnis mit ihrer Erteilung. Im Außenverhältnis wird die Prokura erst mit der Eintragung und Veröffentlichung im Handelsregister wirksam. Die Eintragung hat also rechtsbezeugende Wirkung.

Erlöschen der Prokura
Die Prokura erlischt
- mit Beendigung des Rechtsverhältnisses, an das sie gebunden ist,
- durch Widerruf,
- durch Auflösung des Geschäfts,
- durch den Tod des Prokuristen.

Handlungsvollmacht

Die Handlungsvollmacht erstreckt sich nur auf Rechtsgeschäfte, die in dem **jeweiligen Handelsgewerbe** gewöhnlich vorkommen. Die Handlungsvollmacht kann im Gegensatz zur Prokura im Umfang beliebig eingeschränkt werden.

Arten der Handlungsvollmacht

Einzelvollmacht	Artvollmacht	allgemeine Handlungsvollmacht
Bevollmächtigung zur Vornahme eines einzelnen Rechtsgeschäfts	Bevollmächtigung zur Vornahme einer bestimmten Art von Rechtsgeschäften	Bevollmächtigung zur Vornahme aller gewöhnlichen Rechtsgeschäfte, die in dem Handelsgewerbe des betreffenden Geschäftszweigs vorkommen
Beispiele: einmalige Vollmacht zum Abheben von Bargeld vom Geschäftskonto, einmalige Vollmacht zum Verkauf des Firmenwagens	*Beispiele: Vollmacht zum Einkauf von Waren (Einkäufer), Vollmacht zum Verkauf von Waren (Verkäufer), Vollmacht zum Einstellen von Personal*	*Beispiel: Geschäftsführer oder Filialleiter eines Unternehmens, der sämtliche Rechtsgeschäfte, die in diesem Handelsgewerbe vorkommen, vornehmen darf*

Ein Handlungsbevollmächtigter ist nicht befugt
- Grundstücke zu veräußern oder zu belasten,
- Darlehen aufzunehmen und
- Prozesse im Namen des Unternehmens zu führen.

Erteilung der Handlungsvollmacht
Handlungsvollmacht kann formlos (schriftlich, mündlich oder durch Stillschweigen) von Kaufleuten oder Prokuristen erteilt werden. Jeder Bevollmächtigte kann innerhalb seiner Vollmacht Untervollmachten erteilen. Handlungsvollmachten werden nicht ins Handelsregister eingetragen.

Unterschrift des Handlungsbevollmächtigten
Der Handlungsbevollmächtigte unterschreibt, indem er der Firmenbezeichnung seinen Namen mit dem Zusatz i. A. (im Auftrag) oder i. V. (in Vertretung) hinzufügt.

Erlöschen der Handlungsvollmacht
Die Handlungsvollmacht erlischt
- mit Beendigung des Rechtsverhältnisses, an das sie gebunden ist,
- durch Widerruf,
- mit Erledigung des Auftrags bei einer Einzelvollmacht,
- durch Auflösung des Geschäfts oder
- durch den Tod des Handlungsbevollmächtigten.

1.2.4.3 Unternehmensformen

Die Rechtsordnung stellt den Unternehmen verschiedene Unternehmensformen (Rechtsformen) zur Verfügung und überlässt es den Gründern oder Eigentümern, die Entscheidung für eine bestimmte Rechtsform nach betriebswirtschaftlichen, steuerlichen oder anderen Gesichtspunkten zu treffen.

Überblick

Ein Unternehmen kann als Einzel- oder Gesellschaftsunternehmung betrieben werden. Die Gesellschaftsunternehmen lassen sich weiterhin unterteilen in Personengesellschaften und Kapitalgesellschaften.

Diese verschiedenen Unternehmungsformen lassen sich in der Regel anhand folgender Merkmale unterscheiden: Gründung, Haftung, Mindestkapital, Firma, Gewinn und Verlustverteilung.

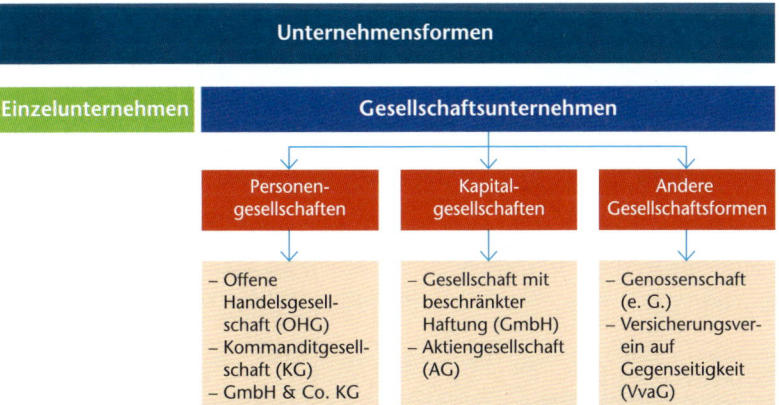

Übersicht

	Einzelunternehmung	Offene Handelsgesellschaft (OHG)	Kommanditgesellschaft (KG)	Gesellschaft mit beschränkter Haftung (GmbH)	Aktiengesellschaft (AG)
Rechtsgrundlagen	allgemeine Vorschriften im BGB, §§ 1 ff. HGB	§§ 105–160 HGB	§§ 161–177 HGB	GmbH-Gesetz (GmbHG)	Aktiengesetz (AktG)
allgemeine Merkmale	Kaufmann	– Personenhandelsgesellschaft – Betrieb eines Handelsgewerbes	– Personenhandelsgesellschaft – Betrieb eines Handelsgewerbes	– Kapitalgesellschaft – zu jedem beliebigen Zweck errichtbar	– Kapitalgesellschaft – zu jedem beliebigen Zweck errichtbar
	unbeschränkte Haftung	unbeschränkte Haftung aller Gesellschafter	– unbeschränkte Haftung bei mindestens einem Gesellschafter (= Komplementär) – beschränkte Haftung bei mindestens einem Gesellschafter (= Kommanditist)	GmbH-Gesellschafter sind entsprechend ihren Geschäftsanteilen (= Stammeinlagen) an der GmbH beteiligt; ihre Haftung ist auf die Höhe ihrer Stammeinlagen beschränkt.	Aktionäre sind entsprechend ihren Aktienanteilen an der AG beteiligt; ihre Haftung ist auf die Höhe ihrer Aktieneinlagen beschränkt.
	natürliche Personen	eine quasi-juristische Person	eine quasi-juristische Person	juristische Person	juristische Person

	Einzelunternehmung	Offene Handelsgesellschaft (OHG)	Kommanditgesellschaft (KG)	Gesellschaft mit beschränkter Haftung (GmbH)	Aktiengesellschaft (AG)
Gründung	formfrei	formfreier Gesellschaftsvertrag	formfreier Gesellschaftsvertrag	notarielle Beurkundung des Gesellschaftsvertrages	notarielle Beurkundung der Satzung
	eine Person	zwei und mehr Personen	zwei und mehr Personen	eine und mehr Personen	eine und mehr Personen
	Entstehung mit der Aufnahme der werbenden Tätigkeit nach außen	Entstehung nach außen mit dem Zeitpunkt der Geschäftsaufnahme, spätestens mit der Eintragung ins Handelsregister	wie bei OHG	Entstehung mit der Eintragung ins Handelsregister	Entstehung mit der Eintragung ins Handelsregister
Mindestkapital	keine Vorschriften	keine Vorschriften	keine Vorschriften	Stammkapital (gezeichnetes Kapital) mind. 25 000,00 €	Grundkapital (gezeichnetes Kapital) mind. 50 000,00 €
Firma	Eingetragene(r) Kauffrau/-mann	OHG	KG	GmbH	AG
gesetzliche Regelung der Geschäftsführerbefugnis (Innenverhältnis)	Inhaber zur Geschäftsführung berechtigt und verpflichtet	– jeder Geschäftsführer alleine (Einzelgeschäftsführerbefugnis) – Widerspruchsrecht des einzelnen Gesellschafters – bei außergewöhnlichen Geschäften: Zustimmung aller Gesellschafter	– jeder Komplementär alleine (Einzelgeschäftsführungsbefugnis) – Kontrollrecht des Kommanditisten – Widerspruchsrecht des einzelnen Komplementärs – bei außergewöhnlichen Geschäften: Zustimmung aller Komplementäre, Widerspruchsrecht der Kommanditisten	der Geschäftsführer bzw. die Geschäftsführer gemeinsam (Gesamtgeschäftsführungsbefugnis)	alle Vorstandsmitglieder gemeinsam (Gesamtgeschäftsführungsbefugnis)
gesetzliche Regelung der Vertretungsbefugnis (Außenverhältnis)	Inhaber zur Vertretung berechtigt und verpflichtet	jeder Gesellschafter alleine (Einzelvertretungsbefugnis)	– jeder Komplementär alleine (Einzelvertretungsbefugnis) – Prokuraerteilung an Kommanditisten möglich	der Geschäftsführer bzw. die Geschäftsführer gemeinsam (Gesamtvertretungsbefugnis)	alle Vorstandsmitglieder gemeinsam (Gesamtvertretungsbefugnis)

	Einzelunternehmung	Offene Handelsgesellschaft (OHG)	Kommanditgesellschaft (KG)	Gesellschaft mit beschränkter Haftung (GmbH)	Aktiengesellschaft (AG)
Haftung	– Betriebs- und Privatvermögen – unbeschränkt	– Gesellschaftsvermögen und Privatvermögen der Gesellschafter – Gesellschafter haften unbeschränkt, unmittelbar und solidarisch	– Gesellschaftsvermögen und Privatvermögen der Komplementäre – Komplementäre haften wie OHG-Gesellschafter (Kommanditisten haften in Höhe ihrer Kommanditeinlage)	Gesellschafter haften in Höhe ihrer Stammeinlage.	Gesellschaftsvermögen (Aktionäre haften in Höhe ihrer Aktieneinlage)
gesetzliche Regelung der Gewinnverteilung (vertraglich änderbar)	Insgesamt	– 4 % auf die Kapitaleinlage – Rest nach Köpfen – Verlust nach Köpfen	– 4 % auf die Kapitaleinlage – Rest in angemessenem Verhältnis – Verlust in angemessenem Verhältnis	im Verhältnis der Geschäftsanteile	im Verhältnis der Aktiennennbeträge
Auflösungsgründe	– Entscheidung des Inhabers – Konkurseröffnung	– Gesellschafterbeschluss – Vertragsablauf – Konkurseröffnung	wie bei OHG	– Gesellschafterbeschluss – Vertragsablauf – Konkurseröffnung	– Hauptversammlungsbeschluss – Vertragsablauf – Konkurseröffnung
Organe				Geschäftsführer, Bestellung durch die Gesellschafter	Vorstand, Bestellung durch den Aufsichtsrat
				Aufsichtsrat (ab 500 Arbeitnehmer zwingend) als überwachendes Organ	Aufsichtsrat als überwachendes Organ
				Gesellschafterversammlung als beschlussfassendes Organ (Interessenvertretung der Gesellschafter)	Hauptversammlung als beschlussfassendes Organ (Interessenvertretung der Aktionäre)

AUFGABEN

1. Entscheiden Sie bei folgenden Aussagen, ob sie richtig oder falsch sind.

    a) Ein neugeborenes Kind kann unter Umständen steuerpflichtig sein.

    b) Eine Katze kann erbfähig sein.

    c) Eine 15-jährige Jugendliche kann Eigentümerin eines IT-Systemhauses sein.

    d) Juristische Personen sind geschäftsfähig, aber nicht rechtsfähig.

    e) Wenn ein 8-jähriger Junge von seinem Taschengeld ein Eis kauft, ist das Rechtsgeschäft schwebend unwirksam.

2. Zwischen A und B wird ein Kaufvertrag über einen Computer geschlossen. Da B den Kaufpreis nicht sofort zahlen kann, werden im Kaufvertrag Ratenzahlungen und Eigentumsvorbehalt vereinbart.

    a) Welche der unten stehenden Aussagen trifft auf diesen Sachverhalt zu?
    Durch das Geschäft wird B ...
    - Eigentümer, aber nicht Besitzer.
    - Besitzer, aber nicht Eigentümer.
    - Eigentümer und Besitzer.

    b) B verkauft und übergibt den Computer an C, bevor die fälligen Raten an A gezahlt sind. Welche der unten stehenden Aussagen beschreibt die Rechtssituation nach Abschluss dieses Vorgangs?
    - C kann unter keinen Umständen Eigentümer des Computers werden.
    - C wird Eigentümer des Computers, sofern er beim Erwerb des Computers gutgläubig ist.
    - A kann auf jeden Fall von C die Herausgabe des Computers verlangen, sofern B die noch ausstehenden Raten nicht zahlt.

3. Der Prokurist Maus der IT-AG beauftragt einen Auszubildenden, schriftlich einen Handelsregisterauszug zu beantragen. Das Schreiben soll von Herrn Maus unterschrieben werden. Mit welcher der folgenden Unterschriftszeilen bereitet der Auszubildende den Brief korrekt vor?

    a) ZAPP AG ppa. Maus   b) ZAPP AG i. V. Maus

    c) ZAPP AG i. A. Maus   d) ZAPP AG Maus

4. Ein IT-Systemhaus GmbH will sich aus dem Handelsregister (HR) Informationen über Unternehmen beschaffen, mit denen eine Kooperation möglich ist.
Welche der folgenden Aussagen trifft auf die Einsichtnahme in das HR zu?
Einsicht nehmen in das HR ...

    a) können nur natürliche und juristische Personen, die selbst im HR eingetragen sind.

    b) können nur Personen, die ein berechtigtes Interesse nachweisen.

    c) kann jeder.

    d) können nur Rechtsanwälte und Notare.

AUFGABEN

5. Im Zusammenhang mit der Gründung der IT-AG waren bestimmte Sachverhalte zu prüfen und rechtliche Bestimmungen zu beachten.
   Welche zwei der folgenden Aussagen sind in diesem Zusammenhang zutreffend?

   a) Die Gründung konnte durch eine natürliche oder eine juristische Person erfolgen.

   b) Die Satzung der AG ist auch ohne notarielle Beurkundung wirksam.

   c) Die Mindesteinlage beträgt 25 000,00 € und musste bar erbracht werden.

   d) Über die Gründung musste einen Bericht erstellt werden.

   e) Die Gründer bestellten den ersten Vorstand.

   f) Die ZAPP AG wurde in das Handelsregister Abteilung A eingetragen.

6. Welche drei der folgenden Aussagen im Zusammenhang mit der Firmierung eines PC-Servicecenters sind zutreffend?

   a) Die Firma ist der Name eines Kaufmanns, unter dem er seine Geschäfte betreibt.

   b) Unter der Firma gibt der Kaufmann seine Unterschrift ab.

   c) Aus der Firma muss die zutreffende Branche hervorgehen.

   d) Unter der Firma kann das Unternehmen verklagt werden.

   e) Außer den Vorschriften des HGB sind auch die Vorschriften des BGB bei der Wahl der Firma zu beachten.

   f) In der Firma einer Personengesellschaft kann ein Hinweis auf die Gesellschaftsform fehlen.

7. Auf welche der folgenden Unternehmungsformen treffen die unten stehenden Aussagen zu?

   Unternehmungsformen

   a) KG   b) OHG   c) AG   d) GmbH

   Aussagen

   1) Organe sind Vorstand, Aufsichtsrat und Hauptversammlung; das Grundkapital muss mindestens 50 000,00 € betragen.

   2) Alle Gesellschafter sind grundsätzlich zur Geschäftsführung und Vertretung einzeln berechtigt und haften unbeschränkt.

   3) Die Gesellschafter haften nicht mit ihrem Privatvermögen. Das Stammkapital muss mindestens 25 000,00 € betragen.

   4) Ein Teil der Gesellschafter ist von der Geschäftsführung und Vertretung ausgeschlossen.

8. Statt wieder in ein abhängiges Beschäftigungsverhältnis zu wechseln, planen Sie mit einem verlässlichen Freund die Gründung eines IT-Dienstleistungsunternehmens in der Rechtsform einer GmbH. Welche der unten stehenden Aussagen über die GmbH sind richtig?

   a) Eine GmbH kann von einer Person allein gegründet werden.

   b) Die Firma der GmbH muss eine Sachfirma sein.

AUFGABEN

    c) Die Gesellschafter einer GmbH haften gegenüber den Gläubigern direkt und solidarisch.

    d) Jede GmbH muss nach den gesetzlichen Bestimmungen einen Aufsichtsrat bestellen.

    e) Das Stammkapital einer GmbH beträgt mindestens 25 000,00 €.

    f) Das Grundkapital einer GmbH beträgt mindestens 50 000,00 €.

9. Stellen Sie fest, welche der unten stehenden Aussagen zutreffen:

    a) auf eine AG,   b) auf eine GmbH,

    c) auf eine KG,   d) auf eine OHG,

    e) auf keine der vorgenannten Unternehmensformen.

    Aussagen

    1) Die Gesellschaft wird durch die/den Geschäftsführer gerichtlich und außergerichtlich vertreten.

    2) Die Gesellschaft zählt zu den Personengesellschaften.

    3) Die Gesellschaft ist in der Abteilung B des Handelsregisters einzutragen.

    4) Bei der Gründung dieser Gesellschaft ist ein Mindestkapital vorgeschrieben.

    5) Diese Gesellschaft ist die in Deutschland am häufigsten gewählte Unternehmensform.

10. Henrik Hesselmann und Marc Mönnig schließen am 16.12.2016 einen Gesellschaftsvertrag über die Gründung eines IT-Systemhauses, der HEMA GmbH.
Am 28.12.2016 wird die GmbH zur Eintragung beim zuständigen Amtsgericht angemeldet.
Am 03.01.2017 nehmen Hesselmann und Mönnig die Geschäftstätigkeit auf. Am gleichen Tag schließen die beiden erste Verträge mit Kunden und Lieferanten.
Am 15.01.2017 wird die HEMA GmbH ins Handelsregister eingetragen.

    a) An welchen der oben genannten Tage entstand die GmbH als Handelsgesellschaft?

    b) Welche der folgenden Aussagen bezüglich der Haftung für die Verbindlichkeiten aus einem Vertrag, die vor Entstehung der GmbH abgeschlossen wurden, trifft zu?

        - Die Gesellschaft haftet für diese Verbindlichkeiten mit ihrem Gesellschaftsvermögen.
        - Die Gesellschaft haftet für diese Verbindlichkeiten mit ihrem Stammkapital.
        - Die Gesellschafter haften für diese Verbindlichkeiten mit ihren Stammeinlagen.
        - Die Gesellschafter Hesselmann und Mönnig haften für diese Verbindlichkeiten persönlich und solidarisch.

    c) Wie hoch muss das Stammkapital der GmbH mindestens sein?

    d) In welcher Form müssen Hesselmann und Mönnig den Gesellschaftsvertrag abschließen?
        - formfrei
        - in Schriftform
        - in notarieller Form

1.2.5 Arbeits- und Tarifrecht

1.2.5.1 Individualarbeitsrecht

Das **Individualarbeitsrecht** regelt die Rechte und Pflichten zwischen dem einzelnen Arbeitgeber und dem einzelnen Arbeitnehmer, die sich aus dem Arbeitsvertrag ergeben.

Arbeitsvertrag

Das Arbeitsverhältnis wird durch einen Arbeitsvertrag begründet, in dem sich der Arbeitnehmer gegenüber dem Arbeitgeber zur Arbeitsleistung gegen Zahlung von Entgelt verpflichtet. Der Arbeitsvertrag ist grundsätzlich formfrei. Die Vertragsfreiheit wird allerdings durch die Vorschriften des Arbeitsrechts, die geltenden Tarifverträge und mögliche Betriebsvereinbarungen eingeschränkt. Aus Gründen der Rechtssicherheit werden Arbeitsverträge häufig in der Schriftform abgeschlossen.

Rechte und Pflichten aus dem Arbeitsvertrag

Pflichten des Arbeitgebers (Rechte des Arbeitnehmers)	Pflichten des Arbeitnehmers (Rechte des Arbeitgebers)

– **Vergütungspflicht**
  – pünktliche Zahlung der im Arbeitsvertrag vereinbarten Vergütung
  – Zahlung der Vergütung auch bei Arbeitsunfähigkeit wegen Krankheit bis zu sechs Wochen
– **Fürsorgepflicht**
  – Gestaltung der Arbeitsbedingungen zum Schutz der Gesundheit des Arbeitnehmers
  – Anmeldung des Arbeitnehmers bei der Sozialversicherung
– **Pflicht zur Gewährung von Urlaub**
  – Gewährung bezahlten Urlaubs
  – mindestens 24 Werktage lt. BUrlG
– **Zeugnispflicht**
  – Pflicht zur Ausstellung eines Zeugnisses bei Beendigung des Arbeitsverhältnisses
  – einfaches Zeugnis: Art und Dauer des Arbeitsverhältnisses
  – qualifiziertes Zeugnis: zusätzlich Leistung, Verhalten und besondere Fähigkeiten des Arbeitnehmers
	– **Dienstleistungspflicht**
	  – pünktliche Erfüllung der im Arbeitsvertrag vereinbarten Leistungen
	– **Treue- und Verschwiegenheitspflicht**
	  – Wahrung von Geschäfts- und Betriebsgeheimnissen
	– **Wettbewerbsverbot**
	  – Während des Arbeitsverhältnisses darf der Arbeitnehmer ohne Einwilligung des Arbeitgebers kein Handelsgewerbe im Geschäftszweig des Arbeitgebers ausüben und auch kein anderes Handelsgewerbe ausüben.

Beendigung des Arbeitvertrags

Ein Arbeitsverhältnis kann durch **Kündigung**, durch einen **Aufhebungsvertrag** oder durch den **Vertragsablauf** beendet werden.

Kündigung

Die Kündigung ist eine **einseitige, empfangsbedürftige Willenserklärung**, durch die der Arbeitsvertrag vom Arbeitnehmer oder vom Arbeitgeber beendet wird. Die Kündigung muss in Schriftform erfolgen. Zur Rechtswirksamkeit der Kündigung ist die eigenhändige Unterschrift der kündigungsberechtigten Person notwendig. Die Kündigung wird wirksam, wenn sie dem Vertragspartner zugegangen ist.

ordentliche Kündigung

Die ordentliche Kündigung erfolgt unter Einhaltung der gesetzlichen Kündigungsfristen, welche gelten, wenn keine anderen tarifvertraglichen Regelungen gelten und auch im Arbeitsvertrag keine andere Kündigungsfrist vereinbart wurde. Dabei kann die Kündigungsfrist vertraglich nur verlängert, nicht aber verkürzt werden (Ausnahme: bei Aushilfstätigkeiten bis zu drei Monaten).
Grundsätzlich beträgt die Kündigungsfrist für Arbeiter und Angestellte vier Wochen zum 15. eines Monats oder vier Wochen zum Monatsende. Bei einer Betriebszugehörigkeit ab zwei Jahren verlängert sich die gesetzliche Kündigungsfrist:

Betriebszugehörigkeit ab dem 25. Lebensjahr	Kündigungsfrist zum Monatsende
2 – 5 Jahre	1 Monat
5 – 8 Jahre	2 Monate
8 – 10 Jahre	3 Monate
10 – 12 Jahre	4 Monate
12 – 15 Jahre	5 Monate
15 – 20 Jahre	6 Monate
20 Jahre und mehr	7 Monate

außerordentliche Kündigung

Die außerordentliche Kündigung kann ohne Einhaltung einer Kündigungsfrist (fristlos) aus einem wichtigen Grund erfolgen. Ein solcher Grund liegt vor, wenn dem Arbeitgeber oder dem Arbeitnehmer die Fortsetzung des Arbeitsverhältnisses nicht mehr zugemutet werden kann.
Beispiel: Arbeitgeber zahlt das vereinbarte Gehalt nicht, Arbeitnehmer verweigert die Arbeit, Arbeitnehmer verübt einen Diebstahl im Unternehmen.

Aufhebungsvertrag

Durch einen Aufhebungsvertrag wird das Arbeitsverhältnis im gegenseitigen Einvernehmen der beiden Vertragspartner beendet. Die Vertragspartner vereinbaren den Zeitpunkt der Beendigung des Arbeitsverhältnisses.

Vertragsablauf

Ist ein Arbeitsvertrag nur befristet abgeschlossen worden, so endet das Arbeitsverhältnis nach Vertragsablauf, ohne dass es einer Kündigung bedarf.

Kündigungsschutz

In Betrieben, die mehr als fünf Arbeitnehmer beschäftigen, genießt der Arbeitnehmer **allgemeinen Kündigungsschutz**, sofern er das **18. Lebensjahr vollendet** hat und **länger als sechs Monate** ohne Unterbrechung in demselben Betrieb beschäftigt ist. Eine Kündigung ist außerdem nur rechtswirksam, wenn sie **sozial gerechtfertigt** ist.

zulässige Kündigungsgründe	
Gründe in der Person des Arbeitnehmers	mangelnde körperliche und geistige Leistung, mangelnde Ausbildung, lang andauernde Krankheit, bei der die Fehlzeiten zu einer unzumutbaren Belastung des Betriebes führen
Gründe im Verhalten des Arbeitnehmers	wiederholte Unpünktlichkeit, wiederholtes Fehlen ohne Grund, Verstöße gegen Gehorsamkeits- und Verschwiegenheitspflicht, Beleidigungen anderer Mitarbeiter
Dringende betriebliche Erfordernis	Absatzschwierigkeiten, Umsatzrückgang, Arbeitsplatzabbau durch Rationalisierungsmaßnahmen, Stilllegung des Betriebes oder einzelner Abteilungen, Änderung von Produktionsprozessen

Sofern im Betrieb ein **Betriebsrat** vorhanden ist, muss der Arbeitgeber vor jeder Kündigung den Betriebsrat anhören und diesem die Kündigungsgründe mitteilen. Der Betriebsrat kann einer ordentlichen Kündigung zwar widersprechen, diese jedoch nicht verhindern. Neben dem allgemeinen Kündigungsschutz gelten für bestimmte Personengruppen **besondere Kündigungsschutzbedingungen**. Dazu zählen Betriebsratsmitglieder, Mitglieder der Jugend- und Auszubildendenvertretung, Auszubildende, Schwerbehinderte, Wehrdienstleistende, werdende Mütter und junge Mütter bzw. Väter.

besonderer Kündigungsschutz	
Betriebsratsmitglieder, Jugend- und Auszubildendenvertreter	ordentliche Kündigung nicht zulässig, außerordentliche Kündigung aus einem wichtigen Grund möglich
Auszubildende	Kündigung durch den Arbeitgeber nach der Probezeit nur aus einem wichtigen Grund innerhalb von zwei Wochen nach Bekanntwerden des Kündigungsgrundes zulässig
Schwerbehinderte	Kündigung nur mit Zustimmung der Hauptfürsorgestelle unter Einhaltung einer Kündigungsfrist von vier Wochen zulässig
Wehrdienstleistende	Kündigung während der Zeit von der Zustellung des Einberufungsbescheids bis zur Beendigung der Grundwehrdienstzeit nicht zulässig
Werdende Mütter	Kündigung während der Schwangerschaft und bis vier Monate nach der Entbindung nicht zulässig
Junge Mütter bzw. Väter	Kündigung während der Elternzeit nicht zulässig

1.2.5.2 Kollektivarbeitsrecht

Das **Kollektivarbeitsrecht** betrifft alle Rechtsfragen, bei denen nicht ein Arbeitnehmer als Einzelperson, sondern jeweils eine Gruppe von Arbeitnehmern betroffen ist. Dies sind z. B. alle Arbeitnehmer eines Betriebes oder einer bestimmten Branche.

Tarifvertrag

Auf der Grundlage der **Koalitionsfreiheit** (Artikel 9 GG) haben die **Tarifpartner**, d. h. die Gewerkschaften und die Arbeitgeberverbände, das Recht, über die Arbeitsbedingungen (Höhe von Löhnen und Gehältern, Arbeitszeit, Urlaub etc.) selbstständig, d. h. ohne Eingriffe des Staates, zu verhandeln. Die Ergebnisse dieser Verhandlungen werden in Tarifverträgen festgehalten. Dieses Recht wird als **Tarifautonomie** bezeichnet.

Der **Tarifvertrag** ist eine Vereinbarung zwischen den Tarifvertragspartnern, in dem die in freien Verhandlungen getroffenen Vereinbarungen über die Arbeitsbedingungen eines Wirtschaftszweigs (z. B. Handel) festgelegt werden.

Tarifvertragsarten

Nach dem Inhalt eines Tarifvertrags lassen sich folgende Tarifvertragsarten unterscheiden:

Manteltarifvertrag	Rahmentarifvertrag	Lohn-/Gehaltstarifvertrag
– Laufzeit i. d. R. viele Jahre – grundsätzliche, allgemein gültige Vereinbarungen – Wochenarbeitszeit – Urlaubsregelungen – Probezeit – Kündigungsfristen – Schichtarbeit – Nachtarbeit – Sonn- und Feiertagszulagen	– Laufzeit i. d. R. zwei bis drei Jahre – Beschreibung von Tätigkeits- und Qualifikationsmerkmalen für die einzelnen Lohn- und Gehaltsgruppen und die Kriterien der jeweiligen Einstufung	– Laufzeit i. d. R. ein Jahr – Regelungen zur Höhe der Löhne und Gehälter – Höhe der Ausbildungsvergütungen – Leistungslohnregelung – Mindestbeträge für Lohnerhöhungen – einmalige Zahlungen

Ablauf von Tarifverhandlungen

Eine Tarifauseinandersetzung wird mit der **Kündigung des noch laufenden Tarifvertrags** eingeleitet. Die Kündigung kann grundsätzlich durch jede der beiden Tarifvertragsparteien erfolgen. Anschließend treten die Tarifvertragsparteien zu Tarifverhandlungen zusammen, in denen die Vertragspartner jeweils ihre wirtschaftliche Lage und ihre Forderungen bzw. Angebote erläutern. Ziel der Verhandlungen ist es, einen Kompromiss zu finden. Kommt keine **Einigung** zustande, kann eine Schlichtung beantragt werden, um den Arbeitsfrieden zu erhalten und einen Arbeitskampf zu verhindern.

Im **Schlichtungsverfahren** wird eine Kommission aus Vertretern von Arbeitgebern und Arbeitnehmern und einem neutralen Vorsitzenden gebildet. Sie erarbeitet einen Einigungsvorschlag.

Scheitert dieser Schlichtungsversuch, erlischt die **Friedenspflicht** der Tarifparteien und es können Arbeitskampfmaßnahmen eingeleitet werden. Zulässige Kampfmittel sind der **Streik** auf der Arbeitnehmerseite und die **Aussperrung** auf der Arbeitgeberseite.

Bevor zum Streik aufgerufen wird, führt die Gewerkschaft eine **Urabstimmung** durch, bei der die Gewerkschaftsmitglieder des Tarifgebiets für oder gegen einen Arbeitskampf abstimmen. Voraussetzung für die Durchführung eines Streiks ist eine Mehrheit von mindestens 75 % der betroffenen Gewerkschaftsmitglieder.

Auf den Streik der Arbeitnehmer können die Arbeitgeber mit der Aussperrung reagieren, bei der den Arbeitnehmern der Zugang zu den Arbeitsplätzen verweigert wird. Während der Aussperrung ruhen die Rechte und Pflichten aus dem Arbeitsvertrag. Der Arbeitnehmer erbringt keine Leistung und erhält im Gegenzug keinen Lohn.

Parallel zu den Arbeitskampfmaßnahmen werden Verhandlungen zwischen den Tarifvertragsparteien geführt, die meist zu einer Einigung führen.

Kommt es bei den Tarifverhandlungen zu einer Einigung, so ist eine erneute **Urabstimmung** zur Beendigung des Streiks notwendig. Zum Abschluss eines neuen Tarifvertrags kommt es, wenn bei der Urabstimmung mindestens 25 % der gewerkschaftlich organisierten Arbeitnehmer für die Annahme des Verhandlungsergebnisses und damit für die Beendigung des Streiks stimmen.

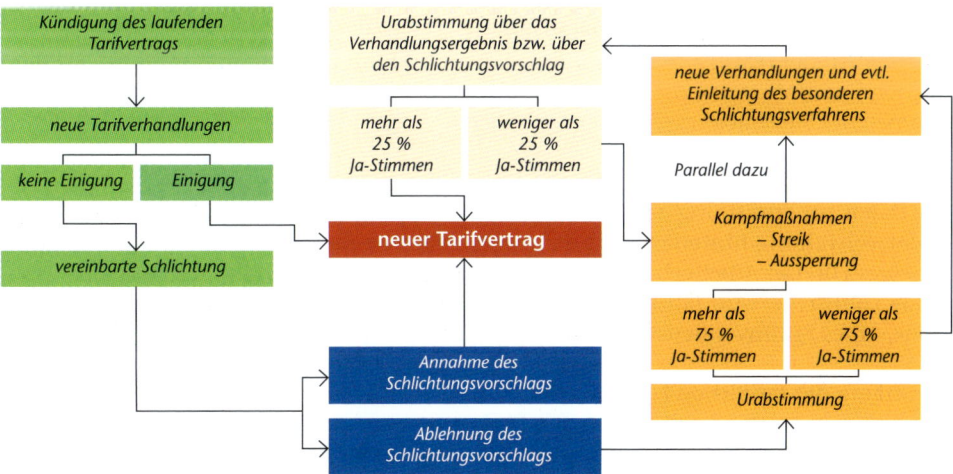

Betriebsvereinbarung

Die Betriebsvereinbarung ist ein Vertrag zwischen Arbeitgeber und Betriebsrat, in dem Bedingungen für die Arbeitsverhältnisse im Betrieb festgelegt werden. Betriebsvereinbarungen gelten zwingend für jeden Arbeitnehmer.
Betriebsvereinbarungen müssen schriftlich abgeschlossen und vom Arbeitgeber an geeigneter Stelle im Betrieb ausgelegt werden. Eine Betriebsvereinbarung darf keine Regelungen enthalten, die den Arbeitnehmer schlechter stellen als die Regelungen des Tarifvertrags, und ist somit lediglich als Ergänzung zum Tarifvertrag zu verstehen.

Beispiel
- Beginn und Ende der Arbeitszeit
- Pausenregelung
- Art und Form der Lohnzahlung
- Urlaubsregelungen
- betriebliche Sozialleistungen
- Unfallverhütung

1.2.5.3 Besteuerung von Einkommen

Die Einkommensteuer (ESt) ist die Steuer auf das Einkommen steuerpflichtiger natürlicher Personen. Sie bemisst sich nach dem zu versteuernden Einkommen eines Kalenderjahres. Die Erhebung der Einkommensteuer erfolgt in zwei Verfahren, dem **Veranlagungsverfahren** und dem **Abzugsverfahren**.

Grundsätzlich erfolgt die Festsetzung der zu zahlenden Einkommensteuer durch das Finanzamt aufgrund der eingereichten Einkommensteuererklärung des Steuerpflichtigen, in der dieser sämtliche für die Ermittlung erforderlichen Angaben der Einkommensteuerschuld angibt.

Zur Vereinfachung des Steuereinzugs und zur Sicherung der Steuerzahlung wird die ESt bei Einkünften aus nicht selbstständiger Arbeit in Form der Lohnsteuer vom Arbeitgeber einbehalten und an das Finanzamt abgeführt.

Die **Lohnsteuer** (LSt) ist eine besondere Erhebungsform der Einkommensteuer. Sie wird bei den Einkünften aus nicht selbstständiger Arbeit durch Abzug vom Arbeitslohn im Rahmen des Steuerabzugsverfahrens erhoben.

Ermittlung der tariflichen Lohnsteuer
Die Daten zur Ermittlung der tariflichen Lohnsteuer werden in einer Datenbank bei der Finanzverwaltung hinterlegt und den Arbeitgebern in elektronischer Form zum Abruf bereitgestellt. Der Arbeitgeber ermittelt anhand von **Lohnsteuertabellen** die einzubehaltende Lohnsteuer. Am Jahresende erhält der Arbeitnehmer eine Bescheinigung mit der Höhe seines Bruttoverdienstes und der abgeführten Steuerbeträge.

Ermittlung der tariflichen Einkommensteuer
Der Einkommensteuer unterliegen alle **Einkünfte** eines Kalenderjahres. Die **Summe der Einkünfte**, vermindert um den Altersentlastungsbetrag, ist der **Gesamtbetrag der Einkünfte**. Vermindert man diesen um die Sonderausgaben und die außergewöhnlichen Belastungen, erhält man das **Einkommen**. Nach Abzug von Kinderfreibetrag und Haushaltsfreibetrag ergibt sich das **zu versteuernde Einkommen**. Das zu versteuernde Einkommen bildet die Bemessungsgrundlage für die Ermittlung der **tariflichen Einkommensteuer** gemäß **Einkommensteuertabelle**. Die zu entrichtende Steuerschuld wird dem Steuerpflichtigen mit dem Steuerbescheid mitgeteilt.

Werbungskosten
Werbungskosten sind Aufwendungen, die dem Erwerb, der Sicherung und der Erhaltung der Einnahmen dienen. Sie sind bei den Überschusseinkunftsarten jeweils steuermindernd zu berücksichtigen.

Beispiel
Werbungskosten im Zusammenhang mit Einkünften aus:

Nicht selbstständiger Arbeit	Kapitalvermögen	Vermietung und Verpachtung
– Kosten für die Fahrt zur Arbeit – Aufwendungen für Fachliteratur – Gewerkschaftsbeiträge – Fortbildungskosten	– Schuldzinsen (für den Kauf von Wertpapieren) – Depotgebühren	– Schuldzinsen – Aufwendungen für Instandhaltung – Grundsteuer – Abschreibungen

Sonderausgaben
Sonderausgaben sind Aufwendungen der privaten Lebensführung, die mit keiner Einkunftsart in Zusammenhang stehen. Sie können aus sozial-, finanz- oder wirtschaftspolitischen Gründen steuermindernd berücksichtigt werden.

> **Beispiel**
> Sozialversicherungsbeiträge, Steuerberatungskosten, Kirchensteuer, Unterhaltsleistungen, Spenden u. a.

Außergewöhnliche Belastungen
Es handelt sich um zwangsläufige Ausgaben, die dem Steuerpflichtigen in höherem Maße erwachsen als der Mehrheit der Steuerpflichtigen und denen er sich aus tatsächlichen, rechtlichen oder sittlichen Gründen nicht entziehen kann.

> **Beispiel**
> Kosten für Krankenhausbehandlung, Kosten für Kur, Kinderbetreuungskosten, Scheidungskosten, Ausbildungsfreibetrag für Kinder in der Ausbildung

Schema zur Ermittlung des zu versteuernden Einkommens

1. Einkünfte aus Land- und Forstwirtschaft	**Gewinneinkunftsarten**	Betriebseinnahmen – Betriebsausgaben = Einkünfte aus …
2. Einkünfte aus Gewerbebetrieb		
3. Einkünfte aus selbstständiger Arbeit		
4. Einkünfte aus nicht selbstständiger Arbeit	**Überschusseinkunftsarten**	Einnahmen – Werbungskosten = Einkünfte aus …
5. Einkünfte aus Kapitalvermögen		
6. Einkünfte aus Vermietung und Verpachtung		
7. sonstige Einkünfte		

= Summe der Einkünfte	
– Altersentlastungsbetrag	
– Entlastungsbetrag für Alleinerziehende	
= Gesamtbetrag der Einkünfte	
– Sonderausgaben	
– Vorsorgeaufwendungen	
– außergewöhnliche Belastungen	
= Einkommen	
– Kinderfreibetrag	
= zu versteuerndes Einkommen	
zu zahlende Einkommensteuer lt. ESt-Tabelle	
– schon gezahlte Steuer im Rahmen des Steuerabzugsverfahrens (LSt, KESt)	
Steuernachzahlung oder Steuerrückerstattung	

AUFGABEN

1. Welche der folgenden Behauptungen zum Einzelarbeitsvertrag ist richtig?

   a) Wenn für ein Unternehmen gültige Tarifvereinbarungen vorliegen, können keine Einzelarbeitsverträge abgeschlossen werden.

   b) Einzelarbeitsverträge für die Arbeitnehmer werden vom Betriebsrat mit dem Arbeitgeber abgeschlossen.

   c) Ein Einzelarbeitsvertrag ohne Urlaubsregelung ist ungültig.

   d) Der Einzelarbeitsvertrag ist auch rechtswirksam, wenn das vereinbarte Arbeitsentgelt höher ist als im Tarifvertrag festgelegt.

   e) Ein Einzelarbeitsvertrag muss schriftlich abgeschlossen werden.

2. Welche der unten stehenden Gruppen von Beschäftigten genießen keinen besonderen Kündigungsschutz?

   a) Auszubildende
   b) jugendliche Arbeitnehmer
   c) Jugend- und Auszubildendenvertreter
   d) werdende Mütter
   e) Wehr-/Zivildienstleistende
   f) verheiratete Arbeitnehmer

3. Ein Auszubildender ist nach sechs Monaten überzeugt, den falschen Beruf gewählt zu haben und will die bisherige Berufsausbildung aufgeben. Kann er das Ausbildungsverhältnis kündigen?

   a) Ja, ohne Einhaltung einer Kündigungsfrist

   b) Ja, unter Einhaltung einer Kündigungsfrist von 14 Tagen

   c) Ja, unter Einhaltung einer Kündigungsfrist von 4 Wochen

   d) Ja, unter Einhaltung einer Kündigungsfrist von 6 Wochen

4. Bei welchen drei der unten stehenden Sachverhalte ist eine „außerordentliche Kündigung ohne Fristeinhaltung" (fristlose Kündigung) möglich?

   a) Wegen vereister Straßen kommt ein Mitarbeiter verspätet zur Arbeit.

   b) Trotz mehrfacher Mahnung hat ein Mitarbeiter seit zwei Monaten kein Gehalt erhalten.

   c) Durch eine Fehlbedienung des Arbeitsplatzcomputers löscht ein Mitarbeiter versehentlich die Festplatte.

   d) Ein Mitarbeiter gibt Kalkulationen von Kundenaufträgen an einen guten Freund weiter, der bei der Konkurrenz arbeitet.

   e) Bei einem Mitarbeiter wird anlässlich einer Taschenkontrolle am Werksausgang ein originalverpacktes Speichergerät aus dem eigenen Unternehmen gefunden. Ein Kaufbeleg ist nicht vorhanden.

   f) Im Skiurlaub bricht sich ein Mitarbeiter ein Bein und ist anschließend sechs Wochen arbeitsunfähig.

AUFGABEN

5. Die folgenden Mitarbeiter erhalten zum 15. Juni 2017 eine ordentliche Kündigung. Ermitteln Sie anhand des unten stehenden Auszugs aus dem BGB für jeden der gekündigten Mitarbeiter das Datum (TT.MM.JJ), an dem die Kündigung wirksam wird.

   Mitarbeiter

   a) H. Acker, 25 Jahre, 1 Jahr in der IT-AG tätig

   b) C. Droer, 47 Jahre, 21 Jahre in der IT-AG tätig

   c) S. Kull, 40 Jahre, 10 Jahre in der IT-AG tätig

   > **BGB**
   > **§ 622 Kündigungsfrist für Angestellte und Arbeiter**
   >
   > (1) Das Arbeitsverhältnis eines Arbeiters oder eines Angestellten (Arbeitnehmers) kann mit einer Frist von vier Wochen zum Fünfzehnten oder zum Ende eines Kalendermonats gekündigt werden.
   > (2) Für eine Kündigung durch den Arbeitgeber beträgt die Kündigungsfrist, wenn das Arbeitsverhältnis in dem Betrieb oder Unternehmen
   >
   > 1. zwei Jahre bestanden hat, einen Monat zum Ende eines Kalendermonats,
   >
   > 2. fünf Jahre bestanden hat, zwei Monate zum Ende eines Kalendermonats,
   >
   > 3. acht Jahre bestanden hat, drei Monate zum Ende eines Kalendermonats,
   >
   > 4. zehn Jahre bestanden hat, vier Monate zum Ende eines Kalendermonats,
   >
   > 5. zwölf Jahre bestanden hat, fünf Monate zum Ende eines Kalendermonats,
   >
   > 6. fünfzehn Jahre bestanden hat, sechs Monate zum Ende eines Kalendermonats,
   >
   > 7. zwanzig Jahre bestanden hat, sieben Monate zum Ende eines Kalendermonats.
   >
   > Bei der Berechnung der Beschäftigungsdauer werden Zeiten, die vor der Vollendung des fünfundzwanzigsten Lebensjahres des Arbeitnehmers liegen, nicht berücksichtigt.
   > (3) Während einer vereinbarten Probezeit, längstens für die Dauer von sechs Monaten, kann das Arbeitsverhältnis mit einer Frist von zwei Wochen gekündigt werden.

6. Ein IT-Systemhaus bietet Ihnen eine Stelle im Vertrieb an. Sie wollen u. a. herausfinden, wie viele Urlaubstage Ihnen zustehen. Welche der unten stehenden Rechtsgrundlagen ist maßgebend, wenn ein IT-Systemhaus dem zuständigen Arbeitgeberverband angehört?

   a) Haustarifvertrag

   b) Betriebsvereinbarung

   c) Manteltarifvertrag

   d) Bundesangestelltentarifvertrag

   e) Bürgerliches Gesetzbuch (BGB)

AUFGABEN

7. Ordnen Sie die unten stehenden Aussagen den folgenden Begrifflichkeiten aus dem Tarifvertragsrecht zu.

   Begriffe
   a) Manteltarifvertrag
   b) Haustarifvertrag
   c) Tarifautonomie
   d) Tariffähigkeit
   e) Allgemeinverbindlichkeit
   f) Friedenspflicht
   g) Nachwirkung
   h) Flächentarifvertrag

   Aussagen
   1) Eine Gewerkschaft hat das Recht, als Tarifpartner Tarifverträge abschließen zu können.
   2) Ein Streik während der Tarifverhandlungen ist nicht zulässig.
   3) Die Bedingungen des bestehenden Tarifvertrages gelten bis zum Abschluss eines neuen Tarifvertrages.
   4) Arbeitsbedingungen wie die Dauer des Urlaubs und die Kündigungsfrist für eine bestimmte Branche werden für mehrere Jahre vereinbart.
   5) Die Vereinbarungen eines Tarifvertrages gelten für eine Branche in einem Tarifbezirk.
   6) Ein Arbeitskampf darf nicht von der Bundesregierung beeinflusst werden.
   7) Die vereinbarte Lohnerhöhung wird auch an nicht gewerkschaftlich organisierte Arbeitnehmer gezahlt.
   8) Die Gewerkschaft Verdi schließt einen Tarifvertrag mit einem großen Versicherungsunternehmen.

8. Welche der folgenden Partner sind in den unten stehenden Fällen zuständig?

   Partner
   a) Arbeitnehmer und Arbeitgeber
   b) Arbeitgeber und Betriebsrat
   c) Gewerkschaft(en) und Arbeitgeber(verbände)

   Fälle
   1) Abschluss eines Manteltarifvertrags
   2) Änderung der Betriebsordnung
   3) Abschluss eines Arbeitsvertrags
   4) Vereinbarung über die regelmäßige tägliche Arbeitszeit
   5) Festlegung eines Werktarifvertrags
   6) Planung zusätzlicher Ausbildungseinrichtungen in einer Unternehmung
   7) Abschluss einer Betriebsvereinbarung

AUFGABEN

9. Beim Abschluss eines Arbeitsvertrags mit der IT-AG wird dem zukünftigen Mitarbeiter der geltende Tarifvertrag vorgelegt. Welche der folgenden Behauptungen im Zusammenhang mit Tarifverträgen trifft zu?

    a) Tarifverträge kommen durch freie Vereinbarung der Tarifpartner, d. h. ohne staatliche Mitwirkung zustande.

    b) Tarifverträge bedürfen grundsätzlich der Zustimmung des Staates.

    c) Es dürfen keine Gehälter über Tarif gezahlt werden.

    d) Kommt es nach Auslaufen eines Tarifvertrags zu keiner neuen Vereinbarung, muss eine staatliche Zwangsschlichtung herbeigeführt werden.

    e) Tarifverträge gelten in der Regel nur für gewerkschaftlich organisierte Arbeitnehmer.

10. Welche der folgenden Arbeitskampfmaßnahmen werden in den unten stehenden Fällen angesprochen?

    Arbeitskampfmaßnahmen

    a) Wilder Streik   b) Warnstreik   c) Aussperrung   d) Schwerpunktstreik

    1) In allen Unternehmungen einer Branche wird die Arbeit auf Betreiben der Gewerkschaft für eine Stunde niedergelegt.

    2) Die Arbeitsverhältnisse aller Arbeitnehmer bestimmter Betriebe werden während eines Streiks vorübergehend aufgehoben.

    3) Die Arbeitnehmer einer Unternehmung haben sich während der Laufzeit des Tarifvertrags und ohne Abstimmung mit der Gewerkschaft zu einer vierstündigen Arbeitsniederlegung entschlossen, um ihre berechtigten Forderungen durchzusetzen.

11. Ordnen Sie folgende Begriffe den Aussagen zu.

    Begriffe

    a) Einkommensteuer   b) Umsatzsteuer   c) Gewerbesteuer

    Aussagen

    1) Der an das Finanzamt abzuführende Betrag wird durch die Ermittlung der Zahllast festgestellt.

    2) Der Betrag des zu zahlenden Steuerbetrags hängt u. a. von der Kinderzahl des Steuerpflichtigen ab.

    3) Diese Steuer ist buchhalterisch ein Aufwand.

    4) Diese Steuer ist eine Verkehrssteuer.

    5) Diese Steuer ist in der Kostenrechnung einer Unternehmung zu berücksichtigen?

    6) Diese Steuer ist eine Besitzsteuer.

    7) Für diese Steuer können die Gemeinden jeweils einen eigenen Hebesatz festlegen.

    8) Träger dieser Steuer ist nach dem Willen der Gesetzgebung der Endverbraucher.

AUFGABEN

12. Welcher der folgenden Bezüge unterliegt nicht der Lohnsteuerpflicht?

    a) Urlaubsgeld
    b) Nachtzuschlag
    c) Weihnachtsgeld
    d) erstattete Reisekosten
    e) vergütete Überstunden

13. Welche der unten stehenden Ausgaben eines Arbeitnehmers sind Sonderausgaben und welche sind Werbungskosten?

    a) gezahlte Kirchensteuer
    b) besondere Berufsbekleidung
    c) Fahrten zur Arbeitsstelle
    d) Gewerkschaftsbeitrag
    e) Fachliteratur

1.2.6 Betriebliche Mitbestimmung

Betriebsverfassungsgesetz

Das Betriebsverfassungsgesetz aus dem Jahr 1972 (in der reformierten Fassung aus dem Jahr 2001) regelt die Zusammenarbeit zwischen Arbeitgeber, Belegschaft, Betriebsrat, Gewerkschaften und Vereinigungen der Arbeitgeber.
Die Arbeitnehmervertretung hat Beteiligungsrechte in sozialen, personellen und wirtschaftlichen Angelegenheiten. Das Gesetz gibt aber auch den einzelnen Arbeitnehmern Rechte und schafft auf diese Weise demokratische Verhältnisse in den Betrieben. Grundanliegen des Gesetzes ist es, den Betriebsrat und damit die Belegschaft an den betrieblichen Entscheidungen zu beteiligen.
Betriebsverfassungsgesetz am Beispiel eines Betriebes mit 601 bis 1 000 Arbeitnehmern:

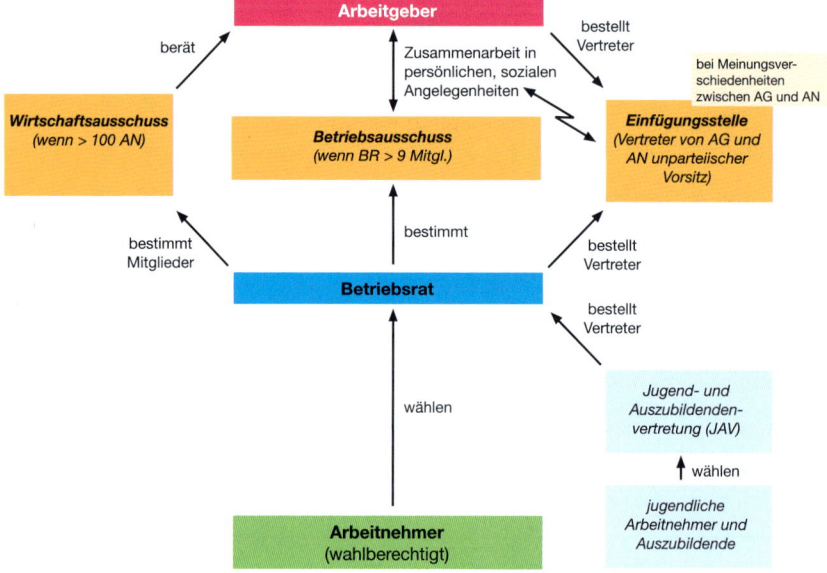

Betriebsrat

Der Betriebsrat ist die Interessenvertretung der Arbeitnehmer eines Betriebes gegenüber dem Arbeitgeber.

Zusammensetzung des Betriebsrats

In Betrieben mit mindestens fünf wahlberechtigten Arbeitnehmern, von denen mindestens drei wählbar sind, kann ein Betriebsrat, bestehend aus einem Mitglied, gewählt werden. Wahlberechtigt und wählbar sind alle Arbeitnehmer eines Betriebes, die über 18 Jahre alt sind und seit mindestens sechs Monaten in dem Betrieb beschäftigt sind. Die Amtsdauer des Betriebsrats beträgt vier Jahre.

Bei mehr als 20 Arbeitskräften in einem Betrieb besteht der Betriebsrat aus drei Mitgliedern. Die Zahl der Betriebsratsmitglieder steigt mit der Zahl der wahlberechtigten Arbeitnehmer. Bei 9 000 Arbeitnehmern besteht der Betriebsrat bereits aus 31 Mitgliedern.

Aufgaben des Betriebsrats

Der Betriebsrat hat gemäß § 80 BetrVG

- darüber zu wachen, dass die zugunsten der Arbeitnehmer geltenden Gesetze, Verordnungen, Unfallverhütungsvorschriften, Tarifverträge und Betriebsvereinbarungen durchgeführt werden,
- Maßnahmen, die dem Betrieb und der Belegschaft dienen, beim Arbeitgeber zu beantragen,
- Anregungen von Arbeitnehmern und der Jugend- und Auszubildendenvertretung entgegenzunehmen sowie
- die Wahl einer Jugend- und Auszubildendenvertretung durchzuführen.

Weiterhin hat der Betriebsrat
- die Gleichstellung von Frauen und Männern,
- die Vereinbarkeit von Familie und Erwerbstätigkeit,
- die Eingliederung Schwerbehinderter,
- die Beschäftigung älterer Arbeitnehmer,
- die Integration ausländischer Arbeitnehmer im Betrieb,
- die Beschäftigung im Betrieb sowie
- Maßnahmen des Arbeitsschutzes und des betrieblichen Umweltschutzes

zu fördern.

Rechte des Betriebsrats

Die Rechte des Betriebsrats beziehen sich im Wesentlichen auf die Beteiligung in **allgemeinen, sozialen, personellen und wirtschaftlichen** Angelegenheiten. Die Beteiligung des Betriebsrates kann dabei in Form eines reinen **Informationsrechts** bis hin zum weitergehenden **Mitbestimmungsrecht** bestehen. Dabei schließt ein weitergehendes Recht automatisch das untergeordnete Recht ein.

Informations- und Beratungsrecht

Der Arbeitgeber muss den Betriebsrat über geplante betriebliche Maßnahmen wie Baumaßnahmen, Einführung neuer Arbeitsverfahren und Arbeitsabläufe oder die Veränderung von Arbeitsplätzen rechtzeitig **informieren**. Der Betrieb hat dann das Recht, dem Arbeitgeber seine Meinung zu den geplanten Maßnahmen mitzuteilen und ihm Gegenvorschläge zu unterbreiten. Der Beschluss des Arbeitgebers über die entsprechenden Maßnahmen ist aber ohne Zustimmung des Betriebsrats wirksam.

Bei verschiedenen personellen und wirtschaftlichen Angelegenheiten hat der Betriebsrat über das reine Informationsrecht hinaus ein **Beratungsrecht**. Nach § 106 Abs. 1 BetrVG ist in Unternehmen mit mehr als 100 ständig Beschäftigten ein **Wirtschaftsausschuss** zu bilden. Die Mitglieder des Wirtschaftsausschusses werden vom Betriebsrat bestimmt. Der Arbeitgeber muss den Wirtschaftsausschuss unaufgefordert und umfassend über alle wirtschaftlichen Angelegenheiten des Unternehmens unterrichten.

Zu den **personellen und wirtschaftlichen** Angelegenheiten, über die der Arbeitgeber den Wirtschaftsausschuss unterrichten muss, gehören insbesondere

- die wirtschaftliche und finanzielle Lage des Unternehmens,
- die Produktions- und Absatzlage,
- Rationalisierungsvorhaben,
- die Einführung neuer Fabrikations- und Arbeitsmethoden,
- die Einschränkung oder Stilllegung von Betrieben oder Betriebsteilen,
- die Verlegung oder der Zusammenschluss von Betrieben oder Betriebsteilen,
- die Änderung der Betriebsorganisation oder des Betriebszwecks.

Aber auch in diesen Fällen bleibt ein Widerspruch des Betriebsrats ohne Folgen. Letztlich kann der Arbeitgeber hier allein entscheiden.

Mitwirkungsrecht
Weitergehend hat der Betriebsrat insbesondere in personellen Angelegenheiten ein Mitwirkungsrecht. Bei

- Neueinstellungen und Versetzungen,
- Ein- und Umgruppierungen in Lohn- und Gehaltsgruppen,
- Versetzung von Arbeitskräften und
- Kündigung

hat der Betriebsrat ein Anhörungsrecht, d. h. er kann der entsprechenden Maßnahme widersprechen. In Betrieben mit mehr als 20 wahlberechtigten Arbeitnehmern hat der Betriebsrat in einigen Fällen sogar ein Mitbestimmungsrecht.

Mitbestimmungsrecht
Ein volles Mitbestimmungsrecht steht dem Betriebsrat insbesondere in sozialen Angelegenheiten zu. Dazu zählen

- Betriebsordnung,
- Beginn und Ende der täglichen Arbeitszeit,
- Zeit, Ort und Art der Auszahlung der Arbeitsentgelte,
- Urlaubsregelungen,
- Einführung von Arbeitskontrollen,
- Unfallschutz,
- Sozialeinrichtungen, Kantine, Aufenthaltsräume, sanitäre Anlagen,
- Festsetzung der Akkord- und Prämiensätze,
- betriebliches Vorschlagswesen.

Verweigert der Betriebsrat in diesen Fällen die Zustimmung, so entscheidet eine Einigungsstelle.

Betriebsversammlung
Der Betriebsrat muss vierteljährlich alle Arbeitnehmer auf einer Betriebsversammlung über seine Tätigkeit informieren. Der Arbeitgeber hat auf der Betriebsversammlung ebenfalls das Recht zu sprechen.

Jugend- und Auszubildendenvertretung

Zusammensetzung

In Betrieben mit mindestens fünf Arbeitnehmern bis zu 18 Jahren oder Auszubildenden bis zu 25 Jahren kann eine Jugend- und Auszubildendenvertretung (JAV) gewählt werden. Wahlberechtigt und wählbar sind alle jugendlichen Arbeitnehmer (14–18 Jahre) und alle Auszubildenden bis zur Vollendung des 25. Lebensjahres.

Die Anzahl der Mitglieder der Jugend- und Auszubildendenvertretung, die für eine Amtsdauer von zwei Jahren gewählt werden, hängt von der Zahl der Jugendlichen und Auszubildenden unter 25 Jahren im Betrieb ab.

Aufgabe

Die Jugend- und Auszubildendenvertretung wird über den Betriebsrat tätig. Sie hat gemäß § 70 BetrVG

- Maßnahmen, die den Jugendlichen und Auszubildenden dienen, beim Betriebsrat zu beantragen,
- darüber zu wachen, dass die zugunsten von Jugendlichen und Auszubildenden geltenden Gesetze, Verordnungen, Unfallverhütungsvorschriften, Tarifverträge und Betriebsvereinbarungen angewendet werden,
- Maßnahmen, die dem Betrieb und der Belegschaft dienen, beim Arbeitgeber zu beantragen,
- Anregungen von Arbeitnehmern und der Jugend- und Auszubildendenvertretung entgegenzunehmen und ggf. beim Betriebsrat auf Erledigung hinzuwirken.

AUFGABEN

1. Der Betriebsrat der IT-AG muss bei bestimmten Veränderungen im Betrieb gemäß Betriebsverfassungsgesetz zustimmen. In welchen zwei der folgenden Angelegenheiten ist die Zustimmung des Betriebsrats erforderlich?

    a) Errichtung einer neuen Produktionsanlage

    b) Einführung eines neuen Personalbeurteilungssystems

    c) Durchführung eines „Tages der offenen Tür"

    d) Planung des zukünftigen Personalbedarfs

    e) Planung neuer Arbeitsverfahren und Arbeitsabläufe

    f) Einstellung von zwei Mitarbeitern

2. Welche zwei der folgenden Aussagen über den Betriebsrat treffen zu?

    a) Der Betriebsrat setzt sich aus Arbeitnehmern und außerbetrieblichen Beratern (z. B. Gewerkschaftsfunktionären) zusammen.

    b) Die Bildung eines Betriebsrats ist von der Zustimmung des Arbeitgebers abhängig.

    c) Der Betriebsrat kann laut Betriebsverfassungsgesetz in allen Betrieben, die ständig mindestens fünf Arbeitnehmer beschäftigen, gewählt werden.

    d) Auch jugendliche Arbeitnehmer haben das aktive Wahlrecht bei Betriebsratswahlen.

    e) Die regelmäßige Amtszeit eines Betriebsrats beträgt für eine Wahlperiode vier Jahre.

AUFGABEN

3. In der IT-AG stehen Betriebsratswahlen an. Welche zwei der folgenden Aussagen zur Wahl eines Betriebsrats sind richtig?

   a) Befristet Beschäftigte dürfen nicht an einer Betriebsratswahl teilnehmen.

   b) Alle Arbeitnehmer haben ein aktives Wahlrecht.

   c) Befristet Beschäftigte dürfen für den Betriebsrat kandidieren.

   d) Wenn ein Mitarbeiter am Tage der Betriebsratswahl arbeitsunfähig krank ist, kann ein Kollege für ihn stellvertretend wählen.

   e) Eine Mitarbeiterin, die schon zwei Jahre im Betrieb arbeitet, darf für den Betriebsrat kandidieren.

1.2.7 Unternehmerische Mitbestimmung

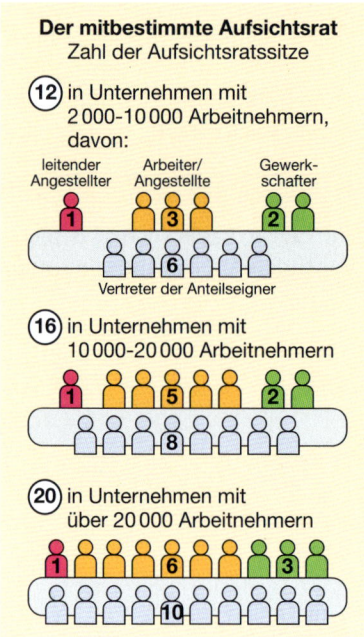

Das Recht auf Mitbestimmung der Arbeitnehmer in unternehmerischen Angelegenheiten besteht nur in größeren, in der Rechtsform einer Kapitalgesellschaft geführten Unternehmen. Die Arbeitnehmer haben lt. Betriebsverfassungsgesetz ein Mitbestimmungsrecht durch Beteiligung im Aufsichtsrat.

In Kapitalgesellschaften, die **mehr als 500 Arbeitnehmer** beschäftigen, muss der Aufsichtsrat **zu einem Drittel** aus Vertretern der Arbeitnehmer bestehen („Drittelparität").

In Kapitalgesellschaften, die **mehr als 2 000 Arbeitnehmer** beschäftigen, muss der Aufsichtsrat je **zur Hälfte** aus Vertretern der Anteilseigner und der Arbeitnehmer gebildet werden. Der Aufsichtsrat besteht je nach Größe des Unternehmens aus zwölf (bis zu 10 000 Arbeitnehmer) bis zu zwanzig Mitgliedern (mehr als 20 000 Arbeitnehmer). Auch die im Unternehmen vertretenen Gewerkschaften sind im Aufsichtsrat vertreten („**paritätische Mitbestimmung**").

In Gesellschaften der Montanindustrie (Kohle, Eisen, Stahl) besteht ein besonderes paritätisches Mitbestimmungsrecht.

1.2.8 Sozialversicherung

Die Sozialversicherung ist der wichtigste Bestandteil der sozialen Sicherung in der Bundesrepublik Deutschland. Die fünf Zweige der Sozialversicherung sind
- die gesetzliche Krankenversicherung,
- die gesetzliche Pflegeversicherung,
- die gesetzliche Arbeitslosenversicherung,
- die gesetzliche Rentenversicherung,
- die gesetzliche Unfallversicherung.

Die Säulen der Sozialversicherung

	Pflegeversicherung	Rentenversicherung	Arbeitslosenversicherung	Krankenversicherung	Unfallversicherung
Versicherungsträger	– allgemeine Ortskrankenkassen – Betriebskrankenkassen – Innungskrankenkassen – Bundesknappschaft – Seekrankenkassen – Landwirtschaftliche Krankenkassen – Ersatzkassen	– Deutsche Rentenversicherung – Bundesknappschaft – Seekasse – Landwirtschaftliche Alterskassen – Bundesbahnversicherungsanstalt	– Bundesagentur für Arbeit	– allgemeine Ortskrankenkassen – Betriebskrankenkassen – Innungskrankenkassen – Bundesknappschaft – Seekrankenkasse – Landwirtschaftliche Krankenkassen – Ersatzkassen	– Gewerbliche Berufsgenossenschaften – Landwirtschaftliche Berufsgenossenschaften – See-Berufsgenossenschaften – Bund, Länder, Gemeinden – Gemeindeunfallversicherungsverbände – Feuerwehrunfallkasse – Bundesanstalt für Arbeit (für Beschäftigte und Arbeitslose)
Rechtsgrundlage	Pflegeversicherungsordnung	Reichsversicherungsordnung	Arbeitsförderungsgesetz	Reichsversicherungsordnung	Reichsversicherungsordnung
Aufgaben	Kostenübernahme für Pflegeleistungen an jene Menschen, die zu alltäglichen Verrichtungen nicht mehr fähig sind und der regelmäßigen Hilfe bedürfen – häusliche Pflege – stationäre Pflege – Geldleistungen – Sachleistungen	Sicherung der Arbeitnehmer und ihrer Familien bei Berufs-/Erwerbsunfähigkeit, Alter und Tod – Rentenzahlungen – Rehabilitation – Zahlung von Beiträgen an die Krankenkasse für die Rentner	Sicherung der Beschäftigung des Einzelnen und der Beschäftigungslage innerhalb der Wirtschaft sowie finanzieller Schutz bei Arbeitslosigkeit – Arbeitslosenunterstützung – Sicherung von Arbeitsplätzen – Arbeitsförderung	Erhaltung und Wiederherstellung der Gesundheit des Einzelnen und seiner Familie – Krankenhilfe – Vorsorgeuntersuchungen – Mutterschaftshilfe – Familienhilfe	Schutz weiter Bevölkerungskreise vor Unfallgefahren und den wirtschaftlichen Folgen bei Unfällen – Unfallverhütung – Milderung bzw. Beseitigung der Unfallfolgen
Beitragshöhe	2,35 % des Bruttoarbeitsentgeltes, höchstens von der Beitragsbemessungsgrenze[1] (Beitrag: 1/2 AN –1/2 AG) 0,25 % Kinderlosenzuschlag (AN allein) ab 23 Jahre	18,7 % des Bruttoarbeitsentgeltes, höchstens von der Beitragsbemessungsgrenze[1] (Beitrag: 1/2 AN –1/2 AG)	3 % des Bruttoarbeitsentgeltes, höchstens von der Beitragsbemessungsgrenze[1] (Beitrag: 1/2 AN –1/2 AG)	14,6 % des Bruttoarbeitsentgeltes, höchstens von der Beitragsbemessungsgrenze[1] Gegebenenfalls Zusatzbeitrag der jeweiligen Krankenkasse für den Arbeitnehmer	Beitragshöhe richtet sich nach der jeweiligen betrieblichen Gefahrenklasse (Beitrag: AG allein in voller Höhe)
Beitragsbemessungsgrenze	4 687,50 Euro/Monat	6 200,00 Euro/Monat (West) 5 400,00 Euro/Monat (Ost)	6 200,00 Euro/Monat (West) 5 400,00 Euro/Monat (Ost)	4 687,50 Euro/Monat	
Leistungen	ambulante Pflege und stationäre Pflege von Bedürftigen	– Rehabilitation – Altersruhegelder – Renten wegen Erwerbsminderung – Renten an Hinterbliebene	– Arbeitslosengeld – Arbeitslosenhilfe – Kurzarbeitergeld	– Krankenbehandlung – Gesundheitsuntersuchungen – Mutterschaftshilfe – Familienhilfe – Krankengeld	– Heilbehandlungen – Verletztenrente – Hilfe zur Wiedereingliederung in das Arbeitsleben – Hinterbliebenenrente

[1] Die Beitragsbemessungsgrenze gibt den monatlichen Einkommenshöchstbetrag an, von dem Beiträge berechnet werden, die jeweils aktuell festgelegt werden (2016).

Die Sozialversicherung ist eine gesetzliche Pflichtversicherung. Anders als bei der freiwilligen Versicherung gehört die Mehrheit der Bevölkerung der Sozialversicherung zwangsweise an. Kennzeichen der Sozialversicherung ist das **Solidarprinzip** „Einer für alle, alle für einen".

Die Beiträge werden vom Arbeitgeber und vom Arbeitnehmer getragen. Die Beiträge zur Unfallversicherung trägt der Arbeitgeber allein. Der Arbeitgeber ist verpflichtet, die Arbeitnehmer bei den entsprechenden Versicherungen anzumelden und die Beiträge abzuführen. Die Beiträge richten sich nicht nach der im Einzelnen in Anspruch genommenen Leistung der Versicherten, sondern im Wesentlichen nach der Höhe des Bruttoentgeltes. Der gesetzlichen Rentenversicherung liegt der sogenannte **Generationenvertrag** zugrunde, d. h. die jeweils arbeitende Generation kommt für die laufenden Renten auf. Durch die Verschiebung der Altersstruktur müssen allerdings immer weniger Beitragszahler für immer mehr Leistungsempfänger aufkommen, sodass viele Leistungen schon heute kaum noch zu finanzieren sind.

AUFGABEN

1. Ein Mitarbeiter eines PC-Schulungscenters erhält 14,20 € Stundenlohn. Für Überstunden erhält er 20 % Zuschlag. Im April arbeitete er 178 Stunden, davon acht als Überstunden. Für einen vermögenswirksamen Sparvertrag über 40,00 €/Monat erhält der Mitarbeiter vom PC-Schulungscenter einen Arbeitgeberzuschuss von 25,00 €/Monat.
   Ferner sind bei der Lohnabrechnung zu berücksichtigen:

Lohnsteuer	441,16 €
Kirchensteuer	9,0 %
Solidaritätszuschlag	5,5 %
Krankenversicherung	7,3 % AG, 7,3 % + 0,9 % Zusatzbeitrag AN
Pflegeversicherung	2,35 %, AN-Zuschlag 0,25 %
Rentenversicherung	18,7 %
Arbeitslosenversicherung	3,0 %

   Erstellen Sie für den Mitarbeiter die Lohnabrechnung für April und ermitteln Sie unter Berücksichtigung der vorstehenden Angaben (Ergebnisse ggf. auf zwei Stellen nach dem Komma runden)

   a) das steuer- und sozialversicherungspflichtige Entgelt,

   b) die Kirchensteuer,

   c) den Solidaritätszuschlag,

   d) den Arbeitnehmerbeitrag zur

   - Krankenversicherung,
   - Pflegeversicherung,
   - Rentenversicherung,
   - Arbeitslosenversicherung,

   e) das Nettoentgelt,

   f) den Auszahlungsbetrag.

AUFGABEN

2. Welche zwei der folgenden Leistungen werden von der gesetzlichen Krankenversicherung/Krankenkasse erbracht?

   a) Kostenübernahme für Leistungen zur Verhütung und Früherkennung von Krankheiten (Vorsorgeuntersuchungen)

   b) Kostenübernahme für Leistungen zur Erhaltung, Besserung und Wiederherstellung der Erwerbsfähigkeit

   c) Kostenübernahme für Krankenhausbehandlung und häusliche Krankenpflege nach einem Sportunfall

   d) Kostenübernahme für eine Haushaltshilfe bei Schwangerschaft

   e) Zahlung von Berufsunfähigkeitsrente

   f) Kostenübernahme für Maßnahmen zur Ersten Hilfe bei Arbeitsunfällen

3. Welche der folgenden Leistungen werden von der gesetzlichen Rentenversicherung, welche von der Unfallversicherung (Berufsgenossenschaft) und welche von der Krankenversicherung erbracht?

   a) Leistungen zur Erhaltung, Besserung und Wiederherstellung der Erwerbsfähigkeit

   b) Zuschüsse zur Förderung der Arbeitsaufnahme nach längerer Arbeitslosigkeit, vor allem zur Ausbildung und Umschulung

   c) Verletztenrente als Folge einer Explosion in einem Chemiewerk

   d) Beiträge zur Kranken- und Unfallversicherung der Arbeitslosen

   e) Betreuung und Hilfe bei Schwangerschaften und Entbindungen

1.2.9 Arbeits- und Sozialgerichtsbarkeit

Arbeitsgerichtsbarkeit

Privatrechtliche Streitigkeiten, die sich aus dem Arbeitsleben ergeben, fallen in den Zuständigkeitsbereich der Arbeitsgerichte. Gemäß § 2 Arbeitsgerichtsgesetz (ArbGG) sind die Arbeitsgerichte zuständig für bürgerliche Streitigkeiten aus

- dem Tarifvertrag,
- den Betriebsvereinbarungen,
- dem Arbeitsvertrag,
- den Bestimmungen des Betriebsverfassungsgesetzes und
- den Bestimmungen des Mitbestimmungsgesetzes.

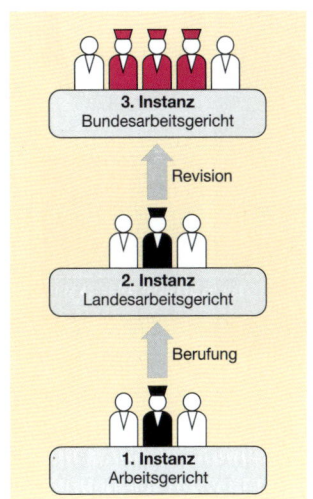

Die Arbeitsgerichtsbarkeit ist dreistufig aufgebaut und besteht aus

- den Arbeitsgerichten,
- den Landesarbeitsgerichten und
- dem Bundesarbeitsgericht.

In der ersten Instanz entscheiden die Kammern des Arbeitsgerichts nach einer mündlichen Verhandlung durch ein Urteil oder einen Beschluss. Gegen Entscheidungen des Arbeitsgerichts ist die Berufung möglich, sofern diese im Urteil zugelassen ist und der Streitwert mindestens 600,00 € beträgt. Dritte und höchste Instanz ist in Arbeitsrechtssachen das Bundesarbeitsgericht in Erfurt.

Sozialgerichtsbarkeit

Öffentlich-rechtliche Streitigkeiten in Angelegenheiten der Sozialversicherungen fallen in den Zuständigkeitsbereich der Sozialgerichte. Die Sozialgerichte entscheiden ähnlich wie die Arbeitsgerichte in drei Kammern, dem Sozialgericht, dem Landessozialgericht und dem Bundessozialgericht mit Sitz in Kassel.

1.2.10 Arbeitsschutz

Der **allgemeine Arbeitsschutz** soll Leben und Gesundheit der Arbeitnehmer schützen, ihre Arbeitskraft erhalten sowie die Arbeit menschengerecht gestalten. Das **Arbeitsschutzgesetz** (ArbSchG) ist ein deutsches Gesetz zur Umsetzung von EU-Richtlinien zum Arbeitsschutz. Die vollständige Bezeichnung lautet: **Gesetz über die Durchführung von Maßnahmen des Arbeitsschutzes zur Verbesserung der Sicherheit und des Gesundheitsschutzes der Beschäftigten bei der Arbeit**.
Ziel des Gesetzes ist die Sicherung und Verbesserung der Gesundheit aller Beschäftigten durch Maßnahmen des Arbeitsschutzes. Die grundsätzliche Verantwortung für die Umsetzung und Durchführung des betrieblichen Arbeitsschutzes liegt beim Arbeitgeber. Er hat alle Maßnahmen eigenverantwortlich zu planen und durchzuführen, um die Beschäftigten vor gesundheitlichen Schädigungen zu schützen. Neben Unterweisungen sind sicherheitsrelevante **Verbots-, Warn- und Hinweisschilder** am Arbeitsplatz von Bedeutung.

Farbe	Form	Grundsätzliche Bedeutung		Beispiel	
Rot	⭕	Verbotszeichen			Mobilfunk verboten
	⬛	Brandschutzzeichen			Kennzeichnung von Feuerlöschern

Farbe	Form	Grundsätzliche Bedeutung	Beispiel	
Grün	(grünes Quadrat)	Rettungszeichen	(Rettungsweg-Schild Läufer)	Kennzeichnung Rettungsweg rechts
	(grünes Quadrat)		(Rettungsweg Notausgang)	Kennzeichnung Rettungsweg Notausgang
Blau	(blauer Kreis)	Gebotszeichen	(Gehörschutz-Symbol)	Gebotszeichen Gehörschutz benutzen
	(blaues Rechteck)	Hinweisschilder	Eingang freihalten!	Hinweisschild Eingang freihalten
Gelb	(gelbes Dreieck)	Warnschilder	(Warnung ätzende Stoffe)	Warnung vor ätzenden Stoffen
	(gelbes Rechteck)		Hochspannung Lebensgefahr	Warnzeichen Hochspannung Lebensgefahr

AUFGABEN

1. Aufgrund welcher der folgenden Rechtsgrundlagen muss im PC-Servicecenter eine Fachkraft für Arbeitssicherheit beauftragt werden?

    a) Arbeitssicherheitsgesetz

    b) Arbeitsplatzschutzgesetz

    c) Arbeitszeitgesetz

    d) Unfallverhütungsvorschriften

    e) Jugendarbeitsschutzgesetz

AUFGABEN

2. In der IT-AG ist das unten stehende Schild angebracht.

   a) Auf welche der folgenden Gefahren soll dieses Schild hinweisen?
   - Weiche offen
   - Weiche defekt
   - Tür geschlossen halten
   - Nicht schalten
   - Pendeltür

   b) Welche der unten stehenden Zeichen gehören zu den
   - Verbotszeichen,
   - Gebotszeichen,
   - Warnzeichen,
   - Rettungszeichen,
   - Brandschutzzeichen?

3. Als zuständige/-r Mitarbeiter/-in für Arbeitssicherheit sind Sie als erste/-r am Unfallort, wo ein Arbeitskollege einen Stromunfall erlitten hatte. Welche der folgenden Maßnahmen müssen Sie als erste ergreifen?
   a) Verletzung feststellen
   b) Verunglückten in die stabile Seitenlage bringen
   c) Spannung abschalten
   d) Arzt oder Rettungsdienst rufen
   e) Verunglückten aus dem Gefahrenbereich bringen

1.2.11 Marktstrukturen und ihre Auswirkungen

1.2.11.1 Märkte

Unter einem Markt versteht man jeden Ort, an dem Angebot und Nachfrage nach Gütern und Dienstleistungen aufeinandertreffen. Auf dem Markt findet ein Ausgleich von Angebot und Nachfrage statt. Es bildet sich der Preis.

Je nachdem, welche Güter auf einem Markt angeboten und nachgefragt werden, unterscheidet man verschiedene **Marktarten**:

Marktarten		Gehandelte Güter
Faktormärkte	Arbeitsmarkt	Arbeitsleistungen
	Immobilienmarkt	Grundstücke und Gebäude
	Finanzmarkt	Kurzfristige Kredite (Geldmarkt) Langfristige Kredite (Kapitalmarkt)
Gütermärkte	Konsumgütermarkt	Konsumgüter
	Investitionsgütermarkt	Produktionsgüter

1.2.11.2 Anbieter- und Nachfrageverhalten

Die Menge der Nachfrage und des Angebots auf einem Markt hängt von einer Vielzahl von Faktoren ab, den sogenannten Bestimmungsgrößen.

Bestimmungsgrößen der Nachfrage

- Art und Dringlichkeit des Bedürfnisses nach dem Gut
- Preis des nachgefragten Gutes
- Preise anderer Güter
- Höhe des verfügbaren Einkommens (Kaufkraft) des Nachfragers
- Zukunftserwartungen des Nachfragers

Die Gesamtnachfrage auf dem Markt ergibt sich aus der Summe aller individuellen Nachfragen. Auf dem Wohnungsmarkt einer Stadt bilden zum Beispiel alle Wohnungssuchenden zusammen die Gesamtnachfrage nach Wohnungen.

Bestimmungsgrößen des Angebots

- Kosten der Produktionsfaktoren des Anbieters
- Gewinnerwartung des Anbieters
- Preis des angebotenen Gutes
- Preise anderer Güter
- Stand der technischen Entwicklung

Das Gesamtangebot auf dem Markt ergibt sich aus der Summe aller individuellen Angebote. Auf dem Automarkt einer Stadt ergibt sich so das Gesamtangebot an Autos.

Modell des vollkommenen Marktes

Um die vielfältige Wirklichkeit wirtschaftlicher Beziehungen darzustellen, werden in der Volkswirtschaftstheorie Modelle gebildet, in denen diese Beziehungen unter vereinfachten

Bedingungen theoretisch betrachtet werden können. Ein solches Modell ist der vollkommene Markt.

Ein Markt wird als vollkommen bezeichnet, wenn folgende **Voraussetzungen** erfüllt sind:

- rationales Verhalten aller Marktteilnehmer,
- Homogenität (Gleichartigkeit) aller Güter,
- keine persönlichen, räumlichen und zeitlichen Präferenzen,
- vollständige Markttransparenz,
- unendliche Reaktionsgeschwindigkeit der Marktteilnehmer.

Ist nur eine der Bedingungen nicht erfüllt, handelt es sich um einen unvollkommenen Markt. In der Realität gibt es nahezu nur unvollkommene Märkte. Die Börse kommt dem vollkommenen Markt am nächsten, da sie in etwa die Bedingungen erfüllt.

Marktformen

Nach der Anzahl der Marktteilnehmer auf der Angebots- und Nachfrageseite lassen sich verschiedene Marktformen unterscheiden. Die Marktform ist für die Intensität des Wettbewerbs und die Preisbildung auf einem Markt von großer Bedeutung.

Anbieter Nachfrager	viele	wenige	einer
viele	**Polypol** *Anbieter: viele Supermärkte* *Nachfrager: Viele Lebensmittelkäufer*	**Angebotsoligopol** *Anbieter: wenige Automobilhersteller* *Nachfrager: viele Autokäufer*	**Angebotsmonopol** *Anbieter: Wasserwerk* *Nachfrager: viele Haushalte*
wenige	**Nachfrageoligopol** *Anbieter:* *viele Landwirte* *Nachfrager: wenige* *Molkereien*	**zweiseitiges Oligopol** *Anbieter: Hersteller von* *Kränen* *Nachfrager: wenige* *Nachfrager*	**beschränktes Angebotsmonopol** *Anbieter: medizinisches* *Spezialgerät* *Nachfrager: wenige* *Krankenhäuser*
einer	**Nachfragemonopol** *Anbieter: viele Straßenbauunternehmen* *Nachfrager: Staat als* *Auftraggeber*	**beschränktes Nachfragemonopol** *Anbieter: wenige* *Hersteller von Panzern* *Nachfrager: Staat als* *Auftraggeber*	**zweiseitiges Monopol** *Anbieter:* *Bundesdruckerei* *Nachfrager:* *Bund*

1.2.11.3 Preisbildung

Modell der Preisbildung bei vollständiger Konkurrenz (Polypol)

Im Modell der vollständigen Konkurrenz stehen sich viele Nachfrager und viele Anbieter gegenüber. Die Anbieter stehen miteinander in Konkurrenz. Jeder einzelne Marktteilnehmer hat nur einen geringen Marktanteil und verfügt somit über keine bedeutsame Marktmacht. Es wird davon ausgegangen, dass Angebot und Nachfrage ausschließlich vom Preis des

Gutes abhängen. Die Marktteilnehmer können den Preis nicht allein beeinflussen und verhalten sich deshalb als Mengenanpasser.

Unter dieser Voraussetzung gilt:

- Die **nachgefragte Menge nimmt mit steigendem Preis ab**, da bei steigendem Preis sich immer mehr Konsumenten das Gut nicht mehr leisten können.
- Die **angebotene Menge nimmt mit steigendem Preis zu**, da steigende Preise für die Produzenten steigenden Gewinn bedeuten und damit einen Anreiz zur Mehrproduktion darstellen.

Der Zusammenhang zwischen Preis und nachgefragter Menge bzw. angebotener Menge lässt sich mit einer Nachfragekurve und einer Angebotskurve in einem **Preis-Mengen-Diagramm** darstellen.

Beispiel

Einem Börsenmakler liegen für ein bestimmtes Produkt folgende Kauf- und Verkaufsaufträge vor:

Preis €	Nachfrage (Käufer) Stück	Angebot (Verkäufer) Stück	Umsatz Stück	Umsatz €
20,00	500	100	100	2 000,00
22,00	400	200	200	4 400,00
24,00	300	300	300	7 200,00
26,00	200	400	200	5 200,00
28,00	100	500	100	2 800,00

Bei einem Preis von 24,00 € pro Stück entspricht die Anzahl der Käufer der Anzahl der Verkäufer. Zu diesem Preis lässt sich auch rechnerisch der höchstmögliche Umsatz von 300 Stück bzw. 7 200,00 € erzielen. Bei einem Preis von 24,00 € sind Angebot und Nachfrage ausgeglichen. Dieser Preis ist der Gleichgewichtspreis. Die umgesetzte Menge von 300 Stück ist die Gleichgewichtsmenge. Bei einem Preis von 22,00 € entsteht ein **Nachfrageüberhang** in Höhe von 200 Stück. Da sich die Verkäufer bei einem Nachfrageüberhang in einer günstigeren Position befinden, spricht man hier auch von einem **Verkäufermarkt**. Bei einem Preis von 26,00 € entsteht ein **Angebotsüberhang** in Höhe von 200 Stück. Da sich die Käufer bei einem Angebotsüberhang in einer günstigeren Position befinden, spricht man hier auch von einem **Käufermarkt**.

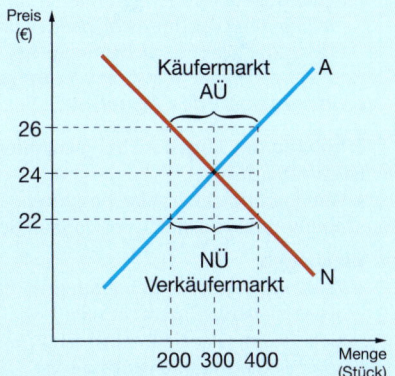

Diejenigen Käufer, die in diesem Marktbeispiel auch bereit waren z. B. 27,00 €, also einen höheren Preis als den Gleichgewichtspreis zu zahlen, „erhalten" beim Gleichgewichtspreis von 24,00 € eine **Konsumentenrente** in Höhe von 3,00 €.

Diejenigen Verkäufer, die in diesem Marktbeispiel auch bereit waren, das Produkt zu einem niedrigeren Preis als dem Gleichgewichtspreis zu verkaufen, nämlich in Höhe von 21,00 €, „erhalten" beim Gleichgewichtspreis von 24,00 € eine **Produzentenrente** in Höhe von 3,00 €.

Veränderungen von Angebot und Nachfrage

Ein Marktgleichgewicht wird durch Veränderungen des Angebots oder der Nachfrage aufgehoben. Es entsteht ein neues Marktgleichgewicht mit einem neuen Gleichgewichtspreis und einer neuen Gleichgewichtsmenge.

Veränderungen der Nachfrage

Erhöhung der Nachfrage bei gleichbleibendem Angebot durch:
- Einkommenserhöhung
- Steuersenkung

Wirkungen:
- Verschiebung der Nachfragekurve N_0 nach rechts zu N_1
- neues Marktgleichgewicht mit höherem Gleichgewichtspreis P_1 und höherer Gleichgewichtsmenge M_1

Verringerung der Nachfrage bei gleichbleibendem Angebot durch
- Einkommensrückgang
- Steuererhöhung

Wirkungen:
- Verschiebung der Nachfragekurve N_0 nach links zu N_2
- neues Marktgleichgewicht mit niedrigerem Gleichgewichtspreis P_2 und niedriger Gleichgewichtsmenge M_2

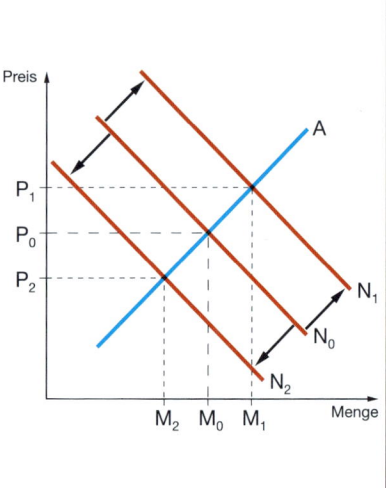

Veränderungen des Angebots

Erhöhung des Angebots bei gleichbleibender Nachfrage durch:
- Verringerung der Produktionskosten
- optimistische Zukunftserwartungen der Unternehmen

Wirkungen:
- Verschiebung der Angebotskurve A_0 nach rechts zu A_1
- neues Marktgleichgewicht mit niedrigerem Gleichgewichtspreis P_1 und höherer Gleichgewichtsmenge M_1

Verringerung des Angebots bei gleichbleibender Nachfrage durch:
- Erhöhung der Produktionskosten
- pessimistische Zukunftserwartungen der Unternehmen

Wirkungen:
- Verschiebung der Angebotskurve A_0 nach links zu A_2
- neues Marktgleichgewicht mit höherem Gleichgewichtspreis P_2 und niedriger Gleichgewichtsmenge M_2

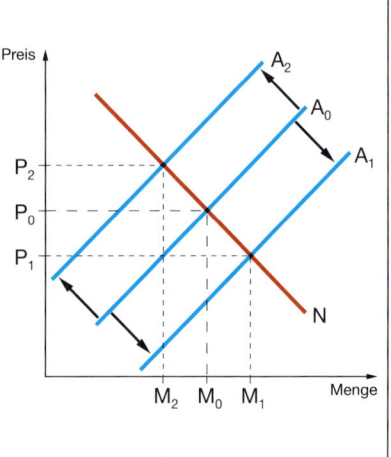

AUFGABEN

1. In nachfolgender Grafik ist das Verhalten von Anbietern und Nachfragern auf dem Markt für PC-Bildschirme dargestellt.

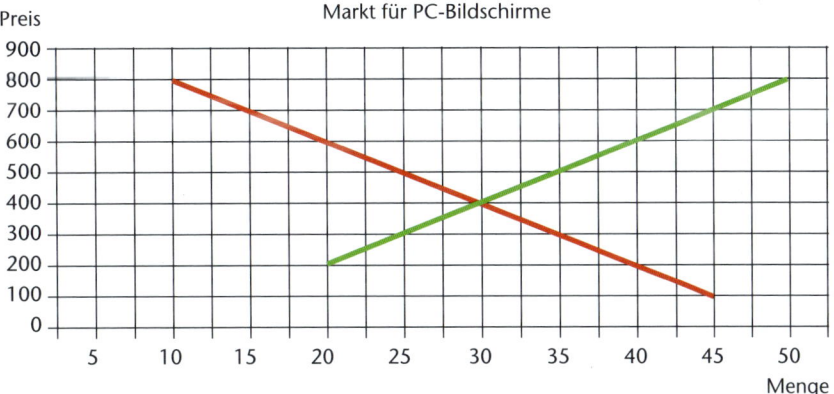

Ermitteln Sie

a) den Preis, zu dem 40 Stück angeboten werden.

b) die nachgefragte Stückzahl bei einem Preis von 700,00 €.

c) den Angebotsüberhang in Stück bei einem Preis von 600,00 €.

d) den Gleichgewichtspreis.

e) die Gleichgewichtsmenge.

f) den Nachfrageüberhang in Stück bei einem Preis von 200,00 €.

g) die Konsumentenrente bei einem Bildschirmpreis von 600,00 €.

2. Im folgenden Preis-Mengen-Diagramm ist eine Veränderung des Angebots dargestellt. Wie wirkt sich diese Veränderung auf den Gleichgewichtspreis aus?

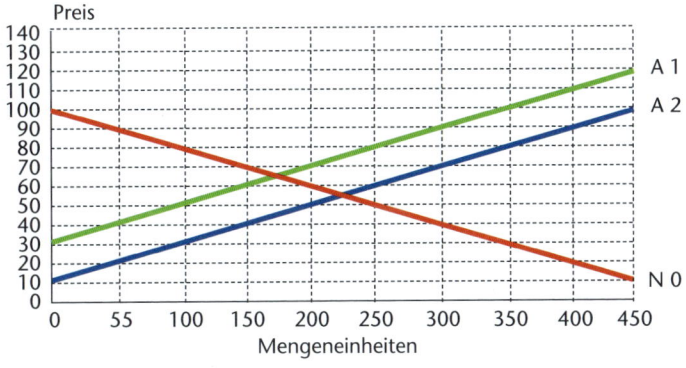

a) Der Gleichgewichtspreis erhöht sich, die Gleichgewichtsmenge bleibt unverändert.

b) Der Gleichgewichtspreis sinkt, die Gleichgewichtsmenge bleibt unverändert.

c) Der Gleichgewichtspreis erhöht sich, die Gleichgewichtsmenge sinkt.

AUFGABEN

    d) Der Gleichgewichtspreis erhöht sich, die Gleichgewichtsmenge erhöht sich.

    e) Der Gleichgewichtspreis bleibt unverändert, die Gleichgewichtsmenge sinkt.

    f) Der Gleichgewichtspreis bleibt unverändert, die Gleichgewichtsmenge erhöht sich.

3. Sonderabschreibungsmöglichkeiten und Investitionszulagen bei potenziellen Kunden der IT-AG werden vom Gesetzgeber gestrichen.

    a) Wie wirkt sich dies unter sonst gleichen Bedingungen voraussichtlich auf die dargestellte modellhafte Marktsituation aus?

- Die Angebotskurve verschiebt sich nach rechts.
- Die Angebotskurve verschiebt sich nach links.
- Die Nachfragekurve verschiebt sich nach rechts.
- Die Nachfragekurve verschiebt sich nach links.

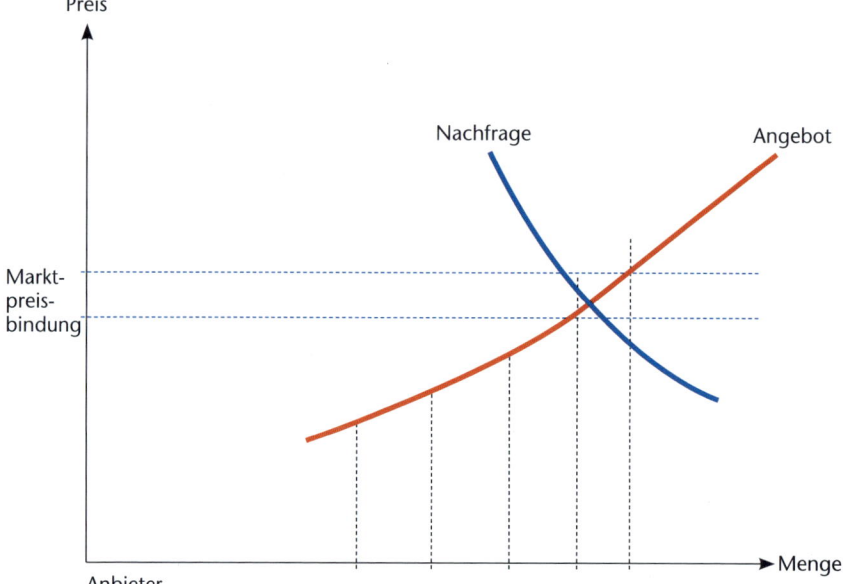

    b) Von der IT-AG wird eine Untersuchung der Entwicklung der Marktpreise im Bereich der Anbieter von Kommunikationstechnik durchgeführt. Dabei wird festgestellt, dass sich die Marktpreise in der laut Grafik angegebenen Schwankungsbreite mit eher fallender Tendenz entwickeln. Welche zwei der folgenden Anbieter müssen ihre Preise unter sonst gleichen Bedingungen voraussichtlich senken, wenn sie nicht vom Markt verdrängt werden wollen?

- Anbieter A
- Anbieter B
- Anbieter C
- Anbieter D
- Anbieter E

AUFGABEN

4. Ihnen liegt eine Marktanalyse vor, aus der hervorgeht, dass an einem Markt wenige Anbieter vielen Nachfragern gegenüberstehen. Welche der folgenden Marktformen liegt vor?

   a) Nachfrageoligopol bei Angebotsmonopol
   b) Angebotsoligopol bei Nachfragepolypol
   c) bilaterales Polypol
   d) Nachfrageoligopol bei Angebotspolypol
   e) zweiseitiges Monopol

5. Ein IT-Systemhaus wirbt verstärkt für PC-Schulungen. Welche der folgenden Auswirkungen auf die nebenstehende (modellhafte) Marktsituation Ihres PC-Schulungszentrums kann durch zusätzliche Werbung erklärt werden, wenn alle anderen Bedingungen unverändert bleiben?

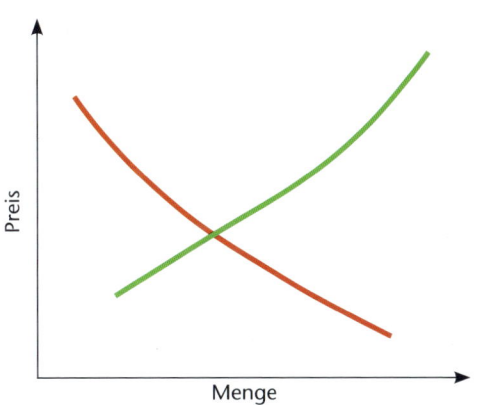

   a) Die Angebotskurve verschiebt sich nach rechts.
   b) Die Angebotskurve verschiebt sich nach links.
   c) Die Nachfragekurve verschiebt sich nach rechts.
   d) Die Nachfragekurve verschiebt sich nach links.

1.2.12 Kooperation und Konzentration

Formen von Unternehmenszusammenschlüssen

Unternehmenszusammenschlüsse führen zur Konzentration wirtschaftlicher Macht. Die Unternehmen möchten ihre Wettbewerbssituation verbessern. Hinsichtlich der Produktionsstufen der sich zusammenschließenden Unternehmen lassen sich verschiedene Konzentrationsformen unterscheiden.

Horizontale Konzentration:
Zusammenschluss von Unternehmen derselben Produktionsstufe

Vertikale Konzentration:
Zusammenschluss von Unternehmen aufeinanderfolgender Produktionsstufen

Anorganische Konzentration:
Zusammenschluss von Unternehmen unterschiedlicher Branchen

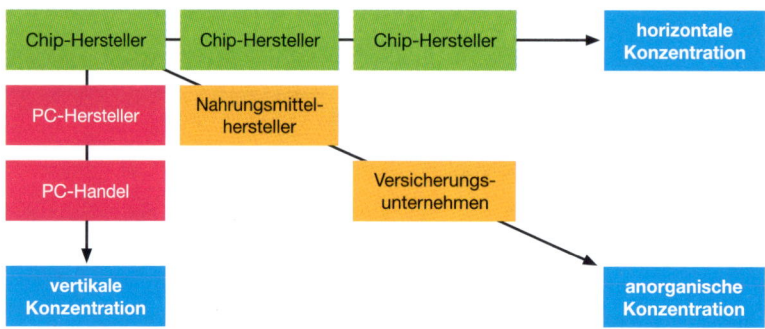

Arten von Unternehmenszusammenschlüssen

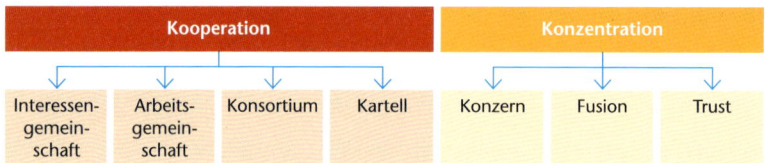

Kooperation

Unter Kooperation versteht man die freiwillige, vertraglich geregelte Zusammenarbeit von Unternehmen, die ihre rechtliche Selbstständigkeit beibehalten. Die wirtschaftliche Selbstständigkeit wird in den Bereichen der Zusammenarbeit zum Teil ganz aufgegeben, bleibt jedoch in den nicht unterworfenen Bereichen erhalten.

Arten der Kooperation

Interessengemeinschaft
Die Interessengemeinschaft ist ein Zusammenschluss von Unternehmen, die rechtlich selbstständig bleiben, aber sich zu einem gemeinsamen wirtschaftlichen Zweck zusammenschließen.

> **Beispiel**
> - Verschiedene Einzelhändler einer Stadt schließen sich zu einer Werbegemeinschaft zusammen.

Arbeitsgemeinschaft (Konsortium)
Die Arbeitsgemeinschaft (Konsortium) ist ein Zusammenschluss von mehreren Unternehmen mit dem Ziel, einen gemeinsamen Auftrag durchzuführen. Ein Konsortium ist in der Regel zeitlich begrenzt. Die Unternehmen bleiben rechtlich selbstständig, geben aber einen Teil ihrer wirtschaftlichen Selbstständigkeit auf.

> **Beispiel**
> - Verschiedene Industrieunternehmen schließen sich zu einem Industriekonsortium zur gemeinsamen Abwicklung des Baus einer Autobahnbrücke zusammen.
> - Verschiedene Banken schließen sich zu einem Bankenkonsortium zur Erstausgabe von Wertpapieren einer Unternehmung bei einer Börseneinführung zusammen.

Kartell

Das Kartell ist ein vertraglicher horizontaler Zusammenschluss von Unternehmen mit dem Ziel, den Wettbewerb durch koordiniertes Handeln auf einem bestimmten Markt ganz oder teilweise auszuschalten. Die Unternehmen bleiben rechtlich selbstständig, geben aber einen Teil ihrer wirtschaftlichen Selbstständigkeit auf.

Nach dem Zweck und der Art der Vereinbarungen unterscheidet man folgende Kartellarten:

Kartellarten	Inhalt und Ziel der vertraglichen Vereinbarung
Preiskartell	Festsetzung einheitlicher Absatzpreise zur Aufhebung des Wettbewerbs am Markt
Produktionsquotenkartell	Festsetzung von Produktions- und Absatzmengen für jedes Kartellmitglied
Gebietskartell	Zuteilung/Aufteilung bestimmter Absatzgebiete auf die Kartellmitglieder zur Aufhebung des Wettbewerbs und zur Erreichung einer Monopolstellung im zugeteilten Gebiet
Quotenkartell	Festsetzung von Absatzmengen für jedes Kartellmitglied
Normenkartell	Anwendung einheitlicher Normen und Typen
Konditionenkartell	einheitliche Anwendung allgemeiner Geschäfts-, Lieferungs- und Zahlungsbedingungen einschl. Skonti zur Ausschaltung des Wettbewerbs bei Nebenleistungen, Erhöhung der Markttransparenz
Rabattkartell	Festsetzung gleichmäßiger Rabatte, z. B. Mengen- und Umsatzrabatte an Wiederverkäufer
Rationalisierungskartell	Straffung/Beschränkung des Produktionsprogramms, des Einkaufs usw. bei vorübergehendem Absatzrückgang
Strukturkrisenkartell	planmäßige Anpassung der Kapazität an den Bedarf bei sinkender Nachfrage

Kartelle sind grundsätzlich verboten. Ausnahmen bilden die genehmigungspflichtigen oder anmeldepflichtigen Kartelle.

Konzentration

Unter Konzentration versteht man den Zusammenschluss von Unternehmen zu einer Wirtschaftseinheit unter einer umfassenden zentralen Leitung. Die wirtschaftliche Selbstständigkeit der Unternehmen wird dadurch eingeschränkt oder völlig aufgegeben.

Arten der Konzentration
Konzern
Ein Konzern ist ein Zusammenschluss von Unternehmen, die rechtlich selbstständig bleiben, ihre wirtschaftliche Selbstständigkeit aber aufgeben, indem sie sich einer einheitlichen Leitung unterstellen.
Der Zusammenschluss entsteht i. d. R. durch eine kapitalmäßige Verflechtung (z. B. Aktientausch, Erwerb einer Aktienmehrheit). Die einheitliche Leitung ermöglicht die Abstimmung der wirtschaftlichen Interessen und Aufgaben der Konzernteilnehmer und somit die Verbesserung der Marktsituation.
Schließt sich ein herrschendes Unternehmen (**Konzernmutter**) mit einem oder mehreren abhängigen Unternehmen (**Tochtergesellschaften**) unter der Leitung der Konzernmutter zusammen, so spricht man von einem **Unterordnungskonzern**.
Dies kann auch durch die Bildung einer **Holding** erfolgen. Die beteiligten Unternehmen übertragen einen Teil oder sämtliche ihrer Kapitalanteile auf eine Dachgesellschaft, die sog. Holdinggesellschaft. Diese hält und verwaltet die Kapitalanteile, ist aber nicht an Produktion oder Handel beteiligt, sondern leitet und verwaltet den Konzern.
Tauschen die Konzernunternehmen ihre Kapitalbeteiligungen gleichmäßig aus, ohne dass das eine Unternehmen von dem anderen abhängig ist, spricht man von einem **Gleichordnungskonzern**. Die einheitliche Leitung entsteht hier durch gegenseitige Abstimmung der sog. **Schwestergesellschaften**.

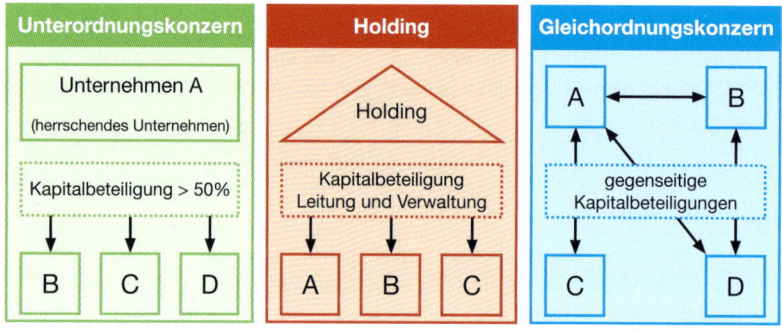

Fusion
Unter Fusion oder auch Trust versteht man die Verschmelzung von zwei oder mehreren Unternehmen zu einer neuen wirtschaftlichen und rechtlichen Einheit.
Nach der Fusion entsteht ein rechtlich selbstständiges Unternehmen. Die Fusion kann durch eine **Unternehmensübernahme** oder durch eine **Unternehmensneugründung** vollzogen werden. Wird ein Unternehmen gegen den Willen der Unternehmensleitung übernommen, so spricht man von einer **feindlichen Übernahme**.

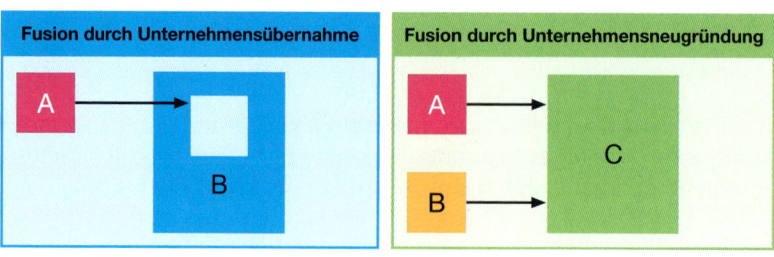

Unternehmenszusammenschlüsse lassen sich auf allen Märkten jeder Branche beobachten.

Beispiele für Fusionen:
Automobilmarkt:	Daimler-Chrysler
Finanzmarkt:	DZ-Bank – WGZ-Bank
Handelsmarkt:	Karstadt – Quelle
Computermarkt:	Siemens – Fujitsu
Medienmarkt:	Facebook – WhatsApp
Energiemarkt:	RWE – VEW
Luft-, Raumfahrt:	Dasa – Aerospatiale
Ölmarkt:	Shell – BG Group
Telekommunikationsmarkt:	O2 – E-Plus

Ziele von Unternehmenszusammenschlüssen

Oberstes Ziel eines Unternehmens, das durch einen Zusammenschluss einen Teil seiner wirtschaftlichen Selbstständigkeit aufgibt, ist meist eine langfristige **Gewinnmaximierung** durch Erhöhung der Wirtschaftlichkeit, Stärkung der Wettbewerbsfähigkeit, Ausbau der Marktmacht und Minderung der Risiken. Die mit einem Unternehmenszusammenschluss verfolgten Ziele erstrecken sich auf alle Funktionsbereiche (Beschaffung, Produktion, Absatz) des Unternehmens.

AUFGABEN

1. In welchem der folgenden Beispiele handelt es sich um eine „horizontale Konzentration"?

    a) Ein PC-Schulungscenter wird von einem Schulbuchverlag aufgekauft.

    b) Eine Beteiligungsgesellschaft, zu der Banken, ein Lebensmitteleinzelhandelskonzern und eine Baumarktkette gehören, kauft das PC-Schulungscenter.

    c) Ein PC-Schulungscenter fusioniert mit einem Konzern, der mehrere Schulungscenter betreibt.

    d) Ein PC-Schulungscenter kauft ein Fachgeschäft für Bürobedarf.

    e) Eine Internet-Café-Kette kauft das Gebäude, in dem ein PC-Schulungscenter bereits Unterrichtsräume angemietet hat.

2. Ein IT-Systemhaus plant, die SOFTWARE GmbH in Bonn zu kaufen und die SOFTWARE GmbH unter Beibehaltung ihres Firmennamens weiter zu betreiben. Um welche der folgenden Formen von Unternehmenszusammenschlüssen handelt es sich in diesem Fall?

    a) Fusion

    b) Arbeitsgemeinschaft

    c) Konzern

    d) Kartell

    e) Interessengemeinschaft

AUFGABEN

3. Welche zwei der folgenden positiven Folgen für ein IT-Systemhaus kann ein Zusammenschluss mit einem anderen Unternehmen haben?

    a) Rationalisierungs- und Einsparungseffekte, z. B. beim Personal und im Einkauf

    b) Verbreiterung der Kapitalbasis und bessere Finanzierungsmöglichkeiten

    c) Marktbereinigungsprämien vom Wirtschaftsministerium

    d) Erleichterung des Wettbewerbs durch eine größere Zahl von Mitbewerbern

    e) Umsatzsteuerermäßigung

4. Die IT-AG will mit der BIG-AG fusionieren. Das neue Unternehmen soll BIG IT AG heißen. Im Kollegenkreis werden die nebenstehenden Aussagen zum Thema Fusionen diskutiert. Welche zwei der folgenden Aussagen zum Thema Fusion sind richtig?

    a) Alle Fusionen müssen vom Bundeskartellamt genehmigt werden.

    b) Fusionen führen immer zum Abbau von Arbeitsplätzen.

    c) Mitarbeiter von fusionierten Unternehmen dürfen nicht entlassen werden.

    d) Eine Fusion kann von der Kartellbehörde untersagt werden, wenn durch die Fusion eine marktbeherrschende Stellung zu erwarten ist.

    e) Die fusionierten Unternehmen verlieren ihre rechtliche Unabhängigkeit.

1.2.13 Bereiche staatlicher Wirtschaftspolitik

1.2.13.1 Wettbewerbspolitik

Wettbewerbspolitik

Wettbewerbspolitik umfasst alle Maßnahmen zur Aufrechterhaltung eines funktionsfähigen Wettbewerbs sowie die Beseitigung von Wettbewerbsbeschränkungen.

Ziele der Wettbewerbspolitik

Die Wettbewerbspolitik verfolgt zwei Zielsetzungen:

- Erhaltung eines *funktionsfähigen* Wettbewerbs und Schutz der Konsumenten vor Wettbewerbsbeschränkungen und
- Gewährleistung eines *fairen* Wettbewerbs durch Verhinderung unlauterer Wettbewerbspraktiken.

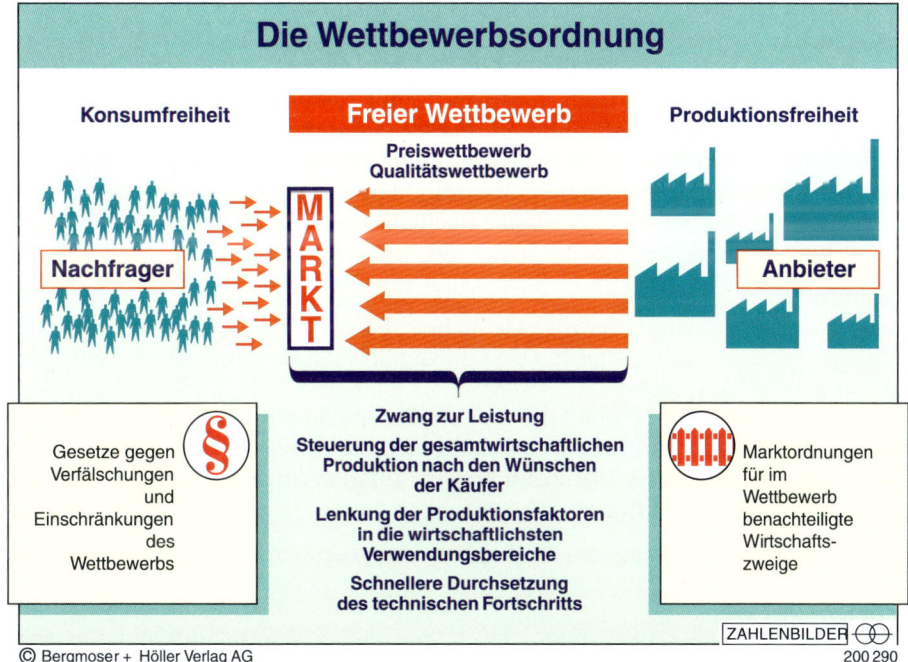

Träger der Wettbewerbspolitik

Träger der Wettbewerbspolitik ist das zum Bundesministerium für Wirtschaft und Technologie gehörende **Bundeskartellamt**. Das Bundeskartellamt arbeitet unabhängig, d. h. es unterliegt keinen Weisungen und politischen Einflüssen. Handelt es sich um Wettbewerbsbeschränkungen mit über die nationalen Grenzen hinausgehender Bedeutung, kann die **EU-Kommission** tätig werden.

Gesetz gegen Wettbewerbsbeschränkungen

Das **Gesetz gegen Wettbewerbsbeschränkungen (GWB)** ist die gesetzliche Grundlage staatlicher Wirtschaftspolitik. Es beinhaltet im Wesentlichen das **Kartellverbot**, die **Missbrauchsaufsicht** über marktbeherrschende Unternehmen und die **Fusionskontrolle**. Durch das GWB soll der Wettbewerb geschützt werden.

Unter **Wettbewerbsbeschränkungen** versteht man unternehmerisches Verhalten, das darauf abzielt, sich den Zwängen und Risiken eines freien Leistungswettbewerbs zu entziehen.

Kartellverbot

Kartelle sind lt. § 1 GWB grundsätzlich verboten. Einige Kartelle, die den Wettbewerb nicht oder nur geringfügig beeinflussen, sind anmelde- oder genehmigungspflichtig.

verbotene Kartelle	anmeldepflichtige Kartelle	genehmigungspflichtige Kartelle
Preiskartell	Normenkartell	Strukturkrisenkartell
Produktionskartell	Typenkartell	Rationalisierungskartell
Gebietskartell	Rabattkartell	Importkartell
Quotenkartell	Konditionenkartell	Exportkartell

Missbrauchsaufsicht über marktbeherrschende Unternehmen

Die Missbrauchsaufsicht ist eine Kontrolle des Bundeskartellamtes von Unternehmen, die ihre marktbeherrschende Stellung durch bestimmte Verhaltensweisen gegenüber anderen Unternehmen oder Verbrauchern ausnutzen und damit den Wettbewerb beeinträchtigen.
Beim **Behinderungsmissbrauch** nutzt ein marktbeherrschendes Unternehmen seine Marktmacht aus, indem es Mitanbieter in Form von ruinöser Konkurrenz, Bezugs- und Liefersperren konkurrierender Unternehmen vom Markt verdrängt.
Beim **Ausbeutungsmissbrauch** nutzt ein marktbeherrschendes Unternehmen seine Marktmacht aus, indem es vom Verbraucher überhöhte Preise verlangt.

Fusionskontrolle

Die **Fusionskontrolle** ist eine präventive Maßnahme, bei der das Bundeskartellamt Zusammenschlüsse von Unternehmen prüft. Diese müssen ihren Zusammenschluss beim Bundeskartellamt anmelden, sofern

- die beteiligten Unternehmen im Jahr vor dem Zusammenschluss insgesamt weltweit Umsatzerlöse in Höhe von mehr als 500 Millionen Euro erreicht haben und
- mindestens ein beteiligtes Unternehmen im Inland Umsatzerlöse in Höhe von 25 Millionen Euro erzielt hat.

Als **Zusammenschluss** im Sinne des GWB gelten Unternehmensverbindungen, bei dem ein Unternehmen

- ein anderes erwirbt,
- die Kontrolle über ein anderes Unternehmen übernimmt (z. B. durch Rechte oder Verträge),
- mindestens 25 % bzw. 50 % des Anteils eines anderen Unternehmens erwirbt oder
- auf sonstige Art erheblichen Einfluss auf ein anderes Unternehmen gewinnt.

Das Bundeskartellamt untersagt einen Zusammenschluss, wenn zu erwarten ist, dass eine marktbeherrschende Stellung des Unternehmens entsteht oder verstärkt wird. Der Bundeswirtschaftsminister kann den Zusammenschluss trotzdem genehmigen, wenn die gesamtwirtschaftlichen Vorteile der Fusion gegenüber der Wettbewerbsbeschränkung überwiegen („**Ministererlaubnis**").

Gesetz gegen den unlauteren Wettbewerb (UWG)

Das Gesetz gegen den unlauteren Wettbewerb (UWG) soll dafür sorgen, dass der Wettbewerb unter den Anbietern fair, d. h. ausschließlich mit zulässigen Wettbewerbsinstrumenten (Preispolitik, Produktpolitik, Kommunikationspolitik und Distributionspolitik), geführt wird. Es soll Unternehmer und Verbraucher vor unlauteren Wettbewerbspraktiken schützen.
Unlauterer Wettbewerb ist eine Verhaltensweise, durch die ein Anbieter für sich Vorteile gegenüber seinen Konkurrenten erreichen will, die nicht auf seiner Leistung, sondern auf unfairen Wettbewerbspraktiken beruhen. Das UWG verbietet solch irreführendes und sittenwidriges Verhalten.

1.2.13.2 Konjunkturpolitik

Konjunkturschwankungen

Unter Konjunktur versteht man regelmäßige mittelfristige Auf- und Abwärtsbewegungen der gesamtwirtschaftlichen Aktivität einer Volkswirtschaft, gemessen am Bruttoinlandsprodukt.

Ein **Konjunkturzyklus** umfasst die wirtschaftliche Entwicklung von einem Tiefstand bis zum nächsten Tiefstand. Er umfasst in der Regel einen Zeitraum von drei bis fünf Jahren. Man unterscheidet vier typische Zeitabschnitte innerhalb eines Konjunkturzyklus:

- Phase 1: **Aufschwung** (Expansion)
- Phase 2: **Hochkonjunktur** (Boom)
- Phase 3: **Abschwung** (Rezession)
- Phase 4: **Tiefstand** (Depression)

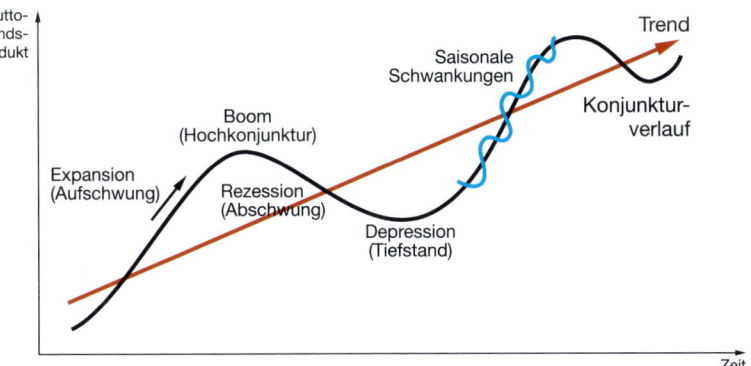

Von den Konjunkturschwankungen unterscheiden sich die **saisonalen Schwankungen**. Sie dauern meist nur wenige Wochen oder Monate und betreffen meist nur einzelne Wirtschaftszweige.

Beispiel
- Schlechtwetterperiode in der Bauwirtschaft
- Weihnachtsgeschäft im Einzelhandel

Die langfristige Tendenz der wirtschaftlichen Entwicklung bezeichnet man als **Trend**.

Konjunkturindikatoren

Mithilfe von **Konjunkturindikatoren** können Rückschlüsse auf den Stand und die gesamtwirtschaftliche Entwicklung der Konjunktur gezogen werden. Sie liefern wichtige Informationen für die Konjunkturpolitik.

Beispiel
- Ifo-Geschäftsklimaindex
- Handelsblatt-Frühindikator

Ziele der Konjunkturpolitik

Konjunkturpolitik umfasst alle Maßnahmen zur Beeinflussung des Konjunkturverlaufs durch Stimulierung der gesamtwirtschaftlichen Nachfrage und des gesamtwirtschaftlichen Angebots.

Die **Ziele** der Konjunkturpolitik sind im Gesetz zur Förderung der Stabilität und des Wachstums der Wirtschaft (StabG) aus dem Jahr 1967 festgesetzt. Darin heißt es: *„Bund und Länder haben bei ihren wirtschafts- und finanzpolitischen Maßnamen die Erfordernisse des gesamtwirtschaftlichen Gleichgewichts zu beachten."* Das gesamtwirtschaftliche Gleichgewicht gilt als realisiert, wenn die vier Ziele Stabilität des Preisniveaus, hoher Beschäftigungsstand, außenwirtschaftliches Gleichgewicht und stetiges, angemessenes Wachstum gleichzeitig erfüllt werden. Da es sehr schwierig ist, alle vier Ziele gleichzeitig zu erreichen, spricht man vom „magischen Viereck".

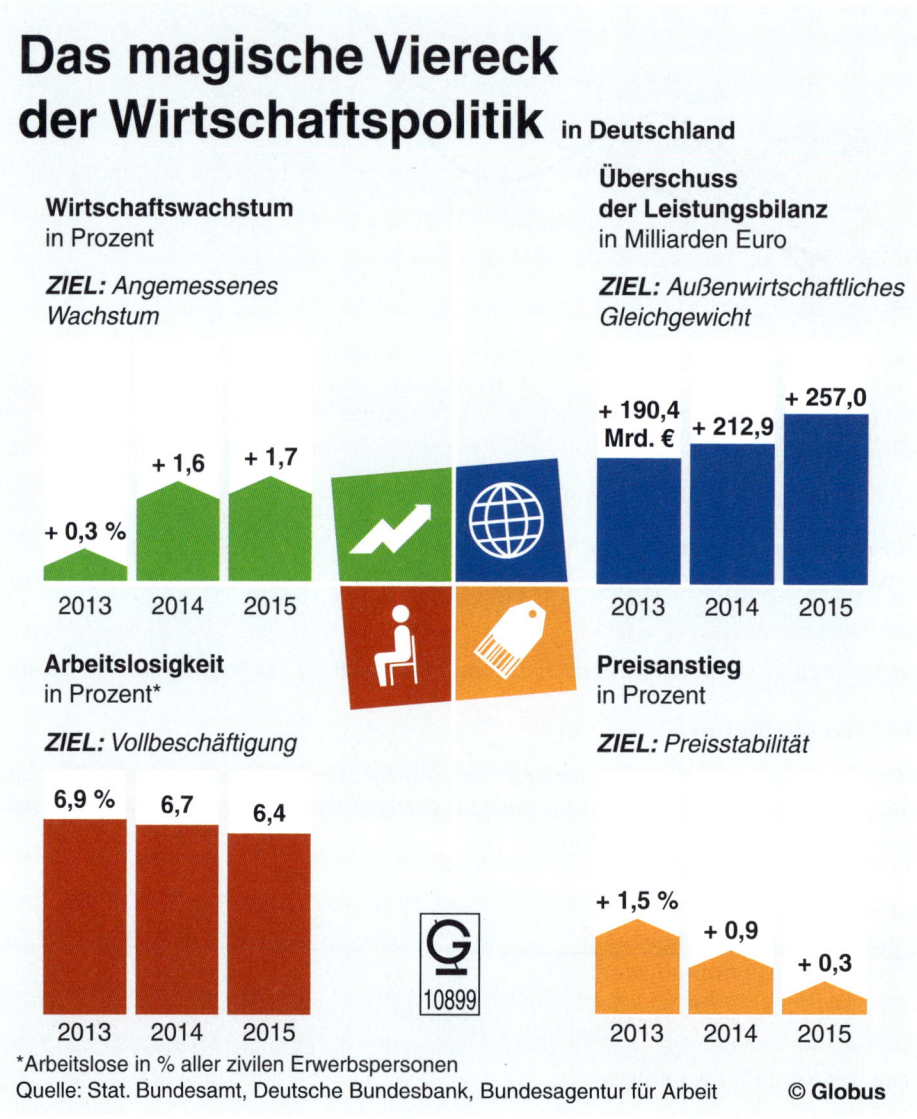

1.2.13.3 Geldpolitik

Das Europäische System der Zentralbanken (ESZB) und das Eurosystem

Das Europäische System der Zentralbanken (ESZB) besteht aus der Europäischen Zentralbank (EZB) und den nationalen Zentralbanken aller Staaten der europäischen Union. Der Begriff **Eurosystem** bezeichnet dagegen die EZB und die NZBs der 18 EU-Mitgliedstaaten, die den Euro eingeführt haben.

Die grundlegenden **Aufgaben des Eurosystems** sind:
- Festlegung und Durchführung der Geldpolitik des Euro-Währungsgebiets,
- Durchführung von Devisengeschäften,
- Haltung und Verwaltung der offiziellen Währungsreserven der Mitgliedstaaten,
- Förderung des reibungslosen Funktionierens der Zahlungssysteme in der EU.

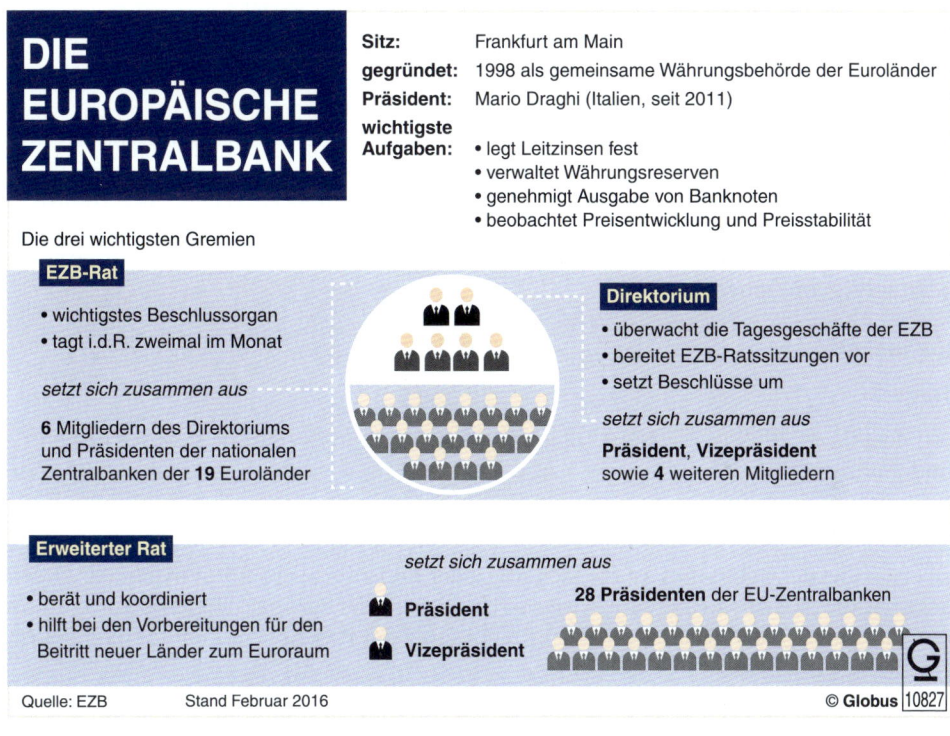

Organe der EZB

Entscheidungen werden im Eurosystem zentral von den Beschlussorganen der EZB, dem **EZB-Rat** und dem **Direktorium**, getroffen. Solange es Mitgliedstaaten gibt, die den Euro noch nicht eingeführt haben, besteht der **Erweiterte Rat** als drittes Beschlussorgan.
Der **EZB-Rat** besteht aus den Mitgliedern des Direktoriums der EZB und den Präsidenten der NZB der Mitgliedstaaten, für die keine Ausnahmeregelung gilt, d.h. derjenigen Länder, die den Euro eingeführt haben.

Die **Hauptaufgaben des EZB-Rats** bestehen darin,
- die Leitlinien und Entscheidungen zu erlassen, die notwendig sind, um die Erfüllung der dem Eurosystem übertragenen Aufgaben zu gewährleisten,

- die Geldpolitik des Euro-Währungsgebiets festzulegen, gegebenenfalls einschließlich Entscheidungen in Bezug auf geldpolitische Zwischenziele, Leitzinssätze und die Bereitstellung von Zentralbankgeld im Eurosystem sowie
- die Leitlinien zu erlassen, die für ihre Ausführung notwendig sind.

Das **Direktorium** besteht aus dem Präsidenten, dem Vizepräsidenten und vier weiteren Mitgliedern, die alle aus dem Kreis von in Währungs- oder Bankfragen anerkannten und erfahrenen Persönlichkeiten ausgewählt wurden. Sie werden einvernehmlich durch die Regierungen der Mitgliedstaaten auf der Ebene der Staats- und Regierungschefs auf Empfehlung des EU-Rats ernannt.

Die **Hauptaufgaben des Direktoriums** sind
- die Ausführung der Geldpolitik gemäß den Leitlinien und Entscheidungen des EZB-Rats sowie die Erteilung der erforderlichen Weisungen an die NZB und
- die Ausübung bestimmter vom EZB-Rat übertragener Befugnisse.

Der **Erweiterte Rat** besteht aus dem Präsidenten und dem Vizepräsidenten der EZB sowie den Präsidenten der NZB aller Mitgliedstaaten der Eurozone.
Der Erweiterte Rat dient vor allem der Abstimmung der Geld- und Währungspolitik zwischen Teilnehmer- und Nichtteilnehmerländern.
Das ESZB ist in seinen geldpolitischen Entscheidungen **unabhängig**. Bei der Wahrnehmung von Aufgaben im Zusammenhang mit dem Eurosystem darf weder die EZB noch eine NZB noch ein Mitglied ihrer Beschlussorgane Weisungen von dritter Seite einholen oder entgegennehmen.

Geldpolitik

Träger

Seit dem 01.01.1999 ist das ESZB Träger der Geldpolitik in der Europäischen Wirtschafts- und Währungsunion.

Ziele

Oberstes Ziel der Geldpolitik ist die **Sicherung der Preisniveaustabilität** in Europa. Außerdem hat die EZB die allgemeine Wirtschaftspolitik in der Europäischen Währungsunion zu unterstützen, soweit dies ohne Beeinträchtigung der Preisniveaustabilität möglich ist.

Instrumente

Zur Erfüllung ihrer Aufgaben und Erreichung ihrer Ziele stehen dem EZSB drei verschiedene Instrumente zur Verfügung:

- die Offenmarktgeschäfte,
- die ständigen Fazilitäten und
- die Mindestreserven.

Offenmarktgeschäfte
Offenmarktgeschäfte beinhalten den Kauf und Verkauf von Wertpapieren durch die EZB am „offenen Markt". Kauft oder verkauft die EZB Wertpapiere nur für eine bestimmte Zeit mit einer Rückkaufsvereinbarung, so handelt es sich um **Wertpapierpensionsgeschäfte**.

Ständige Fazilitäten
Im Rahmen der Fazilitäten (Kreditmöglichkeiten) bietet die EZB den Banken an, sich entweder zu einem bestimmten Zinssatz über Nacht Liquidität zu verschaffen (**Spitzenrefi-

nanzierungsfazilität) oder überschüssige Liquidität über Nacht zu einem bestimmten Zinssatz bei der EZB anzulegen (**Einlagefazilität**).

Mindestreserve

Die Kreditinstitute sind verpflichtet, bei der EZB eine sogenannte **Mindestreserve** zu unterhalten. Die Banken sind demnach verpflichtet, einen bestimmten Prozentsatz ihrer Kundeneinlagen als verzinsliches Guthaben bei der EZB zu halten.

Wirkungsweise

Die Instrumente sind vom Gesetzgeber so ausgelegt, dass sie die Preisbildung und den Wettbewerb an den Finanzmärkten weitgehend unangetastet lassen. Das heißt, das ESZB macht keine Vorschriften über die Kredithöhe, die Nichtbanken nachfragen, und sie macht keine Vorschriften über die Zinshöhe. Die Zentralbank greift nur **indirekt** in das Marktgeschehen ein, indem sie die Geldnachfrage der Nichtbanken (Zinspolitik) und das Geldangebot der Banken (Liquiditätspolitik) beeinflusst.

Die EZB kann die geldpolitischen Instrumente mit **restriktiver** Wirkung (Dämpfung im Boom) oder mit **expansiver** Wirkung (Belebung in der Depression) einsetzen. Dadurch sollen die wirtschaftlichen Aktivitäten (Investition, Konsum) gedämpft oder belebt werden.

Ausgangslage Rezession (geringe Inflation, hohe Arbeitslosigkeit)	Instrument	Ausgangslage Boom (hohe Inflation, geringe Arbeitslosigkeit)
Senkung der Zinssätze	ständige Fazilitäten	Erhöhung der Zinssätze
Senkung der Mindestreserve	Mindestreservepolitik	Erhöhung der Mindestreserve
vermehrte Wertpapierkäufe durch die EZB	Offenmarktgeschäfte	verminderte Wertpapierkäufe durch die EZB
restriktive Wirkung der Geldpolitik Erhoffte Wirkungen		**expansive Wirkung der Geldpolitik Erhoffte Wirkungen**
sinkende Zinssätze		steigende Zinssätze
steigende Kreditnachfrage		sinkende Kreditnachfrage
steigende Geldmenge		sinkende Geldmenge
steigende Nachfrage		sinkende Nachfrage
Konjunkturbelebung		Konjunkturdämpfung
Arbeitslosigkeit sinkt		sinkende Preise
Problem: Inflationsgefahr		Problem: Arbeitslosigkeit

1.2.13.4 Fiskalpolitik

Unter Fiskalpolitik versteht man den Einsatz der öffentlichen Einnahmen und Ausgaben im Dienste der Konjunkturpolitik.

Ziele

Die Ziele der Fiskalpolitik haben sich im Zeitablauf gewandelt. Waren es in früheren Jahrhunderten eher fiskalische Ziele, stehen heute eher allokations-, distributions- und konjunkturpolitische Ziele im Vordergrund. Es lassen sich vier Ziele unterscheiden:

fiskalisches Ziel	Der Staat erhebt Steuern zur staatlichen Einnahmensicherung, damit er seine Aufgaben erfüllen kann.
	Beispiel: Der Staat erhebt Einkommensteuer zur Finanzierung der Bereitstellung öffentlicher Güter (Straßen, Schulen etc.).
Allokationsziel	Durch die Fiskalpolitik soll eine Veränderung der Ressourcenverteilung erzielt werden, d. h. der Einsatz der Produktionsfaktoren soll möglichst effizient erfolgen.
	Beispiel: Der Staat stellt öffentliche Güter (z. B. ÖPNV) bereit, da der Markt eine entsprechende Bereitstellung nicht leisten kann.
Distributionsziel	Durch die Fiskalpolitik soll die sich nach dem marktwirtschaftlichen Prinzip ergebende primäre Einkommensverteilung aus sozialpolitischen Gründen verändert werden.
	Beispiel: Der Staat erhebt eine progressive Einkommensteuer, bei der die Bezieher von höheren Einkommen relativ stärker belastet werden als die Bezieher von niedrigen Einkommen.
Stabilisierungsziel	Durch die Fiskalpolitik sollen die gesamtwirtschaftlichen Schwankungen geglättet und Ziele des Stabilitäts- und Wachstumsgesetzes erreicht werden.
	Beispiel: Der Staat senkt in der Rezession die Einkommensteuer, damit die gesamtwirtschaftliche Nachfrage steigt.

Träger

Die Träger der Fiskalpolitik, also die für die Fiskalpolitik verantwortlichen Institutionen, sind in erster Linie Bund, Länder und Gemeinden.

Instrumente

Zur Erreichung der Ziele setzt der Staat seine **Ausgaben** und **Einnahmen** ein, die jährlich im **Haushaltsplan** aufgestellt werden. Der Haushalt wird verbindlich für ein Jahr im Voraus festgelegt.

Staatsausgaben
Zu den Staatsausgaben zählen die im Haushaltsplan veranschlagten Geldausgaben des Staates. Je nachdem, welchem Zweck eine Staatsausgabe dient, lassen sich die Staatsausgaben nach den Aufgabenbereichen der einzelnen Ministerien einteilen (Ministerialprinzip).

Das Verhältnis der gesamten Staatsausgaben zum Bruttosozialprodukt bezeichnet man als **Staatsquote**. In der Staatsquote kommt somit der Umfang der staatlichen Tätigkeit zum Ausdruck.

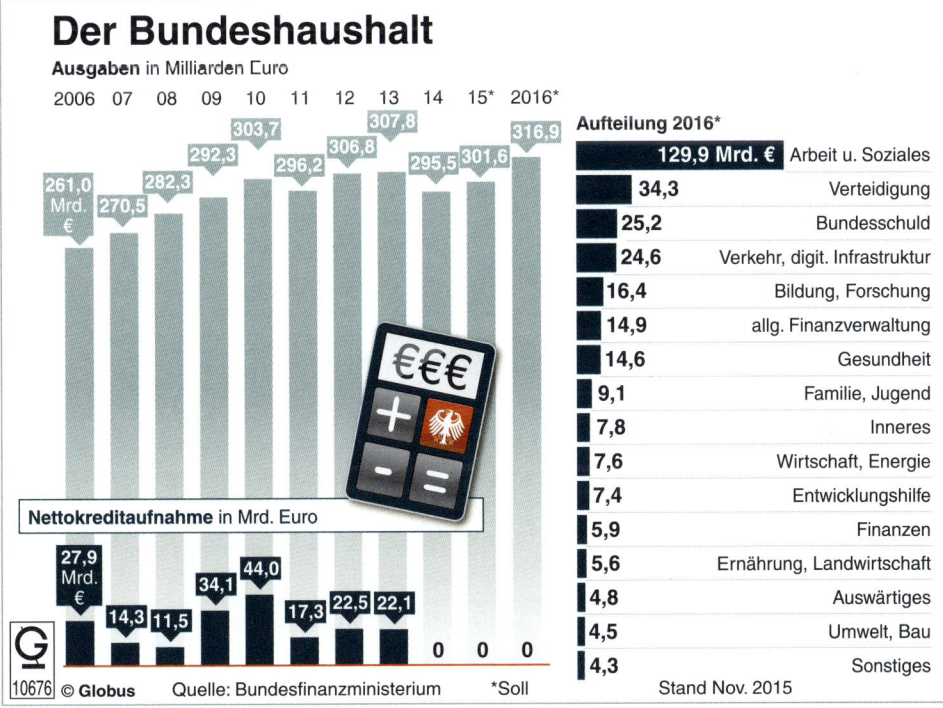

Staatseinnahmen

Um die Ausgaben des Staates finanzieren zu können, benötigt der Staat Einnahmen. Zu den wichtigsten Einnahmen des Staates zählen die Steuer, die Gebühren und die Beiträge.

Steuern	Gebühren	Beiträge
Steuern sind Geldleistungen, die der Steuerpflichtige an das öffentliche Finanzwesen leisten muss, ohne dass er dafür eine direkte Gegenleistung erhält. Z. B. Einkommensteuer, Umsatzsteuer	Gebühren werden von öffentlichen Einrichtungen für unmittelbar erbrachte Leistungen erhoben. Z. B. Müllabfuhrgebühr, Kfz-Zulassungsgebühr, Gebühr für die Ausstellung eines Personalausweises	Beiträge für bestimmte öffentliche Einrichtungen werden von dem Beitragspflichtigen für bestimmte Leistungen erhoben, unabhängig davon, ob er die Leistung in Anspruch nimmt oder nicht. Z. B. Sozialversicherungsbeiträge

Einteilung von Steuern

Einteilung nach der Ertragshoheit	Gemeinschaftssteuern	Das Steueraufkommen dieser Steuern wird zwischen Bund, Ländern und Gemeinden aufgeteilt. *Z. B. Einkommensteuer, Umsatzsteuer, Körperschaftssteuer*
	Bundessteuern	Das Steueraufkommen dieser Steuern fließt ausschließlich dem Bund zu.
	Landessteuern	Das Steueraufkommen dieser Steuern fließt ausschließlich dem Land zu. *Z. B. Kfz-Steuer, Biersteuer*
	Gemeindesteuern	Das Steueraufkommen dieser Steuern fließt ausschließlich der Gemeinde zu. *Z. B. Gewerbesteuer, Grundsteuer, Hundesteuer*
Einteilung nach dem Gegenstand der Besteuerung	Besitzsteuern	Die Steuer wird auf das Einkommen und Vermögen erhoben. *Z. B. Einkommensteuer, Körperschaftsteuer, Gewerbesteuer*
	Verkehrssteuern	Die Steuer wird auf die Übertragung von Vermögenswerten erhoben. *Z. B. Umsatzsteuer, Grunderwerbssteuer, Versicherungssteuer*
	Verbrauchssteuern	Die Steuer wird auf den Konsum bestimmter Güter erhoben. *Z. B. Tabaksteuer, Mineralölsteuer, Biersteuer*
Einteilung nach der Art der Erhebung	direkte Steuern	Der Steuerschuldner ist auch der Steuerträger, d. h. die Steuer kann nicht überwälzt werden. *Z. B. Einkommensteuer*
	indirekte Steuern	Der Steuerschuldner ist nicht der Steuerträger, d. h. die Steuer kann vom Steuerschuldner (z. B. einem Händler) auf einen Steuerträger überwälzt werden. *Z. B. Umsatzsteuer, alle Verbrauchssteuern*

Wirkungsweise

Mit einer gezielten Gestaltung der Haushaltspolitik kann der Staat auf die wirtschaftliche Konjunktur Einfluss nehmen. Durch die Einnahmen und Ausgaben der öffentlichen Haushalte kann der Staat die gesamtwirtschaftliche Nachfrage sowohl **direkt** über die getätigten Staatsausgaben als auch **indirekt** über die private Nachfrage beeinflussen.

AUFGABEN

1. In der folgenden Grafik ist ein typischer Konjunkturverlauf dargestellt. Ordnen Sie die Ziffern den folgenden Begrifflichkeiten zu.

   a) Aufschwung
   b) Rezession
   c) Hochkonjunktur
   d) Depression
   e) Trend

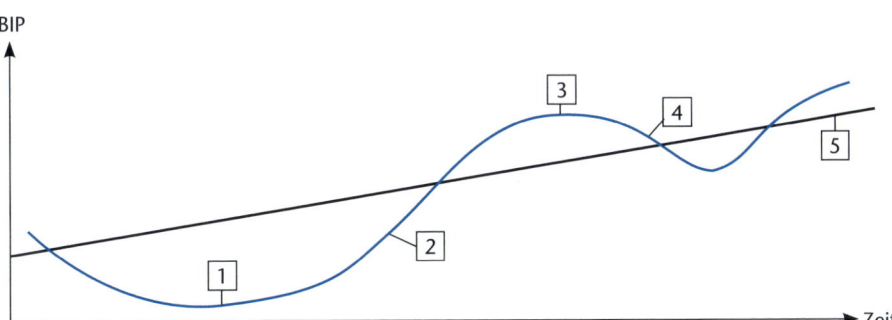

2. Welche der unten stehenden staatlichen Maßnahmen sind

   a) in der Zeit der Hochkonjunktur,

   b) in der Zeit des Abschwungs,

   c) weder in der Zeit der Hochkonjunktur noch in der Zeit des Abschwungs konjunkturpolitisch geeignet?

   Maßnahme

   1) Die Abschreibungssätze werden verringert.
   2) Der Staat verschuldet sich zur Finanzierung von Investitionen.
   3) Start-up-Unternehmen wird eine staatliche Förderung gewährt.
   4) Der Eingangssteuersatz der Einkommensteuer wird erhöht.
   5) Der Anteil der Länder an der Einkommensteuer wird zulasten des Bundes und der Gemeinden erhöht.

3. Welches der folgenden wirtschaftspolitischen Ziele wird vorwiegend durch Geld- und Kreditverknappung erreicht?

   a) Vollbeschäftigung
   b) Wirtschaftliches Wachstum
   c) Preisniveaustabilität
   d) außenwirtschaftliches Gleichgewicht
   e) gerechte Einkommensverteilung
   f) gerechte Vermögensverteilung

AUFGABEN

4. Im Folgenden sind verschiedene volkswirtschaftliche Situationen beschrieben. Ordnen Sie diese Situationen den Konjunkturphasen zu.

   Konjunkturphasen

   a) Expansion
   b) Boom
   c) Rezession
   d) Depression

   Situation

   1) Produktion und Absatz in der gesamten Dienstleistungsbranche gehen deutlich zurück.
   2) Die Arbeitslosigkeit im verarbeitenden Gewerbe geht deutlich zurück.
   3) Die Aktienkurse an der Börse verharren auf einem tiefen Niveau.
   4) Es herrscht Voll- und Überbeschäftigung.
   5) Die Preise für Investitionsgüter steigen stärker als die Preise für Konsumgüter.

5. Das Preisniveau einer Volkswirtschaft – und damit die Kaufkraft – werden beeinflusst von der Geldmenge, der Umlaufgeschwindigkeit des Geldes und der Gütermenge (Handelsvolumen). In welchen der unten stehenden Situationen wird das Preisniveau sinken, steigen oder konstant bleiben, wenn andere Einflussfaktoren unverändert sind?

   a) Die Umlaufgeschwindigkeit des Geldes steigt.
   b) Die Gütermenge steigt, die Geldmenge steigt in gleichem Maße.
   c) Die Geldmenge steigt, die Umlaufgeschwindigkeit des Geldes nimmt im gleichen Maße ab.
   d) Die Gütermenge nimmt ab, die Umlaufgeschwindigkeit des Geldes steigt.
   e) Die Gütermenge steigt, die Geldmenge steigt weniger stark.

6. Die Bundesregierung kann unterschiedliche Maßnahmen ergreifen, um die Konjunktur zu beleben. Welche vier der unten stehenden Maßnahmen können sich auf die Konjunktur belebend auswirken?

   a) Abbau von Subventionen
   b) Verminderung der Staatsaufträge
   c) Steuersenkungen
   d) Gewährung von Investitionszulagen
   e) Zulassung von Sonderabschreibungen
   f) Steuererhöhungen
   g) Erhöhung des Kindergeldes
   h) Abschaffung der Eigenheimzulage

AUFGABEN

7. Zur Erreichung ihrer Ziele setzt die Europäische Zentralbank verschiedene geldpolitische Instrumente ein. Entscheiden Sie für die folgenden Beschreibungen, um welches Instrument es sich jeweils handelt und welches Ziel die EZB dabei erreichen will.

Instrumente	Ziele
– Einlagefazilität	– Belebung der Konjunktur
– Spitzenrefinanzierungsfazilität	– Dämpfung der Konjunktur
– Mindestreservepolitik	
– Offenmarktpolitik	

Die Europäische Zentralbank

a) senkt den Prozentsatz für die Zwangseinlage der Kreditinstitute.

b) senkt den Zinssatz für Guthaben der Kreditinstitute bei der EZB.

c) erhöht den Zinssatz, den die Kreditinstitute bei der Beleihung von Wertpapieren zu zahlen haben.

d) kauft Wertpapiere am Markt.

2 Geschäftsprozesse und betriebliche Organisation

2.1 Managementaufgaben

Die Ziele eines Unternehmens zu formulieren, zu setzen und für deren Erreichen zu sorgen, ist Aufgabe der Unternehmensführung bzw. des **Managements**. Dabei ist diese Tätigkeit

1. mit Risiken behaftet, da der geplante Erfolg der meisten Entscheidungen und Maßnahmen meistens nicht sicher ist, und
2. von einer Vielzahl sich permanent verändernden unternehmensexternen Bedingungen beeinflusst.

Managementebenen

Als **übergeordnete Leitungsinstanz** regelt das Management den Produktions- oder Leistungsprozess eines Unternehmens durch Zielvorgabe bzw. Zielvereinbarung, Planung, Organisation der Durchführung und Kontrolle des gesamten Prozesses.

Dies geschieht auf den Managementebenen eines Unternehmens mit einem unterschiedlichen Grad an Risiko, Planungssicherheit und Genauigkeit (Konkretisierung oder Detaillierung) sowie mit unterschiedlichem Zeitrahmen. Das Management wird deshalb auch grob in drei Leitungsebenen gegliedert.

Managementebene	Top-Management	Middle-Management	Lower Management
	Geschäftsführung	Abteilungs-, Bereichsleitung	Gruppenleitung, Meister, Vorarbeiter usw.
Ziel/Planung	*strategisch*[1] = existenzielle, grundsätzliche Vorgaben für die Unternehmung	*taktisch*[2] = Umsetzung der strategischen Vorgaben	*operativ*[3] = Umsetzung der taktischen Vorgaben
Risikograd	hoch		niedrig
Konkretisierung/ Detaillierungsgrad	allgemein		genau
Zeitrahmen	langfristig	mittelfristig	kurzfristig

[1] Strategie: Führung der Unternehmung (Gesamtbetrachtung, langfristig)
[2] Taktik: Führung der Teilbereiche (Teilbetrachtung mit Schnittstellen, mittelfristig)
[3] Operation: Lösungsverfahren, Arbeitsgang (Einzelbetrachtung, kurzfristig)

Die sich ständig verändernden Einflussfaktoren verlangen eine entsprechende Fähigkeit zur **Anpassung unternehmerischen Handelns** an die äußeren Bedingungen der Unternehmensumwelt. Das strategische Management bzw. Top-Management hat stets dafür zu sorgen, dass die unterschiedlichen Einflussfaktoren erkannt und als Rahmenbedingungen für die Zielsetzungen und Planungen genutzt werden, um die andauernde Wettbewerbsfähigkeit des Unternehmens zu gewährleisten.

Ausgehend von den strategischen bzw. Oberzielen einer Unternehmung werden Einzelpläne, z. B. Investitionspläne, Produktionspläne, Beschaffungspläne, Absatzpläne aufgestellt, die dann bis zur operativen Ebene i. d. R. mehrfach verfeinert werden. Sind die Pläne umgesetzt bzw. realisiert, ist eine Kontrolle notwendig, die das Erreichen der Ziele und die Erfüllung der Pläne überprüft. Planabweichungen werden hinsichtlich ihrer Auswirkungen korrigiert.

Managementkreislauf

Auf allen Leitungsebenen eines Unternehmens vollzieht sich deshalb hinsichtlich der Management- oder Führungsaufgaben ein ständiger Kreislauf (**Managementkreislauf**).

2.1.1 Rahmenbedingungen und Wettbewerbsfaktoren

Kundenorientierung

Das berühmte Modell T („Tin Lizzy") des Automobilherstellers Ford in den USA wurde als erster Pkw in Fließbandfertigung als Massenprodukt hergestellt. Allerdings gab es lediglich eine Produktvariante. Nicht einmal bei der Farbe wurden Kundenwünsche beachtet: Entweder Schwarz oder keine Tin Lizzy. Heute lassen sogar die Produzenten von Traktoren Fahrzeuge vom Band rollen, die praktisch Einzelstücke sind. Bis wenige Tage vor Fertigstellung können die Käufer Ausstattungsmerkmale wählen bzw. ändern, die dann noch während der Herstellung Beachtung finden.

Es ist mittlerweile in nahezu allen Branchen üblich und erforderlich, dass die Produkte und Dienstleistungen hinsichtlich Qualität, Ausstattung, Kosten und Liefertermin genau an die Bedürfnisse der Kunden angepasst werden. Selbst bei Massenproduktionen kann so mitunter von individueller Fertigung gesprochen werden.

Diese Ausrichtung der Leistungsprozesse wird mit den Begriffen Marktorientierung bzw. Kundenorientierung überschrieben. Sie ist im Grunde jedoch das Ergebnis einer ganzen Reihe von Veränderungen.

Unternehmen wirtschaften in einem Netzwerk von Leistungs-, Wert- und Informationsbeziehungen, das durch sich ständig wandelnde externe Rahmenbedingungen beeinflusst wird.

Wettbewerbsfaktoren

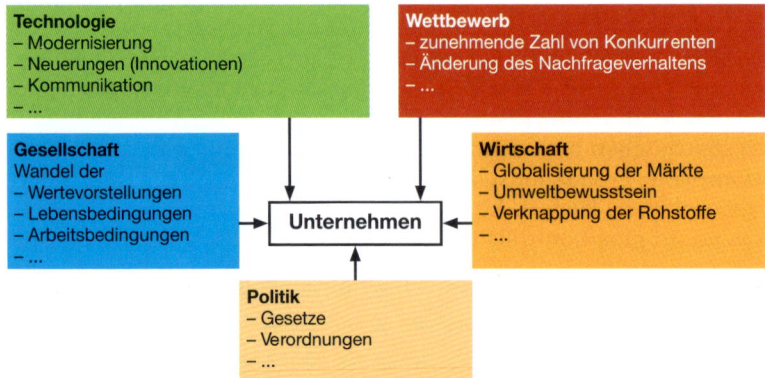

Externe Einflussfaktoren auf unternehmerisches Handeln

Besonders bewirken allerdings folgende Faktoren eine Verschärfung des Wettbewerbs und damit die Notwendigkeit für die Unternehmen, sich neuer Strategien zu bedienen. Ausgelöst wurde diese Veränderung der Wettbewerbssituation vor allem durch die Möglichkeiten der Informations- und Telekommunikationstechnologien.

- **Globalisierung der Märkte**
  Unternehmen haben weltweit Zugang zu allen Beschaffungs-, Arbeits-, Kapital-, Absatz- und Informationsmärkten.

- **Transparenz der Märkte**
  Die Präsenz nahezu aller Unternehmen im Internet ermöglicht es den Kunden, Produkte, Unternehmen usw. auf relativ einfachem und kostengünstigem Weg miteinander zu vergleichen und die für sie optimale Kaufentscheidung zu treffen.

Zusätzlich erfordern nachstehende Faktoren verändertes unternehmerisches Handeln:

- **Technische Innovationen**
  Neuerungen und neue technische Erfindungen führen dazu, dass fortwährend neue Produkte und Produktverbesserungen auf die Märkte gebracht werden, die Produktentwicklungszeiten und Produktlebenszeiten verkürzen sich ständig.

- **Verknappung der Ressourcen**
  Bestimmte Rohstoffe (Ressourcen) werden immer knapper, die Kosten der Beschaffung steigen.

- **Umwelt- und Qualitätsbewusstsein der Kunden**

- **Standortunabhängige Märkte (Internet, virtuelle Märkte)**

Unternehmensstrategien, Organisations- und Managementstrukturen

Unternehmen und Kunden agieren heute also in komplexen Märkten, deren Strukturen sich ständig ändern. Die Unternehmen haben deshalb im Laufe der Zeit Strategien, Methoden und Instrumente entwickelt bzw. vorhandene Maßnahmen variiert, um den

Gegebenheiten der Märkte gewachsen zu sein. I. d. R. handelt es sich bei der folgenden Aufstellung um Organisations- und Managementstrukturen.

Just-in-time (JiT)
Just-in-time bedeutet, dass die benötigten Materialien und Bauteile synchron zur Fertigung, also zeitlich zum Bedarf angeliefert werden. Hierdurch sollen einerseits die Vorräte in den Lagern gesenkt (Verringerung des gebundenen Kapitals) und andererseits die Flexibilität erhöht werden. Beweggründe für JiT-Produktion sind insbesondere die beabsichtigte Verkürzung der Produktlebenszyklen (vgl. S. 206), die Kundenwünsche nach verkürzter Lieferzeit und nach Variantenvielfalt von Produkten.

Kanban
Das Kanban-Konzept stammt aus Japan und zielt auf eine Minimierung der Leerlauf- und Wartezeiten bei Produktionsprozessen ähnlich der Idee der Just-in-time-Logistik ab. Bei konventionellen Produktionssystemen steuert eine zentrale Instanz den Materialfluss in der Fertigung und legt fest, wer wann wie und was macht. Beim Kanban ist die oberste Instanz lediglich für den Auftragsimpuls in der Endmontage zuständig, der auf alle vorgelagerten Arbeiten selbstständig weitergeleitet wird, indem jeweils alle benötigten Materialien von den vorgelagerten Produktionsstufen angefordert und abgeholt werden. Der Steuerungsimpuls durchläuft dem physischen Materialfluss entgegengesetzt alle Stufen bis hin zum Rohstofflager. Hierdurch entstehen selbst gesteuerte Kanban-Regelkreise.

Total Quality Management (TQM)
Total Quality Management (TQM) fördert eine kundenorientierte Qualitätsphilosophie, um in einer ganzheitlichen, langfristig ausgelegten Konzeption alle Stufen der Leistungserstellung bzw. alle Wertschöpfungsphasen auf die Erfüllung der Kundenerwartungen in Bezug auf die Qualität der Produkte und Dienstleistungen auszurichten. Dies gilt sowohl für externe Kunden (Abnehmer von Produkten) als auch für interne Kunden (Mitarbeiter, Abteilungen des Unternehmens).

Kaizen/Kontinuierlicher Verbesserungsprozess (KVP)
Die japanische Kaizen-Philosophie ist in ihrem Kern beschrieben durch den Satz „One step forward by 100 people is better than 100 steps forward by a single leader." Es geht darum, als Organisation ständige Veränderungen zu akzeptieren – um flexibel auf den Wandel der Umwelt reagieren zu können. Die Veränderung wird als ständiger Verbesserungsprozess betrachtet. Die Verbesserung bezieht dabei sowohl Produkte als auch alle Produktions- und Administrationsverfahren mit ein. Wichtig ist dabei die Annahme, dass nachhaltige Verbesserungen nur in der Gruppe (Team) erreichbar sind. Kaizen setzt auf die Politik der kleinen, aber stetigen Schritte, wobei Innovationssprünge nicht angestrebt werden.
Aufgrund gesellschaftlicher und kultureller Unterschiede ist Kaizen nicht direkt auf deutsche Unternehmen übertragbar. Hier hat sich ein entsprechender Ansatz herausgebildet, der **kontinuierliche Verbesserungsprozess (KVP)**, bei dem westliche Besonderheiten von Unternehmen berücksichtigt werden.

Virtuelles Unternehmen
Ein virtuelles Unternehmen basiert auf einem Netzwerk von Betrieben, die sich zusammenschließen, um eine Wettbewerbschance zu nutzen. Alle Beteiligten sind hoch spezialisiert. Das Unternehmen konzentriert sich nur noch auf diejenigen **Prozesse**, die von

ihm nachgewiesenermaßen effizienter und besser produziert und geliefert werden können als von allen anderen Anbietern. Alle übrigen Produkte und Leistungen werden auf Kooperationspartner verteilt. Alle Bereiche der Wertschöpfungskette können dabei prinzipiell an Partner ausgegliedert werden. Arbeitsplattformen von virtuellen Unternehmen sind moderne Informations- und Kommunikationstechnologien. Sie ermöglichen eine Telekooperation, die standort- und -zeitunabhängig ist. Die Prozessgestaltung und -steuerung vollzieht sich bei allen Beteiligten über gemeinsam nutzbare Onlinedatenbanksysteme sowie über Onlinemedien wie Internet, Extranet und Intranet.

Konzentration auf Kernkompetenzen
Kernkompetenzen eines Unternehmens sind die Fähigkeiten und Merkmale, die sie im Wettbewerb von anderen Unternehmen unterscheiden. Sie beschreiben die zentralen wertschöpfenden Aktivitäten eines Unternehmens und ergeben sich aus einer Kombination von Know-how, Human-, Technologie- und Sachressourcen. Die Konzentration auf die Kernkompetenzen eines Unternehmens erlaubt eine zielorientierte Bündelung der Aktivitäten, ohne sich auf „Nebenschauplätzen zu verzetteln". Maßnahmen des **Outsourcing** (Auslagerung von Teilaufgaben an Dritte) und **Insourcing** (Hereinnahme von bisher extern bezogenen Leistungen) sind typische Kennzeichen.

Customer Relationship Management
Letztlich haben die veränderten Wettbewerbsbedingungen dazu geführt, dass die Reaktion auf das Käuferverhalten zentraler Einflussfaktor für unternehmerische Entscheidungen ist. Der Kunde erwartet große Flexibilität (= Anpassungsfähigkeit) hinsichtlich seiner individuellen Produkterwartungen, kurze Lieferzeiten, hohe Qualität und niedrige Kosten bzw. ein günstiges Preis-Leistungs-Verhältnis. Mit der Erfüllung dieser Erwartungen kann ein Unternehmen Kunden langfristig an sich binden.
Dies verlangt neben der Vertragserfüllung zusätzlich noch besondere Maßnahmen wie individuelle Ansprache, Problemlösungsbereitschaft, ständige Kommunikationsbereitschaft, persönliche Betreuung, feste Ansprechpartner usw.
Eine derartige Kundenpflege, die den Aufbau und die Pflege der Beziehung (Relationship) zum Kunden (Customer) zur Aufgabe hat, wird als **Customer Relationship Management** bezeichnet (vgl. S. 196).

Prozessorientierung
In den Unternehmen werden Produkte immer in Prozessen, d.h. in Ketten zusammengehörender Vorgänge (Leistungsketten, vgl. S. 21), hergestellt. Ergebnis des Erstellungsprozesses ist ein Produkt oder eine Dienstleistung. Kundenorientierung bedeutet in diesem Zusammenhang eigentlich nur, dass nunmehr der Kunde definiert, welches Ergebnis erreicht werden soll.
Wollen Unternehmen die Leistungserstellung also an den individuellen Bedürfnissen eines Kunden ausrichten, so sollte konsequenterweise dieser spezielle Auftragsprozess individualisiert werden. Sämtliche Vorgänge und Teilaufgaben müssen dann in einen **kundenorientierten Prozess zusammengefasst** und in die Verantwortlichkeit eines Mitarbeiters übergeben werden. Die Unternehmen wandeln sich damit praktisch vom Produkthersteller zum **Projektauftragnehmer**. Im Sinne des Customer Relationship Management bedeutet dies dann z.B. auch, dass der Prozessverantwortliche als Kundenbetreuer jederzeit auch Auskünfte über Lieferzeiten geben oder kurzfristig Produktänderungen berücksichtigen kann.

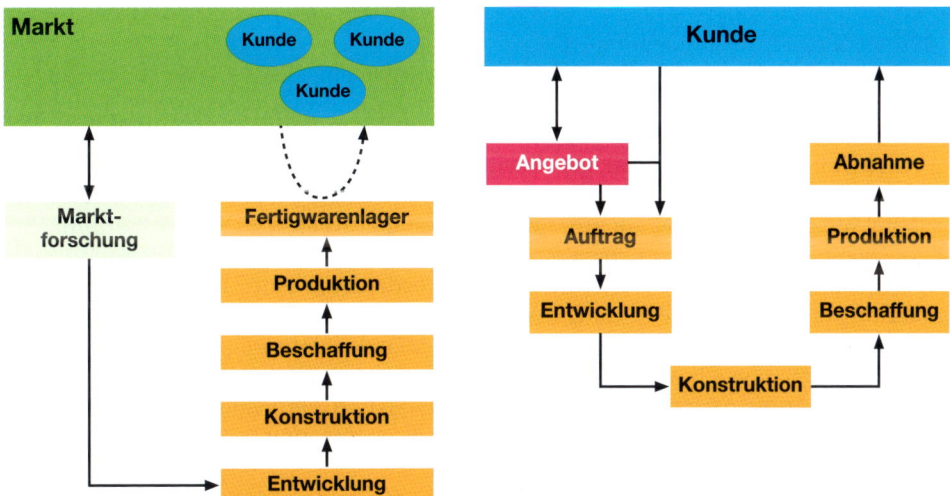

Unternehmen als Produkthersteller *Unternehmen als (Projekt-)Auftragnehmer*

Prozessorientierung bedeutet im Wesentlichen die Zusammenfassung aller zur Ergebniserreichung (= des vom Kunden definierten Produktergebnisses) aufeinanderfolgenden Aktivitäten und Handlungen in einen Vorgang (= Prozess) in der Verantwortung eines Mitarbeiters.

Beispiel
Auftragsabwicklung „Computerverkauf" mit Teilprozessen

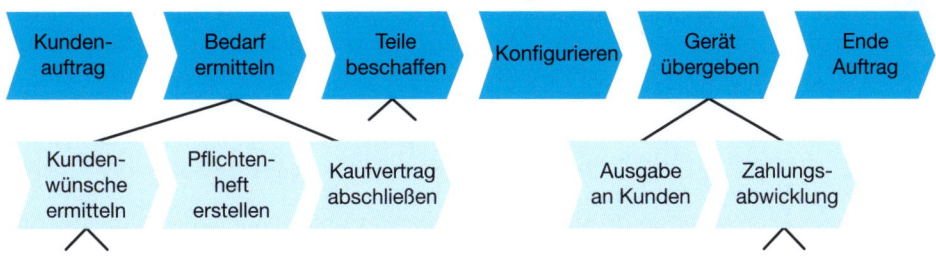

Soll ein gesamtes Unternehmen prozessorientiert organisiert werden, spricht man von **Geschäftsprozessorientierung** (vgl. S. 149). Hier handelt es sich zunächst um eine betriebswirtschaftlich-strategische Aufgabe, die i. d. R.

- alle **Managementebenen** betrifft (vgl. S. 108 unten),
- **Projekt**-Charakter besitzt (vgl. S. 122),
- massive Auswirkungen auf bestehende **Organisationsstrukturen** (vgl. S. 128) hat und
- entscheidend vom Einsatz der **Informations- und Kommunikationstechnik** (vgl. S. 116) unterstützt und bestimmt wird.

Business Process Reengineering (BPR)

Im Zusammenhang mit den Begriffen Prozessmanagement, Wertschöpfung und Unternehmensstrategie wird häufig auch von Geschäftsprozessorientierung bzw. **Business Process Reengineering (BPR)** gesprochen.

Unternehmen sind gezwungen, gleichzeitig auf Veränderungen in ihrer Umwelt flexibel zu **reagieren** und die Leistungserstellung wirtschaftlich und effizient zu **gestalten**. Häufig müssen Arbeitsabläufe um- oder neu gestaltet werden (= Reorganisation). Da diese Maßnahmen oft auch tiefgreifende Veränderungen für bestimmte Unternehmensbereiche oder auch für das ganze Unternehmen bedeuten, werden in vielen Unternehmen Umstellungsprozesse in Gang gesetzt.

Man bedient sich i. d. R. der Konzepte und Methoden der **Unternehmensentwicklung**, die mit Begriffen wie Lean Management[1], TQM (Total Quality Management = umfassende Qualitätsorientierung), Teamorientierte Produktion, Lernende Organisation usw., vor allem aber mit dem Begriff Business Process Reengineering bezeichnet werden. Kennzeichen dieser Konzepte sind

- die Bildung kleinerer organisatorischer Einheiten (**Teambildung**), die ihre Aufgaben selbstverantwortlich mit größerer Verantwortung und Kompetenz[2] erledigen (**Entscheidungsdezentralisation**[3]),

- die Übertragung vollständiger Arbeitsaufträge an einen oder mehrere Verantwortliche(n) (Ganzheitlichkeit, **Prozessorientierung**) und

- die ständige und **umfassende Qualitätskontrolle** während des gesamten Arbeitsprozesses.

Von allen Beteiligten in den Unternehmen wird demnach ein neues **Rollenverständnis** und **Arbeitsverhalten** verlangt. Die Mitarbeiter müssen lernen, ihre Arbeitsprozesse selbstbestimmt und eigenverantwortlich zu planen, durchzuführen und zu kontrollieren (**Aufgabenerweiterung**). **Teamarbeit** erfordert zudem Eigenschaften wie Kooperationsfähigkeit, Dialogfähigkeit und die Bereitschaft, Konflikte zu lösen. Die Führungskräfte müssen lernen, ihre Mitarbeiter zu verändertem **Arbeitsverhalten** anzuleiten, zu motivieren und diese in die Entscheidungsfindung einzubinden.

Dies führt dazu, dass das Management zukünftig eher Koordinierungsaufgaben mit dem Schwerpunkt „Organisation des Informationsaustauschs" übernimmt, während die Mitarbeiter sich im Vergleich zu ihren Vorgesetzten zu Experten im Bewältigen fachlicher Probleme entwickeln.

Um Reorganisation und Unternehmensentwicklung umfassend und unternehmensweit bzw. möglichst vollständig voranzutreiben, wird häufig die Konzeptidee des **Business Process Reengineering** angewandt. Dieser Ansatz verfolgt konsequent eine radikale Umstrukturierung (Reengineering) der gesamten Unternehmung. Sämtliche betrieblichen Tätigkeiten werden in Prozessen bzw. Wertschöpfungsketten organisiert. Ziel ist stets, die Kundenbedürfnisse optimal zu befriedigen.

---

[1] Lean = schlank. Lean Management hat den Abbau der mittleren Managementebenen eines Unternehmens durch die Verlagerung von Verantwortung und Entscheidungsbefugnis auf untere Mitarbeiterebenen zum Ziel.

[2] Kompetenz = Zuständigkeit

[3] Dezentralisation = Auseinanderlegen von Aufgabenbereichen, vgl. S. 131

Grundsätzliche Philosophie des BPR ist, dass die **Verringerung der Arbeitsteilung** zu einer **Erhöhung der Produktivität** (vgl. S. 39) bei sonst gleichen Bedingungen führt. Im Zuge des BPR entfallen auch die bisherigen Verantwortlichkeiten durch Abteilungs- oder Bereichsleiter (z. B. Einkaufsleiter, Marketingleiter), sie werden durch sogenannte **Prozessverantwortliche** ersetzt. Gradmesser für den Erfolg ist die Zufriedenheit des Kunden (Kundennutzen, vgl. S. 152). Jeder Prozessverantwortliche oder das Prozessteam arbeitet deshalb praktisch wie ein selbstständiger Betrieb.

2.1.2 Prozessmanagement

Die Gesamtheit aller Unternehmensprozesse zur Realisierung der strategischen Ziele (vgl. S. 108) wird auch als Wertschöpfungsprozess (vgl. S. 19) oder Geschäftsprozess (engl.: Business Process, vgl. S. 150) bezeichnet.
Prozessmanagement ist die zielorientierte Steuerung der Prozesse entlang der Wertschöpfungskette eines Unternehmens. Hauptzweck ist die Ausrichtung auf die **Zufriedenheit des Kunden** (vgl. S. 197) durch die Einhaltung bzw. Verbesserung von Qualitätsstandards, die Verringerung von Produktions- und Lieferzeiten und Kostensenkung.
Die Leistungserstellung in Unternehmen stellt sich im Grunde als eine Vielzahl miteinander verknüpfter und voneinander abhängiger Prozesse dar. In einem permanenten Ablauf müssen diese **Prozesse gesteuert** werden: Erfassen bzw. Aufzeichnen, Analysieren, Planen, Durchführen, Kontrollieren und Verbessern (Optimieren). Damit entsteht ein ähnlicher Kreislauf wie der des Managementkreises (vgl. S. 109).

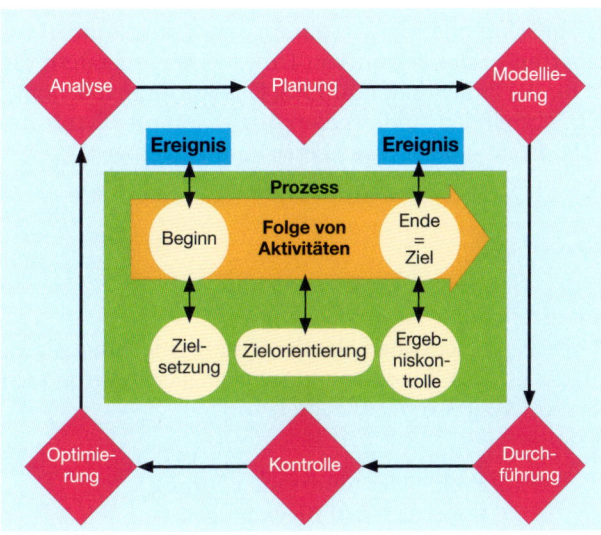

Prozessmanagement

2.1.3 Projektmanagement[1]

Handelt es sich bei geplanten betrieblichen Aktivitäten um Vorhaben, die relativ neuartig und komplex (vielschichtig, umfassend) sind, dann wird häufig das Projektmanagement eingesetzt.

> **Beispiel**
> - Platzierung eines neuen Produkts auf dem Absatzmarkt
> - Entwicklung einer neuen Produktlinie
> - Einführung eines Qualitätsmanagements z. B. nach DIN EN ISO 9001:2015
> - Ausrichtung der Produktion nach ökologischen Gesichtspunkten
> - Umstellung der Produktion auf vollautomatische Fertigung

> Projektmanagement ist eine Methode der Unternehmensführung. Projektmanagement ist immer prozessorientiert und aus methodischer Sicht eine Problemlösungsstrategie.

Die Projektverantwortlichen (Projektteams) erhalten i. d. R. von der Unternehmensführung einen **Projektauftrag** und wickeln diesen zielorientiert selbstständig ab. Ein Projektteam kann damit während seiner Aktionsdauer praktisch als „**Unternehmen im Unternehmen**" bezeichnet werden.

Die Besetzung der Projektteams hängt in erster Linie davon ab, welche Kenntnisse und Fähigkeiten für die Projektabwicklung benötigt werden. Im Team sollte jeder betroffene Unternehmensbereich vertreten sein. Zusätzlich können dem Team **Spezialisten** wie Organisationsfachleute, Informationsmanager oder Techniker angehören.

Je nachdem, in welchem Maße im Unternehmen das Instrument Projektmanagement bereits eingesetzt wurde bzw. wenn die Unternehmensgestaltung selbst Projektinhalt ist, unterstützen **betriebsexterne Experten** in der Person von Unternehmensberatern die Projektteams. In Fällen, bei denen für die Projektdurchführung Qualifikationen benötigt werden, die im Unternehmen nicht vorhanden sind, werden betriebsexterne Fachleute, Spezialisten oder Berater, z. B. im Hardware- und Softwarebereich, hinzugezogen.

2.1.3.1 Projekt

Projektdefinition

Mit dem Begriff **Projekt** wird ein Vorhaben beschrieben, das der Lösung eines einmaligen, zeitlich begrenzten Problems dient, das i. d. R. mit besonderen Schwierigkeiten verbunden ist und hinsichtlich des Aufwands (Kosten, Ressourcen) begrenzt ist.

Daher verlangt ein Projekt
- eine genaue **Zieldefinition**,
- ein **strukturiertes** und
- eine klar umrissene **Planung**,
- ein **arbeitsteiliges** Vorgehen.

---

[1] ausführlich zu Softwareprojekten siehe: Anwendungsentwicklung (erschienen beim Bildungsverlag EINS), zu Projektmanagement siehe: Projektmanagement für IT-Projekte (erschienen beim Bildungsverlag EINS)

Projektphasen

Ein Projekt weist eine Struktur auf und ist in Teilschritte oder Phasen gegliedert, die je nach **Projektanlass** in noch kleinere Einheiten aufgeteilt und mehrmals durchlaufen werden können. Die Phasenbezeichnungen unterliegen keiner genauen sprachlichen Regelung, sie benennen die einzelnen Schritte des Entwicklungsprozesses bzw. des Vorgehens. Häufig ist der Projektabschluss gleichzeitig Anstoß für ein weiteres Projekt.

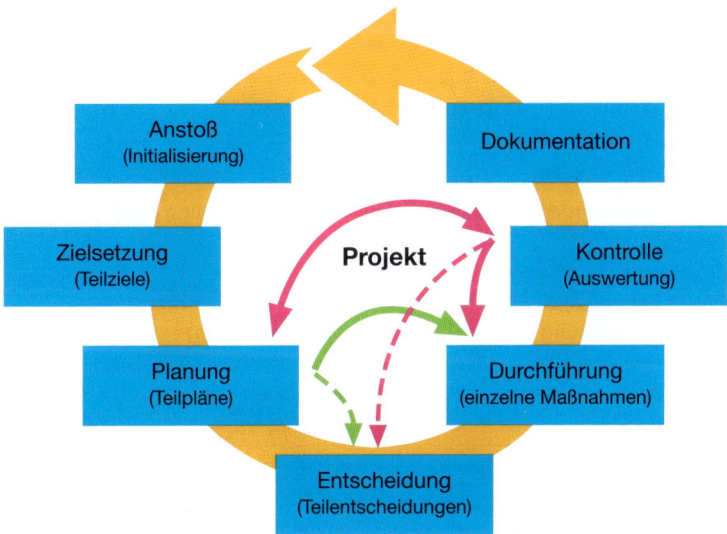

Projektphasen

Der **Projektverlauf** erfolgt nicht zwingend bis zum Abschluss. Ein Abbruch ist immer, zweckmäßigerweise aber in der Phase der Entscheidung, möglich oder auch notwendig. Typischerweise beeinflussen die Planungstätigkeiten die Durchführungsphase bzw. sie werden als Feinplanung weiter fortgesetzt. Die **Kontrolle** setzt nicht erst als Abschlusskontrolle ein, sie begleitet in Abhängigkeit von Zielsetzung und Planung alle anderen Phasen, besonders aber die Durchführung.

Phasen	Phasenschwerpunkte (Erläuterungen)
1 **Anstoß**	**Projektantrag** Die betriebliche Situation, die Probleme ergibt und/oder verändert werden soll, wird geschildert.
2 **Zielsetzung**	**Projektdefinition** Das Problem wird genau eingegrenzt beschrieben. Beabsichtigte Verbesserungen/Veränderungen werden skizziert. Festgelegt werden weiter die (vorläufigen) Rahmenbedingungen wie Zeit- und Personalaufwand, Kostenvolumen usw.

Phasen	Phasenschwerpunkte (Erläuterungen)
3 Planung	**3.1 Voruntersuchung** Schwerpunkte sind hier – die **Istanalyse** (je nach Projektziel: Schwachstellenanalyse, Ablaufanalyse, Analyse der Informationsbeziehungen usw.), d. h. eine Beschreibung des aktuellen Zustands, – eine **Operationalisierung** der **Zieldefinition**, die dazu dient, Kriterien festzulegen, anhand derer die Erreichbarkeit des gesetzten Ziels überprüft werden kann, – die **Anforderungsanalyse**, d. h. eine Darstellung des angestrebten Sollzustands mit inhaltlichen und sonstigen Anforderungen sowie – evtl. eine **Durchführungsanalyse**, die aufweisen soll, ob das Projekt überhaupt sinnvoll innerhalb z. B. des Kostenvolumens umzusetzen ist. **3.2 Grobplanung** Auf der Basis der Anforderungsanalyse strukturiert die Grobplanung das weitere Vorgehen. Sie umfasst – die **Projektstruktur** (Teilaufgaben, Schwerpunkte), – die **Ablaufplanung** in sachlogischer Reihenfolge und zeitlicher Hinsicht und – die **Ressourcenplanung** (Personaleinsatz, Finanzierungsbedarf). An dieser Stelle wird auch die Besetzung des **Projektteams** (Größe, beteiligte Unternehmensbereiche, betriebsinterne und/oder -externe Spezialisten, Leitung) vorgenommen.
4 Entscheidung	In dieser Phase – sofern nicht schon nach der Durchführungsanalyse (3.1) geschehen – fällt die Unternehmensleitung die Entscheidung, ob das Projekt durchgeführt oder abgebrochen werden soll. Evtl. wird die Planung revidiert, sodass es zu einer neuerlichen Entscheidung kommen muss.
5 Durchführung	**5.1 Feinplanung** Die Grobplanung wird in eine Detailplanung (Stepwise Refinement) umgesetzt, die – das **Projektergebnis** (Produkt o. Ä.) als Pflichtenheft, Plan, Modell, Prototyp, Simulationsmodell usw., – die **Aufgabenverteilung** innerhalb des Projektteams und – eine genaue **Zeitplanung** umfasst. **5.2 Umsetzung** Die Pläne werden realisiert und ggf. geändert. Bis zum Abschluss dieser Phase kommt es zu Probeläufen, Parallelläufen, Simulationen, Versuchen usw., bis das Ergebnis präsentiert bzw. installiert wird.

Phasen	Phasenschwerpunkte (Erläuterungen)
6 **Kontrolle**	**6.1 Test** Das Projektergebnis wird im Probebetrieb auf Funktionsfähigkeit, Zuverlässigkeit, Fehlerfreiheit usw. überprüft. **6.2 „Qualitätsprüfung"** Das Projektergebnis ist hinsichtlich der Übereinstimmung mit den Vorgaben (Projektziel, Planung) zu überprüfen. Die Realisierung wird einer Durchführungskritik unterzogen (Einhaltung der Planungsvorgaben, Teambildung usw.).
7 **Dokumentation**	Die Dokumentation umfasst alle Pläne, eventuelle Änderungen, Darstellungen (Berichte, Protokolle) der Arbeitsphasen einschließlich aufgetretener Schwierigkeiten, angefertigte Handbücher (Arbeitsanweisungen, Wartungshinweise usw.).

2.1.3.2 Hilfsmittel der Projektplanung und -steuerung

Ein Projekt gilt als erfolgreich, wenn es „**in quality**", „**in time**" und „**in budget**" erfüllt wurde. Deshalb kommt den folgenden drei Aspekten des Projektmanagements bzw. der Projektplanung besondere Bedeutung zu:

- Inhalte (Aufgaben)
- Termine
- Kosten bzw. Ressourcen

Zur Unterstützung vor allem für die Planung wie auch für die Steuerung von Projekten dienen Hilfsmittel, die den Projektverlauf in seiner Struktur (Abhängigkeit von Teilvorgängen), der zeitlichen Abfolge und der Ressourcenplanung grafisch abbilden,

- Projektstrukturplan,
- Meilensteindiagramme und
- Netzplantechnik (vgl. S. 137).

Sinnvollerweise setzt man eine für diese Aufgabe entwickelte Software ein (z. B. MS-Project). Zunächst werden die Tätigkeiten identifiziert, die in nicht weiter zerlegbaren **Arbeitspaketen** bzw. **Vorgängen** zusammengefasst und gegliedert werden. Danach sind die Bedingungen zu ermitteln, unter denen die Tätigkeiten durchgeführt werden sollen. Der nächste Schritt legt die Einsatzmittel oder Personen fest, mit deren Einsatz die Arbeitspakete ausgeführt werden. Abschließend werden die Kosten für die Arbeitspakete ermittelt und schließlich der jeweilige Zeitbedarf.

Projektstrukturplan

Der Projektstrukturplan ist die übersichtliche und strukturierte Darstellung eines Projektes. Er gibt dessen Gliederung in Teilziele, Arbeitspakete (Teiltätigkeiten und Funktionen) und Phasen grafisch (i. d. R. als Baumstruktur) wieder. Zusätzlich zeigt er die Schnittstellen der Arbeitspakete und deren Abhängigkeiten auf.

Grundsätzlich finden die beiden folgenden Gliederungsprinzipien (häufig auch in gemischter Form) Anwendung:

- **Objektorientierung**
  Der Projektgegenstand wird in seine einzelnen Komponenten, Baugruppen und Einzelteile oder Arbeitsergebnisse zerlegt. Die Arbeitspakete bzw. deren Oberbegriffe repräsentieren entsprechend konkrete Gegenstände.

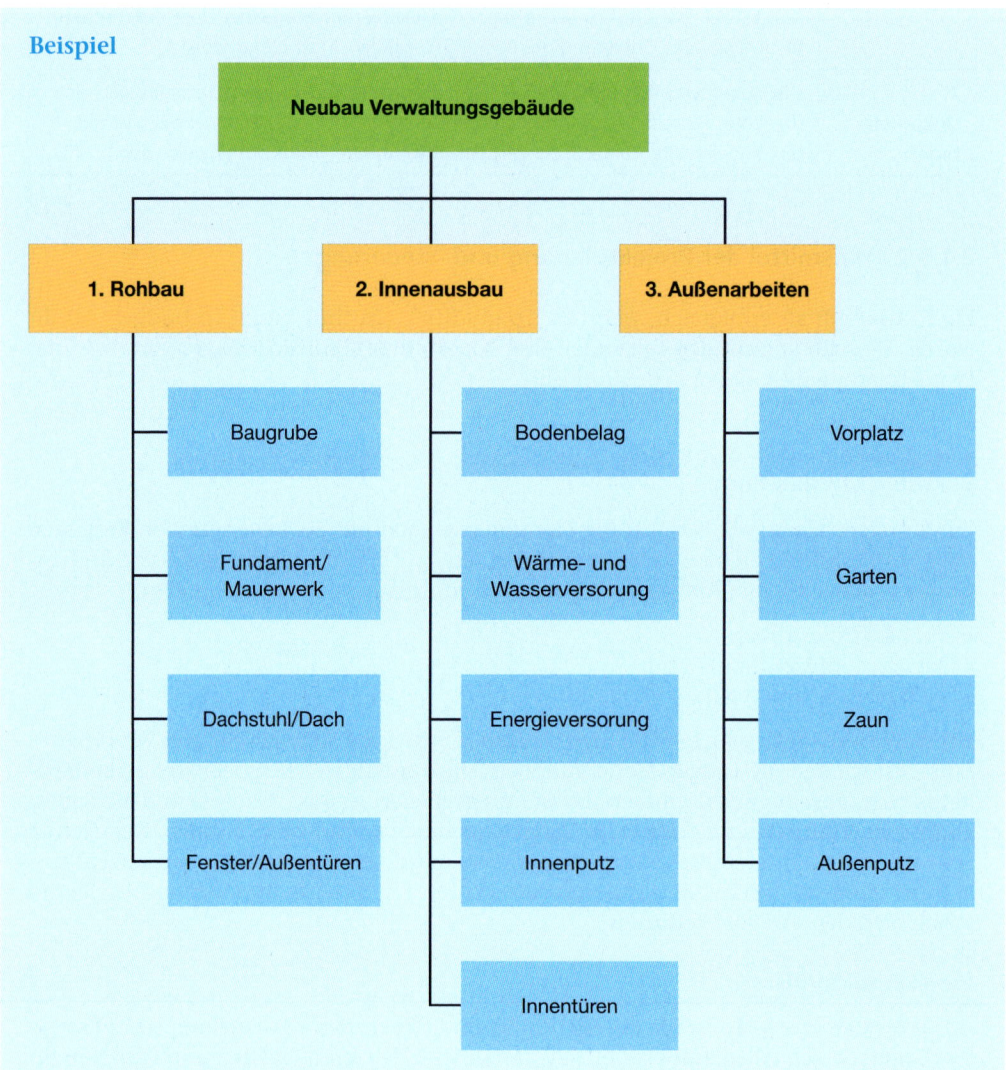

Objektorientierter Projektstrukturplan

- **Funktionsorientierung**
  Die Arbeitspakete bzw. deren Oberbegriffe entsprechen Verrichtungen oder Maßnahmen.

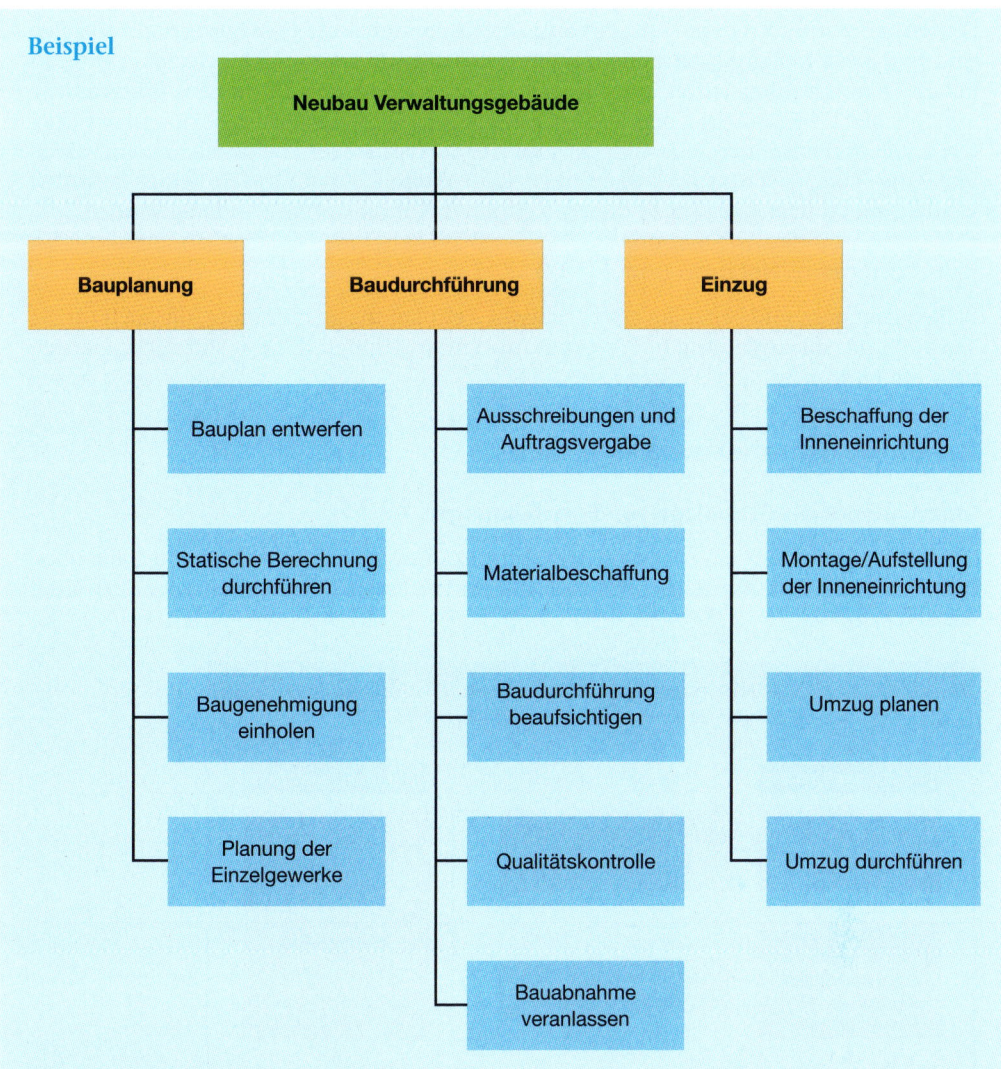

Funktionsorientierter Projektstrukturplan

Meilensteindiagramme

Meilensteine (milestones) sind Ereignisse von herausgehobener Bedeutung für den Erfolg des Projektes und stellen Kontrollpunkte bzw. Zwischenergebnisse dar. Häufig sind Meilensteine mit Zahlungsterminen verknüpft.

Beispiel
- Fertigstellung einer Installation
- Abnahme des Rohbaus beim Hausbau

Meilensteine strukturieren damit ein Projekt zeitlich durch die Festlegung von Teilzielen und sind meist in Zeitplanungsinstrumente wie Balkendiagramm oder Netzplan eingearbeitet. Derartige Übersichten oder eigenständige **Meilensteinpläne** bzw. **-diagramme** ermöglichen eine raschen Überblick über die gesamte Projektplanung. Anhand der Kontrolle von Meilensteinen lässt sich der Projektstatus feststellen. Bei Erreichen eines Meilensteines können Entscheidungen über den weiteren Verlauf des Projektes getroffen werden, zumal relativ häufig zu diesem Zeitpunkt Honorarzahlungen fällig werden.

Balkendiagramm/Netzplan (vgl. S. 137)

Balkendiagramm und Netzplan sind klassische Zeitplanungsinstrumente, die auch für die Termin- und Ablaufplanung in Projekten Anwendung finden. Eine ausführliche Darstellung erfolgt in Kapitel 2.1.5.2.

2.1.4 Informationsmanagement

Informationen als Grundlage von Entscheidungen

In Unternehmen fällt eine Vielzahl von **Entscheidungen** und Tätigkeiten an, die ohne Informationen, d. h. **aktuelles, umfassendes und vollständiges Wissen**, nicht bewältigt werden kann.

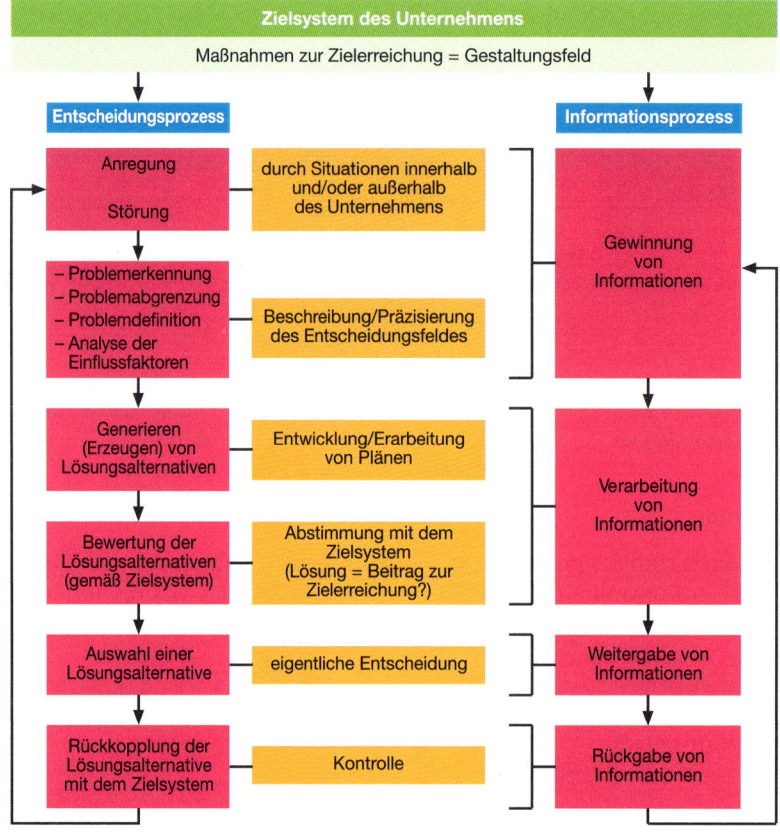

Entscheidungs- und Informationsprozess

Die Verfügbarkeit des **Produktionsfaktors Information** (vgl. S. 17) bestimmt maßgeblich die Konkurrenzfähigkeit und Existenzsicherung eines Unternehmens. Das Management als Entscheidungsträger muss deshalb jederzeit mit Informationen versorgt werden, die bestimmten Anforderungen genügen sollten.

Anforderungen an Informationen	
– **Aktualität**	Informationen sind ständig auf dem neuesten Stand.
– **Quantität**	Informationen liegen vollständig vor.
– **Qualität**	Informationen sind aussagefähig.
– **Terminierung**	Informationen stehen rechtzeitig bereit.
– **Validität**	Informationen sind gültig und schlüssig.

Aufgabenbereich des Informationsmanagements

Der Informationsbedarf kann im Unternehmen selbst (**interne Informationen**) und außerhalb des Unternehmens (**externe Informationen**) befriedigt werden.

Informationen (Beispiele)			
externe Informationen		**interne Informationen**	
Beschaffungs-markt	– Qualifikationen der Arbeitsplatzbewerber (Arbeitskräfte) – Anschaffungspreis für eine Maschine (Arbeitsmittel) – mögliche Lieferer für einen Rohstoff (Arbeitsstoffe)	Materialwirtschaft	– Qualität des bezogenen Rohstoffs
		Absatz	– Verkaufszahlen, geordnet nach Produktgruppen oder – Kundengruppen
Kapitalmarkt	– Zinssatz für langfristige Darlehen	Produktion	– Ausschussquoten für unterschiedliche Produkttypen
Absatzmarkt	– Anfragen der Kunden – Preissenkung des Konkurrenzproduktes		
staatliche Organisationen	– Steuerbescheid vom Finanzamt – Gesetzesänderungen	Rechnungswesen	– Debitorenliste – Statistiken

Die derzeitige Entwicklung im Bereich der Informations- und Kommunikationstechnologien ist durch eine **Scherenbewegung** gekennzeichnet: Immer leistungsfähigere Technik kann mit einem immer geringeren finanziellen Einsatz erworben werden. Der **Einsatz von Computern** und (Tele-)Kommunikationstechnik darf jedoch nicht allein aufgrund technischer bzw. kostengünstiger Möglichkeiten erfolgen, er muss an die betriebliche Aufgabenerfüllung angepasst werden.

Es liegt deshalb nahe, in den Unternehmen einen Aufgabenbereich **Informationswirtschaft** oder **Informationsmanagement** zu schaffen, der alle Aufgabenstellungen aus dem Bereich der Informationsverarbeitung – Informationsbeschaffung, Informationsspeicherung und Informationsübermittlung – eines Unternehmens übernimmt.

Aufgabenbereich des Informationsmanagements
– Beschaffung, Einsatz, Wartung, (Weiter-)Entwicklung und Aktualisierung der Informations- und Kommunikationstechnik im Unternehmen
– Planung, Organisation und Realisierung der Informationsbeschaffung, -bereitstellung, -übertragung und -speicherung sowie der Kommunikationswege
– Planung, Organisation, Realisierung und Überwachung von Datenschutz- und Datensicherungsmaßnahmen
– Schulung und Sensibilisierung der Mitarbeiter
– Verwalten der Informationsbestände (Erfassen, Ändern, Löschen)
– Planung, Organisation und Realisierung der Anwendungen der Informations- und Kommunikationstechniken im Unternehmen zur Bewältigung betrieblicher Problemstellungen
– Integration des Informationsmanagements in die Aufgabenabwicklung der Funktionsbereiche

Je nach Ausmaß und Anforderungsgrad der Tätigkeiten des Informationsmanagements werden Spezialisten benötigt, die diesen Aufgabenbereich betreuen. Unabhängig davon fungieren **alle Aktions- und Entscheidungsträger** eines Unternehmens als **Informationsmanager**.

Beispiel
- Die **Planung, Einrichtung und Betreuung** einer zentralen Datenbank, auf die alle Fachabteilungen eines Unternehmens Zugriff haben sollen, wird von Informatikspezialisten übernommen.
- Ein Sachbearbeiter in der Einkaufsabteilung **nutzt** für die Bezugskalkulation an seinem Arbeitsplatz-PC ein Tabellenkalkulationsprogramm.

Funktion der Informationsmanager		
– Ver- und Bearbeiter der Informationsinhalte		Informationen aufgabengerecht auswerten, analysieren, verknüpfen, verdichten, in andere Informationen transformieren
– Manager der	– Informationsbestände	(= sämtliches gespeichertes Wissen eines Unternehmens, auf das jederzeit zurückgegriffen werden kann)
	– Informationsbeziehungen	(= Kommunikation als Austausch von Informationen in „Informationsnetzen" innerhalb und außerhalb der Unternehmung)
	– Informationstechnik	(= Kenntnisse über Hardware und Software)

Modell eines Informationssystems

Informationsverarbeitung ist Bestandteil jeder Tätigkeit in Unternehmen und ermöglicht und begleitet die Aufgabenerfüllung entlang des Leistungserstellungsprozesses. Die Informationsverarbeitung ist in den Leistungserstellungsprozess integriert.

Hauptaufgabe des Informationsmanagements eines Unternehmens ist die Planung und Gestaltung von Informationssystemen. Zur exakteren Untersuchung, Darstellung und insbesondere zur effektiveren Gestaltung von Informationssystemen wird auf der Basis des Modells eines Informationssystems gearbeitet, das einzelne Bereiche oder das gesamte Unternehmen als informationsverarbeitendes System betrachtet (vgl. S. 16).

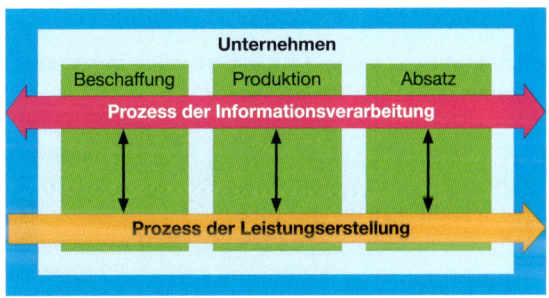

Prozesse in Unternehmen

Ziel eines solchen Modellentwurfs ist die Systemgestaltung und Systemabgrenzung durch Bildung von Komponenten, die in Zusammensetzung und Zusammenwirken das Informationssystem definieren. Dies geschieht auf der Grundlage des soziotechnischen Systems Unternehmen unter besonderer Beachtung

- der **Mitarbeiterorientierung** (Aufgabenerfüllung),
- der **Datenverarbeitung**,
- des **technischen Aspekts** der Informationsverarbeitung und
- der **Zielsetzungen** des Unternehmens.

Ein derartiges Informationssystem besteht immer aus folgenden fünf **Komponenten**[1]

Komponenten	Erläuterung	Beispiele
Brainware	Gesamtheit aller **Kenntnisse** und **Fähigkeiten** der Mitarbeiter im System, die zur (effektiven) Nutzung des Systems notwendig sind	*Kenntnis* *– über die Anmeldung eines Anwenders in einem Netzwerk* *– wie ein Textverarbeitungsprogramm zu nutzen ist* *– wie Druckerstörungen behoben werden*
Hardware	alle technisch-physikalischen Einheiten (**Geräte**) des Systems	*– Monitor* *– Drucker* *– Zentraleinheit* *– Verbindungskabel*
Software	alle Steuerungs**programme** („Arbeitsanweisungen" für die Hardware)	*Programm zur* *– Rechnungsschreibung* *– Verwaltung von Kundendaten* *– Datenfernübertragung*
Orgware	alle **organisatorischen Maßnahmen** zum (optimalen) Betrieb des Systems	*– Regelungen über die Aufbewahrung von Datenträgern* *– Maßnahmen zur Sicherung von Daten gegen Verlust* *– Benennung der Mitarbeiter, die Daten löschen oder verändern dürfen*

---

[1] *Vgl. Dax, E., Döring, T., Hagel, H.: Handlungsfeld Wirtschaftsinformatik/Organisation; Stam-Verlag 1998 (Nr. 1675)*

Komponenten	Erläuterung	Beispiele
Kommunikation	alle **Maßnahmen** und **Einrichtungen** zur Regelung und zur Realisation von **Informationsbeziehungen** (Übermittlung und Austausch)	Der Austausch von Informationen erfolgt – intern über Videokonferenz und E-Mail und – zu Betriebsexternen über E-Mail, Fax, Videokonferenzen. – Für die Auftragsbearbeitung am Computer nutzen die Mitarbeiter Dateien einer Datenbank. Diese wird auf einem zentralen Server verwaltet. Die Arbeitsplatzrechner und der Zentralcomputer sind in einem Netzwerk miteinander verbunden.

Die Komponenten sind **integrativ** miteinander verbunden, d. h. einerseits bedingen sie einander und andererseits ist keine Komponente verzichtbar. Das gesamte System ist somit nicht funktionsfähig, wenn nur eine Komponente fehlt. Die Leistungsstärke des gesamten Systems wird bestimmt von jedem der einzelnen Elemente.

Das Modell des Informationssystems wird tatsächlich bereits durch die vier „Grundkomponenten" Hardware, Software, Orgware und Brainware vollständig beschrieben. So wie sich jedoch auch die Sichtweise auf den betrieblichen Leistungsprozess verändert hat, steht heute die Betonung des Informationsaustauschs bzw. der **Kommunikation** innerhalb eines Unternehmens und nach außen im Vordergrund des Informationsmanagements. Schwerpunkt bei der Entwicklung und Gestaltung von modernen Informationssystemen ist eine Informations- und Kommunikationstechnologie, die einen **wirkungsvollen Einsatz von Arbeitskräften und Arbeitsmitteln auf einheitlicher technischer Basis** ermöglicht.

Anwendungs- und Informationssysteme

Bei der Gestaltung von Informationssystemen muss neben dem Komponentenmodell gleichermaßen die **Art der betriebswirtschaftlichen Aufgabenstellung beachtet werden**.

Computergestützte Informationssysteme bzw. **Anwendungssysteme** sollen der Unterstützung der jeweiligen Aufgabenbewältigung oder automatisierten Erledigung der Aufgaben dienen. Je nach Aufgabentyp oder Art der betriebswirtschaftlichen Aufgabe unterscheidet man:

Administrationssysteme (verwalten)	Dispositionssysteme (steuern, anordnen)	Kontrollsysteme	Planungssysteme
Erledigung von Routinearbeiten und Massenvorgängen	Auswertung von Informationen bzw. Steuern von Abläufen nach vorstrukturierten Verfahren	funktionsbezogene und funktionsübergreifende Auswertung von Informationen, Controlling	Erstellung von Analyse- und Planungsdaten, Anfertigen von Entscheidungsgrundlagen
Beispiele: – Erfassung von Adressen – Verbuchung von Materialbelegen	*Beispiele:* – Abwickeln von Bestellungen – Auftragsbearbeitung	*Beispiele:* – Personalstatistik – Kostenrechnung – Produktionssteuerung	*Beispiele:* Absatzprognose aus der Analyse, Verdichtung und Auswertung von unterschiedlichen Informationen (Konjunktur, Nachfrageverhalten usw.)

Integriert man die Teilsysteme zu einem unternehmensweiten Informationssystem, so können nachstehende Eigenschaften festgehalten werden.

	Informations- und Anwendungssysteme			
	operative Systeme		strategische Systeme: Management- oder Führungsinformationssysteme	
	Administrationssysteme	Dispositionssysteme	Kontrollsysteme	Planungssysteme
Aufgaben-/Problemstrukturierung	genau			ungenau
Einsatzreichweite	aufgabengebunden	funktionsgebunden		unternehmensweit
Datenverdichtung	niedrig			hoch

AUFGABEN

1. Unternehmerische Entscheidungen werden immer unter Unsicherheit gefällt. Erläutern Sie diesen Sachverhalt.
2. Erklären Sie, was unter Customer Relationsship Management (CRM) verstanden wird.
3. Definieren Sie
    a) Prozess und
    b) Projekt.
4. Beschreiben Sie die Merkmale und die typischen Phasen eines Projekts.
5. Projekte werden häufig durch Teams betreut. Wie sollte ein Projektteam zusammengesetzt sein?
6. Erklären Sie Business Process Reengineering (BPR).
7. Voraussetzung für die Entwicklung von Sollvorschlägen im Rahmen von Projekten ist die Ermittlung des Istzustandes. Nennen Sie Möglichkeiten, den Istzustand zu ermitteln.
8. Erläutern Sie, weshalb man vom „Produktionsfaktor Information" spricht.
9. Die Individual-PC GmbH wird in drei Monaten neue Büroräume beziehen. Damit der Umzug reibungslos erfolgt, hat sie einen Mitarbeiter mit der Projektierung dieses Vorhabens beauftragt. Erklären Sie, warum Planung und Realisierung des Umzugs der Individual-PC GmbH als Projekt durchgeführt werden soll.

> **AUFGABEN**
>
> 10. Damit ein Projekt erfolgreich abgeschlossen wird, müssen verschiedene Ziele erfüllt bzw. Kriterien erreicht sein. Erklären Sie, wann ein Projekt als erfolgreich gilt.
> 11. Erklären Sie den Begriff „Meilenstein".
> 12. Der Projektstrukturplan (PSP) hilft, ein Projekt operativ zu planen. Nennen Sie drei Aufgaben des Projektstrukturplans.

2.1.5 Betriebsorganisation

Organisationsbegriff

Im Bereich der Betriebsorganisation werden folgende **Gestaltungsräume** voneinander abgegrenzt:

- **Improvisation** = intuitive Entscheidung, die immer dann zum Zuge kommt, wenn unvorhersehbare oder nicht planbare Situationen eintreten. Ihr intuitiver Charakter bedingt, dass sie selten von längerer Dauer ist.
- **Disposition** = fallweise Regelungen, die dann ihre Berechtigung haben, wenn noch keine endgültigen Regelungen getroffen werden können oder sollen.
- **(Betriebs-)Organisation** = generelle und dauerhafte Regelungen, die im Unternehmen für die Zusammenarbeit und den Betriebsablauf hinsichtlich der Zielerreichung eine optimale Ordnung herstellen.

Beispiel

Organisation	Disposition	Improvisation
Der Abteilungsleiter entscheidet über die Zugriffsrechte auf Dateien, er legt fest, welche Mitarbeiter zu bestimmten Dateien Zugriff haben und welcher Art der Zugriff ist (lesen, schreiben, verändern, löschen) und legt in Absprache mit dem Leiter der Abteilung Informationsmanagement fest, welche Maßnahmen zur Datensicherung durchgeführt werden.	Ein Mitarbeiter der Verkaufsabteilung fällt für einige Zeit aus. Der Abteilungsleiter prüft den E-Mail-Eingang des Mitarbeiters und bearbeitet die Anfragen mit hohem Auftragsvolumen selbst. Die anderen E-Mails leitet er an die übrigen Mitarbeiter weiter. Sollte der Ausfall langfristig bestehen, muss eine generelle Regelung zur Entlastung des Abteilungsleiters getroffen werden.	Durch Bauarbeiten wird die Stromzufuhr unterbrochen, in der Abteilung Kostenrechnung laufen gerade umfangreiche Kalkulationsarbeiten, kurzfristig wird entschieden, dass diese Arbeiten in einem Softwarehaus abgewickelt werden sollen. Hierzu sind die vorhandenen Sicherungskopien der erforderlichen Daten auf dem externen Rechner zu installieren.

In Unternehmen wirken Menschen und Sachmittel zusammen, um Ziele zu erreichen. Damit das soziotechnische System Unternehmen als Ganzes seinen Zweck erfüllt, muss ein funktionierendes **Ordnungsgefüge** hergestellt werden.

Die Betriebsorganisation sieht deshalb das Unternehmen als Gebilde, für das es die Zusammenarbeit und den Betriebsablauf zu organisieren gilt. Das Ergebnis ist ein System von **Regeln**. Dies ist vor allem immer dann sinnvoll, wenn **Aufgaben** nicht nur einmalig, sondern häufig oder **immer wieder zu erledigen** sind.

> Für die Menschen werden Verhaltens- und Arbeitsregeln und für die Maschinen Funktionsregeln aufgestellt. Diesen Vorgang selbst und sein Ergebnis (= geschaffene Ordnung) nennt man Organisation.

Aufgabenbereiche der Betriebsorganisation

Die Aufgabenbereiche oder Maßnahmen der Betriebsorganisation werden gegliedert in Maßnahmen der **Aufbauorganisation** und **Ablauforganisation**.

Aufbauorganisation	Ablauforganisation
Gestaltung der Zusammenarbeit zwischen den Funktionsbereichen und Mitarbeitern eines Unternehmens: – **Bildung organisatorischer Einheiten** (z. B. Abteilungen, Arbeitsgruppen, Teams, Stellen) durch Definition und Abgrenzung von **Aufgabenbereichen** – **Besetzung der Einheiten** durch Aufgabenträger (personelle Zuordnung von Aufgaben und Kompetenzen) – **Festlegung von Rangordnung und Weisungsbefugnissen** (Struktur der betrieblichen Hierarchie, Weisungs-, Entscheidungs- und Anweisungsbefugnisse) – **Festlegung der Managementkonzeption** (Führungsstile, Führungsfunktionen, Führungsziele)	**Gestaltung des Betriebsablaufes** und der Arbeitsgänge: – **Regelung der Arbeitsabläufe** in – zeitlicher, – räumlicher und – funktionaler (= sachlogischer) Hinsicht mit den Zielen: – Minimierung der Durchlaufzeiten und – optimale Auslastung der Kapazitäten (Menschen und Maschinen). – **humane Gestaltung der Arbeitsbedingungen** – **Festlegung der Arbeitsmittel**

Überorganisation und Unterorganisation

Die optimale Kombination zwischen Organisation, Disposition und Improvisation bestimmt das Maß der Flexibilität (= Anpassungsfähigkeit) einer Unternehmung. Sowohl **Überorganisation** (Starrheit) als auch **Unterorganisation** („Chaos") müssen vermieden werden. Das optimale organisatorische Gleichgewicht, d. h. das richtige Maß an organisatorischen Maßnahmen, muss unternehmensindividuell in Einklang mit den Unternehmenszielen gebracht werden. Da das Unternehmen jedoch auch ständig das wirtschaftliche Handeln an interne und externe Gegebenheiten anpassen muss, ergibt sich die Notwendigkeit einer permanenten **Organisationskontrolle** und dadurch einer entsprechenden **Anpassung an Veränderungen** (= Reorganisation).

2.1.5.1 Entwicklung der Aufbauorganisation (Analyse – Synthese – Konzept)

Aus dem Sachziel bzw. der Gesamtaufgabe einer Unternehmung ergibt sich eine Reihe von Teilaufgaben oder Funktionen (vgl. S. 30). Diese sollen von mehreren Aufgabenträgern (= **Arbeitsteilung**) erfüllt werden. Notwendig ist deshalb zunächst die **Aufgabenanalyse**, d. h. **eine Aufgabenzerlegung** bzw. -gliederung. Die Gliederungstiefe hängt von der Betriebsgröße und dem angestrebten Grad der Arbeitsteilung ab. Man führt die Aufgabenanalyse vor allem anhand von zwei Gliederungskriterien durch:

- **Verrichtungsprinzip** = Tätigkeiten
- **Objektprinzip** = Gegenstände, auf die sich die Verrichtungen beziehen

Beispiel
Auszug aus einem Aufgabengliederungsplan

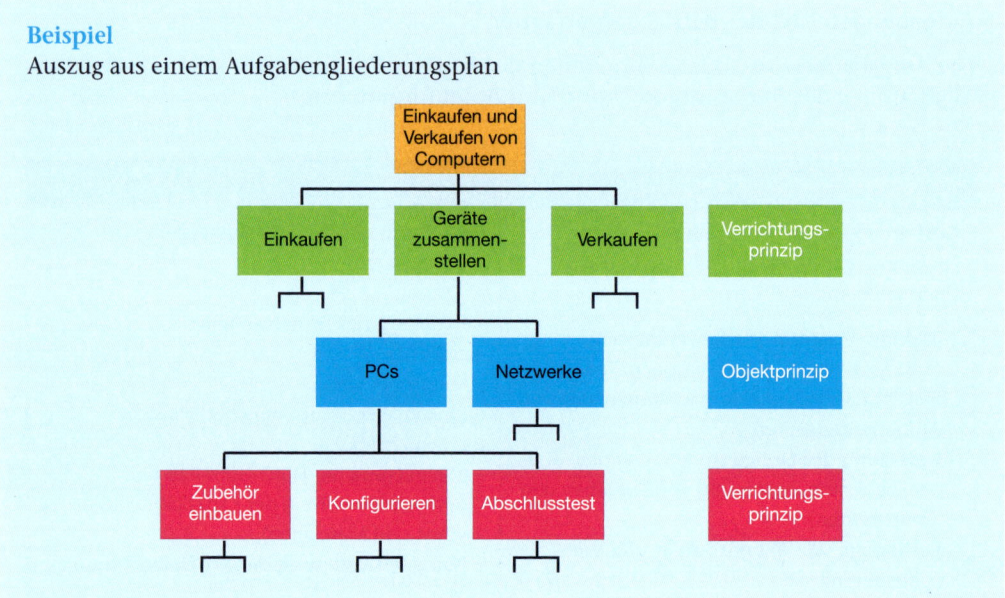

Stellenbildung

Die in der Aufgabenanalyse gewonnene Aufgabenzerlegung bildet die Grundlage für die **Aufgabensynthese**, d. h. die Zusammenfassung von Teilaufgaben zu Aufgabenbündeln und deren Zuordnung zu den Aufgabenträgern.

> Der Aufgabenkomplex von sachlogisch zusammenhängenden und von einer Person mit entsprechender Qualifikation zu bewältigenden Teilaufgaben wird Stelle genannt, sie ist die kleinste organisatorische Einheit.

Stellenarten		
Ausführende Stelle	Instanz	Stabsstelle
= Stelle ohne Leitungsfunktion	= Stelle mit Leitungsfunktion	= Hilfsstelle ohne Weisungsbefugnis für die Instanz (Beratung, Information)

Die Stellenbildung wird wiederum entweder nach dem

- **Verrichtungsprinzip**, d. h. Zusammenfassung gleichartiger Aufgaben, z. B. Einkaufen (= Verrichten) aller Hardwarekomponenten, oder nach dem
- **Objektprinzip**, d. h. Zusammenfassung verschiedener Aufgaben, z. B. Einkaufen, Installieren der Software und verkaufsfertige Bereitstellung von Notebooks (= Objekt)

durchgeführt.

Abteilungsbildung

Im nächsten Schritt werden sachlogisch zusammenhängende Stellen zu Einheiten wie Gruppen, Abteilungen, Bereichen usw. zusammengefasst (z. B. Rechnungswesen, Produktgruppe Privatkunden in der Abteilung Marketing).
Mit der Bildung von Abteilungen werden überschaubare und kontrollierbare Bereiche geschaffen, die in der Verantwortung eines (Abteilungs-)Leiters (= Instanz) stehen. In der Regel sind diese Bereiche **auf einen bestimmten Aufgabenkomplex spezialisiert**, z. B. auf Beschaffung aller Rohstoffe, Produktion eines Sortimentsbereichs, Personalverwaltung usw.

Die Abteilungsbildung erfolgt wie die Stellenbildung entweder nach dem Verrichtungsprinzip oder Objektprinzip. Im Zusammenhang mit der Abteilungsbildung spricht man dann auch entweder von Verrichtungszentralisation oder Objektzentralisation.

- **Verrichtungszentralisation**
  Gleichartige Tätigkeiten an verschiedenen Objekten werden in einem Bereich zusammengefasst (zentralisiert). Verrichtungszentralisation bedingt auf der folgenden Ebene immer eine Objektzentralisation (Aufteilung gleichartiger Tätigkeiten).
  Vorteil der Verrichtungszentralisation:
  Spezialisierung auf gleichartige Tätigkeiten

Beispiel
Abteilungsbildung nach dem Verrichtungsprinzip

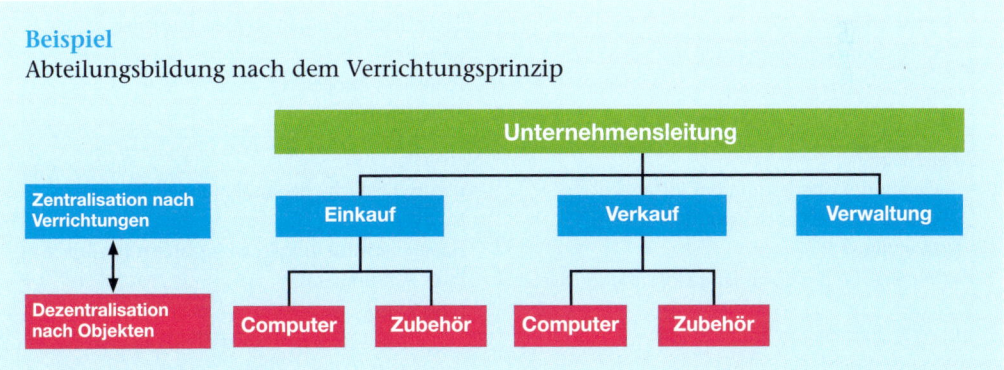

- **Objektzentralisation**
  Verschiedene Tätigkeiten, die zur Bearbeitung eines Objektes notwendig sind, werden in einem Bereich zusammengefasst (zentralisiert). Objektzentralisation bedingt auf der folgenden Ebene immer eine Verrichtungsdezentralisation (Aufteilung gleichartiger Tätigkeiten).
  Vorteil der Objektzentralisation:
  Spezialisierung auf ein Objekt

Beispiel
Abteilungsbildung nach dem Objektprinzip

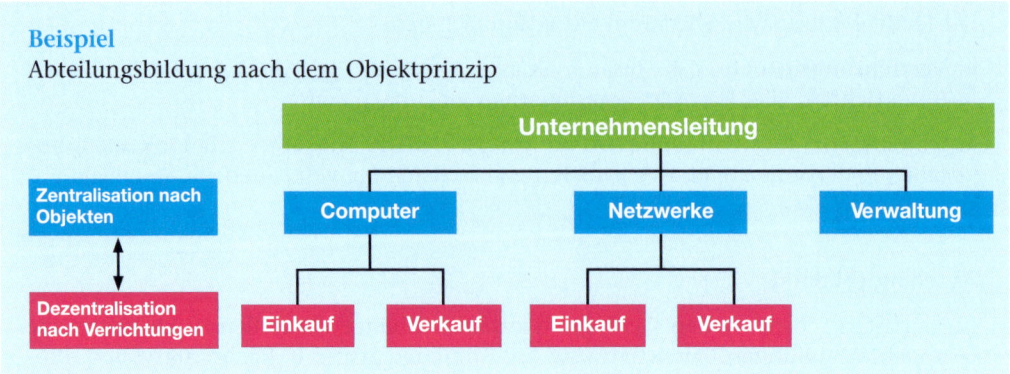

Die Verrichtungszentralisation findet i. d. R. Anwendung, wenn die Objekte relativ einheitlich sind (z. B. Desktop-Computer, Tower-Computer usw.). Die Objektzentralisation wird zum Prinzip der Strukturierung, wenn die Objekte (Produkte, Dienstleistungen) einer Unternehmung jeweils unterschiedliche Kenntnisse und Fähigkeiten erfordern (z. B. Netzwerke, Softwareentwicklung, usw.). In größeren und großen Unternehmen ist das Ergebnis der Objektzentralisation die sogenannte **Spartenorganisation**. Sparten oder Divisionen sind i. d. R. selbstständige Produktbereiche.

Das Gestaltungsprinzip der Zentralisation bzw. Dezentralisation ist auch im Hinblick auf Entscheidungsbefugnisse von großer Bedeutung.

Entscheidungszentralisation	Entscheidungsdezentralisation
Entscheidungsbefugnisse sind konzentriert	**Delegation** von Entscheidungsbefugnissen
Vorteile: – geringe Anzahl von Instanzen, die einheitlich entscheiden – gute Kontrollmöglichkeiten	Vorteile: – Entlastung der oberen Instanzen – Sachentscheidungen werden schneller getroffen – schnellere Anpassung an veränderte Situationen
Nachteile: – Gefahr der Überlastung der Instanzen – Gefahr von Fehlentscheidungen durch Marktferne – Verzögerungen durch lange Informationswege	Nachteile: – unterschiedliche Behandlung gleichartiger Sachverhalte – höhere Anforderungen an Instanzen bezüglich ihres Führungsstils (vgl. S. 134)

Leitungssysteme

Die Zusammenfassung zu Stellen, Abteilungen usw. ergibt gleichzeitig auch eine Verteilung von Leitungsaufgaben bzw. Weisungs- und Entscheidungskompetenzen mit unterschiedlichem Umfang. Damit entsteht eine Über-, Unter- und Gleichordnung von Stellen. Diese Beziehungen kommen im **Leitungssystem** oder Weisungssystem zum Ausdruck, das entsprechende Schaubild wird **Organigramm** genannt (siehe S. 134).

Die Grundformen der Leitungssysteme sind:

– Einliniensystem	– Mehrliniensystem
Jede untergeordnete Stelle kann nur von einer direkt übergeordneten Instanz Weisungen entgegennehmen. 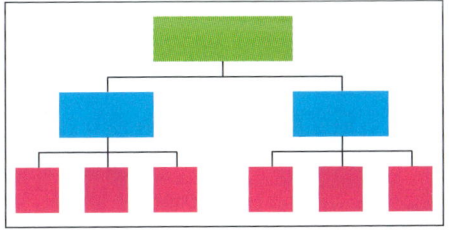	Jede untergeordnete Stelle kann von mehreren direkt übergeordneten Instanzen Weisungen entgegennehmen. 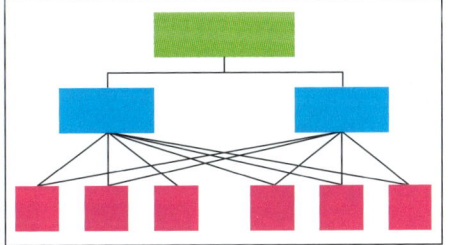
Hauptvorteil: Klare Zuständigkeiten Hauptnachteil: Überlastung der Instanzen	Hauptvorteil: Spezialisierung der Instanzen Hauptnachteil: Kompetenzüberschneidungen
– Stab-Linien-System	– Matrixorganisation
Den Instanzen sind Stäbe ohne Weisungsbefugnis zur Unterstützung (Beratung, Information, Entscheidungsvorbereitung) zugeordnet. 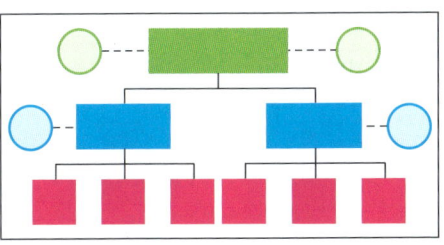	Variante des Mehrliniensystems, in dem die Stellen sowohl einem verrichtungs- als auch einem objektorientierten Manager unterstehen. 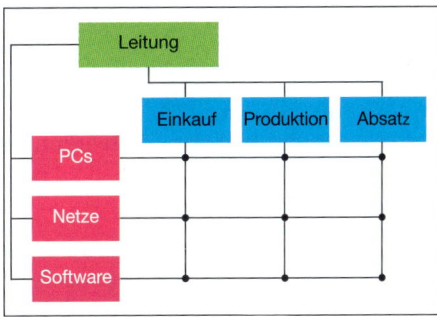
Hauptvorteil: Entlastung der Instanzen bei Beibehaltung des eindeutigen Dienstweges Hauptnachteil: Fachliche Abhängigkeit der Instanzen von den Stäben Typische Stabsaufgaben sind: Rechtsabteilung, Forschung und Entwicklung, Öffentlichkeitsarbeit.	Hauptvorteil: Problemlösungen durch verschiedene Fachspezialisten Hauptnachteil: Kompetenzprobleme

Beispiel
Die folgende Abbildung zeigt das aufgabenbezogene, d. h. funktional ausgerichtete Organisationsschaubild (= Organigramm) einer Unternehmung der Möbelindustrie.

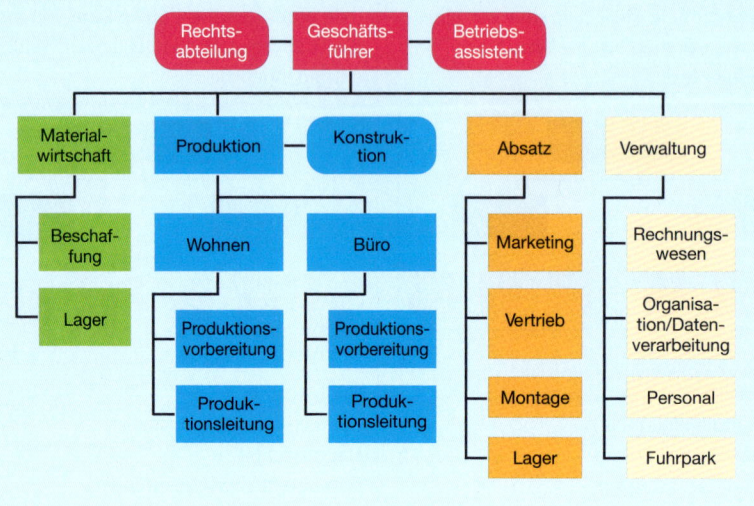

Führungsstile und Managementtechniken

Als Führungsstil wird das **Verhalten von Vorgesetzten** gegenüber den Mitarbeitern bezeichnet. Der Begriff Führungsstil beschreibt die Art und Weise, wie Entscheidungen getroffen und den Mitarbeitern weitergegeben werden. Unterschieden werden zwei Führungsstile, die die Extremformen darstellen, dazwischen liegen vielfältige Ausprägungen.

- **Autoritärer Führungsstil**
  Der Vorgesetzte fällt ohne Mitwirkung seiner Mitarbeiter Entscheidungen. Die Mitarbeiter sind Befehlsempfänger.

- **Kooperativer Führungsstil**
  Der Vorgesetzte ist Koordinator und gibt Informationen. Die Gruppe der Mitarbeiter ist am Entscheidungsfindungsprozess beteiligt.

Führungstechniken bzw. **Managementtechniken** bauen auf dem kooperativen Führungsstil auf. Die drei bekanntesten sind in der folgenden Tabelle festgehalten.

Management-technik	Merkmale	Hauptaufgabe/-problem	Beispiel
Management by exception (exception = Ausnahmefall)	Mitarbeiter entscheiden und handeln selbstständig in Normal- bzw. Routinefällen; der Vorgesetzte greift in Ausnahmefällen ein.	Festlegung von Normal- und Ausnahmefällen	*Normalfall: Gewährung von Rabatt bis zu einer Höhe von 20 %*

Management-technik	Merkmale	Hauptaufgabe/-problem	Beispiel
Management by objectives (objectives → Zielvereinbarung)	Vorgesetzter und Mitarbeiter vereinbaren gemeinsam Ziele für den Mitarbeiter. Der Mitarbeiter bestimmt selbstständig den Weg der Zielerreichung. Abschließend findet ein Soll-Ist-Vergleich statt.	Vereinbarung exakter und realistischer Ziele	Umsatzsteigerung um 5 %
Management by delegation	Aufgaben werden durch den Vorgesetzten an den Mitarbeiter übertragen, der diese vollständig hinsichtlich Entscheidungen und Abwicklung verantwortet.	Festlegung der Kontrollinstrumente	Abwicklung eines vollständigen Kundenauftrags

Querschnittsfunktionen

Bei der Gestaltung von Leitungssystemen muss entschieden werden, wie die **betrieblichen Querschnittsfunktionen** in die Struktur des Unternehmensaufbaus integriert werden. Querschnittsfunktionen erfüllen für alle anderen Bereiche einer Unternehmung Dienstleistungen, die von ihrer Abwicklung her relativ gleichartig sind.
Sollen diese Funktionen als direkte Unterstützung in die Leistungserstellungsprozesse der einzelnen Unternehmensbereiche eingebunden werden, so handelt es sich um **prozessgebundene Querschnittsfunktionen**, z. B. Personalwirtschaft, Finanzwirtschaft.
Funktionen, die eher den Charakter von Unternehmenszielen haben und für die Unternehmung von grundsätzlicher leistungsprozessübergreifender Bedeutung sind, werden **prozessungebundene Querschnittsfunktionen** genannt. Solche Funktionen sind z. B. Umweltschutz und Qualitätssicherung.

Häufig werden die Querschnittsfunktionen zentral zu Aufgabenbereichen zusammengefasst und erbringen ihre Dienstleistungen als Verwaltungsbereich für alle anderen Unternehmensteile.

Grenzen der funktionsorientierten Organisation

Die bisher beschriebene Betriebsorganisation ist nach Betriebsaufgaben bzw. -funktionen gegliedert. Sie wird deshalb auch als funktionsorientiert bezeichnet. Vor allem in größeren Unternehmen entsteht durch die **funktionale Organisation**

- eine Organisationsstruktur mit einem hohen Grad der Arbeitsteilung, d. h. eine Konzentration der Mitarbeiter auf einen kleinen Ausschnitt des gesamten Leistungsprozesses (= Spezialisierung), und
- oft eine umfangreiche Unterteilung der einzelnen Aufgabenbereiche (Abteilungen).

Als problematisch stellt sich für die Funktionsorientierung u. a. dar:

- der **mangelhafte Überblick** vieler Mitarbeiter über den gesamten Produktionsprozess gerade auch auf die direkt vor- und nachgelagerten Tätigkeiten,
- **Informationsverluste** und **-verfälschungen** wegen der vielen Kommunikationsschnittstellen im Unternehmen,

- eine nur mit hohem **Organisations- und Zeitaufwand durchzuführende Änderung** der i. d. R. langfristig festgelegten, starren (Produktions-) Ablaufstrukturen z. B. wegen Nachfrageänderungen.

Die durch die funktionsorientierte Leistungserstellung bedingte Arbeitsteilung und Spezialisierung hat zwar dazu geführt, dass eine Produktion großer Mengen zu kostengünstigen Bedingungen möglich ist. Durch zunehmend wachsende und individuelle **Kundenansprüche** (vgl. S. 238) an Qualität und Preisgestaltung der Produkte, durch Lieferfristen, Produktvarianten usw. unterliegen Unternehmen in allen Branchen der Notwendigkeit, ständig auf veränderte Situationen auf ihren Absatzmärkten zu reagieren. Nicht Massenfertigung, sondern Einzelfertigung nach Kundenwünschen ist der Ausgangspunkt der Leistungserstellung.

Deshalb müssen entsprechende Organisationsstrukturen geschaffen werden, die **schnell** und **flexibel** auf Kundenbedürfnisse **reagieren** können. Aus diesem Grund ändern viele Unternehmen die traditionell funktionale Organisationsstruktur und passen sie häufig dem Verlauf des **Leistungs- und Wertschöpfungsprozesses** an.

Spezialisten, die nur für einen kleinen Ausschnitt des gesamten Produktionsprozesses zuständig sind, können diese Forderung nicht erfüllen. Die Mitarbeiter müssen in der Lage sein, das Management eines Leistungsprozesses von der Auftragsannahme bis zu seiner Erledigung vollständig zu übernehmen.

Damit wollen Unternehmen

- die Anzahl der Schnittstellen im Produktionsprozess und gleichzeitig auch
- die Anzahl der Kommunikationsschnittstellen verringern,
- Produktionszeiten (= Durchlaufzeiten) verkürzen,
- Informationsverluste verhindern,
- den Produktionsprozess flexibel an Kundenwünsche bzw. Marktveränderungen anpassen

und schließlich

- eine hohe Produktqualität erreichen sowie
- Kosten sparen.

Im Zuge der prozessorientierten Organisation der Unternehmen sollen deshalb die betrieblichen Strukturen und Abläufe möglichst vollständig in eine Prozessorganisation überführt werden (Reorganisation, Business Process Reengineering, vgl. S. 114).

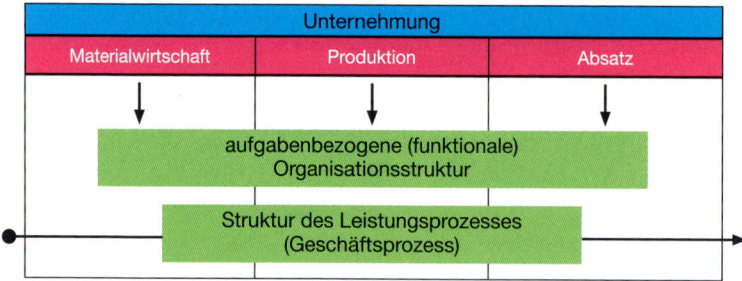

Funktions- und prozessorientierte Organisation

Beispiel
Auftragsbearbeitung in funktions- und (geschäfts-)prozessorientierter Organisation

Kundenangebots-bearbeitung, Auftrag 1	Kundenangebots-bearbeitung, Auftrag 2	Kundenangebots-bearbeitung, Auftrag 3
Kundenangebots-verfolgung, Auftrag 1	Kundenangebots-verfolgung, Auftrag 2	Kundenangebots-verfolgung, Auftrag 3
Kundenauftrags-erfassung, Auftrag 1	Kundenauftrags-erfassung, Auftrag 2	Kundenauftrags-erfassung, Auftrag 3

(vertikale Achse: prozessorientiert; horizontale Achse: funktionsorientiert)

2.1.5.2 Netzplan als Instrument der Ablauforganisation

Aufgaben der Netzplantechnik

Projekte bestehen i. d. R. aus **vielen Einzelaktivitäten**, die zeitlich und/oder funktional (= sachlogisch) voneinander abhängen bzw. aufeinander aufbauen. In den verschiedenen Phasen werden Menschen und Maschinen in unterschiedlichem Ausmaß benötigt. Ihr Einsatz muss mit anderen betrieblichen Bereichen abgestimmt werden, sodass sie nicht immer in ausreichender Anzahl zur Verfügung stehen können. Je umfangreicher und komplexer das Gesamtprojekt ist, desto schwieriger ist der Projektverlauf zu verwalten.

Hinzu kommt, dass bei der Projektdurchführung häufig veränderte Bedingungen und/oder unvorhergesehene Ereignisse zu beachten sind, die Eingriffe, Veränderung und Improvisation notwendig machen. Um Abweichungen vom Projektverlauf zu erkennen und die im Hinblick auf den weiteren Fortschritt optimalen Korrekturmaßnahmen zu ergreifen, haben sich verschiedene **Instrumente** herausgebildet, die die

- Planung,
- Koordination,
- Steuerung und
- Überwachung

der **Projektabwicklung** hinsichtlich

- Mitarbeitereinsatz,
- Arbeitsmitteleinsatz und
- Zeitvorgaben bzw. -restriktionen

ermöglichen.

Netzplantechnik und Balkendiagramm, ein Vergleich

Dazu gehören das **Balkendiagramm** und der **Netzplan**. Beide Instrumente sind zunächst grafische Hilfsmittel, mit denen die oben genannten Aufgaben erfüllt werden können. Beim Balkendiagramm oder Gantt-Diagramm werden die Teilvorgänge als Balken entsprechend ihrer Dauer in eine Matrix eingetragen; die horizontale Grundlinie entspricht der Zeitachse. Das Balkendiagramm ist anschaulich, bietet gute Kontrollmöglichkeiten und ist besonders geeignet, als **Arbeitsfortschrittsdiagramm** die Auslastung von Ressourcen zu planen und zu dokumentieren.

Der Nachteil des Balkendiagramms ist, dass bei Veränderungen in der Projektabwicklung alle nachfolgenden Teilvorgänge verschoben und deshalb bei einer Dokumentation auf Papier neu gezeichnet werden müssen. Auch können hier die Abhängigkeiten zwischen den Teilvorgängen nur schwer dargestellt werden. Gerade diese Nachteile weist der Netzplan nicht auf.

Die bekannten Netzplantechniken unterscheiden sich vor allem in der Art der Darstellung der Teilvorgänge (= **Knoten**) und der Beziehungen zwischen den Knoten. Als **CPM** (= Critical Path Method = Methode des kritischen Wegs) wird häufig eine Technik bezeichnet, die die eigentliche Darstellungsform der CPM mit anderen Netzplantechniken verbindet. Die Methode des kritischen Weges (CPM) dient zur Berechnung der Gesamtdauer eines Projekts, die auf der jeweiligen **Dauer** der **einzelnen Teilvorgänge** und ihren **gegenseitigen Abhängigkeiten** beruht. Der **kritische Weg** ist die Folge von Vorgangsknoten innerhalb eines Netzplanes, bei der sich Verzögerungen auf die Dauer des Gesamtprojekts auswirken.

Neben der Zeitplanung und -koordinierung wird die Netzplandarstellung i.d.R. um die **Ressourcenplanung** bzw. den **Ressourceneinsatz** ergänzt. Im Netzplan oder in einer gesonderten Übersicht hält man den Einsatz der Mitarbeiter (Anzahl, Arbeitsstunden, Vergütungssatz), der Arbeitsmittel (Zeit) und evtl. der Arbeitsstoffe (Menge) fest.

Damit können neben der Aufstellung von Einsatz, Bereitstellungs- und Beschaffungsplänen vor allem **Kostenberechnungen** für das Gesamtprojekt und die Teilvorgänge des Projekts durchgeführt werden.

Ein **Kostenplan** ist vor allem dann von Bedeutung, wenn zur Finanzierung von Projekten Fremdkapital benötigt wird, da jede Verlängerung der Projektlaufzeit eine Erhöhung der Zinsbelastung nach sich zieht.

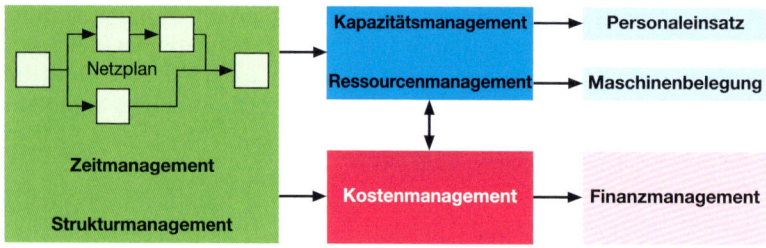

Netzplantechnik als Hilfsmittel für das Projektmanagement

Vorgehensweise bei der Erstellung von Netzplänen

Die Anwendung der Netzplantechnik soll am Beispiel[1] des Projekts „Entwurf und Installation eines Servers" aufgezeigt werden. Diesem Beispiel liegen folgende Annahmen zugrunde:

- Die Dauer der Teilvorgänge unterliegt einer realistischen Schätzung.
- Das Ende des Gesamtprojekts ist vom Management vorgegeben.

Deshalb ist die Angabe der Termine kalenderorientiert, Samstage und Sonntage werden nicht berücksichtigt.

---

[1] *Das Beispiel ist angelehnt an einen dem Programm Microsoft Project beigefügten Netzplan.*

Schritt 1: Projektstruktur

Die Projektstruktur (-analyse) dient der systematischen Erfassung und der übersichtlichen Darstellung des Projektablaufs. Bei umfassenden Projekten erfolgt die Strukturanalyse in mehreren Schritten. Hier ist sie exemplarisch für das Gesamtprojekt ausgewiesen.

Ausgangspunkt für die Erstellung des Netzplans ist das Gesamtprojekt. Die Hauptphasen oder Teilvorgänge bilden die Grobstruktur bzw. **Projektstruktur**. Anschließend wird – bei komplexen Vorhaben – die Struktur immer mehr verfeinert (deduktives Vorgehen oder Stepwise Refinement, vgl. S. 8). Häufig ist die Abbildung aller Teilvorgänge des Gesamtprojekts in einem Netzplan-Diagramm zu umfangreich, deshalb werden in sich abgeschlossene Teilabläufe in Feinnetzplänen dargestellt.

Vor der Netzplandarstellung werden alle Teilvorgänge in tabellarischen Übersichten, den **Vorgangslisten**, die alle relevanten Angaben enthalten, erfasst.

Zum Vergleich ist dem jeweiligen Netzplan im vorliegenden Beispiel das entsprechende Balkendiagramm gegenübergestellt.

Bereits bei der Entwicklung der Projektstruktur sind die **grundsätzlichen Regeln** der Netzplanerstellung zu beachten:

- Zwei aufeinanderfolgende Knoten werden durch einen Richtungspfeil verbunden.
- Ein Knoten kann mehrere Vorgänger (unmittelbar vorausgehende Aktivitäten) und/oder mehrere Nachfolger (sich unmittelbar anschließende Aktivitäten) haben.
- Es gibt keine Unterbrechungen und keine Schleifen (wiederholtes Durchlaufen von Vorgängen).

Vorgangsliste für das Gesamtprojekt „Entwurf und Installation eines Servers"					
Nr.	Vorgangsbezeichnung	Dauer	Anfang	Ende	Vorgänger
1	Netzwerk-Design	34 t	Mo 12.05.	Do 26.06.	
2	Installation der Server-Testumgebung	52 t	Fr 27.06.	Mo 08.09.	1
3	Testdurchführung	12 t	Di 09.09.	Mi 24.09.	2
4	Einführung	13 t	Do 25.09.	Mo 13.10.	3
5	Netzwerk dokumentieren	2 t	Di 14.10.	Mi 15.10.	4

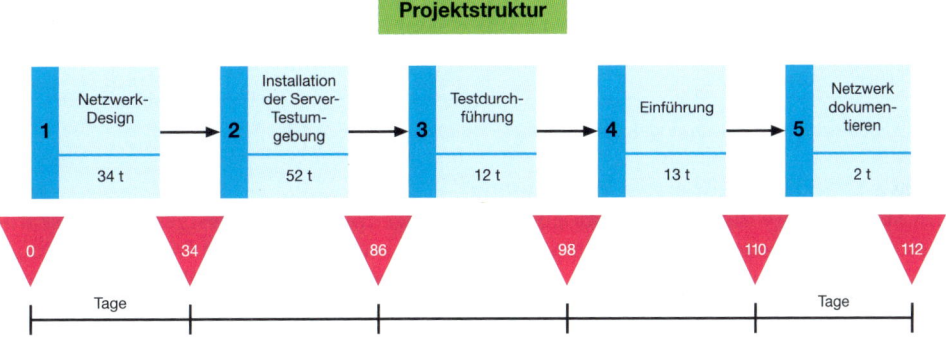

Grob-Netzplan zum Projekt „Entwurf und Installation eines Servers"

Schritt 2: Zeitanalyse

Nachdem die Struktur(-Analyse) vorliegt und in einen logischen Ablauf umgesetzt worden ist, wird in der Zeitanalyse der zeitliche Ablauf des Projekts ermittelt. Sie besteht aus

- der **Vorwärtsrechnung** zur Bestimmung des Endtermins des Gesamtprojekts,
- der **Rückwärtsrechnung** zur Bestimmung der spätesten erlaubten Anfangstermine der Knoten,
- der Berechnung der **Zeitreserven** (Puffer) und
- der Ermittlung des **kritischen Wegs**.

Zur besseren und übersichtlicheren Darstellung der Netzplantechnik ist nachstehend die Zeitanalyse in zwei – Verfeinerung genannte – Stufen gegliedert.

Erste Verfeinerung des Netzplans

Der Teilvorgang 4, „Einführung", wird aus dem Gesamtprojekt ausgegliedert.

Vorgangsliste für den Teilvorgang 4, „Einführung"					
Nr.	Vorgangsbezeichnung	Dauer	Anfang	Ende	Vorgänger
4.1	Sitzung zur Festlegung des Vorgehens bei der Einführung	2 t	Do 25.09.	Fr 26.09.	3
4.2	Verfügbarkeit der Netzwerkgruppe festlegen	2 t	Mo 29.09.	Di 30.09.	4.1
4.3	Schulung und Unterstützung des Administrators	6 t	Mi 01.10.	Mi 08.10.	4.2
4.4	Netzwerkschulung Mitarbeiter	8 t	Mi 01.10.	Fr 10.10.	4.2
4.5	endgültige Einführung abschließen	1 t	Mo 13.10.	Mo 13.10.	4.3, 4.4

Nr.	Vorgangsbezeichnung	September				Oktober										
		25 Do	26 Fr		29 Mo	30 Di	1 Mi	2 Do	3 Fr		6 Mo	7 Di	8 Mi	9 Do	10 Fr		13 Mo
4.1	Sitzung zur Festlegung des Vorgehens																
4.2	Verfügbarkeit der NW-Gruppe festlegen																
4.3	Schulung/Unterstützung Administrator																
4.4	Netzwerkschulung Mitarbeiter																
4.5	endgültige Einführung abschließen																

Balkendiagramm zum Teilvorgang 4, „Einführung"

Vorwärtsrechnung (zur ersten Verfeinerung)

Im Startknoten wird der frühestmögliche Anfangszeitpunkt (**FAZ**) festgehalten. Der frühestmögliche Endzeitpunkt (**FEZ**) des Knotens berechnet sich aus dem FAZ und der Dauer des Vorgangs. Der nächste Knoten kann erst beginnen, wenn der vorhergehende abgeschlossen ist. Hat ein Knoten zwei und mehr Vorgänger, so ergibt sich der FAZ dieses Knotens aus dem spätesten FEZ aller unmittelbaren Vorgänger (im Beispiel muss Knoten 4.5 auf den Abschluss von 4.4 „warten"). Der Endtermin des Gesamtprojekts ist gleichzeitig der FEZ des letzten Knotens.

Rückwärtsrechnung (zur ersten Verfeinerung)

Sie beginnt im Endknoten und bietet die Voraussetzung für die spätere Berechnung der Reserven. Im Endknoten ist der späteste Endzeitpunkt (**SEZ**) mit dem FEZ gleichzusetzen. Der späteste Anfangszeitpunkt (**SAZ**) ergibt sich aus dem SEZ des Vorgangs. Der SEZ des Vorgängers ist abhängig vom SAZ des Nachfolgers. Hat ein Knoten mehrere Nachfolger, so bestimmt sich dessen SEZ aus dem kleinsten SAZ aller Nachfolger (im Beispiel ist der Vorgang 4.2 vom Knoten 4.4 abhängig).

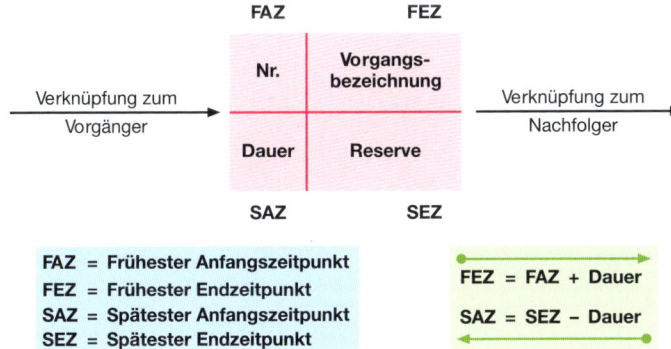

Knoten: Darstellung eines Teilvorganges

Reserven (zur ersten Verfeinerung)

Die Zeitreserven geben an, ob ein Knoten zu einem späteren Zeitpunkt beginnen kann, ohne die Dauer des Gesamtprojekts zu beeinträchtigen (im Beispiel kann der Knoten 4.3 ohne Auswirkungen auf den Endtermin zwei Tage später gestartet werden).

Kritischer Weg (zur ersten Verfeinerung)

Die aufeinanderfolgenden Knoten ohne Reserve ergeben den kritischen Weg. Jede Verzögerung auf diesem Weg würde eine Verlängerung des Gesamtprojekts nach sich ziehen.

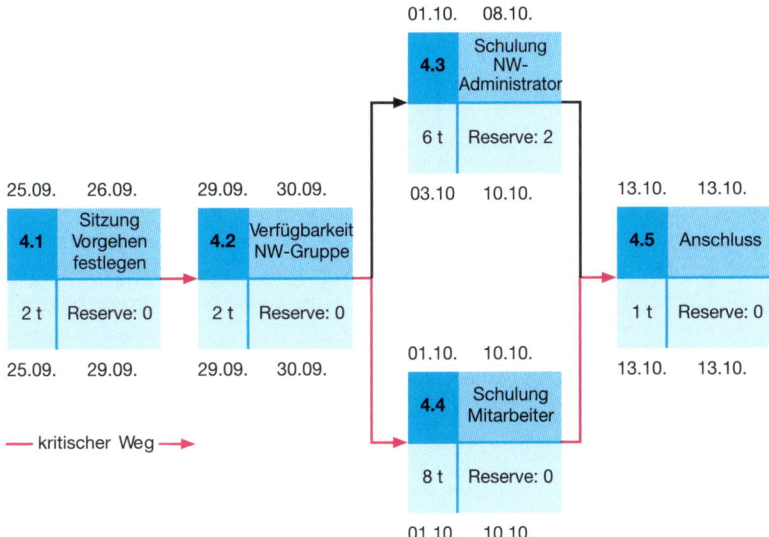

Netzplan zum Teilvorgang 4, „Einführung"

Zweite Verfeinerung des Netzplans
Der Teilvorgang 4.4, „Schulung der Mitarbeiter", wird ausgegliedert.

Vorgangsliste für den Teilvorgang 4.4, „Schulung der Mitarbeiter"					
Nr.	Vorgangsbezeichnung	Dauer	Anfang	Ende	Vorgänger
4.4.1	gemeinsame Sitzung der Mitarbeiter	1 t	Mi 01.10.	Mi 01.10.	
4.4.2	Intensivschulung: „ungeübte" Mitarbeiter (Gruppe 1)	2 t	Do 02.10.	Fr 03.10.	4.3.1
4.4.3	Schulung: „geübte" Mitarbeiter (Gruppe 2)	1 t	Do 02.10.	Do 02.10.	4.3.1
4.4.4	Schulung: Vertreter d. Administrators (Gruppe 3)	2 t	Do 02.10.	Fr 03.10.	4.3.1
4.4.5	Einweisung NW-Betreuung	3 t	Mo 06.10.	Mi 08.10.	4.3.4
4.4.6	NW-Schulung Gruppe 1 u. Gruppe 2	2 t	Mo 06.10.	Di 07.10.	4.3.2, 4.3.3
4.4.7	„Ernstfallübung"	1 t	Do 09.10.	Do 09.10.	4.3.5
4.4.8	Abschlusssitzung	1 t	Fr 10.10.	Fr. 10.10.	4.3.6., 4.3.7

Nr.	Vorgangsbezeichnung	Oktober								
		1 Mi	2 Do	3 Fr		6 Mo	7 Di	8 Mi	9 Do	10 Fr
4.4.1	Gemeinsame Sitzung der Mitarbeiter									
4.4.2	Intensivschulung: „ungeübte" Mitarbeiter (Gruppe 1)									
4.4.3	Schulung: „geübte" Mitarbeiter (Gruppe 2)									
4.4.4	Schulung: Vertreter des Administrators (Gruppe 3)									
4.4.5	Einweisung NW-Betreuung									
4.4.6	NW-Schulung Gruppe 1 und Gruppe 2									
4.4.7	„Ernstfallübung"									
4.4.8	Abschlusssitzung									

Balkendiagramm zum Teilvorgang 4.4, „Schulung der Mitarbeiter"

Spätestens hier wird deutlich, dass das Balkendiagramm schon bei einer geringen Anzahl von Vorgängen an die Grenzen der übersichtlichen Darstellung stößt, besonders bei den Abhängigkeiten.

- **Vorwärtsrechnung und Rückwärtsrechnung** (zur zweiten Verfeinerung) sind entsprechend der oben angegebenen Ausführung (Zeitanalyse – Teil 1) vorzunehmen.

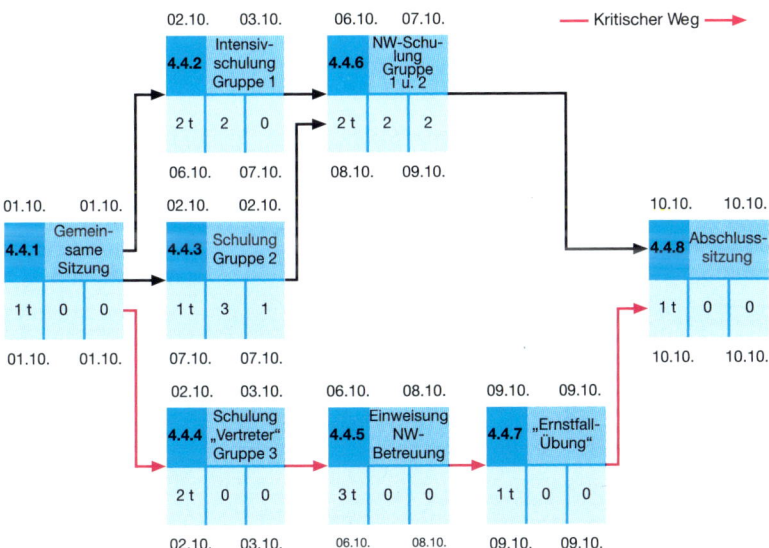

Netzplan zum Teilvorgang 4.4, „Schulung der Mitarbeiter"

- **Reserven** (zur zweiten Verfeinerung)

Die Zeitreserven oder Puffer(-Zeiten) geben die Zeiträume an, um die die Vorgänge evtl. verschoben werden können, ohne den Endtermin des Gesamtprojekts zu gefährden.

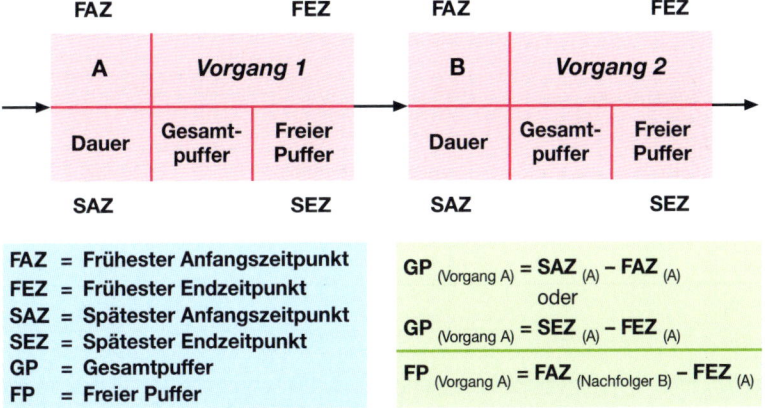

Knoten: Berechnung der Pufferzeiten

Wie oben bereits dargestellt, sind jedoch auf dem kritischen Weg keine Pufferzeiten verfügbar.

Man unterscheidet zwischen dem Gesamtpuffer (GP) und dem freien Puffer (FP).

Der ...	... ist der	... ohne den
Gesamtpuffer (GP)	Zeitraum, um den ein Vorgang verschoben werden kann	spätesten Anfangstermin (SAZ) der/des Nachfolger(s) zu beeinflussen.
Freie Puffer (FP)		frühesten Anfangstermin (FAZ) der/des Nachfolger(s) zu beeinflussen.

Hat ein Knoten mehrere Nachfolger, ist der kleinste ermittelte Wert als freier Puffer einzusetzen (im Beispiel hat der Vorgang 4.4.1 einen FP von 0).

Kritischer Weg (zur zweiten Verfeinerung)
Der kritische Weg wird durch die Vorgänge bestimmt, die einen freien Puffer von 0 Zeiteinheiten aufweisen.

Schritt 3: Ressourcenplanung
Im Teilvorgang 4.4, „Schulung der Mitarbeiter", ergibt sich für den Vorgang 4.4.2, „Intensivschulung der ‚ungeübten Mitarbeiter' (Gruppe 1)", nachstehende Kostenplanung.

4.4.2 Intensivschulung: „ungeübte" Mitarbeiter (Gruppe 1)			Kosten
Mitarbeiter	verrechneter Stundensatz	Einsatzzeit	
vier Mitarbeiter	80,00 €	16 Stunden	5 120,00 €
drei Mitarbeiter	120,00 €	16 Stunden	5 760,00 €
Arbeitsmittel	Ausfallzeit für Normalbetrieb	verrechnete Kosten pro Stunde	
fünf PCs	16 Stunden	60,00 €	960,00 €
Verbrauchsmaterial	tatsächliche oder kalkulatorische Kosten		
entfällt			0,00 €
Zusätzliche Kosten	Berechnung		
zwei Trainer	Festpreis	3 500,00 €	3 500,00 €
Schulungsmaterial	Festpreis	200,00 €	200,00 €
Gesamtkosten			15 540,00 €

> **AUFGABEN**
>
> 1. a) Erklären Sie den Begriff Organisation.
>   b) Unterscheiden Sie Aufbauorganisation und Ablauforganisation.
>   c) Erklären Sie den Unterschied zwischen Organisation und Improvisation.
>   d) Nennen Sie die Folgen von Unter- bzw. Überorganisation.
> 2. Erklären Sie die Begriffe Stelle und Abteilung.
> 3. Die Entwicklung der Aufbauorganisation erfolgt nach dem Analyse-Synthese-Konzept. Erklären Sie diese Vorgehensweise.
> 4. Bei der Stellenbildung werden unterschiedliche Stellen nach verschiedenen Prinzipien geschaffen. Nennen und erklären Sie die Stellenarten.

AUFGABEN

5. a) Welche Inhalte umfasst die Stellenbeschreibung in einer größeren Unternehmung?

   b) Nennen Sie auch je drei Vor- und Nachteile von Stellenbeschreibungen aus der Sicht der Geschäftsleitung.

6. Führen Sie fünf unterschiedliche Unternehmensbereiche an, in welchen Umweltgesichtspunkte berücksichtigt werden können. Nennen Sie Beispiele.

7. Nachstehend sind zwei Organigramme eines Unternehmens abgebildet:

   Organigramm A vor der Neuorganisation und Organigramm B nach der Neuorganisation.

   Ein Organigramm bildet das Linien- oder Weisungssystem eines Unternehmens ab.

   a) Nennen Sie die Art des Liniensystems von Organigramm A und von Organigramm B.

   b) Erklären Sie den wesentlichen Unterschied der Liniensysteme.

   c) Nennen Sie jeweils einen Vor- und Nachteil der Liniensysteme A und B.
   Die Organisationseinheiten B2 und B3 sind der Abteilung Marketing untergeordnet. Machen Sie einen Vorschlag, mit welcher Aufgabe die beiden Einheiten B2 und B3 betraut sein könnten.

   d) Die Organisationseinheit B1 ist der Abteilung Produktion zugeordnet. Machen Sie einen Vorschlag, welche Aufgabe die Einheit B1 haben könnte.

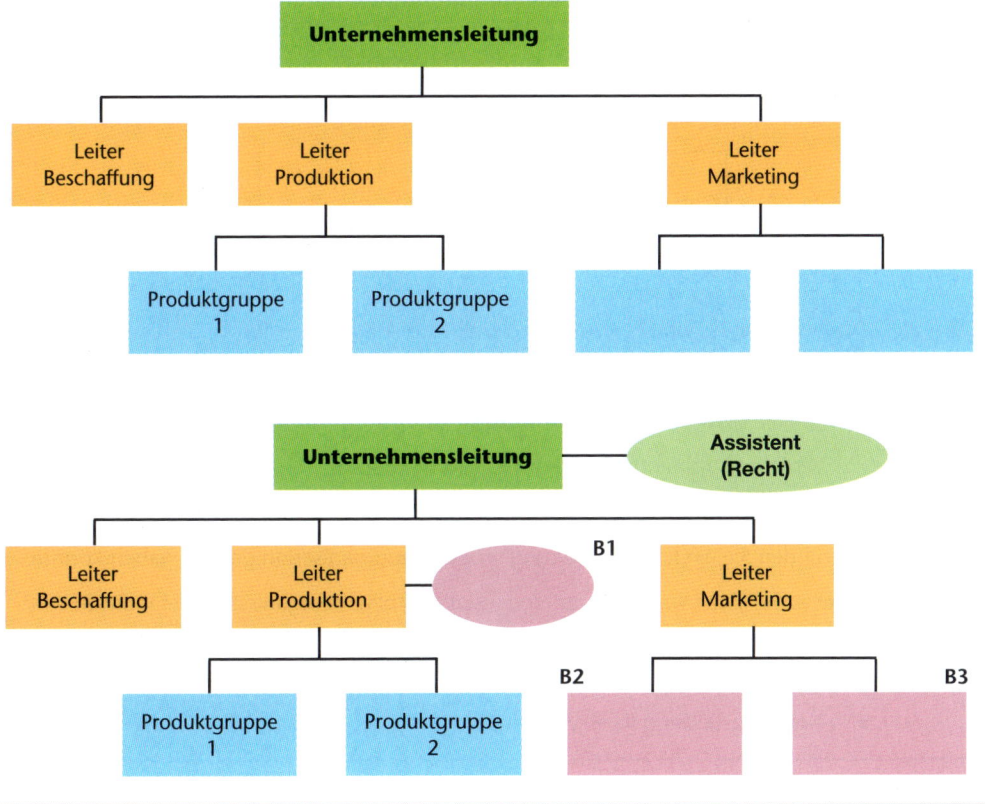

AUFGABEN

8. Unterscheiden Sie die Begriffe Ein- und Mehrliniensystem.

9. Die Spartenorganisation ist eine Organisationsform, die häufig in Unternehmen eingesetzt wird.

    a) Erklären Sie in diesem Zusammenhang, was Sie unter einer „Sparte" verstehen.

    b) Welche Sparten wären bei einem Softwarehersteller vorstellbar?

    c) Erläutern Sie je drei Vor- und Nachteile dieser Organisationsform.

10. Erläutern Sie, was unter dem Begriff Matrix-Organisation zu verstehen ist und welche Chancen und Risiken diese mit sich bringt.

11. Die Individual-PC GmbH hat seit einiger Zeit ihren Kundenkreis erweitert. Neben den typischen Endverbrauchern bedient sie verstärkt Groß- bzw. Geschäftskunden, die Netzwerke und Komplettsysteme nachfragen, d. h. inklusive Softwarelösungen. Die Geschäftsführer sind der Meinung, dass die Struktur der bisherigen Aufbauorganisation diesen Anforderungen nicht mehr gerecht wird.

    Individual-PC GmbH – bisherige Aufbauorganisation

    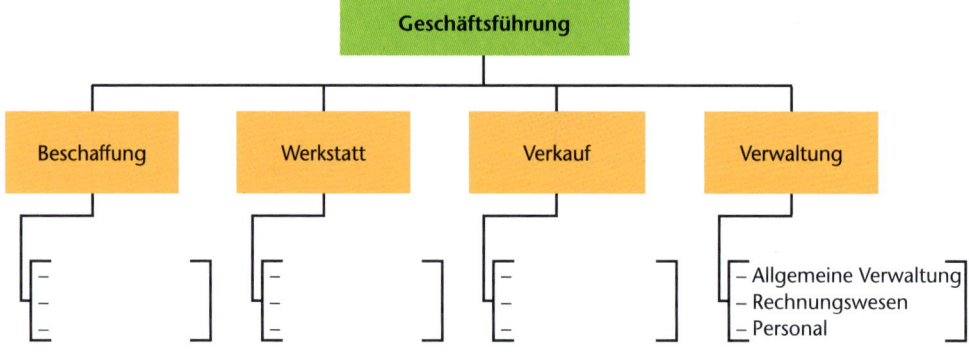

    a) Die Individual-PC GmbH erwägt, die erste Abteilungsebene objektorientiert zu gestalten. Bisher war die erste Abteilungsebene funktionsbezogen (verrichtungsorientiert) organisiert.
    Erklären Sie in diesem Zusammenhang

    - Verrichtungsorientierung und Objektorientierung.
    - Zentralisation und Dezentralisation

    b) Begründen Sie, welche Überlegung zu der Neuorganisation geführt haben könnte.

    c) Erstellen Sie einen Vorschlag zur Neugestaltung bzw. Reorganisation der Individual-PC GmbH, bestehend aus

    - einem Organigramm und
    - einer Begründung Ihres Vorschlags.

AUFGABEN

12. Erklären Sie die Begriffe kooperativer Führungsstil und autoritärer Führungsstil.

    a) Nennen Sie zwei Vorteile und zwei Nachteile, die ein kooperativer Führungsstil haben kann.

    b) Beschreiben Sie anhand von drei konkreten Beispielen aus der betrieblichen Praxis die Voraussetzungen, unter denen ein kooperativer Führungsstil einem autoritären vorzuziehen ist.

13. Zeigen Sie auf, welche Ziele mit den Managementtechniken „Management by exception", „Management by objectives" und „Management by delegation" verfolgt werden.

14. Nennen Sie die Ziele der Ablauforganisation.

15. a) Führen Sie für die angegebenen Daten die Zeitplanung mithilfe eines Netzplans durch:

Nr.	Vorgangsbezeichnung	Dauer in Stunden	Vorgänger
1	Türen und Fenster einbauen	10	–
2	Kabel verlegen und anschließen	25	1
3	Fußboden verlegen	17	1
4	Lichtanlage installieren	35	2
5	Schränke montieren	32	3
6	Geräte aufstellen	15	4,5
7	Geräte anschließen	15	6

   b) Erklären Sie die im Rahmen der Netzplantechnik benutzten Begriffe „Gesamtpuffer", „Freier Puffer" und „Kritischer Weg".

   c) Nennen Sie einen Vorteil und einen Nachteil des Netzplans gegenüber einem Balkendiagramm.

   d) Erklären Sie, warum gerade im IT-Bereich eine sorgfältige Ablaufplanung von großer Bedeutung ist.

16. Die Individual-PC GmbH wird in drei Monaten neue Büroräume beziehen. Damit der Umzug reibungslos erfolgt, hat sie einen Mitarbeiter mit der Projektierung dieses Vorhabens beauftragt. Der Umzug wird mithilfe eines Netzplanes geplant. Erläutern Sie, weshalb dieses Instrument zur Anwendung kommt.

17. Nachstehend ist ein Ausschnitt aus einem Netzplan abgebildet.

    a) Vervollständigen Sie den (Teil-)Netzplan für die Vorgänge Q, R und S.

    b) Kennzeichnen Sie den kritischen Weg.

AUFGABEN

c) Erklären Sie die Auswirkungen nachstehender – gleichzeitig eintretender – Vorfälle auf den Projektverlauf bzw. auf die Terminplanung.

- Vorgang M verkürzt sich um eine Zeiteinheit
  und
- Vorgang O verzögert sich um drei Zeiteinheiten.

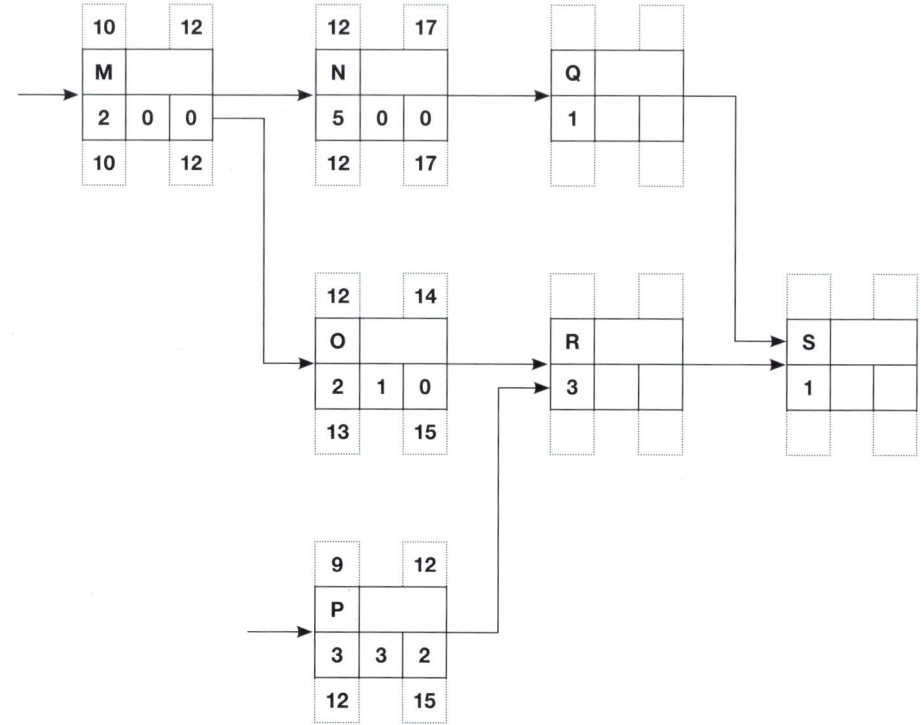

18. Einem Betrieb liegen drei Aufträge vor, die drei vorhandene Maschinen in der unten angegebenen Dauer und Reihenfolge beanspruchen. Optimieren Sie die Durchlaufzeit mithilfe eines Balkendiagramms:
    Auftrag A: 30 Minuten auf Maschine 1, 20 Minuten auf Maschine 2, 20 Minuten auf Maschine 3
    Auftrag B: 40 Minuten auf Maschine 3, 30 Minuten auf Maschine 1, 30 Minuten auf Maschine 2
    Auftrag C: 40 Minuten auf Maschine 2, 20 Minuten auf Maschine 3, 20 Minuten auf Maschine 1

19. a) Erstellen Sie für die nachstehende Vorgangsliste
    - ein Balkendiagramm,
    - einen Netzplan.
    b) Erklären Sie den Unterschied der Planungs- und Darstellungsinstrumente „Netzplan" und „Balkendiagramm".

AUFGABEN

Vorgangsliste	„Installation eins PC-Systems"		
Nummer	Vorgang (Bezeichnung)	Dauer	Unmittelbarer Vorgänger
1	Auswahl der Komponenten	8	–
2	Bestellung und Lieferung	9	1
3	Schulung Projektleiter	4	1
4	Konvertierung alter Datenbestände	10	2
5	Anpassung der Systemumgebung	3	3
6	Montage des Systems	6	2/5
7	Schulung der Nutzer	5	3
8	Testlauf	2	4/6
9	Übergabe		7/8

2.2 Geschäftsprozessorientierung

2.2.1 Analyse von Geschäftsprozessen

Hinweis: Anwendungsbeispiele zur Geschäftsprozessorientierung, -gestaltung und -optimierung finden Sie vor allem in Kapitel 3 dieses Buches ab S. 175.

2.2.1.1 Definition und Merkmale des Begriffs Geschäftsprozess

Prozess

Unter einem **Prozess** versteht man

- allgemein eine **Folge von Aktionen** oder
- nach DIN 66201 die **Umformung** und/oder den **Transport** von Materie, Energie und Informationen von einem **Anfangszustand** in einen bzw. zu einem **Endzustand** nach genau festgelegten **Regeln**.

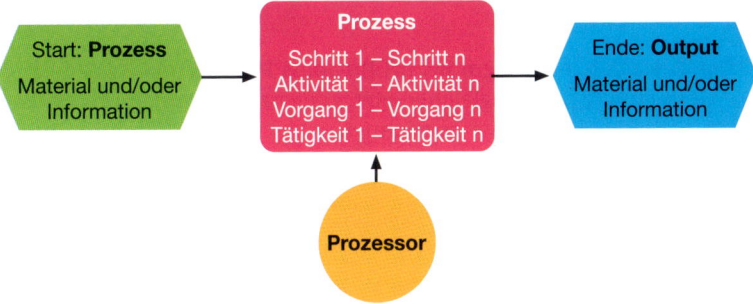

Ein Prozess ist eine Abfolge von Aktivitäten (Prozessschritte). Jeder Prozess hat einen bestimmbaren Start sowie ein definiertes Ende, somit kann die Durchlaufzeit eines Prozesses bestimmt werden.

In jeden Prozess fließt ein Input hinein, jeder Prozess hat einen bestimmten Output als Ergebnis. Inputs und Outputs können Material oder Informationen sein, somit gibt es Material- und Informationsprozesse (vgl. S. 153). Inputs von Prozessen sind Outputs von anderen Prozessen, Outputs werden somit zu Inputs, hierdurch entstehen Prozessketten und Prozessnetze bzw. -landschaften. Prozesse werden von Prozessoren abgearbeitet, Prozessoren können Mitarbeiter, Maschinen (Computersysteme) oder Kombinationen von beidem sein.

Interne Prozesse beziehen sich auf ein einzelnes Unternehmen, bei externen Prozessen sind andere Unternehmen oder Kunden eingebunden.

Prozesse können in Teilbereiche (Prozessebenen) gegliedert werden, hierdurch kommt es zu einer Prozesshierarchie (vgl. S. 161).

Beispiel
(Teil-)Prozess „Produktion" aus dem Geschäftsprozess „PC-Vertrieb"

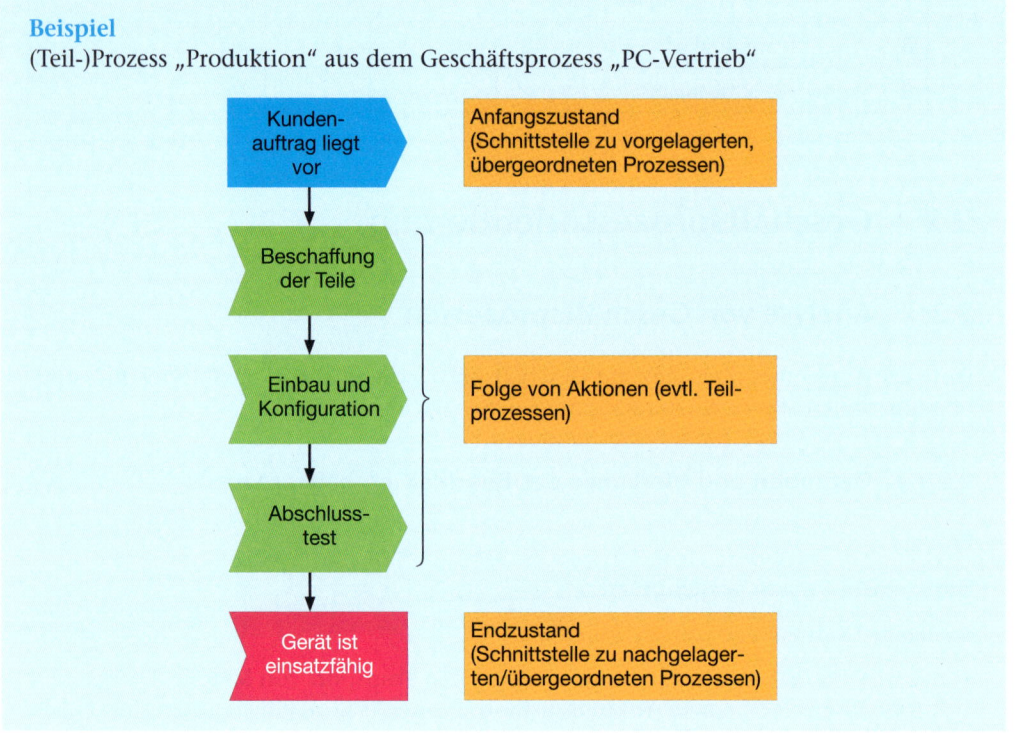

Geschäftsprozess[1]

Der Begriff **Geschäftsprozess** entspricht dem Begriff **Business Process** und wird vielfach mit dem Terminus Unternehmensprozess gleichgesetzt. Gleichzeitig werden oft alle Prozesse in Unternehmen als Geschäftsprozesse bezeichnet.

---

[1] Vgl. zu diesem Sachverhalt auch: Hohmann, Peter: Geschäftsprozesse und integrierte Anwendungssysteme. Wien, Arau, Bern. 1999.

Im Rahmen der Umstrukturierung und Neuorientierung von Unternehmen (vgl. S. 112 f.), bzw. der Ausrichtung aller Leistungsprozesse entlang der Wertschöpfungskette (vgl. S. 19), erhält der Begriff Geschäftsprozess folgende Bedeutung:

> Orientierungsrahmen und Ausgangspunkt aller betrieblicher Aktivitäten sind die Unternehmensziele (Sachziele und Formalziele, vgl. S. 12).

Als **Geschäftsprozess** werden diejenigen **sachlogisch zusammenhängenden** und **inhaltlich abgeschlossenen Aktivitäten** und Funktionen bezeichnet, die der **Realisierung der übergeordneten Ziele** des Unternehmens dienen und eine **Wertschöpfung** (einen Wertzuwachs) erbringen. Ein Geschäftsprozess ist immer auch ein Wertschöpfungsprozess.

Beispiel
Prozesslandschaft des Geschäftsprozesses „PC-Vertrieb"

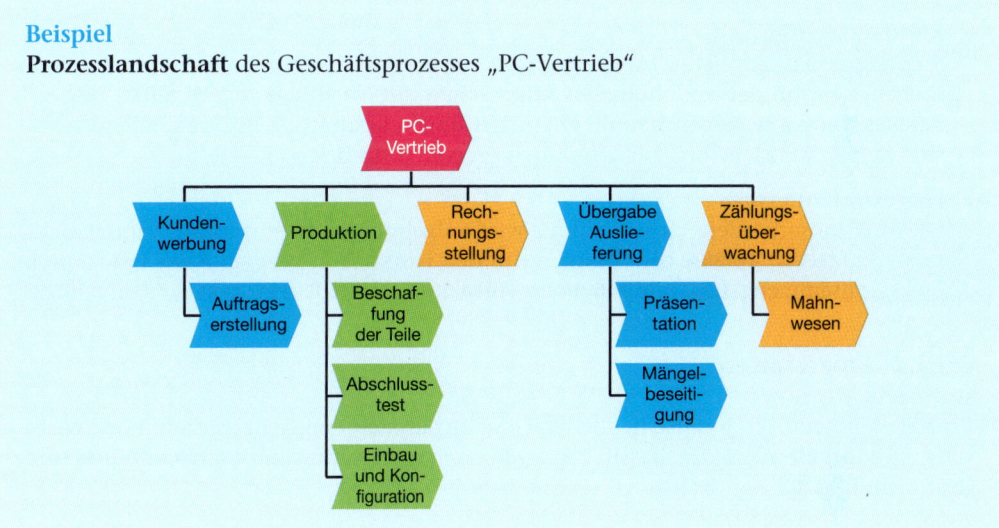

Die Gesamtheit aller Geschäftsprozesse eines Unternehmens, direkt abgeleitet aus den Oberzielen, ist der **Wertschöpfungsbereich** oder die Wertschöpfungskette (vgl. S. 19) eines Unternehmens.

Geschäftsprozesse haben folgende **Merkmale:**

Geschäftsprozesse

- haben einen eindeutigen **Anfang** und **Abschluss**,
- sind zielgerichtet und sollen ein **Ergebnis** erbringen (z. B. Warenverkauf mit Gewinn),
- bestehen aus einer Kette von betrieblichen Aktivitäten (= **Teilprozessen**),
- werden von **Aktionsträgern** mithilfe von Sachmitteln, z. B. Computersystemen, **gesteuert**,
- integrieren **Kunden und Lieferanten** in den Ablauf und
- verursachen durch den Verbrauch von Ressourcen **Kosten**.

Die **Integration von Kunden und Lieferanten** in die sie betreffenden Prozesse ist Bestandteil der Geschäftsprozessorientierung, da damit unternehmensübergreifende Prozesse ermöglicht werden.

Geschäftsprozesse haben immer eine direkte **Schnittstelle zum Kunden**: Startereignis eines Geschäftsprozesses ist das Feststellen eines Kundenbedarfs, Endereignis die Übergabe des Produkts gegen Entgelt. Ist der Kunde in seinen Bedürfnissen optimal zufriedengestellt, kann man davon ausgehen, dass auch der Prozess optimal verlaufen ist.

Vor allem die Sicherung der Qualität von Vorprodukten und die Sicherung der Termintreue bei Beschaffungsvorgängen sind Gründe für die Einbeziehung von Lieferanten in Geschäftsprozesse.

Hierbei ist zu beachten, dass auch innerhalb eines Unternehmens Abteilungen und Stellen untereinander als Kunden und Lieferanten auftreten können (z. B. tritt die Auftragsabwicklung als Kunde des Dienstleisters Rechnungsstellung auf).

Im Vordergrund der Geschäftsprozessorientierung stehen:

- **Kundenorientierung**
  Ausgangspunkt sämtlicher Tätigkeiten und Aufgaben im Unternehmen ist der Kundennutzen, der von den individuellen Ansprüchen der Nachfrager an Qualität, Kosten, Bereitstellung usw. der Güter und Dienstleistungen bestimmt wird. Geschäftsprozesse sind an den Kundenwünschen auszurichten (vgl. S. 152).

- **Prozessorientierung**
  Die funktionsorientierte Arbeitsteilung wird aufgehoben. Bisher getrennt wahrgenommene Aufgaben, Abläufe und Vorgänge in den Funktionsbereichen werden zu einem Prozess zusammengefasst und möglichst vollständig von einem Prozessteam ausgeführt.

2.2.1.2 Prozessarten

Prozesse können nach unterschiedlichen Gesichtspunkten eingeteilt werden. Von Bedeutung sind insbesondere die Klassifizierungen nach dem Beitrag zur Wertschöpfung und nach dem Inhalt.

Beitrag zur Wertschöpfung

Nach ihrem unmittelbaren **Beitrag zur Wertschöpfung** einer Unternehmung werden Prozesse unterschieden in:

- **Kernprozesse**
  Kernprozesse haben eine direkte **Schnittstelle** zum **Kunden**. Sie erbringen eine **Wertschöpfung für den Kunden**, d. h. ihnen steht ein Kaufwert gegenüber.

- **Unterstützungsprozesse/Serviceprozesse**
  Unterstützungsprozesse haben **keine** direkte **Schnittstelle** zum Kunden, sie erbringen jedoch eine Wertschöpfung für die Kernprozesse, d. h. sie übernehmen eine Servicefunktion für andere Prozesse (z. B. Personalbereitstellung).

Unternehmen als System von Geschäftsprozessen

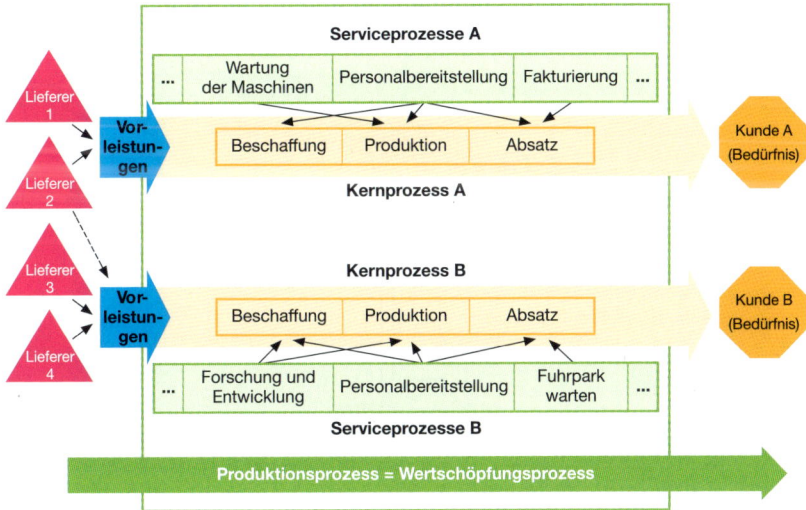

Unternehmen/Betrieb

Inhalt des Prozesses

Die beiden Komponenten

- **Informationsprozess** und
- **Materialprozess**

sind immer Bestandteil eines (Geschäfts-)Prozesses.

1. Informationsprozess
Jeder (Geschäfts-)Prozess ist begleitet von **Informations-/Datenverarbeitung**. Der Prozess wird ausgelöst durch Informationen (**Informations-/Daten-Input**), das Produktionsergebnis wird beschrieben durch Informationen (**Informations-/Daten-Output**).

2. Materialprozess
Der Materialprozess ist der eigentliche Produktionsprozess, bei dem das **Inputmaterial** (Arbeitsstoffe, vgl. S. 17) im Zuge der Fertigung in **Outputmaterial** (Halb- und Fertigerzeugnisse) übergeht.

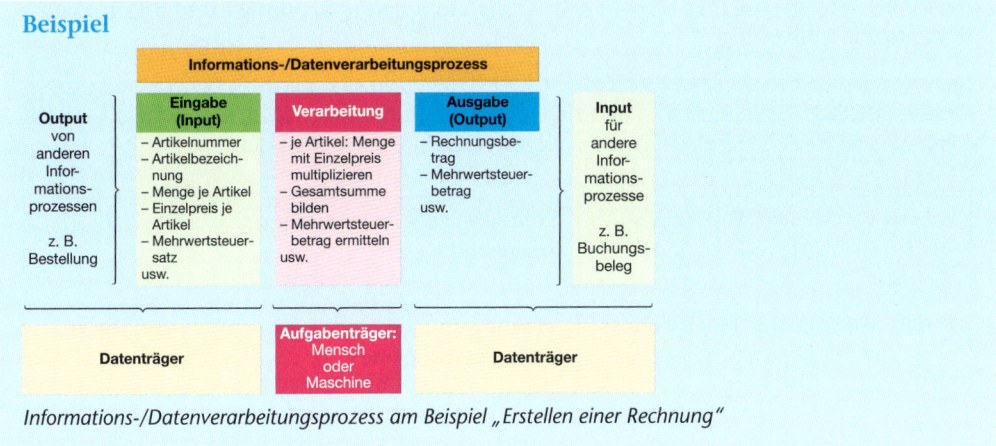

Informations-/Datenverarbeitungsprozess am Beispiel „Erstellen einer Rechnung"

Beispiel
Auftragsbearbeitung als Geschäftsprozesskette mit Informations- und Materialprozess, dargestellt in einem Ablaufdiagramm

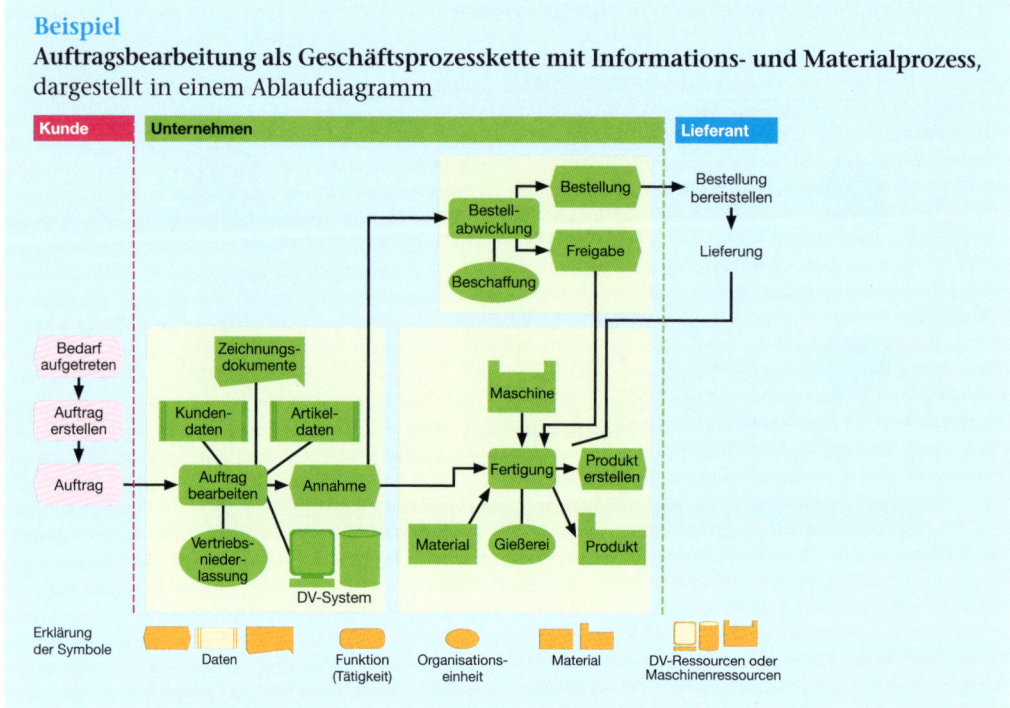

Quelle: Scheer, A.-W.: Die Geschäftsprozesse einheitlich steuern, in: Harvard Business Manager, Heft 1 (1997)

2.2.1.3 Beschreibungssichten von Geschäftsprozessen

Die Analyse, Dokumentation, Gestaltung und Optimierung von Geschäftsprozessen erfordert die Entwicklung eines **Beschreibungs- und Gestaltungsmodells** (konkrete Beispiele siehe S. 156). Dieses Modell soll es zunächst ermöglichen, die unterschiedlichen Schwerpunkte (= Sichtweisen bzw. **Sichten**) von Geschäftsprozessen zu beschreiben. Die Trennung in verschiedene Beschreibungssichten erlaubt es, mit den entsprechenden bzw. vorhandenen **methodischen Hilfsmitteln** zu arbeiten (Diagramme, Ablaufpläne usw., vgl. S. 162). Andererseits ist durch das Gesamtmodell immer auch der Überblick gewährleistet, da die Sichten im Zusammenhang stehen. Neben der Ablaufsicht sind vor allem die Einbindung der organisatorischen Strukturen und der Anwendungs- und Informationssysteme von Bedeutung.

Schwerpunkt der Betrachtung		Beschreibungssicht
Prozesse sind voneinander abhängige Folgen von Aktivitäten.	Prozess-**Ablauf**	Ablauf
Prozesse werden durch Prozessverantwortliche gesteuert, realisiert und kontrolliert.	prozessorientierte **Organisation**	Organisationsstruktur
Prozesse werden durch Informationssysteme unterstützt und ggf. abgewickelt.	**Anwendungs- und Informationssysteme**	Informationsmanagement

Ablaufsicht

Dargestellt werden Prozessbeginn und -ende, Prozessergebnis, Einbindung in übergeordnete Prozesse, untergeordnete Teilprozesse, Unterscheidung in Prozessarten usw. (vgl. S. 152). Ereignisse lösen Funktionen (= Vorgänge = Prozesse) aus und sind Ergebnis der Prozesse.

Organisationssicht

Prozesse müssen in die **Verantwortung** von Prozessmanagern (Prozesseigentümern) übergeben werden. Im Gegensatz zur funktionalen Organisation (vgl. S. 130) erstreckt sich das Management dann nicht auf Abteilungen oder Bereiche, sondern auf den gesamten Prozess. Eventuell ist der Aufgabenbereich so umfangreich, dass ein Prozessteam erforderlich ist. Dann müssen neben dem jeweiligen Verantwortungsbereich auch noch die Weisungsbefugnisse innerhalb des Teams geregelt werden.

Vorteile einer prozessorientierten Organisation sind

- Kunden- und damit Ergebnisorientierung durch direkten Bezug zum Kunden (vgl. S. 197),
- Überblick über den gesamten Prozess,
- Minimierung der Kommunikationsschnittstellen zwischen den Beteiligten und
- permanente Analyse und mögliche Verbesserung im noch laufenden Prozess.

Die Zuordnung der Prozessverantwortung ist die eigentliche Aufgabe der Organisationssicht, in zweiter Linie ist es aber auch möglich, bestehende **Organisationsstrukturen** im Aufbau und im Ablauf zu **optimieren**.

Informationsmanagementsicht

Die Entwicklung der Informations- und Kommunikationstechnik ist mittlerweile so weit fortgeschritten, dass es grundsätzlich kein Problem mehr darstellt, vernetzte Informationssysteme sowie für jede betriebswirtschaftliche und technische Aufgabenstellung Anwendungssysteme bereitzustellen. **Informationstechnische Unterstützung für eine Zusammenarbeit aller Aufgabenträger** und damit für die Prozessabwicklung ist relativ leicht realisierbar und an veränderte Gegebenheiten anzupassen.

Die Beziehungen zwischen Geschäftsprozessen bzw. der Ablaufsicht und der Informationsmanagementsicht sind wechselseitig: Prozesse erfordern prozessindividuelle Lösungen durch die Informationsverarbeitung und das **Informationsmanagement** kann durch die **Problembewältigung** wiederum Anregungen für eine Optimierung oder Neugestaltung von Prozessen geben. Die ständige Weiterentwicklung von Workflow- und Groupwaresoftware (z. B. Lotus Notes) ist ein Beispiel dafür.
Auf jeden Fall muss aber die **Informationsverarbeitung** den Geschäftsprozessen **angepasst** werden, der Einsatz von Anwendungssystemen darf nicht allein aufgrund z. B. technischer Möglichkeiten (Selbstzweck) erfolgen.
Betriebswirtschaftliche Abläufe müssen zunächst systematisch analysiert und abgebildet werden, um anschließend mithilfe der Informationstechnik gesteuert werden zu können. In der Informationsmanagementsicht werden Daten (z. B. Kundendaten, Abrechnungsdaten usw.), Informationsobjekte (strukturierte Datensammlungen in Datenbanken), Anwendungssysteme (z. B. Textverarbeitung, Tabellenkalkulation, Finanzbuchführung usw. sowie Hardware) beschrieben und den Prozessen zugeordnet. Sie werden in Abläufen **benutzt** oder **steuern** diese.

Werkzeuge zur Modellierung von Geschäftsprozessen

Die Abbildung, Analyse und Modellierung von Geschäftsprozessen kann durch Software-Tools unterstützt werden. Sie bedienen sich in der Regel des Beschreibungsmodells mit den oben genannten Sichten (vgl. S. 154) und bieten darüber hinaus weitere zusätzliche Anwendungsmöglichkeiten wie z. B. Qualitätsmanagement, Koordination mit ERP-Software, Anwendungsentwicklung.

Das wohl mächtigste Werkzeug ist ARIS Toolset. ARIS steht für Architektur integrierter Informationssysteme. Dahinter steht das gleichnamige Konzept eines Beschreibungs- und Gestaltungsmodells. Andere Softwaretools sind ADONIS, AENEIS, MEGA Process, Bonapart, IvyFrame, Prometheus.

Beschreibungssichten von ARIS[1]

AUFGABEN

1. Stellen Sie sich vor, Sie seien Assistent der Geschäftsführung eines Softwarehauses, welches sich auf die Erstellung und den Vertrieb von Computerspielen konzentriert hat. Ihr Chef hat gerade in der Zeitung etwas über den Begriff „Prozessorientierung" gelesen und fragt Sie um Ihre Meinung zu diesem Thema.
   Erklären Sie ihm, was „Geschäftsprozessorientierung" überhaupt ist und warum sie gerade im IT-Bereich eine große Bedeutung haben kann.

2. Definieren Sie den Begriff Geschäftsprozess.

3. Geben Sie die Merkmale eines Geschäftsprozesses an.

4. Erklären Sie, weshalb ein Geschäftsprozess immer auch ein Wertschöpfungsprozess ist.

5. Erläutern Sie, warum die Kundenorientierung im Vordergrund der Geschäftsprozessorientierung steht.

6. Unterscheiden Sie:

   a) Kernprozess und Unterstützungsprozess

   b) Informationsprozess und Materialprozess

7. Beschreiben Sie die Prozesshierarchie vom Wertschöpfungsbereich bis zur Aktivität.

8. Erklären Sie, durch welche Beschreibungssichten Prozesse dargestellt werden.

9. Begründen Sie, weshalb die Beschreibungssichten im Zusammenhang stehen.

10. Erklären Sie, wie Geschäftsprozesse dargestellt werden können.

---

[1] Vgl. Scheer, A.-W.: ARIS. Vom Geschäftsprozess zum Anwendungssystem. Berlin, Heidelberg, New York, 2006

2.2.2 Gestaltung von Geschäftsprozessen

Gestaltungsvariablen, Gestaltungsebenen

Die Vorgehensweise bei der Gestaltung, Kontrolle und Optimierung von Geschäftsprozessen entspricht der Vorgehensweise des Prozessmanagements (vgl. S. 115).

Gestaltungsvariablen und -faktoren sind

- Prozess- bzw. Ablauforganisation,
- Aufbauorganisation (Prozessverantwortlichkeit der Mitarbeiter) und
- die Komponenten des Informationssystems.

Geschäftsprozesse integrieren Organisationsstrukturen, Daten und Anwendungssysteme, Funktionen bzw. Abläufe und Leistungen. Die Gestaltung von Geschäftsprozessen erfolgt in Abhängigkeit der Unternehmensziele.
Der organisatorischen und (informations-)technischen Beherrschung geht deshalb immer die Analyse und die modellhafte Abbildung der betriebswirtschaftlichen Problemstellungen voraus. Können Prozesse standardisiert (= vereinheitlicht) werden, kommen „elektronische" Verfahren wie der automatisierte Ablauf z. B. durch Workflow-Systeme zum Einsatz.

Ebenen der Geschäftsprozessgestaltung

Workflow

Als **Workflow** wird ein abgegrenzter und arbeitsteiliger, d.h. ein i. d. R. von mehreren Mitarbeitern getragener **Teilprozess** eines Geschäftsprozesses bezeichnet, der im Ablauf genau strukturiert ist und deshalb mithilfe von **Informationssystemen** – teilweise auch automatisiert – zu steuern ist. Ein Workflow ist damit eine Verfeinerung eines Geschäftsprozesses auf organisatorisch-informativer Ebene.

> **Beispiel**
> Dokumente (Aufträge, Rechnungen) liegen nur in elektronischer Form vor und werden entsprechend vordefinierter Arbeitsabläufe zur richtigen Zeit an den richtigen Bearbeiter weitergeleitet.

Workflows lassen sich nach unterschiedlichen Gesichtspunkten klassifizieren[1]:

Workflows nach dem Strukturierungsgrad		
allgemeiner Workflow	– vollständig strukturiert – mit Wiederholungscharakter – detaillierte Beschreibung aller Arbeitsschritte	*Beispiele:* *Auftragsabwicklung, Einstellung von Mitarbeitern, Bearbeitung eines Urlaubsantrags*
fallbezogener Workflow	– weitgehend strukturiert – mit unstrukturierten Teilaufgaben – individuelle Entscheidungen beeinflussen Ablauf – Teilaufgaben können übersprungen werden	*Beispiele:* *Kreditbearbeitung, Bearbeitung von Reklamationen*
Ad-hoc-Workflow	– wenig strukturiert – mit spontanem Einmalcharakter – nicht im Voraus bestimmbar	*Beispiel:* *Entwicklung eines Marketingkonzeptes*

Workflows nach dem Grad der Computerunterstützung	
freier Workflow	*Beispiel: Prüfung der Zuständigkeit*
teilautomatisierter Workflow	*Beispiel: Datenerfassung*
automatisierter Workflow	*Beispiel: Rechnungserstellung*

Sowohl Geschäftsprozesse als auch Workflows beschreiben Abläufe in Unternehmen, allerdings mit unterschiedlicher Zielrichtung:

	Geschäftsprozess	Workflow
Ziel	Analyse und Gestaltung von Arbeitsabläufen zur Unterstützung der Unternehmensziele	Bestimmung der technischen Ausführung von Arbeitsabläufen
Detaillierungsgrad	i. d. R. von einem Mitarbeiter an einem Arbeitsplatz in einem Vorgang ausführbarer Arbeitsschritt	Konkretisierung (genaue Angabe) der Verfahren, der personellen und technischen Ressourcen eines Arbeitsschrittes

---

[1] Vgl. Gaddatsch, A.: Management von Geschäftsprozessen. Braunschweig, Wiesbaden 2002.

2.2.2.1 Prozessidentifikation

Schlüsselprozesse

Vor der eigentlichen Prozessgestaltung oder -optimierung müssen Prozesse identifiziert, abgegrenzt und ausgewählt werden. Da die vollständige Neustrukturierung aller Prozesse in einer Unternehmung unmöglich zum gleichen Zeitpunkt durchzuführen ist, wird man sich zunächst auf diejenigen Prozesse konzentrieren, die einen unmittelbaren oder wichtigen Bezug zu den strategischen Zielen des Unternehmens haben (Schlüsselprozesse) und die Wirtschaftlichkeit bzw. Rentabilität erhöhen.
Dies sind i. d. R. Geschäftsprozesse, deren (Neu-)Gestaltung direkt auf die Kundenzufriedenheit abzielt, z. B. Auftragsabwicklung, Kundendienst usw.

Beitrag zur Wertschöpfung

Die Auswahl kann auch oder zusätzlich nach dem **Beitrag zur Wertschöpfung** (vgl. S. 152) erfolgen, d. h. es ist die Frage zu stellen, ob es sich um Kern- oder Unterstützungsprozesse handelt.

Standardisierung

In die Auswahl der als neu zu strukturierenden Geschäftsprozesse nimmt man in einem ersten Schritt häufig auch diejenigen auf, deren Teilprozesse weitestgehend im Ablauf standardisiert und damit automatisiert werden können, z. B. Angebotserstellung, Rechnungserstellung usw.

Ablauforientierte Identifikationskriterien

Weitere **Identifikationskriterien** für Prozesse sind in der folgenden Tabelle festgehalten.

Kriterien	Fragestellungen
Prozessanfang	Mit welchem Ereignis beginnt der Prozess?
Prozessende	Mit welcher Aktivität endet der Prozess?
Prozesskunde	Wer ist der Abnehmer der Prozessergebnisse?
Prozessergebnis	Was erwartet der Prozesskunde?
Prozessverantwortliche(r)	Wer steuert den Prozess?
Teilprozesse	In welche Teilprozesse soll der Prozess gegliedert werden?
Prozessbeteiligte	Welche Organisationseinheiten sind zusätzlich am Prozess beteiligt?
Übergeordnete Prozesse	Welchen übergeordneten Prozessen dient der Prozess?
Prozesshilfsmittel	Welche technischen Mittel werden für den Prozess benötigt?
Prozess-Informations-Management	Welche Daten und Komponenten des Informationssystems werden benötigt?
…	

Dimensionen von Geschäftsprozessen

Geschäftsprozesse können weiter nach den Dimensionen

- Länge,
- Breite,
- Tiefe und
- Variationen

unterschieden werden.

Prozesslänge gibt an, welche bzw. wie viele organisatorische Einheiten – und damit auch wie viele Schnittstellen – an einem Geschäftsprozess beteiligt sind.		
unternehmensübergreifend	Der Geschäftsprozess betrifft mindestens zwei Unternehmen.	Beispiel: Das Unternehmen plant mit einem Teilelieferanten gemeinsam den Prozess „Qualitätsprüfung" neu. Hierbei werden die einzelnen Arbeitsschritte koordiniert und die entsprechenden Daten zwischen den Unternehmen abgeglichen, um Fehlerquellen auszuschließen.
funktionsübergreifend	Der Geschäftsprozess betrifft mindestens zwei betriebliche Funktionen in einem Unternehmen.	Beispiel: Die Auftragsannahme eines Unternehmens steht in Verbindung mit den betrieblichen Funktionen Rechnungswesen, Lager und Produktion. Hier muss ein bedarfsgerechter Datenabgleich erfolgen.
stellenübergreifend	Der Geschäftsprozess betrifft mindestens zwei Stellen in einer Organisationseinheit des Unternehmens (z. B. Abteilung).	Beispiel: Innerhalb der Abteilung Rechnungswesen sind die Daten und die Abläufe der einzelnen Prozesse so zu gestalten, dass sie ohne zusätzliche Arbeiten von der aufnehmenden Stelle zu verarbeiten sind.
Prozessbreite gibt an, wie viele einzelne Vorgänge einen Geschäftsprozess ausmachen.		
ein Vorgang	ein konkreter, einzelner Vorgang oder Aspekt eines Geschäftsprozesses	Beispiel: Innerhalb des Geschäftsprozesses „Auftragsbearbeitung" ist der Vorgang „Auftragsbestätigung schreiben" abzuwickeln. Es werden nur diejenigen Aktivitäten und Daten betrachtet, die in Zusammenhang mit der Bearbeitung dieses Vorgangs stehen.
Vorgangsbündel	eine Auswahl wichtiger Aspekte des Geschäftsprozesses	Beispiel: Innerhalb des Geschäftsprozesses „Auftragsbearbeitung" werden die wesentlichen Vorgänge und Daten dieses Geschäftsprozesses betrachtet, z. B. Erfassen der Kundendaten, Erfassen der Auftragsdaten, Auftragsbestätigung usw.
alle Vorgänge	alle Aspekte des Geschäftsprozesses	Beispiel: Es werden alle Aktivitäten, Vorgänge und Daten des gesamten Geschäftsprozesses „Auftragsbearbeitung" ganzheitlich und vollständig betrachtet.

2.2 Geschäftsprozessorientierung

Prozesstiefe
beschreibt die Gliederungstiefe, also wie fein oder detailliert die Prozessschritte beschrieben werden. Es entsteht eine **Prozesshierarchie**, wobei jede Ebene der Prozesse weiter untergliedert werden kann.

Insgesamt ergibt sich damit folgendes **System von Prozessen** und Teilprozessen:

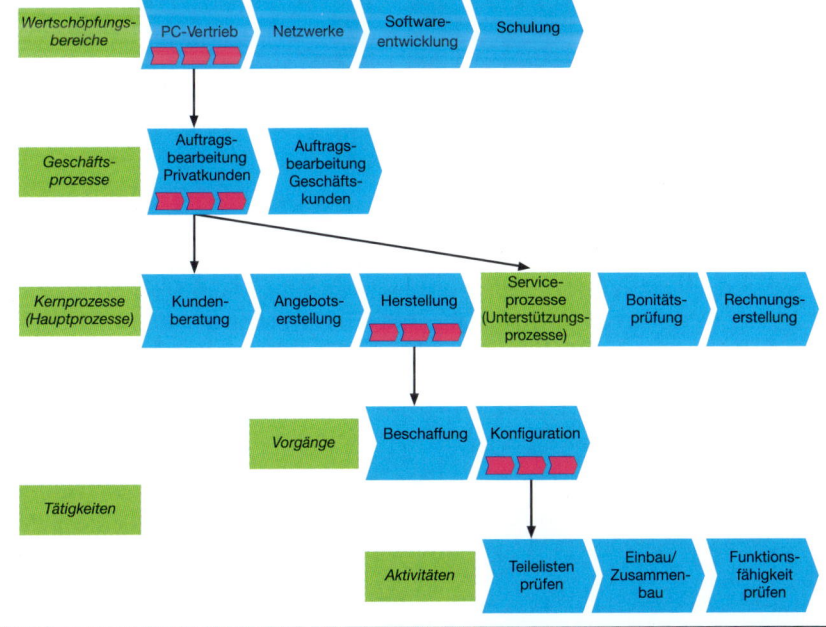

Prozessvariationen
ergeben sich durch Sonderfälle bzw. Ausnahmen von Standardprozessen.

Beispiel:
Der Vorgang „Ware versandfähig verpacken" ist abhängig von der Versandart, somit müssen die Standard-Versandarten bestimmt werden (Bahn, Lkw usw.). Ein Sonderfall könnte ein Übersee-Versand sein, hier müssen dann die Sonderbestimmungen im Einzelfall beachtet werden.

Prozessorientierte Ablauforganisation

Die **optimale Anordnung** der Teilarbeitsprozesse in Unternehmen ist die Aufgabe der **funktionsorientierten Ablauforganisation**. Sie regelt, welche Teilaufgaben in welcher Reihenfolge von welchen Mitarbeitern auszuführen sind. Wie bei der Aufbauorganisation werden Aufgaben bzw. Arbeiten zunächst in Arbeitsgänge, -schritte und -elemente zerlegt. Anschließend erfolgt die bestmögliche Anordnung dieser Teilvorgänge in zeitlicher und räumlicher Hinsicht innerhalb der vorhandenen Aufbauorganisation.

Typisch für die funktionsorientierte Ablauforganisation ist, dass die Aufgabenträger jeweils nur **stellen- oder arbeitsplatzbezogen** für den ihnen zugeordneten Ausschnitt aus dem Ablauf zuständig sind. Die Anzahl der Schnittstellen im Gesamtprozess ist deshalb mindestens so groß wie die Anzahl der beteiligten Mitarbeiter. Die extremste Ausprägung einer solchen Ablauforganisation ist die Fließbandfertigung.

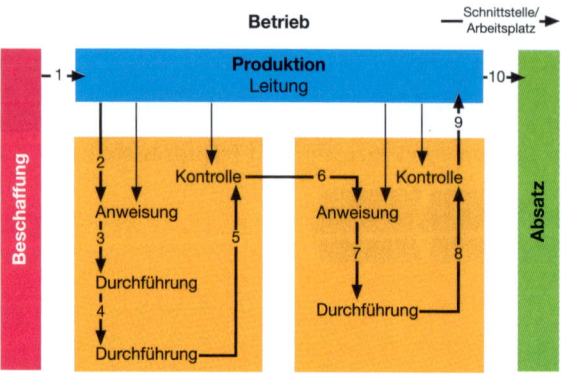

Funktionsorientierter Leistungsprozess

Die **prozessorientierte Ablauforganisation** erfordert dagegen die Zuordnung eines gesamten Prozesses vom Beginn bis zum Ende einschließlich der Planungs- und Kontrolltätigkeiten zur Verantwortlichkeit eines Aufgabenträgers. Die Prozesse sind i. d. R. **stellen- oder arbeitsplatzübergreifend**, häufig auch **funktionsbereichübergreifend**. Daher erhalten hier Prozessteams den Auftrag zur Prozessabwicklung. Je nach dem Stand der (Neu-)Strukturierung von Unternehmen nach Geschäftsprozessen sind die Teams mit unterschiedlichen Spezialisten (Prozess- und/oder Funktionsspezialisten) zu besetzen (vgl. S. 155).

Optimierungsobjekt ist bei der prozessorientierten Ablauforganisation nicht der Arbeitsgang, sondern das Prozessergebnis.

2.2.2.2 Gestaltungsmethode

Wesentliche Voraussetzung der Organisation betrieblicher Abläufe in Geschäftsprozessen ist zunächst die **Abbildung von Ist- und Sollzustand in Modellen**, d. h. in Nachahmungen der Realität. Diese Modelle sollen die Analyse und zielorientierte Gestaltung (= Optimierung) von Geschäftsprozessen ermöglichen. Geschäftsprozesse müssen deshalb in einer Form dargestellt werden können, die sie transparent und handhabbar macht. Erst wenn ein verständliches Modell der Geschäftsprozesse in Form von Plänen, Symbolen, Beschreibungen usw. vorliegt, können konkrete Optimierungsmaßnahmen untersucht und eingeleitet werden.

Hinsichtlich der Beschreibung, Gestaltung und Optimierung von Geschäftsprozessen hat sich mittlerweile vor allem die prozessorientierte **Methodik des ARIS-Konzepts** (vgl. S. 156) durchgesetzt. Sie bedient sich der durchaus auch in anderen Konzepten vorhandenen Darstellungsformen:

- Wertschöpfungskettendiagramm (WKD)
- erweiterte Ereignisgesteuerte Prozesskette (eEPK)
- Vorgangskettendiagramm (VKD)

Wertschöpfungskettendiagramm

Das Wertschöpfungskettendiagramm (WKD) integriert **betriebliche Funktionen** in die **Wertschöpfungsketten** bzw. Geschäftsprozesse. Es gliedert den Prozess in Aktivitäten, die der Leistungserstellung dienen, und in Aktivitäten, die diese unterstützen.

Ein WKD stellt eine Ablaufmodellierung auf einer relativ hohen Betrachtungsebene dar und dient dem Einstieg in die Prozessbetrachtung, die durch erweiterte Ereignisgesteuerte Prozessketten (eEPK) und Vorgangskettendiagramme (VKD) verfeinert werden.

Notation Wertschöpfungskettendiagramm

Symbol	Benennung	Bedeutung
	Start	Funktion, die eine Prozesskette auslöst
	Ende	Funktion, mit der eine Prozesskette endet
	Folgefunktion	Funktion, die auf eine vorangehende Funktion folgt
	Detaillierung der Folgefunktion	Folgefunktion, deren Markierung darauf hinweist, dass auf einer untergeordneten Ebene eine Verfeinerung erfolgt
- - - ->	Nachfolger	Verknüpfung von aufeinanderfolgenden Funktionen
↓	Parallelfunktion	Verknüpfung paralleler Funktionen mit einer übergeordneten Funktion

Beispiel
WKD-Auftragsbearbeitung

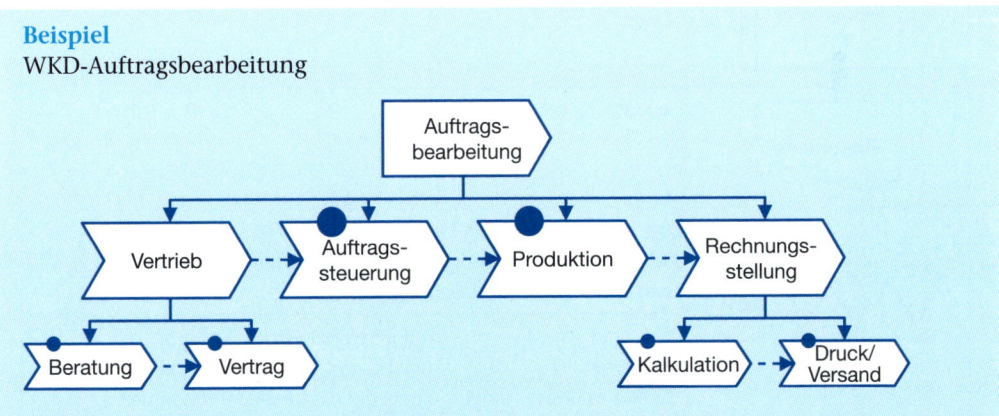

Ein weiteres Beispiel („Prozesslandschaft") findet sich auf Seite 151.

Ereignisgesteuerte Prozesskette (EPK)/erweiterte Ereignisgesteuerte Prozesskette (eEPK)

Ein Geschäftsprozess beschreibt den **ereignisgesteuerten Ablauf betrieblicher Aktivitäten**. Somit lösen Ereignisse Vorgänge, Aktivitäten und Prozesse aus und diese wiederum erzeugen Ereignisse. Diese Prozesssicht dient als Basis der Prozessmodellierung durch die Methode der Ereignisgesteuerten Prozesskette (EPK).

EPK beschreiben Prozesse als zusammenhängende, sachlogisch aufeinanderfolgende Aktionen und Tätigkeiten.

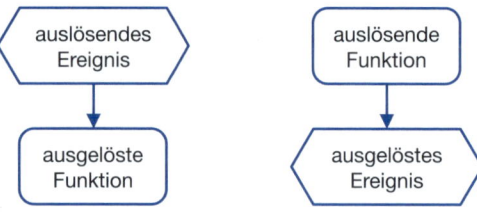

Elementares Prinzip einer EPK

Erfolgt in der EPK noch eine Zuordnung von Organisationseinheiten und Informationsobjekten/Datenelementen, so erhält man die **erweiterte Ereignisgesteuerte Prozesskette** (eEPK). Damit ist die eEPK ein anschauliches und flexibles Instrument zur Geschäftsprozessbeschreibung und -modellierung.

Notation eEPK

Symbol/Benennung	Beschreibung
Ereignis	Beschreibung des eingetretenen Zustandes, von dem der weitere Verlauf des Prozesses abhängt
Funktion	Beschreibung der Veränderung vom Input-Zustand zum Output-Zustand (Was soll nach einem auslösenden Ereignis gemacht werden?)
Organisationseinheit	Beschreibung der für die Ausführung der Funktion verantwortlichen Organisationseinheit (Person, Stelle, Abteilung, Bereich)
Informationsobjekt	Beschreibung der für die Durchführung der Funktion notwendigen Daten
Dokument	schriftliche Informationsobjekte
∨ ∧ XOR	Die drei verschiedenen logischen **Operatoren** ermöglichen es, Verzweigungen/Verknüpfungen zwischen Ereignissen und Funktionen bzw. umgekehrt einzufügen. ∧ = Und — Auf jeden Fall alle ∨ = Oder — (Inklusives ODER) entweder eins oder alle XOR = exklusives Oder — Entweder das eine oder das andere
Prozesswegweiser	Der **Prozesswegweiser** (Unterprozess) ermöglicht die Verbindung einzelner Geschäftsprozesse.
Kontrollfluss	Ablauffolge

2.2 Geschäftsprozessorientierung

Symbol/Benennung	Beschreibung
Informationsfluss	Beschreibung, ob Daten von einer Funktion erzeugt, gelesen oder aktualisiert werden
Zuordnung	Zuordnung von Organisationseinheiten

Übersicht über die Verknüpfungsmöglichkeiten in einer eEPK[1]

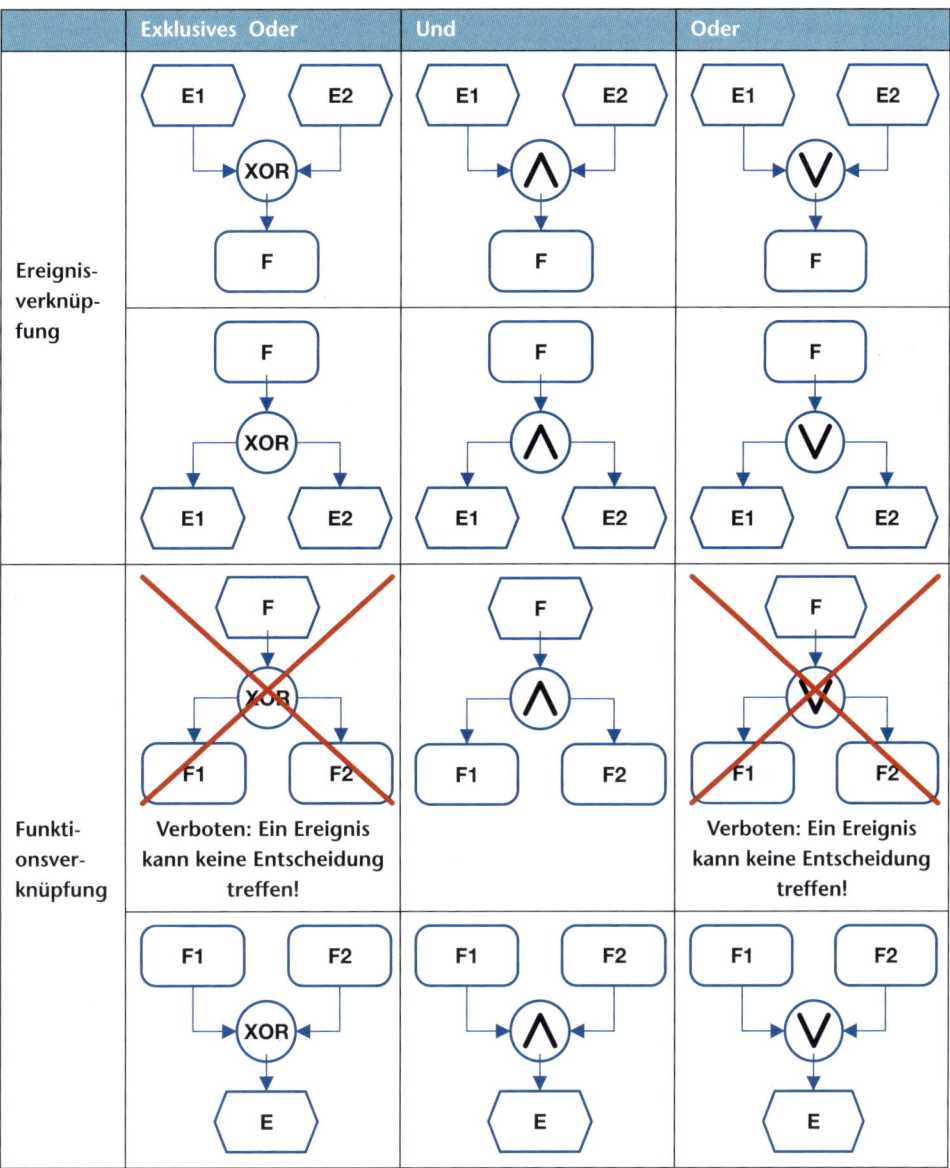

---

[1] Baumgartner, H.; Ebert, K.; Schleider, K.: Regeln zur Modellierung von ereignisgesteuerten Prozessketten. Beilage zur kaufmännischen ZPG. Mitteilung Nr. 24

Beispiel: eEPK – Bearbeitung einer Kundenanfrage[1]

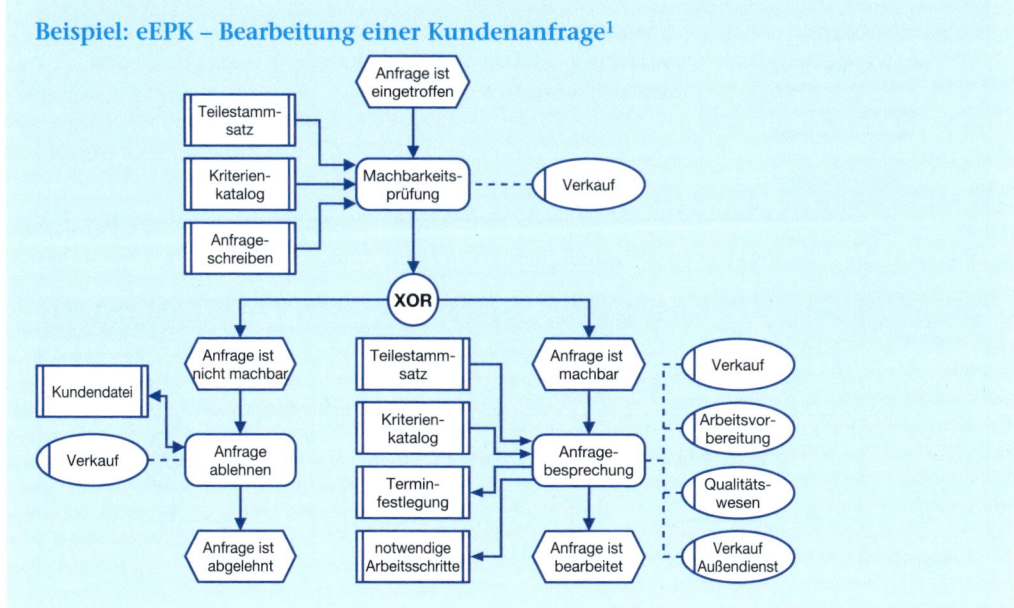

Beispiel: eEPK – Fertigungsdurchführung[2]

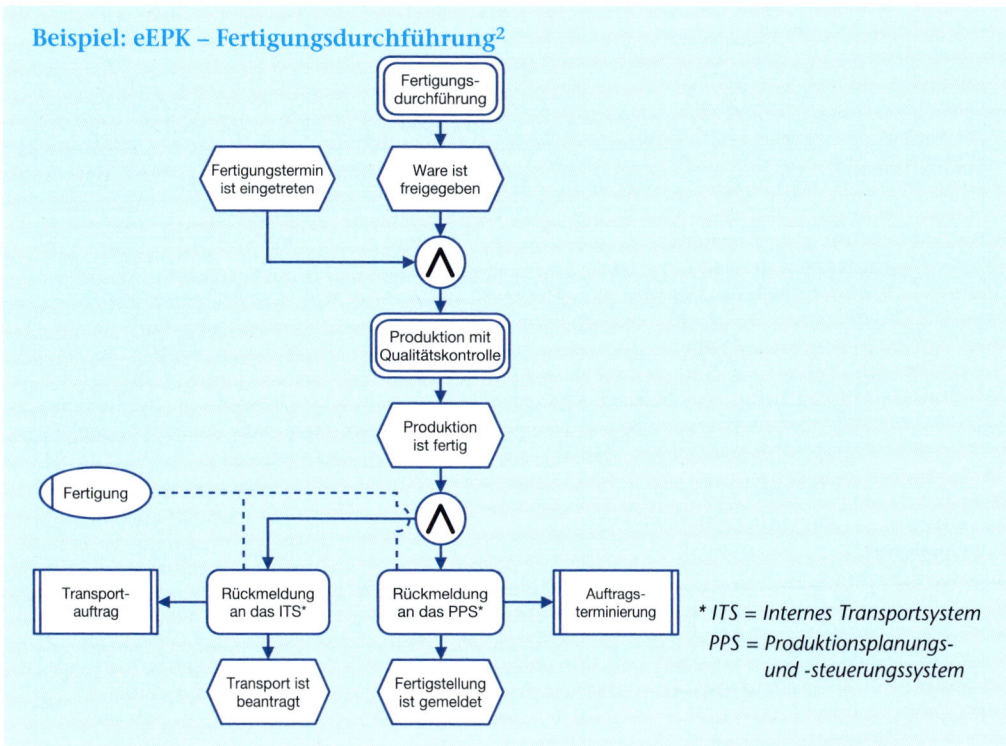

* ITS = Internes Transportsystem
PPS = Produktionsplanungs- und -steuerungssystem

---

[1] Schober, F.; Armbrüster, K.; Raupp, M.: Vorlesungen zur Wirtschaftsinformatik – Modellierung von Geschäftsprozessen, Zugriff am 16.11.2016 unter: http://www.netzwerk-welt.de/common_files/BWL/gpm.pdf

[2] Baumgartner, H.; Ebert, K.; Schleider, K.: Regeln zur Modellierung von ereignisgesteuerten Prozessketten. Beilage zur kaufmännischen ZPG. Mitteilung Nr. 24, Zugriff am 16.11.2016 unter: http://www.netzwerk-welt.de/common_files/BWL/EPK

Vorgangskettendiagramm (VKD)

Das Vorgangskettendiagramm verbindet die Notation der eEPK mit der des Datenflussplanes. Im VKD, das in Tabellenform gestaltet ist, sind hohe Übersichtlichkeit und das schnelle Auffinden von Ablauf- bzw. Medienbrüchen garantiert.

Notation Vorgangskettendiagramm

Symbol	Benennung	Bedeutung
⬡	Ereignis	Beschreibung des eingetretenen Zustandes, von dem der weitere Verlauf des Prozesses abhängt
▭	Funktion	Beschreibung der Veränderung vom Input-Zustand zum Output-Zustand. (Was soll nach einem auslösenden Ereignis gemacht werden?)
▯	Informationsobjekt	Beschreibung eines Informationsobjektes
⬭	Organisationseinheit	Beschreibung der für die Ausführung der Funktion verantwortlichen Organisationseinheit (Person, Stelle, Abteilung, Bereich)
→	Arbeitsablauf Datenfluss	Kontroll- und Datenfluss

Beispiel: VKD – Bearbeitung einer Kundenanfrage[1]

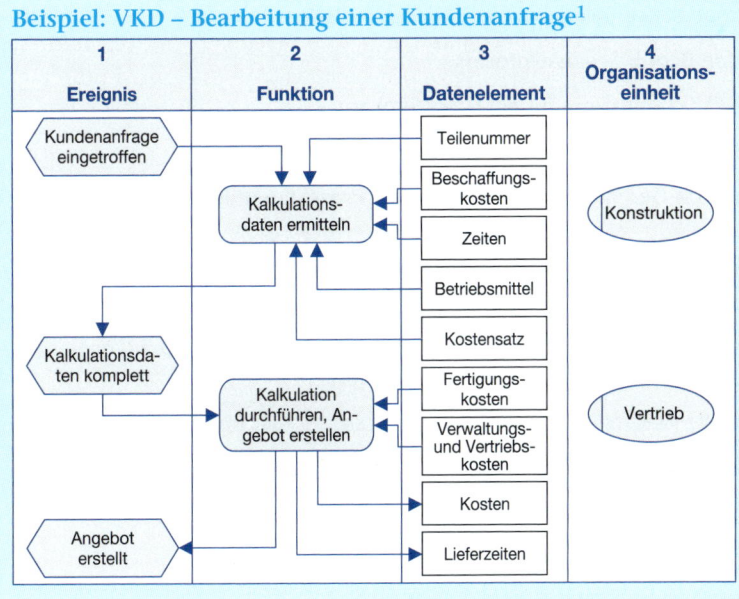

---

[1] ARIS = Architektur integrierter Informationssysteme, vgl. S. 156

Beispiel: VKD – Bearbeitung eines Kundenauftrags

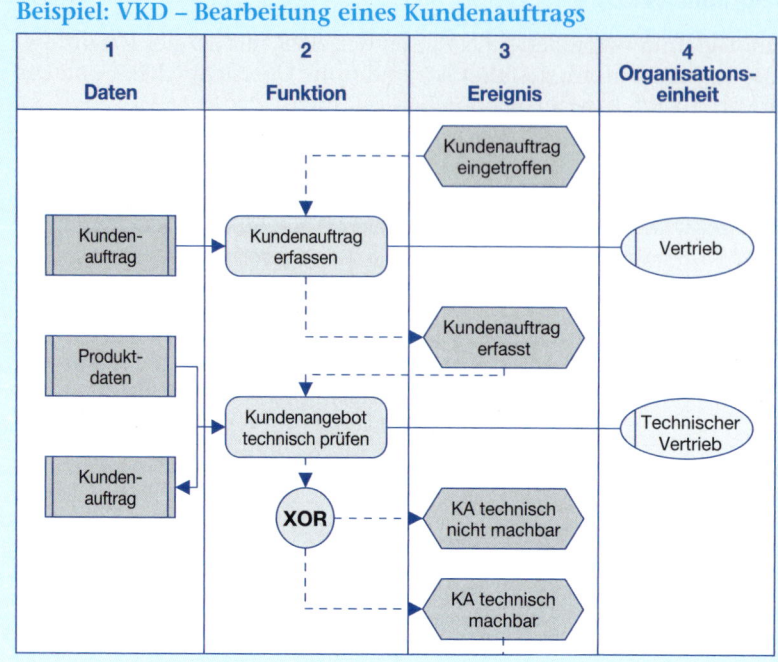

AUFGABEN

1. Beschreiben Sie die Ebenen und Phasen der Geschäftsprozessgestaltung. Erklären Sie, weshalb der Informationstechnik dabei eine besondere Rolle zukommt.

2. a) Erklären Sie den Begriff Schlüsselprozess.

   b) Nennen Sie Schlüsselprozesse für ein IT-Systemhaus.

3. Erklären Sie den Begriff Workflow.

4. Vor der Gestaltung von Geschäftsprozessen steht die Prozessidentifikation. Erläutern Sie deren Aufgabe.

5. Erläutern Sie die prozessorientierte Ablauforganisation.

6. Die Methode der Ereignisgesteuerten Prozesskette (EPK) wird häufig als Gestaltungs- bzw. Beschreibungsmethode für Prozesse angewandt. Beschreiben Sie, wie durch Ereignisgesteuerte Prozessketten Geschäftsprozesse dargestellt werden.

7. Folgende Sachverhalte sind mit EPKs zu modellieren – soweit dies überhaupt möglich ist:

   a) Entweder Ereignis E1 oder Ereignis E2 lösen Vorgang V1 aus.

   b) Ereignis E1 löst entweder Vorgang V1 oder Vorgang V2 aus.

   c) Vorgang V1 und Vorgang V2 haben E1 als Endereignis.

   d) Ereignis E1 und Ereignis E2 lösen Vorgang V1 aus.

   e) Vorgang V1 hat Ereignis E1 oder Ereignis E2 als Endereignis.

AUFGABEN

8. a) Unterscheiden Sie die Ereignisgesteuerte Prozesskette (EPK) und die erweiterte Ereignisgesteuerte Prozesskette (eEPK)!

   b) Erklären Sie ein Vorgangskettendiagramm!

9. Innerhalb der Teil-Prozesskette Beschaffung soll die Funktion „Bestellung durchführen" verfeinert werden.
   Modellieren Sie nachstehend beschriebenen Teilprozess „Bestellung durchführen", ausgeführt von der Abteilung Einkauf, mittels eEPK in einem Vorgangskettendiagramm. Auslösendes Ereignis ist „Bedarfsmeldung liegt vor", der Teilprozess endet mit dem Ereignis „Bestellung durchgeführt".
   Folgende Datenelemente werden benötigt:

   - Artikel
   - Lieferant
   - Bestellung
   - Anfrage
   - Angebot

   Prozessbeschreibung:
   Nachdem die Bedarfsmeldung vorliegt, werden aus der Lieferantendatei die geeigneten Anbieter ausgewählt, danach die entsprechenden Anfragen erstellt und an die möglichen Anbieter versendet. Deren Angebote sind bis zu einem bestimmten Termin zurückzusenden. Trifft ein Angebot verspätet ein, scheidet es aus der weiteren Bearbeitung aus. Fristgerechte Angebote werden auf Vollständigkeit geprüft und ggf. durch Nachfrage beim Lieferanten vervollständigt. Anschließend werden die jeweiligen Bezugspreise der Angebote ermittelt und ein qualitativer Angebotsvergleich durchgeführt, um den günstigsten Anbieter zu ermitteln. Diesem wird dann der Auftrag zur Lieferung erteilt.

10. Modellieren Sie den nachstehend beschriebenen Prozess „Auftragsbearbeitung" mittels eEPK in einem Vorgangskettendiagramm.
    Prozessbeschreibung:
    Nachdem der Auftrag im Verkauf eingetroffen ist, erfolgt mithilfe der Kundendatei eine Bonitätsprüfung. Bei negativem Ergebnis wird der Auftrag abgebrochen, bei positivem Ergebnis erfolgt in der Auftragsdatei die Erfassung des Auftrags. Danach wird anhand der Artikeldatei eine Verfügbarkeitsprüfung durchgeführt.
    Ist der Artikel verfügbar, wird der Auftrag sofort ausgeführt. Ein Lieferschein wird erstellt, Kundendatei, Artikeldatei und Auftragsdatei werden aktualisiert. Anschließend erfolgt die Kommissionierung. Verpackung und Rechnungsschreibung folgen, wie auch die Aktualisierung der Offene-Posten-Datei.
    Sollte ein Artikel nicht verfügbar sein, muss der Artikel beschafft werden. Vorher erhält der Kunde eine Auftragsbestätigung. Sobald der Artikel eingetroffen ist, wird er wie ein Sofortauftrag (s. o.) behandelt

2.2.3 Kontrolle von Geschäftsprozessen

Die Kontrolle von Geschäftsprozessen dient der **ständigen Verbesserung** und Optimierung. Neben der Ablaufoptimierung (Beschleunigung, Beseitigung der Soll-Ist-Abweichungen usw.) gilt es ggf. auch, folgende Maßnahmen durchzuführen.

Maßnahme	Erläuterung	Beispiel
Eliminieren	Eine Aktivität wird „weggelassen", also gestrichen, weil sie zum Zeitpunkt der Analyse nicht mehr erforderlich ist. Sie erzeugt einen Output, der nicht (mehr) benötigt wird und Ressourcen bindet bzw. sie leistet keinen Beitrag mehr zur Wertschöpfung.	*Von allen Lieferscheinen wird beim Wareneingang eine Kopie angefertigt, am Monatsende werden diese an die Abteilung Einkauf weitergeleitet, die diese Belege aber nicht benötigt.*
Verlagern	Verlagern bedeutet, dass eine Aktivität zu einem anderen Zeitpunkt startet.	*Bereits bei Eintreffen einer Kundenanfrage wird dem Kunden eine Auftragsnummer erteilt, nicht erst bei Auftragsannahme. So können alle nicht zustande gekommenen Beziehungen ggf. verfolgt werden.*
Zusammenfassen	Durch Zusammenfassen von Aktivitäten können Einarbeitungs-, Liege- und Transportzeiten gespart werden.	*Rechnungserstellung und Erstellung von Lieferscheinen*
Auslagern	Andere Mitarbeiter oder Externe (Outsourcing) können Prozesse effektiver und/oder kostengünstiger erbringen.	*Die Überwachung der Zahlungseingänge und das Mahnwesen werden ausgelagert. Eine Factoring-Bank übernimmt diese Prozesse gegen Bezahlung.*
Beschleunigen	Die Durchlaufzeit einer Aktivität, eines Vorgangs oder eines Prozesses wird verkürzt. Ggf. ist eine Verkürzung durch Einsatz von IT-Technik möglich.	*Durch Einsatz von mobilen Datenerfassungsgeräten wird die Inventur beschleunigt.*
Automatisieren	Aufgaben werden vollständig von Maschinen oder Anwendungssystemen übernommen.	*Automatische Rechnungsstellung nach Eingabe der Auftragsdaten*
Parallelisieren	Es wird untersucht, welche der bisher nacheinander vollzogenen Aktivitäten zeitgleich durchgeführt werden können. Die Durchlaufzeit eines Vorgangs wird dadurch verkürzt.	*Während der Wareneingangskontrolle wird bereits die Einlagerung veranlasst.*
Medienbrüche vermeiden	Medienbrüche sind zu vermeiden. Sie entstehen, wenn mit unterschiedlichen Medien operiert wird. Hierdurch werden zusätzliche Schnittstellen, Arbeitsvorgänge und Fehlerquellen generiert.	*Schriftliche Bestellungen von Kunden müssen in die Bestellerfassungsmaske eingegeben werden, damit sie weiterverarbeitet werden können. Es entsteht ein Medienbruch (das Medium Brief wird in digitale Form übersetzt). Kunden kann die Gelegenheit gegeben werden, Onlinebestellungen aufzugeben, dann liegen die Daten sofort in der erforderlichen Form vor.*

Maßnahme	Erläuterung	Beispiel
Rollenwechsel vermeiden	Konzentration der Aktivitäten auf wenige Personen, Ausweiten von Kompetenzen	*Die Kompetenz für Entscheidungen wird für den Einkaufssachbearbeiter erweitert. Wenn bisher die Entscheidungsgrenze für Einkaufssummen bei 5 000,00 € lag, liegt sie nun bei 50 000,00 €. Der Abteilungsleiter wird weniger häufig eingeschaltet.*
Schnittstellen verknüpfen	Schnittstellen entstehen, wenn sich Aktivitäten oder Prozesse über mehrere Organisationseinheiten erstrecken. Die Übergabe der Outputs von Aktivitäten kann so vereinfacht werden.	*In der Fertigung werden Lohnlisten mit Überstunden der Mitarbeiter erstellt, bei der Lohnabrechnung im Personalbereich werden die Daten in einer anderen Reihenfolge als in der Liste der Fertigung benötigt. Ein Abgleich der Daten und der Reihenfolge verknüpft diese Schnittstelle(n) besser.*
Ansprechpartner reduzieren	Aus der Sicht externer Kunden entsteht das Bedürfnis, mit möglichst wenigen Mitarbeitern des Unternehmens in Verbindung zu treten.	*Ein Kunde hat nur noch einen Ansprechpartner im Unternehmen, egal, ob Auskünfte bezüglich Bestellungen oder Rechnungen gegeben werden.*

Kontrolle und Optimierung beziehen sich auf den Prozessablauf selbst und auf das Ergebniss des Prozesses.

Ablaufkontrolle

Die prozessablauforientierte Kontrolle richtet sich vor allem auf

- die Übereinstimmung des Prozessergebnisses bezüglich Vorgaben und tatsächlichem Ergebnis (Soll-Ist-Vergleich),
- den Auslastungsgrad der im Prozess eingebundenen Mitarbeiter und Hilfsmittel,
- das Identifizieren von Arbeitsschritten mit gleichem Inhalt in verschiedenen Teilprozessen und
- Engpässe.

Ergebniskontrolle

Letztlich ist aber das Prozessergebnis, der Beitrag zur Erhöhung der Wertschöpfung und zur Befriedigung des Kundenbedürfnisses ausschlaggebender Indikator für den Erfolg des Geschäftsprozesses.
Die Zufriedenheit des Kunden wird durch verschiedene, sich ergänzende Faktoren bestimmt (vgl. S. 197):

- Qualität des Produktes oder der Dienstleistung
- Kosten für das Produkt oder die Dienstleistung
- Lieferzeit und Liefertreue
- Mehr- und Zusatzleistungen wie Zuverlässigkeit, Service
- usw.

Die Kontrolle der Erfolgsfaktoren kann mithilfe unterschiedlichster Verfahren und Messgrößen, die teilweise auch miteinander zu kombinieren sind, durchgeführt werden.

Kontrollverfahren/Messgrößen:

- Ermittlung der **Kundenzufriedenheit** (vgl. S. 197)
- **Nutzwertanalyse** (vgl. S. 299)
- Ausschuss- oder Fehlerquoten
- Störfälle im Betriebsablauf (z. B. durch Maschinenausfall, Fehlplanungen)
- Abweichungen von Qualitätsstandards (z. B. ISO-Normen)
- Bearbeitungszeiten für Kundenaufträge
- Kosten für Kundenaufträge (= Prozesskosten, vgl. S. 394)
- Betriebliche Kennzahlen wie Produktivität (vgl. S. 39)
- Benchmarking (= Bewertung von Ergebnissen vergleichbarer Prozesse innerhalb eines Unternehmens oder zwischen Unternehmen einer Branche über eine Skala von Bewertungspunkten, vgl. S. 298)

AUFGABEN

1. Geben Sie an, inwieweit die Kundenzufriedenheit ein Messgröße für die Kontrolle von Geschäftsprozessen sein kann.
2. Nennen Sie weitere Messgrößen zur Kontrolle von Geschäftsprozessen.
3. Erklären Sie, worauf sich die Ablaufkontrolle richtet.
4. Erläutern Sie, welchen Zielen die Kontrolle von Geschäftsprozessen dient.

2.2.4 Unternehmensübergreifende Geschäftsprozesse

Unternehmen handeln weltweit. Sie kooperieren mit unterschiedlichen Partnern (Kunden und Lieferanten). Im Sinne der Prozessorientierung werden die **Geschäftsprozesse auf Kunden und Zulieferer**, evtl. auch auf deren Kunden und Zulieferer, **ausgeweitet**.
Die traditionellen „Schnittstellen" Beschaffungsmarkt-Unternehmen und Unternehmen-Absatzmarkt sind dann zwar immer noch vorhanden, allerdings i. d. R. nur noch standortbezogen bzw. körperlich.

Supply Chain Management

Alle am Wertschöpfungsprozess Beteiligten (vgl. S. 152) werden in den Geschäftsprozess integriert, die **Teilprozesse unternehmensübergreifend** miteinander verzahnt. Ausgehend vom eigenen Unternehmen werden Kunden und Lieferanten und andere externe Partner in eine logistische Prozesskette einbezogen, die man als Supply Chain und deren Organisation als **Supply Chain Management** (vgl. S. 288) bezeichnet.

2.2 Geschäftsprozessorientierung

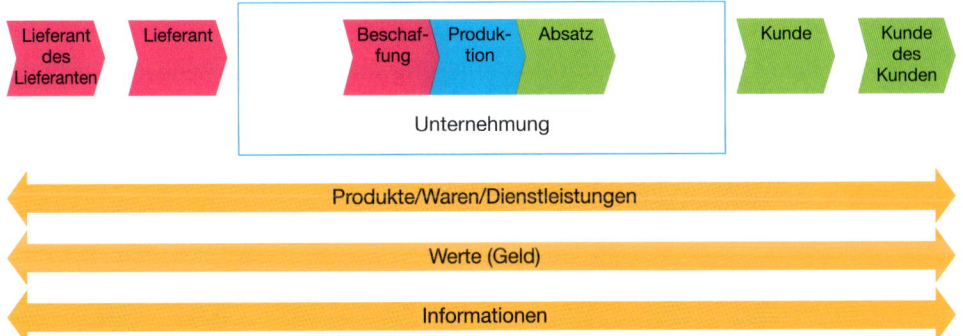

Gestaltungsgegenstand des Supply Chain Managements: unternehmensübergreifende Prozesse

Die Verzahnung unternehmensübergreifender Prozesse erfordert methodisch gesehen das in diesem Kapitel aufgezeigte Vorgehen hinsichtlich der Analyse, Beschreibung und Gestaltung von Geschäftsprozessen. Notwendig ist zudem eine **Synchronisation der Prozesse auf allen Prozessgestaltungsebenen** (vgl. S. 157) bzw. für alle Gestaltungsvariablen: Zeit, Ressourcen, Aufgabenträger, Ablaufplanung, Funktionen, Tätigkeiten, Datenfluss und Anwendungssysteme. Beispielsweise erfordert der Informationsaustausch eine Abstimmung bis hinunter auf die Datenebene (Artikelnummer usw.).

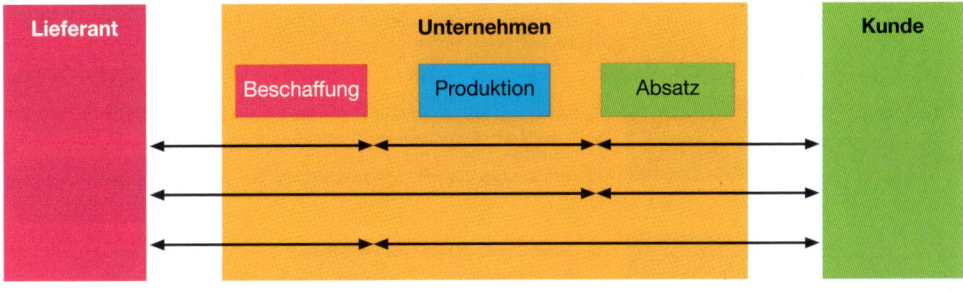

Unternehmensübergreifende Prozesse

Virtuelles Unternehmen (vgl. S. 111)

Eine Verzahnung von unternehmensübergreifenden Geschäftsprozessen, die als Kommunikationsbasis die Informations- und Kommunikationstechnik (z.B. über Internet) nutzt, wird auch als **virtuelles Unternehmen** bezeichnet. Der Vorteil dieser **standortunabhängigen Kooperation** von Unternehmen ist neben der Synchronisation von Geschäftsprozessen die Möglichkeit, sich auf eigentliche Kernprozesse zu konzentrieren. So kann jeder Kooperationspartner seine Stärken weiter ausbauen und ggf. die Kompetenzen der Partner nutzen.

Zusammenfassung

Die wesentlichen Phasen der **Prozessmodellierung** sind in nachstehendem Schaubild zusammengefasst.

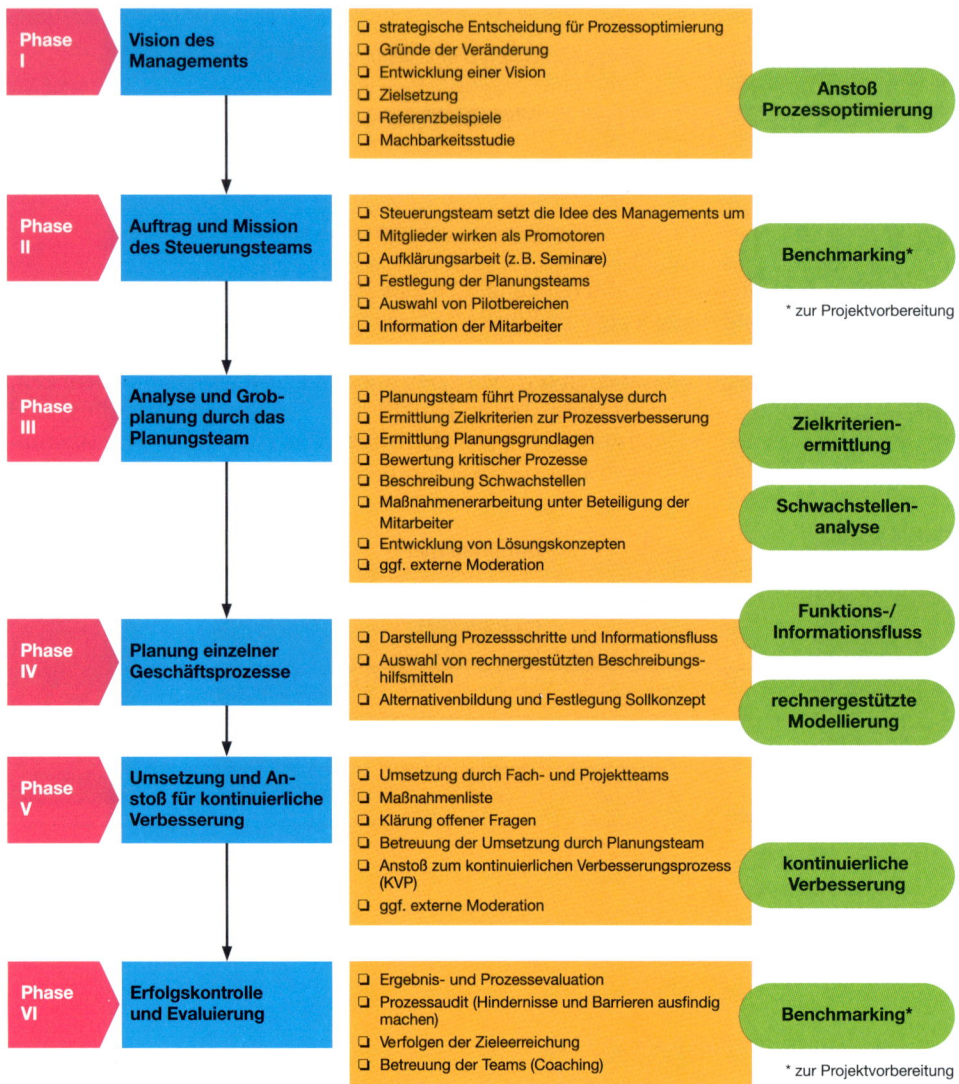

Leitfaden zur Prozessoptimierung

Quelle: Thaler, K.: Supply Chain Management. Fortis FH-Verlag Köln, Wien, Arau, Bern, S.197, 2007

3 Markt- und Kundenbeziehungen

3.1 Marketing und Kundenverhalten

Marketing

Unter Marketing versteht man die Konzeption einer Unternehmensführung, bei der alle Aktivitäten (Planen, Entscheiden, Gestalten) konsequent auf die gegenwärtigen und zukünftigen Erfordernisse der Märkte ausgerichtet werden. Dabei sind systematisch gewonnene Informationen über die Märkte die Grundlage aller Entscheidungen. Dies beinhaltet eine Orientierung an den Bedürfnissen der Kunden und dem Verhalten der Konkurrenz, also einer konsequenten **Marktorientierung**. Marktorientierung bedeutet Kundenorientierung (vgl. S. 196). In der kundenorientierten Gestaltung von Geschäftsprozessen liegen für ein Unternehmen Potenziale nicht nur für die Existenzsicherung, sondern insbesondere für das Wachstum.

> Das Marketing eines Unternehmens bestimmt die strategische Ausrichtung des Unternehmens und ist somit die Basis für die Gestaltung aller betriebsinternen und -externen Beziehungen und Wertschöpfungsprozesse mit Kunden.

Kaufmotive

Ohne die Kenntnis der Kaufmotive und des Kaufverhaltens seiner Kunden kann kein Unternehmen erfolgreiche Marketingarbeit leisten. Es muss bei den Abnehmergruppen zwischen Unternehmen als Kunden und privaten Kunden unterschieden werden. Zwar haben sowohl Unternehmen als auch private Kunden (Konsumenten) immer nur einen beschränkten Geldbetrag zur Verfügung, um ihren Bedarf zu decken, jedoch sind die Kaufmotive bei beiden Gruppen unterschiedlich.

Unternehmen	Konsumenten
... kaufen Investitionsgüter ein, um sie als Roh-, Hilfs- oder Betriebsstoffe in ihrem Produktions- bzw. Handelsprozess einzusetzen. Sie fragen ferner Dienstleistungen nach, um mit ihnen betriebliche Aufgaben zu erfüllen. Unternehmen beschaffen Güter und Dienstleistungen vorwiegend nach rationalen bzw. wirtschaftlichen (ökonomischen) Gesichtspunkten. Preise, Liefer- und Zahlungsbedingungen sowie betriebliche Notwendigkeiten stehen im Vordergrund. Dabei streben sie eine größtmögliche Nutzung der Güter an (**Nutzenmaximierung**).	... kaufen Ge- und Verbrauchsgüter. Sie benötigen Güter, um ihre persönlichen Bedürfnisse und Interessen zu befriedigen. Zwar verhalten sich Verbraucher auch nach wirtschaftlichen Prinzipien (Nutzenmaximierung), dies ist erkennbar, wenn sie z. B. Preisvergleiche für ein Produkt anstellen, das sie erwerben möchten. Jedoch beeinflussen häufig noch weitere Gesichtspunkte ihre Kaufmotive. Hierzu zählen Motive, die der Persönlichkeit des Käufers entsprechen oder seinem sozialen Umfeld entstammen (Statussymbole). Ferner sind auch Spontan- oder Impulskäufe häufig.

Kaufverhalten

Die Kaufmotive bestimmen das Kaufverhalten. **Unternehmen** vollziehen Beschaffungsentscheidungen von Gütern meist unter rationalen Gesichtspunkten. Der Beitrag eines Gutes zur Zielerreichung des Unternehmens ist das Hauptkriterium der Entscheidung. **Konsumenten** verhalten sich bei ihren Kaufentscheidungen unterschiedlich. Einerseits sind bei vielen Kaufentscheidungen **rationale** (vernunftbetonte) Verhaltensweisen zu erkennen. Hier wird die Entscheidung z. B. durch ihre Einschätzung des Preis-Leistungs-Verhältnisses von Produkten bestimmt. Das Verbraucherverhalten wird jedoch ebenfalls durch konjunkturelle und gesellschaftliche sowie durch subjektive und temporäre Faktoren beeinflusst. Daher ist das Kaufverhalten von Kunden stets als dynamischer Prozess zu verstehen, der sich im Zeitablauf ändert.

Berücksichtigung der Kaufmotive und -verhaltensweisen in der Marketingarbeit

Die zentrale Aufgabe des Marketings in einem Unternehmen besteht darin,

- **Kaufmotive zu erkennen** und durch Einsatz von marketingpolitischen Instrumenten Kaufentscheidungen zu beeinflussen und
- das unterschiedliche **Kaufverhalten** seiner Abnehmer zu **erforschen** und darauf mit adäquaten Angeboten (Kombinationen von Produkten und Dienstleistungen als Problemlösungen) auf dem Markt zu reagieren.

Diese Kernaufgaben des Marketings beeinflussen die Gestaltung aller marktorientierten Aktivitäten eines Unternehmens. Alle Teilprozesse im Marketing sind dynamischer Natur, da die Einflussfaktoren einem zeitlichen Wandel unterliegen. Die erforderlichen Informationen (Daten) im Prozessablauf haben oft nur eine kurze Aktualität. Entscheidungen als Reaktion auf Marktänderungen müssen jedoch schnell und trotzdem auf fundierter Datenbasis getroffen werden. Insbesondere in Zeiten kürzer werdender Innovationszyklen sind rechtzeitige Entscheidungen für ein Unternehmen wettbewerbsentscheidend.

Marketingplan und Marketingstrategien

Unternehmen als Anbieter von Gütern und Dienstleistungen müssen je nach Eigenart der Kaufmotive und des Kaufverhaltens ihrer Kunden spezifische Marketingstrategien erarbeiten. Basis ist dabei ein **Marketingplan**, in dem möglichst operational (messbar) festgelegt wird, in welchem Zeitraum bestimmte Ziele erreicht werden sollen. Die Realisierung des Marketingplans bedarf der Koordination aller Marketinginstrumente (vgl. S. 204). Sie muss sich jedoch an den realen Marktgeschehnissen orientieren und flexibel ausgelegt sein. Der Marketingplan bestimmt die **Marketingstrategie**. Hierunter versteht man explizit formulierte Verhaltensgrundsätze eines Unternehmens auf dem Markt. Die gewählte Marketingstrategie bestimmt letztlich die Gestaltung einzelner Entscheidungsprozesse.

Strategie	Erläuterung
Anpassung	Ein Unternehmen versucht, sich an seine **Konkurrenten anzupassen** (Preise, Sortiment, Service usw.).
Differenzierung	Ein Anbieter möchte sich bewusst mit seinen Produkten bzw. Dienstleistungen von seinen **Konkurrenten abheben**.
Marktdurchdringung	Ein Unternehmen möchte mit seinen vorhandenen Produkten und Dienstleistungen den **bestehenden Markt** möglichst umfassend durchdringen und beherrschen.

Strategie	Erläuterung
Markt-erschließung	Ein Unternehmen möchte mit seinen vorhandenen Produkten **neue Märkte** erschließen.
Markt-segmentierung	Ein Unternehmen teilt seinen Markt in **Teilmärkte** auf. Dadurch können die Bedürfnisse der einzelnen Zielgruppen (Abnehmer) besser erfasst und gezielter bearbeitet werden. Kriterien für die Bildung von **Teilmärkten** oder **Marktsegmenten**: – **Produktgruppen** (Hardware, Software, Service, Beratung) – **Preisgruppen** (unteres, mittleres, gehobenes Preisniveau) – **Abnehmergruppen** (öffentlich-rechtliche Abnehmer, Abnehmer aus der Privatwirtschaft, Großabnehmer, Kleinabnehmer, regionale Abnehmergruppen)

Die aufgezählten Strategien können in der Praxis meist nur als **Mischformen** bzw. **Kombinationen** angewendet werden. Darüber hinaus müssen konkrete betriebsindividuelle Strategien erarbeitet werden. Es ist dabei sinnvoll, dass für verschiedene Produkte oder Teilmärkte unterschiedliche Strategien entwickelt werden. Marketingstrategien werden mit dem marketingpolitischen Instrumentarium realisiert (vgl. S. 204). Die Instrumente Produkt-, Preis-, Kommunikations- und Konditionenpolitik werden kombiniert (Marketing-Mix, vgl. S. 204) und zur Marktbearbeitung eingesetzt. Hierbei sind unterschiedliche Marktbeeinflussungsfaktoren zu berücksichtigen, über die entsprechende Informationen beschafft werden müssen.

Analyse der Marktkräfte

Ein Markt ist gekennzeichnet durch verschiedene Faktoren, die im Zeitablauf unterschiedlich wirken können. Die permanente Beobachtung dieser Kräfte sowie deren Analyse ist ein Kernprozess des Marketings.

Marktmacht der Lieferer
Je eher Zulieferer austauschbar sind, desto besser. Probleme kann es geben, wenn Zulieferer sich zusammenschließen und durch Diktat von Preisen und Konditionen Marktmacht demonstrieren.

Wettbewerbsintensität
Je mehr Mitbewerber, desto stärker ist der Wettbewerb und desto geringer sind Gewinnchancen.

Marktmacht der Kunden
Je mehr Kunden am Markt aktiv sind, desto größer sind für einen Anbieter die Chancen, neue Kunden zu gewinnen, wenn vorhandene Kunden ausfallen, und desto geringer wird das Risiko, dass Kunden sich zusammenschließen, um ihre Macht zu demonstrieren.

Markt

Bedrohung durch neue Wettbewerber
Je geringer die Einstiegshürden in einen Markt sind, desto leichter wird es anderen Unternehmen (auch aus dem Ausland), in den Markt einzudringen.

Bedrohung durch Ersatzprodukte
Je eher ein Produkt oder eine Dienstleistung ersetzt werden kann, desto geringer sind die langfristigen Marktchancen (vgl. Produktlebenszyklus, S. 206).

Dieser Kernprozess wird erfüllt durch die Aktivitäten der Marktforschung. Er setzt sich zusammen aus einer Vielzahl von Einzelprozessen, die durch die Unternehmens- und Marketingstrategie konkretisiert wird.

AUFGABEN

1. Formulieren Sie eine allgemeinverständliche Definition von Marketing.
2. Erläutern Sie, weshalb Unternehmen und Endverbraucher (Privatleute, Konsumenten) unterschiedliche Kaufmotive haben.
3. Geben Sie jeweils für Ihren Ausbildungsbetrieb und für Ihre eigenen (privaten) Bedürfnisse drei Kaufmotive an.

    a) Kaufmotive von Unternehmen b) Private Kaufmotive

4. Erläutern Sie den Unterschied zwischen einem Marketingplan und einer Marketingstrategie.
5. Beschreiben Sie folgende Marketingstrategien:

    a) Marktanpassung b) Differenzierung

    c) Marktdurchdringung d) Markterschließung

    e) Marktsegmentierung

6. Erläutern Sie die Einflussfaktoren bzw. Kräfte, die auf einen Markt einwirken können.
7. Entscheiden Sie bei folgenden Aussagen, ob sie richtig oder falsch sind.

    a) Je mehr Mitbewerber es gibt, desto stärker ist der Wettbewerb und desto höher sind die Gewinnchancen.

    b) Je mehr Kunden am Markt aktiv sind, desto geringer wird das Risiko, dass sich Kundengruppen zusammenschließen, um ihre Macht zu demonstrieren.

    c) Gut eingeführte Produkte auf dem Markt unterliegen nicht der Gefahr, dass sie durch andere Produkte ersetzt werden können.

    d) Unternehmen agieren häufig auf verschiedenen Teilmärkten.

    e) Marketingentscheidungen sind für Unternehmen häufig Schlüsselentscheidungen, von denen das Überleben des Unternehmens abhängen kann.

3.2 Marktbeobachtung und Marktforschung

Ziele und Aufgaben der Marktforschung

Betriebswirtschaftliche Entscheidungen im Marketingbereich basieren auf Marktdaten über Kunden und Mitbewerber. Je genauer und aktueller die Informationen sind, desto sicherer kann eine Entscheidung getroffen werden. **Marketingmanagement ist deshalb weitgehend Informationsmanagement.** Das **Ziel** der Marktforschung (Mafo) ist somit:

■ Erkennen der eigenen Wettbewerbssituation, um Stärken auszubauen und Schwächen zu
■ minimieren

Dies setzt voraus, dass die gewonnenen Marktdaten exakt, aktuell, zielorientiert und zuverlässig sind und dass ihre Erhebung unter wirtschaftlichen Gesichtspunkten (Kosten der Datenbeschaffung, -speicherung und -aufbereitung) erfolgt.

Marktforschungsziel	Erläuterung
Marktanalyse	Zu einem bestimmten **Zeitpunkt** werden alle Einflussfaktoren eines Marktes ermittelt.
Marktbeobachtung	Die Entwicklung des Marktes wird über einen bestimmten **Zeitraum** untersucht. Dabei sollen Trends festgestellt werden.
Marktprognose	Sie baut auf den Ergebnissen der Marktanalyse und der Marktbeobachtung auf. Sie soll Aussagen über **künftige Marktsituationen** ermöglichen.

Alle Marktforschungsziele können sich sowohl auf den gesamten Absatzmarkt eines Unternehmens als auch auf ein Marktsegment (vgl. S. 177) beziehen. Marktforschung sollte als Teilprozess innerhalb von Marketingaktivitäten verstanden werden, mit der **Aufgabe**, konkrete verwertbare Daten bereitzustellen, die strategische und taktische Entscheidungen unterstützen und absichern können.

Ausrichtung von Marktforschungsaktivitäten

Je nach Tätigkeitsschwerpunkt und Untersuchungsgebiet können Marktforschungsprozesse sich auf folgende Gebiete bzw. Bereiche erstrecken:

Marktforschungsgebiet	Erläuterung
Marktaktivitäten	Absatz-Mafo, Güterbeschaffungs-Mafo, Informationsbeschaffungs-Mafo, Finanz-Mafo, Personal-Mafo
Raum	regionale, nationale, europäische, internationale Märkte
Zeit	vergangenheits-, gegenwarts-, zukunftsbezogene Mafo
Zweck	Diagnose, Prognose von Marktsituationen
Objekt	Konsumgüter-, Investitionsgüter-, Dienstleistungs-Mafo

Ziel von **quantitativen Marktforschungsaktivitäten** sind numerische Werte, wie Anzahl der möglichen Kunden, Preisuntergrenze für ein Produkt, Marktanteile usw. Die **qualitative Marktforschung** versucht Verhaltensweisen, Erwartungen, Einstellungen und Motive in einem Markt festzustellen (z. B. anhand der Meinungsforschung).

Phasen der Marktforschung

Die Bedeutung der Marktforschung als Teilprozess innerhalb von **Marketingentscheidungsprozessen** ergibt sich aus folgendem Kreislaufschema:

→ *Phasenverlauf*
⇒ *Rückkopplungsprozesse (Feedback)*

Einführung einer neuen Produktlinie, Gestaltung des Serviceumfangs, Erschließung eines neuen Marktes

Ermitteln des Kundenpotenzials, Preisuntergrenzen, Verhalten von Mitbewerbern

Erheben eigener Daten, Einschalten eines Marktforschungsinstitutes

Durchführen von Berechnungen, Schätzungen, Vergleichen, Interpretationen

Daten verdichten, anschaulich aufbereiten (Tabellen, Grafiken)
Anwendung der Ergebnisse auf das Entscheidungsproblem

Innerhalb dieses Informationskreislaufs können einzelne Phasen mehrfach durchlaufen werden, wenn Korrekturen der Ergebnisse erforderlich sind bzw. wenn Teilprozesse optimiert werden können.

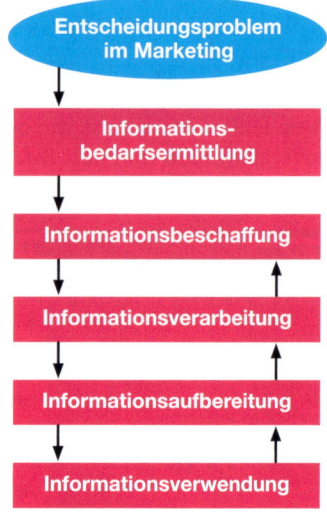

Prozessphasen

AUFGABEN

1. Beschreiben Sie das Ziel der Marktforschung.
2. Unterscheiden Sie:
   a) Marktanalyse
   b) Marktbeobachtung
   c) Marktprognose
3. Unterscheiden Sie:
   a) Qualitative Marktforschungsaktivitäten
   b) Quantitative Marktforschungsaktivitäten
4. Beschreiben Sie die Phasen der Marktforschung.
5. Entscheiden Sie bei folgenden Aussagen, ob sie richtig oder falsch sind.
   a) Die Marktforschung erhebt ausschließlich quantitative Daten.
   b) Marktforschungsziele können sich sowohl auf Teilmärkte als auch auf den gesamten Markt eines Unternehmens beziehen.
   c) Marketingmanagement ist weitgehend Informationsmanagement.
   d) Ein Ziel der Marktforschung ist das Erkennen eigener Wettbewerbsvorteile.
   e) Die Marktforschung umfasst u. a. auch vergangenheitsbezogene Daten und versucht, Trends daraus abzuleiten.

3.3 Datenerhebungen als Instrumente der Marktforschung

Marktinformationen können sich im Rahmen der Informationsbeschaffung grundsätzlich durch zwei Erhebungsprozesse ergeben:

Erhebungsarten	Erläuterung	
Sekundärerhebung	Aufbereitung und Auswertung von Daten, die bereits vorhanden sind (DeskResearch) und meist für andere Zwecke erhoben bzw. erstellt wurden. Hierzu zählen z. B. Daten des betrieblichen Rechnungswesens, Daten aus Veröffentlichungen von Verbänden, Banken, Messen u. Ä., Fachliteratur und -presse usw.	
	– Vorteile - meist kostengünstiger als Primärerhebung - meist umfangreiches Datenvolumen - Daten stehen sofort zur Verfügung.	– Nachteile - Daten ggf. veraltet - Benötigte Daten müssen erst herausgefiltert werden (z. T. aufwendig). - Daten stehen oft auch Mitbewerbern zur Verfügung.
Primärerhebung	Hier müssen Daten erstmalig erhoben werden, da sie nicht in anderen Quellen verfügbar sind, hierzu zählen u. a. Befragungen, Beobachtungen usw. Die Primärerhebung verursacht erhebliche Kosten durch Zeit- und Personaleinsatz.	

Bei allen Entscheidungsprozessen sollten zunächst die sekundären Quellen ausgewertet werden. Oft sind die Informationen hinreichend für eine Problemlösung. Selbst wenn das Entscheidungsproblem nicht vollständig gelöst werden kann, bieten Sekundärerhebungen Hilfen für eine präzise Aufgabenstellung für eine Primärerhebung sowie ihre Planung.

Erhebungsbereiche

Für Primärerhebungen, bei denen neue, bisher nicht ermittelte Marktdaten erzeugt werden, muss hinsichtlich des Umfanges des zu beforschenden Datenbestandes unterschieden werden **in Voll- und Teilerhebungen**. Da Primärerhebungen sich häufig auf Befragungen und Beobachtungen beziehen, geht es hierbei also um die Anzahl der befragten bzw. beobachteten Personen.

Vollerhebung	Teilerhebung
Alle Erhebungsobjekte (Personen) werden einbezogen: – anwendbar, wenn die Anzahl der zu untersuchenden Personen klein ist – Genauigkeit der Ergebnisse – hohe Kosten, hoher Zeitaufwand	Nur eine Auswahl von Erhebungsobjekten (Personen) wird betrachtet: – Auswahl muss repräsentativ sein – Ergebnisse müssen mit Genauigkeitsverlust „hochgerechnet" werden – geringere Kosten, geringerer Zeitaufwand
Beispiel *Ein PC-Großhändler befragt über seinen Außendienst alle Kunden, die im letzten Jahr mehr als eine Reklamation hatten, hinsichtlich ihrer Wünsche über Serviceverbesserungen.*	**Beispiel** *Aus jeder Verkaufsregion werden nur die fünf umsatzstärksten und jeweils fünf umsatzschwache Kunden bezüglich ihrer Servicewünsche befragt.*

Erhebungsmethoden

Nachdem die Entscheidung über Voll- oder Teilerhebung getroffen ist, kann festgelegt werden, mit welcher Methode die Erhebung durchgeführt wird.

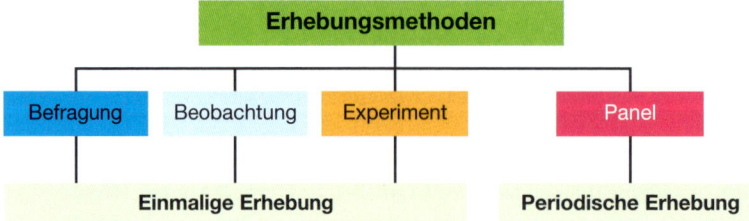

Eine Erhebung von Daten ist mit **Kosten** verbunden. Wenn die Erhebung als Auftrag an Externe (Betriebsfremde, spezialisierte Unternehmen) vergeben wird, so sind die Kosten durch Einholung von Angeboten zu ermitteln. Wird die Erhebung durch betriebseigene Mitarbeiter durchgeführt, so setzen sich die Kosten aus Personal- und Sachkosten zusammen. Hierbei empfiehlt sich, die **Erhebung als Projekt** durchzuführen und entsprechende Projektmanagementmethoden und -instrumente einzusetzen.

Befragung

Befragungen lassen sich nach verschiedenen Kriterien einteilen (**Befragungsarten**).

Kriterium	Erläuterung
Zahl der Themen	– Ein-Themen-Befragung (nur ein Aspekt, z. B. Zufriedenheit mit Serviceleistungen) wird erhoben. – Mehr-Themen-Befragung (mehrere Aspekte, z. B. Ansprüche von Kunden, Investitionsplanungen von Kunden, Einschätzungen der konjunkturellen Lage usw.) werden erhoben (ggf. von verschiedenen Auftraggebern gemeinsam).
Personen	– Unternehmensbefragungen – Verbraucherbefragungen (Befragung von Endverbrauchern) – Expertenbefragungen (Befragung von Spezialisten und Fachleuten)
Kommunikationsart	– schriftliche Befragung (Fragebogen werden über Postweg oder Zeitungsbeilagen verteilt); das Problem der häufig geringen Rücklaufquote kann durch Anreize (z. B. Preisausschreiben) z. T. gelöst werden. – telefonische Befragung (i. d. R. sind nur einfache und knappe Fragestellungen möglich, jedoch kann eine gezielte Eingrenzung von Zielgruppen vorgenommen werden) – mündliche Befragung (Befragungen „auf der Straße", Interviews, die Fragestellungen und die Fragetaktik können individuell abgestimmt werden) – Onlinebefragungen im Internet (Versenden von Fragebogen über E-Mail; Fragebogen auf einer Website, wobei die Antworten z. B. über CGI-Scripts gespeichert und ausgewertet werden können; Interviews in Chatrooms, Befragungen über News-Groups)
Häufigkeit	– Einmalbefragungen (für bestimmtes Erhebungsziel werden einmalig Personen befragt) – Mehrfachbefragungen (periodisch wiederkehrende Befragungen, um bestimmte Entwicklungen, Trends usw. zu erheben)

Kriterium	Erläuterung
Strategie	– standardisiertes Interview (genau festgelegte Fragen in konstanter Reihenfolge) – strukturiertes Interview (Kernfragen sind festgelegt, Reihenfolge beliebig, Zusatzfragen sind zugelassen) – freies Gespräch (Nur das Gesprächsthema steht fest, Interviewer kann über Reihenfolge und Art von Fragen frei entscheiden).
Taktik	– direkte Befragungstaktik (Durch die Frage ist das Befragungsziel direkt erkennbar, z. B. „Besitzen Sie ein Notebook?") – indirekte Befragungstaktik (Die Fragen sind psychologisch so formuliert, dass der Befragte nicht sofort das Ziel der Frage erkennen kann, z. B. „Wenn Sie auf Geschäftsreise sind, können Sie dann Ihre Tabellenkalkulation einsetzen?")

Onlinebefragungen können über Links gezielt auf bestimmten Websites platziert werden (z. B. Suchmaschinen, Homepages von Universitäten usw.). Der Vorteil von Onlinebefragungen besteht aufseiten der Befragten darin, dass ggf. sofort eine Zwischenauswertung an sie geschickt werden kann.

Befragungsart
Je nach der Kommunikationsart zwischen Frager und Befragten können die Ergebnisse unterschiedlich ausfallen. Insofern hat eine Entscheidung für eine bestimmte **Befragungsart** Auswirkungen insbesondere auf

- die Qualität der zu erwartenden Ergebnisse,
- die Kosten der Befragung und
- die Rücklaufquote (Verhältnis zwischen Anzahl der Befragten und der Antwortgeber).

Kriterien \ Befragungsart	schriftlich	telefonisch	mündlich	online
Rücklaufquote	unterschiedlich (je nach Anreizen)	hoch	hoch	unterschiedlich (je nach Anreizen)
Beeinflussung durch Dritte	möglich	kaum möglich	kaum möglich	möglich
Anzahl der Befragten	eher klein	klein	mittel	mittel bis groß
Interviewereinfluss	nicht möglich	groß	groß	nicht möglich (außer Chat, Mails)
Zeitaufwand für Befragung	gering	hoch	gering	gering
Kosten	niedrig	mittel	hoch	niedrig
Erläuterung von Fragen während Befragung	nicht möglich	möglich	möglich	möglich nur bei Chats und via E-Mail

Bei der Konzeption von **Fragebögen** ist besonders auf das Untersuchungsziel hinzuarbeiten. Die Fragen sind auf die Zielgruppe abzustimmen und müssen eindeutig sowie sprachlich prägnant und verständlich sein. Zu Anfang sollten sog. „Eisbrecherfragen" gestellt werden, um den Kontakt herzustellen und in die Befragung einzuleiten. Sinnvoll sind auch Motivationsfragen (sie sollen die Antwortbereitschaft erhöhen) und Kontrollfragen (sie überprüfen den Wahrheitsgehalt der Antwort bzw. ob der Befragte vorige Fragen richtig verstanden hat).

Die Antwortmöglichkeiten bei einer Befragung sind im Voraus abschätzbar. Hinsichtlich der Auswertung der Antworten muss daher im Sinne des Untersuchungsziels entschieden werden, welche Fragearten und welche Antwortmöglichkeiten zulässig sind.

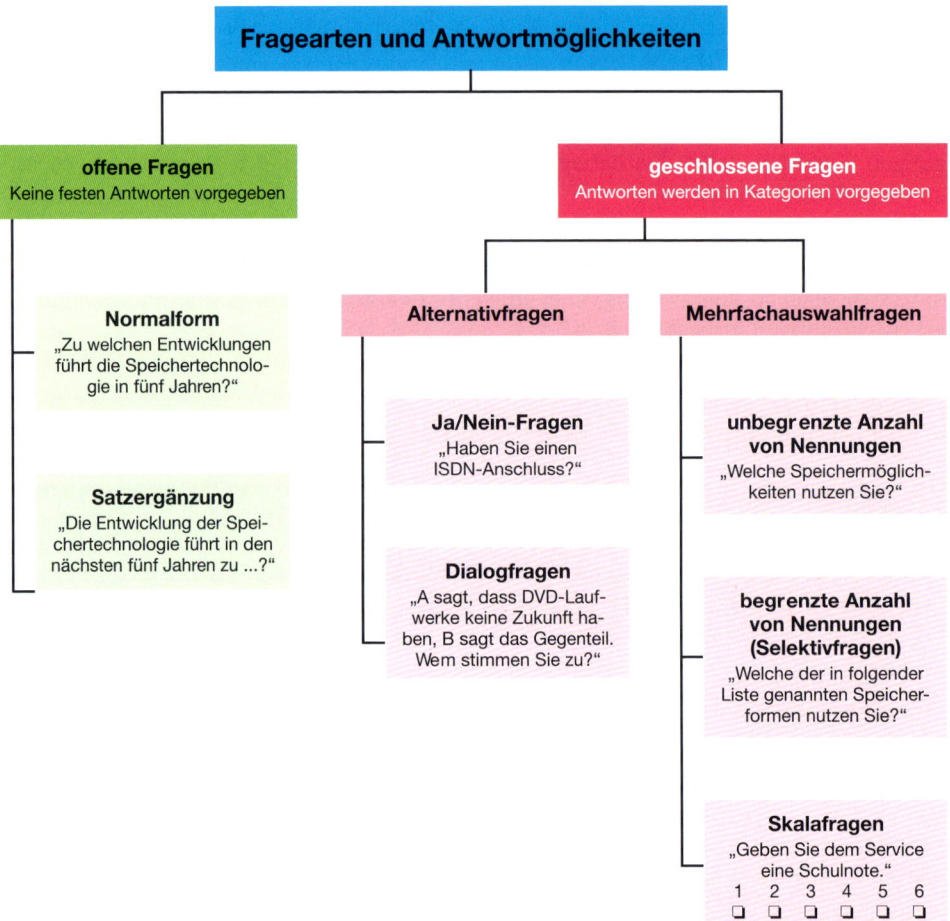

Bevor ein Fragebogen zum eigentlichen Zweck eingesetzt wird, sollten die Befrager hinreichend geschult worden sein und die Fragen in einer **Testbefragung** hinsichtlich Verständnis und Beitrag zum Erreichen des Untersuchungsziels überprüft werden. Ferner sind der Zeitpunkt und der Zeitraum sowie das **Kostenbudget** für die Befragung vorher festzulegen.

Ablauf eines Befragungsprozesses

Die Planung und der Ablauf einer Befragung ist folgendem Schema zu entnehmen.

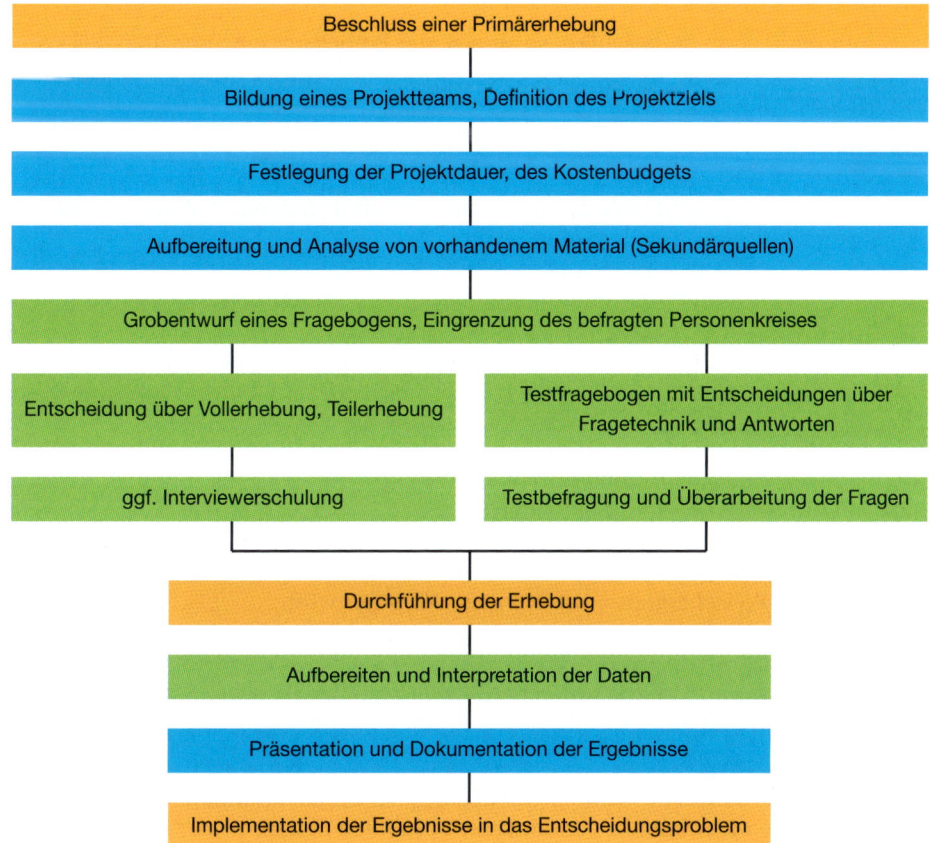

Entscheidungssituation im Marketing

Beobachtung

Eine Beobachtung im Rahmen der Marktforschung ist die **planmäßige Erhebung** von Verhaltensweisen oder Eigenschaften von Personen. Sie liefert insbesondere bei der Kundenanalyse (vgl. S. 196) wichtige Informationen. Beobachtungen können einmalig oder in periodischen Abständen durchgeführt werden.

> **Beispiel**
> - Ein PC-Shop beobachtet seine Kunden hinsichtlich des Verhaltens im Ladenlokal. Erhoben werden dabei Daten über Dauer des Aufenthaltes im Geschäft, Bereitschaft, Zusatzkäufe zu tätigen, Frageverhalten gegenüber dem Verkaufspersonal, Alter der Kunden usw.
> - Ein Systemhaus beobachtet nach der Installation von neuer Software bei einem Kunden, wie seine Mitarbeiter die Software benutzen, wie sie sich in Problemsituationen verhalten, wie oft sie Hilfe anfordern usw.

Bei der Auswertung der erhobenen Daten muss berücksichtigt werden, ob sich der Beobachtete bewusst war, dass er beobachtet wurde, weil dadurch Verhaltensänderungen entstehen können.

Sofern Mitarbeiter (eines Kunden) beobachtet werden, sind bestimmte Vorschriften des Mitbestimmungsrechtes zu beachten, so ist z. B. der Betriebsrat einzuschalten. Dies gilt auch, wenn durch Logfiles der Umgang mit Software beobachtet werden soll, um Leistungsmessungen durchzuführen.

Experiment

Experimente oder Tests im Rahmen der Marktforschung haben das Ziel, systematisch herauszufinden, wie sich Merkmale eines Marktes (z. B. Kundenverhalten) verändern, wenn bestimmte Einflussgrößen variiert werden.

> **Beispiel**
> - Verpackungstest: Eine Grafikkarte wird mit unterschiedlicher Verpackung (Farbe, Design usw.) Kunden angeboten; es soll herausgefunden werden, auf welche Verpackung Kunden positiv reagieren.
> - Platzierungstest: Notebooks werden in einem PC-Einzelhandelsgeschäft an unterschiedlichen Plätzen im Verkaufsraum präsentiert; es soll herausgefunden werden, welcher Platz von Kunden besonders frequentiert wird.
> - Testmärkte: Ein Distributor von Lernsoftware für Kinder bietet ein neuartiges Produkt in einem Testmarkt (z. B. einer Stadt) zu unterschiedlichen Preisen an; er will herausfinden, welche Preisobergrenze von Kunden akzeptiert wird.

Experimente können als **pre-test** (vor einer Marketingaktivität) oder als **post-test** (nach einer Marketingaktivität als Kontrollinstrument) durchgeführt werden.

Panel

Ein Panel ist eine dynamische Marktdatenerhebung, bei der ein bestimmter Personenkreis über einen längeren Zeitraum in periodischen Abständen befragt wird. Aus den gewonnenen Daten können Entwicklungen und Trends interpretiert werden. Panels werden wegen ihres Aufwandes häufig von Marktforschungsinstituten durchgeführt. Die Ergebnisse können von interessierten Unternehmen käuflich erworben werden.

AUFGABEN

1. Erläutern Sie:
   a) Primärerhebung
   b) Sekundärerhebung
2. Hinsichtlich welcher Kriterien lassen sich Befragungen einteilen?
3. Suchen Sie im Internet nach Onlinebefragungen für Konsumenten und für Unternehmen.
   a) Welche Anreize werden dem User geboten, an den Onlinebefragungen teilzunehmen?
   b) Welche Möglichkeiten hat der User, die Ergebnisse der Befragung zu erhalten?

AUFGABEN

4. Entscheiden Sie bei folgenden Aussagen, ob sie richtig oder falsch sind.

   a) Sekundärerhebungen sind meistens kostengünstiger als Primärerhebungen.

   b) Primärerhebungen können durch externe Dienstleister durchgeführt werden.

   c) Bei standardisierten Interviews darf die Reihenfolge der Fragen beliebig verändert werden.

   d) Onlinebefragungen sind immer zuverlässiger als persönliche Interviews.

   e) Ein Panel ist eine dynamische Marktdatenerhebung, bei der ein bestimmter Personenkreis über einen längeren Zeitraum in periodischen Abständen befragt wird.

5. Beschreiben Sie den Ablauf eines Befragungsprozesses.

6. Erläutern Sie die Begriffe Beobachtung, Experiment und Panel.

3.4 Informationsquellen

Für Marktforschungszwecke kann auf innerbetriebliche (interne) und außerbetriebliche (externe) Datenquellen zurückgegriffen werden.

3.4.1 Interne Quellen

In den verschiedenen Abteilungen eines Unternehmens wird bei der Abarbeitung von Informations- und Geschäftsprozessen eine Fülle von Daten verarbeitet. Diese internen Daten sind die Basis für betriebliche Marketingentscheidungen. Voraussetzung dabei ist, dass im Unternehmen ein funktionsfähiges Informations- und Kommunikationsmanagement installiert ist und somit die Daten permanent im Zugriff stehen und laufend aktualisiert werden.

Betriebliches Rechnungswesen

Das betriebliche Rechnungswesen (vgl. S. 308) als Bereich, in dem Werteströme erfasst werden, ist die zentrale Datenbasis eines Unternehmens, weil hier letztlich alle Geschäftsprozesse ihren Niederschlag finden und Schnittstellen zu sämtlichen betrieblichen Funktionen gegeben sind.

Insbesondere die Kostenrechnung (vgl. S. 362) liefert maßgebliche Daten für Marketingentscheidungen.

Beispiel
- Ein PC-Großhändler stellt im Rahmen einer Konkurrenzanalyse (vgl. S. 202) fest, dass ein bestimmter Monitor, den er selbst für 779,00 € anbietet, von Mitbewerbern für 749,00 € angeboten wird. Er muss entscheiden, ob er ebenfalls zu einem niedrigeren Preis anbieten kann. Aus der Kostenrechnung entnimmt er folgende Daten:

	€
Bezugspreis + Handlungskostenzuschlag 25 %	542,00 135,50
= Selbstkostenpreis + Gewinnzuschlag 15 %	677,50 101,62
= Listenverkaufspreis	779,12

Die kalkulierte Preisuntergrenze beträgt somit 779,12 €. Wenn zu einem niedrigeren Preis verkauft werden soll, vermindert sich der Gewinn. Wenn als Verkaufserlös lediglich die Selbstkosten erzielt werden, so wird überhaupt kein Gewinn erzielt.

Dem Großhändler bieten sich aufgrund der Daten folgende Alternativen:

1. Er senkt seinen Preis und hat Gewinneinbußen. Die absolute Preisuntergrenze ist kurzfristig der Selbstkostenpreis von 677,50 €. Hiermit könnte er die Konkurrenz sogar unterbieten.
2. Er senkt seinen Preis und versucht, bei seinem Lieferer bessere Konditionen zu erhalten (Rabatte, Transportkostenübernahme usw.) und fängt damit seine Gewinneinbußen zumindest teilweise auf.
3. Er behält seinen Preis, bietet aber für die Preisdifferenz seinen Kunden einen Ausgleich durch zusätzliche Leistungen an (Monitorkabel, Staubschutzhülle o. Ä.) und stellt das Gesamtangebot werblich heraus.
4. Er kombiniert die Alternativen 1–3.

In diesem Beispiel ist der Handlungskostenzuschlag eine entscheidende Größe. In ihm wird ausgedrückt, wie viele Euros ein bestimmtes Produkt anteilig an den Betriebskosten des Unternehmens zu übernehmen hat. Nur in einem gut strukturierten Kostenrechnungssystem, das alle relevanten Daten berücksichtigt und artikelgenaue Werte liefert, sind diese Daten zuverlässig verwendbar.

- Ein Unternehmen produziert spezielle Videokarten. Der Verkaufspreis beträgt 270,00 €. Die derzeitige Absatzmenge beträgt 3 000 Stück. Aus der Kostenrechnung sind folgende Daten bekannt: variable Kosten (Material, Lohnkosten) insgesamt 75 000,00 €, fixe Kosten (Kosten der Betriebsbereitschaft wie Miete, Abschreibungen usw.) 180 000,00 €. Hieraus ergibt sich folgende Situation:

Verkaufserlöse	variable Kosten	fixe Kosten	Gesamtkosten	Verlust
810 000,00 €	675 000,00 €	180 000,00 €	855 000,00 €	45 000,00 €

Als Marketingaufgabe ergibt sich: Wie viel Stück müssen mindestens abgesetzt werden, damit das Unternehmen in die Gewinnzone gelangt?
Zunächst wird der Deckungsbeitrag je Stück ermittelt (vgl. S. 206). Das ist der Betrag, der sich ergibt, wenn von dem Stückerlös (270,00 €) die variablen Stückkosten (= gesamte variable Kosten/Menge = 675 000,00/3 000) subtrahiert werden (270,00 – 225,00). Der Deckungsbeitrag (45,00 € je Stück) dient nun dazu, die fixen Kosten abzudecken.

Nun kann die erforderliche Absatzmenge ermittelt werden. Die Deckungsbeiträge je Stück müssen also die fixen Kosten von 180 000,00 € erwirtschaften. Demzufolge ist ein Absatz von 4000 Stück notwendig (180 000,00/45,00 = 4000).
Diese Entscheidungssituation ist nur lösbar, wenn die interne Informationsquelle Kostenrechnung genaue Angaben über die Kostenstrukturen geben kann.

- Ein Systemhaus hat im Rahmen einer Ausschreibung ein Angebot für die Lieferung und Installation eines lokalen Netzwerkes (ein Server, 18 Workstations) inkl. Software zu erstellen. Das Unternehmen weiß, dass sich sechs Mitbewerber an der Ausschreibung beteiligen. Es möchte den Auftrag dringend haben, da lukrative Folgeaufträge zu erwarten sind. Die Rechnungssumme setzt sich aus folgenden Positionen zusammen: Hardware (inkl. Kabel usw.), Software, Installation von Hard- und Software, Testläufe, Benutzereinführung. Es sind also Produkte und Dienstleistungen (Personal- und Sachkosten) zu kalkulieren. Zu berücksichtigen sind ferner Fahrtkosten zum Kunden, ggf. Rückstellungen für evtl. Garantieleistungen und Nachbesserungen sowie Kosten für eine spätere Hotline zum Troubleshooting.

Diese Kostenbestandteile sind i. d. R. nicht Bestandteil der Rechnung, sondern müssen durch die fakturierten Einzelposten mit gedeckt werden. Damit das Angebot am unteren Level der Kostendeckung rangieren kann, müssen sehr detaillierte Kostenberechnungen durchgeführt werden. Dies setzt eine differenzierte Kostenrechnung des Betriebes voraus.

- Kalkulation einer Werbemaßnahme: Ein PC-Einzelhändler plant für das Weihnachtsgeschäft eine Sonderaktion. Er möchte im Bundle einen PC inkl. vorinstallierter Software (Office-Paket, Internetzugangssoftware, Game-Pack) anbieten. Um die Preisgestaltung durchführen zu können, muss er exakte Kostenbestandteile kennen. Ferner muss er sich über die Kosten der Werbemaßnahme im Klaren sein (Druckkosten für Prospekte, Anzeigen in Tageszeitungen, Dekoration des Geschäftes usw.). Nur durch Nutzung der Kostendaten wird es ihm möglich sein, anschließend eine Werbeerfolgsrechnung durchzuführen.

Im Rahmen der Finanzbuchhaltung (vgl. S. 308) können zusätzliche Daten für Marketingentscheidungen gewonnen werden. Sie beschäftigt sich mit der Erfassung von Zahlungsströmen (Zahlungseingänge und -ausgänge). Durch Auswertung und Aufbereitung von Daten der Finanzbuchhaltung können z. B. Vergleichszahlen und Trends ermittelt werden.

Beispiel
- Anzahl der Verkäufe je Tag, Woche, Monat, Quartal, Jahr
- Umsätze je Tag, Woche, Monat, Quartal, Jahr
- durchschnittlicher Umsatz je Kunde
- durchschnittliches Zahlungsziel und Zahlungszielüberschreitung der Kunden
- Häufigkeit einzelner Zahlungsarten (bar, Scheck, Überweisung, Kreditkarte usw.)
- Anzahl der Mahnungen an Kunden
- Umsätze getrennt nach Warenlieferungen, Dienstleistungen usw.

Durch das betriebliche Controlling (vgl. S. 381) werden weitere zahlreiche Kennziffern erhoben und dynamisch verfolgt. Für Marketingentscheidungen sind hier insbes. Plan-Ist-Vergleiche über Umsätze, Absatzzahlen usw. relevant, um rechtzeitige Reaktionen auf Marktveränderungen einleiten zu können.

Beispiel
- Umsatz, Absatz je Verkäufer, je qm Ladenfläche usw.
- Verhältnis Vertragsanbahnungen zu Vertragsabschlüssen
- Gewinn je Vertragsabschluss
- Stundeneinsatz (Mannstunden) je Auftrag (z. B. getrennt nach Beratung, Installation Hardware, Installation Software, Programmzeilen, Softwaretest, Hotline usw.)
- Anzahl und Häufigkeit von Reklamationen, Nachbesserungen usw.
- Einhalten von Qualitätsstandards, Normen usw.

Verkaufs- und Kundendienstberichte

Insbesondere der Außendienst eines Unternehmens hat einen sehr engen Kontakt zu Kunden. Aus ggf. standardisierten Berichten dieser Mitarbeiter sind wertvolle Daten zu entnehmen, um z. B. eine stärkere Kundenorientierung (vgl. S. 196) zu erreichen. Diese Daten sind u. a. für die Optimierung eines Systems des **Beschwerdemanagements** verwertbar. Jedoch lassen sich auch Hinweise für die Sortimentsbestimmung (Spezifikation der Produktpalette und der Art und des Umfangs von Dienstleistungen) ableiten. Ebenso kann die Gestaltung von Liefer- und Zahlungsbedingungen optimiert werden.

Beispiel
- Die Servicetechniker vermerken zunehmend in ihren Berichten, dass Kunden nach Backup-Software fragen. Hier bietet sich eine Möglichkeit für gezielte Marketingaktivitäten, z. B. individuelle Angebote für Lieferung und Installation der Software und ggf. erforderlicher Hardware.
- Bei der Auswertung der Verkaufsberichte wird festgestellt, dass häufig Verkaufabschlüsse an dem angebotenen Zahlungsziel von zehn Tagen scheitern. Es sollte untersucht werden, inwieweit ein längeres Zahlungsziel angeboten werden kann und wie viel diese Marketingmaßnahme kostet.

Warenwirtschaftssystem

Speziell in Handelsbetrieben wird i. d. R. eine Software für die Warenwirtschaft eingesetzt. Hierin sind alle Prozesse – von der Angebotseinholung bei Lieferern über die Lagerwirtschaft bis hin zur Erstellung von Lieferscheinen und Rechnungen und der Abwicklung des Zahlungsverkehrs – abgebildet. Meist weist diese Software Schnittstellen zur Finanzbuchhaltung und zur Kostenrechnung auf.

Basis eines Warenwirtschaftssystems ist eine **Datenbank** mit umfangreichen **Auswertungsmöglichkeiten**.

Beispiel
- „Renner-Penner-Liste": Das ist sozusagen die Hitparade der verkauften Artikel. Derartige Listen sind für einzelne Artikel, für Artikelgruppen, für Filialen oder nach weiteren Gesichtspunkten erstellbar.
- Ladenhüter identifizieren: Hier ist es möglich, die durchschnittliche Lagerdauer (und somit die Kapitalbindung) von Artikeln oder Artikelgruppen festzustellen. Über- und Unterbestände können so vermieden werden. Sonderverkäufe zur Lagerräumung können frühzeitig eingeleitet werden.
- Kundenstrukturanalysen: Wer kauft was? Diese Daten sind die Basis für individuelle Angebote bzw. gezielte Mailingaktionen oder Maßnahmen im Telefonmarketing.

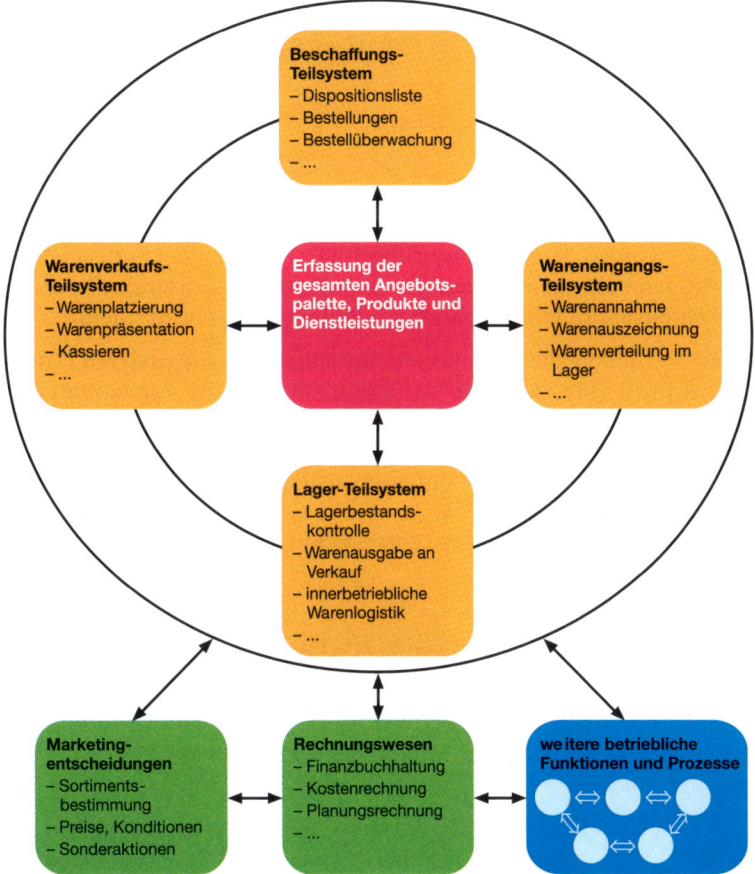

Warenwirtschaftssystem

Warenwirtschaftssysteme können als Extranets konzipiert werden, sodass Lieferer auf für sie relevante Daten zugreifen können, wodurch Absatz- und Beschaffungsprozesse synchronisiert werden können. Insbesondere kann der genormte elektronische Datenaustausch mit EDI (vgl. S. 215) einbezogen werden.

Data Warehousing

Das Konzept des Data Warehousing soll ein Fundament für computergestützte Entscheidungsfindung auf den oberen Ebenen eines Unternehmens sein. Insbesondere stehen hier Marketingentscheidungen im Mittelpunkt. Ein Data Warehouse stellt den Managern Informationen in strukturierter Form bereit – wohlgeordnet wie Waren in einem Hochregallager. Zum Teil ergänzt dieses Konzept Verfahren wie MIS (Management Information System), DSS (Decision Support System) und EIS (Executive Information System), die weitgehend auf der Basis von Tabellenkalkulationssoftware aufbauen, z. T. sind sie aber auch in Verbindung mit relationalen Datenbanksystemen **Basis** von Data Warehousing. Das Herzstück eines Data Warehouses ist eine Datenbank, in der Kopien von Informationen aus mehreren Unternehmensdatenbanken (Vertriebs-, Lieferer-, Artikeldatenbanken usw.) auf unterschiedlichen Hardwareplattformen gesammelt und für die Anwender speziell aufbereitet und verdichtet werden. Eine **Metadatenbank** stellt gewissermaßen den „Katalog" des Warenhauses dar. Die aufbereiteten Daten lassen sich mit bestimmten Tools (Werkzeugen) auswerten.

Folgende Analysetechniken und Werkzeuge sind beim Data Warehousing typisch:

- **Data Marts** sind kleine Informationssammlungen, ein „Mart" verhält sich zu einem „Warehouse" wie z. B. ein Drogeriemarkt zu einem Warenhaus, d. h. es wird nur ein Ausschnitt des gesamten Informationspools betrachtet. Wenn mit diesem Ausschnitt Erfahrungen gesammelt wurden, kann eine schrittweise Erweiterung des Konzeptes auf das gesamte Unternehmen vollzogen werden. Für Marketingentscheidungen bedeutet das, dass letztlich jeder einzelne Teilmarkt als Mart definierbar und untersuchbar ist.

- **Data Mining** umfasst Methoden, die automatisch Auffälligkeiten aus größeren Datenmengen filtern. Dabei prüft „die Maschine" eine große Bandbreite von Annahmen (Hypothesen) über Besonderheiten (Abweichungen, Trends, Veränderungen usw.) in dem vorhandenen Datenpool. Die Software ist in der Lage, diese Annahmen selbst zu generieren. Es werden nur solche Ergebnisse ausgegeben, die sich aufgrund der maschinellen Prüfung als interessant erweisen. Dem Anwender verbleibt die fachliche Beurteilung der Ergebnisse und deren Nutzung für Entscheidungen.

Beispiel
Bei einem Druckerhersteller gibt das System folgende Ergebnisse an:

- Bei Laserdruckern, die mit einer Netzwerkkarte des Herstellers X ausgeliefert wurden, ist die Reklamationshäufigkeit doppelt so hoch wie beim Durchschnitt.
- Die Deckungsbeiträge für Tintenstrahldrucker sind im Verkaufsgebiet Bayern durchschnittlich 40 % geringer als in anderen Verkaufsgebieten.

Das System ist also in der Lage, selbstständig Abweichungen und Veränderungen zu erkennen, die Abhängigkeiten zu beschreiben und über Assoziationen entsprechende Klassifizierungen vorzunehmen.

- **OLAP** (Online Analytical Processing)-Tools sind Werkzeuge (Software), die mehrdimensionale Analysen von Datenbeständen erlauben. Anschaulich wird dies, wenn man sich einen Würfel vorstellt, der die gesammelten Daten beinhaltet. Dieser Würfel kann nach Belieben gedreht und durchgeschnitten werden (slice and dice).

Beispiel

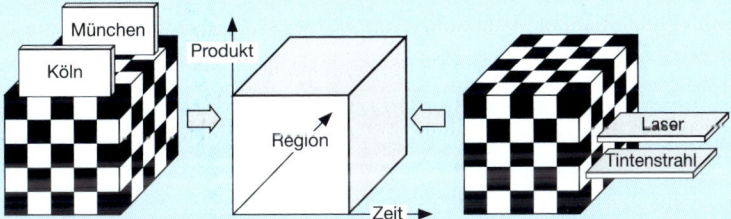

Die Kanten des Würfels entsprechen den Dimensionen, nach denen der Manager die aggregierten Daten analysieren will. Durch Drehen und Schneiden lassen sich die einzelnen Werte ermitteln.

Der OLAP-Datenwürfel

Die Vertriebsdaten eines Druckerherstellers sind in einem OLAP-Datenwürfel zusammengefasst. Die Kanten des Würfels entsprechen den Dimensionen, nach denen die Daten analysiert werden sollen, z. B. Produkte, Absatzregionen, Zeit. Es kann nun der Umsatz nach allen drei Kategorien untersucht werden, z. B. Umsatz je Produkt nach Region und Zeitraum. Bei Bedarf kann jedes Kriterium weiter aufgeschlüsselt werden (drill down), z. B. Verkaufszahlen innerhalb einer Region, aufgeschlüsselt nach Orten.

Vertriebssteuerungssoftware

Auf dem Markt existieren unterschiedliche Softwaretools, die die Vertriebsprozesse unterstützen (**CAS = Computer-aided Selling**). Sie bestehen aus einer Datenbank, die als **Kundeninformationssystem** aufgefasst werden kann. Hierdurch können Kennzahlen ermittelt und analysiert werden.

3.4.2 Externe Quellen

Betriebsinterne Quellen reichen i. d. R. nicht aus, um alle erforderlichen Marktdaten zu erhalten und in Entscheidungen zu nutzen. Insbesondere bei der Konkurrenzanalyse (vgl. S. 202), bei der Beurteilung der gesamten Branche, bei der Einschätzung der regionalen, nationalen oder internationalen Konjunkturlage sowie bei der Abschätzung von technologischen Entwicklungen sind externe Quellen unverzichtbar.
Eine vollständige Aufstellung aller externen Informationsquellen ist nicht möglich, da betriebsindividuelle Ansprüche (Betriebsgröße, Branche, regionale Verbreitung, Kundenstruktur usw.) stark variieren. Insofern können lediglich einige Beispiele vorgestellt werden. Viele Unternehmen nutzen das Know-how von Experten und vergeben sog. Rechercheaufträge an **Informationsbroker**.

Liste externer Quellen

- Messen, Ausstellungen (Teilnahme als Aussteller und als Besucher)
- Teilnahme an Fachtagungen, Symposien sowie Studium der Berichte
- Reports und Studien von Marktforschungsinstituten
- Publikationen von Universitäten, Forschungsinstitutionen

- Foren und Publikationen von Industrie- und Handelskammern
- Berichte von regionalen Wirtschaftsförderungsämtern
- Publikationen von Unternehmensverbänden, Gewerkschaften, Parteien
- Verbrauchertests, Produkttests
- Veröffentlichungen von Banken
- Publikationen von Bundes- und Landesbehörden (z. B. von statistischen Ämtern)
- Informationen von Technologiezentren
- Auskunfteien, Wirtschaftsauskunftsdienste
- öffentliche Register (Handelsregister, Vereinsregister)
- Datenbanken (öffentliche und kostenpflichtige), z. B. Genios
- Auftragsrecherchen bei Infobrokern
- Geschäftsberichte von Unternehmen (insbesondere Lieferer, Kunden, Konkurrenten)
- Gespräche mit Kunden, Interessenten, Lieferern
- Unternehmensberatungen
- Fachzeitschriften
- Bibliotheken
- Tageszeitungen (regionale, überregionale)
- Magazine im TV
- Bundesanzeiger (Handelsregistermitteilungen über Neugründungen, Konkurse usw.)
- Suchmaschinen, Robots, Kataloge im Internet (WWW)
- FTP-Server im Internet
- Newsgroups im Internet
- Mail-Listen im Internet
- Nachrichten-Channels im Internet
- usw.

Besonderheiten beim Onlinemarketing

Beim Onlinemarketing werden insbesondere die Internetdienste bei Absatzaktivitäten genutzt. Eine zentrale Rolle spielt dabei das **Electronic Commerce (EC)**. Hierunter werden alle Formen der digitalen Unterstützung von Geschäftsprozessen verstanden.

> **Beispiel**
> - Im Business-to-Business-Bereich: EDI (Electronic data interchange = elektronischer Datenaustausch), vgl. S. 215
> - Im Business-to-consumer-Bereich: Onlineshopping = Einkaufen über Internet, Onlinewerbung

Die Zugriffe (Häufigkeiten, Dauer) auf die Websites sind ein wichtiges Indiz für Entscheidungen im Onlinemarketing und werden daher im Rahmen interner Marktforschungen untersucht. Wenn ein Unternehmen einen eigenen Web-Server unterhält, sind diese Daten problemlos zu erfassen. Werden die Websites bei einem Provider gespeichert, so ist die Erfassung dieser Daten als Serviceleistung buchbar.

Kriterien für die Bewertung einer Web-Präsenz	Erläuterung
Anzahl Hits, Abrufe	Das ist die Zeilenanzahl eines Logfiles, hier ist zu beachten, dass eine Seite mit mehreren aufwendigen Grafiken automatisch eine höhere Zeilenanzahl hat als eine Seite mit wenigen oder keiner Grafik.
Anzahl Klicks	In einer eingeblendeten Anzeige auf einer Seite ist ein Link zu einem Angebot eines Werbenden enthalten, das von Besuchern der Seite aufgerufen werden kann.
Anzahl Visits	erfolgreicher Zugriff auf eine Werbeseite
View-time	Verweildauer auf einer Site (inkl. Chatrooms usw.)
Top-Ten-Liste	Liste der HTML-Seiten innerhalb einer Website mit den häufigsten Zugriffen
Looser-Liste	Liste der HTML-Seiten innerhalb einer Website mit den seltensten Zugriffen
Navigationspräferenzen	vom Besucher bevorzugte Navigation innerhalb der Site
Formularliste	vom Besucher am meisten ausgefüllte Formulare
Zeitaufstellungen	Liste der Web-Besuche, getrennt nach Wochentagen und Uhrzeit
Suchmaschinen-Hits	Welche Suchmaschinen oder Robots haben auf die Website zugegriffen?

Die Auswertung dieser Daten ermöglicht eine Optimierung der Web-Präsenz und somit eine Verbesserung der Onlinegeschäftsprozesse.

Kosten der externen Informationsbeschaffung

Z. T. sind externe Quellen kostenpflichtig. Daher ist vor der Informationsbeschaffung ein Überprüfen des Kosten-Nutzen-Verhältnisses erforderlich. Hierzu zählt auch die Ermittlung der kostengünstigsten Informationsquelle. Ferner muss beachtet werden, dass mit Zunahme der Informationsmasse, die permanent an Aktualität verliert, auch der Aufwand für Speicherung, Aufbereitung und Auswertung der Informationen Kosten verursacht und Ressourcen bindet. Letztlich wächst auch mit der Informationsflut der Grad an Redundanz der Informationen (z. B. Mehrfachnennungen).

AUFGABEN

1. Erstellen Sie im Rahmen der Marktforschung eine Übersicht zu:
   a) Internen Informationsquellen
   b) Externen Informationsquellen
2. Recherchieren Sie im Internet nach Anbietern für Vertriebssteuerungs-Software (computer-aided selling) und erstellen eine Übersicht über die Funktionen der Software.

AUFGABEN

3. Erläutern Sie, wie Verkaufs- und Kundendienstberichte für Marketingzwecke genutzt werden können.
4. Erläutern Sie mit konkreten Beispielen, welche betriebsinternen Datenbestände für Marketingzwecke genutzt werden können.
5. Weshalb reichen interne Informationsquellen nicht für eine erfolgreiche Marketingarbeit aus?
6. Erstellen Sie eine Liste der Kriterien, im Rahmen des Onlinemarketings die Zugriffe auf eine Web-Präsenz zu bewerten.
7. Mit welchen Kosten ist bei einer externen Informationsbeschaffung zu rechnen?
8. Entscheiden Sie bei folgenden Aussagen, ob sie richtig oder falsch sind.
   a) Im betrieblichen Rechnungswesen werden die Werteströme eines Unternehmens dokumentiert und ausgewertet, daher ist es eine zentrale interne Informationsquelle.
   b) Die Kostenrechnung eines Unternehmens ist als interne Informationsquelle nicht geeignet, weil sie keinen gesetzlichen Vorschriften entsprechen muss und somit vom Unternehmen frei gestaltet werden kann.
   c) Berichte von Außendienstmitarbeitern sind eine ausgezeichnete interne Informationsquelle, weil diese Mitarbeiter einen direkten Kundenkontakt haben.
   d) Externe Informationsquellen sind immer kostenpflichtig.
   e) Zu externen Informationsquellen gehören auch gezielte Messebesuche und eine Auswertung der gewonnenen Informationen.

3.5 Kundenanalyse

Bei der Kundenanalyse geht es darum, die Struktur und das Verhalten der bestehenden und potenziellen Kunden zu bestimmen. Diese Daten sind Basis der Kontrolle und Optimierung der Marketingplanung und zur Formulierung von gezielten Marketingstrategien und -taktiken zur Positionierung des eigenen Unternehmens auf dem Markt. Im Vordergrund steht dabei die **Kundenorientierung mit dem Ziel der Verbesserung der Wettbewerbssituation.**

Kundenorientierung

Unter Kundenorientierung versteht man eine Ausrichtung der Marketingaktivitäten, die Kundenzufriedenheit und damit den Kunden in den Mittelpunkt stellt. Die optimale Kundenorientierung könnte dadurch definiert werden, dass Kunden sich individuell behandelt fühlen, ihre Bedürfnisse vollständig befriedigt sehen und somit einen Wechsel zu Mitbewerbern ausschließen. Kundenorientierung strebt somit einerseits die Erschließung neuer Kundengruppen an, andererseits eine hohe Kundenbindung bei vorhandenen Kunden.

Diese Sichtweise von Kunden bedeutet für ein Unternehmen die konsequente Ausrichtung aller Geschäftsprozesse auf die Schaffung von **Win-Win-Situationen**. Das bedeutet, dass bei einer Geschäftsbeziehung sowohl das Unternehmen als auch sein Kunde das Bewusstsein haben, dass beide einen Profit davon haben, also beide sich als „**Winner**" einer Aktionsfolge sehen können. Auf der Seite des Unternehmens als auch aufseiten des Kunden ist somit ein messbarer Zuwachs der wirtschaftlichen Zielerreichung festzustellen. I. d. R. ist der Aufwand (Kosten, Personaleinsatz, Zeit), einen vorhandenen (Stamm-)Kunden in seinen Ansprüchen zufriedenzustellen, geringer als die Akquisition (Gewinnung, Anwerbung) eines völlig neuen Kunden.

Ermittlung der Kundenzufriedenheit

Um Kundenzufriedenheit messbar und somit überprüfbar zu machen, müssen betriebsindividuelle Benchmarks bzw. Kennziffern entwickelt werden. Eine Kennzahl zur Kundenzufriedenheit ist der **Customer Satisfaction Index (CSI)**. Hier werden verschiedene Dimensionen und Variablen, die Kundenzufriedenheit determinieren sollen, in einer Checkliste aufgeführt. Jedes Kriterium muss auf einer Skala von z. B. 1–6 bewertet werden.

> **Beispiel**
> CSI-Ermittlungskriterien für einen PC-Händler mit mehreren Filialen
>
> | Kriterien |
> |---|
> | – Erreichbarkeit des Standortes (Verkehrswege, Parkplätze usw.) |
> | – Beurteilung des äußeren Eindrucks des Geschäfts (Verkaufsräume, Schaufenster) |
> | – Schnelligkeit, in der ein Ansprechpartner gefunden wurde (Empfang des Kunden, Reaktionszeit auf Erscheinen des Kunden) |
> | – Bewertung des Verkaufs-, Beratungsgespräches (Fachwissen des Verkäufers, Eingehen auf Kundenwünsche, Freundlichkeit, Geduld usw.) |
> | – Bewertung des Services (Umfang, Qualität, Angemessenheit zu Kundenansprüchen) |
> | – Bewertung des Dienstleistungsangebotes (Kauffinanzierung, Installation von Hard- und Software) |
> | – Bewertung der Produktqualitäten und der Auswahl |
> | – Bewertung des Preis-Leistungs-Verhältnisses |
> | – Weiterempfehlung an Bekannte usw. |
>
> Für alle Filialen wird diese Bewertung durchgeführt (Filialbenchmarking). Aus den ggf. gewichteten Kriterien können die Summen der Bewertungspunkte abgeleitet werden. Interessant ist ein Abgleich der CSI-Werte mit den Umsätzen der einzelnen Filialen. So können ein Zusammenhang zwischen Umsatz und Kundenzufriedenheit belegt und Maßnahmen zur Verbesserung der Situation eingeleitet werden.

Eine weitere Kennzahl ist der **CLI (Customer Loyalities Index)**. Hiermit wird der Grad der Kundenbindung ermittelt. Er drückt aus, wie stark Kunden sich an ein Unternehmen gebunden fühlen, weil sie entsprechende Präferenzen haben, z. B. Preis-Leistungs-Verhältnis, persönliche Beziehungen zum Unternehmen, Berücksichtigung von Sonderwünschen usw. Zwischen CLI und CSI bestehen enge Zusammenhänge.

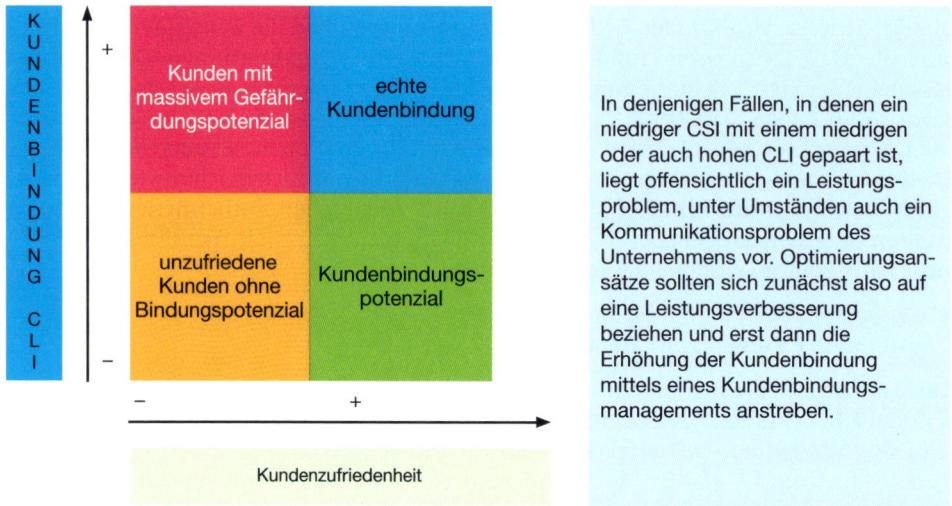

Einen wesentlichen Beitrag zur Optimierung der Kundenzufriedenheit können auch Analysen über Nichtkunden (**NCA = Non Customer Analysis**) bzw. verlorene Kunden (**LCA = Lost Customer Analysis**) ergeben. Hierdurch wird es möglich, z. B. ein Mindestanspruchsniveau von Kundengruppen zu ermitteln und durch marketingorientierte Entscheidungen die Geschäftsbeziehungen so zu gestalten, dass der Umfang der Non- und Lost-Customer verringert wird.

Ablauf-Schema für den Prozess der Ermittlung der Kundenzufriedenheit

Analyseebenen

Die Kundenanalyse verwendet Daten aus internen und externen Voll- und Teilerhebungen, wobei Primär- und Sekundärerhebungen (vgl. S. 181) angewendet werden.

Analyseebenen	Erläuterungen
Kundenstruktur	Hier werden Kundensegmente (Einteilungskriterien für Kunden) festgelegt und Umsatz- bzw. Absatzzahlen je Segment ermittelt.
Kundenverhalten	Hier wird das Verhalten einzelner Kundengruppen erhoben und untersucht.
Nachfragepotenzial	Die Anzahl (Menge) der potenziellen Kunden für bestimmte Produkte oder Dienstleistungen wird festgestellt.
Trends	Entwicklungen und Veränderungen von Kundenstruktur und -verhalten sowie Entwicklungen von Potenzialen werden abgeschätzt.

Kundensegmentierung

Kundensegmente werden gebildet, um genaue Zielgruppen definieren zu können. Wenn Zielgruppen eingegrenzt werden, so ist eine Optimierung der Kundenorientierung möglich, weil dadurch die spezifischen Anforderungen und Bedürfnisse identifiziert und erfüllt werden können. Welche Kundensegmente ein Unternehmen bildet, hängt letztlich von betriebsindividuellen Faktoren ab. Entscheidend ist aber, dass ein Unternehmen auf Dauer nur wettbewerbsfähig bleibt, wenn es die Ansprüche „seiner Kunden" kennt und bestrebt ist, diese zu erfüllen.

- **Segmentierung von Endverbrauchern als Kunden:** Diese Segmentierungsebenen spielen hauptsächlich für Massenprodukte eine Rolle.

Kriterien	Beispiele	
geografische Segmentierung	Gebiet, Nation, Region, Land, Stadt, Bevölkerungsdichte	
demografische Segmentierung	Alter Haushaltsgröße Beruf Religion	Geschlecht: männlich, weiblich Einkommen Nationalität Bildung
sozial-psychologische Segmentierung	Lebensstil: verschwenderisch, sparsam Kontaktfähigkeit: hoch, gering Temperament: impulsiv, ruhig	Selbstständigkeit: hoch, gering Zielerreichung: ehrgeizig, gleichgültig Einstellung: konservativ, modern
verhaltens-bezogene Segmentierung	*Allgemein* Art der Freizeitgestaltung Weiterbildungsverhalten Prestige Urlaubsgestaltung Fernsehgewohnheiten Informationsgewohnheiten	*Auf Produkte oder Dienstleistungen bezogen* Kaufanlass: regelmäßiger, besonderer, zufälliger Anlass Kaufmotive: Qualität, Preis, Bequemlichkeit, Produktbindung: keine, mittel, stark Verwenderstatus: Nichtverwender, Erstverwender, ehemalige, potenzielle, regelmäßige Verwender

- **Segmentierung von Firmenkunden**: Auch hier sind betriebsspezifische Faktoren maßgebend.

Kriterien	Beispiele
Branche	Industrie, Handwerk, Handel, Dienstleister, Freiberufliche, Behörden
Betriebsgröße	Umsatzvolumen, Anzahl der Mitarbeiter, Anzahl der Niederlassungen
Alter	Neugründung, alteingesessenes Unternehmen
Marktstellung	Marktführer, Nischenbesetzer, Spezialist
Erstkontakt	Art der Kontaktaufnahme, z. B. Messekontakt, eigene Akquisition, Abwerbung von Kunden des Konkurrenten
Kontaktpflege	Besuche, schriftlich, E-Mail
Rechtsform	Einzelunternehmen, Personengesellschaft, Kapitalgesellschaft

Key-Account-Kunden

Eine besonders wichtige Kundengruppe im Businessbereich ist diejenige, welche für ein Unternehmen einen großen Teil des Umsatzes, Absatzes oder Gewinn erbringt. Es gibt Unternehmen, die letzlich nur von einem einzigen Kunden leben, von ihm also abhängig sind. Derartige Schlüsselkunden bzw. Key-Account-Kunden bedürfen einer sensiblen Behandlung, da von ihnen die Existenz des Unternehmens abhängen kann. Speziell für dieses Klientel ist die Schaffung eines partnerschaftlichen Verhältnisses notwendig, das von großem Vertrauen geprägt ist.

ABC-Analyse zur Kundensegmentierung

Die ABC-Analyse ist ein Instrument zur Schwerpunktbildung. Aus einer großen Masse interner Einzeldaten werden drei Teilgruppen gebildet. Z. B. werden Kunden mit ihren jeweiligen Umsätzen hinsichtlich ihrer prozentualen Anteile am Gesamtumsatz diesen drei Gruppen zugeordnet. Die Zugehörigkeit wird wie folgt ermittelt:

- Die Kunden werden nach den getätigten Umsätzen des letzten Jahres absteigend sortiert.
- Die Umsätze werden kumuliert, d. h. die einzelnen Umsätze werden aufaddiert.
- Die prozentualen Anteile der Einzelumsätze eines jeden Kunden am Gesamtumsatz werden ermittelt.
- Nun bildet man drei Segmente:
  A-Kunden (sie erbringen ca. 75 % des Umsatzes),
  B-Kunden (sie erbringen ca. 20 % des Umsatzes) und die
  C-Kunden (Rest).

Beispiel

Ein Unternehmen hat in der abgelaufenen Rechnungsperiode mit insgesamt 10 000 Kunden Umsätze erzielt. Die ABC-Analyse ergibt, dass mit 45 Kunden ca. 75 % des Gesamtumsatzes abgewickelt wurden (A-Kunden). Mit weiteren 1 500 Kunden (B-Kunden) wurden ca. 20 % des Gesamtumsatzes erzielt. Die restlichen Kunden (C-Kunden) sind Kleinkunden mit sehr niedrigen Umsatzanteilen von ca. 5 %.

Die jeweiligen Kundensegmente (A, B, C) tragen unterschiedlich zum Erfolg des Unternehmens bei, daher sind unterschiedliche Marketingmaßnahmen, z. B. eine günstige Gestaltung der Liefer- und Zahlungsbedingungen für A-Kunden, gerechtfertigt.

Beispiel

Eine genaue Analyse der A-Kunden aus dem vorigen Beispiel ergibt, dass die fünf größten Kunden 30 % des Gesamtumsatzes erbringen, der größte Kunde erbringt 8 % des Gesamtumsatzes. Wenn von diesen Kunden ggf. drei Kunden ausfallen, so kann das zu ernsthaften wirtschaftlichen Folgen für das Unternehmen führen.

B-Kunden können zu A-Kunden werden, insbesondere in Wachstumsmärkten. Daher sind kundenbezogene Marketingmaßnahmen bei dieser Klientel von Fall zu Fall zu entscheiden. Für C-Kunden empfehlen sich einfache und kostengünstige Maßnahmen.

AUFGABEN

1. Erläutern Sie, was unter Kundenorientierung zu verstehen ist.
2. Beschreiben Sie, wie Kundenzufriedenheit gemessen werden kann.
3. Unterscheiden Sie Customer Satisfaction Index (CSI) und Customer Loyalities Index (CLI).
4. Erläutern Sie die Bedeutung der Non Customer Analysis (NCA) und der Lost Customer Analysis (LCA).
5. Erläutern Sie folgende Analyse-Ebenen:

    a) Kundenstruktur b) Kundenverhalten

    c) Nachfragepotenzial d) Trends

6. a) Erläutern Sie, was unter Kundensegmenten zu verstehen ist.

    b) Erstellen Sie eine Übersicht der Kundensegmente Ihres Ausbildungsbetriebes.

7. Geben Sie Kriterien an, nach denen Endverbraucher als Kunden segmentiert werden können.
8. Was sind Key-Account-Kunden?
9. Beschreiben Sie, welche Aussagen eine ABC-Analyse bei einer Kundenanalyse liefert.
10. Entscheiden Sie bei folgenden Aussagen, ob sie richtig oder falsch sind.

    a) Eine konsequente Kundenorientierung ist nur solchen Unternehmen zu empfehlen, die sich in wirtschaftlichen Schwierigkeiten befinden.

    b) Eine Lost-Customer-Analyse ist zwingend erforderlich, weil sich dadurch Chancen der besseren Gestaltung von Kundenbeziehungen ergeben.

    c) Eine Segmentierung von Kunden braucht nicht durchgeführt zu werden, es ist ethisch sinnvoller, alle Kunden gleich zu behandeln.

    d) Eine ABC-Analyse für Kunden ist gesetzlich vorgeschrieben.

    e) Stammkunden zu halten ist oft kostengünstiger, als Neukunden zu gewinnen.

3.6 Konkurrenzanalyse

Die Konkurrenzanalyse verfolgt das Ziel, die Position des eigenen Unternehmens auf dem Markt (bzw. auf verschiedenen Teilmärkten) im Vergleich mit der Konkurrenz zu bestimmen. **Ziel** ist es, durch Stärken-Schwächen-Analysen die eigene Marktposition zu erkennen. Aus diesen Informationen können Strategien z. B. zur Markteindringung, Marktsicherung und Marktausweitung abgeleitet werden.

Analyseebenen	Erläuterungen
Marktanteile	Anteile des Umsatzes oder Absatzes des eigenen Unternehmens am Gesamtmarkt oder in bestimmten Teilmärkten
Imagevergleich	Einschätzung des eigenen Images und das der (Haupt-)Konkurrenten auf dem Markt
Konkurrenzverhalten	Abschätzen des Konkurrenzverhaltens bei eigenen Produktinnovationen, neuartigen Vertriebswegen, Veränderungen eigener Strategien (Preisänderungen, Serviceleistungen usw.)
Trends, Entwicklungen	Unternehmenskooperationen, -zusammenschlüsse

Die Konkurrenzanalyse basiert i. d. R. auf externen Daten, die sich auf die Auswertung von Sekundärquellen und die Erhebung von Primärinformationen stützen. Sie kann sich auf einen Konkurrenzvergleich mit der gesamten Branche, mit den „Top Ten" der Branche oder auf einen Positionsvergleich mit dem Branchendurchschnitt beziehen.

Beispiele

Kennzahlenvergleich

Kriterium	eigenes Unternehmen	Branchendurchschnitt	Durchschnitt Top Ten
Umsatz (Mio in €)	235	278	489
Veränderung zum Vorjahr	+ 12 %	+ 6 %	+ 8 %
Mitarbeiter	62	68	112
Veränderung zum Vorjahr	+ 16 %	+ 5 %	+ 10 %
Gewinn (Mio in €)	18,8	11,2	36,7
Veränderung zum Vorjahr	+ 16 %	+ 8 %	+ 9,8 %
...	...	...	...

Bei der Analyse von Konkurrenzdaten ist zu beachten, dass die Informationen schnell veralten und z. T. nur geschätzt sind, somit also subjektiven Einflüssen unterliegen. Daher ist stets die Quelle der Informationen zu beachten. Ferner kann eine zeitpunktorientierte Konkurrenzanalyse nicht ausschließlich als Basis für eigene Marketingentscheidungen betrachtet werden. Vielmehr ist die Konzeption einer betriebsindividuellen Marketingstrategie notwendig. Hierbei ist insbesondere das Verhalten der Konkurrenz auf eigene Entscheidungen zu beobachten, um entsprechende Maßnahmen einleiten zu können.

Marktvolumen, Marktanteile, Marktpotenzial

Bei der Ermittlung von Marktanteilen eines Unternehmens ist zunächst vom gesamten Marktpotenzial auszugehen. Hierunter versteht man die theoretische Größe eines Marktes hinsichtlich des Absatzes. Hieraus wird das Marktvolumen abgeleitet, das i. d. R. geringer ist. Der Anteil eines Unternehmens an diesem Marktvolumen ist sein Marktanteil.

> Marktvolumen, Marktanteile, Marktpotenziale sind einerseits als zeitpunktbezogene Daten interpretierbar (statische Betrachtung), andererseits müssen diese Kennzahlen im Zeitablauf in ihrer Entwicklung untersucht werden (dynamische Betrachtung).

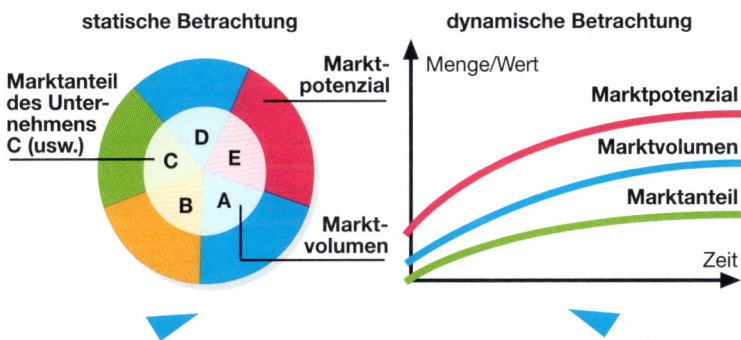

Statik und Dynamik

Der äußere Kreisring beschreibt das gesamte Potenzial eines Marktes, der innere Kreis ist das Marktvolumen (= Teilmenge des Marktpotenzials). Dieses Marktvolumen teilen sich fünf Unternehmen.

Beispiel
Das Marktpotenzial in Deutschland für ISDN-Karten umfasst alle Telefonanschlüsse (privat und gewerblich). Das Marktvolumen wird durch die Anzahl der Anschlussinhaber repräsentiert, die einen ISDN-Anschluss bereits haben bzw. in nächster Zeit haben wollen und zusätzlich eine ISDN-Karte benötigen. Die Anzahl der abgesetzten ISDN-Karten eines Herstellers kann nun hierzu ins Verhältnis gesetzt werden. Das Ergebnis ist der Marktanteil an diesem Produkt.

AUFGABEN

1. Unterscheiden Sie:
   a) Marktvolumen
   b) Marktanteil
   c) Marktpotenzial
2. Beschreiben Sie die Ziele und Aufgaben der Konkurrenzanalyse.

AUFGABEN

3. Geben Sie Beispiele für Kennzahlen an, die im Rahmen von Konkurrenzanalysen verwendet werden.
4. Weshalb sind Daten von Konkurrenzanalysen sowohl statisch als auch dynamisch zu betrachten?
5. Entscheiden Sie bei folgenden Aussagen, ob sie richtig oder falsch sind.
    a) Ein Ziel der Konkurrenzanalyse besteht in der Erkennung der eigenen Marktposition.
    b) Eine Konkurrenzanalyse kann sich auf interne Informationsquellen beschränken.
    c) Eine Konkurrenzanalyse bezieht sich nur auf eine Untersuchung der „Top Ten" der Mitbewerber.
    d) Kennzahlen sind bei der Konkurrenzanalyse wichtige Daten.
    e) Das Marktvolumen ist i. d. R. geringer als das Marktpotenzial.

3.7 Marketing-Mix

Der Marketing-Mix umfasst die Kombination aller marketingpolitischen Instrumente, um eine Marketingkonzeption und die daraus abgeleiteten Marketingstrategien umzusetzen.

Das marketingpolitische Instrumentarium gliedert sich in folgende Bereiche:

Instrument	Erläuterung
Produkt- und Sortimentspolitik	Produktentwicklung, -innovation, -modifikation, -elimination
Kommunikationspolitik	Werbung, Verkaufsförderung, Public Relations
Kontrahierungspolitik	Preis-, Konditionenpolitik
Distributionspolitik	Absatzwege (-kanäle), Absatzlogistik

Der Prozess der Zielerreichung in einem Unternehmen wird maßgeblich bestimmt durch die Abstimmung der einzelnen Marketinginstrumente. Hier gilt es, auf der Basis von Daten, die durch Marktforschung (vgl. S. 178) gewonnen werden, Entscheidungen zu treffen.

AUFGABEN

1. Erläutern Sie, was unter Marketing-Mix verstanden wird.
2. Nennen Sie die Instrumente der Marketingpolitik.

3.7.1 Produkt- und Sortimentspolitik

Produkte bzw. Sortimente sind die Objekte der Marketingarbeit eines Unternehmens.

Produkte		Sortiment
Waren:	Festplatte, Monitor	Gesamtheit aller angebotenen Waren und Dienstleistungen
Dienstleistungen:	Installation einer Software	
Kombinationen:	Lieferung eines betriebsfertigen lokalen Netzwerkes	

Ein **Sortiment** besteht aus verschiedenen Warenarten (Drucker, Speicher, Gehäuse, Zubehör usw.). Die **Sorte** ist die kleinste Einheit eines Sortiments. Sorten, die sich nur nach Farbe, Größe und Gewicht unterscheiden, werden zu **Artikeln** zusammengefasst. Ähnliche Artikel bilden eine **Warengruppe**.

Ein **breites Sortiment** umfasst viele Warenarten, ein **schmales Sortiment** wenige oder nur eine Warenart. Bei einem **flachen Sortiment** werden nur wenige Artikel einer Waregruppe oder -art angeboten (z. B. nur drei verschiedene Drucker eines Herstellers). Je mehr Waren einer Warenart im Angebot vorhanden sind, desto **tiefer** wird das Sortiment (z. B. 48 verschiedene Drucker von sechs unterschiedlichen Herstellern).

Im Einzelhandel wird der **Sortimentsaufbau** nach verschiedenen Kriterien unterschieden.

Beispiel
Sortimentsaufbau der Power PC GmbH, Köln (Einzelhandel und Werkstatt für PC)

Kernsortiment (= typische Artikel für den Hauptumsatz) z. B. PC, Netzwerke, Anwendungssoftware, Betriebssysteme			
+	+	+	+
Randsortiment (Ergänzungssortiment)	**Füllsortiment** (Kann-, Rahmensortiment)	**Probesortiment** (Testsortiment)	**Auslaufsortiment**
= Waren fremder Branchen z. B. PC-Literatur, Digitalkameras, CD-Hüllen	= Wenig gängige Waren (Saisonartikel) z. B. Stecker, Notebooktaschen	= Einführung neuer Artikel z. B. PC-Spiele	= Restbestände von Artikeln, die künftig nicht mehr angeboten werden z. B. Druckerpapier

An Produkte werden bestimmte Nutzenerwartungen gestellt. Unter dem **Grundnutzen** versteht man objektive bzw. rein technische Gebrauchseigenschaften eines Wirtschaftsgutes. Da viele Produkte hinsichtlich ihres Grundnutzens austauschbar sind, gewinnt in der Marketingarbeit verstärkt der **Zusatznutzen** Dominanz.

> **Beispiel**
> Der Grundnutzen eines Pkw besteht in der Beförderung von Personen. Diese Eigenschaft haben alle Pkw. Sie unterscheiden sich weitgehend nur im subjektiven Zusatznutzen, Geschwindigkeit, Sicherheit, Wirtschaftlichkeit, Prestige, Image, Design usw. Die Vermarktung von Pkw bedeutet somit, dass insbesondere der spezielle Zusatznutzen für Käufer herausgestellt wird.

Der Wettbewerb für Produkte wird in den meisten Fällen über den Zusatznutzen betrieben. Hierzu gehört auch der Preis- und Servicewettbewerb.

Produktlebenszyklus

Jedes Produkt unterliegt einem sog. **Lebenszyklus**. Dieser umfasst die Zeitdauer zwischen der Einführung des Produktes auf dem Markt und seiner Herausnahme aus dem Markt. Ein Produkt „lebt", solange es einen wirtschaftlichen Umsatz auf dem Markt erzielt. Dies kann mit dem erzielten Deckungsbeitrag eines Produktes ermittelt werden.

> Der Deckungsbeitrag ist eine wertmäßige Größe, sie ergibt sich, wenn vom Gesamterlös (Umsatz) eines Produktes seine eigenen variablen Kosten (vgl. S. 369), z. B. Herstellkosten, abgezogen werden. Ist die Differenz positiv, trägt dieses Produkt zur Deckung der fixen Kosten (vgl. S. 369) eines Unternehmens (z. B. Mieten, Abschreibungen usw.) bei.

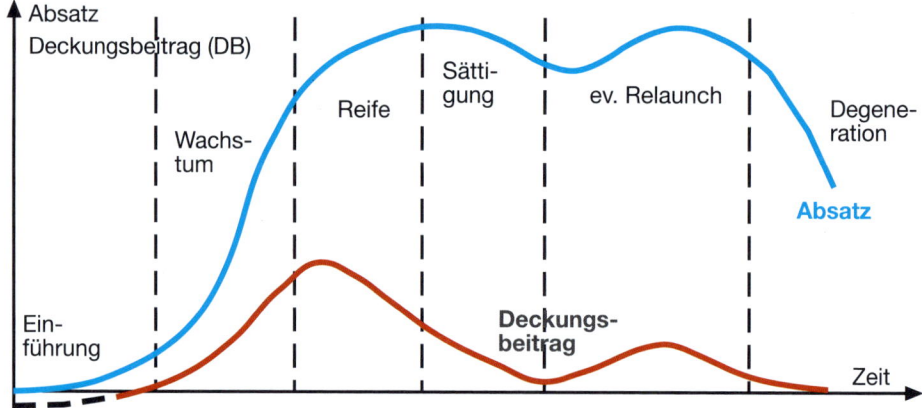

Deckungsbeitragsentwicklung

Werden die Deckungsbeiträge negativ, sind also die Kosten des Produktes höher als seine Verkaufserlöse, dann erzeugt das Produkt Verluste. Während der Markteinführungsphase sind negative Deckungsbeiträge üblich, weil die Absatzzahlen gering sind. Wenn gegen Ende des Lebenszyklus die Absatzzahlen trotz intensiver Marketingmaßnahmen stetig sinken, weil keine Nachfrage mehr besteht, „stirbt" das Produkt.

Neue Produkte kommen auf den Markt (**Produktinnovation**) und bereits eingeführte Produkte werden den ständig wechselnden Marktverhältnissen angepasst (**Produktvariation**,

-relaunch), wirtschaftlich nicht mehr tragfähige Produkte werden aus dem Markt genommen (**Produktelimination**). Diese drei Tatbestände umfassen die Hauptaufgaben der **Produktpolitik**.

Produktentwicklung

Vor der Markteinführung steht die **Produktentwicklung**. Die hierfür benötigte Zeit ist insbesondere für High-Tech-Produkte enorm. Von der Idee über die Entwicklung von Prototypen, Testläufe und technische Veränderungen können z.T. Jahre vergehen. Die permanente Beschleunigung der Vermarktung von Innovationen und die kürzer werdenden Innovationszyklen belasten Unternehmen und verschärfen den Wettbewerb.

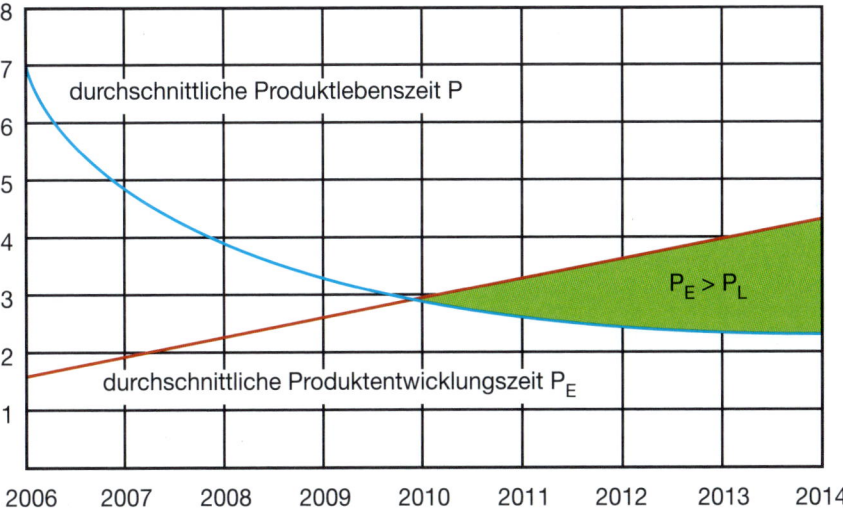

Veränderungen der Produktlebens- und Entwicklungszeiten

Aufgrund dieser Tatsache befinden sich Unternehmen in einem Dilemma:

- Einerseits soll die Entwicklungszeit möglichst kurz sein, damit das neue Produkt möglichst schnell auf den Markt gebracht werden kann, um wirtschaftliche Erfolge zu erzielen,
- andererseits soll das Produkt so lange wie möglich unverändert produziert werden können, deshalb ist viel Zeit und Arbeit (somit Geld) in die optimale Entwicklung von Produkten zu investieren.

Bei kurzen Produktlebenszyklen sind die Entwicklungszeiten entscheidend für das Betriebsergebnis. Um die Entwicklungsfristen einzuhalten, gilt es, eine Parallelisierung der Entwicklungsprozesse (Simultaneous Engineering bzw. Just-in-time-Developement) sicherzustellen, um den geplanten Markteintritt nicht zu versäumen. In bestimmten Branchen existiert ein Zusammenhang zwischen Zeit- und Kostenabweichungen im Hinblick auf die Ergebniseinbußen.

Beispiel
Die Produktlebensdauer wird mit fünf Jahren angenommen.

Abweichung	Ergebniseinbuße
– Verlängerung der Entwicklungszeit um 6 Monate	30 %
– Erhöhung der Entwicklungskosten um 50 %	5 %

Die Schnelllebigkeit der Märkte erfordert somit eine intensive Auswertung aller vorhandenen Marktdaten, um auf die Bedürfnisse der Märkte reagieren zu können.

Gebrauchsdauer von Produkten

Bei der Entwicklung von Produkten wird häufig die technische oder wirtschaftliche Gebrauchsdauer bewusst eingegrenzt. Damit wird u. a. beabsichtigt, dass der Kunde nach Ablauf der Gebrauchsdauer ein neues Produkt erwirbt. Man nennt dieses Vorgehen **„geplante Obsoleszenz"** (geplante Veralterung).

Beispiel
In der Softwareentwicklung sind in letzter Zeit bis zu drei Programmversionen innerhalb eines Jahres erschienen, die jeweils die vorangegangene Software abgelöst haben. Die Kunden haben häufig dieses „Upgrading" mitgemacht, um leistungsstärkere Software zu erhalten.

Produktanalyse und -positionierung

Alle produktpolitischen Maßnahmen setzen voraus, dass durch Marktforschung (vgl. S. 178) entscheidungsrelevante Informationen bereitgestellt sind.

Zielgruppenanalyse
Hier wird die Frage untersucht, welche Zielgruppe (vgl. S. 224) das Produkt abnehmen soll bzw. abnimmt. Änderungen des Verhaltens oder der Ansprüche dieser Zielgruppe führen zu Reaktionen durch entsprechende produktpolitische Maßnahmen.

Beispiel
Ein Systemhaus hat sich auf die Zielgruppe „Handwerksbetriebe" spezialisiert und bietet individuell angepasste Lösungen für das Rechnungswesen an. Während früher die Zielgruppe verstärkt operative Lösungen nachgefragt hat (Finanzbuchhaltung, Lohnabrechnung, Auftragsbearbeitung usw.), wird neuerdings der Wunsch nach Lösungen für Electronic Banking laut, auch Anfragen hinsichtlich einer Internetpräsenz häufen sich. Das Systemhaus reagiert mit entsprechenden Produkten zum E-Commerce.

Produktportfolio
Durch eine Portfolioanalyse kann die Position eines Produktes bzw. einer Produktgruppe ermittelt werden. Das Marktwachstum eines Produktes wird seinem relativen Marktanteil gegenübergestellt.

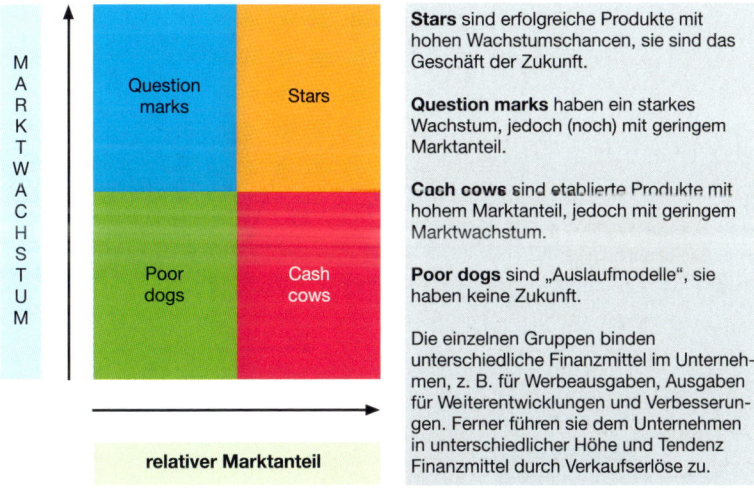

Für IT-Unternehmen sind insbesondere die technologischen Entwicklungen marktbeeinflussend. Sie müssen häufig in völlig neue Märkte eindringen und ihre Produkte vermarkten. Hierbei treten unterschiedliche Risikoeinschätzungen auf, die ebenfalls in einem Produktportfolio veranschaulicht werden können.

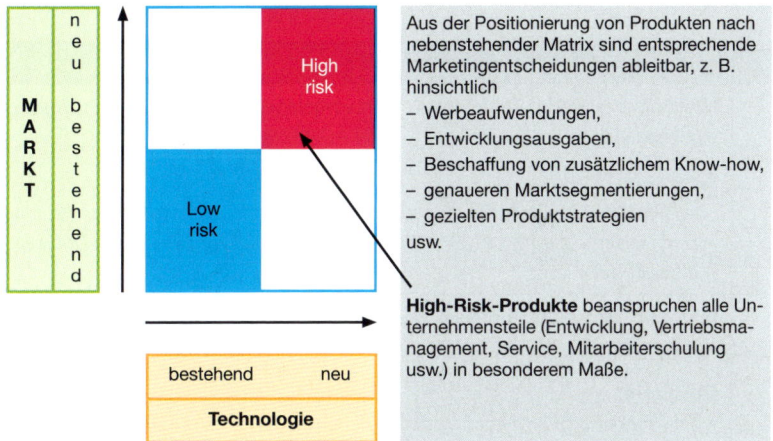

Produktnischen

Auch zum Aufspüren von Markt- bzw. Produktnischen eignet sich ein Portfolio-Ansatz. Wenn entsprechende Lücken im Markt vorhanden sind, kann untersucht werden, inwiefern sich die Entwicklung eines neuen Produktes auszahlen kann. Hierbei werden die Marktchancen in Abhängigkeit von den Entwicklungs- und Vermarktungskosten betrachtet.

Beispiel
Marktanalyse für das Produkt „Standard-PC" im Consumer-Markt

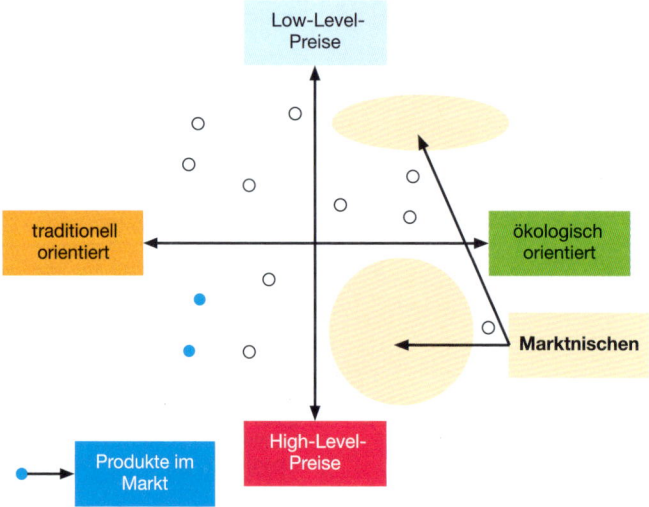

Produktstrategien

Zur Vermarktung von Produkten und Dienstleistungen sind unterschiedliche Strategieansätze denkbar.

Strategie	Erläuterungen, Beispiele
Up-Line-Strategie	Innerhalb des Produktumfeldes werden vorgelagerte Produkte bzw. Prozesse mit einbezogen. **Beispiele:** – *Ein Druckerhersteller bietet zusätzlich Produkte für die Texterfassung an (Scanner o. Ä.).* – *Eine Textverarbeitungssoftware wird mit einem Modul zur akustischen Dateneingabe ausgestattet.*
Down-Line-Strategie	Innerhalb des Produktumfeldes werden nachgelagerte Produkte bzw. Prozesse mit einbezogen. **Beispiele:** – *Ein Druckerhersteller bietet zusätzlich Hardware für die Archivierung von Texten, Grafiken usw. an (CD-Brenner usw.).* – *Eine Textverarbeitungssoftware wird mit einem Modul für Präsentationsgrafiken erweitert.*
Variation	Ein Produkt wird für unterschiedliche Zielgruppen variiert und in verschiedenen Modellen (Design, Ausstattung, Preis usw.) angeboten. **Beispiele:** – *Der technische Aufbau eines Druckers bleibt gleich, er wird jedoch in verschiedenen Ausführungen produziert.* – *Eine softwarebasierende Lösung wird als preiswerte Standardlösung angeboten, es können bestimmte Module hinzugekauft oder individuelle Anpassungen vorgenommen werden.*

Strategie	Erläuterungen, Beispiele
Relaunch	Ein Produkt, das dem Ende seines Lebenszyklus nahe ist, wird durch Ergänzungen bzw. kleine Veränderungen als neues Produkt definiert und vermarktet. **Beispiele:** – Eine Grafiksoftware ist zzt. in der Version 7.0 auf dem Markt. Die Vorgängerversion wird mit leichten Veränderungen als neue „Light-Version" (zu einem geringeren Preis) vermarktet.

Up- und Down-Line-Strategien werden häufig zusammengefasst zur Strategie der **Produktdifferenzierung**. Die Bewertung jeder Strategie muss auf der Basis aktueller und zuverlässiger Daten vorgenommen werden. Hierbei sind u. a. folgende Kriterien denkbar, die im Einzelnen operationalisierbar (messbar und vergleichbar) zu machen sind:

Kriterien	Erläuterungen, Beispiele	
Beitrag zur Erreichung von Unternehmenszielen	– Marktwachstum – Marktanteile – Rentabilität usw.	– Wirtschaftlichkeit – Sicherung von Arbeitsplätzen
Kundenorientierung	– Verbesserung der Kundenbindung – Verbesserung der Kundenzufriedenheit – Akquisition neuer Kunden(-gruppen) usw.	– Verbesserung der Problemlösungen für Kunden – Erhöhung der Kundennähe
Risiken	– Beschaffungsprobleme (für Material, Bauteile, fachkundiges Personal usw.) – Substituierbarkeit des Produktes – Kapitalbindung – Kosten für Forschung und Entwicklung – Kosten für Distributionskanäle – Konkurrenzentwicklungen usw.	

AUFGABEN

1. Was versteht man im Rahmen des Marketings unter Produkten?
2. Erstellen Sie für Ihren Ausbildungsbetrieb eine Sortimentsübersicht.
3. Unterscheiden Sie an folgenden Beispiele Grund- und Zusatznutzen.
   - a) Pkw
   - b) Notebook
   - c) Handy
   - d) Essen in einem Restaurant
   - e) Herrenanzug
   - f) Damenkostüm
4. a) Erläutern Sie die sechs Segmente eines Produktlebenszyklus.
   b) Begründen Sie, weshalb die Kurven für Absatz und Deckungsbeitrag nicht identisch verlaufen.
5. Unterscheiden Sie die Hauptaufgaben der Produktpolitik:
   - a) Produktinnovation
   - b) Produktvariation
   - c) Produktelimination

AUFGABEN

6. Die durchschnittliche Produktlebenszeit wird tendenziell kürzer, die durchschnittliche Zeit zur Entwicklung neuer Produkte verlängert sich jedoch tendenziell. Erläutern Sie an einem Beispiel, welche wirtschaftlichen Konsequenzen sich für Unternehmen daraus ergeben.

7. Erstellen Sie für Ihren Ausbildungsbetrieb ein Produktportfolio.

8. Erläutern Sie, was unter einer Produktnische zu verstehen ist, und geben Sie für Ihren Ausbildungsbetrieb Beispiele an.

9. Erläutern Sie folgende Strategien:

    a) Up-Line-Strategie	b) Down-Line-Strategie

    c) Variation	d) Relaunch

10. Entscheiden Sie bei folgenden Aussagen, ob sie richtig oder falsch sind.

    a) Der Wettbewerb für viele Produkte wird über deren Zusatznutzen betrieben.

    b) Viele neue Produkte auf Märkten sind keine Neuentwicklungen, sondern eine Produktvariation bzw. ein Produktrelaunch.

    c) Produktpolitische Maßnahmen setzen i. d. R. Marktforschungsaktivitäten voraus.

    d) Ein Produktportfolio eignet sich u. a. auch für das Aufspüren von Marktnischen.

    e) Wenn ein Hersteller von Digitalkameras gleichzeitig auch Software zur Bildbearbeitung anbietet, verfolgt er eine Up-Line-Strategie.

11. Erläutern Sie, was unter geplanter Obsoleszenz verstanden wird, und geben Sie konkrete Beispiel aus dem Hard- und Softwaresektor an.

3.7.2 Preispolitik

Die Preispolitik hat im Rahmen des Marketing-Mix die Aufgabe, Angebots- und Verkaufspreise für Produkte und Dienstleistungen festzulegen und Preisstrategien zu entwickeln und umzusetzen.

Orientierungsgrößen der Preispolitik

kostenorientierte Preisbildung	nachfrageorientierte Preisbildung	konkurrenzorientierte Preisbildung
Die bei der Beschaffung, Lagerung und Produktion angefallenen Kosten müssen über den Verkauf von Gütern bzw. Dienstleistungen gedeckt werden. Dies setzt eine genaue Kenntnis der eigenen Kostenstrukturen voraus, hiermit ergibt sich zwischen Marketing und betrieblichem Rechnungswesen	Die Preisbildung muss sich auch an der Nachfrage orientieren. Durch Maßnahmen der Marktforschung (vgl. S. 178) muss für die einzelnen Produkte und Dienstleistungen die Preisschwelle, Bedürfnisstruktur, Kaufkraft, Investitionsneigung und das Verhalten bei Preisveränderungen der verschiedenen	– **Orientierung am Branchenpreis** Hier wird der durchschnittliche Marktpreis als Richtgröße betrachtet. Diese Strategie setzt voraus, dass es viele Konkurrenten gibt und das Produkt weitgehend homogen (gleichartig) ist.

kostenorientierte Preisbildung	nachfrageorientierte Preisbildung	konkurrenzorientierte Preisbildung
(vgl. S. 308) eine Schnittstelle. Die Deckung sämtlicher Selbstkosten eines Unternehmens bildet die **langfristige Preisuntergrenze**. Das Problem besteht darin, bei Unternehmen mit einer großen Produkt- und Dienstleistungspalette die einzelnen Preise so zu kalkulieren, dass sie in ihrer Summe die gesamten Selbstkosten decken und zusätzlich ein Gewinn erzielt wird.	Kundensegmente (vgl. S. 199) ermittelt werden. Dabei ist die Einschätzung des Preis-Leistungs-Verhältnisses durch die Kunden entscheidend. Hohe Preise müssen durch zusätzliche Maßnahmen im Bereich der Werbung (vgl. S. 223), der Verkaufsförderung (vgl. S. 226), der Produktpolitik (insbes. Betonung des Zusatznutzens) sowie in Verkaufsverhandlungen begründet werden.	– **Orientierung am Preisführer** Hier schließt man sich dem Preis eines Marktführers an, indem entsprechend auf Preisänderungen reagiert wird. Preisführer können auch mehrere Unternehmen gemeinsam sein.

Preisstrategien

Mit seiner Preisstrategie definiert ein Anbieter sein Verhalten auf dem Markt, um den Absatz seiner Produkte zu beeinflussen.

Strategie	Erläuterung
Preisdifferenzierung	– *mengenmäßige Preisdifferenzierung (Mengenrabattstaffel)* – *zeitliche Preisdifferenzierung (Einführungspreise, Saisonpreise)* – *personelle Preisdifferenzierung (bestimmte Kundengruppen erhalten Nachlässe, z. B. soziale Einrichtungen, Wiederverkäufer, Existenzgründer usw.)* – *räumliche Preisdifferenzierung (Inlandskunden, Auslandskunden u. Ä.)* – *Preisdifferenzierung nach Produktvariation (Produkte in Standard- und Premiumausführung)*
Mischkalkulation	Fehlende Gewinne bzw. Verluste bei einigen Produkten (Ausgleichsnehmer) werden durch höhere Gewinne anderer Produkte (Ausgleichsgeber) ausgeglichen.
psychologische Preisfestsetzung	Der Preis wird so festgesetzt, dass der Abnehmer den Eindruck einer knappen Preiskalkulation erhält. In Supermärkten findet man sehr häufig Preise wie 0,79 €, 1,98 € usw. Sie erwecken den Eindruck einer besonderen Preiswürdigkeit.
Hochpreispolitik (Premiumpolitik)	Das Produktionsprogramm eines Unternehmens zielt auf Abnehmer mit gehobenen Ansprüchen. Die Produkte werden als besonders exklusiv herausgestellt, um einen hohen Marktpreis erzielen zu können.
Niedrigpreispolitik (Promotionpolitik)	Das Angebot zielt auf preisbewusste Abnehmer. Extrem niedrige Preise (Discountpreise) sollen zu hohen Absatzzahlen verhelfen.
Marktabschöpfungspolitik (Skimmingpolitik)	Es wird versucht, bei der Markteinführung möglichst hohe Preise zu realisieren, damit bereits in der Einführungsphase hohe Umsätze zu erzielen sind. Wenn später die Konkurrenz mit vergleichbaren Produkten auf den Markt kommt, kann das Preisniveau gesenkt werden.

Strategie	Erläuterung
Marktdurchdringungspolitik (Penetrationspolitik)	In der Einführungsphase werden besonders niedrige Preise verlangt, damit das Produkt sich möglichst schnell auf dem Markt festigen kann. Später werden die Preise dann angehoben. Meist ist damit eine Produktvariation verbunden.

Eine Preisstrategie kann sich auch auf Teilmärkte bzw. Kundensegmente beziehen. Insofern können verschiedene Strategien parallel praktiziert werden. Entscheidend ist, dass durch intensive Marktforschungen Daten über Kunden- und Konkurrenzverhalten erhoben und die Strategieentscheidungen den Marktverhältnissen flexibel angepasst werden.

AUFGABEN

1. Beschreiben Sie die Aufgaben der Preispolitik.
2. Erläutern Sie kostenorientierte, nachfrageorientierte und konkurrenzorientierte Preisbildung.
3. Erläutern Sie folgende Preisstrategien:
   a) Preisdifferenzierung
   b) Mischkalkulation
   c) psychologische Preisfestsetzung
   d) Hochpreispolitik (Premiumpolitik)
   e) Niedrigpreispolitik (Promotionpolitik)
   f) Marktabschöpfungspolitik (Skimmingpolitik)
   g) Marktdurchdringungspolitik (Penetrationspolitik)
4. Weshalb können von einem Unternehmen mehrere Preisstrategien parallel verfolgt werden?
5. Entscheiden Sie bei folgenden Aussagen, ob sie richtig oder falsch sind.
   a) Die Preispolitik eines Unternehmens orientiert sich immer an den eigenen Kosten.
   b) Eine Mischkalkulation sollte unterlassen werden, nicht gewinnträchtige Produkte sollten stets vom Markt genommen werden.
   c) Premiumpolitik ist Hochpreispolitik.
   d) Während der Einführungsphase von Produkten können niedrige Preise empfehlenswert sein.
   e) Während der Einführungsphase von Produkten können höhere Preise empfehlenswert sein.

3.7.3 Konditionenpolitik, Servicepolitik

Häufig liegen die Verkaufspreise für Produkte durch Marktgegebenheiten fest (Konkurrenzpreise). Dann bleibt meist für den Anbieter nur noch ein Gestaltungsspielraum im Rahmen seiner Konditionenpolitik übrig. Beim Angebot von Marktleistungen legt der Anbieter mit seinem Kunden Konditionen (Bedingungen) fest, zu denen die Leistungen verkauft werden. Dabei ist entscheidend, dass bei der Gestaltung der Konditionen dem Kunden Kaufanreize gegeben werden. Sofern durch die Konditionen Kosten für den Anbieter anfallen, müssen sie in der Preiskalkulation (vgl. S. 257) berücksichtigt werden.

Konditionen	Erläuterungen
Lieferbedingungen	– Beförderungskosten (Übernahme des Transports der Ware zum Kunden) – Verpackungskostenübernahme – Lieferzeit an Kundenwünschen ausrichten
Zahlungsbedingungen	– Zahlungsziel – Skonto (Barzahlungsnachlass) – Rabatte (Mengen-, Treue-, Wiederverkäufer-, Einführungsrabatt) – Bonusregelungen (nachträglich gewährte Rabatte, z. B. bei Erreichen von Mindestumsätzen) – Finanzierungsangebote
Garantie, Kulanz	– Garantie = Gewährleistungsfrist (gesetzlich 24 Monate), kann vertraglich verlängert werden – Kulanz (freiwillige Leistungen ohne gesetzliche oder vertragliche Verpflichtung)
Service, Kundendienst	Für viele Kunden ein entscheidendes Auswahlkriterium von verschiedenen Lieferern, diese Leistungen können für die Kunden entweder kostenfrei sein oder in Rechnung gestellt werden.

Ein besonderer Service wird Kunden geboten, wenn die Geschäftsprozesse des Anbieters mit den Geschäftsprozessen des Kunden synchronisiert werden können, wenn also die Prozesse der Beschaffung (aufseiten des Kunden) durch Prozesse des Absatzes (aufseiten des Lieferers) rationell und effektiv aufeinander abgestimmt sind.

EDI (Electronic-Data-Interchange)-Fähigkeit als Kundenservice für Betriebe

Electronic Data Interchange umfasst den Austausch von Daten zwischen Unternehmen per Datenfernübertragung, um Geschäftsprozesse zu rationalisieren, wobei die Vorteile von allen beteiligten Unternehmen wahrgenommen werden.
Das **Kernproblem** des Datenaustausches zwischen Unternehmen besteht darin, dass jedes Unternehmen individuelle Datenstrukturen und -formate hat, die i. d. R. nicht mit den Daten anderer Unternehmen kompatibel sind. Wenn lediglich zwei Unternehmen beschließen, Daten untereinander auszutauschen, z. B. Stücklisten, Bestelldaten usw., ist dies weitgehend unproblematisch, weil sie sich lediglich auf einen gemeinsamen **Standard** zu einigen brauchen bzw. Daten nur einmal konvertieren müssen. Falls aber ein Datenaustausch über viele Unternehmen hinweg erfolgen soll, so steigt der Aufwand zur **"Datenübersetzung"** exponentiell an.

> **Beispiel**
> Ein Großhandelsunternehmen für Büroausstattung hat in seinem Sortiment rund 70 000 Artikel von ca. 1 600 Lieferern. Die Kunden (ca. 12 000) sind vorwiegend Einzelhandelsunternehmen bzw. Wiederverkäufer. Jeder Lieferer hat für seine Artikel- und Bestelldaten eigene Systeme. So sind die Artikelnummern bei einem Lieferer zwölfstellige Zahlenkombinationen, bei einem anderen werden achtstellige Zahlen- und Buchstabenkombinationen verwendet, bei einem weiteren werden keine Artikelnummern, lediglich Artikelbezeichnungen als Identifikation genutzt. Bei den Kunden verfügen insbesondere die Großabnehmer über eigene Datenstrukturen für Artikelnummern und Bestellabläufe. Das Großhandelsunternehmen hat für eigene Zwecke ebenfalls ein spezielles Artikelnummernsystem entwickelt. Ein effektiver elektronischer Datenaustausch ist in dieser Situation nicht möglich.

EDI funktioniert nur, wenn von den beteiligten Unternehmen ein einheitlicher internationaler **Standard für Austauschformate** akzeptiert wird. Derartige Standards sind in den letzten Jahren entstanden und die Zahl der Unternehmen, die sie nutzen, steigt ständig, weil sie erkennen, dass durch EDI-Einsatz Produktivitäten gesteigert werden können.

EDI-Austauschformate	Erläuterungen
EDIFACT	Electronic Data Interchange for Administration, Commerce and Transport
EANCOM	EDIFACT-Subset Konsumwirtschaft
EDIBDB	EDIFACT-Subset Baumärkte
EDIFICE	EDIFACT-Subset Elektroindustrie
CEFIC	EDIFACT-Subset Chemische Industrie
EDITEX	EDIFACT-Subset Textilindustrie
EDIFURN	EDIFACT-Subset Möbelindustrie
EDIOFFICE	EDIFACT-Subset Bürobedarf
ODETTE	Organization for Data Exchange by Tele Transmission in Europe
SEDAS	Standardregelungen einheitlicher Datensysteme
ANSI	American National Standards Institute

Die **betriebswirtschaftlichen Vorteile** für EDI machen sich durch Kosteneinsparungen, Verbesserungen von Arbeitsabläufen und Verringerung von Fehlerquellen bemerkbar. Konkret sind u. a. folgende Vorteile erkennbar:

- kein Transport von Rechnungen, Lieferscheinen, Auftragsbestätigungen usw. in Papierform; dadurch kein Öffnen der Briefe sowie Lesen und Eingabe der Daten,
- direkte Verfügbarkeit aller Daten durch Speicherung,
- verbesserte Auswertungsmöglichkeiten,
- vereinfachte Archivierung,
- verbesserte Kontroll-/Planungsmöglichkeiten,
- Beschleunigung der Bestell- bzw. Auftragszeiten,
- kürzere Lieferzeiten,

- bessere Planung des optimalen Lagerbestandes,
- Einsparung von Transportkosten durch Bündelung von Lieferungen und
- Minimierung von unproduktiver Verwaltungsarbeit.

Diesen Vorteilen stehen lediglich geringe Kosten für die Beschaffung von Hard- und Software gegenüber. Jedoch sind die Kosten für die innerbetriebliche Umstellung der Ablauforganisation enorm, hinzu kommen die Kosten für die Schulung der Mitarbeiter.

Eine **Konfiguration für eine EDI-Anwendung** besteht aus den Komponenten

- Leitungsnetz für Datenfernübertragung,
- Konvertierungssoftware,
- Software für Ein- und Auslesen von Daten und
- Rechner(-netze) auf beiden Seiten.

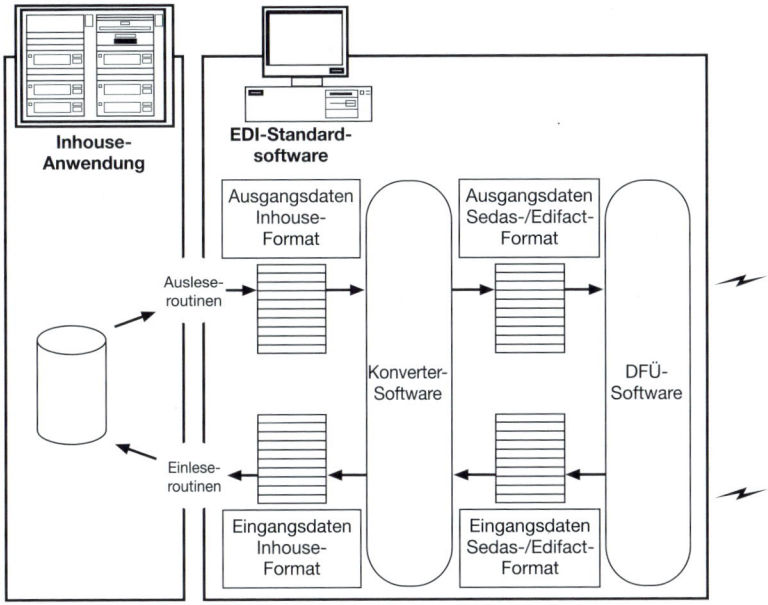

EDI-Anwendungsgebiete

Durch EDI sind Kooperationsmöglichkeiten zwischen Unternehmen möglich, die bis hin zu strategischen Allianzen ausbaufähig sind. Durch den schnelleren Informationsaustausch sind z. B. „Just-in-time"-Lösungen zwischen Zulieferer und Produzenten sowie Groß- und Einzelhändlern realisierbar. EDI ermöglicht den Informationsaustausch mit allen Geschäftspartnern, z. B. Lieferern, Kunden, Banken, Versicherungen, Transporteuren, Marktforschungsinstituten, Telekom-Unternehmen, Post, öffentlicher Verwaltung usw.

Beispiel
Die Fendt GmbH & Co ist ein Produzent für Nutzfahrzeuge in der Landwirtschaft (Traktoren usw.). Das EDI-Projekt bei Fendt geht mit grundlegenden Veränderungen in der Unternehmensorganisation einher. Das Unternehmen wollte eine auftragsbezogene Fertigung/Montage einführen und gleichzeitig die Durchlaufzeiten in der Auftragsabwicklung für Ersatzteile verkürzen. Es sollte ein sicherer und direkter Datenaustausch mit den

Lieferanten aufgebaut werden, um zeitkritische Bestellvorgänge besser abwickeln zu können. Ausschlaggebend für Fendt, ein EDI-System einzuführen, war u. a., dass die Tagesaufträge der Händler ständig zunehmen. Diese Aufträge müssen innerhalb von 24 Stunden ausgeliefert werden. Dadurch entstand ein Volumen an Informationen, das sich durch herkömmliche Kommunikationsmittel nicht mehr bewältigen ließ. Die EDI-Lösung ist für Fendt also ein strategisches Konzept für die Optimierung der internen Geschäftsabläufe sowie für den After-Sales-Service als Marketinginstrument. Im ersten Schritt hat die Fendt GmbH die Kommunikationsverbindungen mit etwa 400 inländischen Vertragshändlern aufgebaut. Die Vertriebsgesellschaften und deren Händlerorganisationen in Frankreich und Italien folgen. Kunden im In- und Ausland werden dadurch in die Lage versetzt, Bestellungen online an die Fendt-Zentrale in Marktoberdorf zu schicken. Die Bestellungen gehen direkt in die SAP-Auftragsabwicklung ein. Auftragsbestätigungen, Lieferscheine, Rechnungen sowie Gut- und Lastschriften werden dem Kunden ebenfalls auf elektronischem Weg zugeleitet. Zusätzlich wird bei Fendt ein elektronischer Teilekatalog eingeführt, der für eine fehlerfreie Identifizierung von Ersatzteilen bei Händlern und eine Optimierung des Bestellwesens sorgen soll. Bei der Realisierung des EDI-Projektes hat sich Fendt für eine Outsourcing-Lösung entschieden. Über ein EDI-Clearing-Center (Dienstleistungsunternehmen) werden die Arbeiten abgewickelt.

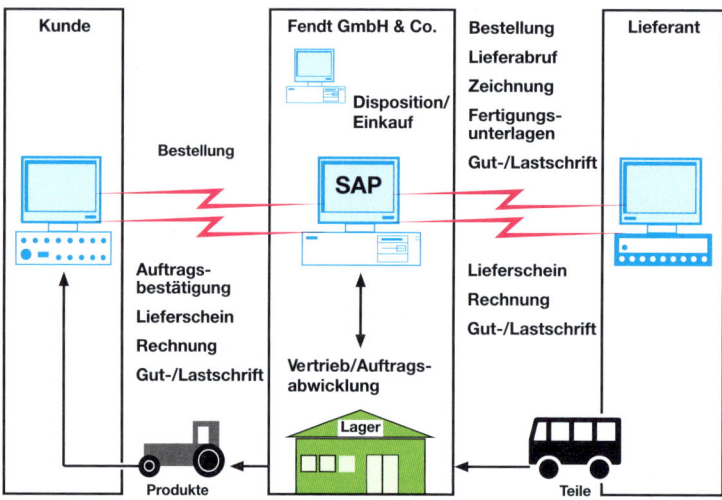

Das EDI-Projekt gewährleistet den sicheren und direkten Datenaustausch mit Lieferanten, um zeitkritische Bestellvorgänge besser abwickeln zu können.

Das EDI-Clearing-Center übernimmt die gesamten Kommunikation mit den EDI-Partnern.

Elektronischer Datenaustausch bei der Firma Fendt

AUFGABEN

1. Beschreiben Sie die Ziele der Konditionenpolitik.
2. Erläutern Sie, weshalb es „kostenlosen" Service nicht geben kann.
3. Welche Einzelheiten werden bei folgenden Bedingungen geregelt?
   a) Lieferbedingungen
   b) Zahlungsbedingungen

AUFGABEN

4. a) Was versteht man unter EDI-Fähigkeit im Rahmen des Kundenservice?
    b) Erläutern Sie die betriebswirtschaftlichen Vorteile von EDI.
5. Erläutern Sie den Unterschied zwischen Garantie und Kulanz.
6. Geben Sie Gründe an, weshalb ein Lieferer sich zu Kulanzentscheidungen entschließen kann.
7. Erstellen Sie eine Liste der in Ihrem Ausbildungsbetrieb gegebenen Serviceleistungen.
8. Entscheiden Sie bei folgenden Aussagen, ob sie richtig oder falsch sind.
    a) In den Lieferungsbedingungen kann vereinbart werden, dass die Transportkosten der Ware zum Kunden jeweils zur Hälfte vom Kunden und vom Lieferer zu tragen sind.
    b) Bei der Vereinbarung von Zahlungsbedingungen ist immer ein Mindestskontosatz von 2 % zu berücksichtigen.
    c) Garantie- bzw. Gewährleistungsfristen können frei ausgehandelt werden.
    d) EDI-Fähigkeit ist ein Kundenservice, der zu einer Win-win-Situation führt.
    e) Kulanzleistungen können gerichtlich eingeklagt werden.

3.7.4 Distributionspolitik

Die Distributionspolitik (Distribution = Verteilung) beschäftigt sich mit der Auswahl von Vertriebs- oder Absatzwegen. Damit sind alle Wege bzw. Kanäle gemeint, die die hergestellten Produkte an die Endverbraucher oder -nutzer bringen.

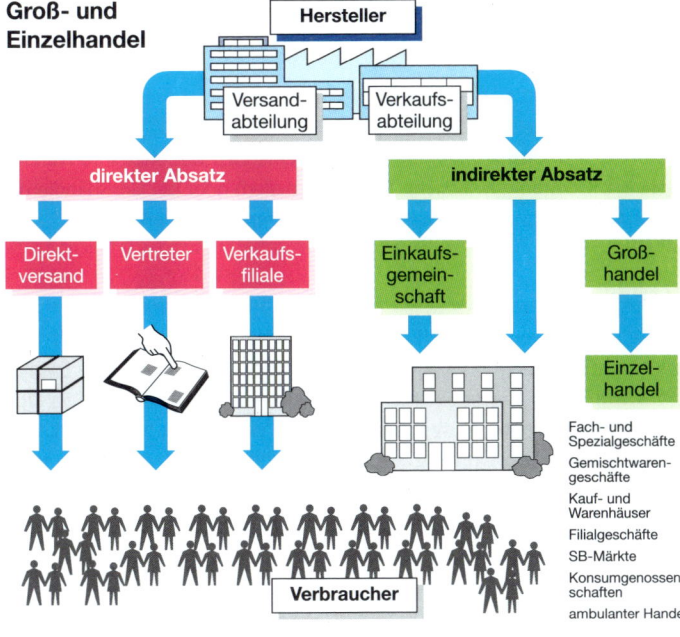

Direkter Absatz

Beim direkten Absatz beliefert ein Industrieunternehmen den Endabnehmer (Privatkunde oder Unternehmen) direkt.

Formen

- Reisende, Außendienstmitarbeiter (festangestellte Mitarbeiter mit Gehalt und umsatzabhängigem Provisionsanspruch)
- Verkauf über Handelsvertreter (selbstständiger Kaufmann, der Geschäfte abschließt oder vermittelt)
- Verkauf in eigenen Verkaufsräumen (Verkaufsniederlassungen, Filialen)
- Vertragshändler (selbstständiges Unternehmen, das nach Marketingkonzepten des Herstellers dessen Produkte vertreibt)

Franchising

Hierbei handelt es sich um eine enge Kooperationsform, bei der der Franchisegeber (franchisor = Hersteller) aufgrund einer langfristigen Bindung dem Franchisenehmer (franchisee = Händler) das Recht einräumt, bestimmte Waren oder Dienstleistungen unter Verwendung der Firma, des Warenzeichens, der Ausstattung und der technischen und wirtschaftlichen Erfahrungen des Franchisegebers zu nutzen. Der Franchisenehmer tritt seinen Kunden gegenüber nicht unter eigenem Namen auf, er verwendet den Namen seines Franchisegebers. Der Franchisegeber vergibt eine Konzession für ein von ihm entwickeltes Marketingprogramm, das sich bereits im Praxiseinsatz bewährt hat. Er erhält dafür i. d. R. eine einmalige Gebühr und/oder eine Umsatzbeteiligung. Hierdurch kann er ein Vertriebsnetz ohne großen Investitionsaufwand errichten, erreicht eine hohe Marktnähe und kann schnell expandieren.

Indirekter Absatz

Einige Unternehmen beliefern den Endverbraucher indirekt. Sie vertreiben ihre Produkte über selbstständige Handelsunternehmen.

Großhandel	Einzelhandel
Großhändler beziehen bei Industrieunternehmen Güter, die sie entweder an gewerbliche Kunden oder an Einzelhändler weiterverkaufen.	Einzelhändler beziehen ihre Waren entweder bei Herstellern oder bei Großhändlern und verkaufen an Endverbraucher.

Verkauf via Internet

Das Internet (vgl. E-Commerce und E-Business, S. 228) als Vertriebsschiene eignet sich sowohl für private als auch für gewerbliche Kunden. Seriöse Angebote finden sich für fast alle gängigen Produkte und Dienstleistungen. Für private Kunden sind insbesondere sogenannte Shopping Malls attraktiv, weil dort wie in einem Warenhaus themenbezogene Sortimente abrufbar sind. Zahlreiche z. T. spezialisierte Suchmaschinen helfen bei der Navigation in Angeboten.

Das Internet als elektronischer Markt weist u. a. folgende Merkmale auf:

Ortslosigkeit	– keine Anfahrtswege, Parkplatzsuche usw. – Zugangszeit und Dauer werden ausschließlich vom Benutzer bestimmt.
offener Marktzutritt	– von jedem Punkt der Welt erreichbar – Von jedem Benutzer kann auf Angebote zugegriffen werden, d. h. prinzipiell kann niemandem der Zugriff versagt werden. – Konkurrenten haben ebenfalls Zugriff. – Zugriff ist nicht an Ladenschluss- oder Geschäftszeiten gebunden (24 Stunden an sieben Tagen der Woche). – schneller Vergleich von Produkten, Preisen, Konditionen – hohe Markttransparenz
Interaktivität	– Interaktionen sind möglich (Chat, E-Mail, Net-Phoning). – Erwartungen, Erfahrungen sind austauschbar. – schneller Kommunikationsfluss – bessere Kundenorientierung und Individualisierung
Anforderungen an elektronische Märkte	– anwenderfreundliche Benutzung und Navigation – Standardisierung und Normung (Browser, HTML, Hardware) – technische Offenheit für Erweiterungen – Multibranchenfähigkeit, Verknüpfung von Wertschöpfungsketten – Sicherheit (Datenübertragung)
Aktualität	– schnelle Reaktion auf Kundenwünsche – schnelle Reaktion auf Marktveränderungen – aktuelle Produktpräsentation
Veränderungen	– nachhaltige Veränderungen traditioneller Handels- und Vertriebsstrukturen – Veränderungen von Kaufgewohnheiten der Kunden – Veränderungen von Geschäftsprozessen in Betrieben – Veränderungen von Arbeitsabläufen – Veränderungen von Anforderungen an Mitarbeiter
Probleme	– Zahlungsverkehr – Datenschutz und -sicherheit – Bewältigung großer Informationsmengen für Benutzer – Akzeptanz bei Anbietern und Nachfragern – Kosten für Telekommunikation – Fehlen qualifizierter Mitarbeiter in Unternehmen

Für alle Unternehmen (auch kleine und mittelständische Betriebe) lassen sich folgende Effekte aus der Nutzung von Internetdiensten im Vertrieb ableiten:

- kostengünstige weltweite Präsenz,
- Erschließung neuer Kundenkreise, „Value-added Services", Präsentation neuer Produkte,
- Möglichkeit der Werbekontaktmessung,
- Präsentation stark erklärungsbedürftiger Güter (Videos, Sounds, Grafiken, Texte),
- interaktive Kommunikation ohne Medienbruch und
- Massenansprache, Ansprache von Kundensegmenten und Einzelpersonen über ein Medium.

Durch Anbindung von Kunden an das Angebot eines Anbieters sind weitere Rationalisierungsvorteile für beide Vertragspartner herstellbar.

Rechtliche Aspekte

Grundsätzlich gelten im E-Commerce die gleichen rechtlichen Bestimmungen (z. B. Kaufvertragsrecht) wie im nicht elektronischen Geschäftsleben auch. Probleme treten jedoch auf, wenn ausländische Geschäftspartner miteinander agieren. Hier sind vertragliche Regelungen erforderlich. Speziell für Privatkunden gilt ab dem Jahr 2002 in Deutschland § 312b BGB (Fernabsatzverträge). Dieses Gesetz sichert dem Verbraucher diverse Rechte, z. B. Rückgabe von Waren binnen zwei Wochen, Widerrufsrecht, Informations- und Aufklärungspflicht für Anbieter.

Elektronische Dokumente mit **digitaler Signatur** gelten seit dem 01.01.2000 als rechtlich vollwertige Alternative zu Papier und Briefpost. Damit ist es erlaubt, Dokumente per E-Mail zu verschicken, für die Gesetz oder Vertrag die Schriftform verlangen. Bisher stellte die digitale Signatur nur sicher, dass die elektronische Post vor Gericht als Beweis anerkannt wurde. In bestimmten Streitfällen ging dagegen nichts ohne Papier, Unterschrift und Briefpost. Das **Signaturgesetz** (SigG) regelt die Grundlagen für elektronische Unterschriften. Damit sollen elektronische Dokumente mit gleicher Rechtswirkung wie solche aus Papier verschickt werden können. Dies erleichtert den Abschluss von Verträgen auf elektronischem Weg und den Handel über das Internet.

AUFGABEN

1. Unterscheiden Sie direkten und indirekten Absatz.
2. Nennen Sie die Formen des direkten Absatzes.
3. Erläutern Sie, welche Vorteile das Franchising-System für einen Hersteller haben kann.
4. Worin unterscheiden sich Groß- und Einzelhandel?
5. a) Erläutern Sie folgende besonderen Merkmale des Verkaufs via Internet.
    - Ortslosigkeit
    - offener Marktzutritt
    - kostengünstige weltweite Präsenz

   b) Welche weiteren besonderen Merkmale weist das Internet als elektronischer Marktplatz auf?

   c) Beschreiben Sie, welche Problembereiche der Absatz über das Internet beinhaltet.
6. Erstellen Sie eine Übersicht über die Besonderheiten des Fernabsatzes.
7. Entscheiden Sie bei folgenden Aussagen, ob sie richtig oder falsch sind.

    a) Groß- und Einzelhandel gehören zum Sektor des indirekten Absatzes.

    b) Franchising ist eine Form des direkten Absatzes.

    c) Vertragshändler gehören zum indirekten Absatz, weil es selbstständige Unternehmen sind.

    d) Die gesetzlichen Regelungen des Fernabsatzes gelten ausschließlich nur für private Kunden.

    e) Alle Regelungen des Kaufvertrages gelten auch für Fernabsatzverträge.

3.7.5 Kommunikationspolitik

> Unter Kommunikation versteht man den Austausch von Informationen zwischen einem Sender und einem Empfänger.

Wenn ein Unternehmen Produkte verkaufen möchte, muss es mit seinen potenziellen und vorhandenen Kunden kommunizieren, d. h., es entstehen Informationsflüsse, die von allen Beteiligten ausgehen können. Die Informationen beziehen sich auf Produkte, Preise, Konditionen usw.

> Die Kommunikationspolitik hat zum Ziel, den Absatz von Produkten zu fördern und somit den Bestand des Unternehmens zu sichern.

Die Kommunikationspolitik umfasst die Koordination folgender **Instrumente**:

Werbung	Verkaufsförderung (Sales Promotion)	Öffentlichkeitsarbeit (Public Relations)

Alle kommunikationspolitischen **Maßnahmen** müssen **geplant, koordiniert und kontrolliert** werden, da sie Kosten verursachen. Daher werden Budgets erstellt. Ferner müssen alle Aktivitäten mit den übrigen marketingpolitischen Instrumenten abgestimmt werden. Hierbei kann auf das Know-how von Experten zurückgegriffen werden, z. B. auf **Werbeagenturen, Agenturen für PR-Arbeit** usw.

Werbung

Die Werbung informiert über konkrete Produkte und Dienstleistungen eines Anbieters und nimmt gezielt Einfluss auf Kaufentscheidungen von Abnehmern.

Ziele der Werbung

Bekanntmachung von Produkten bei den Abnehmern	Die Werbung informiert über den Grund- und Zusatznutzen eines Produktes bzw. einer Dienstleistung. Dadurch kann ein bestehendes Marktpotenzial ausgeschöpft, also neue Abnehmer können gewonnen und bereits vorhandene Abnehmer, z. B. Stammkunden, gehalten werden.
Weckung von neuen Bedürfnissen	Durch das Wecken neuer Bedürfnisse entsteht ein neues Marktpotenzial, also eine Nachfrage, die von Anbietern entsprechender Produkte befriedigt werden kann.

Werbeplan
Werbung muss mit sorgfältiger Zielbestimmung, Koordination mit den übrigen Marketinginstrumenten und genauer Planung durchgeführt werden. In einem Werbeplan werden deshalb folgende Punkte festgelegt:

Streukreis	Zielgruppe(n), die umworben werden soll(en), Daten hierzu liefert die Marktforschung (vgl. S. 178).
Werbebotschaft	Hier wird festgelegt, **was** der Zielgruppe mitgeteilt werden soll. Durch die Werbung soll ein Produkt vom Nachfrager eindeutig identifiziert werden können, z. B. durch einen einprägsamen Namen, durch ein Markenzeichen, ein Logo, ein Symbol usw. Je nach Zielgruppe kommt der Sprache der Botschaft eine besondere Rolle zu.
Werbemittel	Anzeigen, Fernsehspots, Prospekte, Werbebriefe, Werbegeschenke, Bandenwerbung (bei Sportveranstaltungen), Bannerwerbung im Internet, Plakate
Werbeträger	Das sind die Medien, mit denen die Werbebotschaft an die Zielgruppen transportiert wird (Zeitungen, Fernsehanstalten, Internet usw.).
Streuzeit	Es werden Beginn und Dauer der Werbung kalendermäßig festgelegt.
Streugebiet	Hier wird der geografische Raum für die Werbung festgelegt. Häufig bestimmt das Streugebiet die Auswahl der Werbemittel.
Werbeintensität	Sie ergibt sich als Verhältnis der eingesetzten Werbemittel zum Streugebiet und zur Zielgruppe. Wenn die Auswahl der Werbemittel und -träger nicht auf das Streugebiet und die Zielgruppe abgestimmt ist, kommt es zu Streuverlusten.

Werbung im Internet

Die Werbung im Internet hat sich mittlerweile zu einem eigenen Markt entwickelt. Sie zeichnet sich gegenüber konventioneller Werbung besonders durch folgende Punkte aus:

- gleichzeitige Unterstützung von traditionellen Vertriebswegen und elektronischen Märkten,
- geringe Kosten im Vergleich zu vielen anderen Werbungen,
- zielgruppengenaue Ansprache,
- exakte und kostengünstige Erfolgskontrollen,
- Interaktivität der Werbung und dadurch Kommunikation mit Kunden,
- Unterstützung und gleichzeitige Einleitung von automatisierbaren Verkaufsprozessen,
- schnelle Ansprache einer Zielgruppe und
- multimediale Ansprache von Zielgruppen (Text, Bild, Videosequenzen, Sound).

Internetdienste und Werbung

Internetdienst	Werbebeispiele
E-Mail	– „Kundenzeitungen" werden schnell, zielgruppenorientiert und kostengünstig publiziert (Mail-Listen). – Aktuelle Angebote werden kundenspezifisch verschickt. – Kunden und Anbieter kommunizieren miteinander. – Über E-Mail-Attachements werden gezielt multimediale Produkterläuterungen verschickt.

Internetdienst	Werbebeispiele
Chat	– Interaktiv werden zwischen Kunden(-gruppen) und Anbieter Fragen geklärt.
Newsgroups	– Vor einem interessierten Publikum werden branchen- und produktbezogene Themen diskutiert. – Anbieter und Kunden haben ein Forum, in dem sie gleichberechtigt agieren.
FTP	– Produktbeschreibung, Handbücher, Videosequenzen werden bei Bedarf vom Kunden heruntergeladen. – Demoversionen ladbar
Communities	– Virtuelle Gemeinschaften (Communities of Interest Networks, COIN) werden gezielt angesprochen und ihre Bedürfnisstruktur untersucht.

Beispiel
Werbeformen im Web

Werbeform	Erläuterungen
Klassisches Banner	Nicht animierte und nicht interaktive Kleinfeldanzeige im GIF-Format mit Hyperlink auf die Seite des Werbetreibenden
HTML-Banner	Sie erlauben z. B. Pull-down-Menüs und gezielten Seitenzugriff, im Banner ist Interaktivität möglich, z. B. durch kleinere Berechnungen oder Suchfunktionen. Vorteilhaft ist, dass der Web-Benutzer keine Browser-Plug-Ins benötigt und dass HTML vom Browser nicht deaktiviert werden kann.
Java-Banner	Sie bieten Schnittstellen zu anderen Anwendungen und Datenbanken, woraus sich Interaktionsmöglichkeiten ergeben sowie Sound- und Videoeinbindungen erleichtert werden. Ohne den Werbeträger zu verlassen, sind innerhalb des Banners Datenbankabfragen oder Onlinebestellungen möglich.
Rich Media Banner	Werbemittel mit multimedialen Features (Sound, Film, Animation). Ein bekanntes Format ist Real Media, das den Vorzug des „Streaming" bietet: Bereits während des Herunterladens beginnt die Wiedergabe kurzer Film- oder Soundsequenzen. Vorteil: Interaktivität z. B. in Form von Onlinespielen, Nachteil: User müssen Zusatzprogramme installieren.
Interstitial	Ganzseitige Unterbrecherwerbung oder als „Pop-up-Ads" (kleinere Werbefenster), die sich zusätzlich zum aktuellen Browserfenster öffnen. Nachteil: User kann bereits beim Start das Fenster schließen, die Werbebotschaft wird nicht transportiert.
ASCII-Ads	Reine Textwerbung mit Link auf die Seite des Werbetreibenden oder mit direkter Kontaktaufnahme via E-Mail, häufig in Diskussionslisten und Newslettern.
Microsites	Teils sehr umfangreiche „Web specials": Mehrere aufeinander abgestimmte Seiten eines Werbenden sind durch Hyperlinks miteinander verbunden. Vorteil: Raum für umfangreiche Produktinformationen und Gewinnspiele.
Cross Promotion	Kooperation einer Website mit zielgruppenorientierten Onlineangeboten, z. B. durch wechselseitige Verlinkung oder „Content Syndication" (gegenseitige Bereitstellung von Inhalten auf fremden Websites mit Werbeträgern in den klassischen Medien wie TV, Print, Hörfunk)

Weitere Werbeformen sind z. B. Eintrag in Suchmaschinen sowie eigene Bereiche in Onlinediensten (Foren, Pinboards usw.).

Werbeerfolgskontrolle

Da Werbemaßnahmen Kosten verursachen, ist es erforderlich, diese Maßnahmen auf ihren wirtschaftlichen Erfolg hin zu kontrollieren. Die Ursachen für fehlgeschlagene Werbeaktivitäten können im umworbenen Produkt selbst (Flops) oder in falscher Preispolitik, falschem Marketing-Mix usw. liegen. Es muss untersucht werden, ob die Werbemittel und -träger sinnvoll ausgewählt wurden, ob Werbebotschaften, -intensitäten und Streuzeiten und -gebiete richtig bestimmt wurden, um künftige Fehleinschätzungen zu vermeiden.

Effiziente Werbeerfolgskontrolle liefert z. B. Antworten auf folgende Fragen:

- Welche Werbemittel sind wo erfolgreich?
- Welche Produkte werden wo und wie gekauft?
- Welche Preise sind für den Werbeträger gerechtfertigt?

Rechtliche Rahmenbedingungen der Werbung

Der Gesetzgeber hat eine Reihe von Vorschriften erlassen, die Verbraucher und Mitbewerber vor unlauteren Maßnahmen schützen. Die wichtigste Rechtsgrundlage ist das **Gesetz gegen den unlauteren Wettbewerb (UWG).**
§ 1 UWG:
Zweck des Gesetzes. Dieses Gesetz dient dem Schutz der Mitbewerber, der Verbraucherinnen und der Verbraucher sowie der sonstigen Marktteilnehmer vor unlauterem Wettbewerb. Es schützt zugleich das Interesse der Allgemeinheit an einem unverfälschten Wettbewerb.

Verkaufsförderung (Sales Promotion)

Die Verkaufsförderungsmaßnahmen dienen der Motivation, Information und Unterstützung aller Beteiligten am Absatzprozess, den Verkäufern im Innen- und Außendienst, dem Großhandel und dem Einzelhandel. Ferner sollen sie die Werbung unterstützen, die sich an den Endverbraucher richtet.

Verkaufspromotion	– Zielgruppe: Verkaufspersonal im Innen- und Außendienst – Maßnahmen: Schulungen (Produkt- und Verkaufskurse), regelmäßige Informationen, Motivationsanreize (Leistungsprämien), Verkaufsunterstützung (Displaymaterial, Musterkoffer, Präsentationsmedien)
Händlerpromotion	– Zielgruppe: Groß- und Einzelhändler – Maßnahmen: Ausbildung und Information des Handels, Beratung bei der Gestaltung der Verkaufsräume und der Kundenbetreuung, Preis- und Kalkulationshilfen, Motivation des Handels
Verbraucherpromotion	– Zielgruppe: Endverbraucher – Maßnahmen: Am Ort des Verkaufens (POS = Point of Sale oder POP = Point of Purchase) sollen Kunden mit Produkten in Kontakt kommen, z. B. durch Preisausschreiben, Prominentenaktionen, Displays, Werbegeschenke usw.

Öffentlichkeitsarbeit (Public Relations)

Maßnahmen der Öffentlichkeitsarbeit (PR-Arbeit) eines Unternehmens beziehen sich nicht primär auf ein bestimmtes Produkt oder eine Produktreihe, sondern auf das **Bild des Unternehmens**, sein **Image** und seine Reputation in der Öffentlichkeit.

Maßnahmen der PR-Arbeit
Der Katalog möglicher PR-Arbeit ist umfassend; es liegt an der Kreativität des einzelnen Unternehmens, sinnvolle PR-Aktivitäten zu initiieren. Häufig sind PR-Effekte auch recht preisgünstig zu erzielen. In jedem Fall ist es aber erforderlich, die Öffentlichkeit über diese Aktivitäten zu informieren, nach dem Motto: „Tue Gutes und sprich darüber!"

Beispiel
PR-Aktivitäten
- schlagkräftige Pressearbeit (Pressekonferenzen, Pressemitteilungen usw.)
- Betriebsbesichtigungen (Tag der offenen Tür)
- Sponsoring von sportlichen oder karitativen Veranstaltungen
- Spenden
- regionales Umweltengagement
- Kontaktpflege zu Schulen und Hochschulen (Entsendung von Referenten, Einladungen an Schüler und Studenten)
- Stiftung von Preisen (z. B. für die beste Diplomarbeit in einem Fach)
- Mitarbeit in Gremien (IHK, Fachverbände)
- Publikation von Nachwuchsförderung (Vergabe von Ausbildungsplätzen)
- soziales Engagement

AUFGABEN

1. Was versteht man im Rahmen des Marketings unter Kommunikation und welche Ziele hat die Kommunikationspolitik eines Unternehmens?
2. Nennen Sie zwei Ziele der Werbung.
3. Erläutern Sie folgende Punkte eines Werbeplanes:

    a) Streukreis b) Werbebotschaft c) Werbemittel
    d) Werbeträger e) Streuzeit f) Streugebiet
    g) Werbeintensität

4. Welche Besonderheiten hat Werbung im Internet?
5. Welche Aufgaben hat eine Werbeerfolgskontrolle?
6. Erläutern Sie:

    a) Verkaufspromotion b) Händlerpromotion
    c) Verbraucherpromotion

7. a) Welche Aufgaben hat die Öffentlichkeitsarbeit im Rahmen des Marketing?
   b) Erstellen Sie eine Übersicht über die PR-Aktivitäten Ihres Ausbildungsbetriebes.

AUFGABEN

8. Ein Systemhaus möchte seine Werbeaktivitäten im Internet optimieren und potenzielle Kunden auf seine Web-Präsenz aufmerksam machen. Erstellen Sie eine Liste von Aktivitäten und Maßnahmen, mit denen das Unternehmen dieses Ziel verfolgen kann.

9. Führen Sie eine Internetrecherche durch, die zum Ziel hat, die Preise für Anzeigen in Fachzeitschriften zu ermitteln, und erstellen Sie eine entsprechende Übersicht.

10. Entscheiden Sie bei folgenden Aussagen, ob sie richtig oder falsch sind.

    a) Für alle Werbeaktivitäten im Rahmen der Kommunikationspolitik sind Werbeagenturen einzuschalten, weil sie über eine höhere Fachkompetenz verfügen.

    b) Der Streukreis in einem Werbeplan bezieht sich auf die geografische Verbreitung der Werbung.

    c) Die Werbeintensität sagt aus, wie die Werbebotschaft beim potenziellen Kunden gewirkt hat.

    d) Die Werbeerfolgskontrolle beschränkt sich auf Kosten- und Nutzenuntersuchungen der Werbung.

    e) Verkaufspromotion hat als Zielgruppe die Endverbraucher.

3.7.6 Onlinemarketing

Unter Onlinemarketing versteht man den Einsatz von Marketinginstrumenten unter Einbeziehung von Internet und Telekommunikationsmedien. Onlinemarketing ist somit keine eigenständige Marketingkonzeption, sondern lediglich eine Erweiterung traditioneller Marketingarbeiten. Jedoch ist im Zuge einer rasanten Entwicklung des E-Commerce mit einer stetig zunehmenden Bedeutung von Onlinemarketing auch für Klein- und Mittelbetriebe zu rechnen.

AUFGABEN

1. Erläutern Sie die Erfolgsfaktoren im Onlinemarketing mit Beispielen.

2. Was versteht man im Rahmen des Onlinemarketings unter „interaktivem Beziehungsmanagement"?

3. Erläutern Sie, weshalb Maßnahmen im Onlinemarketing nicht isoliert von Aktivitäten im sonstigen Marketing eines Unternehmens geplant werden können.

3.7.7 E-Commerce, E-Business

E-Commerce ist jede Art von elektronischem Handel, bei dem die Beteiligten auf elektronischem Weg miteinander kommunizieren und nicht in direktem physischen Kontakt stehen.

E-Business ist die Abwicklung der administrativen und betriebswirtschaftlichen Geschäftsprozesse unter Benutzung der elektronischen Kommunikationsmedien.

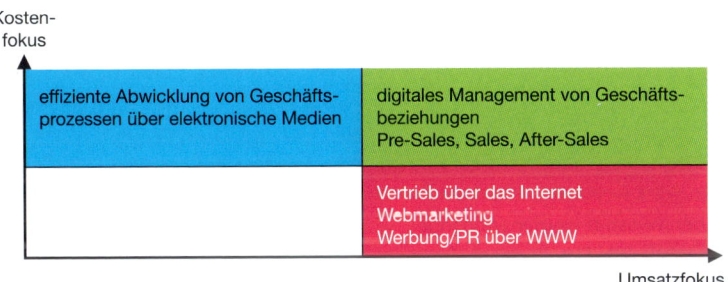

Wesentliche Elemente von Electronic Commerce sind die elektronische Abbildung von Geschäftsprozessen zwischen Unternehmen (Business-to-Business) und zwischen Unternehmen und Verbrauchern (Business-to-Consumer) und das effiziente Management der gesamten Geschäftsbeziehung zwischen den Beteiligten.

In Anlehnung an eine Definition der Unternehmensberatung KPMG definieren wir den Begriff E-Commerce so:

> Electronic Commerce ist ein Konzept zur Nutzung von bestimmten Informations- und Kommunikationstechnologien zur elektronischen Integration und Verzahnung unterschiedlicher Wertschöpfungsketten oder unternehmensübergreifender Geschäftsprozesse und zum Management von Geschäftsbeziehungen.

Effiziente Geschäftsprozesse

Die Integration und Verzahnung meint hauptsächlich die Eliminierung von Medienbrüchen und Schnittstellen in Wertschöpfungsketten und Geschäftsprozessen. An Organisationsgrenzen, also an der Schnittstelle zwischen unterschiedlichen Organisationen bzw. Unternehmen, haben die traditionellen Prozesse in der Regel vielfältige Medienbrüche. Informationen, die im Unternehmen elektronisch vorliegen, werden auf „klassischem Weg", also telefonisch, per Fax oder schriftlich nach außen gegeben. Der vollautomatische elektronische Datenaustausch zwischen Unternehmen und zwischen Unternehmen und Verbrauchern ist nicht die Regel, sondern eher die Ausnahme. Ein Charakteristikum von Electronic Commerce ist die elektronische Abwicklung von Geschäftsprozessen und die elektronische Informationsweitergabe über Organisations- bzw. Unternehmensgrenzen hinweg mit dem Ziel der Effizienzsteigerung und Beschleunigung von Geschäftsprozessen.

Geschäftsbeziehungsmanagement

Ein weiterer wesentlicher Aspekt von E-Commerce ist das digitale Management der Geschäftsbeziehung. Dahinter verbirgt sich der Gedanke, alle Leistungen, die ein Kunde von einem Anbieter haben möchte und die sich in digitaler Form erbringen lassen, auch entsprechend über das Netz zu erbringen. Dies schließt explizit die Phase der Informationsbeschaffung im Pre-Sales-Bereich, die Phase der Abwicklung eines Auftrages und die Phase der Kundenbetreuung im After-Sales-Bereich mit ein. Was immer ein Kunde im Laufe einer Geschäftsbeziehung von einem Anbieter an Leistungen – über das Produkt- oder Dienstleistungsspektrum hinaus – bekommen möchte, sollte, sofern dies möglich ist, in elektronischer Form über das Internet erbracht werden. Auf diesem Wege entsteht für beide Seiten wegen der geringen Transaktionskosten und der maximalen Bequemlichkeit ein Vorteil. Über eine optimale Erfüllung der Kundenbedürfnisse entsteht eine perfekte Bindung der Kunden an den Anbieter.

Die Dienste des **Internets** sind die wesentliche Kommunikationsplattform des E-Commerce bzw. E-Business.

Internetdienst	Erläuterungen	Beispiele
E-Mail	Elektronische Post: Informationen können per Mausklick weltweit und binnen Sekunden versandt werden, Anhänge sind möglich (alle Dateiformate, Texte, Grafiken, Videos, Sound usw.), Serienbriefe sind einfach erstellbar, direkte Antwortmöglichkeiten (Reply).	*Ein Unternehmen erstellt einen Newsletter für spezielle Kundengruppen, als Anhang können Fotos von neuen Produkten versandt werden. Kundenanfragen können per E-Mail schnellstens beantwortet werden.*
FTP	File Transfer Protocol: Dateien aller Formate (Texte, Grafiken, Datenbankauszüge, Video, Sound) können zwischen verschiedenen Rechnern übertragen werden (Upload, Download).	*Ein Unternehmen stellt auf seiner Website Download-Files zur Verfügung, bei Bedarf können Interessenten sich Videosequenzen zu Produktbeschreibungen, Katalogauszügen usw. downloaden und in Ruhe studieren.*
IRC	Internet Relay Chat: Textbasierende Kommunikation zwischen mehreren Benutzern. In sog. Chat-Räumen „unterhalten" sich Personen, indem sie kurze Textmeldungen versenden, die von allen Besuchern des Chat-Raumes zeitgleich verfolgt werden können.	*Im Chat-Raum eines Unternehmens werden gezielte Fragen von Kunden beantwortet und Produkteigenschaften sowie Liefer- und Zahlungsbedingungen diskutiert.*
Newsgroups	Diskussionsforen: Interessengruppen tauschen Informationen aus. Zu bestimmten Themen können Meinungen oder Fragen „gepostet" werden. Die Leser der Newsgroups senden dann ihre Stellungnahmen, auf die wiederum geantwortet werden kann usw.	*Ein Unternehmen beteiligt sich an einer Newsgroup. Hier erhält es Anregungen zur Produktverbesserung und -gestaltung, es kann aber auch eigene Anregungen abgeben und auf Stellungnahmen reagieren.*
Net-Phoning	Internettelefonie: Via Internet werden Verbindungen zum akustischen zeitgleichen Datenaustausch hergestellt. So kann bei Einbeziehung einer Web-Kamera eine Videokonferenz durchgeführt werden. Zusätzlich können Daten (z. B. Excel-Tabellen) gleichzeitig bearbeitet werden.	*Für kurzfristige Entscheidungen mit Lieferern setzt ein Unternehmen Videokonferenzen ein, um u. a. Reisekosten zu sparen.*
WWW	World Wide Web: In diesem Dienst werden die klassischen Internetdienste unter einer multimedialen Oberfläche zusammengefasst. Auf den Websites werden Informationen präsentiert, und über Links wird auf weitere Seiten verwiesen (Hypertexte). Ferner werden Möglichkeiten zur Kommunikation (E-Mail, Gästebuch usw.) sowie zum Download von Dateien angeboten.	*Die Web-Präsenz eines Unternehmens beginnt mit der Homepage. Dem Besucher der Seite werden Navigationshilfen geboten (Site-Map, Suchhilfe). Es können z. B. Produktbeschreibungen, Preislisten und AGB abgerufen und ein Newsletter abonniert werden, ferner kann direkt per E-Mail Kontakt aufgenommen werden.*

E-Commerce und E-Business können einerseits sämtliche **Geschäftsprozesse** innerhalb eines Unternehmens und seiner Beziehungen zur Umwelt (Kunden, Lieferer, Banken, Spediteure usw.) tiefgreifend beeinflussen und andererseits völlig neue **Geschäftsmodelle** hervorbringen. Im Jahre 2000 wurden bereits ca. 7,5 % des weltweiten Handels elektronisch über das Internet abgewickelt, wobei die USA Spitzenreiter sind. In Deutschland entwickelt sich E-Commerce mit rasanten Wachstumsraten.

Akteure im E-Commerce, E-Business

Die Beteiligten im E-Commerce können Unternehmen (Business), Endverbraucher (Customer) oder staatliche Einrichtungen (Government) sein. Da die Initiative zum E-Commerce von jedem Beteiligten ausgehen kann, können neun Klassen unterschieden werden.

	Business	**Customer**	**Government**
Business	B-to-B, B2B alle Transaktionen zwischen Unternehmen, z. B. Beschaffung, Zahlungsabwicklung, Kooperationen, Marktplätze	B-to-C, B2C alle Vertriebsaktivitäten mit Endverbrauchern als Zielgruppe, z. B. Teleshopping, Teleservice, Homebanking, Reisen buchen	B-to-G, B2G Aktivitäten zwischen Unternehmen und staatlichen Einrichtungen, z. B. Umsatzsteuervoranmeldung, Nachfrage nach Gewerbeflächen
Customer	C-to-B, C2B Aktivitäten, die vom Endverbraucher ausgehen und sich an Unternehmen richten, z. B. Power-shopping (Einkaufsgemeinschaften), elektronische Bewerbungen	C-to-C, C2C Transaktionen zwischen Privatleuten, z. B. Gebrauchtwagenbörsen, Kleinanzeigenmärkte, Gelegenheitsarbeiten	C-to-G, C2G Aktivitäten zwischen Privatleuten und staatlichen Einrichtungen, z. B. Anfragen, Steuererklärungen
Government	G-to-B, G2B Aktivitäten staatlicher Einrichtungen, die sich an Unternehmen richten, z. B. Steuerabwicklung, Angebote für Standorte, Vermittlung von Arbeitskräften	G-to-C, G2C Aktivitäten staatlicher Einrichtungen, die sich an Privatleute richten, z. B. Abrechnung von Gebühren, Bürgerinformationen	G-to-G, G2G Abwicklung von Prozessen zwischen staatlichen Einrichtungen, z. B. Kommunikation, gemeinsame Verarbeitung von Daten

Auch die Arbeitnehmer eines Unternehmens können Akteure in einem E-Business sein, man spricht dann von B-to-E (Business-to-Employee). In diesen Bereich fallen z. B. internetbasierende Stellenanzeigen und -gesuche, Onlinekurse, Telearbeit.

E-Commerce-Geschäftsmodelle

Die **E-Commerce-Geschäftsmodelle** zeigen eine breite Vielfalt auf. Sie entwickeln sich ständig weiter und es entstehen z. T. völlig neue Modelle.

Beispiel

E-Shop	elektronischer Handel mit allen Aspekten der Werbung, Produktdemonstration (Onlinekataloge), Bestellung, Auftragsbestätigung, Rechnungsstellung, Versandüberwachung und Bezahlung, B2B oder B2C
E-Mall	virtueller Zusammenschluss unabhängiger E-Shops zu einem elektronischen Marktplatz, B2B oder B2C
E-Procurement	elektronisches Beschaffungssystem für Unternehmen, mit elektronischen Ausschreibungen (auch von Behörden) sowie Ausschreibungskooperationen, elektronischen Verhandlungen und Vertragsabschlüssen, B2B, G2B, B2G
E-Auction	virtuelle Auktionen im WWW, bietet Käufern günstige Einkaufsmöglichkeiten und Verkäufern zusätzlichen Vertriebskanal (z. B. für Überbestände), B2B, B2C, C2C
Powershopping	Produkte werden im WWW mit einem Startpreis angeboten, je mehr Interessenten sich finden, desto günstiger wird der Endpreis. Hier können sich auch Einkaufsgemeinschaften bilden, um Rabatte zu erzielen.
Information Broking	qualifizierte Recherchedienste, z. B. für Marktforschungsdaten, Informationen über Branchen, Geschäftspartner usw.
Advertising Models	Sonderwerbeformen im Internet (Banner-, Linktausch) sowie Onlinemarktforschung
Virtual Community	Spezielle Interessengruppen werden angesprochen (z. B. Heimwerker, Senioren, Schüler usw.), sie bilden eine „Onlinegemeinde". Die Communitiy ist gleichzeitig Kommunikations- und Einkaufsplattform.

AUFGABEN

1. Definieren Sie E-Commerce und E-Business und erläutern Sie, weshalb vielfach keine exakte Abgrenzung zwischen beiden Begriffen getroffen werden kann.

2. Geben Sie für folgende Internetdienste Beispiele an, wie sie im Rahmen von E-Commerce bzw. E-Business von Unternehmen für Marketingzwecke genutzt werden können.

    a) E-Mail
    b) FTP
    c) IRC
    d) Newsgroups
    e) Net-Phoning
    f) WWW

3. Erläutern Sie, welche Beziehungen sich beim „Business to Employee" ergeben können.

4. Führen Sie eine Internetrecherche zum Thema „Telearbeit" durch und dokumentieren Sie Ihre Ergebnisse.

5. Finden Sie Beispiele für folgende Geschäftsmodelle:

    a) E-Shop
    b) E-Mail
    c) E-Procurement
    d) E-Auction
    e) Powershopping
    f) Information Broking
    g) Advertising Models
    h) Virtual Community

AUFGABEN

6. Entscheiden Sie bei folgenden Aussagen, ob sie richtig oder falsch sind.

   a) Geschäftliche Transaktionen zwischen Privatleuten gehören im Rahmen des E-Commerce zum Sektor C2C.

   b) Im Rahmen des E-Commerce können die Erstaktivitäten zu einem Geschäftsabschluss von allen beteiligten Akteuren ausgehen.

   c) E-Procurement bezieht sich auf elektronische Beschaffungssysteme von Unternehmen, wobei auch die Lieferer systematisch einbezogen sind.

   d) Information broking ist eine Dienstleistung, die gegen Bezahlung von Unternehmen bei Bedarf in Anspruch genommen werden kann.

   e) Advertising models beziehen sich auf spezielle Werbeformen im Internet.

3.8 Kundenberatung, Angebot und Vertragsgestaltung

3.8.1 Auftragsgewinnungsprozess

Kundenberatung, Angebotserstellung und Vertragsgestaltung sind wesentliche Inhalte des **Auftragsgewinnungsprozesses**, wobei Kunde und Lieferant die zentralen **Akteure** sind.

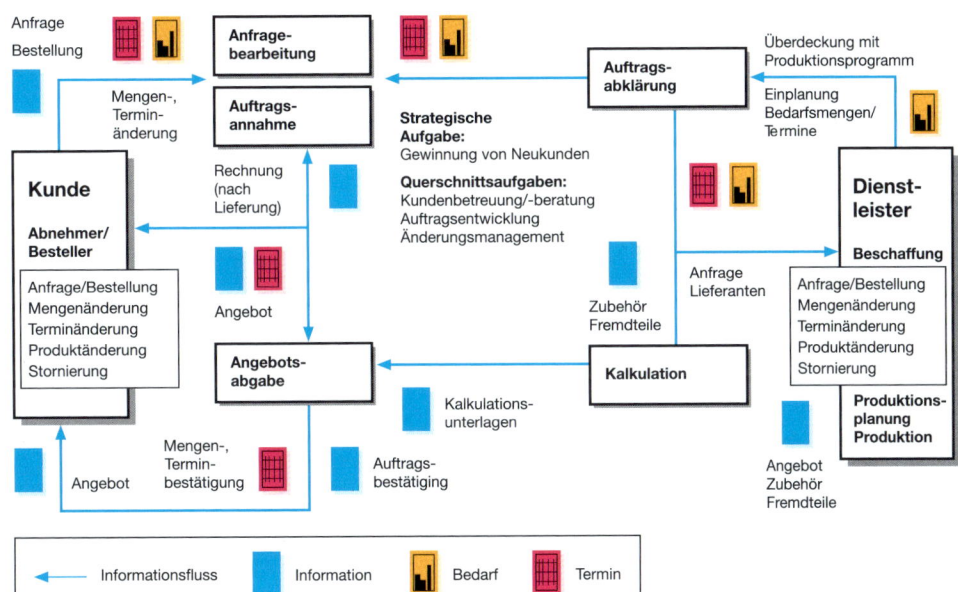

Übersichtsmodell Auftragsgewinnungsprozess
Quelle: Thaler, Klaus: Supply Chain Management, Fortis FH-Verlag, 2007, S. 103

Im Detail lassen sich aus diesem Modell konkrete Teilprozesse ableiten, die betriebsindividuelle Eigenschaften und Merkmale aufweisen können.

Checkliste: Auftragsgewinnung

Beurteilungsgrößen im Auftragsgewinnungsprozess (AGP)	Wirkung in der logistischen Kette	Mess-/Beurteilungsgrößen in weiteren Prozessen
Anfragebearbeitung/Auftragsabklärung Anfrage/Periode Anfrage/Kunde Anfragewert/Periode Anfragewert/Kunde Anfragen/Aufträge	Rückfragen/Abklärung Produktionsplanung Entwicklung Beschaffung	Zeit- und Kostenaufwand bzgl. Anfragen
Auftragsannahme/Auftragsbestätigung Auftragseingang/Periode, Kunde Wert Auftragseingang/Periode, Kunde Reichweite Auftragseingang Anzahl, Wert Wiederholaufträge Anzahl, Wert Neuaufträge Wert/Reichweite des Auftragsbestandes Anzahl abgegebener Angebote/ realisierter Auftragseingänge	Einplanung im Produktionsprogramm Bedarfsermittlung Beschaffung Produktion Distribution Service, Kompetenz	Lieferzuverlässigkeit Ausführungs- und Fertigungsqualität Lieferzeit interne Durchlaufzeit (DLZ) Kostenaufwand bzgl. Angebote
Angebotsabgabe/Angebotskalkulation Anzahl Angebote/Periode, Kunde Wert Angebote/Periode, Kunde Wahrscheinlichkeit Auftragseingang	Materialreservierung vorläufige Einplanung bis Auftragsbestätigung	Einschätzung Auftragswahrscheinlichkeit, Produktion und Beschaffung
Prozesskosten AGP Gesamtaufwand/Periode AGP Kosten AGP/Angebotserstellung Kosten AGP/Einzelauftrag, Kunde Kosten AGP/Vertriebsmitarbeiter Kosten AGP für Lieferanteneinbindung	Verhältnis der Kostenanteile in den weiteren Prozessen	Analyse der Kostenstruktur
Prozesszeiten/Prozessqualität AGP Antwortzeit Anfragebearbeitung Durchlaufzeit (DLZ) Auftragsabklärung, DLZ Angebotsabgabe Antwortzeit in Auftragsannahme DLZ Auftragsbestätigung Anzahl fehlerhafter Angebote Anzahl Kundenbeschwerden Einschätzung Auftragsentwicklung Anzahl abgegebener Angebote/ voraussichtlicher Auftragseingänge	Kundenzufriedenheit Service, Kompetenz Service, Kompetenz Service, Kompetenz Service, Kompetenz Vorschau Kapazität Vorschau	Kundenbefragung und Selbstbewertung Selbstbewertung Selbstbewertung Reklamationsauswertung Produktionskapazität
Änderungsmanagement Durchführen von Sonderaufträgen AGP Auftragsänderungen/Periode, Kunde Reaktion auf Auftragsänderungen Reaktion auf Kundenwünsche	Aufwand Aufwand Kundenzufriedenheit Kundenzufriedenheit	Lieferqualität Ausführungs- und Fertigungsqualität Bewertung

Quelle: Thaler, Klaus: Supply Chain Management, Fortis FH-Verlag, 2007, S. 234

Im Folgenden wird auf einige dieser Prozesse detailliert eingegangen, wobei der Prozess der Kundenberatung im Mittelpunkt steht.

AUFGABEN

1. Was sind die wesentlichen Inhalte und Akteure eines Auftragsgewinnungsprozesses?
2. Erstellen Sie eine Liste von Teilprozessen der Auftragsgewinnung.
3. Erläutern Sie, wie durch Gestaltung des Auftragsgewinnungsprozesses die Kundenzufriedenheit beeinflusst werden kann.
4. Nehmen Sie Stellung zu der Aussage: „Auftragsgewinnungsprozesse sind in allen Unternehmen Schlüsselprozesse."

3.8.2 Kundenstrukturen

Im Zentrum des Auftragsgewinnungsprozesses steht der Kunde. Ihn zu gewinnen und zu halten, indem seine Bedürfnisse befriedigt werden, ist das Hauptziel. Daher ist im Sinne einer konsequenten **Kundenorientierung** (vgl. S. 196) zunächst eine klare Bestimmung des Standortes von Kunden im Rahmen der Gestaltung von Geschäftsprozessen notwendig.

Was ist ein Kunde?

– Ein Kunde ist **der wichtigste Mensch**, der in der Unternehmung auftaucht.
– Ein Kunde ist nicht von uns abhängig, **wir sind von ihm abhängig**.
– Ein Kunde ist kein Störfaktor – **er ist Zweck der Arbeit**.
– Wir tun ihm keinen Gefallen, wenn wir ihn gut bedienen – er tut uns einen Gefallen, **indem er uns Gelegenheit dazu gibt**.
– Ein Kunde ist jemand, der mit seinen Bedürfnissen zu uns kommt – unsere Aufgabe ist es, **diese Bedürfnisse auf möglichst perfekte Weise für ihn und uns zu erfüllen**.

Quelle: Gündling, Christian: Maximale Kundenorientierung, 1997

Diese Sichtweise von Kunden wird zwar von vielen Unternehmen propagiert, jedoch ist eine konkrete Umsetzung nicht überall erkennbar. Insbesondere bei traditionell orientierten Unternehmen, die keine klare Bestimmung ihrer wertschöpfenden Geschäftsprozesse (vgl. S. 152) vollzogen haben, hat die Kundenorientierung noch keine zentrale Bedeutung erlangt.

Um die Kundenanforderungen zu ermitteln, ist es sinnvoll, die Bandbreite verschiedener Kundentypen und Kundensegmente (vgl. S. 199) zu betrachten. Unterschiedliche Kundentypen haben i. d. R. verschiedene Verhaltensweisen und Ansprüche, auf die jeweils mit entsprechenden Maßnahmen zu reagieren ist.

Unterscheidungskriterien	Erläuterungen, Beispiele
rechtlicher Status	– **Privatkunden** *(Endverbraucher, Konsumenten)* *Sie sind nicht vorsteuerabzugsberechtigt (vgl. S. 321) und bilanzieren die erworbenen Wirtschaftsgüter nicht.* – **Unternehmen** *(z. B. Wiederverkäufer, Endabnehmer, Existenzgründer, Groß-, Mittel- und Kleinbetriebe usw.) Sie sind vorsteuerabzugsberechtigt, und die erworbenen Wirtschaftsgüter dienen ihren Betriebszielen, sie sind i. d. R. bilanzierungspflichtig.* *(Hinsichtlich der Kaufmotive vgl. S. 175)*
Kundenbindung	– **Stammkunden** *mit z. T. langjährigen Geschäftsbeziehungen* *Dieser Kundentypus erfordert besondere Pflege, da er zumeist einen wesentlichen Umsatzanteil trägt und somit besonders wichtig ist.* – **Neukunden** *Diese Kunden bedürfen ebenfalls einer speziellen Ansprache, da sie zu Stammkunden werden können. Die Akquisition eines Neukunden verursacht z. T. zehnmal so hohe Kosten wie die Pflege eines Stammkunden.*
Kenntnisstand über nachgefragte Produkte und Dienstleistungen	– **Experten** *Diese Kunden verfügen häufig über detaillierte Markt- und Produktkenntnisse. Die Ermittlung ihrer Ansprüche ist meist weniger problematisch, jedoch erstrecken sich Verkaufsverhandlungen oft auf Konditionen, Preise, Qualitätsstandards und Service.* – **Laien** *Dieser Kundentyp benötigt z. T. sehr intensive Beratungsgespräche, um seine spezifischen Bedürfnisse zu identifizieren und zu spezifizieren.*
Finanzierungsbedarf	– **Barzahler** *(ggf. mit Skontoabzug)* – **Zahler gegen Rechnung** *(ggf. mit Skontoabzug)* – **Teilzahler** *(Ratenzahlung)* – **Kunden mit speziellem Finanzierungsbedarf** *(Finanzierung über Kreditinstitute, Sicherungsübereignung, Eigentumsvorbehalt usw. (vgl. S. 262))*
Kaufbereitschaft für neue Produkte und Dienstleistungen	– **Innovatoren, Ingangsetzer** *Dieser Kundentyp ist risikobereit und fordert offensiv Neuerungen, Produktverbesserungen und Weiterentwicklungen, er stellt enorm hohe Ansprüche und will stets bei den Ersten sein, die ein neues Produkt erwerben. Er gilt als Trendsetter.* – **Neuerer** *Dieser Kundentyp ist offen für alle Neuerungen und Weiterentwicklungen. Im Gegensatz zum Innovator ist er zurückhaltender und wartet lieber ab, jedoch ist er Argumenten gegenüber stets offen.* – **Übernehmer** *(Me-too-Kunden)* *Diese Kunden übernehmen Trends und kaufen das, was „die meisten" kaufen. Sie setzen auf Bewährtes und meiden riskante Innovationen.* – **Nachzügler** *Dieser Kundentyp hinkt technischen Entwicklungen meist hinterher und sucht nach kostengünstigen Alternativen.*

Unterschei-dungskriterien	Erläuterungen, Beispiele
Stellung in der ABC-Analyse Vgl. S. 300	– **A-Kunden, Key-Account-Kunden** Auf sie entfällt ein sehr großer Teil des Gesamtumsatzes (z. B. 75 %–80 %). Sie sind für den Unternehmenserfolg enorm wichtig, weil der Verlust eines A-Kunden sofort zu erheblichen Umsatz- und Gewinneinbußen führt. – **B-Kunden** Auf diese Kunden entfallen ca. 20 % des Umsatzes. – **C-Kunden** Mit dieser Kundengruppe werden max. 5 % des Umsatzes erwirtschaftet.
Ansprüche	Die Kundenansprüche sind heterogen, daher sind nur schwer einzelne Kundentypen zu bestimmen. Ferner werden von Kunden i. d. R. mehrere Ansprüche gleichzeitig gestellt, wobei deren Gewichtung variabel ist. – **Preisfeilscher** Diesem Kunden kommt es in erster Linie auf Preise an, er beansprucht Rabatte, Barzahlungsnachlässe und verfügt meist über ausgezeichnete Marktkenntnisse. Ihm muss besonders das Preis-Leistungs-Verhältnis eines Produktes erläutert werden. – **Service-Fan** Dieser Kunde ist von Serviceleistungen zu überzeugen, z. B. Hotlines, kostenlosen Lieferungen und Installationen, Garantien, Infos über Neuerungen, Kundenbriefen usw. – **Termin-Fan** Diesem Kunden ist Termintreue bei Lieferungen das wichtigste Anliegen. Überschreitungen von Lieferterminen führen meist zum Geschäftsabbruch. – **Qualitätsfan** Die Erfüllung von geforderten Qualitätsstandards spielen bei diesem Kundentyp die dominante Rolle bei Kaufentscheidungen. Insbesondere spielen hierbei messbare Kriterien eine Rolle, z. B. Testberichte, Benchmarks, DIN-, ISO- und EU-Normen. – **Atmosphäre-Typ** Dieser Kunde legt hohen Wert auf eine positive Verkaufsatmosphäre. Hierzu zählen u. a. das Ambiente des Besprechungsraumes, die Kleidung und die Ausdrucksweise des Verkaufsmitarbeiters sowie ein stilvolles Verkaufsgespräch.

AUFGABEN

1. Beschreiben Sie eine idealtypische Sichtweise von Kunden eines Unternehmens.
2. Erläutern Sie, weshalb Kundenansprüche permanent untersucht werden müssen.
3. Führen Sie für Ihren Ausbildungsbetrieb eine Kundenstrukturanalyse durch.
4. Erläutern Sie folgende Unterscheidungskriterien für Kunden und finden Sie Beispiele:
   a) rechtlicher Status
   b) Kundenbindung
   c) Kenntnisstand über nachgefragte Produkte
   d) Finanzierungsbedarf
   e) Kaufbereitschaft für neue Produkte
   f) Stellung in der ABC-Analyse
   g) Kundenansprüche

> **AUFGABEN**
>
> 5. Welche Ziele verfolgt eine Kundenstrukturanalyse?
> 6. Entscheiden Sie bei folgenden Aussagen, ob sie richtig oder falsch sind.
>   a) Privatkunden sind nicht vorsteuerabzugsberechtigt.
>   b) Kunden haben unterschiedliche Verhaltensmuster und unterschiedliche Ansprüche. Für ein Großunternehmen ist es daher nicht möglich, sich auf die verschiedenen Kundenstrukturen einzustellen; dies ist nur kleineren Unternehmen möglich.
>   c) Maßnahmen der Kundenbindung beziehen sich nur auf Stammkunden.
>   d) Kunden mit speziellem Finanzierungsbedarf werden selten Stammkunden.
>   e) Kunden, die im Rahmen einer ABC-Analyse als C-Kunden eingestuft sind, benötigen in Verkaufsgesprächen keine besondere Aufmerksamkeit.

3.8.3 Kundenanforderungen, Kundenansprüche

Eine vollständige Liste aller Kundenanforderungen kann wegen der z. T. höchst individuellen und im Einzelfall widersprüchlichen Ausprägungen nicht erstellt werden. Zusätzlich kann sich die Gewichtung persönlicher Anforderungen und Ansprüche verändern.

Anspruchswandel

Kundenansprüche wandeln sich im Zeitablauf. Daher müssen Trends erforscht und in die Marketingarbeit einbezogen werden.

Anspruchswandel von Konsumenten durch

Veränderung der Persönlichkeitsmerkmale	soziografische Veränderungen	gesellschaftliche Veränderungen
– Trend zum Individuellen – Trend zur Genussorientierung – stärkeres Gesundheitsbewusstsein – Ökologiebewusstsein – Trend zum „Erlebniskauf" – usw.	– veränderte Alterspyramide – Generationenwandel – Vermehrung von „Single-Haushalten" – höheres Bildungsniveau – höheres Wohlstandsniveau – usw.	– Freizeitgesellschaft – Informationsgesellschaft – Trend zum „globalen Dorf" – verändertes Kommunikationsverhalten (Häufigkeit, Kommunikationsformen, Telekommunikation usw.) – höhere Mobilität – usw.

So wie sich der Anspruchswandel von Konsumenten durch verschiedene Faktoren verändert, entwickelt sich aufseiten der Unternehmen ebenfalls ein Wandel der Kundenansprüche. Allerdings sind hier andere Ursachen verantwortlich.

Anspruchswandel von Firmenkunden durch

Veränderungen der Unternehmenskulturen	gesellschaftliche und wirtschaftspolitische Veränderungen
– Trend zum Leanmanagement – Tendenzen des Outsourcings – Internationalisierung, Globalisierung – Kundenorientierung – Prozessorientierung – Global Sourcing – Orientierung an „Shareholder Value" – strategische Allianzen – usw.	– politische Strukturen – Europäisierung, Internationalisierung – Veränderung der Stellung der Tarifparteien – neue Arbeitsformen (z. B. Telearbeit) – Unternehmenszusammenschlüsse und Konzentration – Gesetzgebung – internationaler Kostendruck – usw.

Kundenansprüche und Marketing-Mix

Die Kundenansprüche richten sich an den Lieferanten in seiner Gesamtheit, das bedeutet, dass der Lieferant in seiner Marketingkonzeption sich auf diese Ansprüche einstellen muss, wenn er auf Dauer marktgängig bleiben will. Es bedeutet auch, dass durch intensive Marktforschung (vgl. S. 178) die Kundenansprüche intensiv untersucht werden müssen. Das Gewinnen von Neukunden (Akquisition) sowie das Halten von Stammkunden ist somit das zentrale Ziel der gesamten Marketingarbeit.

Mit den marketingpolitischen Instrumenten, also dem Marketing-Mix (vgl. S. 204), wird auf Kundenansprüche reagiert. Diese Prozessgestaltung wird erschwert durch Aktivitäten der Konkurrenz, insofern muss permanent eine **Konkurrenzbeobachtung** durchgeführt werden, um eigene Marketingbemühungen zu optimieren.

Checkliste Kundenansprüche

Die Vielzahl unterschiedlicher Kundensegmente und Kundentypen bedingt, dass auch eine enorme Menge verschiedener konkreter Kundenansprüche vorzufinden ist.

Anspruchsbereich	konkrete Ansprüche	
Verkaufspersonal	– fachliche Kompetenz – Freundlichkeit, Verbindlichkeit – Fähigkeit, auf individuelle Wünsche einzugehen	– Bereitschaft zur Zusammenarbeit – Fähigkeit zur Problemerkennung und -lösung
Verkaufs-, Besprechungsraum	– angenehme, bequeme Atmosphäre – übersichtliches Produktangebot und -präsentation – Erreichbarkeit (kurzer Anfahrtsweg, Parkplätze)	
Produkte und Dienstleistungen	**Produkte** – Funktionalität – normengerecht (DIN, ISO, EU, CE) – Erweiterbarkeit (Aufrüstungen u. Ä.) – Bedienerfreundlichkeit – Qualitätsstandards **Dienstleistungen** – Individualität – anforderungs- und bedürfnisgerecht	– Kompatibilität – Design – Umweltverträglichkeit – gutes Preis-Leistungs-Verhältnis – gutes Preis-Leistungs-Verhältnis

Anspruchsbereich	konkrete Ansprüche	
Konditionen	– flexible Gestaltung von Verträgen – individuelle Gestaltung der Zahlungs- und Lieferungsbedingungen – Finanzierungsangebote	– Anpassung an Geschäftsprozesse – Garantien, Kulanz – Termintreue
Service	– Hotlines – Kundenbriefe (Mail-Aktionen) – Verpackungsentsorgung – Installationen – Schulungen, Einweisungen	– Reparaturservice – Ersatzteilservice – Kontaktpflege via Telekommunikationsmedien

AUFGABEN

1. Erläutern Sie, weshalb es nicht ausreicht, Kundenansprüche nur einmalig zu untersuchen.

2. Beschreiben Sie den Anspruchswandel von Kunden, indem Sie Veränderungen der Persönlichkeitsmerkmale, soziografische und gesellschaftliche Veränderungen erläutern.

3. Geben Sie Indikatoren für den Anspruchswandel von Firmenkunden an, die sich zurückführen lassen auf:

    a) Veränderungen der Unternehmenskulturen

    b) gesellschaftliche und politische Veränderungen

4. Ergänzen Sie die folgenden Anspruchsbereiche von Kunden mit konkreten Ansprüchen.

    a) Verkaufspersonal

    b) Verkaufs-, Besprechungsraum

    c) Produkte und Dienstleistungen

    d) Konditionen

    e) Service

5. Entscheiden Sie bei folgenden Aussagen, ob sie richtig oder falsch sind.

    a) Der Anspruchswandel von Konsumenten (private Verbraucher) und Firmenkunden verläuft unterschiedlich.

    b) Wenn Kundenansprüche auf Dauer nicht erfüllt werden, wandern Kunden zu Mitbewerbern ab und das Unternehmen gerät in Existenznot.

    c) Kundenansprüche reduzieren sich immer auf eine möglichst preiswerte Beschaffung ihrer Produkte.

    d) Die Fähigkeit zur Problemerkennung und -lösung ist ein Anspruch von Kunden an das Verkaufs- und Beratungspersonal, der zukünftig immer stärker an Bedeutung gewinnt.

    e) Die Ermittlung von Kundenansprüchen gehört zu den Aufgaben der Marktforschung.

3.8.4 Bestandsaufnahme und Konzeption

Um für den Kunden eine individuelle Problemlösung zu konzipieren, ist es erforderlich, zunächst seine spezielle **Bedarfssituation** zu analysieren, um schließlich ein verbindliches Angebot vorzulegen. Die benötigten Informationen sind nur durch eine Kommunikation mit dem Kunden zu erhalten. Hierbei spielt die Form der Kommunikation (schriftlich, persönlich, per Telekommunikation usw.) zunächst keine Rolle. Entscheidend ist, dass eine schnelle und kostengünstige Reaktion auf das Kundenbedürfnis erfolgt, um zu einem optimalen Konzept zu gelangen, das Basis für einen Vertragsabschluss ist.

Bestandsaufnahmeprozess

Als grobes Prozessschema empfiehlt sich dabei folgender Ablauf, aus dem die einzelnen Phasen modellhaft ableitbar sind:

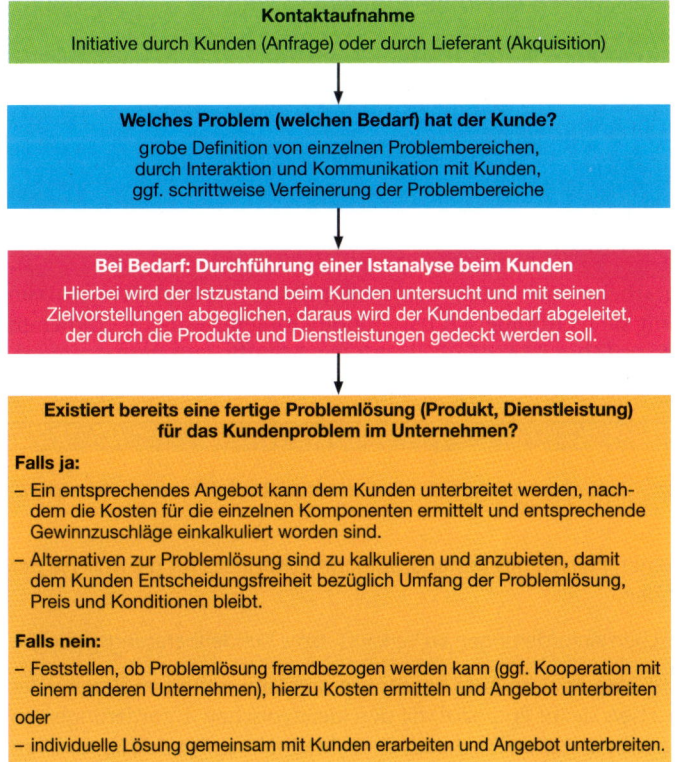

Der Ablauf des beschriebenen Prozesses ist permanent durch Kommunikation mit dem Kunden gekennzeichnet. Nur so können die benötigten Informationen gewonnen werden.

Anforderungen an Verkaufsmitarbeiter

An die Verkaufsmitarbeiter werden dabei hohe Anforderungen bezüglich ihres Kommunikationsverhaltens, der rhetorischen Fähigkeiten und der analytischen Kompetenz gestellt. Sie befinden sich in einem **Spannungsfeld**:

- Einerseits soll ein Vertragsabschluss herbeigeführt werden, damit für ihr Unternehmen ein akzeptabler Umsatz und ein ausreichender Deckungsbeitrag (vgl. S. 206) erzielt werden und ggf. für sie entsprechende Verkaufsprovisionen anfallen.
- Andererseits soll für den Kunden eine Nutzenoptimierung erfolgen, indem eine möglichst preisgünstige individuelle Problemlösung angeboten wird, die von einem Mitbewerber nicht unterboten werden kann.

Hierzu bedarf es einer intensiven **Schulung des Verkaufspersonals**. Die Inhalte derartiger Lehrgänge und Kurse beziehen sich vor allem auf

- Argumentationstechniken (Verkaufsargumente vorstellen),
- Fragetechniken (Kundenbedürfnisse und Kaufmotive schnell erfassen),
- Behandlung von Kundeneinwänden,
- Rhetorik (Gesprächsführung),
- nonverbale Kommunikation (Mimik, Gestik),
- Telefonmarketing,
- Moderationstechniken,
- Präsentationstechniken und
- Nutzung von Präsentationsmedien.

Zusätzlich sind Verkaufsmitarbeiter auf systemtechnischer Ebene (**Produktkenntnisse**) permanent zu schulen, damit sie technologisch basierende Problemlösungen erarbeiten können. Ferner müssen sie **teamfähig** sein, damit sie mit den Mitarbeitern der Systementwicklung und -produktion kooperieren können.

AUFGABEN

1. Erläutern Sie die Notwendigkeit einer Analyse der Bedarfssituation bei einer Kundenberatung.
2. Beschreiben Sie die einzelnen Phasen des Bestandsaufnahmeprozesses für die Analyse der Bedarfssituation des Kunden.
3. Erläutern Sie die idealtypischen Anforderungen an Verkaufs- bzw. Kundenberatungspersonal.
4. Erstellen Sie für sich selbst eine Analyse Ihrer Kenntnisse und Fähigkeiten im Bereich der Kundenberatung. Vergleichen Sie Ihr Potenzial mit den idealtypischen Anforderungen an Verkaufs- und Beratungspersonal. Leiten Sie daraus einen Maßnahmenkatalog ab, um Ihre Defizite abzubauen und Ihre Stärken auszubauen.
5. Erstellen Sie eine Checkliste der Inhalte für eine Verkäuferschulungsmaßnahme.
6. Sie sind beauftragt, einen potenziellen Kunden zu besuchen, der bei Ihrem Unternehmen ein Netzwerk (20 Workstations, Server, Drucker, Verkabelung, Installation usw.) inkl. der erforderlichen Software kaufen möchte. Sie bereiten sich auf dieses Gespräch vor.
    a) Erstellen Sie hierzu einen Katalog Ihrer eigenen Vorbereitungstätigkeiten.
    b) Welche Informationen über den potenziellen Kunden benötigen Sie, welche davon können Sie bereits vor dem Gespräch in Erfahrung bringen?

AUFGABEN

7. Erläutern Sie, weshalb Verkaufs- und Beratungsmitarbeiter sich bei ihrer Tätigkeit häufig in einem Spannungsfeld befinden.
8. In Gesprächen mit Kunden kommt der nonverbalen Kommunikation durch Mimik, Gestik, Körperhaltung eine besondere Bedeutung zu. Geben Sie Gründe für diese Behauptung an.
9. Entscheiden Sie bei folgenden Aussagen, ob sie richtig oder falsch sind.

    a) Rhetorische Fähigkeiten sind angeboren und können somit nicht erlernt und trainiert werden.

    b) Die Durchführung einer Istanalyse beim Kunden ist immer notwendig, um eine Bestandsaufnahme seiner Bedürfnisse zu erhalten.

    c) Bei dem Prozess der Bestandsaufnahme der Bedarfssituation eines Kunden müssen nicht immer alle Teilphasen durchlaufen werden.

    d) Jedes Kundengespräch sollte zu einem Vertragsabschluss führen.

    e) Kundengespräche müssen protokolliert werden, damit bei Streitigkeiten entsprechendes Beweismaterial vorhanden ist.

3.8.5 Typische Verhaltensmaßnahmen in Verkaufssituationen

Verkaufssituationen sind so vielfältig wie die Kunden, Produkte, Dienstleistungen, Betriebsformen und -organisationsstrukturen in der IT-Branche. Insofern kann hier nur exemplarisch auf wenige typische Verkaufssituationen eingegangen werden.

Kontaktaufnahme mit dem Kunden

Der Erstkontakt mit einem potenziellen Kunden kann bestimmend für den Verkaufserfolg sein. Wenn dieser Erstkontakt nicht zu einer positiven Reaktion des Kunden führt, so ist i. d. R. ein Vertragsabschluss nicht mehr erreichbar. Daher muss der Erstkontakt mit dem Kunden präzise, aber flexibel vorbereitet werden.

Beispiel

Situation	Verhaltensmaßnahmen
Ein Kunde reagiert auf eine Anzeige in einer Fachzeitschrift und bittet schriftlich um Informationen.	– schnelle Reaktion – Produktübersichten und ggf. Referenzen zusenden – Produktvorführungen anbieten – Aufnahme der Adressen in Datei für potenzielle Kunden – Verweis auf Homepage (dort Möglichkeit des Downloads von weiteren Informationen geben) – schriftlich oder telefonisch „nachhaken" – Besprechungstermin anbieten, ggf. Besuch beim Kunden durch Außendienst

Situation	Verhaltensmaßnahmen
Ein Kunde bittet telefonisch um einen Gesprächstermin.	– in diesem Gespräch möglichst viele Informationen über den Kunden und sein Problem erfahren und festhalten – ggf. Homepage des Kunden studieren – Gesprächstermin an Kundenwunsch orientieren – Vorbereitung des Gespräches (Inhalte, Dauer, ggf. Präsentation von Demos, Produkte zur Vorführung mitnehmen usw.)
Ein Kunde sendet nach einer Visite der Unternehmenshomepage eine E-Mail und bittet um präzise Informationen.	– umgehend (möglichst am selben Tag) per E-Mail antworten und genau auf die Kundenwünsche eingehen – Homepage des Kunden anschauen/studieren – Gesprächstermin anbieten – falls binnen einer Woche keine Kundenreaktion erfolgt ist, via E-Mail oder per Post „nachhaken"
Ein Kunde betritt die Verkaufsräume.	– so schnell wie möglich freundlich durch Begrüßung Kontakt aufnehmen (Kunden nicht warten lassen) – ggf. Sitzmöglichkeiten anbieten – im Gespräch Kundenwünsche herausfinden – für positive Atmosphäre sorgen – Produkte vorführen und erklären (ggf. den Kunden selbst Geräte ausprobieren lassen)

Kundenwünsche ermitteln

Durch gezielte Fragen sind durch den Verkaufsmitarbeiter die Kundenwünsche zu ermitteln. Hierbei gilt:

Die beste Antwort der erhält, der seine Fragen richtig stellt!

(frei nach Eugen Roth)

Durch **gesprächseröffnende Fragen** an den Kunden können gezielt die Bedürfnisse des Kunden eingegrenzt werden.

Beispiel
In einem Fachgeschäft interessiert sich ein Kunde für ein Notebook. Der Verkaufsberater versucht über gezielte Fragetechnik, seine speziellen Wünsche zu erforschen.

Geeignete Fragen	Nicht geeignete Fragen
– „Welche Arbeiten wollen Sie mit dem Notebook ausführen?" (Hierdurch erfährt der Verkäufer das Einsatzgebiet und kann entsprechende Produkte vorführen.) – „Arbeiten Sie auch mit einem Desktop-Rechner?" (Hierdurch erfährt der Verkäufer ggf. etwas über die Kenntnisse des Kunden im Umgang mit einem PC und kann ggf. entsprechende Fachbegriffe verwenden.) – „Darf ich Ihnen einige Notebooks vorführen? Sie können sie dann auch gerne selbst ausprobieren." (Hierdurch wird dem Kunden Gelegenheit gegeben, selbst eigene Fragen zu stellen.) – „Wir haben speziell für Notebook-Kunden einen kleinen Fragenkatalog erarbeitet, um die speziellen Wünsche unserer Kunden zu ermitteln, möchten Sie, dass wir gemeinsam diese Checkliste durchgehen?" (Hiermit kann dem Kunden Fachkompetenz vermittelt werden, da er feststellt, dass man sich mit seinen Bedürfnissen konkret befassen möchte. Allerdings darf der Fragenkatalog nicht zu lang sein.)	– „Haben Sie schon bestimmte Vorstellungen?" (Diese Frage ist zu offen, der Verkäufer erfährt nichts über das Kaufmotiv.) „Können Sie überhaupt mit einem Rechner umgehen?" (Hierdurch wird der Kunde i. d. R. brüskiert und wendet sich ab.) – „Wollen Sie eine bestimmte Marke?" (Hierdurch engt der Verkäufer seinen eigenen Handlungsspielraum ein und ermöglicht es seinem Kunden nicht, eigene Fragen zu stellen.) – „Wissen Sie, dass Notebooks viel teurer sind als Desktop-Rechner?" (Auch hier wird der Kunde verärgert, da sein spezieller Wunsch nicht richtig wahrgenommen wird.)

Häufig wird von gesprächseröffnenden Fragen gefordert, dass sie mit einem Fragewort beginnen (wie, was, wer, wie viel usw.). Dies kann nicht pauschal gelten, da der **Inhalt der Frage** entscheidend ist und nicht zwingend die Verwendung bestimmter Fragen. Wichtig ist, dass bei der Gesprächseröffnung zügig auf die Bedürfnisstruktur des Kunden eingegangen wird, damit daraus die **Nutzungseigenschaften eines Produktes für den Kunden** abgeleitet werden können. Hierauf können dann kundenbezogene Verkaufsargumente angewendet werden, die zu einer Problemlösung für den Kunden und zu einem Kaufabschluss führen.

Verkaufsgespräch

Während des Verkaufsgespräches sind nach Möglichkeit Floskeln und Phrasen zu vermeiden. Sie helfen nicht bei einer Kaufentscheidung des Kunden und geben keine fachlichen Hinweise.

Aus den **Produkteigenschaften** sind auf der Basis der ermittelten Kundenwünsche **Nutzungseigenschaften** für den Kunden abzuleiten.

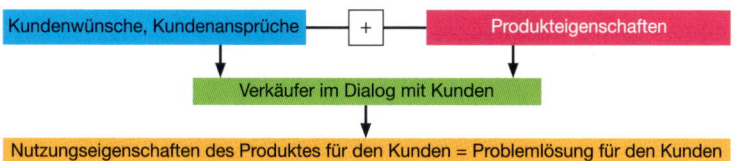

Ableitungen von Produktnutzen für Kunden

Zu vermeiden sind im Verkaufsgespräch technische Spezialausdrücke, Abkürzungen und Worthülsen.

Beispiel
Verkauf eines Druckers an einen Kunden mit geringen PC-Kenntnissen:

zu vermeiden	besser	abgeleitete Nutzungseigenschaft
600 x 600 dpi	hohe Druckauflösung	„Sie erhalten ein gestochen scharfes Schriftbild, brillante Grafiken und Bilder!"
Papierverarbeitung bis 300 g	Auch festes Papier oder dünner Karton können bedruckt werden.	„Sie können eigene Visitenkarten oder auch Folien bedrucken!"
Auto-Install-Routine	bequeme und schnelle Installation	„Legen Sie einfach die Drucker-CD ein und alle Treiber werden automatisch auf Ihrem Rechner installiert!"

Im Verkaufsgespräch sind dem Kunden also echte **Problemlösungen** anzubieten. Eine Auflistung von technischen Daten, diversen Produkteigenschaften und das Zitieren von Benchmark-Tests liefern die gewünschte Problemlösung i. d. R. nicht und führen nicht zu einer Kaufentscheidung.

Wichtig ist es, im Verkaufsgespräch den Kunden zu aktivieren, z. B. indem er aufgefordert wird, ein bestimmtes Produkt selbst auszuprobieren und die Funktionen zu testen. Hierbei ergeben sich Verkaufsargumente z. T. aus der Situation selbst, z. B. dadurch, dass der Kunde bestimmte Produkteigenschaften richtig einschätzen und Vergleiche mit alternativen Produkten sofort nachvollziehen kann.

Preisverhandlungen

Kunden verfügen häufig über bestimmte Preisvorstellungen eines Produktes oder einer Dienstleistung. Im Verkaufsgespräch muss somit der Preis für den Kunden einsehbar gemacht werden. Die Preisargumentation des Verkäufers muss zu einer ausgewogenen Einschätzung des Preis-Leistungs-Verhältnisses aus Sicht des Kunden führen. Die Preiseinschätzung für ein Produkt hängt für den Kunden somit davon ab, wie gut der Verkäufer den Kunden über die Nutzungseigenschaften des Produktes informiert hat und der Kunde einen Beitrag zur eigenen Problemlösung erkennt.

Beispiel
Für Preisargumentationen

Methode	Erläuterung
Verzögerungsmethode	Die Preisnennung wird durch kundenorientierte Argumentation und Präsentation von Nutzungseigenschaften des Produktes so lange zurückgehalten, bis der Verkäufer einen verstärkten Kaufwunsch beim Kunden erkennt. Jetzt wird über den Preis eine Argumentationskette zum Preis-Leistungs-Verhältnis aufgebaut.
Sandwich-Methode	Die Preisnennung wird zwischen anderen Verkaufsargumenten (Aufzählung von Nutzeneigenschaften des Produktes) „verpackt".

Methode	Erläuterung
Vorteil-Nach-teil-Methode	Einwände des Kunden gegen den Preis werden dadurch entkräftet, dass aufgezeigt wird, dass mit einem niedrigeren Preis auch die Palette der Nutzungseigenschaften des Produktes geringer wird.
hoher Preis als Verkaufs-argument	Je nach Kaufmotiv eines Kunden kann ein hoher Preis auch als Verkaufsargument genutzt werden, indem Exklusivität, Image und Prestige des Produktes herausgestellt werden.

Bei Preisverhandlungen spielen oft Kundenfragen nach Rabatten eine Rolle. Hier sind einerseits die gesetzlichen Regelungen zu beachten, andererseits muss die kalkulierte Gewinnspanne (vgl. S. 383) bzw. der Deckungsbeitrag (vgl. S. 206) berücksichtigt werden, damit die ökonomischen Zielsetzungen eingehalten werden.

Einbeziehen von Serviceleistungen

Viele Produkte sind austauschbar und von Kunden auch bei Konkurrenzanbietern zu gleichen Preisen zu erwerben. Insofern müssen Verkaufsargumente präsentiert werden, die einen Kaufabschluss einleiten. Hierzu bieten sich Serviceleistungen an, z. B. längere Gewährleistungsfristen, Ersatzteilgarantie, Lieferungen frei Haus, Kundenclub usw. Der angebotene Service kann einerseits kostenfrei sein, andererseits gegen Bezahlung als eigenständiges Produkt oder Dienstleistung angeboten werden. Allein die Tatsache, dass bestimmte Serviceleistungen dem Kunden angeboten werden, kann seine Kaufentscheidung positiv beeinflussen, wenn der Service einen wesentlichen Beitrag zu seiner Problemlösung liefert, z. B. EDI (vgl. S. 215).

Behandlung von Kundeneinwänden

Alle Produkte haben Stärken und Schwächen bzw. können von Kunden trotz intensiver Verkaufsargumentation unterschiedlich bewertet werden. Bei Kundeneinwänden sollte der unmittelbare Widerspruch bzw. die offene Konfrontation vermieden werden, weil aus einer Konfliktsituation letztlich keine Vertragsabschlüsse erwachsen. Ein Verkaufsmitarbeiter, der sich in seinem Sortiment auskennt, kann bestimmte Einwände von Kunden antizipieren und sich darauf einstellen.

Beispiel
Die Reaktion auf Kundeneinwände

Methode	Erläuterung
Erstnennung	Der Verkäufer spricht einen zu erwartenden Einwand des Kunden selbst an, dadurch hat er die Möglichkeit, das Gespräch zu lenken, zusätzlich wirkt er glaubwürdiger. („Ich sage Ihnen vorab, der Drucker ist nicht der schnellste seiner Klasse.")
Akzeptieren	Der Verkäufer akzeptiert den Einwand des Kunden bewusst und argumentiert nicht gegen ihn an. Hierdurch gibt er dem Kunden eine Chance, sich im Verkaufsgespräch gleichberechtigt oder sogar dominant zu fühlen. („O.K. Sie haben da einen Punkt genannt, dem ich nicht widersprechen will.")

Methode	Erläuterung
Ja-Aber-Methode	Dem Kunden wird zunächst Recht gegeben und seinem Einwand wird Gewicht verliehen. Im nächsten Schritt werden aber Einwand entkräftende oder völlig neue Argumente formuliert.
	(„Ja, Sie haben Recht, der Preis ist auf den ersten Blick sehr hoch, aber bedenken Sie, dass wir einerseits die doppelte Garantiedauer bieten und andererseits einen 24-Stunden-Service leisten können!")
Umwandlungsmethode	Der Einwand des Kunden wird vom Verkäufer aufgegriffen und in eine Frage „übersetzt", die der Verkäufer dann selbst beantwortet.
	(„Habe ich Sie also richtig verstanden, Sie meinen die Druckgeschwindigkeit sei zu gering?" … „Also lassen Sie uns mal die konkreten Geschwindigkeiten vergleichbarer Drucker betrachten. Sie erkennen dabei, dass der Unterschied zum schnellsten Drucker nur ca. 12 % beträgt, andererseits ist dieser Drucker der leiseste in seiner Klasse!")
Minus-Plus-Methode	Der Kunde trägt einen berechtigten Einwand vor, dieser wird nicht bestritten, sondern mit entsprechenden Produktvorzügen „ausgehebelt" bzw. aufgehoben.
	(„Sie haben Recht, der Drucker ist nicht der Allerschnellste. Sie haben eben gesagt, dass Sie pro Tag max. 30 Seiten drucken. Mit diesem Drucker, der enorm wirtschaftlich arbeitet und solide verarbeitet ist, würden Sie also täglich nur je Seite 1 Sekunde länger arbeiten müssen, sagen Sie selbst: Ist das noch ein Argument?")
Bumerang-Methode	Der Einwand des Kunden wird in ein neues Verkaufsargument verwandelt und ein Kundennutzen daraus abgeleitet.
	(„Sie haben Recht, dies ist ein Auslaufmodell. Ich habe es Ihnen aber bewusst gezeigt, weil Sie damit ohne Funktionsverluste mehr als 400,00 € sparen können, bei gleicher Garantie und 24-Stunden-Service!")
Rückfrage-Methode	Auf den Einwand eines Kunden antwortet der Verkäufer mit einer Gegenfrage; vorher formuliert er eine Überleitung, um nicht den Eindruck eines Wortgefechtes entstehen zu lassen.
	(„Ich bin Ihnen dankbar, dass Sie selbst diesen Aspekt ansprechen. Welche Druckgeschwindigkeit stellen Sie sich denn vor?")

AUFGABEN

1. Begründen Sie, weshalb dem Erstkontakt mit einem (potenziellen) Kunden besondere Aufmerksamkeit gewidmet werden muss.
2. Geben Sie für folgende Situationen konkrete Verhaltensmaßnahmen an.
   a) Ein Kunde reagiert auf eine Anzeige in einer Fachzeitschrift und bittet schriftlich um Informationen.
   b) Ein Kunde bittet telefonisch um einen Gesprächstermin.
   c) Ein Kunde sendet nach einer Visite unserer Homepage eine E-Mail und bittet um präzise Informationen.
   d) Ein Kunde betritt unsere Verkaufsräume.

AUFGABEN

3. Begründen Sie bei folgenden Fragen in einem Verkaufsgespräch, weshalb sie tendenziell weniger geeignet sind, und geben Sie passende Alternativen an.

   a) „Wissen Sie schon, was Sie kaufen möchten?"

   b) „Können Sie überhaupt mit dieser Software umgehen?"

   c) „Wollen Sie ein Gerät eines bestimmten Herstellers?"

   d) „Wissen Sie überhaupt, dass Laserdrucker viel teurer sind als Tintenstrahldrucker?"

4. Interpretieren Sie das Schaubild von Seite 245.

5. Nehmen Sie Stellung zu folgender Aussage eines Verkaufsprofis: „Ich verkaufe keine Produkte, sondern Problemlösungen für meine Kunden."

6. Erläutern Sie folgende Methoden der Preisargumentation.

   a) Verzögerungsmethode

   b) Sandwich-Methode

   c) Vorteil-Nachteil-Methode

   d) hoher Preis als Verkaufsargument

7. Bei der Behandlung von Kundeneinwänden in einem Verkaufsgespräch gibt es verschiedene Methoden zu reagieren. Beschreiben Sie die folgenden Methoden.

   a) Erstnennung

   b) Akzeptieren

   c) Ja-Aber-Methode

   d) Umwandlungsmethode

   e) Minus-Plus-Methode

   f) Bumerang-Methode

   g) Rückfrage-Methode

8. Entscheiden Sie bei folgenden Aussagen, ob sie richtig oder falsch sind.

   a) E-Mail-Anfragen von Kunden müssen nicht sofort beantwortet werden, weil Anfragen rechtlich unverbindlich sind.

   b) Fachbegriffe müssen in Verkaufsverhandlungen immer unaufgefordert dem Kunden gegenüber erläutert werden.

   c) Bei Preisverhandlungen ist stets die wirtschaftliche Zielsetzung des Unternehmens zu berücksichtigen.

   d) Bei der Reaktion auf Kundeneinwände ist die Bumerang-Methode die wirksamste.

   e) Die Reaktion auf Kundeneinwände kann trainiert werden.

3.8.6 Präsentation von Produkten und Dienstleistungen

Bei der Bestandsaufnahme (vgl. S. 241) hat sich ergeben, welche Wünsche bzw. Problemlösungen der Kunde erwartet. Im Verkaufsgespräch wurden die Problemlösungen präzisiert. Um einen Vertragsabschluss herbeizuführen, müssen dem Kunden Produkte und Problemlösungen im Einsatz vorgestellt und präsentiert werden. Derartige Demonstrationen können Kunden überzeugen und sind ein eigenständiges Verkaufsargument. Dies setzt beim Verkäufer bzw. Berater eine hohe Fachkompetenz im Umgang mit den zu demonstrierenden Produkten voraus. Ein misslungener Vorführungsversuch kann eine bisher erfolgreich verlaufende Vertragsverhandlung zum Scheitern bringen.

Daher sind Präsentationen von Produkten und Dienstleistungen sorgfältig zu planen und zu trainieren.

Planungs-aspekte	Erläuterungen
Anlass der Präsentation	– **Messe, Ausstellung** Hier richtet sich die Präsentation meist an ein großes Publikum. Die Präsentation soll i. d. R. nur allgemeine Aufmerksamkeit erregen und zu einem Informationsgespräch auffordern. Daher sollten Messepräsentationen kurz und prägnant sein. Sie sollten unterstützt werden durch Prospekte, Übersichten und ggf. selbst ablaufende Demos auf Diskette oder CD, die den potenziellen Kunden ausgehändigt werden. – **Blickfang im Schaufenster oder Verkaufsraum** Hier ist es wichtig, das Produkt so zu demonstrieren, dass es zu einem „Eyecatcher" wird. Die Demonstration soll lediglich Aufmerksamkeit erregen und zu einer kurzen Verweildauer herausfordern. Hierzu eignen sich insbesondere selbst ablaufende Demos, Displays, Plakate und Prospekte. – **Verkaufsargument** Eine Präsentation als Verkaufsargument sollte dem Kunden seine gewünschte Problemlösung veranschaulichen. Auf der Basis der in der Bestandsaufnahme ermittelten Kundenwünsche muss eine Produktdemonstration dem Kunden das Gefühl vermitteln, die Nutzeneigenschaften dieses Produktes als für sich notwendig zu erkennen, damit der Kaufwunsch verstärkt wird. Wichtig ist es, dem Kunden Gelegenheit zu Rückfragen zu geben und ggf. selbst das Produkt zu testen.
Objekt der Präsentation	– **Produkte** Produkte sollten in ihrer gesamten Funktionalität vorgestellt werden, dabei sind die speziellen Kundenwünsche besonders herauszustellen. Die Präsentation muss anschaulich und prägnant sein. Unterstützende Argumente wie Service, Qualität, Design, Unterschiede zu Konkurrenzprodukten usw. müssen herausgestellt werden. Bei Softwaredemonstrationen müssen realitätsnahe Testdaten vorbereitet sein. – **Dienstleistungen** Dienstleistungen sind immateriell und müssen daher für eine Präsentation visualisiert werden. Insbesondere sind hier stichwortartige Zusammenfassungen, Checklisten und Zahlenbeispiele notwendig. Die Daten müssen jedoch konkret auf den Kunden abgestimmt sein, damit eine Individualisierung der Präsentation erreicht wird. Die Präsentation von Dienstleistungen kann unterstützt werden durch Simulationsprogramme und Vergleichsrechnungen.

Planungs-aspekte	Erläuterungen
Adressaten der Präsentation	Bei den Adressaten muss vor der Präsentation geklärt sein, über welche Fachkenntnisse sie verfügen, welche speziellen Wünsche und Vorlieben sie haben und welche Tätigkeiten sie ausüben. Danach richten sich Dauer, Tiefe und sprachliche Moderation der Präsentation. Nach jeder Präsentation sollte eine knappe, visuell unterstützte Zusammenfassung erfolgen, die die Adäquanz des Produktes bzw. der Dienstleistung für den Kunden als Problemlösung darstellt. – **Einzelperson** Die Präsentation vor einer einzelnen Person ermöglicht es, konkret auf die individuellen Bedürfnisse des Kunden einzugehen. Der Präsentator kann einen Dialog mit seinem Kunden inszenieren und auf Zwischenfragen sofort reagieren. Der Kunde sollte möglichst aktiviert und nicht auf die Position eines reinen Zuhörers reduziert werden. – **Personengruppe** Je größer der Personenkreis für eine Präsentation ist, desto intensiver muss die Präsentation vorbereitet sein. Es ist mit Zwischenfragen aus dem Publikum zu rechnen, die den Präsentationsablauf stören können. Es bietet sich an, der Zielgruppe ein Handout (schriftliche Zusammenfassung) vor der Präsentation auszuhändigen, diese Aufzeichnungen können während der Vorführungen nachvollzogen und mit Notizen versehen werden. Wichtig ist, die Gruppe durch den Vortrag zu „fesseln" und permanent ihre Aufmerksamkeit zu aktivieren.
Medien in der Präsentation	– **Produkte** Die vorzustellenden Produkte sind i. d. R. das Hauptmedium einer Präsentation. Durch weitere Medien wird die Präsentation unterstützt. – **Printmedien, schriftliche Unterlagen** Hierzu gehören Prospekte, Broschüren, Plakate, Scripts, Flyer, Handbücher usw. Aber auch Demonstrationen an Wandtafeln oder Flipcharts sind geeignet, Sachverhalte kundenorientiert zu präsentieren. – **Videos** Videofilme eignen sich, um anschaulich Nutzeneigenschaften von Produkten vorzustellen. Sie sind jedoch nicht tauglich, wenn spezielle Problemlösungen für Kunden zu präsentieren sind, weil sie lediglich in knapper Form Überblicke verschaffen können. Beim Betrachten von Videos werden gleichzeitig zwei Sinne angesprochen: Sehen und Hören. – **Diavorträge** Sie eignen sich besonders für technisch orientierte Präsentationen, bei denen Fotos eine tragende Rolle spielen und nur ein geringes Präsentations-Equipment zur Verfügung steht. Diavorführungen können ersetzt werden, indem die Fotos eingescannt und mit einem PC (ggf. mit Beamer) vorgeführt werden. – **Overhead-Projektion** Hier spielen vorgefertigte Folien die zentrale Rolle. Die Folien können während der Präsentation handschriftlich ergänzt werden. – **PC + Beamer** Entsprechende Software für Präsentationen erleichtert eine effektvolle Vorführung. Videosequenzen und Sounds sind integrierbar.

Planungs-aspekte	Erläuterungen
	– CD, Diskette Hiermit sind Produkt- und Dienstleistungspräsentationen ortsunabhängig durchführbar. Lediglich ein PC (auch Notebook) ist erforderlich. Der Kunde kann die Präsentation beliebig unterbrechen oder wiederholen. Wichtig ist, dass die Datenträger garantiert virenfrei sind, sich selbst installieren und leicht zu deinstallieren sind und dass an den PC keine speziellen Anforderungen bezüglich Grafik- oder Soundkarten gestellt werden. Sinnvoll ist es, die Demonstration interaktiv zu gestalten, damit der Kunde z. B. eigene Daten eingeben kann.
	– Internet Das Internet kann als sinnvolle Plattform für Produkt- und Dienstleistungspräsentationen genutzt werden. Zu beachten sind jedoch kurze Ladezeiten, Vermeidung von unüblichen Plug-Ins und besondere Anforderungen an Browser und Hardware. Empfehlenswert sind gezippte Downloads, die sich der Kunde auf seinem PC selbst installieren kann.
Dauer der Präsentation	Der Zeitrahmen ist vorher genau zu planen und mit dem Kunden zu vereinbaren. Von der verfügbaren Zeit hängen die einzusetzenden Medien und die fachliche Tiefe der Präsentation ab.
Ort der Präsentation	**– beim Kunden** Hier muss geklärt werden, ob die technischen Voraussetzungen für einen Medieneinsatz gegeben sind, ansonsten müssen sämtliche Medien selbst bereitgestellt werden. **– im eigenen Verkaufs- oder Besprechungsraum** Hier können für eine Präsentation optimale Bedingungen geschaffen werden. Wichtig ist auch die Schaffung einer kundenorientierten Atmosphäre, damit der Präsentationserfolg unterstützt wird.

Um den Erfolg von Präsentationen festzustellen, ist eine „Manöverkritik" nach erfolgter Präsentation sinnvoll. Hier werden die einzelnen Phasen der Präsentation hinsichtlich ihres Beitrages zum Vertragsabschluss untersucht. Eine Ursachenanalyse bei erfolglosen Präsentationen kann helfen, Fehler aufzudecken.

AUFGABEN

1. Produktpräsentationen sind geeignet, die Kaufbereitschaft von Kunden zu steigern. Daher sind derartige Präsentationen sorgfältig zu planen. Geben Sie bei den folgenden Planungsaspekten jeweils eine Erläuterung und ein Beispiel an.

    a) Anlass der Präsentation

    b) Objekt der Präsentation

    c) Adressaten der Präsentation

    d) Medien in der Präsentation

    e) Dauer der Präsentation

    f) Ort der Präsentation

> **AUFGABEN**
>
> 2. a) Erläutern Sie, weshalb es ratsam ist, eine Präsentation von Produkten und Dienstleistungen kritisch zu reflektieren.
>
>   b) Erstellen Sie eine Kriterienliste, mit der untersucht werden kann, ob eine Präsentation erfolgreich war.
>
> 3. Sie haben bei einem Kunden eine Präsentation einer Software vorzubereiten. Erstellen Sie hierzu eine Checkliste der Punkte, die zur Vorbereitung der Präsentation erforderlich sind.

3.8.7 Verkaufskalkulation

Die Verkaufskalkulation hat das Ziel, den Verkaufspreis eines Produktes oder einer Dienstleistung im Rahmen der Preispolitik (vgl. S. 212) als Element des Marketing-Mix (vgl. S. 204) zu ermitteln. Dabei sind zu berücksichtigen:

Elemente der Verkaufskalkulation	Erläuterungen
eigene Kosten	– Materialeinsatz (Roh-, Hilfs-, Betriebsstoffe und Handelswaren) – Lohnkosten (Montage, Programmierung, Installation) – allgemeine Verwaltungskosten (Buchhaltung, Personalabteilung usw.) – Vertriebskosten (Werbung, Verpackung, Provisionen, Transport usw.)
Preise der Konkurrenz	Die Marktverhältnisse spielen bei der Preisfestsetzung eine gewichtige Rolle. Um marktfähig zu sein, müssen durch Verkaufsargumente höhere Preise als die der Konkurrenz speziell begründet werden. Niedrigere Preise gelten als Wettbewerbsvorteil.
eigene Gewinnziele	Die Vermarktung von Produkten und Dienstleistungen stellt einen Wertschöpfungsprozess dar. Hieraus müssen ökonomische Ziele ableitbar sein, dem Unternehmen also entsprechende Gewinne zufließen.

Die Verkaufskalkulation stützt sich einerseits auf Daten des betrieblichen Rechnungswesens, insbes. der Kosten- und Leistungsrechnung (vgl. S. 363), und auf Daten des Marketings, speziell Absatzplanung und Preispolitik (vgl. S. 212).
In der Regel wird in der betrieblichen Praxis nicht sofort der endgültige Verkaufspreis für ein Produkt oder eine Dienstleistung kalkuliert, sondern zunächst die betriebsindividuelle Preisuntergrenze, die bereits Gewinnmargen enthält. Dieser Wert wird mit den Marktverhältnissen abgeglichen. Hierbei wird festgestellt, ob zu der ermittelten Preisuntergrenze angeboten werden kann. Falls dies nicht der Fall ist, muss untersucht werden, ob Kosten eingespart werden können (günstigere Fertigungsverfahren, preiswerterer Materialbezug usw.) oder ob Einbußen auf der Gewinnseite hingenommen werden können.
Dies setzt einerseits präzise Kenntnisse der eigenen Kostenstrukturen voraus (vgl. S. 369), andererseits muss im Rahmen der Marktforschung (vgl. S. 178) eine intensive Konkurrenzanalyse hinsichtlich der Marktpreise erfolgen.

Kalkulation von Handelswaren

Auf den Bezugspreis müssen anteilige Handlungskosten (vgl. S. 375) und der zu erwartende Stückgewinn aufgeschlagen werden. Bei der Preisfestsetzung für ein Produkt sind folgende Situationen denkbar:

Fall 1: Der **Bezugs- oder Einstandspreis** (zur Bezugskostenkalkulation vgl. S. 255) für das Produkt ist durch den eigenen Lieferer (Hersteller, Großhändler) **vorgegeben** und nicht variabel. Dies ist i. d. R. der Fall bei einfachen Handelswaren. Ziel dieser Kalkulation ist es, den Verkaufspreis zu ermitteln. Ausgangspunkt ist der Bezugspreis (**Vorwärtskalkulation**).

Beispiel
Kalkulation des Verkaufspreises für einen Drucker

	%	€	Rechenweg
Bezugspreis		450,00	
+ Handlungskostenzuschlag	90	405,00	
= Selbstkostenpreis		855,00	
+ Gewinnzuschlag	10	85,50	
= Listenverkaufspreis (netto)		940,50	
+ Umsatzsteuer	19	178,70	
= **Rechnungspreis (brutto)**		**1 119,20**	

Der Betrag von 1 119,20 € ist somit die Preisuntergrenze für den Verkauf des Druckers, wobei 85,50 € Gewinnanteil enthalten sind.

Die Differenz zwischen Rechnungspreis und Einstandspreis wird im Handel durch einen Zuschlagsatz, den Kalkulationszuschlag, bestimmt.

$$\text{Kalkulationszuschlag} = \frac{(\text{Rechnungspreis} - \text{Bezugspreis}) \cdot 100}{\text{Bezugspreis}}$$

$$= \frac{(1\,119{,}20 - 450) \cdot 100}{450} = 148{,}71\,\%$$

Fall 2: Der Verkaufspreis ist vorgegeben (durch Marktverhältnisse). Ziel der Kalkulation ist es festzustellen, zu welchem Bezugspreis maximal beschafft werden kann, wenn Handlungskosten und Gewinnerwartungen gedeckt werden sollen. Ausgangspunkt der Berechnungen ist hier der Verkaufspreis, es wird rückwärts gerechnet (**Rückwärtskalkulation**).

3.8 Kundenberatung, Angebot und Vertragsgestaltung

Beispiel
Kalkulation des maximalen Bezugspreises für einen Komplett-PC in Standard-Ausführung, die Vergleichspreise der Konkurrenz liegen bei 1 200,00 €.

	%	€	Rechenweg
Bezugspreis		482,49	↑
+ Handlungskostenzuschlag	90	434,24	
= Selbstkostenpreis		916,73	
+ Gewinnzuschlag	10	91,67	
= Listenverkaufspreis (netto)		1 008,40	
+ Umsatzsteuer	19	191,60	
= Rechnungspreis (brutto)		1 200,00	

Der Betrag von 482,49 € ist somit der maximale Einkaufspreis (Preisobergrenze für die Beschaffung) für den PC. Falls Einzelteile bzw. Baugruppen erworben werden, so sind zusätzlich noch die Kosten für die eigene Montage zu berücksichtigen. Der verfügbare Betrag von 482,49 € verringert sich also um die Montagekosten.

Fall 3: Bezugspreis und Verkaufspreis sind vorgegeben. Nun muss kalkuliert werden, ob bei den vorgegebenen Preisen die eigenen Handlungskosten gedeckt und die Gewinnerwartungen erfüllt werden. Hierzu wird die Differenz zwischen Listenverkaufspreis und Selbstkostenpreis untersucht (**Differenzkalkulation**).

Beispiel
Kalkulation eines Scanners

	%	€	Rechenweg
Bezugspreis		120,00	⬇
+ Handlungskostenzuschlag	90	108,00	
= Selbstkostenpreis		228,00	
+ Gewinnzuschlag	**−8,31**	**−18,95**	⬆
= Listenverkaufspreis (netto)		209,05	
+ Umsatzsteuer	19	40,95	
= Rechnungspreis (brutto)		250,00	

Bei den vorgegebenen Preisen und Handlungskosten werden die Gewinnerwartungen nicht erfüllt. Falls der Scanner dringend in das Sortiment aufgenommen werden muss, so muss unter diesen Bedingungen mit einem Verlust von 18,95 € je Stück gerechnet werden. Alternativ muss nach Möglichkeiten gesucht werden, die eigenen Kosten zu senken oder im Wege einer Mischkalkulation (vgl. S. 213) diesen Verlust zu tragen.

Kalkulation von Fertigungsaufträgen

Die Ermittlung von Verkaufs- oder Angebotspreisen für Aufträge, bei denen eigene Fertigungsprozesse (Sonderfertigungen, Montage usw.) ablaufen, erfolgt prinzipiell wie die Kalkulation von Handelswaren, indem zunächst die Selbstkosten ermittelt werden, worauf dann die Gewinnmarge aufgeschlagen wird. Hierbei wird hinsichtlich Einzelkosten (Kosten, die einem Produkt direkt zurechenbar sind, z. B. Material, Module) und Gemeinkosten (Kosten, die nicht direkt zurechenbar sind, z. B. Energie, Maschinenabschreibungen usw.) unterschieden (vgl. hierzu S. 370).

Die Zuschlagsätze werden aus dem Betriebsabrechnungsbogen (BAB) entnommen (vgl. S. 371). Sie werden berechnet, indem aus statistischen Aufzeichnungen über einen Abrechnungszeitraum (Monat, Quartal, Jahr) die Einzelkosten für Material und Fertigung ins Verhältnis zu den entsprechenden Gemeinkosten gesetzt werden. Hieraus wird ein Zuschlagsatz in Prozent ermittelt. Dabei wird unterstellt, dass sich die Verhältnisse zwischen gesamten Material- bzw. Fertigungseinzelkosten zu gesamten Material- bzw. Fertigungsgemeinkosten auch auf einzelne Aufträge übertragen lassen, die jeweiligen Verhältnisse zwischen Einzel- und Gemeinkosten also konstant bleiben.

> Zur Berechnung des Angebots- oder Rechnungspreises wird ein Kalkulationsschema aufgestellt, in das die einzelnen Auftragswerte einzutragen sind und die fehlenden Werte zu berechnen sind.

Beispiel
Kalkulation eines kleinen Netzwerkes mit einem Server, sechs Workstations, inkl. Installation

	€	€	€
– Materialeinzelkosten			
1 Server (komplett)	2 200,00		
6 Workstations (komplett) à 1 750,00 €	10 500,00		
Verkabelung (150 Meter)	750,00	13 450,00	
+ Materialgemeinkostenzuschlag 10 %		1 345,00	
= **Materialkosten**		14 795,00	
– Fertigungseinzelkosten			
Montagelöhne für Server und Workstations			
(30 Std. à 35,00 €)	1 050,00		
Löhne für Installation (20 Std. à 40,00 €)	800,00	1 850,00	
+ Fertigungsgemeinkostenzuschlag 100 %		1 850,00	
= **Fertigungskosten**		3 700,00	
Herstellkosten			18 495,00
+ Verwaltungsgemeinkostenzuschlag 25 %			4 623,75
+ Vertriebsgemeinkostenzuschlag 25 %			4 623,75
+ Sondereinzelkosten des Vertriebes			1 200,00
= **Selbstkosten**			27 742,50
+ Gewinnzuschlag 10 %			2 774,25
= **Angebotspreis**			30 516,75

Kalkulation von Dienstleistungen

Die Preiskalkulation für Dienstleistungen unterscheidet sich im Wesentlichen nicht von der Kalkulation für Handelswaren oder der Auftragsfertigung. Der Unterschied besteht hauptsächlich darin, dass keine oder nur sehr geringe Material- und Fertigungskosten anfallen. Stattdessen stehen die Personalkosten der Mitarbeiter, die die Dienstleistung erbringen, im Vordergrund. Daher werden Dienstleistungen, z. B. Beratungen, Software-Entwicklung, Reparaturen u. Ä. über Stundensätze (Arbeitswerte) der eingesetzten Mitarbeiter kalkuliert. In diesen Stundensätzen sind i. d. R. sämtliche Gemeinkosten enthalten, z. B. Büromiete, Energie, Abschreibungen usw.

Beispiel
Preisermittlung für die individuelle Anpassung einer Software an spezielle Kundenbedürfnisse

80 Arbeitsstunden für Programmierer à 85,00 €	6 800,00
6 Arbeitsstunden für Analytiker à 100,00 €	600,00
20 Arbeitsstunden für Hilfskräfte à 65,00 €	1 300,00
Selbstkosten	8 700,00
Gewinnzuschlag 10 %	870,00
Angebotspreis	**9 570,00**

Betriebsindividuelle Lösungen

Meist haben Unternehmen für ihre Preisermittlung eigene Verfahren entwickelt und standardisiert, damit dieser Arbeitsprozess beschleunigt wird. Häufig sind die ermittelten Preise in Katalogen bzw. Preislisten festgehalten. Im Einzelfall muss dann entschieden werden, inwiefern von diesen Preisen nach unten abgewichen werden kann, wenn ein Auftrag „**Preisspielraum**" erfordert.

AUFGABEN

1. Welche Ziele hat die Verkaufspreiskalkulation?
2. Welche Faktoren sind bei der Verkaufspreiskalkulation zu berücksichtigen?
3. Erläutern Sie, was unter einer betriebsindividuellen Preisuntergrenze zu verstehen ist.
4. Erläutern Sie die Begriffe Handlungskostenzuschlag und Gewinnzuschlag.
5. Für ein Produkt beträgt der Bezugspreis für Ihr Unternehmen 650,00 €, Sie kalkulieren mit einem Handlungskostenzuschlag von 80 % und einem Gewinnzuschlag von 15 %. Ermitteln Sie den Rechnungspreis (brutto).
6. Ihre Mitbewerber bieten ein Produkt für 1 198,00 € (brutto) an. Sie arbeiten in Ihrem Unternehmen mit einem Handlungskostenzuschlag von 95 % und möchten 12 % Gewinn erwirtschaften. Ermitteln Sie den maximalen Bezugspreis für dieses Produkt (Preisobergrenze für Beschaffung).

AUFGABEN

7. Ihnen liegt ein Angebot eines Lieferers für ein Produkt vor. Der Bezugspreis für dieses Produkt beträgt 300,00 €, Sie arbeiten mit einem Handlungskostenzuschlag von 80 %. Ihre Mitbewerber bieten das Produkt für 450,00 € (brutto) an. Sie erwarten einen Gewinn von 15 %. Entscheiden Sie, ob unter diesen Bedingungen Ihre Gewinnerwartungen erfüllt werden können.

8. Sie sollen ein Angebot für einen Kunden kalkulieren. Der Kunde benötigt 12 Workstations (á 1 850,00 €), einen Server zu 2 200,00 €, 12 Monitore á 379,00 €, Kabel, Schalter, Stecker im Wert von 1 500,00 €. Eine spezielle Platine muss hergestellt und eingebaut werden (Kosten 600,00 €). An Software wird benötigt: je Workstation 360,00 €, Server-Software 500,00 €. Die gesamte Hardware ist zu installieren, hierfür wird eine Montagezeit von 60 Arbeitsstunden (á 40,00 €) geplant. Sie arbeiten mit folgenden Daten: Materialgemeinkostenzuschlag 12 %, Fertigungsgemeinkostenzuschlag 90 %, Verwaltungsgemeinkostenzuschlag und Vertriebsgemeinkostenzuschlag jeweils 25 %, Gewinnzuschlag 15 %. Ermitteln Sie den Angebotspreis (brutto).

9. Ein Kunde benötigt eine maßgeschneiderte Software, ihm liegt hierfür ein Angebot eines Softwarehauses in Höhe von 16 000,00 € (brutto) vor. Für die Erstellung dieser Software kalkulieren Sie 100 Arbeitsstunden für Programmierer (á 90,00 €), 20 Arbeitsstunden für Systemanalyse (á 120,00 €) und 30 Arbeitsstunden für Hilfskräfte (á 65,00 €), Ihr Gewinnzuschlagssatz beträgt 15 %. Ermitteln Sie den Angebotspreis und entscheiden Sie, ob Sie bereit sind, den Auftrag anzunehmen (Begründung).

10. Erläutern Sie, was unter einem betriebsindividuellen Preisspielraum zu verstehen ist.

11. Erstellen Sie für die Verkaufspreiskalkulation (Vorwärts-, Rückwärts-, Differenzkalkulation) eine Mappe innerhalb eines Tabellenkalkulationsprogramms.

12. Ein Student, der als Praktikant in Ihrem Unternehmen arbeitet, behauptet, dass der Aufwand zur Berechnung des Verkaufspreises eines Produktes nicht erforderlich sei, da einerseits durch die Lieferer der Bezugspreis und andererseits der Verkaufspreis durch die Konkurrenz- und Marktsituation vorgegeben seien.

13. Ihr Unternehmen kalkuliert mit folgenden Daten: Handlungskostenzuschlag 85 %, Gewinnzuschlag 29 %. Für einen bestimmten Auftrag ergibt sich ein Angebotspreis (brutto) von 11 600,00 €. Ein langjähriger Stammkunde (gem. ABC-Analyse ein A-Kunde) ist bereit, den Auftrag an Sie zu vergeben. Allerdings verlangt er einen deutlichen Preisnachlass. Sie sind durch die Geschäftsleitung angewiesen, das Angebot nochmals zu überarbeiten. „Gehen Sie notfalls bis auf eine Gewinnmarge von 0 % herunter. Wir müssen diesen Auftrag unbedingt haben, weil sich daraus Folgeaufträge ergeben", wird Ihnen gesagt. Ermitteln Sie vor diesem Hintergrund Ihre Preisuntergrenze.

14. Geben Sie Gründe an, weshalb es wirtschaftlich sinnvoll sein kann, bisweilen einzelne Aufträge auch ohne Gewinnspanne auszuführen.

15. Geben Sie ein konkretes Beispiel an, bei dem die Zweckmäßigkeit einer Mischkalkulation deutlich wird.

AUFGABEN

16. Entscheiden Sie bei folgenden Aussagen, ob sie richtig oder falsch sind.

    a) Alle Produkte, die verkauft werden, müssen einen Gewinnanteil erwirtschaften.

    b) Mit der Differenzkalkulation wird sichergestellt, dass durch den Verkaufspreis der geplante Gewinnzuschlag erwirtschaftet wird.

    c) Die Vorwärtskalkulation setzt voraus, dass der Bezugspreis vorhanden ist.

    d) Die Rückwärtskalkulation ermittelt die Preisobergrenze für den Bezugspreis.

    e) Bei der Festsetzung von psychologischen Preisen wird der Verkaufspreis stets abgerundet.

3.8.8 Angebotserstellung

> Ein Angebot eines Unternehmens ist im rechtlichen Sinne eine Willenserklärung an einen bestimmten Kunden. Hiermit erklärt das Unternehmen verbindlich, bestimmte Leistungen (Produkte oder Dienstleistungen) zu bestimmten Bedingungen zu liefern.

Rechtlich handelt es sich nicht um ein Angebot, wenn ein Unternehmen z. B. Waren in einem Schaufenster ausstellt, in Prospekten, Postwurfsendungen, Zeitungsanzeigen oder auf einer Website Waren anpreist. Hierunter wird rechtlich lediglich eine Aufforderung an den Kunden verstanden, selbst einen rechtlichen Antrag (vgl. S. 263) an den Lieferer zu stellen, z. B. in Form einer Anfrage.

Die Abgabe eines Angebotes ist an keine Formvorschriften gebunden, sie kann also schriftlich, fernschriftlich (Fax, E-Mail), mündlich (unter Anwesenden) oder telefonisch erfolgen. Ein Lieferer ist grundsätzlich an sein Angebot rechtlich gebunden, sofern er keine vertraglichen Einschränkungen macht.

Mündliche und telefonische Angebote (Angebote unter Anwesenden) gelten nur für die Dauer des Gesprächs. Schriftliche Angebote (Angebote unter Abwesenden), z. B. Brief, Fax, werden in dem Moment verbindlich, in dem sie dem Kunden zugehen. Der Lieferer ist so lange an sein Angebot gebunden, wie er „unter verkehrsüblichen Umständen" mit einer Nachricht rechnen kann. Zu berücksichtigen sind dabei die Beförderungsdauer des Angebots (z. B. Postweg), eine angemessene Überlegungsfrist des Kunden und die Beförderungsdauer für die Antwort des Kunden. Eine Bestellung des Kunden muss in jedem Fall auf einem gleich schnellen oder schnelleren Weg als das Angebot des Lieferers erfolgen.

Ein Lieferer kann die Verbindlichkeit seines Angebotes durch Freizeichnungsklauseln oder durch ein zeitlich befristetes Angebot einschränken. Bei einem zeitlich befristeten Angebot muss eine Bestellung spätestens bis zum genannten Termin beim Lieferer eingegangen sein.

Freizeichnungsklausel	Verbindlich	Unverbindlich
„solange Vorrat reicht"	Preis, Lieferzeit	Menge
„freibleibend"	nichts	alles
„ohne Gewähr", „ohne Obligo"	nichts	alles
„Preise freibleibend"	Lieferzeit, Menge	Preis
„Lieferzeit freibleibend"	Preis, Menge	Lieferzeit

Ein Lieferer ist nicht mehr an sein Angebot gebunden, wenn der Kunde das Angebot ablehnt, seine Bestellung verspätet beim Lieferer eingeht, seine Bestellung vom Angebot inhaltlich abweicht oder der Lieferer sein Angebot rechtzeitig widerruft.

Ein aussagefähiges Angebot sollte folgende Punkte beinhalten:

– Art, Qualität, Güte und Beschaffenheit der zu liefernden Materialien, Bauteile, Produkte und Dienstleistungen	– Mengenangaben nach Maßeinheiten	– Preise je Einheiten, Gesamtpreise mit Währungsangabe
– Lieferungsbedingungen (Lieferzeit, Transport-, Verpackungskosten)	– Zahlungsbedingungen (Zahlungsart, Zahlungsfristen)	– Preisabzüge (Rabatte, Skonto)

Wenn Kunden zur Abgabe von Angeboten aufrufen, z. B. im Rahmen einer Ausschreibung, so besteht i. d. R. kein Anspruch auf Ersatz der Kosten für die Angebotserstellung. Die entsprechenden Fristen zur Abgabe des Angebotes müssen vom Lieferer gewahrt werden.

AUFGABEN

1. Was versteht man unter einem rechtsverbindlichen Angebot?
2. Welche Angaben sollte ein aussagefähiges Angebot beinhalten?
3. a) Sie versenden per E-Mail ein Angebot an einen Kunden. Sofort nach dem Versenden fällt Ihnen auf, dass Ihnen bei der Berechnung ein Fehler unterlaufen ist. Welche Möglichkeiten haben Sie, dem Kunden Ihren Irrtum zu erklären?
   b) Beurteilen Sie die Rechtslage, wenn der Kunde bereits zu den Bedingungen Ihres „falschen" Angebotes bestellt hat.
   c) Welche Maßnahmen stehen Ihnen zur Verfügung, die Verbindlichkeit von Angeboten völlig einzuschränken?

3.8.9 Möglichkeiten der Finanzierung

Der Geschäftsprozess der Vertragsanbahnung und Kundenberatung umfasst auch Finanzierungshilfen für Kunden, wenn ihnen eine sofortige Bezahlung nicht möglich ist. In diesen Fällen können dem Kunden verschiedene Alternativen angeboten werden.

Teilzahlungen, Ratenkauf

In diesem Fall vereinbaren Verkäufer und Kunde, den gesamten Rechnungsbetrag in Teilbeträgen zu bezahlen. Der Käufer erhält die benötigte Ware sofort, wird aber erst nach vollständiger Bezahlung Eigentümer. In die Raten sind entsprechende Zinsen eingerechnet.

Bei **Ratengeschäften mit Privatpersonen** sind die Vorschriften des Verbraucherkreditgesetzes zu beachten. Demnach müssen derartige Kaufverträge folgende Punkte beinhalten:

- Teilzahlungsgeschäfte müssen schriftlich abgeschlossen werden.
- Der Kunde kann den Vertrag binnen einer Woche nach Vertragsabschluss schriftlich widerrufen.
- Der Kunde muss auf dieses Widerspruchsrecht hingewiesen werden, dieser Hinweis ist getrennt vom Kaufvertrag zu unterschreiben.
- Im Vertrag müssen Barzahlungs- und Teilzahlungspreis (inkl. Zinsaufschlag) angegeben werden.
- Es muss ein Abzahlungsplan erstellt werden mit Ratenbetrag, Anzahl und Fälligkeiten der Raten.
- Der effektive Zinssatz muss angegeben werden.

Häufig arbeiten Händler mit Kreditinstituten zusammen, die die Abwicklung der Finanzierung für den Kunden übernehmen.

Bei Großprojekten werden häufig An- und Teilzahlungen vereinbart, die sich an dem Projektfortschritt orientieren.

Vermittlung von Krediten bei Banken

Viele Händler und Dienstleister vermitteln ihren Kunden Kredite bei Banken. Hierfür wird oft eine Vermittlungsprovision bzw. eine Bearbeitungsgebühr erhoben. Der Kunde handelt dann mit der Bank entsprechende Konditionen aus (Kredithöhe, Zinssatz, Tilgungsmodalitäten, Sicherheiten).

Lieferantenkredit

In diesem Fall räumt der Lieferer seinem Kunden ein Zahlungsziel ein, sodass der Kunde erst zu einem späteren Zeitpunkt bezahlen muss.

> **Beispiel**
> Zahlungsbedingungen eines Hard- und Software-Großhändlers: „Zahlungsziel innerhalb von 40 Tagen netto Kasse oder innerhalb von 10 Tagen mit 2% Skonto".

Der Kunde erhält die benötigte Ware sofort und kann sie in seinem Betrieb produktiv einsetzen. Die Zahlung erfolgt erst zum vereinbarten Zahlungsziel. Vor der Gewährung eines Zahlungsziels (vor allem bei Neukunden) wird i.d.R. eine Auskunft bei einer Wirtschaftsauskunftei eingeholt, um die Zahlungsfähigkeit des Kunden zu prüfen.

Da der Lieferer seinem Kunden den Rechnungsbetrag kreditiert, kalkuliert er in seine Verkaufspreise entsprechende Zinsen ein.

Kontokorrentkredit

Der Lieferer richtet für seinen Kunden ein Verrechnungskonto ein und gewährt ihm bis zu einer bestimmten Höhe Kredit. Innerhalb dieses Kreditrahmens kann der Kunde Waren bestellen.

Wechsel

Der Wechsel ist eine Urkunde (Formular). Der Gläubiger (Verkäufer) ist Wechselaussteller. Im Wechsel wird der Schuldner (Käufer, Wechselbezogener) schriftlich aufgefordert, zu einem bestimmten Zeitpunkt einen bestimmten Betrag gegen Vorlage des Wechsels zu bezahlen. Die Zahlung mit Wechsel stellt ein Geldersatzmittel dar. Daher ist die Wechselforderung eine abstrakte Forderung, sie ist also losgelöst von dem zugrunde liegenden Rechtsgeschäft (Kaufvertrag) zu betrachten. Somit kann im Streitfall der Gläubiger seine Klage ausschließlich auf den Wechsel stützen, ohne die Abwicklung des Kaufvertrages zu berücksichtigen. Durch das Wechselgesetz (WG) wird der Umgang mit Wechseln sehr streng geregelt.

Verwendungsmöglichkeiten des Wechsels:

- Aufbewahrung bis zum Fälligkeitstag und Einlösung beim Schuldner,
- Weitergabe des Wechsels als Zahlungsmittel an eigene Gläubiger,
- Verkauf des Wechsels an ein Kreditinstitut (Diskontierung) vor dem Fälligkeitstag, das Kreditinstitut berechnet entsprechende Zinsen (Diskont).

Leasing

Leasingverträge bieten Kunden einen Anreiz, Waren oder Dienstleistungen nutzen zu können, ohne den vollen Kaufpreis sofort zu entrichten oder ihn über Kreditinstitute finanzieren zu lassen.

Kreditsicherungen

Der Lieferer muss bei Kreditgewährung an seine Kunden seine Forderungen absichern. Durch die Vereinbarung des Eigentumvorbehaltes bleibt der Lieferer Eigentümer der Ware, bis der Kaufpreis vollständig bezahlt ist. Der Kunde wird lediglich Besitzer. Ein **Eigentumsvorbehalt** muss im Kaufvertrag ausdrücklich vereinbart sein, ein Vermerk auf dem Lieferschein reicht nicht aus.

einfacher Eigentumsvorbehalt	Der Verkäufer hat das Recht, bei nicht rechtzeitiger Zahlung oder Nichtzahlung die Herausgabe der Ware zu verlangen und vom Kaufvertrag zurückzutreten. Der einfache Eigentumsvorbehalt erlischt, wenn der Käufer die Ware verbraucht bzw. verarbeitet, vernichtet, mit einer unbeweglichen Sache fest verbindet (einbaut) oder an einen gutgläubigen Dritten weiterverkauft (der dann rechtmäßiger Eigentümer wird).
erweiterter Eigentumsvorbehalt	– Verlängerter Eigentumsvorbehalt: Wenn die Ware vom Käufer weiterverkauft wird, so tritt er seine Forderungen an seinen Lieferer ab, wurde die Ware vom Käufer verarbeitet, so entstehen anteilige Eigentumsrechte für den Verkäufer. – Nachgeschalteter Eigentumsvorbehalt: Der Käufer darf die Ware selbst nur unter Eigentumsvorbehalt verkaufen, sein Lieferer erhält Rechte aus diesem zweiten Eigentumsvorbehalt. – Kontokorrentvorbehalt: Erst wenn sämtliche Forderungen einer Geschäftsbeziehung beglichen sind, erlischt der einzelne Eigentumsvorbehalt.

AUFGABEN

1. Was versteht man unter einem Ratenkauf?
2. Welche Besonderheiten sind bei einem Ratenkauf mit Privatpersonen zu beachten?
3. Geben Sie Gründe an, weshalb Unternehmen ihren Kunden Kredite bei Banken vermitteln.
4. Was versteht man unter einem Lieferantenkredit?
5. Was versteht man unter einem Kontokorrentkredit?
6. Erläutern Sie, was unter einem Wechsel zu verstehen ist und geben Sie an, welche Verwendungsmöglichkeiten für einen Wechsel gegeben sind.
7. Beschreiben Sie, inwiefern Leasing als Finanzierungshilfe für Kunden genutzt werden kann.
8. Erläutern Sie die Kreditsicherungsmöglichkeiten des einfachen und erweiterten Eigentumsvorbehaltes.
9. Entscheiden Sie bei folgenden Aussagen, ob sie richtig oder falsch sind.
   a) Beim nachgeschalteten Eigentumsvorbehalt darf der Käufer selbst nur unter Eigentumsvorbehalt verkaufen.
   b) Der einfache Eigentumsvorbehalt erlischt, wenn der Käufer die Ware an einen gutgläubigen Dritten weiterverkauft.
   c) Ein Wechsel kann grundsätzlich als Zahlungsmittel verwendet werden.
   d) Bei Lieferantenkrediten gewährt der Verkäufer dem Käufer ein Zahlungsziel von mindestens 30 Werktagen.
   e) Bei einem Kontokorrentkredit richtet der Verkäufer für seinen Kunden bei einer Bank ein Konto ein.

3.8.10 Kauf-, Service- und Leasingverträge

Rechtsvorschriften und Gesetze sind **im Rahmen der Gestaltung von Geschäftsprozessen** als **gegebene Parameter** zu beachten. Verträge können zwar in bestimmten Bandbreiten unterschiedlich ausgestaltet werden, hierzu müssen entsprechende **Experten** befragt werden. Es ist jedoch notwendig, bei Prozessanalysen und -konzeptionen die rechtlichen Rahmenbedingungen zumindest in Grundsätzen zu kennen, um bestimmte Abläufe nachvollziehen zu können.

Kaufverträge

Kaufverträge kommen im rechtlichen Sinne zustande, indem zwei Parteien übereinstimmende Willenserklärungen abgeben. Die zeitlich erste Willenserklärung wird **Antrag** genannt, die nachfolgende heißt **Annahme**.

Beim Kaufvertrag können Antrag und Annahme z. B. folgendermaßen ablaufen.

Antrag		Annahme
– Verkäufer macht persönliches Angebot – Käufer bestellt (ohne vorheriges Angebot)	→ →	– Käufer bestellt gemäß Angebot – Verkäufer erteilt Auftragsbestätigung oder liefert

Stimmen Antrag und Annahme inhaltlich nicht überein, so entsteht kein Kaufvertrag.

Kaufverträge sind grundsätzlich **formfrei**, d. h. auch mündliche Verträge sind gültig. Die Schriftform empfiehlt sich bei bestimmten Kaufverträgen aus Beweisgründen.

Eine **Auftragsbestätigung** unter Kaufleuten stellt rechtlich keinen Kaufvertrag dar. Sie bestätigt lediglich einen Kaufvertrag, der bereits vorher schriftlich oder mündlich geschlossen wurde, und dient der **Beweissicherung**.

Käufer und Verkäufer haben jeweils bestimmte Leistungen zu erbringen. Sie sind somit ihrem Vertragspartner gegenüber „Schuldner" einer Leistung.

Leistung des Verkäufers	Leistung des Käufers
– Lieferung (Übergabe) der Kaufsache in vereinbartem Zustand zu vereinbartem Termin – Annahme des Kaufpreises	– Termingerechte Zahlung des vereinbarten Kaufpreises – Annahme der Kaufsache

Im Kaufvertrag werden die Leistungen beider Vertragspartner inhaltlich vereinbart.

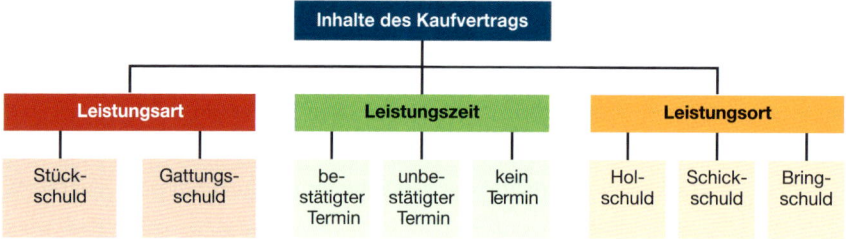

Leistungsart
Im Kaufvertrag muss eindeutig bestimmt werden, worin die Leistung des Verkäufers besteht, um Streitigkeiten, z. B. über Nebenleistungen wie Montage, Installation usw., vorzubeugen.

Stückschulden	Gattungsschulden
Die Kaufsache ist ein individuell bestimmbares Gut, z. B. ein Gemälde. Hier muss exakt die definierte Sache geliefert werden.	Die Kaufsache ist eine nach Art und Gattung beschriebene Sache, z. B. Drucker XYZ. Der Verkäufer muss Sachen „von mittlerer Art und Güte" liefern.

Leistungszeit

Die Leistungszeit legt fest, wann die Leistung fällig wird. Folgende Fälle sind unterscheidbar:

Fälligkeitstermin vereinbart oder entnehmbar				kein Fälligkeitstermin vereinbart
Kalendermäßig bestimmt oder bestimmbar			unbestimmter Fälligkeitstermin	sofort fällig (§ 271 BGB)
„Terminegeschäft"	„Fixgeschäft", Geschäft von Termineinhaltung abhängig			
	Zusatz „fix" erforderlich	„Zweckkauf", durch Umstände erkennbar		
Beispiele: – 16.09. – 2 Wochen nach Pfingsten – 3. Tag der 26. Kalenderwoche	**Beispiele:** – 16.09. fix – 2 Wochen nach Pfingsten fix – 3. Tag der 26. Kalenderwoche fix	**Beispiele:** – Lieferung einer Hochzeitstorte am 16.09. – Lieferung zur Geschäftseröffnung 3. Tag, 26. Kalenderwoche	**Beispiele:** – Lieferung 6 Wochen nach Auftragsbestätigung – Lieferung baldigst	**Beispiele:** – „Sofort" bedeutet, so schnell, wie objektiv nach gegebenen Umständen leistbar.

Die Bestimmung der Leistungszeit ist erforderlich, um einen **Verzug der Leistung** (verspätete Lieferung, verspätete Zahlung, vgl. S. 266) feststellen zu können und um ggf. die Leistung einklagen zu können.

Leistungsort

Der Leistungsort kann frei vereinbart werden. Ist nichts vereinbart, gilt die gesetzliche Regelung nach § 269. Demnach ist der **Leistungsort der Sitz des jeweiligen Schuldners** (Wohnsitz bzw. Ort der gewerblichen Niederlassung). Warenschulden (Kaufsache übergeben) sind daher grundsätzlich **Holschulden**, weil der Verkäufer an seinem Sitz seine Leistung schuldet. Geldschulden (Bezahlung) sind **Schickschulden**, der Käufer leistet rechtzeitig, wenn er das Geld zum Zahlungstermin an seinem Sitz absendet. Von einer **Bringschuld** wird gesprochen, wenn als Leistungsort der Sitz des Gläubigers vereinbart ist.

Arten des Kaufvertrages

Durch unterschiedliche Gestaltung der Einzelheiten ergeben sich verschiedene Arten von Kaufverträgen.

Unterscheidungsaspekt	Kaufvertragsarten
rechtliche Stellung der Vertragspartner	– **bürgerlicher Kauf**, beide Vertragspartner sind Privatpersonen – **einseitiger Handelskauf**, ein Vertragspartner ist Kaufmann/-frau – **zweiseitiger Handelskauf**, beide Vertragspartner sind Kaufleute

Unterscheidungsaspekt	Kaufvertragsarten
Festlegung der Warenart und -güte	– **Stückkauf**, nicht vertretbare Sache – **Gattungskauf**, vertretbare Sache – **Kauf auf Probe**, Kauf mit Rückgaberecht innerhalb vereinbartem Zeitraum – **Kauf nach Probe (Muster)**, kostenloses Muster, gelieferte Ware muss Muster entsprechen – **Kauf zur Probe**, Kauf einer kleinen Menge zum Test einer Ware, Probe muss bezahlt werden – **Spezifikationskauf** (Bestimmungskauf), Menge und Art der Ware werden bei Vertragsabschluss festgelegt, weitere Details sind vom Käufer binnen einer vereinbarten Frist zu nennen – **Ramschkauf** (Kauf in Bausch und Bogen, Kauf en bloc), bestimmter Warenposten wird ohne genaue Spezifikation gekauft – **Kauf nach Sicht**, Käufer hat vor Vertragsabschluss Gelegenheit, Ware zu besichtigen (Mängelprüfung), nach Vertragsabschluss können keine Mängel mehr geltend gemacht werden
Zeitpunkt der Zahlung	– **Kauf gegen Anzahlung** – **Barkauf** – **Zielkauf**, Zahlung innerhalb einer Frist (Zahlungsziel) – **Abzahlungskauf** (Ratenkauf)
Zeitpunkt der Eigentumsübertragung	– **Kauf unter Eigentumsvorbehalt**, Käufer erhält erst nach vollständiger Bezahlung Eigentum an der Ware – **Kommissionskauf**, Käufer erwirbt Besitz an Ware, verkauft sie in eigenem Namen weiter und erhält eine Provision

Störungen bei der Erfüllung von Kaufverträgen

Erfüllt ein Vertragspartner beim Kaufvertrag seine Leistungspflichten nicht vereinbarungsgemäß, gerät er in **Leistungsverzug**.

Pflichtverletzungen des Verkäufers

> **Mangelhafte Lieferung (= Schlechtleistung)**
> Beim zweiseitigen Handelskauf ist der Käufer verpflichtet, die bestellte Ware unverzüglich (d. h. ohne schuldhafte Verzögerung) auf Mängel zu prüfen und ggf. unverzüglich dem Verkäufer eine Mängelrüge zukommen zu lassen (aus Beweissicherungsgründen wird die schriftliche Form empfohlen), andernfalls verliert er alle Rechte aus der mangelhaften Lieferung. Bei einem einseitigen Handelskauf (Verkauf an Endverbraucher) ist der Käufer nicht verpflichtet, die Ware unverzüglich zu prüfen (§ 377 HGB, § 433 ff. BGB).
>
> **Mängelarten**
> – **Quantitätsmängel**: Es wird zu viel oder zu wenig Ware angeliefert.
> – **Gattungsmangel**: Es wird eine andere Ware als bestellt geliefert.
> – **Sachmangel (Qualität)**: Die Ware kann zwar verwendet werden, es fehlt ihr aber eine bestimmte oder zugesicherte Eigenschaft.
> – **Sachmangel (Beschaffenheit)**: Die Ware ist verdorben, beschädigt.
> – **Offener Mangel**: Es ist ein Mangel bei Prüfung sofort erkennbar.
> – **Versteckter Mangel**: Ein Mangel zeigt sich erst später.
> – **Arglistig verschwiegener Mangel**: Ein Mangel ist dem Verkäufer bewusst, wird aber verschwiegen.

Rechte des Käufers (gesetzliche Sachmängelhaftungsansprüche)
- **Ersatzlieferung** oder **Nachbesserung** (= Nacherfüllung, § 439 BGB). Der Kaufvertrag bleibt bestehen, der Käufer besteht auf die Lieferung mangelfreier Ware. Dieses Recht ist nur beim Gattungskauf (vertretbare Sache) möglich. Eine Nachlieferung gilt nach dem zweiten vergeblichen Versuch als fehlgeschlagen.
- **Minderung des Kaufpreises** (= Preisnachlass, § 441 BGB). Hier ist eine Einigung über die Höhe des Nachlasses herbeizuführen.
- **Wandlung** (= Rücktritt vom Kaufvertrag, §§ 437, 440 BGB). Der Kaufvertrag wird aufgelöst, der Käufer erhält ggf. sein Geld zurück.
- **Schadenersatz** (statt Leistung, §§ 437, 440 BGB). Schadenersatz kann nur gefordert werden, wenn seitens des Käufers ein Schaden entsteht und dem Verkäufer ein Verschulden nachgewiesen werden kann. Dabei muss der Ware eine zugesicherte Eigenschaft fehlen oder die Ware nicht dem Muster bzw. der Probe entsprechen oder der Mangel vom Verkäufer arglistig verschwiegen worden sein.
- Der Käufer hat keine Ansprüche, wenn die Mängel unerheblich sind oder er beim Abschluss des Kaufvertrages von den Mängeln gewusst hatte, die Ware öffentlich ersteigert wurde oder ein Kauf in Bausch und Bogen (Ramschkauf, § 422 BGB) getätigt wurde.

Lieferungsverzug

Es muss geprüft werden, ob der Lieferer in Verzug geraten ist. Hierzu sind folgende Voraussetzungen zu prüfen (§ 241 ff., § 361 BGB, § 376 HGB). Ggf. muss der Verkäufer gemahnt werden.

Voraussetzungen
- **Fälligkeit der Lieferung:** Die Lieferung musste fällig sein (bei Termin- und Fixgeschäften ist die Sachlage eindeutig), eine Mahnung ist nicht erforderlich (§ 284 BGB). Wurde die Lieferung nicht kalendermäßig genau festgelegt, muss der Verkäufer gemahnt werden (= Inverzugsetzung, § 286 BGB).
  Eine Mahnung ist nicht erforderlich, wenn der Verkäufer ausdrücklich erklärt, dass er nicht liefern kann oder will, und bei einem Zweckkauf.
- **Verschulden des Lieferers** (Vorsatz oder Fahrlässigkeit, §§ 276, 285 BGB) ist nur bei einem Stückkauf erforderlich, beim Gattungskauf gerät der Verkäufer auch ohne sein Verschulden in Verzug.

Rechte des Verkäufers
- Ohne Nachfristsetzung kann der Käufer auf Lieferung bestehen oder die Lieferung zuzüglich eines Schadenersatzes verlangen (§ 286 BGB).
- Nach Ablauf einer Nachfristsetzung (§ 280 f. BGB) kann der Käufer die Lieferung ablehnen und vom Vertrag zurücktreten (§ 326 BGB) oder Schadenersatz wegen Nichterfüllung verlangen (§§ 286, 325, 326 BGB).
- Häufig werden in Kaufverträgen Konventionalstrafen (Vertragsstrafen) vereinbart, die der Verkäufer auch dann zu zahlen hat, wenn beim Käufer kein oder ein geringerer Schaden entstanden ist.

Pflichten des Käufers
- Schadensminderungspflicht, d.h. der Käufer darf den Schaden nicht zusätzlich vergrößern
- Pflicht zum Nachweis des Schadens (konkreter Schaden, entgangener Gewinn)

Pflichtverletzungen des Käufers

Annahmeverzug

Nimmt ein Käufer die von ihm bestellte Ware nicht an, gerät er in Annahmeverzug (= Gläubigerverzug, §§ 293, 372 BGB, § 383 ff. HGB).

Voraussetzungen
- Lieferer liefert zum vereinbarten Termin (§ 293 BGB)
- Lieferer liefert am richtigen Ort in vereinbarter Art und Weise (§ 294 BGB)
- Käufer nimmt Ware nicht an (Verweigerung der Annahme)

(Annahmeverzug setzt kein Verschulden des Käufers voraus, die Gründe für eine Nichtannahme sind also unerheblich.)

Rechtsfolgen
Verkäufer haftet bei Beschädigung der Ware nur noch bei Vorsatz oder grober Fahrlässigkeit, der Käufer haftet auch für leicht fahrlässig verursachte Schäden durch zufälligen Untergang bzw. höhere Gewalt an der Ware (§ 300 BGB).

Rechte des Verkäufers
Ohne Nachfristsetzung:
- Bestehen auf Abnahme der Ware (§ 286 BGB), Verkäufer kann Ware bis zur Annahme auf Kosten des Käufers einlagern
- Setzen einer Nachfrist

Nach Ablauf einer Nachfrist:
- Selbsthilfeverkauf (§§ 383 ff. BGB). Die Ware wird nach Ablauf einer Nachfristsetzung versteigert oder an andere verkauft.
- Notverkauf bei verderblicher Ware
- Rücktritt vom Kaufvertrag

Zahlungsverzug

Zahlt ein Käufer nicht bzw. nicht rechtzeitig, gerät er in Zahlungsverzug (§ 286 ff. BGB). Die Gründe für sein Nichtzahlen sind unerheblich.

Voraussetzungen
- Fälligkeit der Zahlung (Zahlungstermin, -frist). Ist der Zahlungstermin kalendermäßig festgelegt, befindet sich der Käufer nach Überschreiten des Termins in Verzug.
- Der Schuldner kommt 30 Tage nach Erhalt der Rechnung automatisch in Verzug (falls ein Zahlungstermin nicht ausdrücklich vereinbart wurde), eine Mahnung ist nicht erforderlich (§ 286 BGB).

Ein Verschulden des Käufers spielt für den Zahlungsverzug keine Rolle.

Rechte des Verkäufers
- Ohne Nachfristsetzung kann der Verkäufer auf Zahlung bestehen oder die Zahlung zuzüglich eines Schadenersatzes (Verzugszinsen und Kostenersatz) verlangen. Die gesetzlichen Verzugszinsen (§ 352 HGB, § 288 BGB) betragen bei einem einseitigen Handelskauf 5 %, bei einem zweiseitigen Handelskauf 8 % über dem Basiszinssatz für Kredite. Vertraglich sind andere Vereinbarungen möglich.
- Nach Ablauf einer Nachfristsetzung kann der Verkäufer vom Vertrag zurücktreten oder Schadenersatz wegen Nichterfüllung verlangen (§ 326 BGB).

Serviceverträge

Serviceverträge können zwischen Vertragsparteien ausgehandelt werden. Zwar unterliegen sie keinen Formvorschriften, doch sollten sie zur Beweissicherung stets schriftlich abgefasst und von beiden Vertragspartnern unterschrieben werden. Im Vertrag sollten **die zu erbringenden Leistungen sehr exakt definiert** werden. Beziehen sich Serviceverträge auf „allgemeine Geschäftsbedingungen" (AGB), so sind die entsprechenden gesetzlichen Vorschriften zu beachten.

In der IT-Branche findet man eine Vielzahl höchst unterschiedlicher **Servicevertragsinhalte**. Je nach Unternehmen können Serviceverträge an den Kauf von Produkten gekoppelt sein oder eigenständige Dienstleistungen sein.

Inhalte von Serviceverträgen für Hardware (Beispiele)	Erläuterungen
Wartungen	– Wartungsintervalle festlegen (monatlich, jährlich, nach Bedarf usw.) – Wartungszeitpunkte festlegen (an arbeitsfreien Wochenenden, während Nachtschicht usw.) – Anmeldefristen für Wartungsarbeiten vereinbaren – Wartungsarbeiten einzeln festlegen, ggf. optionale Wartungsarbeiten definieren – Intervalle für Austausch von Modulen definieren
Störungsbehebung	– Klärung, wer Fehlerdiagnose durchführt – Klärung, wer Reparaturen durchführt (Hersteller, Lieferer, Fremdbetrieb) – Klärung des Umfangs einer Störungsbehebung – Garantiefristen nach Störungsbehebung
Ersatzteilbereitstellung	– Dauer der Ersatzteilgarantie festlegen – Klärung, wer für Einbau von Ersatz- bzw. Austauschteilen verantwortlich ist (Servicebetrieb, Lieferer, Fremdbetrieb) – Klärung, ob Fremdteile eingebaut werden dürfen
Inanspruchnahme von Leistungen	– 24-Stunden-Service – Service auf Abruf – Vor-Ort-Service – Stellung von Ersatzgeräten während Wartungsarbeiten
Kosten	– kostenlose Serviceleistungen genau definieren – Kulanzen abklären – kostenpflichtige Serviceleistungen genau abgrenzen (Arbeitsstundenwerte, Materialkosten, An- und Abfahrtswege)
Dauer des Vertrages	– Beginn und Ende der Vertragsdauer – Kündigungsfristen – Gründe für außerordentliche Kündigungen festlegen
Streitfälle	– Schiedsstellen definieren – Konventionalstrafen festlegen für Vertragsverletzungen

Leasingverträge

Unter Leasing versteht man die vertragliche Einräumung eines zeitlich begrenzten Nutzungsrechtes von beweglichen Anlagegütern oder Gebäuden. Der Leasingvertrag ist rechtlich ein Mietvertrag, er wird zwischen dem **Leasinggeber** und dem **Leasingnehmer** geschlossen.

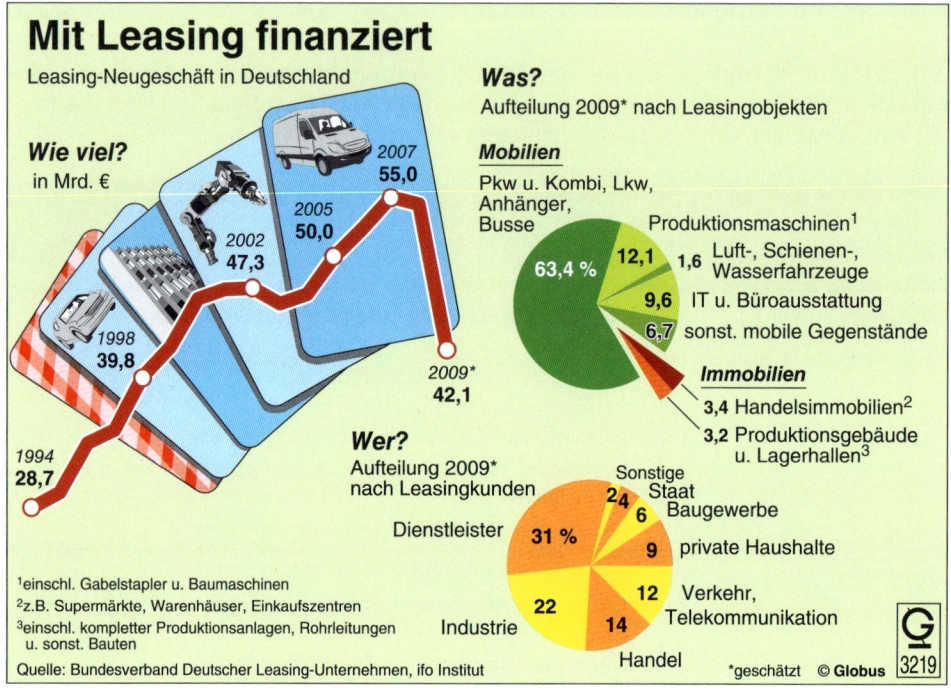

Leasing-Verträge werden vielfach als Finanzierungsalternative für Anlagegüter betrachtet. Sie können hinsichtlich verschiedener Kriterien eingeteilt werden.

Kriterium	Erläuterungen, Beispiel
Leasingobjekt	– *Immobilienleasing* (Leasen von Gebäuden oder Gebäudeteilen) – *Mobilienleasing* (Leasen von beweglichen Gütern, z. B. Maschinen, Fahrzeuge, Rechner, Werkzeug usw.) – *Equipmentleasing* (Ausrüstungsgegenstände bzw. Systeme wie Telefonanlagen, Netzwerke, Mobiliar) – *Plantleasing* (Leasing ganzer Betriebsanlagen oder Fertigungsstätten) – *Personalleasing* (Zeitarbeit von Personal, das durch Vermittlungsinstitute beschäftigt wird)

Kriterium	Erläuterungen, Beispiel
Leasinggeber	– *Direktes Leasing* (Leasinggeber ist der Hersteller des Leasingobjektes, Leasing wird von ihm als Vertriebsform genutzt.) – *Indirektes Leasing* (Leasinggeber ist eine Leasinggesellschaft, sie beschafft z. T. individuell auf die Kundenbedürfnisse abgestimmte Leasingobjekte und überlässt sie dem Leasingnehmer.)
Kündigung des Vertrages	– *Operate-Leasing* (Kurze Kündigungsfristen für Leasingnehmer, der Leasinggeber trägt dabei das Investitionsrisiko für die Leasingobjekte, die daher meist wiederverwertbar sind, z. B. Kfz, Kopierer, Werkzeuge usw.) – *Financeleasing* (Grundsätzlich nicht kündbar, das Investitionsrisiko trägt der Leasingnehmer, z. B. bei Gebäuden)
Optionen	– *Optionsloser Vertrag* (Leasinggeber verpflichtet sich zur Rückgabe, Leasingnehmer zur Rücknahme des Leasingobjektes nach Vertragsablauf) – *Kaufoption* (Leasingnehmer hat das Recht, das Objekt nach Vertragsablauf zum Restbuchwert oder zum Verkehrswert zu kaufen) – *Tauschoption* (Leasingnehmer kann das Objekt gegen ein neues vergleichbares Objekt eintauschen) – *Verlängerungsoption* (Leasingnehmer kann neuen Leasingvertrag auf der Basis des Rest- oder Verkehrswertes verlangen)
Dauer	– *Ausrüstungsgegenstände* (Kfz, Kopierer usw. ein bis fünf Jahre) – *Komplette Anlagen* (Maschinenanlagen, Fließbandstraßen usw. bis zu 15 Jahren) – *Gebäude (bis zu 30 Jahren)*
Kosten	Die Leasingraten, die vom Leasinggeber zu entrichten sind, können sich aus folgenden Elementen zusammensetzen: – *Abschreibung (Werteverzehr des Objektes)* – *Kapitalverzinsung des Leasinggebers* – *Handlungskosten des Leasinggebers (Personal, Verwaltung, Vertrieb usw.)* – *Risikozuschläge für Forderungsausfälle* – *Wartungs- und Reparaturkosten für Leasingobjekte (können vertraglich vom Leasingnehmer übernommen werden)* – *Versicherungsprämien für Leasingobjekte (können vertraglich vom Leasingnehmer übernommen werden)* – *Gewinnmarge des Leasinggebers*

Aus der Sicht des Leasingnehmers ergibt sich unter betriebswirtschaftlichen Aspekten folgende Bewertung:

Vorteile	Nachteile
– geleaste Objekte entsprechen dem technisch aktuellen Stand. – genaue Kalkulation der monatlichen Belastung durch vereinbarte Leasingraten – verringerter Kapitalbedarf – keine Kreditsicherheiten erforderlich – Leasingkosten können durch Nutzung des Leasingobjektes erwirtschaftet werden. – Leasingobjekte werden in Bilanz nicht aktiviert, Leasingkosten sind als Betriebsausgaben steuerlich mindernd.	– hohe Fixkostenbelastung durch Leasingraten – Leasing ist i. d. R. teurer als Kauf – bei Financialleasing lange Vertragslaufzeiten

AUFGABEN

1. Erläutern Sie, wie im rechtlichen Sinne Kaufverträge zustande kommen.
2. Welche Bedeutung hat eine Auftragsbestätigung?
3. Zu welchen Leistungen verpflichten sich bei einem Kaufvertrag jeweils Käufer und Verkäufer?
4. Welche Inhalte umfasst ein Kaufvertrag?
5. Erläutern Sie die Begriffe Stückschulden und Gattungsschulden sowie Hol- und Schickschuld.
6. Erläutern Sie die Begriffe Fixkauf und Zweckkauf sowie einseitiger und zweiseitiger Handelskauf.
7. Unterscheiden Sie Kaufverträge nach dem Zeitpunkt der Zahlung.
8. Unterscheiden Sie Kaufverträge nach der Festlegung der Warenart und -güte.
9. Unter welchen Voraussetzungen gerät ein Lieferer in Verzug?
10. Geben Sie Beispiele aus Ihrem Ausbildungsbetrieb für folgende Mängelarten an: Quantitätsmangel, Gattungsmangel, Qualitätsmangel, Sachmangel, versteckter Mangel, arglistig verschwiegener Mangel.
11. Sie erhalten eine Warenlieferung über 150 Soundkarten, bestätigen dem Lieferer den ordnungsgemäßen Empfang und lagern die Ware drei Tage später ein. Dabei fällt Ihnen auf, dass nur 148 Karten geliefert wurden und 10 Karten nicht dem bestellten Typ entsprechen. Welche rechtlichen Möglichkeiten haben Sie?
12. Sie bestellen eine Sonderanfertigung einer Platine bei einem Ihrer Lieferer. Die Platine wird zur Installation eines Spezialrechners benötigt, den Sie spätestens zum Ende der 16. Kalenderwoche an Ihren Kunden auszuliefern haben. Sie haben mit Ihrem Lieferer vereinbart, dass er spätestens zum Ende der 15. Kalenderwoche liefert. Die Lieferung erfolgt nicht fristgemäß. Welchen Verpflichtungen haben Sie Ihrem Kunden gegenüber nachzukommen?

AUFGABEN

13. Sie liefern fristgemäß einen bestellten PC an einen Kunden, dieser Kunde ist jedoch bei der Anlieferung nicht anwesend. Welche Rechtsfolgen ergeben sich für Sie?

14. Sie liefern einen PC bei einem Kunden zwei Tage zu spät ab. Der Kunde nimmt den PC ohne Einwände entgegen und bestätigt den ordnungsgemäßen Empfang der Ware und der Rechnung. Nach sechs Wochen können Sie aber noch keinen Zahlungseingang verbuchen. Ein Anruf bei dem Kunden ergibt, dass er die Meinung vertritt, er brauche nicht mehr zu bezahlen, da der Liefertermin überschritten wurde. Nehmen Sie Stellung zu diesem Sachverhalt.

15. Erläutern Sie, was unter Schadensminderungspflicht zu verstehen ist.

16. Ein Kunde hat seine Rechnung nicht bezahlt. Er befindet sich seit 40 Tagen im Rückstand. Die Rechnungssumme beträgt 8 500,00 €. Was ist bei der Berechnung der Verzugszinsen zu beachten? Ermitteln Sie die Höhe der Verzugszinsen.

17. Geben Sie an, welche Inhalte in einem Servicevertrag für Hardware vereinbart werden können.

18. Welche Objekte können geleast werden?

19. Unterscheiden Sie direktes und indirektes Leasing.

20. Unterscheiden Sie Operate- und Financeleasing.

21. Welche Optionen können in einem Leasingvertrag vereinbart werden?

22. Erstellen Sie eine Liste der Kostenbestandteile von Leasingraten.

23. Entscheiden Sie bei folgenden Aussagen, ob sie richtig oder falsch sind.

    a) Bei einem Fixgeschäft braucht im Falle eines Lieferungsverzuges der Käufer den Lieferer nicht zu mahnen.

    b) Bei einem zweiseitigen Handelskauf muss mindestens einer der Vertragspartner Kaufmann/-frau sein.

    c) Bei einem Lieferungsverzug ist der Käufer verpflichtet, seinen eigenen Schaden möglichst gering zu halten.

    d) Bei einem Annahmeverzug ist der Verkäufer nicht verpflichtet, die Ware im Rahmen eines Selbsthilfeverkaufs zu veräußern.

    e) Bei einer mangelhaften Lieferung hat der Käufer das Recht, Schadenersatz zu fordern, wenn der Mangel vom Lieferer arglistig verschwiegen wurde.

3.8.11 Allgemeine Geschäftsbedingungen

Betriebe schließen täglich eine Vielzahl von Verträgen ab. Da es für Routineverträge für Lieferer und Kunden zu arbeits- und zeitaufwendig wäre, jeweils gesonderte vertragliche Vereinbarungen zu treffen, bedient man sich i. d. R. vorgedruckter Verträge (Formulare). Hierin sind die „allgemeinen Geschäftsbedingungen" (**AGB**) enthalten. AGB sind also

Instrumente zur Vereinfachung von Geschäftsprozessen im Absatz- und Beschaffungssektor. Sie beziehen sich meist auf Lieferungs- und Zahlungsbedingungen sowie auf Regelungen zur Gewährleistung.

Zwar gilt in Deutschland eine grundsätzliche Vertragsfreiheit, d. h. Lieferer und Kunde können frei Vertragsklauseln aushandeln, jedoch sieht der Gesetzgeber im Sinne des Verbraucherschutzes vor, dass der Käufer nicht unangemessen benachteiligt wird. Im BGB § 305 ff. sind entsprechende gesetzliche Vorschriften für die Gestaltung rechtsgeschäftlicher Schuldverhältnisse durch AGB geregelt.

AGB-Vorschriften, die bei ein- und zweiseitigen Handelsgeschäften gelten	
überraschende Klauseln (§ 305a BGB)	Enthalten die AGB überraschende Klauseln, mit denen der Käufer somit nicht rechnen konnte, so sind diese unwirksam. Beispiel: „Beim Kauf unserer Software verpflichtet sich der Käufer auf zehn Jahre, regelmäßige Updates zu erwerben ..."
Vorrang persönlicher Absprachen (§ 305b BGB)	Persönliche Absprachen, die von den AGB abweichen, haben Vorrang. Zur Beweissicherung sollten die Vereinbarungen schriftlich vorliegen. Beispiel: In den AGB wird vereinbart, dass Garantieleistungen maximal über 24 Monate laufen. Abweichend davon wird eine Garantiezeit von 36 Monaten vereinbart.
Rechtsfolgen bei Unwirksamkeit der AGB (§ 306 BGB)	Wenn einzelne Teile der AGB unwirksam sind, also gegen geltendes Recht verstoßen, so bleibt der Vertrag bestehen. Er richtet sich dann nach den gesetzlichen Vorschriften. Beispiel: In den AGB wird eine 12-monatige Garantiezeit eingeräumt. Gesetzlich vorgeschrieben sind aber mindestens 24 Monate.
Generalklausel und Klauselverbote (§ 308 f. BGB)	AGB-Teile sind immer dann unwirksam, wenn sie den Vertragspartner entgegen dem Gebot von Treu und Glauben unangemessen benachteiligen. Beispiel: In den AGB steht „Modelländerungen vorbehalten". Ein Kunde bestellt eine Grafikkarte nach genauer Spezifikation und erhält eine andere mit anderen Leistungsmerkmalen. Dies verstößt gegen Treu und Glauben.
AGB-Vorschriften, die nur bei einseitigen Handelsgeschäften gelten	
Einbeziehung in den Vertrag (§ 305 BGB)	Die AGB werden nur dann Vertragsbestandteil, wenn der Käufer – vor dem Vertragsabschluss ausdrücklich auf die AGB hingewiesen wurde (z. B. durch deutlich sichtbaren Aushang am Ort des Vertragsabschlusses oder persönlichen Hinweis durch Verkäufer), – von den AGB Kenntnis nehmen konnte und – sein Einverständnis zu den AGB gegeben hat.
verbotene und damit unwirksame Klauseln	– nachträgliche Preiserhöhungen (binnen 4 Monaten nach Vertragsabschluss) – Verkürzung von gesetzlichen Gewährleistungsfristen – Rücktrittsvorbehalte des Verkäufers – Ausschluss der Haftung des Verkäufers bei grobem Verschulden – unangemessen lange Lieferfristen – Ausschluss von Reklamationsrechten (der Käufer hat das Recht auf Nachbesserung oder Ersatzlieferung) – Beschneidung von Kundenrechten bei verspäteter Lieferung

Branchenverbände und Industrie- und Handelskammern stellen Muster von AGB zur Verfügung.

AUFGABEN

1. Welche Zwecke erfüllen Allgemeine Geschäftsbedingungen?
2. Erläutern Sie folgende AGB-Vorschriften:
   a) AGB-Vorschriften, die bei ein- und zweiseitigen Handelsgeschäften gelten
      - überraschende Klauseln
      - Vorrang persönlicher Absprachen
      - Rechtsfolgen bei Unwirksamkeit der AGB
      - Generalklausel und Klauselverbote
   b) AGB-Vorschriften, die nur bei einseitigen Handelsgeschäften gelten
      - Einbeziehung in den Vertrag
      - verbotene und damit unwirksame Klauseln
3. Erläutern Sie, weshalb einige AGB-Vorschriften nur bei einseitigen Handelsgeschäften gelten.
4. Beschaffen Sie sich die AGB Ihres Ausbildungsbetriebes. Studieren Sie die Bedingungen ausführlich und klären Sie mit Ihrem Ausbilder ggf. Fragen.
5. Entscheiden Sie bei folgenden Aussagen, ob sie richtig oder falsch sind.
   a) Folgender Passus in den AGB ist nicht zulässig: „Beim Kauf unserer Produkte verzichtet der Kunde auf sämtliche Gewährleistungsansprüche."
   b) Wenn einzelne Teile der AGB rechtlich unwirksam sind, so ist auch der gesamte Kaufvertrag unwirksam.
   c) Die Vorschriften zu AGB gelten sowohl für einseitige als auch für zweiseitige Handelsgeschäfte.
   d) AGB sind immer in kleiner Schrift zu drucken, damit sie auf die Rückseite von Rechnungen passen.
   e) AGB müssen nicht selbst von einem Unternehmen entwickelt werden, es können auch Muster-AGB von Industrie- und Handelskammern verwendet werden.

3.8.12 Fakturierung

Die Fakturierung (Rechnungsstellung) erstellt Belege für die eigene Finanzbuchhaltung (Debitorenbuchhaltung = Verwaltung von Forderungen) und die des Kunden (Kreditorenbuchhaltung = Verwaltung von Verbindlichkeiten), um die Wertschöpfungsprozesse zu dokumentieren. Anhand dieser Belege werden die Zahlungsströme gebucht und entsprechende Prozesse ausgelöst.

Wirkungen der Rechnungserstellung und -versendung

Beim Absender (Lieferer)	Beim Empfänger (Kunde)
– Beleg für Debitorenbuchhaltung – Beleg für die Buchung einer Forderung – Beleg für die termingerechte Überprüfung von Zahlungseingängen – Beleg für die Zuordnung von Zahlungseingängen – Beleg für die Ermittlung der Umsatzsteuer – usw.	– Beleg für Kreditorenbuchhaltung – Beleg für eine Verbindlichkeit – Beleg für die termingerechte Absendung von Zahlungen – Beleg für die Liquiditätsplanung – Beleg für Rechnungsprüfung – Beleg für die Ermittlung der Vorsteuer – usw.
↓	↓
Ingangsetzung von Prozessen	Ingangsetzung von Prozessen

Vielfach sind die in Gang gesetzten Prozesse automatisiert. Entsprechende (Standard-) Software, die Schnittstellen zu Finanzbuchhaltung, Lagerdisposition, Kostenrechnung, Warenwirtschaft, Auftragsbearbeitung usw. hat, unterstützt die effiziente Gestaltung dieser Prozesse. Dabei kann auf branchenorientierte oder branchenneutrale **Software** zurückgegriffen werden.

Vielfach ist die Software so ausgelegt, dass Schnittstellen zu Kreditinstituten oder den Kunden gegeben sind und dadurch ein schneller Datenaustausch ermöglicht wird.

Eine vollständige und integrative Abwicklung von Bestellung, Rechnungsstellung und Zahlungsvorgängen ist mit dem **EDI-Verfahren** möglich (vgl. S. 215). Hierbei entfallen herkömmliche Belege, da der Datenaustausch elektronisch erfolgt. In dieses Verfahren sind neben Lieferer und Kunden zusätzlich auch andere Unternehmen eingebunden, z. B. Spediteure, Banken.

Inhalte der Rechnung

Um entsprechende Prozesse auslösen zu können, müssen Rechnungen bestimmte Informationen (Daten) enthalten.

Inhalt	Erläuterung
Absender	genaue Angaben, inkl. Anschrift, Telefon, Fax, E-Mail, Ansprechpartner usw., um Rückfragen zu erleichtern; ggf. Liefernummer
Empfänger	Rechnungsempfänger muss nicht mit Lieferungsempfänger übereinstimmen, Kundennummer
Kontoverbindung	Bezeichnung des Kontos, auf das der Rechnungsbetrag überwiesen werden soll (Konto-Nr., Bankinstitut, Bankleitzahl), wobei mehrere Alternativen (Kontoverbindungen) angegeben werden können

Inhalt	Erläuterung
Rechnungsdatum	wichtig für Fristeneinhaltung
Rechnungsnummer	zur genauen Identifikation und Zuordnung der Rechnung für Absender und Empfänger; Auftragsnummer
Zahlungsfrist	i. d. R. im Kaufvertrag (vgl. S. 263) ausgehandelt oder durch allgemeine Geschäftsbedingungen (vgl. S. 273) definiert, in Rechnung lediglich Wiederholung der Information
Zahlungsart	bar, Scheck, Überweisung, Einzug usw.
Hinweis auf Eigentumsvorbehalt	vgl. S. 262
ggf. Angaben über Factoring	Angaben zum Abtritt von Forderungen
gelieferte Leistung	Spezifikation der in Rechnung gestellten Leistungen mit Bezeichnung, Artikelnummer, Menge, Einzelpreis, Positionspreis usw.; Vermerk von Nebenleistungen wie Verpackung, Transport usw.
Rechnungsbetrag	Summe der Einzelwerte
Ausweis der Mehrwertsteuer	Prozentsatz und Wert
Hinweis auf allgemeine Geschäftsbedingungen	vgl. S. 273
Währung des Rechnungsbetrages	ab 01.01.2002 Fakturierung ausschließlich in Euro

Betriebsindividuelle Regelungen bzw. Vereinbarungen mit dem Kunden können zu weiteren Inhalten (Daten) auf Rechnungen führen.

Gesetzliche Bestandteile

Nach § 14 Umsatzsteuergesetz (UstG) muss jede Rechnung folgende Bestandteile enthalten (in der abgebildeten Rechnung farbig hinterlegt):

- Name und Anschrift des leistenden Unternehmens (z. B. Verkäufer)
- Name und Anschrift des Leistungsempfängers (z. B. Käufer)
- Umsatzsteuer-Nummer oder Umsatzsteuer-Identifikationsnummer (ID) des leistenden Unternehmens
- Ausstellungsdatum
- Rechnungsnummer
- Menge und die handelsübliche Bezeichnung des Gegenstandes der Lieferung
- Zeitpunkt der Lieferung
- Entgelt der Lieferung oder Leistung
- Mehrwertsteuersatz und Mehrwertsteuerbetrag

Power PC GmbH
Viktoria Str. 87, 50122 Köln

Lösungen für Ihre PC-Probleme

Power PC GmbH   Viktoria Str. 87   50122 Köln

Sports unlimited
Paulusstr. 165

51173 Bonn

Tel.: (0221) 43 19 30 - 0
Fax.: (0221) 43 19 30 - 8
Email: service@powerpc-gmbh.de

Ihre Bestellung	Datum der Bestellung	Unser Zeichen	Rechnungs Nr.	Rechnungsdatum
	20xx-04-15	schlo/ra	A-6532	20xx-04-30

Rechnung A-6532

Wir fakturieren für unsere Lieferung vom 28.04.20xx:

Artikel-/Leistung Nr.	Artikel-/Leistungsbezeichnung	Menge in Stück	Preis pro Stück	Rabatt in %	Gesamtpreis
981-72	PC-400 MHZ	1	999,00 €	0,0	999,00 €
332-96	Bildschirm 19 Zoll	1	359,00 €	0,0	359,00 €
872-67	Laserdrucker	1	499,00 €	0,0	499,00 €
240-09	Softwareinstallation	1	59,00 €	0,0	59,00 €

Warenwert	Versandkosten	USt-%	USt-€	Rechnungsbetrag
1 916,00 €	0,00 €	19,0	364,04 €	2 280,04 €

Zahlbar innerhalb von 30 Tagen netto Kasse oder innerhalb von 8 Tagen mit 3 % Skonto.
Die Ware bleibt bis zur vollständigen Bezahlung unser Eigentum.

| Amtsgericht Köln Handelsregister HRB 82360 | Erfüllungsort und Gerichtsstand ist für beide Teile Köln | Geschäftsführer: Gino Hempel Helga Geislar | Bankverbindung Sparkasse KölnBonn (BLZ 370 500 00) Kto.-Nr. 45 22 10 987 | USt.-Id-Nr.: DE 197148 604 |

AUFGABEN

1. Welche Wirkungen haben Rechnungserstellung und -versendung bei Lieferern (Absender) und Kunden (Empfänger)?
2. Erläutern Sie, wie der Prozess der Rechnungserstellung in den Prozess der Auftragsbearbeitung eingebunden sein kann und welche Schnittstellen zu anderen betrieblichen Prozessen gegeben sind.

AUFGABEN

3. Erstellen Sie eine Checkliste für die Inhalte einer Rechnung.
4. Welche Daten auf einer Rechnung sind Stamm-, Bewegungs- und Ordnungsdaten?
5. Entscheiden Sie bei folgenden Aussagen, ob sie richtig oder falsch sind.

    a) In Rechnungen darf ausschließlich in Euro fakturiert werden.

    b) In Rechnungen muss ein Rechnungsdatum angegeben sein.

    c) Die Angaben einer Rechnung sind gesetzlich vorgeschrieben.

    d) In Rechnungen muss immer der Hinweis auf einen Eigentumsvorbehalt angegeben werden.

    e) Rechnungen dürfen formfrei erstellt werden.

3.8.13 Zahlungsvorgänge

Durch die Übergabe von Bargeld oder die rechtzeitige Absendung von Geldbeträgen kommt der Schuldner seiner vertraglichen Verpflichtung nach. Hierbei werden i.d.R. Kreditinstitute eingeschaltet, die den Zahlungsverkehr unterstützen und abwickeln.

Träger des Zahlungsverkehrs

Kreditinstitute (Banken, Sparkassen, Kreditgenossenschaften, Postbank) als Träger des Zahlungsverkehrs haben sich zu Gironetzen zusammengeschlossen. Zur internen Verrechnung von Zahlungen unterhalten sie Konten bei den Landeszentralbanken, die als Clearingstelle dienen.

Zahlungsarten

Zahlungsart	Erläuterung
Barzahlung	– Weder Schuldner noch Gläubiger verwenden ein Konto. – Schuldner und Gläubiger tauschen Bargeld aus. – Wertbrief: In einem verschlossenen Umschlag befördert die Deutsche Post AG gegen Gebühr Bargeld bis zu einem bestimmten Betrag und haftet für evtl. Verluste.
halbbare Zahlung	– Schuldner oder Gläubiger verwenden ein Konto. – Zahlschein: Der Schuldner zahlt Bargeld bei einem Kreditinstitut ein, der Betrag wird dem Konto des Gläubigers gutgeschrieben. – Nachnahme: Beim Güterversand über die Post AG kann vereinbart werden, die Zustellung beim Empfänger nur gegen Barzahlung zu leisten. Der Absender erhält eine Gutschrift auf sein Konto. – Barscheck: Der Scheckbetrag wird dem Überbringer von der Bank bar ausgezahlt, das Konto des Scheckausstellers (Schuldners) wird belastet.

Zahlungsart	Erläuterung
bargeldlose Zahlung	– Sowohl Schuldner als auch Gläubiger verwenden ein Konto, es findet eine Umbuchung von Konto zu Konto statt. – Überweisung: Gläubiger weist seine Bank an (auf Formular), einen bestimmten Betrag von seinem Konto auf das Konto eines bestimmten Empfängers zu überweisen. – Sammelüberweisung: Mehrere Überweisungen an verschiedene Gläubiger über ein Formular (Empfänger der Teilbeträge im Anhang) – Dauerauftrag: Überweisung von regelmäßig wiederkehrenden Zahlungen in gleicher Höhe – Lastschriftverfahren: Kontoinhaber ermächtigt seinen Gläubiger bis auf Widerruf, von seinem Konto Beträge abbuchen zu lassen. – Einzugsermächtigung: Kontoinhaber ermächtigt seinen Gläubiger, von seinem Konto Forderungen einzuziehen. Der Kontobelastung kann binnen sechs Wochen widersprochen werden, wobei eine Rückbuchung erfolgt. – Abbuchungsauftrag: Hier kann der Gläubiger ohne vorherige Rückfrage das Konto seines Schuldners belasten. Der Schuldner kann dieser Belastung nicht widersprechen. – Eilüberweisung: Überweisungsvorgang wird telefonisch oder per Fax ausgeführt. – Verrechnungsscheck: Der Scheckbetrag wird dem Konto des Gläubigers gutgeschrieben.

Elektronische Zahlungsarten

Belegloser Datenaustausch
Kreditinstitute ermöglichen einen beleglosen Datenaustausch. Hierdurch werden die erteilten Überweisungsaufträge als Datensätze übermittelt. Dies kann durch physischen Austausch von **Datenträgern** (z. B. Disketten) oder über Telekommunikation (Datenfernübertragung) erfolgen. Hierdurch werden den Bankkunden erhebliche Vereinfachungen geboten.

Für **Privatkunden** kann im Rahmen des **Homebankings** die komplette Kontenverwaltung von jedem Punkt der Welt ermöglicht werden (z. B. Notebook plus Telefon plus Modem). Für **Unternehmen** erleichtert sich das **Cash-Management**, weil sie jederzeit Zugriff auf ihre Konten haben und ihre Liquidität entsprechend steuern können.
Insbesondere beim **EDI**-Verfahren (vgl. S. 215) ist der beleglose Datenaustausch beim Zahlungsverkehr üblich.

„Plastikgeld"
Statt Bargeld, Scheck oder Überweisungsformular wird eine Karte mit Magnetstreifen und/oder integriertem Chip benutzt. Über entsprechende Lesegeräte werden die erforderlichen

Daten eingelesen und nach der Prüfung einer Legitimation (**PIN** = Persönliche Identifikations-Nummer) ein bargeldloser Zahlungsvorgang eingeleitet.

Formen	Erläuterung
Kreditkarten	*Kreditkartenunternehmen geben gegen vereinbarte Gebühren Karten aus. Die Kunden können diese Karten zur bargeldlosen Bezahlung bei Vertragsunternehmen (Einzelhandelsbetrieben, Hotels usw.) einsetzen. Die Vertragsunternehmen zahlen dem Kreditkartenunternehmen Gebühren.*
Kundenkarten	*Unternehmen geben an bestimmte Kunden Karten aus, mit denen ein Kundenkonto bei jedem Zahlungsvorgang belastet wird. Am Monatsende wird der Gesamtbetrag vom Bankkonto des Schuldners abgebucht (eingezogen).*
Electronic Cash	*Der Karteninhaber kann im Inland (Electronic-Cash-System = EC-Karte) und Ausland (EDC-Maestro-System = Electronic Debit Card) bargeldlos bezahlen. Die Autorisierung über PIN erfolgt online. POZ-System: POZ (Point of Sale ohne Zahlungsgarantie), hierbei unterschreibt der Kunde einen Beleg und erteilt eine Einzugsermächtigung.*
Geldkarte	*Sie dient der bargeldlosen Abwicklung von kleineren Beträgen. Sie ist mit einem Mikrochip ausgestattet, auf dem Zugangsdaten und Höchstbeträge abgespeichert sind. Als „elektronische Geldbörse" kann sie nachgeladen werden.*

Ablauf des Electronic-Cash-Systems

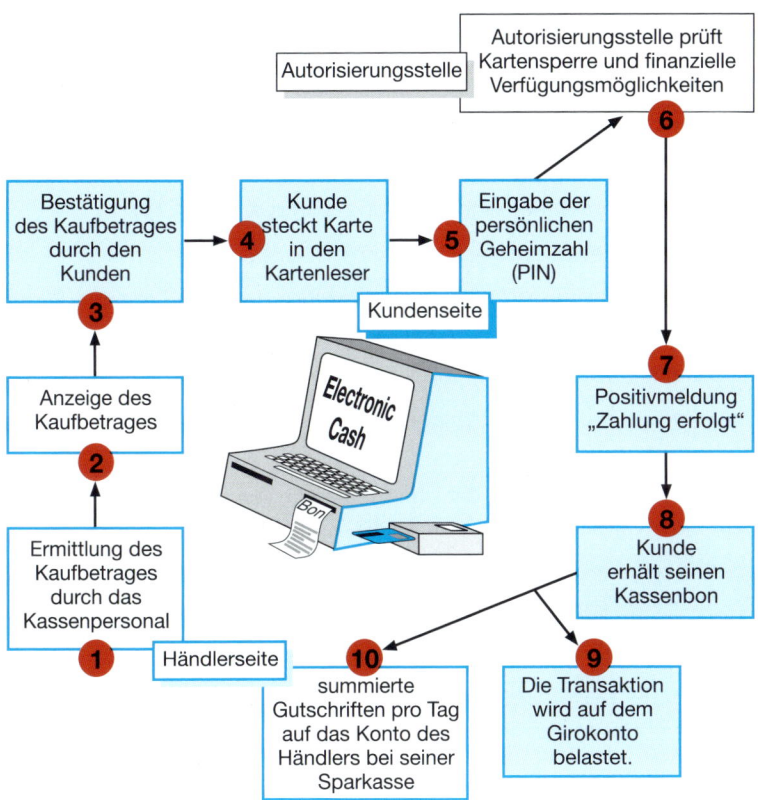

Im Zuge der Entwicklung **elektronischer Märkte** (vgl. S. 232) haben sich im Internet verschiedene **Onlinebezahlsysteme** entwickelt. Einerseits fordern die Kunden einfache Handhabung, Datenschutz und Datensicherheit, andererseits bestehen die Händler auf Zahlungssicherheit. Keines der bisher verfügbaren Systeme erfüllt diese Anforderungen vollständig. Deshalb arbeiten viele Onlineanbieter mit traditionellen Verfahren wie Nachnahme, Vorkasse oder Rechnung.

AUFGABEN

1. Beschreiben Sie die Merkmale der Barzahlung.
2. Erläutern Sie, welche Möglichkeiten der halbbaren Zahlung es gibt.
3. Erläutern Sie die folgenden Möglichkeiten der bargeldlosen Zahlung:

    a) Überweisung
    b) Sammelüberweisung
    c) Dauerauftrag
    d) Lastschriftverfahren
    e) Eilüberweisung
    f) Verrechnungsscheck

4. Was versteht man unter der Bezeichnung „Plastikgeld"?
5. Erklären Sie folgende Formen der elektronischen Zahlung:

    a) Kreditkarten

    b) Kundenkarten

    c) Geldkarte

6. In einem Einzelhandelsunternehmen gibt man Ihnen als Kunde die freie Wahl der Bezahlung. Sie verfügen über Bargeld und über eine Kreditkarte. Welche Zahlungsart wählen Sie? Begründen Sie Ihre Entscheidung.
7. Weshalb lehnen einige Unternehmen eine Bezahlung mit Kreditkarten ab?
8. Beschreiben Sie den Ablauf des Electronic-Cash-Systems.
9. Führen Sie eine Internetrecherche zu Onlinebezahlsystemen durch und erstellen Sie eine Übersicht.
10. Entscheiden Sie bei folgenden Aussagen, ob sie richtig oder falsch sind.

    a) Bei einem Barscheck wird dem Überbringer von der Bank der Scheckbetrag bar ausgezahlt.

    b) Bei einem Verrechnungsscheck hat der Überbringer die Wahl zwischen einer Barauszahlung und einer Gutschrift auf seinem Konto.

    c) Beim Lastschriftverfahren kann der Kontobelastung innerhalb von sechs Wochen widersprochen werden.

    d) Geldkarten können „nachgeladen" werden.

    e) Kreditkarten sind nur gegen Gebühr zu nutzen.

3.8.14 Mahnwesen

Unternehmen sind auf die rechtzeitigen Eingänge ihrer Forderung angewiesen, weil diese ihre eigene Liquidität (Zahlungsfähigkeit) zur Bezahlung eigener Verbindlichkeiten und Aufwendungen (Gehälter, Mieten usw.) beeinflussen. Ggf. entstehen zusätzliche Kosten, wenn bei verspäteter Zahlung zur Überbrückung Kredite aufgenommen werden müssen. Die Zahlungseingangsüberwachung ist ein wesentlicher Teilprozess zur Sicherung des Bestandes eines Unternehmens. Die meiste Software für Auftragsbearbeitung und Rechnungsverwaltung verfügt daher über entsprechende Programmbausteine.

Außergerichtliches Mahnverfahren

Verspätete Zahlungen seitens der Kunden können vielfältige Ursachen haben (z. B. Zahlungstermin vergessen, Zahlungsunfähigkeit usw.). Daher sollten Mahnungen sprachlich sehr sorgfältig unter Berücksichtigung bisheriger Kundenbeziehungen abgefasst sein. Außergerichtliche Mahnungen sind formfrei, sie sollten aus Beweissicherungsgründen jedoch schriftlich abgefasst werden. Das folgende Ablaufschema ist nur als Vorschlag zu betrachten.

Ablauf des außergerichtlichen Mahnverfahrens

Statt der Einleitung des gerichtlichen Mahnverfahrens kann die Eintreibung der Forderung an ein Inkassounternehmen vergeben werden, wobei die anfallenden Kosten der Schuldner zu tragen hat.

Gerichtliches Mahnverfahren

Der Gläubiger stellt beim Amtsgericht einen Antrag auf Erlass eines Mahnbescheides, in dem der Schuldner „von Amts wegen" aufgefordert wird, den offenstehenden Betrag binnen zwei Wochen zu bezahlen. Das Amtsgericht prüft beim Erlass des Mahnbescheides jedoch nicht, ob der gestellte Anspruch zu Recht besteht. Die Kosten des gerichtlichen Mahnverfahrens gehen zu Lasten des Schuldners.

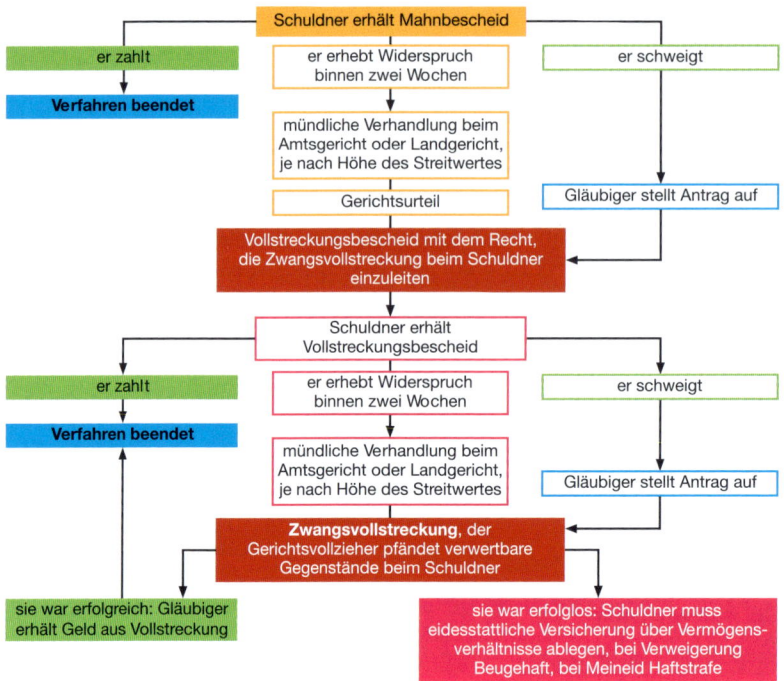

Ablaufschema des gerichtlichen Mahnverfahrens

Der Gläubiger kann alternativ auf das gerichtliche Mahnverfahren verzichten und unter Mithilfe eines Rechtsanwaltes beim zuständigen Gericht eine Klage gegen den Schuldner wegen Vertragsbruches einreichen.

Verjährung

Eine Forderung ist dann **verjährt, wenn eine bestimmte vom Gesetz vorgeschriebene Frist abgelaufen ist, ohne dass der Gläubiger seine Forderung geltend gemacht hat.** Nach Ablauf der Verjährungsfrist hat der Schuldner das Recht, die Zahlung zu verweigern (= **Einrede der Verjährung**). Die Forderung des Gläubigers besteht aber weiter, er kann diese aber nicht mehr einklagen. Bezahlt der Schuldner nach Ablauf der Verjährung seine Schuld, kann dieser die geleistete Zahlung nicht mehr zurückfordern (§§ 194, 214 BGB).

Das BGB unterscheidet **zwei verschiedene Verjährungsfristen**:

	30 Jahre	Regelmäßige Verjährung: drei Jahre	
es verjähren Ansprüche	– aus rechtskräftigen Urteilen – aus Darlehensforderungen – aus Insolvenzforderungen – aus Vollstreckungsbescheiden	– von Kaufleuten untereinander – auf regelmäßig wiederkehrende Leistungen (Miete, Pacht, Rente) – auf Zinsen – von Privatleuten untereinander – Forderungen aufgrund arglistig verschwiegener Mängel	– von Kaufleuten an Privatleute – der freien Berufe (Ärzte, Architekten, Ingenieure, Rechtsanwälte) – der Gastwirte – der Transportunternehmen – von Lohn und Gehalt – des Vermieters von beweglichen Sachen
Beginn der Laufzeit	mit dem Datum der Fälligkeit des Anspruchs	mit dem Schluss des Jahres, in dem der Anspruch entstanden ist	

> **Beispiel**
>
> | Fälligkeitsdatum der Schuld | 18.06.2010 | 15.03.2010 |
> |---|---|---|
> | Beginn | 18.06.2010 | 31.12.2010 |
> | Verjährung | 18.06.2040 | 31.12.2013 |

Hemmung und Neubeginn der Verjährung

Um den Eintritt der Verjährung zu verhindern, stehen einem Gläubiger verschiedene Möglichkeiten zur Verfügung.

Die Verjährung kann gehemmt werden, d. h, die Verjährungsfrist wird um die Zeitspanne der Hemmung verlängert. Der Zeitraum der Hemmung wird also der normalen Verjährungsdauer hinzugerechnet.
Die Verjährung wird **gehemmt** durch

- Stundung (Zahlungsaufschub) der Forderung durch den Gläubiger,
- berechtigte Zahlungsverweigerung des Schuldners, da er eine Gegenforderung an den Gläubiger hat
- Stillstand der Rechtspflege durch Naturkatastrophen, Krieg usw.

Die Verjährung kann **vom Gläubiger** gehemmt werden durch

- Mahnbescheid (eine außergerichtliche Mahnung hat keine unterbrechende Wirkung),
- Klage beim Gericht,
- Anmeldung der Forderung zum Insolvenzverfahren,
- Antrag auf Erlass eines Vollstreckungsbescheids.

> **Beispiel**
> Das Möbelhaus Waltraud Schiffer hat eine Forderung gegen die Kundin Josefine Schlak aufgrund einer Warenlieferung. Die Forderung war am 20.01.2004 fällig. Nachdem das Möbelhaus mehrere vergebliche Mahnungen an die Kundin gesandt hat, beantragt das Möbelhaus am 30.01.2007 einen Mahnbescheid gegen die Kundin.
>
> | | |
> |---|---|
> | Entstehung der Forderung: | 20.01.2004 |
> | Verjährung der Forderung ohne Erlass des Mahnbescheids: | 31.12.2007 |
> | Verjährung der Forderung nach Erlass des Mahnbescheids: | 30.01.2008 |

Zum anderen besteht die Möglichkeit des Neubeginns der Verjährung, d. h. die Verjährung beginnt neu zu laufen (§ 212 BGB).

Der **Schuldner kann einen Neubeginn der Verjährung bewirken** durch

- schriftliche Stundungsbitte (Bitte um Zahlungsaufschub),
- Zinszahlung,

- Teilzahlung,
- Schuldanerkenntnis (z. B. durch einen Schuldschein).

Ferner kann der Gläubiger einen Neubeginn der Verjährung erreichen durch die Beantragung der Zwangsvollstreckung.
Die Verjährung beginnt vom Tage des Neubeginns an neu zu laufen. Die bisherige Verjährungsfrist gilt nicht mehr.

> **Beispiel**
> Die Kundin Josefine Schlak bittet am 20.01.2005 das Möbelhaus Waltraud Schiffer um Stundung der ausstehenden Forderung vom 20.01.2004 um drei Monate. Das Möbelhaus stundet ihre Forderung bis zum April 2005.
>
> | | |
> |---|---|
> | Entstehung der Forderung: | 20.01.2004 |
> | Verjährung der Forderung nach der Stundungsbitte der Kundin: (Neubeginn der Verjährung) | 20.01.2007 |
> | Verjährung der Forderung nach der Stundung durch den Gläubiger (Hemmung): | 20.04.2007 |

AUFGABEN

1. Geben Sie Gründe an, weshalb es ein außergerichtliches und ein gerichtliches Mahnverfahren gibt.

2. Beschreiben Sie den schematischen Ablauf des gerichtlichen Mahnverfahrens.

3. Was ist die Folge für einen Gläubiger, wenn eine Zwangsvollstreckung bei einem Schuldner erfolglos war?

4. Unterscheiden Sie Unterbrechung und Hemmung bei der Verjährung.

5. Ein Lieferer hat Ihnen vor fünf Jahren eine Rechnung über 1 200,00 € zugestellt. Durch einen Organisationsfehler in Ihrer Buchhaltung wurde diese Rechnung nicht bezahlt. Der Lieferer hat bisher nicht gemahnt. Jetzt besteht er auf Bezahlung.
Nehmen Sie Stellung zu dieser Situation. Berücksichtigen Sie dabei die rechtlichen Aspekte und die Auswirkungen auf die Geschäftsbeziehungen.

6. Entscheiden Sie bei folgenden Aussagen, ob sie richtig oder falsch sind.

    a) Beim außergerichtlichen Mahnverfahren muss der Schuldner mindestens dreimal gemahnt werden.

    b) Bei Zahlungsverzug wird jeder Kunde automatisch gemahnt, damit die finanzielle Stabilität des Unternehmens gewährleistet wird.

    c) Statt der Einleitung eines außergerichtlichen Mahnverfahrens kann die Eintreibung einer Forderung auch einem Inkassoinstitut übertragen werden, wobei die Kosten der Schuldner zu tragen hat.

    d) Bei einer erfolglosen Zwangsvollstreckung bleibt die Forderung des Gläubigers weiter bestehen.

    e) Das gerichtliche Mahnverfahren ist nur bei Forderungen ab 1 000,00 € zulässig.

3.9 Beschaffung von Fremdleistungen, Beschaffungsmarketing

Um betriebliche Wertschöpfungsprozesse zu vollziehen, sind Einsatzfaktoren erforderlich, die in vermarktbare Absatzprodukte eingehen. Um die benötigten Beschaffungsobjekte zu erlangen, werden im Rahmen des **Beschaffungsmarketings** entsprechende **Beschaffungsprozesse** eingeleitet, gesteuert und kontrolliert. Das Beschaffungsmarketing umfasst die Beschaffungsmarktforschung, die im Wesentlichen analoge Methoden und Instrumente anwendet wie das Absatzmarketing (vgl. S. 175).

3.9.1 Beschaffungsobjekte

Die konkreten Aktivitäten des Beschaffungsmarketings sind abhängig von den Beschaffungsobjekten und vollziehen sich in verschiedenen **Beschaffungsmarketingsegmenten** im Kontakt mit verschiedenen Teilmärkten.

Beschaffungsobjekt	Erläuterungen
Arbeitskräfte	Für sämtliche Prozesse in einem Unternehmen müssen entsprechend qualifizierte Mitarbeiter auf dem **Arbeitsmarkt** beschafft bzw. ausgebildet werden (**Personalbeschaffungsmarketing**).
Finanzmittel	Finanzielle Mittel sind auf dem **Finanzmarkt** zu beschaffen. Sie werden benötigt, um die übrigen Beschaffungsobjekte sowie laufende Kosten der betrieblichen Prozesse zu finanzieren (**Finanzmittelbeschaffungsmarketing**).
Dienstleistungen	Alle Unternehmen müssen Dienst- bzw. Fremdleistungen von anderen Unternehmen beschaffen, um ihre Aufgaben zu bewältigen, z. B. von Banken für die Abwicklung des Zahlungsverkehrs, von Steuerberatungen für Jahresabschlüsse, von Speditionen für Transportleistungen, von Werbeagenturen für die Abwicklung von Werbemaßnahmen, Rechtsberatung, Gebäudereinigung, Versicherungen usw. Hierzu müssen verschiedene **Dienstleistungsmärkte** untersucht werden (**Dienstleistungsbeschaffungsmarketing**).
Betriebsmittel	Betriebsmittel werden zur Erzeugung von physischen Produkten sowie zur Erbringung von Dienstleistungen benötigt: – Maschinen (Produktionsanlagen, Werkzeuge, Computeranlagen) – Mobiliar (Büroeinrichtungen, Lagereinrichtungen) – Fuhrpark (Pkw, Lkw) – Werkstoffe (sie sind Bestandteile des zu produzierenden Erzeugnisses, z. B. Material, Rohstoffe, Betriebsstoffe wie Energie u. Ä.) – Fertigteile (Baugruppen, Module) Auf verschiedenen **Gütermärkten** sind diese Betriebsmittel zu beschaffen (**Güterbeschaffungsmarketing**).
Handelswaren	Handelswaren werden unverändert weiterverkauft.
Informationen	Informationen sind die Basis für Entscheidungen in Unternehmen. Die effiziente Gestaltung von Prozessen der Beschaffung externer Informationen ist Aufgabe des **Informationsbeschaffungsmarketings**.

AUFGABEN

1. Erläutern Sie, weshalb im betrieblichen Beschaffungssektor auch von Beschaffungsmarketing gesprochen werden kann, obwohl Marketing stets mit dem Absatzbereich eines Unternehmens in Verbindung gebracht wird.
2. Erläutern Sie, welche Objekte Gegenstand des Beschaffungsmarketings sein können.
3. Geben Sie Gründe an, weshalb Informationen Beschaffungsobjekte sein können.
4. Was versteht man unter Handelswaren?

3.9.2 Beschaffungsprozesse

Bei allen Beschaffungsprozessen sind als **Akteure** zumindest Lieferer und Kunden gegeben. Sie können durch weitere Akteure unterstützt werden, z. B. Kreditinstitute für die Abwicklung des Zahlungsverkehrs, Spediteure für Gütertransporte, Telekommunikationsunternehmen für die Unterstützung der Kommunikation usw. Hieraus ergeben sich je nach Beschaffungsobjekt unterschiedliche Teilprozesse.

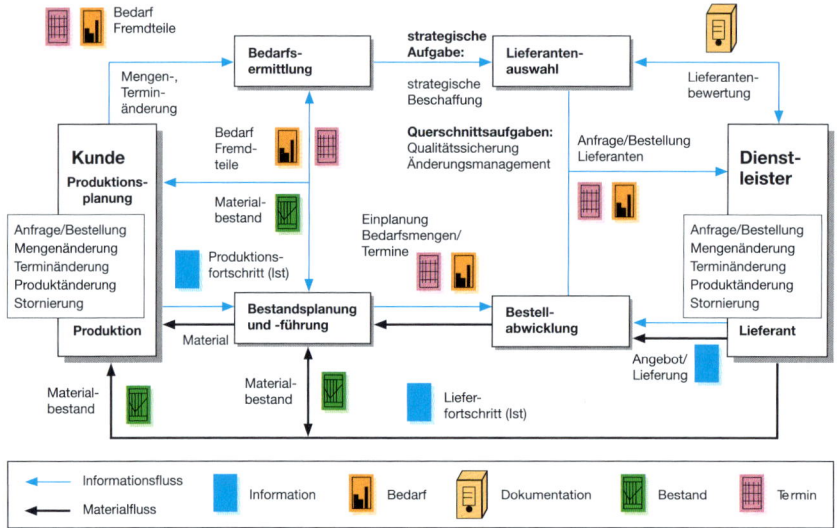

Übersichtsmodell Beschaffungsprozess
Quelle: Thaler, Klaus: Supply Chain Management, Fortis FH-Verlag, 2007, S. 125

Beschaffungsprozesse auf Kundenseite haben eine starke Beziehung zu **Absatzprozessen** aufseiten der Lieferer, da hier die gleichen Akteure gegeben sind und z. T. deckungsgleiche Prozesse ablaufen, die jeweils nur von unterschiedlichen Sichtweisen (Perspektive des Kunden, Perspektive des Lieferers) geprägt sind. Hieraus ergibt sich ein großes Potenzial zur Optimierung der Prozesse, wovon sowohl Lieferer als auch Kunden profitieren (**Win-Win-Situation**).

Die Prozessgestaltung und -optimierung unter Einbeziehung von eigenen Kunden, Lieferern und Dienstleistern (Spediteuren, Banken usw.) auf der logistischen Kette wird als **Supply Chain Management (SCM)** bezeichnet. Hierbei wird insbesondere versucht, durchgängige Prozesse vom Lieferer über das eigene Unternehmen bis hin zu seinen Kunden zu gestalten. Auf dem Softwaremarkt existieren hierzu skalierbare Produkte, die betriebsindividuelle Lösungen ermöglichen.

Beispiel
Beschaffungsteilprozesse

Beurteilungsgrößen im Beschaffungsprozess (BEP)	Wirkung in der logistischen Kette	Mess-/Beurteilungsgrößen in weiteren Prozessen
Lieferantenauswahl		
Lieferantenstruktur	langfristige Erfolgssicherung (strategisch)	Lieferqualität
Produkt- und Typenmix (Lieferant)		Ausführungs- und Fertigungsqualität
Art und Anzahl der beschafften Materialien, Teile, Varianten	Transportvolumen	Transportkosten
Anzahl georderter Produkte/Periode	Transportvolumen	Transportkosten
Ø Anzahl Angebote, Bestellungen/Periode	Bestellabwicklung	Kosten Bestellabwicklung
Ø Anzahl Angebote/Mitarbeiter	Bestellabwicklung	Kosten Bestellabwicklung
Anzahl Bestellungen/Mitarbeiter	Bestellabwicklung	Kosten Bestellabwicklung
Komplexität der Bestellungen	Beschaffungsaufwand	Beschaffungszeit
Bedarfsermittlung		
Teilestruktur (Wert, Verbrauch)	Bestell-/Beschaffungszyklen	Lieferzeit
Mengenschwankung/Produkt		Bestandshöhe/-kosten
Anzahl Exotenprodukte/Programm	Mehraufwand	Lagerdauer/Bestandskosten
An- und Auslaufteile	Losgrößen	Fehlmengen
Änderungshäufigkeit Teile	Änderungsaufwand	Kosten Änderung
kritische Teile	Lieferausfall	Sonderfahrten, Mehraufwand
Anteil Eigenfertigung/Anteil Beschaffung	Materialfluss intern/extern	Beschaffungskosten
ideale Beschaffungslosgröße/Position	Bestellzyklen	Bestände
tatsächliche Beschaffungslosgröße/Position	Bestellzyklen	Bestände
Anteil kleinlosiger Beschaffungsaufträge	Bestellzyklen	Bestände
Wiederbeschaffungszeit/Produkt	Bestellzyklen	Bestände
Bestandsplanung und -führung		
kritische Teile, Fehlteile	Lieferausfall	Sonderfahrten, Mehraufwand
Dispositionsverfahren	Bestellzyklen	Bestände
Zeitraster Disposition	Bestellzyklen	Bestände
Ø Lagerbestand/Teil	Reichweite	Lieferbereitschaftsgrad
Lagerreichweite/Teil	Lieferbereitschaftsgrad	Lieferzuverlässigkeit
Sicherheitsbestand/Teil	Lieferbereitschaftsgrad	Lieferzuverlässigkeit
verfügbarer Bestand (kritische Teile)	Lieferbereitschaftsgrad	Lieferzuverlässigkeit
Umschlaghäufigkeit	Materialabfluss	Transportkosten
Meldebestandsgrenze/Teil	Sicherheitsbestand	Lieferzuverlässigkeit
Kosten pro Lagerbewegung	Lagerkosten	Lagerkosten
Lagerauslastungsgrad	Lagernutzung	Lagerkosten
Verfahren bei Lieferausfall	Umplanung	Mehraufwand

3 Markt- und Kundenbeziehungen

Beurteilungsgrößen im Beschaffungsprozess (BEP)	Wirkung in der logistischen Kette	Mess-/Beurteilungsgrößen in weiteren Prozessen
Bestellabwicklung		
Termineinhaltung Bestellungen	Fertigstellungstermine	Lieferzuverlässigkeit
Ø Anzahl Bestellungen/Mitarbeiter	Bestellabwicklung	Bestellkosten
Anteil Routinebestellungen/Exoten	Bestellabwicklung	Bestellkosten
Anteil und Art von Beanstandungen/Lieferant	Beschaffung	Lieferzuverlässigkeit
Mengen- und Terminänderungen	Produktionsschwankung	Kosten Nacharbeit
Prozesskosten		
Gesamtkosten BEP/Periode		
Kosten BEP/Bestellvorgang	Verhältnis der Kostenanteile in den weiteren Prozessen	Analyse der Kostenstruktur
Kosten BEP/Produktgruppe		
Ø Beschaffungsvolumen/Lieferant/Periode		
Kosten BEP/Mitarbeiter		
Prozesszeiten BEP		
Prozessqualität BEP	Liefertermin	Lieferzuverlässigkeit
Wiederbeschaffungszeit (WBZ)		
bis Wareneingang	Liefertermin	Lieferzuverlässigkeit
Ø WBZ/Lieferant	Liefertermin	Lieferzuverlässigkeit
WBZ/Exotenteil	Liefertermin	Lieferzuverlässigkeit
Anteil Vorlaufzeit/Transportzeit	Liefertermin	Lieferzuverlässigkeit
Streuung der Prozesszeiten	Service, Kompetenz	Bewertung
Qualität Bedarfsermittlung	Service, Kompetenz	Reklamationsauswertung
Qualität Lieferantenverwaltung	Service, Kompetenz	Selbstbewertung
Qualität Lieferantenbewertung	Service, Kompetenz	Selbstbewertung
Qualität Bestandsführung	Service, Kompetenz	Selbstbewertung
Qualität Bestellabwicklung	Service, Kompetenz	Selbstbewertung
Qualität Termineinhaltung (Bestellung)	Service, Kompetenz	Selbstbewertung
Anzahl Beanstandungen, Reklamationen		
Änderungsmanagement		
Durchführen von Sonderbestellungen	Kundenzufriedenheit	Bewertung
Reaktion Umplanung, Kundenwünsche	Kundenzufriedenheit	Bewertung

Quelle: Thaler, Klaus: Supply Chain Management, Fortis FH-Verlag, 2007, S. 237 f.

AUFGABEN

1. Erläutern Sie, welche Akteure in einem Beschaffungsprozess wirksam sein können.
2. Was versteht man unter einer Win-Win-Situation im Beschaffungsmarketing?
3. Erläutern Sie, was mit Supply Chain Management (SCM) ausgesagt wird.
4. Erstellen Sie eine Liste von Teilprozessen des Beschaffungsprozesses.
5. Was ist im Beschaffungsbereich eines Unternehmens unter E-Procurement zu verstehen?

3.9.3 Beschaffungsentscheidungen

Eine wesentliche Basis von Beschaffungsentscheidungen sind **Absatz- und Umsatzpläne**. Hieraus sind Art und Menge der zu produzierenden Einheiten zu entnehmen. Somit können für die einzelnen Beschaffungsobjekte **Beschaffungspläne** erstellt werden. Es ergeben sich folgende Entscheidungsbereiche:

Entscheidungsbereich	Erläuterungen
Welche Objekte sind zu beschaffen?	Zu beachten sind hierbei Art, Größe, Qualitätsstandards, Ausführung und spezielle betriebsindividuelle Anforderungen an die Objekte.
Welche Mengen sind zu beschaffen?	Hier ist besonders auf die Absatzpläne zurückzugreifen und die verfügbare Lagerkapazität sowie ggf. Mindestabnahmemengen zu berücksichtigen, ferner sind Bestellintervalle für Nachbestellungen festzulegen.
Wann sind die Objekte zu beschaffen?	Hierbei sind insbesondere zu berücksichtigen der Termin der Fertigstellung, die Produktionsdauer, Zeiten für die Anlieferung und Warenprüfung, innerbetriebliche Transport- und Lagerzeiten, Zeiten für die Abwicklung des Bestellvorganges (Anfragen, Angebotsprüfungen) sowie Preisentwicklungen auf den Beschaffungsmärkten.
Zu welchen Konditionen ist zu beschaffen?	Hier sind Lieferungs-, Zahlungs- und Servicekonditionen verschiedener Lieferer zu untersuchen und zu vergleichen.
Zu welchem Preis ist zu beschaffen?	Hier sind Preisunter- und -obergrenzen festzulegen, wobei Rabatte und Skonti zu berücksichtigen sind.
Bei welchem Lieferer soll beschafft werden?	Die Entscheidung für einen bestimmten Lieferer erfolgt über einen Vergleich seiner Preise, Konditionen sowie über qualitative Merkmale wie Image, Zuverlässigkeit, Termintreue usw.
Welche Beschaffungsstrategie wird verfolgt?	Beschaffungsstrategien sind mittelfristig festgelegte Verhaltensweisen, z. B. über die Auftragsbündelung oder -streuung.

AUFGABEN

1. Erläutern Sie, wie Absatz- und Beschaffungspläne im Zusammenhang stehen.
2. Erläutern Sie die Verknüpfung zwischen Beschaffungsplan und Finanzplan bzw. Liquiditätsplan einer Unternehmung.
3. Geben Sie Gründe an, weshalb ein Beschaffungsplan immer auch mit der Lagerplanung abgestimmt sein muss.

3.9.4 Beschaffungsstrategien

Beschaffungsstrategische Entscheidungen beeinflussen die Gestaltung der Beschaffungsprozesse nachhaltig. Sie werden mittel- bis langfristig entschieden, wobei jedoch kurzfristige Abweichungen, z. B. als Reaktion auf **Marktveränderungen**, als taktische oder operative Maßnahmen denkbar sind.

Einzelbeschaffung oder Vorratsbeschaffung

Bei der Einzelbeschaffung im Bedarfsfall muss mit langen Beschaffungszeiten (Beschaffungsmarktforschung, Angebote einholen usw.) gerechnet werden. Sie bietet sich an für Produkte, die nur einmalig oder sehr selten benötigt werden. Für andere Produkte ist eine Vorratsbeschaffung sinnvoll, wobei eigene Lagerkapazitäten, Kapitalbindung durch Vorräte sowie entsprechende Kosten berücksichtigt werden müssen.

Auftragsbündelung oder Auftragsstreuung

Hier wird über die **Anzahl der Lieferer** für bestimmte Beschaffungsobjekte entschieden. Je größer die Anzahl von Lieferern (Auftragsstreuung) ist, desto unterschiedlicher können einzelne Beschaffungsprozesse sein, weil liefererspezifische Bedingungen zu berücksichtigen sind.

Bündelung von Aufträgen

Vorteile	Nachteile
– Preisvorteile durch hohe Abnahmemengen – Sonderkondition durch lange Zusammenarbeit – Anpassung von Geschäftsprozessen (Absatz und Beschaffung)	– starke Bindung an Lieferer – Abhängigkeit des Kunden vom Lieferer – ggf. Preisdiktat durch Lieferer

Die extreme Form der Auftragsbündelung liegt vor, wenn nur von einem Lieferer bezogen wird. Diese Konzentration kann auf beiden Seiten zu starken Abhängigkeiten führen. Jedoch ist eine Anpassung von Geschäftsprozessen bis hin zur Synchronisation denkbar.

Eigenfertigung oder Fremdbezug

Insbesondere Produktionsbetriebe überlegen sich bei der Fertigungsplanung, welche Fertigungsprozesse selbst durchgeführt werden und welche sich auslagern lassen, also als Fremdleistung beschafft werden. Dabei sind folgende Entscheidungsfelder zu untersuchen:

Entscheidungsfeld	Erläuterung
eigene Kapazitäten	Es wird geprüft, ob die eigenen Ressourcen ausreichen bzw. ausgelastet sind (Maschinen- und Lagerkapazität, Personal).
Beschaffungsmarkt	Es wird untersucht, ob die benötigten Objekte auf dem Markt in geforderter Menge, Zeit und Qualität beschaffbar sind.
Kosten	Die Kosten der Eigenfertigung werden den Kosten des Fremdbezuges gegenübergestellt (Stückkosten, Gesamtkosten).

Für Dienstleistungen werden analoge Überlegungen angestellt. Wenn ganze Prozesse ausgelagert werden, spricht man von **Outsourcing**.

> **Beispiel**
> - Ein Unternehmen gliedert die Teilprozesse „Zahlungseingangsüberwachung" und „Inkasso" aus. Diese Prozesse werden im Rahmen des Factorings an ein Fremdunternehmen vergeben. Hierbei tritt das Unternehmen seine Forderungen an Kunden an den Factor ab und erhält sofort den Rechnungsbetrag abzüglich entsprechender Vergütungen für den Factor, der dann den Zahlungseingang überprüft (inkl. Mahnarbeiten) und das Inkasso durchführt.

- Ein Unternehmen löst seinen eigenen Fuhrpark inkl. seiner Werkstatt auf und beschafft sich im Wege des Leasings (vgl. S. 270) die benötigten Transportkapazitäten.
- Ein Unternehmen verzichtet auf eine eigene Rechtsabteilung und holt sich benötigten Rechtsbeistand von Fall zu Fall bei Experten.

Die Aufnahme von Prozessen, deren Output bisher als Fremdleistung beschafft wurde, bezeichnet man als **Insourcing**.

Just-in-time-Belieferung, Delivery-on-Demand

Bei der Just-in-time-Belieferung (JIT) handelt es sich um eine zentrale Steuerung von Beschaffungs- und Produktionsprozessen mit mengen- und zeitgenauer Bereitstellung von Materialien und Leistungen. Diese Strategie setzt eine enge Verzahnung und eine hohe Transparenz der Beschaffungs- und Absatzprozesse von Lieferer und Kunde voraus. Spezielle Datenbank-Kopplungen zwischen beiden Akteuren sind für einen effizienten Informationsaustausch erforderlich. Die Lagerkapazitäten werden beim Kunden zwar reduziert, durch produktionssynchrone Anlieferungen wird sein Lager quasi auf die Lkw des Lieferers auf den Straßen verlagert, jedoch sind die hieraus resultierenden Kosteneinsparungen den Kosten für exakte zeitliche und mengenmäßige Dispositionen gegenüberzustellen.

Delivery-on-Demand entspricht dem Kauf auf Abruf, es wird also ein Rahmenvertrag über die Lieferung bestimmter Produkte geschlossen, wobei der Kunde Zeitpunkt und Mengen von Teillieferungen seinem eigenen Absatz anpasst und bei Bedarf vom Lieferer abruft.

AUFGABEN

1. Erläutern Sie Kriterien für eine Entscheidung bezüglich Einzelbeschaffung oder Vorratsbeschaffung.
2. Stellen Sie die Vor- und Nachteile einer Auftragsbündelung dar.
3. Welche Vorteile bietet eine Auftragsstreuung für ein Unternehmen?
4. Sie benötigen in Ihrem Unternehmen eine Software für die Reisekostenabrechnung der Servicetechniker. Sie haben die Wahl zwischen dem Kauf einer Standardsoftware und der Selbsterstellung des Programms. Wovon machen Sie Ihre Entscheidung abhängig?
5. a) Erläutern Sie, was unter Outsourcing zu verstehen ist.
   b) Erstellen Sie eine Liste der Entscheidungskriterien für Outsourcing-Maßnahmen.
6. Beschreiben Sie Gemeinsamkeiten und Unterschiede von Just-in-Time-Belieferung und Delivery-on-Demand.

3.9.5 Bedarfsermittlung

Eine möglichst genaue Bedarfsermittlung ist erforderlich, um einerseits Fehlmengen bei der Produktion zu vermeiden (Folge: Terminverzögerungen bei Produktion und Lieferung) und andererseits die Kapitalbindung durch Vorräte zu minimieren. Die Bedarfsermittlung setzt eine exakte Bedarfsrechnung voraus. Sie stützt sich auf die Daten der Absatzplanung und der laufenden Fertigung. Der mengenmäßige Materialbedarf wird dabei aus **Stücklisten** der einzelnen Beschaffungsobjekte abgeleitet.

Materialbedarfsarten	Erläuterungen
Primärbedarf	Bedarf an verkaufsfähigen Produkten inkl. Ersatzteilen gemäß Absatz- und Produktionsplan
Sekundärbedarf	Bedarf an Rohstoffen, Bauteilen und Komponenten, die zur Erzeugung des Primärbedarfs erforderlich sind
Tertiärbedarf	Hilfs- und Betriebsstoffe

Die erforderlichen Mengen je Bedarfsart werden rechnerisch ermittelt, wobei neben den Stücklistenergebnissen zusätzliche Bedarfsschwankungen berücksichtigt werden. Ferner wird der Bedarf für Ausschuss, Ersatz- oder Versuchsteile sowie ein Sicherheitszuschlag bestimmt. Liegen keine Erfahrungswerte vor, muss auf Schätzungen zurückgegriffen werden.

Ein Hilfsmittel, die zukunftsgerichtete Bedarfsanalyse durchzuführen, ist die **XYZ-Analyse**. Sie gibt an, wie der Verbrauch und somit der Bedarf einzelner Produkte schwankt. Die zu beschaffenden Produkte werden dabei in drei Gruppen eingeteilt.

Gruppe	Verbrauchsschwankung
X-Gruppe	niedrig, Verbrauch weitgehend konstant, nur gelegentliche Schwankungen um Mittelwert
Y-Gruppe	mittel, Verbrauch unterliegt mittleren Schwankungen (Saison, Trend)
Z-Gruppe	hoch, sehr unregelmäßiger Verbrauch

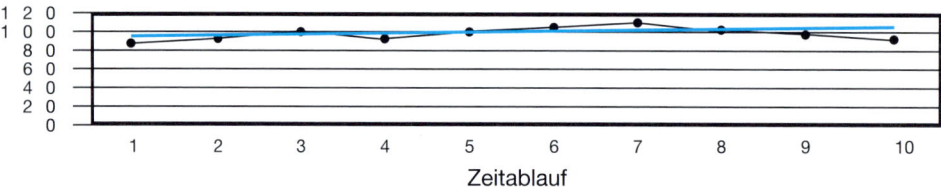

X-Gruppe

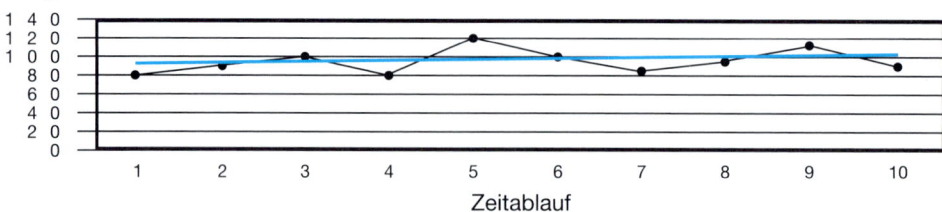

Y-Gruppe

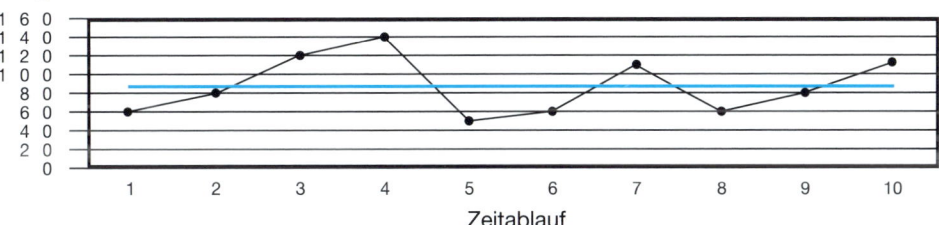

Z-Gruppe

Die XYZ-Analyse liefert Aussagen über Bestellmengen und -zeiten sowie über die Lagerdisposition.

AUFGABEN

1. Erläutern Sie folgende Materialbedarfsarten und geben konkrete Beispiele Ihres Ausbildungsbetriebes an.

   a) Primärbedarf   b) Sekundärbedarf   c) Tertiärbedarf

2. Inwiefern kann eine XYZ-Analyse bei Beschaffungsentscheidungen hilfreich sein?

3. Entscheiden Sie bei folgenden Aussagen, ob sie richtig oder falsch sind.

   a) Der mengenmäßige Material- und Güterbedarf kann i. d. R. aus dem Absatzplan und den Stücklisten einzelner Produkte abgeleitet werden.

   b) Bedarfsschwankungen sind bei der Bedarfsermittlung nicht zu berücksichtigen.

   c) Eine XYZ-Analyse gibt Auskunft über die Wahrscheinlichkeit von Bedarfsschwankungen einzelner Produkte.

   d) Bei der Bedarfsermittlung werden meist Zuschläge für Ausschuss- oder Versuchsteile berücksichtigt.

   e) Aus einer XYZ-Analyse können auch Entscheidungsgrundlagen für den Bestellzeitpunkt abgeleitet werden.

3.9.6 Bezugsquellen

Im Rahmen der Beschaffungsmarktforschung werden Bezugsquellen für die einzelnen Beschaffungsobjekte ermittelt und bewertet. Dabei kann auf **interne und externe Informationsquellen** zurückgegriffen werden.

Interne Quellen

Sie sind i. d. R. eigene Lieferantendateien, in denen bezogene Beschaffungsobjekte mit ihren Merkmalen gespeichert sind. Darüber hinaus werden spezielle Informationen über die Lieferer gesammelt (Einhaltung von Lieferterminen, Lieferungs- und Zahlungskonditionen, Verhalten bei Lieferungsstörungen und Sonderwünschen usw.). Für potenzielle Lieferer wird häufig eine analoge Datei geführt und aktualisiert.

Externe Quellen

Sie werden benötigt, wenn z. B. nach Bezugsquellen für Produkte gesucht wird, die bisher noch nicht bezogen wurden. Die entsprechenden Recherchen hierzu können vom Unternehmen selbst oder als Fremdleistung von Experten durchgeführt werden.

Beispiel
- Auswerten von Fachzeitschriften und Onlinedatenbanken
- Besuch von Messen, Ausstellungen, Tagungen
- Gespräche mit Lieferanten, Reisenden, Handelsvertretern, Geschäftsfreunden
- Informationen von Fachverbänden, Industrie- und Handelskammern, Banken
- Bezugsquellennachweise (Printmedien, CD, Internet), Branchenadressbücher, Messekataloge

Internet als externe Informationsquelle

Das Internet als Basis für elektronische Märkte (vgl. S. 231) stellt für Unternehmen gleich welcher Branche und Betriebsgröße ein kostengünstiges Informationsmedium dar. So können aktuelle branchenbezogene Informationen zu einem schnellen Überblick über Beschaffungsmärkte gewonnen werden. Neue Bezugsquellen können erschlossen werden und neue Produkte sowie Substitutionsprodukte für vorhandene Produkte können mit den jeweiligen Lieferern gefunden werden. Mit diesen Informationen können Beschaffungsentscheidungen gestützt werden.

Lieferanten können über die spezielle Suche ihrer Homepage, über Suchmaschinen, über Firmendatenbanken sowie über **Trade-Page-Services** (Pinboards, Schwarze Bretter mit Angeboten und Suchwünschen nach Produkten, z. B. http://www.tradeweb.hu) gefunden werden.

Beispiel
Liefererdatenbanken, Branchenverzeichnisse und TradePages sowie beschaffungsrelevante Adressen

Web-Adresse	Erläuterungen
http://www.abconline.de	ABC der deutschen Wirtschaft
http://www.branchenbuch.de	Branchenverzeichnis
http://www.firmendatenbank.de	deutsche Firmendatenbank (Hoppenstedt)
http://www.idmnet.net	schweizerische Firmendatenbank
http://www.tradeweb.com	TradePage
http://www.turkeybusiness.com	türkische Firmendatenbank mit TradePage-Service
http://www.wlw.de	Wer liefert was?
http://www.yellowmap.de	Gelbe Seiten
http://www.auma.de	Seite des Ausstellungs- und Messe-Ausschusses der Deutschen Wirtschaft e. V. (AUMA)

Web-Adresse	Erläuterungen
http://www.expobase.com	weltweite Messedatenbank
http://www.genios.de	GENIOS Wirtschaftsdatenbank
http://www.asian-sources.com	asiatische Firmendatenbank
http://www.insiderinfo.com	amerikanische Firmendatenbank

AUFGABEN

1. Erstellen Sie eine Liste interner Quellen zur Ermittlung von Bezugsquellen.
2. Ihr Ausbildungsbetrieb benötigt Bezugsquellen für ein bestimmtes Produkt. Erstellen Sie eine Liste von externen Quellen.
3. Welche Vor- und Nachteile hat das Internet als Informationsquelle für die Ermittlung von Bezugsquellen?
4. Sie benötigen für die Abwicklung eines Kundenauftrages eine High-Tech-Soundkarte. Dies ist eine Komponente, die Sie bei bisherigen Aufträgen noch nicht benötigt haben. Führen Sie eine internetgestützte Informationsrecherche für Bezugsquellen durch.
5. Eine alte Kaufmannsweisheit besagt: „Im Einkauf liegt der halbe Gewinn." Erläutern Sie diese Aussage.

3.9.7 Anfragen

Anfragen eines Unternehmens sind formfrei (z. B. schriftlich, mündlich oder via Internet) gestellte Wünsche über Informationen an einen Lieferer bezüglich **Produkte oder Dienstleistungen sowie Liefer- und Zahlungskonditionen**. Damit der potenzielle Lieferer möglichst konkret auf die Wünsche des Anfragers eingehen kann, um entsprechende Angebote zu unterbreiten, sollten in der Anfrage die Informationswünsche spezifiziert werden. Es bietet sich an, für Rückfragen einen kompetenten Mitarbeiter zu benennen, damit der Lieferer zügig den Informationswünschen nachkommen kann.

In **Trade-Pages-Services** (vgl. S. 296) sind via Internet Anfragen kostengünstig, weltweit und schnell zu platzieren. Ein intensives Recherchieren ermöglicht ferner eine beschleunigte Anfrage, da per E-Mails kurzfristig Kontakte hergestellt werden können.

Als eine spezielle Form von Anfragen sind **Ausschreibungen** zu verstehen. Hierbei spezifiziert ein Unternehmen genau seinen Auftrag und bittet Lieferer um Angebote. Ausschreibungen können sich an eine bestimmte Gruppe von Unternehmen richten (Unternehmen einer Region, Unternehmen mit bestimmten Merkmalen) oder allgemein an keine speziellen Anbieter gerichtet sein. Entsprechende Ausschreibungen sind zunehmend auch auf Web-Seiten von Unternehmen zu finden. Betriebe der öffentlichen Hand (Kommunen, Städte, Ämter usw.) führen oft öffentliche Ausschreibungen durch.

Anfragen sind im Gegensatz zu Angeboten **rechtlich nicht bindend**, daher sind sie nicht als Bestandteil von Kaufverträgen (vgl. S. 263) anzusehen.

AUFGABEN

1. Welche Inhalte sollte eine Anfrage haben?
2. Welche rechtliche Bedeutung hat eine Anfrage?
3. Welche Bedeutung haben die Internetdienste WWW und E-Mail für Anfragen?

3.9.8 Lieferantenbewertung, Angebotsvergleiche

Angebotsvergleiche sind die **Entscheidungsbasis** für einen bestimmten Lieferer. Die erhobenen Daten müssen vollständig und vergleichbar sein. Voraussetzung ist, dass die Beurteilungskriterien vor dem Entscheidungsprozess definiert sind und klare Messkriterien und -verfahren verfügbar sind **(Bewertungssysteme)**.

Kriterien der Lieferantenbewertung (Liefererbenchmarking)

Lieferer können Partner bei der Erfüllung betrieblicher Aufgaben sein. Bei der Auswahl von Partnern sind insbesondere folgende **Bewertungskriterien** entscheidend:

- technische Kompetenz,
- Fertigungskapazitäten,
- Prozessfähigkeit, Prozesssicherheit,
- Mitarbeiterpotenzial und -flexibilität,
- Fähigkeit zur Entwicklung von Systemlösungen,
- Liefertermintreue und -zuverlässigkeit,
- Unternehmensübergreifende Informationssysteme (Informationslogistik),
- Liefererqualität.

Kennzahlen zur Beurteilung von Lieferern

Die Ermittlung von Kennzahlen stützt sich auf Daten, die sich aus betriebseigenen Liefererdatenbanken (interne Quellen) sowie aus Daten externer Quellen (vgl. S. 193) zusammensetzen. Hierbei wird versucht, qualitative Merkmalsausprägungen messbar und vergleichbar zu machen.

Beispiel
Liefererdatenbanken, Branchenverzeichnisse und TradePages sowie beschaffungsrelevante Adressen

Kennzahl	Berechnung
Anteil termingerechter Lieferungen	$\dfrac{\text{Anzahl termingerechter Lieferungen}}{\text{Summe aller Lieferungen}}$
Anteil Nachlieferungen	$\dfrac{\text{Anzahl der Nachlieferungen}}{\text{Summe aller Lieferungen}}$
Anteil beanstandeter Lieferungen	$\dfrac{\text{Anzahl beanstandeter Lieferungen}}{\text{Summe aller Lieferungen}}$
Anteil Lieferungen mit Mengendifferenzen	$\dfrac{\text{Anzahl Lieferungen mit Mengendifferenzen}}{\text{Summe aller Lieferungen}}$

Derartige Kennzahlen erlauben punktuelle Vergleiche verschiedener Lieferer. Für einen umfassenden Angebotsvergleich müssen aber sämtliche Beurteilungs- und Bewertungskriterien untersucht werden, um zu einer fundierten Beschaffungsentscheidung zu gelangen.

Nutzwertanalyse

Ein Instrument zur differenzierten Entscheidungsfindung im Beschaffungsbereich ist die Nutzwertanalyse. Dabei geht man davon aus, dass verschiedene Kriterien (z. B. Lieferbedingungen, Preise, Termintreue usw.) zur Beurteilung von Alternativen (Lieferern, Angeboten) unterschiedliche Bedeutungen, also unterschiedliche **Teilnutzen** für den Beschaffungsprozess, erbringen, ein niedriger Bezugspreis somit wichtiger ist als gute Zahlungsbedingungen bzw. Qualitätsanforderungen wichtiger sind als die Lieferbedingungen. Für jede Alternative wird dieser Teilnutzen bestimmt (Punkte- oder Notenvergabe). Durch Addition der Werte für die Teilnutzen ergibt sich der **Gesamtnutzen**. Die Alternative mit dem höchsten Gesamtnutzen ist zu favorisieren.

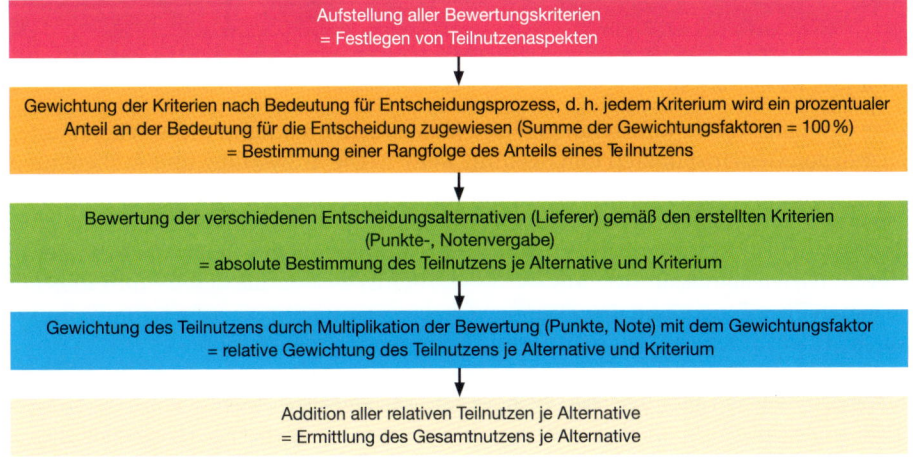

Phasen der Nutzwertanalyse

Die Nutzwertanalyse wird konkret durchgeführt, indem in einer Matrix in den Spalten die jeweiligen Beurteilungskriterien und die Alternativen aufgelistet werden, in den Zeilen werden die Punktwerte je Kriterium und Alternative notiert. Vorher muss die Punkte- oder Notenskala definiert sein.

Beispiel
Punkteskala: 0 bis 10 Punkte (0 = kein Nutzenbeitrag, 10 = besonders guter Nutzenbeitrag)

Kriterien	Gewichtung (G)	Alternativen							
		A		B		C		D	
		Punkte (P)	P · G	Punkte (P)	P · G	Punkte (P)	P · G	Punkte (P)	P · G
Preis	30	8	240	10	300	6	180	5	150
Service	10	10	100	5	50	10	100	9	90

Kriterien	Gewichtung (G)	Alternativen							
		A		B		C		D	
Prozessfähigkeit	20	7	140	6	120	10	200	9	180
Zuverlässigkeit	20	8	160	9	180	10	200	9	180
Zahlungsbedingungen	5	3	15	10	50	1	5	0	0
Lieferungsbedingungen	15	3	45	10	150	1	15	9	135
Summen aus P mal G			700		850		720		735
Rangfolge			3		1		4		3

ABC-Analyse, XYZ-Analyse

Intensive Beschaffungsmarktforschungen und Liefererbenchmarkings müssen auch unter wirtschaftlichen Gesichtspunkten durchgeführt werden. Die Auswertung und Aufbereitung eines z. T. riesigen Datenvolumens kann selbst bei Einsatz von leistungsstarken Informationssystemen nur dann erfolgen, wenn der wirtschaftliche Nutzen den Kostenaufwand übersteigt. Daher ist es erforderlich, **Schwerpunkte im Bereich der Beschaffungsobjekte** festzulegen. Hierzu eignet sich die ABC-Analyse. Hierbei werden die Beschaffungsobjekte in eine Rangreihe gebracht und drei Gruppen (A-, B-, C-Gruppe) zugeordnet, für die unterschiedliche Intensitäten des Beschaffungsmarketings festgelegt werden.

A-Gruppe (ca. 75 % des Beschaffungsvolumens)	– besonders intensive Beschaffungsmarktanalysen – intensive Vertragsverhandlungen bezüglich Preisen und Konditionen – genaue Bedarfsplanung (Bestellmengen, Bestellintervalle) – geringe Lagerbestände wegen hoher Kapitalbindung – strenge Lagerkontrollen – hohe Fehlmengenkosten
B-Gruppe (ca. 20 % des Beschaffungsvolumens)	– im Einzelfall sind Maßnahmen des Beschaffungsmarketings zu entscheiden – meist Mittelweg zwischen A- und C-Gruppe
C-Gruppe (ca. 5 % des Beschaffungsvolumens)	– einfache und kostengünstige Maßnahmen des Beschaffungsmarketings – einfache und kostengünstige Maßnahmen der Bestandskontrolle

Beispiel

Produkt	Beschaffungsmenge	Beschaffungspreis in €	Beschaffungswert in €	%-Anteile an Besch.-Vol.	kumulierte Werte	Gruppe
A	2 000	5 000,00	10 000 000,00	29,81	29,81	A
B	2 200	4 000,00	8 800 000,00	26,23	56,04	A
C	4 800	1 200,00	5 760 000,00	17,17	73,21	A

Produkt	Beschaffungs-menge	Beschaffungspreis in €	Beschaffungswert in €	%-Anteile an Besch.-Vol.	kumulierte Werte	Gruppe
D	1 800	2 500,00	4 500 000,00	13,41	86,63	B
E	2 000	950,00	1 900 000,00	5,66	92,29	B
F	3 600	240,00	864 000,00	2,58	94,87	B
G	1 000	750,00	750 000,00	2,24	97,10	B
H	550	900,00	495 000,00	1,48	98,58	C
I	190	700,00	133 000,00	0,40	98,97	C
J	1 500	59,00	88 500,00	0,26	99,24	C
K	100	780,00	78 000,00	0,23	99,47	C
L	900	80,00	72 000,00	0,21	99,69	C
M	2 000	35,00	70 000,00	0,21	99,89	C
N	850	10,00	8 500,00	0,03	99,92	C
O	200	38,00	7 600,00	0,02	99,94	C
P	400	17,00	6 800,00	0,02	99,96	C
Q	1 200	4,60	5 520,00	0,02	99,98	C
R	1 800	2,30	4 140,00	0,01	99,99	C
S	5 000	0,50	2 500,00	0,01	100,00	C
T	600	1,00	600,00	0,00	100,00	C
Summe			33 546 160,00			

In diesem Beispiel gehören drei Produkte zur A-Gruppe, sie nehmen mehr als 73% des Beschaffungsvolumens ein. Vier Produkte beanspruchen ca. 23,89%, die restlichen 13 Produkte weniger als 3%.

Statt des Beschaffungsvolumens (Beschaffungswerte) können auch andere Engpassfaktoren Gegenstand einer ABC-Analyse sein, z. B. der Anteil von Produkten an vorhandener Lagerkapazität (Lagerfläche), Anteile an Lagerkosten (Kapitalbindung) usw.

Die gleichen Produkte können mit der **XYZ-Analyse** (vgl. S. 294) hinsichtlich ihrer Verbrauchsschwankungen untersucht werden. Hierdurch wird eine breitere Entscheidungsbasis erzeugt.

AUFGABEN

1. Welche Ziele verfolgt eine Lieferantenbewertung?
2. Erstellen Sie eine Kriterienliste für ein Lieferantenbenchmarking.
3. Welche Aussagekraft haben Kennzahlen zur Beurteilung von Lieferanten?
4. Erläutern Sie, was unter einer Nutzwertanalyse verstanden wird und beschreiben Sie die Phasen einer Nutzwertanalyse.
5. a) Betrachten Sie die Aufstellung zur Lieferantenbeurteilung auf Seite 298. Welchen Einfluss auf das Ergebnis hat die Gewichtung der einzelnen Kriterien?

> **AUFGABEN**
>
> b) Führen Sie die Bewertung nochmals durch, wobei Sie die folgenden Gewichtungen zu berücksichtigen haben:
>
> | | |
> |---|---|
> | Preis: | 8 |
> | Service: | 30 |
> | Prozessfähigkeit: | 30 |
> | Zuverlässigkeit: | 30 |
> | Zahlungsbedingungen: | 1 |
> | Lieferungsbedingungen: | 1 |
>
> 6. Die ABC-Analyse ist ein Instrument, um Schwerpunkte im Beschaffungsbereich zu ermitteln. Erläutern Sie die drei Gruppen.
>
> 7. Entscheiden Sie bei folgenden Aussagen, ob sie richtig oder falsch sind.
>
>   a) Kennzahlen zur Beurteilung von Lieferern setzen sich aus Daten interner Quellen zusammen.
>
>   b) Eine intensive Nutzwertanalyse ist nur bei Produkten mit hohem Beschaffungswert ökonomisch vertretbar.
>
>   c) Ein Lieferantenbenchmarking kann nur mit quantitativ messbaren Kriterien durchgeführt werden.
>
>   d) Eine ABC-Analyse bezieht sich immer nur auf die Beschaffungswerte der Produkte.
>
>   e) Eine ABC-Analyse ist nur sinnvoll in einer Verbindung mit einer XYZ-Analyse.

3.9.9 Bestellung

Rechtlicher Aspekt

Die Bestellung ist ein rechtsverbindlicher Akt im Rahmen des Kaufvertragsrechts (vgl. S. 263). Mit der Bestellung geht der Abnehmer ein Rechtsgeschäft ein, bei dem er sämtliche vereinbarten Vertragsinhalte (z. B. Zahlungsbedingungen) erfüllen muss. Bei einem Verstoß trägt er die rechtlichen und wirtschaftlichen Folgen (z. B. im Zahlungsverzug Schadenersatz in Form von Verzugszinsen).

Organisatorischer Aspekt

Der Prozess der Bestellabwicklung umfasst folgende Aufgaben: Bestellpositionen auf der Basis einer Bedarfsmeldung festlegen, Lieferant auswählen (eigener Teilprozess), Bestellung an Lieferer rechtzeitig übermitteln, Bestellung überwachen (z. B. Liefertermin), ggf. Pflege der Lieferer-Stammdatei.
Der Teilprozess „Bestellabwicklung" steht u. a. im Zusammenhang mit den Teilprozessen „Warenannahme", „Warenprüfung", „Abwicklung von Mängelrügen", „Prüfen von Eingangsrechnungen", „Einleiten von Zahlungsvorgängen". Die entsprechenden Schnittstellen sind somit zu beachten.

- Terminkritische Bestellungen sind speziell zu planen und zu kontrollieren, weil die wirtschaftlichen Folgen beträchtlich sein können (z. B. eigener Lieferungsverzug, Kundenverlust usw.).
- Die Bestellabwicklung im Rahmen von Electronic Data Interchange (EDI) verläuft weitgehend automatisiert. Hierzu sind die entsprechenden Voraussetzungen zu schaffen (vgl. S. 215).

Wirtschaftlicher Aspekt

Bei allen Bestellungen muss über die Menge und die Bestellhäufigkeit entschieden werden. Die Bestellhäufigkeit wird insbesondere durch die Vorratspolitik bestimmt. Hierbei sind Lagerkapazität und Kosten, durchschnittlicher Verbrauch und Kapitalbindungskosten zu berücksichtigen.

Die Kosten des Bestellprozesses sind i. d. R. nicht abhängig vom Bestellvolumen bzw. vom Bestellwert (**bestellfixe Kosten, Beschaffungskosten**). Die entstehenden Personal- und Sachkosten einer Bestellung, z. B. über 100,00 € für ein Ersatzteil, sind somit nicht geringer als die einer Bestellung von mehreren Ersatzteilen im Gesamtwert von 500 000,00 €. Daher gilt es, ein Optimum für die Bestellmenge zu finden, bei dem die Gesamtkosten (Summe aus Lager- und bestellfixen Kosten) minimal wird.

Die Gesamtkosten des Bestellprozesses setzen sich somit aus den bestellfixen Kosten und den **Kosten für Lager und Kapitalbindung** zusammen. Beide Kostenarten entwickeln sich gegenläufig.

kleinere Bestellmengen	größere Bestellmengen	optimale Bestellmengen
– geringe Kapitalbindung – niedrige Lagerkosten – höhere bestellfixe Kosten – kürzere Bestellintervalle	– Mengenrabatte möglich – höhere Kapitalbindung – höhere Lagerkosten – geringere bestellfixe Kosten – längere Bestellintervalle	Summe aus bestellfixen Kosten und Lager- und Kapitalbindungskosten ist im Verhältnis gering

Beispiel

Modellrechnung zur Ermittlung der optimalen Bestellmenge:
Kosten für eine Bestellung: 80,00 €, Lagerkosten je Stück: 0,04 €, Jahresbedarf 120 000 Stück

Bestellungen B	Bestellmenge X	Lager-Ko K_L in €	Bestell-Ko K_B in €	Gesamt-Ko K_G in €
1	120 000	2 400,00	80,00	2 480,00
2	60 000	1 200,00	160,00	1 360,00
3	40 000	800,00	240,00	1 040,00
4	30 000	600,00	320,00	920,00
5	**24 000**	**480,00**	**400,00**	**880,00**
6	**20 000**	**400,00**	**480,00**	**880,00**
7	17 143	342,86	560,00	902,86
8	15 000	300,00	640,00	940,00
9	13 333	266,67	720,00	986,67
10	12 000	240,00	800,00	1 040,00
11	10 909	218,18	880,00	1 098,18
12	10 000	200,00	960,00	1 160,00

Die Tabelle zeigt, dass der Bereich des Optimums bei fünf oder sechs Bestellungen liegt. Bei Variation der Eingangsparameter (Bestell-, Lagerkosten, Jahresbedarf) verändert sich auch die Lage des Optimums. Bei der Berechnung der Lagerkosten wurde unterstellt, dass im Durchschnitt nur die Hälfte der Bestellmenge auf Lager liegt (kontinuierlicher Lagerabgang) und Lagerkosten verursacht.

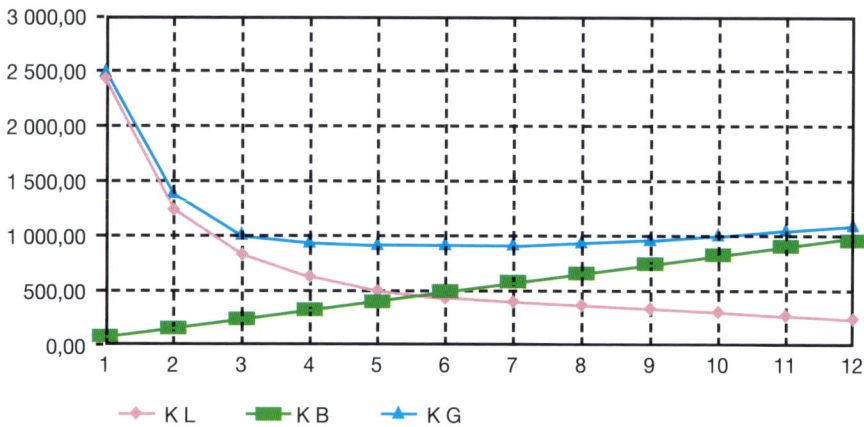

Bestell-, Lager- und Gesamtkosten

Die Berechnung von optimalen Bestellmengen kann nur modellhaft beschrieben werden. In der betrieblichen Praxis sind weitere Parameter in die Berechnungen einzubeziehen, insbesondere nichtkontinuierlicher Verbrauch und Lagerabgang, Mindestbestellmengen beim Lieferer, Lagerfähigkeit von Produkten, Preisschwankungen von Produkten usw.

AUFGABEN

1. Welche rechtliche Bedeutung hat eine Bestellung?
2. Welche Teilprozesse beinhaltet ein Bestellprozess?
3. Erläutern Sie die Bestandteile der Bestellkosten.
4. Ein Unternehmen arbeitet mit folgenden Entscheidungsdaten:

   Bestellfixe Kosten: 100,00 €
   Lagerkosten je Stück: 0,05 €
   Jahresbedarf: 12 000 Stück

AUFGABEN

a) Ergänzen Sie die folgende Tabelle (dabei kann Ihnen ein Tabellenkalkulationsprogramm hilfreich sein).

Bestellungen B	Bestellmenge X	Lager-Ko KL in €	Bestell-Ko KB in €	Gesamt-Ko KG in €

b) Wie viele Bestellungen sind gemäß der obigen Berechnung optimal?

c) Wie hoch sind die Gesamtkosten?

5. Welche Voraussetzungen müssen erfüllt sein, um eine optimale Bestellmenge in der betrieblichen Praxis ermitteln zu können?

6. Entscheiden Sie bei folgenden Aussagen, ob sie richtig oder falsch sind.

   a) Eine optimale Bestellmenge kann für Dienstleistungen nicht ermittelt werden, da sie nicht lagerfähig sind.

   b) Eine optimale Bestellmenge ergibt sich, wenn die Summe aus den bestellfixen und den Lager- und Kapitalbindungskosten minimal ist.

   c) Die Ermittlung der optimalen Bestellmenge hat in der betrieblichen Praxis keine Bedeutung, weil sie zu aufwendig ist.

   d) Je kleiner die Bestellmengen sind, desto geringer ist die Kapitalbindung.

   e) Längere Bestellintervalle führen zu höheren bestellfixen Kosten.

3.9.10 Bestandsoptimierung in der Lagerhaltung

Die Bestandsoptimierung im Lagerbereich soll den **Zielkonflikt** auflösen zwischen den Forderungen nach großen Lagerbeständen zur Sicherung der eigenen Lieferfähigkeit und zur Steigerung der Flexibilität und der Minimierung der daraus resultierenden Kosten für die Lagerhaltung und die Bestellungen.
Hierzu existieren diverse **Kennziffern**, die zur Entscheidungsfindung und Prozessoptimierung einsetzbar sind.

Kennziffer	Berechnung	Erläuterung
technischer Höchstbestand	Messung der Kapazitäten	maximale Lagerkapazität (Lagerfläche, -volumen)
wirtschaftlicher Höchstbestand	Ermittlung aus Budgetplan	je Produkt begrenzt durch das verfügbare Budget für Vorräte
Mindestbestand	Schätzung	„eiserner Bestand" zum Ausgleich von Lieferverzögerungen oder höherem Verbrauch
Meldebestand	(Tagesverbrauch · Lieferzeit) + Mindestbestand	Bestand, der verfügbar sein muss, um Zeiten für Bestellungen, Lieferung, Transporte, Eingangsprüfungen usw. auszugleichen
Durchschnittlicher Lagerbestand (DLB)	$\frac{\text{Anfangsbestand} + \text{Endbestand}}{2}$ oder $\frac{\text{Anfangsbestand} + 12 \text{ Monatsbest.}}{13}$	Mittelwert von Lagerbeständen in einer Periode (Jahr, Quartal, Monat)
Umschlagshäufigkeit (UH)	$\frac{\text{Periodenverbrauch}}{\text{Durchschnittl. Lagerbestand}}$	Die UH gibt an, wie oft der DLB innerhalb einer Periode „umgeschlagen", d.h. verbraucht oder verkauft wurde.
Durchschnittliche Lagerdauer (DL)	$\frac{360 \text{ Tage}}{\text{Umschlagshäufigkeit}}$	Zeitraum vom Einlagern des Produktes bis zu seinem Verbrauch (Verkauf)
Lagerreichweite	$\frac{\text{Durchschnittl. Lagerbestand}}{\text{Periodenverbrauch}}$	Zeitraum, in dem Lagerbestand sich abbaut
Kapitalbindung	Bestandswert · Lagerzeit · Zinssatz	

Die betriebliche Praxis zeigt, dass bei Bestandsoptimierungs- und Bestellprozessen mit **Störeinflüssen** und Problemen zu rechnen ist.

> **Beispiel**
> - Buchmäßiger Bestand und tatsächlicher Bestand stimmen wegen Fehlbuchungen, -zählungen, Schwund usw. nicht überein. Hieraus ergeben sich Fehlmengen, die zu eigenen Produktions- und Lieferverzögerungen führen können und kostenaufwendige Sonderbestellungen erfordern.
> - Planzahlen (Sicherheitsbestände, Meldebestände usw.) wurden falsch eingeschätzt. Hieraus ergeben sich zu hohe Bestände (hohe Lagerhaltungskosten) oder zu niedrige Bestände (Fehlmengen).

Um diesen Problemen zu begegnen, wird versucht, die Prozessgestaltung im eigenen Unternehmen flexibel zu planen und mit den Prozessen des Lieferers abzustimmen (**Prozessoptimierung**). Insbesondere sind entsprechende Maßnahmen auf Systemebene (Hard- und Softwarekonfiguration) zu planen, um Datensicherheit zu gewährleisten. Ferner sind prozessgerechte Mitarbeiterschulungen (Sensibilisierung für Fehler und deren Folgen) zu initiieren.

AUFGABEN

1. Erläutern Sie, worin der Zielkonflikt bei der Bestandsoptimierung liegt.

2. In einem Einzelhandelsbetrieb der PC-Branche werden für einen Artikel folgende Monats-Inventurbestände ausgewiesen:

Januar	185	Mai	290	September	265
Februar	270	Juni	315	Oktober	295
März	315	Juli	275	November	310
April	295	August	280	Dezember	220

   a) Berechnen Sie den durchschnittlichen Lagerbestand mit nur Anfangs- und Endbestand.

   b) Berechnen Sie den durchschnittlichen Lagerbestand mit den Quartals- und Monatsbeständen.

   c) Geben Sie Gründe an, weshalb sich bei den Berechnungen unter a) und b) Unterschiede ergeben.

   d) Zu welchen betriebswirtschaftlichen Konsequenzen können diese Unterschiede führen?

3. Von einem Produkt werden täglich im Durchschnitt 15 Stück verkauft. Die Lieferzeit beträgt sechs Verkaufstage, der Mindestbestand beträgt 85 Stück. Wie hoch ist der Meldebestand?

4. Ein Unternehmen hat einen Wareneinsatz (Periodenverbrauch) von 600 000,00 €, sein durchschnittlicher Lagerbestand beträgt 50 000,00 €. Ermitteln Sie die Umschlagshäufigkeit.

5. Die Umschlagshäufigkeit für ein bestimmtes Produkt beträgt 8. Der Jahresabsatz beträgt 320 Stück. Wie viele Produkte befanden sich durchschnittlich auf Lager?

6. Eine Warengruppe verursachte in einem Jahr 12 000,00 € Lagerzinsen, der Lagerzinssatz beträgt 1,2 %. Wie hoch war die durchschnittliche Lagerdauer?

7. Entscheiden Sie bei folgenden Aussagen, ob sie richtig oder falsch sind.

   a) Eine optimale Bestellmenge kann für Dienstleistungen nicht ermittelt werden, da sie nicht lagerfähig sind.

   b) Der technische Höchstbestand gibt die maximale Lagerkapazität an und ist kurzfristig ohne Fremdlager nicht erweiterbar.

   c) Der wirtschaftliche Höchstbestand ist im Zusammenhang mit der betrieblichen Finanzkraft zu sehen.

   d) Die durchschnittliche Lagerdauer gibt den Zeitraum an, in dem sich ein Lagerbestand abbaut.

   e) Die Umschlagshäufigkeit gibt an, wie oft der durchschnittliche Lagerbestand innerhalb einer Periode verbraucht oder verkauft wurde.

4 Rechnungswesen und Controlling

4.1 Wertschöpfungsprozesse im Unternehmen

Auswirkungen von Wertschöpfungsprozessen auf das Unternehmen/auf den Betrieb

Das Unternehmen als soziotechnisches System ist Bestandteil der Gesamtwirtschaft und tritt somit in vielfältige Beziehungen zu den Märkten. Alle diese Beziehungen führen in der Regel zu Wertschöpfungsprozessen, die, ergänzt um die internen Leistungserstellungs- und Leistungsverwertungsprozesse, im Unternehmen unterschiedliche Auswirkungen auf das System Unternehmen haben.

Diese Auswirkungen werden im Rahmen des Rechnungswesens einer Unternehmung aus folgenden Gründen erfasst:

- Die vollständige **Dokumentation** aller Wertschöpfungsprozesse ermöglicht es dem Unternehmen, die Veränderungen der Vermögenswerte, des Eigen- und Fremdkapitals sowie den Jahreserfolg zu ermitteln.

- Den Anforderungen des Gesetzgebers im Hinblick auf **Rechenschaftslegung**, dem Bedürfnis der Unternehmenseigner, der Gläubiger und des Staates nach **Information** über die Vermögens-, Schulden- und Erfolgslage des Unternehmens soll Rechnung getragen werden.

- Die erfassten Veränderungen der Vermögens- und Schuldenstruktur ermöglichen eine **Kontrolle** der Wirtschaftlichkeit und der vorhandenen Liquidität des Unternehmens und damit die Verfolgung der im Zielbildungsprozess des Unternehmens festgelegten Ziele.

- Die sich durch die Wertschöpfungsprozesse ergebenden Auswirkungen auf die wirtschaftliche Gesamtsituation des Unternehmens und die darauf basierenden Daten können für alle erforderlichen **Planungen** und **Entscheidungen** im Hinblick auf den Zielerreichungsprozess genutzt werden.

Die aus diesen Gründen verschiedenartigen Aufgaben des Rechnungswesens werden in unterschiedlichen Bereichen erfüllt. Dabei bilden die unterschiedlichen Auswirkungen der Wertschöpfungsprozesse für das Zielsystem des Unternehmens den Ausgangspunkt für diese Aufgaben.

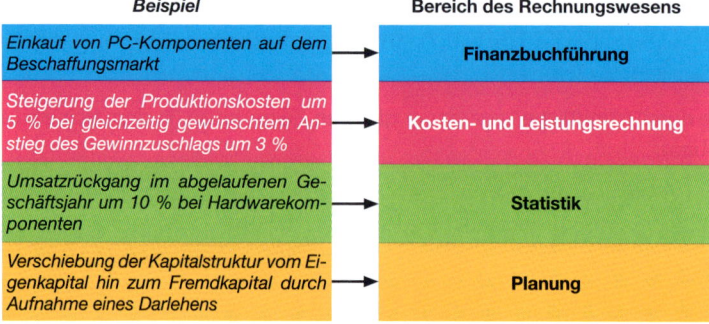

Dokumentation von Wertschöpfungsprozessen

Die Dokumentation von Wertschöpfungsprozessen erfolgt im Rahmen der **Finanzbuchführung**. Sie erfasst alle durch die Beziehungen zu den Märkten entstehenden Veränderungen der Vermögens- und Kapitalstruktur des Unternehmens. Dabei berücksichtigt sie den gesamten Werteverzehr (**Aufwendungen**) und den gesamten Wertezuwachs (**Erträge**) innerhalb einer Rechnungsperiode.

Grundlage für diese Dokumentation bilden die vielfältigen **Belege**, die durch die Marktbeziehungen des Unternehmens entstehen. Sie werden zeitlich und sachlich geordnet dokumentiert.
Die im Rahmen dieser Dokumentation gesammelten Daten werden zum Ende der Rechnungsperiode im vom Gesetzgeber vorgeschriebenen **Jahresabschluss** zusammengefasst. Dieser umfasst in der Regel die Bilanz, die Gewinn- und Verlustrechnung sowie zusätzlich einen Anhang bei Kapitalgesellschaften (vgl. S. 55).

Wirtschaftlichkeit von Wertschöpfungsprozessen

Die Wirtschaftlichkeit von Wertschöpfungsprozessen wird durch die **Kosten- und Leistungsrechnung (KLR)** im Rahmen des Rechnungswesens überwacht. Sie ist im Gegensatz zur Finanzbuchführung, die mehr auf das Unternehmen als Ganzes bezogen ist, auf den Ort der eigentlichen Leistungserstellung, den Betrieb (vgl. S. 13), ausgerichtet.

Die KLR erfasst den Teil des Werteverbrauchs (**Kosten**) und des Wertezuwachses (**Leistungen**), der durch die im Zielsystem des Unternehmens festgelegten eigentlichen betrieblichen Tätigkeiten verursacht wird. Dadurch ist die Ermittlung eines Betriebsergebnisses, also die Aussage über den durch die Betriebstätigkeit verursachten Gewinn oder Verlust, möglich (vgl. S. 366).

Aufbereitung und Auswertung von Wertschöpfungsprozessen

Die Aufbereitung und Auswertung der sich durch die Wertschöpfungsprozesse ergebenden und im Rahmen der Buchführung und der Kosten- und Leistungsrechnung gesammelten Daten erfolgt im Rechnungswesen in der **Statistik**. Hier wird Zahlenmaterial übersichtlich zusammengefasst und aufbereitet, das dann für Entscheidungen im gesamten Unternehmen zur Verfügung steht.
Der Vergleich des Zahlenmaterials mehrerer Rechnungsperioden liefert für das Unternehmen ebenso wichtige Erkenntnisse im Hinblick auf zukünftige Entscheidungen wie der Vergleich der gesammelten Daten mit Branchenzahlen.

Beispiel

Umsatzentwicklungen				
Jahr	Unternehmen A	Unternehmen B	Eigenes Unternehmen	Branchendurchschnitt
2014	+2,4 %	+1,9 %	+2,1 %	+2,2 %
2015	−0,8 %	+4,6 %	+3,9 %	+3,6 %
2016	+1,8 %	+2,2 %	+4,2 %	+2,9 %

Planung von Wertschöpfungsprozessen

Die Planung zukünftiger Wertschöpfungsprozesse auf Grundlage der Ergebnisse der Buchführung, der Kosten- und Leistungsrechnung und der Statistik leistet das Rechnungswesen in der **Planungsrechnung**.

Diese Planungen können sich auf alle Phasen des Wertschöpfungsprozesses beziehen, von der Investitionsplanung über die Beschaffungs- und Absatzplanung bis hin zu einer den gesamten Wertschöpfungsprozess begleitenden Finanzplanung.

Der Vergleich der durch die Planungen festgelegten Daten mit den im Zeitablauf tatsächlich erreichten Daten trägt dabei wiederum zur Kontrolle der effizienten und konsequenten Verfolgung der im Zielsystem festgelegten Ziele bei.

AUFGABEN

1. Begründen Sie die Notwendigkeit des Rechnungswesens für das erfolgreiche Bestehen eines Unternehmens am Markt.
2. Nennen Sie die Bereiche des betrieblichen Rechnungswesens und deren Aufgaben.

4.2 Dokumentation von Wertschöpfungsprozessen

4.2.1 Inventur, Inventar, Bilanz

Die gesamte Dokumentation der Prozesse der Wertschöpfung erfolgt in allen kaufmännisch geführten Unternehmen heutzutage mithilfe betriebswirtschaftlicher Software, die von verschiedenen Herstellern (SAP, Navision u. a.) angeboten wird. Hierbei sind je nach Unternehmensgröße bzw. Schwerpunkt der jeweiligen Geschäftstätigkeiten auch spezielle Softwarelösungen möglich.

Die Grundlage zur Dokumentation von Wertschöpfungsprozessen im Unternehmen bildet die vom Gesetzgeber einmal im Geschäftsjahr vorgeschriebene (§ 240 HGB) Bestandsaufnahme des Vermögens und der Schulden, die **Inventur**. Bei dieser Tätigkeit werden alle Vermögensteile und alle Schulden einzeln nach ihrer Art, Menge und Wert zu einem bestimmten Zeitpunkt erfasst. Je nach Durchführung der Inventur können verschiedene Arten unterschieden werden:

Arten der Inventur

Körperlich	Buchmäßig
Alle greifbaren Vermögensgegenstände; z. B. Betriebs- und Geschäftsausstattung, Waren, Bargeld u. a.	Alle in den Geschäftsbüchern aufgezeichneten Vermögensgegenstände und Schulden; z. B. Forderungen, Verbindlichkeiten, Bankguthaben u. a.

Inventurvereinfachungen für bestimmte Vermögensgegenstände		
verlegte Inventur	Stichprobeninventur	permanente Inventur
Inventurdurchführung drei Monate vor bzw. zwei Monate nach dem Geschäftsjahresende	Inventur durch Stichproben mithilfe von anerkannten mathematisch-statistischen Methoden	Inventur anhand fortlaufender Aufzeichnungen; eine körperliche Bestandsaufnahme zwischen zwei Bilanzstichtagen ist Pflicht

! Die durch die Inventur ermittelten Mengen und Werte der Schulden und des Vermögens werden in einem Bestandsverzeichnis zusammengestellt, dem Inventar.

Das Inventar besteht aus drei Teilen:
A. Vermögen
B. Schulden
C. Reinvermögen = Eigenkapital

Das Vermögen wird in Anlage- und Umlaufvermögen gegliedert, wobei die Vermögensteile nach steigender Liquidität geordnet sind, sodass z. B. die Lagerhalle des Unternehmens im Inventar vor dem Guthaben bei der Bank aufgeführt wird, da die Lagerhalle durch allgemeine Geschäftsprozesse sicherlich nicht so schnell in „flüssige" Geldmittel verwandelt werden kann, wie sie bei dem Bankguthaben schon vorliegen.

Die Schulden, auch Fremdkapital genannt, werden nach dem Zeitpunkt ihrer Fälligkeit gegliedert, d. h., dass z. B. ein langfristiges Bankdarlehen vor den kurzfristigen Verbindlichkeiten gegenüber einem Lieferanten im Inventar aufgeführt wird.

! Das Reinvermögen oder Eigenkapital ergibt sich aus der Differenz der Summe des Vermögens zu der Summe der Schulden.

Erläuterungen	
Inventar	Verzeichnis aller Vermögenswerte und aller Schulden, in dem das Reinvermögen ermittelt wird
Anlagevermögen	alle Vermögensgegenstände, die dem Unternehmen langfristig zur Verfügung stehen
Umlaufvermögen	alle Vermögensgegenstände, die sich durch die laufende Geschäftstätigkeit fortlaufend ändern
Schulden	Fremdkapital, welches dem Unternehmen zur Verfügung gestellt wurde. Man unterscheidet langfristige Schulden (Hypotheken-, Darlehensschulden) und kurzfristige Schulden (Lieferschulden)
Reinvermögen	Ergibt sich aus der Differenz von Vermögen und Schulden. Es wird auch als Eigenkapital bezeichnet.

Beispiel

Inventar Power PC GmbH zum 31.12.20..		
A. Vermögen	€	€
I. Anlagevermögen		836 000,00
1. Grundstück	65 000,00	
2. Gebäude	470 000,00	
3. Maschinen und Anlagen lt. Verzeichnis A	225 000,00	
4. Betriebseinrichtung lt. Verzeichnis B	72 000,00	
5. Betriebsfahrzeug	4 000,00	
II. Umlaufvermögen		486 400,00
1. Waren	370 000,00	
2. Forderungen lt. Debitorenliste	47 000,00	
3. Kassenbestand	2 400,00	
4. Bankguthaben	67 000,00	
B. Schulden		
I. Langfristige Schulden		484 000,00
1. Darlehen Deutsche Bank	235 000,00	
2. Darlehen Kreissparkasse	110 000,00	
II. Kurzfristige Schulden		
1. Zwischenkredit Kreissparkasse	53 000,00	
2. Verbindlichkeiten lt. Kreditorenliste	86 000,00	
C. Reinvermögen		
Summe des Vermögens	1 322 400,00	
− Summe der Schulden	484 000,00	
= Reinvermögen (Eigenkapital)		838 400,00

Die im Inventar angeführten Verzeichnisse beinhalten die einzelnen Vermögensgegenstände und die Schulden.

Die im Inventar vom Gesetzgeber geforderte vollständige Aufzählung aller Vermögensposten und aller Schulden führt dazu, dass das Inventar gerade bei Großunternehmen sehr unübersichtlich werden kann. Da dadurch die Aufgabe des Rechnungswesens im Hinblick auf die Rechenschaftslegung und die Schaffung von Kontrollmöglichkeiten durch den Gesetzgeber bzw. die Unternehmenseigner und die Gläubiger nur noch mit erheblichem Aufwand erfüllt werden kann, hat der Gesetzgeber jeden Kaufmann verpflichtet (§ 242 HGB), neben dem Inventar zusätzlich noch eine kurz gefasste Übersicht des Vermögens und der Schulden zu erstellen, die **Bilanz**.

Die Bilanz ist eine zusammengefasste Darstellung des Inventars in Kontenform. Die linke Seite der Bilanz (= **Aktivseite**) enthält das gesamte Vermögen, gegliedert nach steigender Liquidität, die rechte Seite (= **Passivseite**) das nach zunehmender Fälligkeit gegliederte Fremdkapital und das sich als Saldo aus der Differenz von Vermögen und Schulden ergebende Eigenkapital.

Die Passivseite der Bilanz zeigt das gesamte im Unternehmen vorhandene Kapital (= **Mittelherkunft**), die Aktivseite der Bilanz die Art und Weise, wie das Kapital im Unternehmen verwendet wird (= **Mittelverwendung**). Da im Unternehmen nicht mehr Kapital in Vermögen angelegt werden kann, als dem Unternehmen zur Verfügung steht, folgt daraus, dass beide Seiten der Bilanz immer das gleiche Ergebnis ausweisen.

Aktivseite		Bilanz der Power PC GmbH 20..		Passivseite
A. Anlagevermögen	€	A. Eigenkapital		€
Grundstück	65 000,00	Gezeichnetes Kapital		838 400,00
Gebäude	470 000,00	B. Fremdkapital		
Maschinen und Anlagen	225 000,00	Verbindlichkeiten geg.		
Betriebseinrichtung	72 000,00	Kreditinstituten		398 000,00
Betriebsfahrzeug	4 000,00	Verbindlichkeiten geg.		
		Lieferanten		86 000,00
B. Umlaufvermögen	€			
Waren	370 000,00			
Forderungen	47 000,00			
Kassenbestand	2 400,00			
Bankguthaben	67 000,00			
	1 322 400,00			1 322 400,00

AUFGABEN

1. Zeigen Sie den Zusammenhang von Inventur, Inventar und Bilanz auf.
2. Die Inventur hat folgende Ergebnisse erbracht:

	€
Geschäftsausstattung	150 000,00
Verbindlichkeiten	
Lieferant Meier	35 000,00
Lieferant Breuer	17 000,00
Grundstücke und Gebäude	450 000,00
Bankkredit	260 000,00
Sparkassenguthaben	42 000,00
Betriebsfahrzeuge	76 000,00
Forderungen	
Kiesling OHG	110 000,00
PC-Welt Bückner	87 000,00
Frau Müller	5 000,00
Sparkassenkredit	140 000,00
Waren	
Workstation	290 000,00
Notebook	105 000,00
Drucker	43 000,00
Bargeld	3 000,00

AUFGABEN

a) Stellen Sie das Inventar nach den gesetzlichen Regeln auf.

b) Berechnen Sie zusätzlich:
- das Anlagevermögen
- das Umlaufvermögen
- die langfristigen Schulden
- die kurzfristigen Schulden
- das Eigenkapital (Reinvermögen)

3. Erläutern Sie den Aufbau der Bilanz und ordnen Sie die Begriffe Mittelherkunft und Mittelverwendung zu.

4. Stellen Sie aus folgenden Werten eine Bilanz auf.

	€		€
Bank	48 000,00	Forderungen	25 000,00
Darlehen	60 000,00	BGA	120 000,00
Kasse	6 000,00	Verbindlichkeiten	30 000,00
Waren	65 000,00	Betriebsfahrzeuge	40 000,00
Eigenkapital	?		

4.2.1.1 Auswirkungen von Wertschöpfungsprozessen auf die Bilanz

Die Bilanz hat nur zum Bilanzstichtag, in der Regel der 31.12. des Jahres, Gültigkeit. Jeder durch die Beziehungen des Unternehmens zum Markt oder durch interne Leistungserstellung oder Leistungsverwertung ausgelöste Wertschöpfungsprozess führt zu einer Veränderung der Posten der Bilanz. Folgende Veränderungen sind dabei möglich:

Bezeichnung	Beispiel	Wirkung
Aktivtausch	Bareinkauf von PC-Komponenten	Veränderung der Posten „Waren" und „Kasse" auf der Aktivseite (Waren +, Kasse −)
Passivtausch	Umwandlung einer Lieferantenverbindlichkeit in eine Darlehensschuld	Veränderung der Posten „Darlehen" und „Verbindlichkeiten" auf der Passivseite (Darlehen +, Verbindlichkeiten −)
Aktiv-Passiv-Mehrung	Kauf eines Firmenwagens auf Ziel	Veränderung des Postens „Fuhrpark" auf der Aktivseite und des Postens „Verbindlichkeit" auf der Passivseite (Fuhrpark +, Verbindlichkeit +)
Aktiv-Passiv-Minderung	Tilgung eines Darlehens durch Banküberweisung	Veränderung des Postens „Bank" auf der Aktivseite und des Postens „Darlehen" auf der Passivseite (Bank −, Darlehen −)

AUFGABEN

1. Beantworten Sie die vier Fragen zu folgenden Geschäftsfällen:

   a) Welche Seite der Bilanz ist betroffen?

   b) Welcher Posten der Bilanz ist betroffen?

   c) Wie verändert sich der Wert dieses Postens der Bilanz?

   d) Wie bezeichnet man diese Art der Wertveränderung der Bilanz?

   Geschäftsfälle:

   1) Einkauf eines Schreibtisches auf Ziel, 800,00 €

   2) Barzahlung einer Rechnung durch Kunden, 270,00 €

   3) Verkauf eines gebrauchten Betriebsfahrzeuges per Banküberweisung, 5 000,00 €

   4) Umwandlung einer Verbindlichkeit in Höhe von 30 000,00 € in ein Darlehen

   5) Einkauf einer Maschine auf Ziel, 7 500,00 €

   6) Bareinzahlung auf das Bankkonto in Höhe von 1 600,00 €

   7) Verkauf eines nicht mehr benötigten Geschäftsgrundstückes per Banküberweisung, 90 000,00 €

   8) Barabhebung vom Bankkonto in Höhe von 4 000,00 €

   9) Verkauf eines gebrauchten Büro-PC, bar 350,00 €

   10) Bezahlung einer Lieferantenrechnung per Banküberweisung, 5 000,00 €

2.
	€
Bank	25 000,00
Forderungen	48 000,00
Darlehen	160 000,00
BGA	70 000,00
Kasse	6 000,00
Verbindlichkeiten	30 000,00
Waren	265 000,00
Betriebsfahrzeuge	40 000,00
Eigenkapital	?

   a) Erstellen Sie die Bilanz.

   b) Tragen Sie die Wertveränderungen in der Bilanz durch die Geschäftsfälle in jeweils neue Bilanzen ein. Gehen Sie dabei immer von der Bilanz aus, die Sie gerade erstellt haben.

   1) Kauf von Waren auf Ziel für 4 500,00 €

   2) Kauf eines Pkw gegen Bankscheck für 18 000,00 €

   3) Ein Kunde begleicht die Ausgangsrechnung über 7 200,00 € durch Banküberweisung

   4) Ausgleich einer Eingangsrechnung über 4 500,00 € durch Banküberweisung

Da Geschäftsprozesse die Werte einzelner Posten der Bilanz ständig verändern, wäre die Aufstellung jeweils neuer Bilanzen nach jeder Veränderung die logische Konsequenz aus diesem Tatbestand. Da die Vielzahl der unterschiedlichen Wertschöpfungsprozesse dies für die Praxis unmöglich macht und der Gesetzgeber im HGB fordert, dass ein sachverständiger Dritter innerhalb einer angemessenen Frist die Buchführung und deren Vorgänge prüfen kann, wird die Bilanz in **Konten** aufgelöst, d.h. jeder einzelne Posten der Bilanz wird auf einem separaten Konto geführt. Diese Konten werden im sogenannten **Hauptbuch** geführt, einem Verzeichnis, das eine **sachliche Ordnung** aller in Form von Konten aufgezeichneter Veränderungen durch Wertschöpfungsprozesse ermöglicht.

Aktivseite		Bilanz der Power PC GmbH 20..		Passivseite
A. Anlagevermögen		€	A. Eigenkapital	€
Grundstück		65 000,00	Gezeichnetes Kapital	838 400,00
...		...	B. Fremdkapital	
			Verbindlichkeiten geg.	
B. Umlaufvermögen			Kreditinstituten	398 000,00
Waren		370 000,00	...	...
...		...		...
		1 322 400,00		1 322 400,00

Aktivkonten

S	Grundstücke	H	S	Waren	H
AB	65 000,00		AB	370 000,00	

Passivkonten

S	Eigenkapital	H	S	Verbindlichkeiten	H
	AB	838 400,00		AB	398 000,00

Ausgehend von den beiden Seiten der Bilanz unterscheidet man **Aktivkonten** und **Passivkonten**. Da in der Bilanz der Bestand des Unternehmens an Vermögen und Schulden erfasst ist, werden diese Konten auch als **Bestandskonten** bezeichnet.

Die Anfangsbestände (AB) werden bei den Aktivkonten auf die linke Seite (= **Soll**), die Anfangsbestände der Passivkonten auf die rechte Seite (= **Haben**) übertragen, da sich dort auch die entsprechenden Posten in der Bilanz wiederfinden.

Da **Mehrungen** die Anfangsbestände erhöhen, werden diese auf die jeweilige Seite der Konten gebucht, auf die der Anfangsbestand übertragen wurde. **Minderungen** des Anfangsbestandes werden dann entsprechend auf der gegenüberliegenden Seite des Kontos gebucht.

S	Aktivkonten	H	S	Passivkonten	H
Anfangsbestand		– Minderungen	– Minderungen		Anfangsbestand
+ Mehrungen					+ Mehrungen

Die im Laufe des Geschäftsjahres aufgetretenen und in den Bestandskonten erfassten Veränderungen der Bilanzposten durch die Wertschöpfungsprozesse müssen am Ende des Geschäftsjahres zu einem Abschluss gebracht werden. Zu diesem Zweck müssen alle Bestandskonten saldiert werden, d. h. der **Schlussbestand** aller Bilanzpositionen muss ermittelt werden. Stimmt dieser mit den durch die Inventur ermittelten Werten überein, so werden diese identischen Werte der Inventur und der Bestandskosten in die Bilanz übertragen, die dann den Ausgangspunkt der Dokumentation der Wertschöpfungsprozesse für das folgende Geschäftsjahr bildet.

S	Aktivkonten	H	S	Passivkonten	H
Anfangsbestand		– Minderungen	– Minderungen		Anfangsbestand
+ Mehrungen		= **Schlussbestand**	= Schlussbestand		+ **Mehrungen**

AUFGABEN

	€
Bank	48 000,00
Forderungen	25 000,00
Darlehen	60 000,00
BGA	120 000,00
Kasse	6 000,00
Verbindlichkeiten	30 000,00
Waren	65 000,00
Betriebsfahrzeuge	40 000,00
Eigenkapital	?

Stellen Sie die Bilanz auf und übertragen Sie alle Anfangsbestände in aktive und passive Bestandskonten. Buchen Sie dann die folgenden Geschäftsfälle in diesen Konten.

a) Kauf von Waren auf Ziel 4 500,00 €

b) Kauf eines Pkw gegen Bankscheck 18 000,00 €

c) Verkauf eines gebrauchten Büro-PC bar für 250,00 €

d) Kauf von Waren gegen Barzahlung für 4 500,00 €

e) Ausgleich einer Eingangsrechnung durch Banküberweisung 4 500,00 €

f) Ein Kunde begleicht die Ausgangsrechnung durch Banküberweisung. 7 200,00 €

g) Tilgung einer Darlehensschuld durch Banküberweisung 6 000,00 €

4.2.1.2 Aufzeichnung von Wertschöpfungsprozessen

Wertschöpfungsprozesse verändern immer mindestens zwei Posten der Bilanz und damit auch zwei Konten. Um bei der Vielzahl der vorhandenen Wertschöpfungsprozesse innerhalb eines Geschäftsjahres eine effiziente Bearbeitung aller Aufgaben des Rechnungswesens zu ermöglichen, gibt es eine einheitliche Aufzeichnung von Wertschöpfungsprozessen im **Journal** (= Grundbuch, vgl. S. 318) mithilfe von **Buchungssätzen**.

Im Buchungssatz wird immer zuerst das Konto genannt, das die Sollbuchung aufnimmt, und dann in Verbindung mit dem Wort „an" das Konto, welches die Habenbuchung erfasst.

Prozess	Buchungssatz	S	H
Bareinkauf von PC-Komponenten für 4 000,00 €	Waren an Kasse	4 000,00	4 000,00
Umwandlung einer Lieferantenverbindlichkeit von 25 000,00 € in eine Darlehensschuld	Verbindlichkeit an Darlehen	25 000,00	25 000,00
Kauf von Kopierpapier auf Ziel für 3 800,00 €	Kopierpapier an Verbindlichkeit	3 800,00	3 800,00
Tilgung eines Darlehens durch Banküberweisung in Höhe von 56 000,00 €	Darlehen an Bank	56 000,00	56 000,00

Voraussetzung für die Aufzeichnung von Wertschöpfungsprozessen in Form von Buchungssätzen ist der Nachweis bzw. die Dokumentation des tatsächlich stattgefundenen Wertschöpfungsprozesses. Diese Nachweis- bzw. die Dokumentationsfunktion übernehmen im Rechnungswesen **Belege**. Dabei werden alle vom Unternehmen selbst erstellten Belege wie Rechnungen an Kunden, Reisekostenabrechnungen u. Ä. als **interne Belege**, alle von den Marktteilnehmern von außen in das Unternehmen gebrachten Belege wie Eingangsrechnungen, Bankauszüge u. Ä. als **externe Belege** bezeichnet.

Belege sind zwingend vorausgesetzt, damit das Rechnungswesen seine Aufgabe der Dokumentation von Wertschöpfungsprozessen wahrnehmen kann und darf. Die Buchungssätze werden zeitlich geordnet im **Grundbuch** eingetragen, einem Verzeichnis, das eine lückenlose Aufzeichnung aller Wertschöpfungsprozesse im Unternehmen ermöglicht.

		Grundbuch			
Datum	Beleg	Buchungstext		Soll	Haben
28.03.20..	ER 234	Waren an Kasse		4 000,00 €	4 000,00 €
29.03.20..	KV 1/20	Verbindlichkeit an Darlehen		25 000,00 €	25 000,00 €
...	...	...		...	...
			Summe	...	...

AUFGABEN

Bilden Sie die Buchungssätze zu folgenden Geschäftsfällen:

a) Einkauf von Waren auf Ziel 5 000,00 €

b) Verkauf eines Pkw bar 20 000,00 €

c) Umwandlung einer Verbindlichkeit in ein Darlehen 10 000,00 €

d) Verkauf von Waren auf Ziel 9 000,00 €, per Bankscheck 4 000,00 € und bar 1 000,00 €

e) Einkauf eines Bürostuhls per Bankscheck 1 200,00 € und bar 300,00 €

f) Ein Kunde bezahlt seine Rechnung bar, 800,00 €

g) Ausgleich einer Lieferantenrechnung durch Banküberweisung, 12 000,00 €

4.2.2 Erfolgswirksame Wertschöpfungsprozesse

Wertschöpfungsprozesse verändern nicht nur die Bestände des Unternehmens an Vermögen und Schulden, sondern können in der Regel auch zu positiven oder negativen Auswirkungen auf den **Erfolg** des Unternehmens führen. Der Erfolg eines Unternehmens kann durch den Vergleich des Eigenkapitals zweier aufeinanderfolgender Geschäftsjahre ermittelt werden. Daher müssen auch alle erfolgswirksamen Wertschöpfungsprozesse auf dem Eigenkapitalkonto gebucht werden. Da dies wiederum zu einer sehr unübersichtlichen Darstellung des Kontos Eigenkapital führen würde, wird dieses Konto in sogenannte Erfolgskonten aufgeteilt. Man unterscheidet hierbei **Aufwandskonten** und **Ertragskonten**.

- Alle Wertschöpfungsprozesse, die zu einer **Verminderung des Eigenkapitals** führen, werden auf **Aufwandskonten** (z. B. Mietaufwendungen, Abschreibungen (vgl. S. 339)) gebucht. Da Minderungen des Eigenkapitals immer auf der Sollseite gebucht werden, wird auch auf den Aufwandskonten immer auf der **Sollseite** gebucht.

- Alle Wertschöpfungsprozesse, die zu einer **Mehrung des Eigenkapitals** führen, werden auf **Ertragskonten** gebucht. Da Mehrungen des Eigenkapitals immer auf der Habenseite gebucht werden, wird auch auf den Ertragskonten (z. B. Provisionserträge, Zinserträge) immer auf der **Habenseite** gebucht.

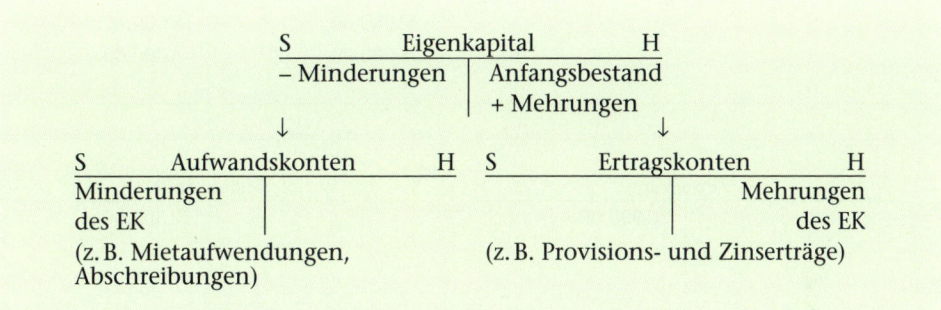

Da alle erfolgswirksamen Wertschöpfungsprozesse das Eigenkapital verändern, müssen die Erfolgskonten am Ende des Geschäftsjahres wieder auf das Eigenkapitalkonto abgeschlossen werden. Um aber die Übersichtlichkeit des Eigenkapitalkontos weiterhin zu erhalten, werden alle Erfolgskonten zunächst auf dem Gewinn- und Verlustkonto zusammengefasst und dann über das Eigenkapitalkonto abgeschlossen.

	S	Gewinn- und Verlustkonto	H	
	Aufwandskonten		Ertragskonten	

AUFGABEN

1. Schließen Sie alle Konten ab.
2. Stellen Sie das SBK- und das GuV-Konto auf.

AUFGABEN

3. Bilden Sie die Buchungssätze zum Abschluss aller Bestands- und Erfolgskonten.

S	BGA	H	S	Löhne	H
20 000,00			10 000,00		
15 000,00					

S	Forderungen	H	S	Verb. A. LL	H
6 000,00	5 000,00		4 000,00	5 000,00	
				15 000,00	

S	Mietaufwand	H	S	Bank	H
2 000,00			15 000,00	2 000,00	
			20 000,00	10 000,00	
			5 000,00	4 000,00	

S	Zinserträge	H	S	Eigenkapital	H
	20 000,00			32 000,00	

S	Darlehen	H
	4 000,00	

S	SBK	H	S	GUV	H

4.2.3 Buchung grundlegender Wertschöpfungsprozesse

Der Verkauf von Produkten und Dienstleistungen trägt im Unternehmen wesentlich zum Unternehmenserfolg bei. Wie bereits oben ausführlich ausgeführt, werden diese Wertschöpfungsprozesse im Rechnungswesen erfasst, analysiert und für betriebswirtschaftliche Entscheidungen aufbereitet. Die hieraus gewonnenen Erkenntnisse werden dann im Rahmen des Zielbildungsprozesses (vgl. S. 308) des Unternehmens verarbeitet. Ausgangspunkt hierfür ist zunächst die Erfassung (= **Buchung**) der Wertschöpfungsprozesse. Dabei sind folgende Grundsätze zu beachten, die für alle Bereiche des Rechnungswesens vonseiten des Gesetzgebers zwingend vorgeschrieben sind.

Grundsätze ordnungsgemäßer Buchführung (GoB)	
Klarheit und Übersichtlichkeit	– Die Organisation der Buchführung muss überschaubar und sachgerecht sein. – Die Gliederung des Jahresabschlusses hat übersichtlich zu sein. – Vermögenswerte und Schulden sowie Erträge und Aufwendungen dürfen nicht unkenntlich gemacht werden. – Buchungen dürfen nicht unkenntlich gemacht werden.
Vollständigkeit	– Geschäftsfälle sind fortlaufend, vollständig, richtig, zeitgerecht sowie sachlich geordnet zu erfassen.
Belegprinzip	– Jede Buchung muss anhand eines Beleges jederzeit nachprüfbar sein.
Aufbewahrungspflicht	– Alle Unterlagen der Buchführung müssen aufbewahrt werden, wobei Bild- oder Datenträger verwendet werden dürfen.

4.2.3.1 Buchung beim Ein- und Verkauf

Alle von einem Unternehmen im Inland gegen Entgelt erbrachten Lieferungen und Leistungen, also auch der Verkauf von Waren und Dienstleistungen, unterliegen nach dem Umsatzsteuergesetz (UStG) der **Mehrwertsteuer** bzw. **Umsatzsteuer**. Sie wird als Prozentsatz (zurzeit 19 %) auf der Basis des vom Unternehmen in seiner Kalkulation ermittelten Verkaufspreises berechnet. Für das Unternehmen ist diese Steuer erfolgsneutral, da sie vom Kunden durch den um diesen Prozentsatz erhöhten Verkaufspreis bezahlt wird.

Da das Unternehmen vom Gesetzgeber verpflichtet ist, monatlich die einbehaltene Umsatzsteuer an das Finanzamt abzuführen, stellt sie eine **Verbindlichkeit** für das Unternehmen dar, die auf dem Passivkonto **Umsatzsteuer** gebucht wird.

Das Unternehmen ist als Wirtschaftssubjekt im Wirtschaftskreislauf sowohl auf dem Absatz- als auch auf dem Beschaffungsmarkt aktiv (vgl. S. 20). Die dort von ihm erworbenen Waren und Dienstleistungen unterliegen ebenfalls der Umsatzsteuer. Da diese vom Unternehmen beim Bezug von Lieferungen und Leistungen bezahlte sogenannte **Vorsteuer** das Unternehmen nicht weiter belasten soll, kann sie beim Finanzamt durch eine Verrechnung mit der Umsatzsteuerschuld zurückgefordert werden. Die Vorsteuer stellt somit eine **Forderung** gegenüber dem Finanzamt dar, die auf dem Aktivkonto **Vorsteuer** gebucht wird.

> Das Ergebnis der Verrechnung der Vorsteuer mit der Umsatzsteuer kann entweder zu einer Umsatzsteuerzahllast oder zu einem Vorsteuerüberhang führen.

Beispiel

Umsatzsteuer und Vorsteuer im Abrechnungszeitraum:

S	Umsatzsteuer	H	S	Vorsteuer	H
		29 000,00	15 000,00		

Abschluss des Kontos Vorsteuer:

	S		H
Umsatzsteuer	15 000,00		
an Vorsteuer			15 000,00

S	Umsatzsteuer	H	S	Vorsteuer	H
VSt. 15 000,00		29 000,00	15 000,00	USt.	15 000,00

Überweisung der Zahllast an das Finanzamt:

	S		H
Umsatzsteuer	14 000,00		
an Bank			14 000,00

S	Umsatzsteuer	H	S	Vorsteuer	H
VSt. 15 000,00		29 000,00	15 000,00	USt.	15 000,00
Bank 14 000,00					

AUFGABEN

1. Beantworten Sie folgende Fragen:

   a) Wodurch unterscheiden sich Vorsteuer und Umsatzsteuer?

   b) Wie wirkt sich die Umsatzsteuer auf den Erfolg des Unternehmens aus?

   c) Was versteht man unter einer Zahllast?

   d) Wie kommt ein Vorsteuerüberhang zustande?

2. Bilden Sie zu folgenden Geschäftsfällen die Buchungssätze und buchen Sie nur in den Konten Umsatzsteuer und Vorsteuer. Schließen Sie dann diese beiden Konten ab und ermitteln Sie:

   a) die Umsatzsteuer   b) die Vorsteuer   c) die Zahllast

   1) Wir erhalten Provisionserträge per Banküberweisung, netto 6 500,00 € + 19 % USt.

   2) Verkauf von BGA auf Ziel, brutto 595,00 €

   3) Kauf von Büromaterial bar, netto 240,00 €

   4) Kauf einer Rechenmaschine auf Ziel, netto 1 400,00 € + 19 % USt.

   5) Gutschrift der Miete auf unserem Bankkonto, 3 910,00 €

AUFGABEN

3. Im Dezember sind folgende umsatzsteuerpflichtigen Vorgänge angefallen:
   - Wareneinkäufe auf Ziel, netto 237 200,00 € + 19 % USt.
   - Einkauf eines Kleintransporters gegen Scheck, netto 34 400,00 € + 19% USt.
   - Warenverkauf des Monats einschließlich 19% USt 238 000,00 €

   a) Berechnen Sie die Umsatzsteuer und Vorsteuer.
   b) Erfassen Sie diese Werte auf den Konten Vorsteuer und Umsatzsteuer, stellen Sie fest, ob sich eine Zahllast oder ein Vorsteuerüberhang ergibt, und führen Sie die entsprechende Umbuchung bzw. Abschlussbuchung durch.
   c) Wie lautet die Buchung bei Banküberweisung eines eventuellen Vorsteuerüberhanges durch das Finanzamt?

4. Ein PC-Dienstleister tätigte im Monat Juni Umsätze im Werte von 476 000,00 € einschließlich 19% USt. Im gleichen Zeitraum wurden Einkäufe in Höhe von 357 000,00 € + 19% USt vorgenommen. Ermitteln Sie

   a) die Umsatzsteuer,
   b) die absetzbare Vorsteuer,
   c) die Umsatzsteuerzahllast.

5. Folgende Rechnungen einschließlich 19% USt. wurden per Bankscheck bezahlt: Werbegeschenke 166,75 €, Büromaterial 113,28 €, Reparatur am Firmenwagen 152,38 €, Einkauf von Reinigungsmitteln 201,25 €.

   a) Berechnen Sie jeweils den Nettobetrag und die VSt.
   b) Bilden Sie die Buchungssätze.

Sowohl der Wareneinkauf als auch der Warenverkauf stellen für das Unternehmen erfolgswirksame Geschäftsprozesse dar, die das Eigenkapital verändern und somit auf den Erfolgskonten gebucht werden. Der Verkauf von Waren wird auf dem **Ertragskonto Warenverkauf**, der Einkauf von Waren auf dem **Aufwandskonto Wareneinkauf** gebucht. Das in der Bilanz aufgeführte **Bestandskonto Waren** zeigt lediglich die durch die Inventur ermittelten Warenbestände.

Beispiel
Die Power PC GmbH kauft Waren auf Ziel für 20 000,00 € zuzüglich 19% Umsatzsteuer.

Buchungssatz	Soll	Haben
Wareneinkauf	20 000,00 €	
Vorsteuer	3 800,00 €	
an Verbindlichkeiten aus Lief.		23 800,00 €

Beispiel
Die Power PC GmbH verkauft Waren auf Ziel für 6 000,00 € zuzüglich 19 % Umsatzsteuer.

Buchungssatz	Soll	Haben
Forderungen	7 140,00 €	
an Umsatzsteuer		1 140,00 €
an Warenverkauf		6 000,00 €

Den Erfolg aus den Warengeschäften ermittelt man, indem man die Verkaufserlöse dem Wareneinsatz gegenüberstellt. Das Ergebnis bezeichnet man als Rohgewinn bzw. Rohverlust.

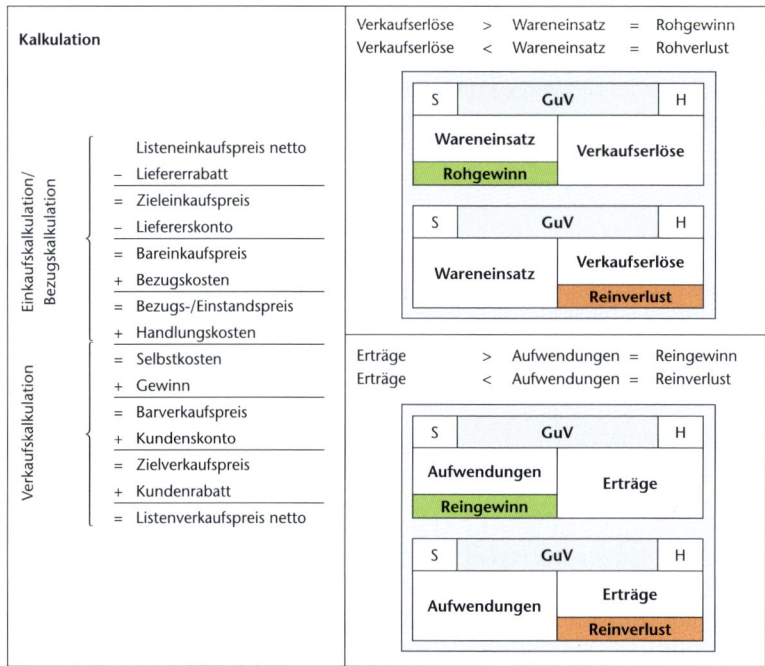

Der Rohgewinn bzw. der Rohverlust kann durch folgende Kosten und Nachlässe beim Wareneinkauf und Warenverkauf beeinflusst werden.

Wareneinkauf

Erhöhung der Aufwendungen	Verminderung der Aufwendungen
Bezugskosten (Fracht, Versicherung, Verpackung, Zölle)	– Rücksendungen – Nachlässe – Liefererboni – Liefererskonti

Warenverkauf

Erhöhung der Aufwendungen der Warenabgabe	Verminderung der Erträge
Verpackung Ausgangsfrachten Gewährleistungen Provisionen	– Rücksendungen – Nachlässe – Kundenboni – Kundenskonti

4.2 Dokumentation von Wertschöpfungsprozessen

Buchungen im Zusammenhang mit dem Wareneinkauf		Soll		Haben
Wareneinkäufe		Wareneinkauf Vorsteuer	an	Verbindlich-keiten
Sofortrabatte	Rabatte (z. B. Mengenrabatt auf Eingangsrechnungen) beim Bezug von Waren mindern den Anschaffungspreis. Sie werden als Sofortrabatte (sofortige Berechnung) bezeichnet und buchhalterisch nicht gesondert erfasst.			
Bezugskosten*	Z. B. Frachtkosten, Transportversicherungsbeiträge, Verpackungsmaterialien und Zölle erhöhen den Anschaffungspreis.	Warenbezugskosten Vorsteuer	an	Verbindlich-keiten
Rücksendungen *	Falsche oder mangelhaft gelieferte Waren werden dem Lieferanten zurückgeschickt. → Käufer erhält Gutschrift.	Verbindlich-keiten	an	Rücksendungen (L) Vorsteuer
Nachlässe*	mangelhaft gelieferte Waren, die nicht zurückgeschickt werden und weiterverkauft/-verwendet werden kann → Kaufpreisminderung, Käufer erhält Gutschrift.	Verbindlich-keiten	an	Nachlässe (L) Vorsteuer
Liefererboni*	nachträglich gewährter Preisnachlass am Ende einer Abrechnungsperiode bei Erreichen eines vereinbarten Umsatzzieles	Verbindlich-keiten	an	Liefererboni Vorsteuer
Liefererskonti*	Preisnachlass bei vorzeitiger Zahlung → Käufer berücksichtigt den Skontoabzug bei Überweisung des Rechnungsbetrages	Verbindlichkeiten	an	Liefererskonti Vorsteuer Bank
* → Erfassung auf einem separaten Konto, um Überblick zu erhalten				
Umbuchung Unterkonten Abschluss der Unterkonten des Kontos Wareneinkauf		Wareneinkauf	an	Warenbezugskosten
		Rücksendungen	an	Wareneinkauf
		Nachlässe	an	Wareneinkauf
		Liefererboni	an	Wareneinkauf
		Liefererskonti	an	Wareneinkauf
Abschluss Wareneingang		GuV	an	Wareneinkauf

Buchungen im Zusammenhang mit dem Warenverkauf			Soll		Haben
Warenverkauf			Forderungen	an	Warenverkauf Umsatzsteuer
Sofortrabatte	Rabatte (z. B. Mengenrabatt auf Verkaufsrechnungen) werden als Sofortrabatte (sofortige Berechnung) bezeichnet und buchhalterisch nicht gesondert erfasst.				
Vertriebsaufwendungen	**Kosten der Warenabgabe**	Provisionen, Verpackungsmaterialien, Ausgangsfrachten werden „eingekauft" und auf gesonderten Aufwandskonten erfasst.	Provisionen (Ausgangsfrachten) (Verpackungsmat.) Vorsteuer	an	Verbindlichkeiten
	Weiterbelastung von Aufwendungen an Kunden	... werden als Umsatzerlöse (Ertrag) im Konto Warenverkauf erfasst.	Forderungen	an	Warenverkauf Umsatzsteuer
Rücksendungen*	Falsche oder mangelhaft gelieferte Ware oder Leihverpackung wird vom Käufer zurückgeschickt. → Käufer erhält Gutschrift.		Rücksendungen (K) Umsatzsteuer	an	Forderungen
Nachlässe ohne Rücksendung *	Mangelhaft gelieferte Ware, die nicht zurückgeschickt wird → Kaufpreisminderung, Käufer erhält Gutschrift.		Nachlässe (K) Umsatzsteuer	an	Forderungen
Kundenboni*	Nachträglich gewährter Preisnachlass am Ende einer Abrechnungsperiode bei Erreichen eines vereinbarten Umsatzzieles.		Kundenboni Umsatzsteuer	an	Forderungen
Kundenskonti*	Preisnachlass bei vorzeitiger Zahlung → Käufer berücksichtigt den Skontoabzug bei Überweisung des Rechnungsbetrages		Kundenskonti Umsatzsteuer Bank	an	Forderungen
* → Erfassung auf einem separaten Konto, um Überblick zu erhalten					
Umbuchung Unterkonten	Abschluss der Unterkonten des Kontos Warenverkauf		Warenverkauf	an	Rücksendungen
			Warenverkauf	an	Nachlässe
			Warenverkauf	an	Kundenboni
			Warenverkauf	an	Kundenskonti
Abschluss Warenverkauf			Warenverkauf	an	GuV

4.2 Dokumentation von Wertschöpfungsprozessen

Der Gesamtzusammenhang der Buchung der Warengeschäfte stellt sich wie folgt dar:

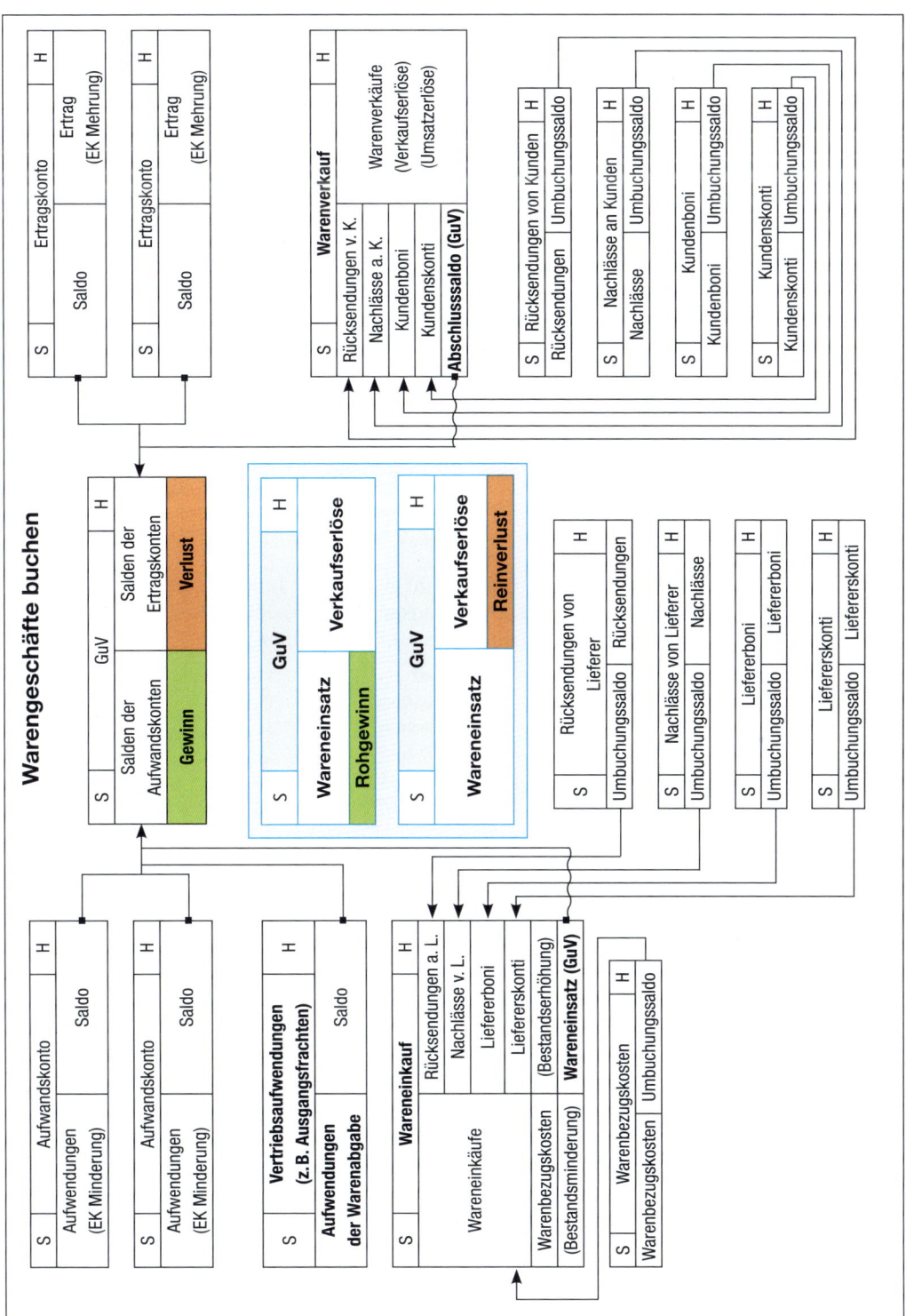

Bisher sind wir davon ausgegangen, dass wir alle Wareneinkäufe auch wieder vollständig verkauft haben. Da dies aber in den seltensten Fällen realisiert werden kann, müssen auch diese sogenannten Warenbestandsveränderungen in der Buchhaltung des Unternehmens erfasst werden.

Warenbestandsänderungen

Fall 1: Einkauf von 100 000 Einheiten zu je 3,60 € (= 360 000 €), Verkauf der 100 000 Einheiten zu je 5,40 € (= 540 000 €)

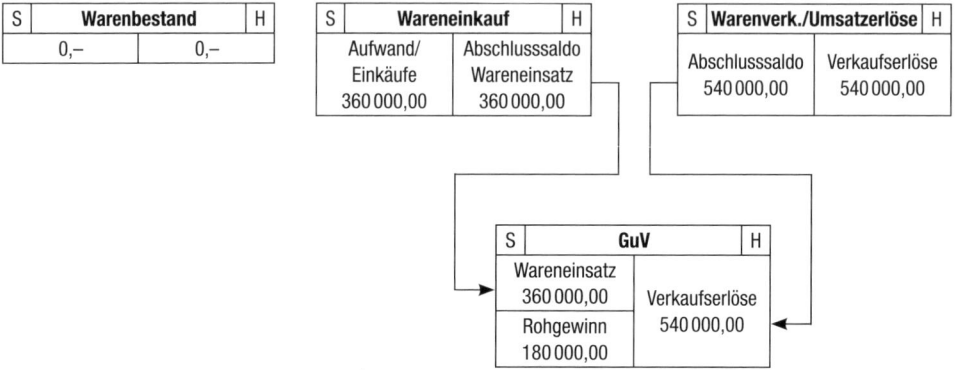

Fall 2: Warenanfangsbestand: 10 000 Einheiten zu je 3,60 € (= 36 000 €); Warenendbestand: 20 000 Einheiten zu je 3,60 € (= 72 000 €), Einkauf von 100 000 Einheiten zu je 3,60 € (= 360 000 €), Verkauf von 90 000 Einheiten zu 5,40 € (= 486 000 €)

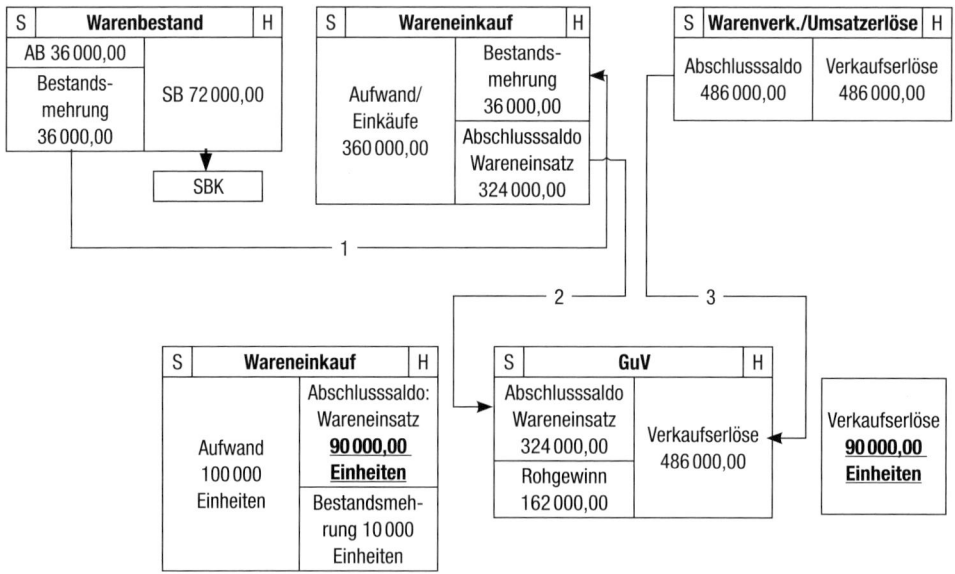

Warenbestandsmehrung (Warenbestand > Warenanfangsbestand) --> Aufwandsminderung

Fall 3: Warenanfangsbestand: 10 000 Einheiten zu je 3,60 € (= 36 000 €); Warenendbestand: 6 000 Einheiten zu je 3,60 € (= 21 600 €), Einkauf von 100 000 Einheiten zu je 3,60 € (= 360 000 €), Verkauf von 104 000 Einheiten zu 5,40 € (= 561 000 €)

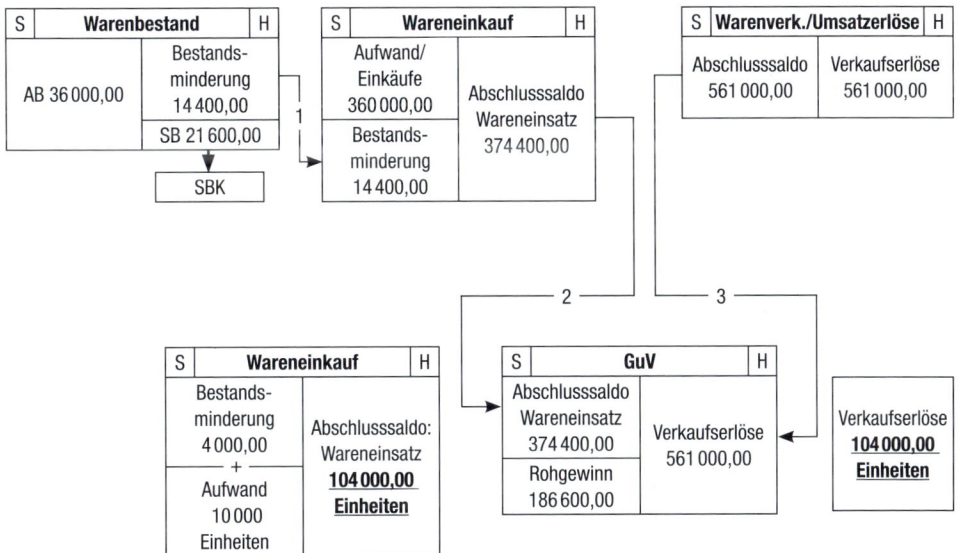

Warenbestandsminderung (Warenbestand < Warenanfangsbestand) --> Aufwandserhöhung

AUFGABEN

1. a) Richten Sie folgende Konten ein: Waren, Umsatzsteuer, Vorsteuer, Wareneinkauf, Warenverkauf, Eigenkapital, GuV, SBK.

   b) Tragen Sie folgende Beträge auf die Konten: AB Waren 45 000,00 €; AB Eigenkapital 90 000,00 €; Sollseite SBK 54 330,00 €

   c) Buchen Sie nur auf den angegebenen Konten folgende Geschäftsvorfälle (alle Angaben zzgl 19 % USt.):

Wareneinkäufe bar	23 500,00 €
Warenverkäufe bar	12 950,00 €
Warenverkäufe auf Ziel	45 800,00 €
Wareneinkäufe auf Ziel	19 700,00 €
Warenverkäufe gegen Bankscheck	3 780,00 €

   Abschlusshinweise:

   1. Der Warenendbestand laut Inventur beträgt 50 000,00 €.
   2. Schließen Sie die Konten *ordnungsmäßig* und *vollständig* ab.

2. a) Richten Sie folgende Konten ein: Waren, Wareneinkauf, Umsatzerlöse, Eigenkapital, GuV, SBK.

   b) Tragen Sie folgende Beträge auf die Konten: AB Waren 60 500,00 €; AB Eigenkapital 12 250,00 €.

AUFGABEN

c) Buchen Sie nur auf den angegebenen Konten folgende Geschäftsvorfälle (alle Angaben zzgl. 19 % USt.):

Wareneinkäufe bar	7 850,00 €
Warenverkäufe auf Ziel	43 750,00 €
Warenverkäufe bar	12 200,00 €
Wareneinkäufe auf Ziel	25 650,00 €
Warenverkäufe gegen Bankscheck	25 800,00 €

Abschlusshinweise:

1. Der Warenbestand laut Inventur beträgt 40 500,00 €
2. Schließen Sie die Konten *ordnungsmäßig* und *vollständig* ab.

3. Bilden Sie die Buchungssätze für die folgenden Geschäftsvorfälle:

   a) Wir kaufen Waren auf Ziel, netto 3 000,00 € zzgl. 19 % USt.

   b) Wir verkaufen Ware bar, netto 5 000,00 € zzgl. 19 % USt.

   c) Wir kaufen Ware bar, netto 1 000,00 € zzgl. 19 % USt.

   d) Wir verkaufen Waren auf Ziel, netto 2 000 € zzgl. 19 % USt.

   e) Der Kunde zahlt eine Rechnung bar, 2 300,00 €.

   f) Wir zahlen eine Lieferantenrechnung bar, 3 450,00 €.

   g) Barkauf von Büromaterial 170,00 € zzgl. 19 % USt.

   h) Wir zahlen Miete für die Geschäftsräume durch Banküberweisung, 780,00 €.

   i) Wir bezahlen unsere Stromrechnung, netto 745,00 € zzgl. 19 % USt durch Postüberweisung.

   j) Wir kaufen einen Büroschrank und zahlen mit Bankscheck, netto 900,00 € zzgl. 19 % USt.

   k) Einkauf von Waren auf Ziel, netto 1 560,00 € zzgl. 19 % USt.

   l) Wir zahlen Gewerbesteuer durch Banküberweisung, 269,40 €.

   m) Wir bezahlen die Ausbildungsvergütung per Bank, 680,00 €.

   n) Wir erhalten die Reparaturrechnung der Kasse, netto 275,00 € zzgl. 19 % USt.

Alle Dienstleistungen, die ein Unternehmen seinem Kunden berechnet, stellen einen weiteren Ertrag dar. Sie werden auf dem **Ertragskonto** (vgl. S. 323) **Erlöse aus Leistungen** erfasst. Die dem Unternehmen beim Bezug von Waren oder separat in Rechnung gestellten Dienstleistungen stellen einen Aufwand dar, der auf verschiedenen **Aufwandskonten** (vgl. S. 323) **für Dienstleistungen** gebucht wird.

Beispiel
Die Serviceabteilung der Power PC GmbH installiert für einen Kunden Software und berechnet hierfür 55,00 € zuzüglich 19 % Umsatzsteuer. Der Kunde zahlt mit EC-Karte.

Buchungssatz	Soll	Haben
Bank	65,45 €	
an Umsatzsteuer		10,45 €
an Erlöse aus Leistungen		55,00 €

Beispiel
Die Power PC GmbH bezahlt die Reparatur ihres Firmenwagens in Höhe von 150,00 € zuzüglich 19 % Umsatzsteuer bar aus der Geschäftskasse.

Buchungssatz	Soll	Haben
Kraftfahrzeugkosten	150,00 €	
Vorsteuer	28,50 €	
an Kasse		178,50 €

Rabatte und nachträgliche Preisänderungen beim Einkauf

Zur Absatzförderung gewährt eine Vielzahl von Lieferanten in der Regel Preisnachlässe in Form von Rabatten, Skonto und Bonus (vgl. S. 215). Diese Preisnachlässe führen zu einer Minderung der Aufwendungen beim Wareneinkauf und werden in der Buchhaltung unterschiedlich behandelt.

Beispiel 1: Rabatte
Ein Lieferant gewährt der Power PC GmbH einen Wiederverkäuferrabatt von 20 % auf den Listeneinkaufspreis von 2 400,00 €.

Listeneinkaufspreis	2 400,00 €
– 20 % Rabatt	480,00 €
+ 19 % Umsatzsteuer	364,80 €
= Rechnungsbetrag	2 284,80 €

Buchungssatz	Soll	Haben
Wareneinkauf	1 920,00 €	
Vorsteuer	364,80 €	
an Verbindlichkeiten aLL		2 284,80 €

Beispiel 2: Skonto

Eine bereits gebuchte Eingangsrechnung in Höhe von 6 400,00 € brutto wird unter Abzug von 2 % per Banküberweisung bezahlt.

Rechnungsbetrag	6 400,00 €
– 2 % Skonto (brutto)	128,00 €
Banküberweisung	6 272,00 €

Durch den Skontoabzug muss auch die beim Rechnungseingang gebuchte Vorsteuer korrigiert werden. Der Nettoskontobetrag wird dann auf dem Konto **Nachlässe** im Haben gebucht.

$119\% = 128,00€$ $X = \dfrac{128,00 \cdot 19}{119}$ $x = 20,44 €$ (Vorsteuerkorrektur)
$19\% = X$

Skonto (brutto)	128,00 €
– Vorsteuerkorrektur	20,44 €
Skonto (netto)	107,56 €

Buchungssatz	Soll	Haben
Verbindlichkeiten	6 400,00 €	
an Nachlässe		107,56 €
an Vorsteuer		20,44 €
an Bank		6 272,00 €

Beispiel 3: Bonus

Aufgrund einer Großbestellung gewährt ein Lieferant einen Umsatzbonus in Form folgender Gutschrift:

Bonus	250,00 €
+ 19 % USt	47,50 €
Gesamtbetrag	297,50 €

Auch die Bonusgewährung wird auf dem Konto **Nachlässe** mit dem Nettowert gebucht. Eine Korrektur der Vorsteuer um den auf den Bonusbetrag entfallenden Umsatzsteueranteil ist daher erforderlich.

Buchungssatz	Soll	Haben
Verbindlichkeiten	297,50 €	
an Nachlässe		250,00 €
an Vorsteuer		47,50 €

- Sofortnachlässe in Form von Rabatten werden beim Wareneinkauf in der Buchführung nicht berücksichtigt.
- Nachträgliche Preisnachlässe in Form von Skonto und Bonus werden auf dem Konto **Nachlässe** netto gebucht.
- Das Konto **Nachlässe** wird auf dem Konto **Wareneinkauf** abgeschlossen und führt zu einer Minderung des Warenaufwandes.

Rabatte und nachträgliche Preisänderungen beim Verkauf

Die aus Marketingentscheidungen oder berechtigten Reklamationen der Kunden gewährten Preisnachlässe in Form von Rabatten und Skonto führen zu einer Minderung der Erträge beim Warenverkauf und werden in der Buchhaltung ebenfalls unterschiedlich behandelt.

Beispiel 1: Sofortrabatte
Ein Unternehmen gewährt einem Großkunden einen Mengenrabatt in Höhe von 15 %.

Listenverkaufspreis	8 990,00 €
– 15 % Mengenrabatt	1 384,50 €
	7 641,50 €
+ 19 % USt	1 451,89 €
Bruttoverkaufspreis	9 093,39 €

Buchungssatz	Soll	Haben
Forderungen	9 093,39 €	
an Umsatzsteuer		1 451,89 €
an Warenverkauf		7 641,50 €

Beispiel 2: Skonto
Ein Kunde bezahlt eine bereits bei einem Unternehmen gebuchte Ausgangsrechnung in Höhe von 1 450,00 € unter Abzug von 2 % Skonto per Banküberweisung.

Rechnungsbetrag	1 450,00 €
– 2 % Skonto	29,00 €
Banküberweisung	1 421,00 €

Da sich durch den Skontoabzug auch die Umsatzsteuerschuld des Unternehmens verringert, muss eine Umsatzsteuerkorrektur vorgenommen werden. Der Nettoskontobetrag wird dann auf dem Konto **Erlösberichtigung** im Soll gebucht.

$119\% = 29,00€ \quad X = \dfrac{29,00 \cdot 19}{119} \quad x = 4,63 €$ (Vorsteuerkorrektur)

$19\% = X$

Skonto (brutto)	29,00 €
– Umsatzsteuerkorrektur	4,63 €
Skonto (netto)	24,37 €

Buchungssatz	Soll	Haben
Bank	1 421,00 €	
Erlösberichtigungen	24,37 €	
Umsatzsteuer	4,63 €	
an Forderungen		1 450,00 €

Beispiel 3: Gutschrift aufgrund einer Kundenreklamation
Ein Kunde erhält aufgrund einer berechtigten Reklamation eine Gutschrift auf die noch nicht bezahlte Rechnung in Höhe von 238,00 € brutto.
Auch dieser Preisnachlass wird auf dem Konto **Erlösberichtigungen** mit dem Nettowert gebucht. Eine Korrektur der Umsatzsteuer um den auf den Gutschriftbetrag entfallenden Umsatzsteueranteil ist daher erforderlich.

$119\% = 232{,}00\,€ \quad X = \dfrac{238{,}00 \cdot 19}{119} \quad X = 38{,}00\,€$ (Umsatzsteuerkorrektur)
$19\% = X$

Buchungssatz	Soll	Haben
Erlösberichtigungen	200,00 €	
Umsatzsteuer	38,00 €	
an Forderungen		238,00 €

- Sofortnachlässe in Form von Rabatten werden beim Warenverkauf in der Buchführung nicht berücksichtigt.
- Nachträgliche Preisnachlässe in Form von Skonto und Gutschriften werden auf dem Konto **Erlösberichtigungen** netto gebucht.
- Das Konto **Erlösberichtigungen** wird auf dem Konto **Warenverkauf** abgeschlossen und führt zu einer Minderung der Warenerträge.

Ermittlung des Roh- und Reingewinns

Die Ermittlung des Roh- und Reingewinns gibt einem Unternehmen einen ersten Überblick über den Erfolg einer Geschäftsperiode. Während der Reingewinn den Erfolg aus allen Erträgen abzüglich aller Aufwendungen einer Unternehmung darstellt, berücksichtigt der Rohgewinn lediglich die Erträge und Aufwendungen aus den Warengeschäften.

Beispiel
Die Power PC GmbH hat in der abgelaufenen Geschäftsperiode Waren im Wert von 370 000,00 € verkauft. Zeitgleich wurden Waren im Wert von 260 000,00 € eingekauft. Das Konto **Erlösberichtigungen** wies einen Saldo von 43 000,00 €, das Konto **Nachlässe** einen Saldo von 28 000,00 € auf. Sonstige Erträge sind in Höhe von 245 000,00 €, sonstige Aufwendungen in Höhe von 190 000,00 € angefallen

1. Berechnung des Wareneinsatzes

Wareneinkauf	260 000,00 €
– Nachlässe	28 000,00 €
Wareneinsatz	232 000,00 €

Der Wareneinsatz stellt somit den Wert aller eingekauften Waren zum Einstandspreis (vgl. S. 254) abzüglich aller Nachlässe und zuzüglich aller eventuellen Nebenkosten wie z. B. Bezugskosten dar.

2. Berechnung der Umsatzerlöse

Warenverkauf	370 000,00 €
– Erlösberichtigungen	43 000,00 €
Umsatzerlöse	337 000,00 €

Die Umsatzerlöse stellen somit den Wert aller verkauften Waren zum Listenverkaufspreis (vgl. S. 254) abzüglich der angefallenen Erlösberichtigungen dar.

3. Berechnung des Rohgewinns

Umsatzerlöse	337 000,00 €
– Wareneinsatz	232 000,00 €
Rohgewinn	105 000,00 €

4. Berechnung des Reingewinns

Rohgewinn	105 000,00 €
+ sonstige Erträge	245 000,00 €
– sonstige Aufwendungen	190 000,00 €
Reingewinn	160 000,00 €

AUFGABEN

1. a) Richten Sie folgende Konten ein: Waren, Warenaufwand, Bezugskosten, Nachlässe, SBK, GuV.

   b) Ermitteln Sie buchhalterisch den Warenaufwand aufgrund folgender Daten:

Anfangsbestand Waren:	15 000,00 €
Wareneingänge (netto):	120 000,00 €
Bezugskosten:	3 500,00 €
Nachlässe:	1 200,00 €
Schlussbestand Waren laut Inventur:	28 000,00 €

2. a) Richten Sie folgende Konten ein: Umsatzerlöse, Erlösberichtigung, Umsatzsteuer, Warenaufwand, GuV.

   b) Ermitteln Sie aufgrund folgender Daten den Warengewinn (Rohgewinn):

Umsatzerlöse einschließlich 19 % USt.:	238 000,00 €
Erlösberichtigungen einschließlich 19 % USt.:	7 140,00 €
Warenaufwand netto:	80 000,00 €

3. Bilden Sie die Buchungssätze zu folgenden Geschäftsfällen:

   a) Ein Kunde sendet einen Teil der Warenlieferung wegen eines Qualitätsmangels zurück. Wir gewähren eine Gutschrift, Warenwert netto 900,00 €.

   b) Unser Lieferer gewährt uns am Jahresende einen Bonus von 1 200,00 € + 19 % USt.

   c) Von der bereits bei uns gebuchten Warenlieferung senden wir Ware an den Lieferer zurück (Falschlieferung), Warenwert: 2 000,00 € + 19 % USt.

   d) Wir gewähren einen Preisnachlass von 10 % wegen einer Mängelrüge und zahlen den Betrag in Höhe von 3 700,00 € einschließlich USt. bar aus.

AUFGABEN

e) Eine Kunde zahlt die Rechnung unter Abzug von 2% Skonto durch Banküberweisung, Rechnungsbetrag einschließlich 19% USt. 2 500,00 €.

f) Wir zahlen eine Lieferrerrechnung brutto über 1 403,00 € unter Abzug von 2,5% Skonto per Banküberweisung.

g) Wir kaufen bar Verpackungsmaterial netto für 260,00 € und erhalten 5% Rabatt.

h) Wir verkaufen Ware auf Ziel: Listenpreis netto 2 500,00 €, Rabatt 10%, Zustellkosten 75,00 €.

i) Wir überweisen folgende Rechnung unseres Spediteurs per Bank: Für Fahrten im Januar 380,00 € netto zuzüglich 19% USt.

4.2.3.2 Eigenkapitalveränderungen durch Geschäftsfälle aus dem privaten Bereich

Im Rahmen der Wertschöpfungsprozesse können Eigenkapitalveränderungen auch aus Geschäftsfällen aus dem privaten Bereich resultieren. So müssen z. B. Privateinlagen und Privatentnahmen des Unternehmers aus der Geschäftskasse bzw. dem Geschäftskonto in der Buchhaltung berücksichtigt werden, da auch sie eine Veränderung des Eigenkapitals herbeiführen.

Beispiel 1: Privateinlage des Unternehmers
Der Inhaber der Einzelunternehmung (vgl. S. 51) Peter Hoffmann e. K. zahlt aus seinem Privatvermögen 4 000,00 € auf das Geschäftskonto ein. Diese Privateinlage könnte direkt auf dem Eigenkapitalkonto als Mehrung des Eigenkapitals im Haben gebucht werden. Da aber der Inhaber am Ende des Geschäftsjahres einen Überblick über seine gesamten Privateinlagen erhalten möchte, bucht er sie auf einem Unterkonto des Eigenkapitalkontos, dem Konto **Privateinlage**.

Buchungssatz	Soll	Haben
Bank	4 000,00 €	
an Privat		4 000,00 €

Beispiel 2: Privatentnahme des Unternehmers
Für private Zwecke entnimmt ein Unternehmer 2 000,00 € aus der Geschäftskasse. Diese Privatentnahme mindert das Eigenkapital des Unternehmens und wird ebenfalls auf einem Unterkonto des Eigenkapitals, dem Konto Privatentnahme, gebucht.

Buchungssatz	Soll	Haben
Privat	2 000,00 €	
an Kasse		2 000,00 €

- Privateinlagen des Unternehmers mehren das Eigenkapital und werden auf dem Konto Privatkonto im Haben gebucht.
- Privatentnahmen des Unternehmers mindern das Eigenkapital und werden auf dem Konto Privatkonto im Soll gebucht.
- Die Konten Privateinlage und Privatentnahmen sind Unterkonten des Eigenkapitalkontos und werden am Ende des Geschäftsjahres auf diesem abgeschlossen.
  Buchungssätze:
  Privatkonto an Eigenkapital
  Eigenkapital an Privatkonto

Neben den Privateinlagen und -entnahmen kann der Unternehmer auch Waren für private Zwecke aus seinem Geschäft entnehmen oder betriebliche Gegenstände für private Zwecke nutzen. Diese Entnahme von Waren und Nutzung betrieblicher Gegenstände mindert zum einen das Eigenkapital und unterliegt zum anderen der Umsatzsteuer und wird neben dem Privatkonto auch auf besonderen Ertragskonten gebucht.

Beispiel 3: Entnahme von Waren für private Zwecke
Der Unternehmer Peter Hoffmann entnimmt für private Zwecke einen Laptop zum Einstandspreis (vgl. S. 254) von 1 500,00 € netto aus seinem Warenlager.

Berechnung der Umsatzsteuer:

$100\% = 1\,500,00\,€$ $\quad X = \dfrac{1\,500,00 \cdot 19}{100} \quad$ $X = 285,00\,€$ (Umsatzsteuer)
$19\% = X$

Buchungssatz	Soll	Haben
Privatkonto	1 785,00 €	
an Entnahme von Waren		1 500,00 €
an Umsatzsteuer		285,00 €

Beispiel 4: Nutzung von betrieblichen Gegenständen für private Zwecke
Durch die private Nutzung des Geschäftswagens durch den Unternehmer Peter Hoffmann sind im vergangenen Geschäftsjahr Aufwendungen in Höhe von 3 000,00 € zzgl. 19 % Umsatzsteuer entstanden.

Berechnung der Umsatzsteuer:

$100\% = 3\,000,00\,€$ $\quad X = \dfrac{3\,000,00 \cdot 19}{100} \quad$ $X = 570,00\,€$ (Umsatzsteuer)
$19\% = X$

Buchungssatz	Soll	Haben
Privatkonto	3 570,00 €	
an Entnahme von Gegenständen und sonstigen Leistungen		3 000,00 €
an Umsatzsteuer		570,00 €

- Die Entnahme von Waren für private Zwecke und die private Nutzung betrieblicher Gegenstände unterliegen der Umsatzsteuer.
- Diese Geschäftsfälle werden auf den Ertragskonten „Entnahme von Waren" und „Entnahme von sonstigen Gegenständen und Leistungen" mit dem Nettowert, auf dem Konto Privatkonto mit dem Bruttowert gebucht.
- Die Ertragskonten „Entnahme von Waren" und „Entnahme von sonstigen Gegenständen und Leistungen" werden auf dem Konto GuV abgeschlossen.

AUFGABEN

1. Welcher Vorgang liegt dem Buchungssatz „Eigenkapital an Privatkonto" zugrunde?
    a) Der Eigentümer bringt ein Auto in den Betrieb ein.
    b) Abschluss des Kontos Privat. Im Laufe des Jahres wurde mehr entnommen als eingezahlt.
    c) Geldentnahme des Geschäftsinhabers.
    d) Wir zahlen auf das Geschäftskonto bei der Bank bar ein.
    e) Der Inhaber entnimmt Waren für den Eigenverbrauch.

2. Bilden Sie die Buchungssätze zu folgenden Geschäftsvorfällen.
    a) Aus der Geschäftskasse entnehmen wir 500,00 € für eine Geldspende an den örtlichen Sportverein.
    b) Aus dem Warenlager entnehmen wir für den privaten Verbrauch Waren im Wert von 340,00 € zzgl. 19 % USt.
    c) Von den Kfz-Kosten dieses Monats entfallen auf private Fahrten 107,80 € für Benzin und 510,00 € für Reparaturkosten jeweils zzgl. 19 % USt.
    d) Wir überweisen die Miete für die Privatwohnung vom Geschäftskonto, 1 100,00 €
    e) Wir entnehmen Waren für den Haushalt im Nettowert von 150,00 €.
    f) Die bereits gebuchten Kfz-Kosten belaufen sich insgesamt auf 1 450,00 € zzgl. 19 % USt. Der noch zu buchende private Anteil beläuft sich auf 40 % der gesamten Kosten.

3. Beantworten Sie folgende Fragen:
    a) Welcher Zusammenhang besteht zwischen Gewinn und Privatentnahmen bzw. Privateinlagen?
    b) Worin liegt der Unterschied zwischen Privatentnahmen und Entnahme von Waren?

4.2.3.3 Anlagen- und Personalbuchungen

Das Unternehmen benötigt für seine unterschiedlichen Aufgaben im Wertschöpfungsprozess und durch seine vielfältigen Beziehungen im Gesamtsystem des Wirtschaftskreislaufs **Aufgabenträger**, die diese Aufgaben im Sinne des Zielsystems wahrnehmen. Grundsätzlich sind hier Mitarbeiter, Maschinen und die Kombination von Mitarbeitern und Maschinen in der Lage, diese Aufgaben zu übernehmen.

Der Einsatz von Mitarbeitern und Maschinen verursacht für das Unternehmen Aufwendungen, die das Rechnungswesen im Rahmen seiner Aufgaben erfassen muss.

Während die Aufwendungen für die Mitarbeiter durch die zu zahlenden Provisionen, Reisekosten, Löhne und Gehälter und den Anteil des Arbeitgebers an den Sozialversicherungsbeiträgen genau bestimmt sind, bedarf die Ermittlung der Aufwendungen für die angeschafften Maschinen einiger Überlegungen bzw. einiger Berechnungen.

Aufwendungen für Anlagen

Die Anschaffung von Maschinen erhöht zunächst das Anlagevermögen des Unternehmens. Erst durch die **Nutzung** der Maschinen fallen Aufwendungen an. Diese entstehen im Zeitablauf der Nutzung des entsprechenden Anlagegutes durch den Wertverlust aufgrund von Verschleiß, Abnutzung und technischer Veralterung.

Dieser **Wertverlust** wird mithilfe der vom Gesetzgeber ermöglichten **Abschreibung** (AfA = Absetzung für Abnutzung) berücksichtigt. Grundsätzlich lassen sich zwei Verfahren unterscheiden:

Beispiel
Anschaffungskosten eines Servers: 3 000,00 €
Nutzungsdauer: 3 Jahre

Buchung für die Anschaffung:

Buchungssatz	Soll	Haben
Büro- und Geschäftsausstattung (BGA)	3 000,00 €	
Vorsteuer	570,00 €	
an Bank		3 570,00 €

Lineare Abschreibung	Degressive Abschreibung
=	=
jährlich gleichbleibende Beträge werden vom Anschaffungswert abgeschrieben	jährlich sinkende Beträge werden vom Buchwert abgeschrieben
Berechnung der Abschreibungswerte (AfA)	Berechnung der Abschreibungswerte (AfA)
$\text{AfA} = \dfrac{\text{Anschaffungskosten}}{\text{Nutzungsdauer}}$	Steuerlich zulässig ist das 2,5-fache des linearen Prozentsatzes, höchstens jedoch 25 %[1]. Über die Nutzungsdauer hinweg wird dieser Prozentsatz vom Buchwert des Anlagegutes abgeschrieben. AfA = Buchwert · 25 %

Jahr	Buchwert in €	AfA in €	Jahr	Buchwert in €	AfA in €
0	3 000,00		0	3 000,00	
1	2 000,00	1 000,00	1	2 250,00	750,00
2	1 000,00	1 000,00	2	1 687,50	526,50
3	0,00	1 000,00	3	1 265,62	421,88
					…

---

[1] Die degressive Abschreibung ist seit 2011 nicht mehr möglich, kann aber je nach wirtschaftspolitischer Notwendigkeit jederzeit wieder eingeführt werden.

Der durch das jeweilige Abschreibungsverfahren ermittelte Wertverlust des Anlagegutes wird während der Nutzungsdauer der Anlage als Aufwand auf dem **Aufwandskonto Abschreibungen** gebucht.

Buchung der Abschreibung am Jahresende:

```
           S              H
Abschreibung  1 000,00
an BGA                 1 000,00
```

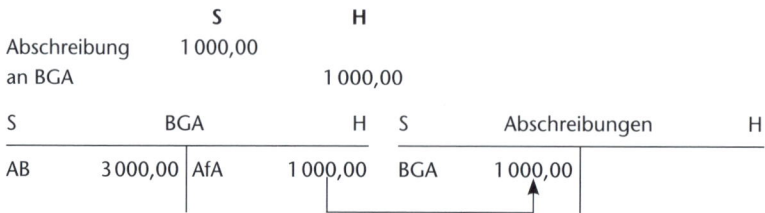

Abschluss des Kontos Abschreibung:

```
           S              H
GuV           1 000,00
an Abschreibung        1 000,00
```

S	AfA	GuV	H	S	Abschreibungen	H
AfA	1 000,00			BGA	1 000,00	GuV 1 000,00

AUFGABEN

1. Beantworten Sie folgende Fragen:
   a) Worin liegt der Unterschied zwischen linearer und degressiver Abschreibung?
   b) Welchen besonderen Vorteil hat die degressive Abschreibung?
   c) Warum eröffnet der Gesetzgeber den Unternehmen die Möglichkeit der Abschreibung?

2. Erläutern Sie
   a) warum ein IT-Systemhaus mit der Abschreibung Steuern sparen kann und
   b) wie es durch die Abschreibung Kapital für neues Anlagevermögen erwirtschaften kann.

3. Die Anschaffungskosten einer Maschine betragen 400 000,00 €, die Nutzungsdauer wird auf 10 Jahre geschätzt.
   a) Ermitteln Sie bei linearer Abschreibung den Abschreibungsbetrag und den Abschreibungssatz.
   b) Welcher AfA-Satz ist für die degressive Abschreibung anzuwenden?
   c) Stellen Sie die Abschreibungsbeträge bei linearer und degressiver Abschreibung für die ersten 4 Jahre in einer Tabelle gegenüber und ermitteln Sie für jedes Jahr den Buch- bzw. Restwert.
   d) Buchen Sie für das erste Jahr die Abschreibung auf Maschinen

AUFGABEN

4. a) Buchen Sie die untenstehende Eingangsrechnung im Grundbuch.
    b) Buchen Sie die Zahlung der Eingangsrechnung zum xx-01-15 per Banküberweisung.
    c) Ermitteln Sie die jährlichen linearen Abschreibungsbeträge für die Nutzungsdauer von 6 Jahren.
    d) Bilden Sie den Buchungssatz für die Abschreibung im ersten Nutzungsjahr.
    e) Schließen Sie das Konto Abschreibungen am Ende des ersten Nutzungsjahres ab.

Schnelle Mark
Kassen aller Art

Münzer & Renkel oHG
Steinhagen

PC-Breuer GmbH
Plittersdorfer Str. 48
53173 Bonn   xx-01-03

Rechnung

Kasse LC 52	85 000,00 €
10 % Rabatt	8 500,00 €
	76 500,00 €
Installation	2 000,00 €
	78 500,00 €
19 % Umsatzsteuer	14 915,00 €
	93 415,00 €

Zahlungsbedingungen:
30 Tage netto Kasse oder 14 Tage 3 % Skonto

---

5. Kauf einer Verpackungsmaschine. Anschaffungspreis 100 000,00 €, abzüglich 3 % Rabatt. Verpackungskosten 700,00 €, Fracht 1 200,00 €, Transportversicherung 90,00 €, Aufbaukosten 2 000,00 €, Kosten für eine Sicherheitsprüfung 150,00 €. Der Umsatzsteuersatz beträgt 19 %. Buchen Sie den Eingang der Rechnung!

6. Die Anschaffungskosten für die Büroeinrichtung betragen 35 000,00 €. Nutzungsdauer 8 Jahre.
    a) Führen Sie rechnerisch die degressive Abschreibung über die gesamte Laufzeit durch.
    b) Bilden Sie den Buchungssatz für die Abschreibung im ersten Jahr.

7. Wir kaufen im Juli für die Warenauslieferung einen Pkw für 28 000,00 € zuzüglich 19 % Umsatzsteuer. Anzahlung 15 000,00 € bar, 8 000,00 € werden mit Bankscheck beglichen und der Rest ist in 3 Monaten zur Zahlung fällig.
    a) Wie lautet der Buchungssatz beim Kauf?
    b) Buchen Sie die Abschreibung am Ende des ersten Geschäftsjahres (Nutzungsdauer Pkw = 6 Jahre).

Verkauf gebrauchter Anlagegüter

Der Verkauf von Anlagegütern unterliegt der Umsatzsteuer. Je nach dem erzielten Verkaufspreis für das Anlagegut sind drei Fälle zu unterscheiden:

1. Nettoverkaufspreis = Buchwert

Beispiel
Ein PC-Händler verkauft einen Firmenwagen für 5 000,00 € netto bar an einen Privatmann. Der Buchwert des Firmenwagens beträgt ebenfalls 5 000,00 €.

Buchung des Verkaufs:

Buchungssatz	Soll	Haben
Kasse	5 950,00 €	
an Sonstige Erlöse		5 000,00 €
an Umsatzsteuer		950,00 €

Buchung des Abgangs des Firmenwagens aus dem Anlagevermögen:

Buchungssatz	Soll	Haben
Sonstige Erlöse	5 000,00 €	
an Fuhrpark		5 000,00 €

Erläuterungen:

- Der Verkauf von Anlagevermögen unterliegt wie jeder von einem Unternehmen getätigte Verkauf der Umsatzsteuer und stellt zunächst einmal einen Ertrag dar. Er wird daher auf dem Ertragskonto **Sonstige Erlöse** gebucht.
- Der Abgang des Firmenwagens aus dem Anlagevermögen muss auf dem Konto **Fuhrpark** im Haben gebucht werden. Dies geschieht durch die Umbuchung des entsprechenden Betrages von dem Konto **Sonstige Erlöse** auf das Konto **Fuhrpark**.
- Das Konto **Sonstige Erlöse** ist nach dieser Umbuchung ausgeglichen.

2. Nettoverkaufspreis < Buchwert ⇒ Verlust aus dem Verkauf von Anlagegütern

Beispiel
Ein PC-Händler verkauft einen Firmenwagen für 4 000,00 € netto bar an einen Privatmann. Der Buchwert des Firmenwagens beträgt 5 000,00 €.

Buchung des Verkaufs:

Buchungssatz	Soll	Haben
Kasse	4 760,00 €	
an Sonstige Erlöse		4 000,00 €
an Umsatzsteuer		760,00 €

Buchung des Abgangs des Firmenwagens aus dem Anlagevermögen:

Buchungssatz	Soll	Haben
Sonstige Erlöse an Fuhrpark	4 000,00 €	4 000,00 €

Buchung des Verlustes aus dem Verkauf des Firmenwagens:

Buchungssatz	Soll	Haben
Sonstige betriebliche Aufwendungen an Fuhrpark	1 000,00 €	1 000,00 €

Erläuterungen:

- Der Verkauf des Firmenwagens wird unter Berücksichtigung der Umsatzsteuer auf dem Konto **Sonstige Erlöse** gebucht.
- Die Ausbuchung des Firmenwagens aus dem Anlagevermögen geschieht in zwei Schritten:

1. Der Saldo des Kontos **Sonstige Erlöse** wird auf dem Konto **Fuhrpark** im Haben gebucht.
2. Da die Erlöse aus dem Verkauf des Firmenwagens kleiner als sein Buchwert waren, ist ein Verlust von 1 000,00 € entstanden. Dieser Verlust stellt einen Aufwand dar und wird auf dem Konto **Sonstige betriebliche Aufwendungen** gebucht. Durch die Gegenbuchung auf dem Konto **Fuhrpark** im Haben ist der Firmenwagen dann vollständig aus dem Anlagevermögen ausgebucht worden.

3. Nettoverkaufspreis > Buchwert ⇒ Gewinn aus dem Verkauf von Anlagegütern

Beispiel
Ein PC-Händler verkauft einen Firmenwagen für 6 000,00 € netto bar an einen Privatmann. Der Buchwert des Firmenwagens beträgt 5 000,00 €.

Buchung des Verkaufs:

Buchungssatz	Soll	Haben
Kasse an Sonstige Erlöse an Umsatzsteuer	7 140,00 €	6 000,00 € 1 440,00 €

Buchung des Abgangs des Firmenwagens aus dem Anlagevermögen:

Buchungssatz	Soll	Haben
Sonstige Erlöse an Fuhrpark	5 000,00 €	5 000,00 €

Buchung des Verlustes aus dem Verkauf des Firmenwagens:

Buchungssatz	Soll	Haben
Sonstige Erlöse an Sonstige betriebliche Erträge	1 000,00 €	1 000,00 €

Erläuterungen:

- Der Verkauf des Firmenwagens wird unter Berücksichtigung der Umsatzsteuer auf dem Konto **Sonstige Erlöse** gebucht.
- Der Abgang des Firmenwagens aus dem Anlagevermögen wird auf dem Konto **Fuhrpark** durch die Umbuchung des entsprechenden Betrages von dem Konto **Sonstige Erlöse** gebucht.
- Da durch den Verkauf über dem Buchwert ein Ertrag in Höhe von 1 000,00 € entstanden ist, weist das Konto **Sonstige Erlöse** einen positiven Saldo in eben dieser Höhe auf. Dieser positive Saldo wird auf dem Ertragskonto **Sonstige betriebliche Erträge** gebucht. Nach dieser Umbuchung ist das Konto **Sonstige Erlöse** ausgeglichen.
- Der Verkauf von Anlagegütern unterliegt der Umsatzsteuer und wird auf dem Ertragskonto **Sonstige Erlöse** mit dem Nettowert gebucht.
- Der Abgang des Anlagegutes aus dem Anlagevermögen wird durch die Umbuchung des Saldos des Kontos **Sonstige Erlöse** auf das entsprechende Anlagekonto erfasst.
- Bei einem Verkauf des Anlagegutes über Buchwert entsteht ein Gewinn, der auf dem Ertragskonto **Sonstige betriebliche Erträge** gebucht wird.
- Bei einem Verkauf des Anlagegutes unter Buchwert entsteht ein Verlust, der auf dem Aufwandskonto **Sonstige betriebliche Aufwendungen** gebucht wird.

AUFGABEN

1. a) Die PC-Breuer GmbH kauft für den Pannenservice „Rund um die Uhr" einen neuen Kleintransporter für 24 000,00 € netto und zahlt per Überweisung. Dieses Betriebsfahrzeug wird laut AfA-Tabelle betrieblich 6 Jahre genutzt werden. Das Fahrzeug soll am Jahresende linear abgeschrieben werden.
   Bilden Sie die Buchungssätze für

   - den Kauf des Transporters,
   - die Abschreibung am Jahresende,
   - den Abschluss des Kontos AfA am Jahresende.

AUFGABEN

b) Im nächsten Jahr zeigt es sich, dass der „Pannenservice" von den Kunden der PC-Breuer GmbH nicht angenommen wird. Somit wird dieser Service eingestellt und der Kleintransporter ist überflüssig geworden. Das Auto soll nun nach einem Jahr Nutzung verkauft werden. Bilden Sie die Buchungssätze für einen Verkauf des Transporters

- zum Nettoverkaufspreis von 21 000,00 €,
- zum Nettoverkaufspreis von 18 000,00 €,
- zum Nettoverkaufspreis von 20 000,00 €.

2. Ein Kopierer, Anschaffungskosten 7 500,00 €, Nutzungsdauer 5 Jahre, wird linear abgeschrieben. Nach dreimaliger Abschreibung wird der Kopierer zu Beginn des vierten Nutzungsjahres für 2 400,00 € zuzüglich 19 % USt gegen Bankscheck verkauft.

a) Wie lautet der Buchungssatz für die jährliche Abschreibung?
b) Wie viele Euros wurden bis zum Verkauf des Kopierers insgesamt abgeschrieben?
c) Errechnen Sie den Veräußerungsgewinn bzw. -verlust beim Verkauf des Kopierers.
d) Buchen Sie den Verkauf des Kopierers.

Geringwertige Wirtschaftsgüter

Für bewegliche, abnutzbare und selbstständig bewertbare Anlagegüter mit Anschaffungskosten von 150,01 € bis 410,00 € bzw. 1 000,00 € (geringwertige Wirtschaftsgüter) hat der Gesetzgeber dem Unternehmer ein Wahlrecht hinsichtlich der Abschreibung ermöglicht. Dieses Wahlrecht gilt dann einheitlich für alle in einem Geschäftsjahr angeschafften Wirtschaftsgüter.

Bei der 1 000-€-Methode werden alle Wirtschaftsgüter mit Anschaffungskosten von 150,01 € bis 1 000,00 € auf einem Konto gesammelt und über einen Zeitraum von fünf Jahren linear abgeschrieben. Bei der 410-€-Methode werden alle Wirtschaftsgüter mit Anschaffungskosten von 150,01 € bis 410,00 € im Jahr der Anschaffung sofort abgeschrieben. Wirtschaftsgüter von 410,01 € können darüberhinaus planmäßig nach AfA-Tabelle abgeschrieben werden oder bei Anschaffungskosten bis 1 000,00 € nach der 1 000-€-Methode abgeschrieben werden.

Alle Wirtschaftsgüter mit Anschaffungskosten bis 150,00 € können bei der Anschaffung sofort als Aufwand gebucht werden, da der Gesetzgeber bei diesen Gütern davon ausgeht, dass sie im Jahr der Anschaffung sofort verbraucht werden.

Aufwendungen für Mitarbeiter[1]

Die durch den Einsatz von Mitarbeitern verursachten Aufwendungen ergeben sich aus den zu zahlenden Löhnen und Gehältern und dem zusätzlich vom Arbeitgeber zu zahlenden 50-prozentigen Anteil an den Sozialversicherungen der beschäftigten Mitarbeiter. Beides stellt für das Unternehmen einen Aufwand dar, der auf entsprechenden Aufwandskonten gebucht werden muss. Dabei werden die Löhne und Gehälter auf den

---

[1] Alle Berechnungen und Buchungen Stand 2016

Konten **Lohnaufwendungen** und **Gehaltsaufwendungen**, der Arbeitgeberanteil zur Sozialversicherung auf dem Aufwandskonto **Arbeitgeberanteil zur Sozialversicherung** (vgl. S. 348) gebucht. Bei der Krankenversicherung in Höhe von 14,6 % hat der Arbeitnehmer eventuell einen Zusatzbeitrag allein zu tragen. Dieser ist von Krankenkasse zu Krankenkasse unterschiedlich und beträgt durchschnittlich 1,1 %. Ebenso müssen kinderlose Arbeitnehmer ab dem 23. Lebensjahr einen Zusatzbeitrag von 0,25 % zur Pflegeversicherung leisten (vgl. S. 76).

Die an das Finanzamt abzuführende Lohn- und Kirchensteuer und der Solidaritätszuschlag stellen für das Unternehmen eine Verbindlichkeit dar. Die zu zahlenden Sozialversicherungsbeiträge werden am drittletzten Bankarbeitstag an die Krankenkasse überwiesen. Die Ermittlung der abzuführenden Steuer erfolgt mithilfe von sechs Lohnsteuerklassen, in denen die persönlichen Verhältnisse der Arbeitnehmer Berücksichtigung finden.

Steuerklasse	Arbeitnehmer
I	Ledige, Verwitwete, Geschiedene und dauernd getrennt Lebende ohne Kinder
II	Unverheiratete und dauernd getrennt Lebende mit Kindern
III	Verheiratete, wenn – der Ehepartner keine Einkünfte erzielt oder – der arbeitende Ehepartner die Steuerklasse V gewählt hat Verwitwete für das dem Todesjahr des Ehepartners folgende Kalenderjahr
IV	Verheiratete, wenn beide Ehepartner Arbeitslohn beziehen und anstelle der Steuerklassen III + V die Steuerklassen IV + IV gewählt haben
V	Verheiratete, wenn der Ehepartner die Steuerklasse III gewählt hat
VI	wenn aus mehr als einem Arbeitsverhältnis Einkünfte bezogen werden

Gehaltsberechnung

Beispiel
Ein 22-jähriger Mitarbeiter eines PC-Herstellers bezieht ein Gehalt von 1 900,00 €. Er erhält in dem Abrechnungsmonat eine Prämie von 150,00 €. Der Arbeitgeber gewährt dem Angestellten einen Zuschuss zu seinen vermögenswirksamen Leistungen in Höhe von 13,00 €. Die Sparrate des Mitarbeiters für seine vermögenswirksamen Leistungen beträgt 39,00 €. Er ist der Steuerklasse I zugeordnet und katholisch. Seine Krankenkasse erhebt einen Zusatzbeitrag von 1,1 %.

Hinweis: Alle Berechnungen Stand 2016, www.nettolohn.de

Bruttoverdienst	1 900,00 €	
+ Provision, Prämien	150,00 €	
+ vermögenswirksame Leistungen	13,00 €	
+ Sonderzahlungen (Urlaubs-, Weihnachtsgeld)	0,00 €	
Summe sozialversicherungspflichtiges Bruttoentgelt		2 063,00 €
Summe steuerpflichtiges Bruttoentgelt		2 063,00 €
Gesetzliche Abzüge		
− Lohnsteuer	212,00 €	
− Solidaritätszuschlag	11,65 €	
− Kirchensteuer	19,08 €	
− Krankenversicherung	173,29 €	
− Pflegeversicherung	24,24 €	
− Rentenversicherung	192,89 €	
− Arbeitslosenversicherung	30,95 €	
Summe gesetzliche Abzüge		664,10 €
Private Abzüge		
− vermögenswirksames Sparen		39,00 €
− Vorschuss		0,00 €
− Sonstige		0,00 €
Summe private Abzüge		39,00 €
Netto-Auszahlungsbetrag		1 398,90 €

Buchung der Gehaltszahlung

Beispiel
Ein 25-jähriger Mitarbeiter eines PC-Herstellers bezieht ein Gehalt von 1 750,00 € brutto und ist der Steuerklasse I zugeordnet.

Buchung der Vorauszahlung der Sozialversicherungsbeiträge von Arbeitgeber und Arbeitnehmer:

Buchungssatz	Soll	Haben
SV Vorauszahlung	700,01 €	
an Bank		700,01 €

Buchung der Gehaltsauszahlung:

Buchungssatz	Soll	Haben
Gehaltsaufwendungen	1 750,00 €	
an Bank		1 225,89 €
an SV-Vorauszahlung		361,82 €
an Verbindlichkeiten gegenüber Finanzamt		162,29 €

Buchung des Arbeitgeberanteils zur Sozialversicherung:

Buchungssatz	Soll	Haben
Arbeitgeberanteil zur Sozialversicherung	338,19 €	
an SV-Vorauszahlung		338,19 €

Buchung der Überweisung der einbehaltenen Steuer an das Finanzamt:

Buchungssatz	Soll	Haben
Verbindlichkeiten gegenüber dem Finanzamt	162,29 €	
an Bank		162,29 €

Buchung von vermögenswirksamen Leistungen

Viele Arbeitgeber gewähren ihren Angestellten einen Zuschuss zu den vermögenswirksamen Leistungen. Dieser Zuschuss stellt einen Aufwand für den Arbeitgeber dar, der auf dem Aufwandskonto **Sonstige Personalaufwendungen** erfasst wird. Die Sparraten der Angestellten werden vom Arbeitgeber einbehalten und an das entsprechende Anlageinstitut überwiesen. Sie stellen somit wie die Beiträge zu den Sozialversicherungen und die zu entrichtende Steuer eine Verbindlichkeit des Arbeitgebers dar und werden auf dem Konto **Verbindlichkeiten aus vL** gebucht.

Beispiel

Die 28-jährige Mitarbeiterin eines PC-Großhändlers ist ledig, katholisch und hat keine Kinder. Sie verdient 1 710,00 € im Monat. Zum 1. diesen Monats hat die Angestellte einen Sparvertrag über 40,00 € nach dem Vermögensbildungsgesetz abgeschlossen. Ihr Arbeitgeber zahlt ihr einen Zuschuss von 12,00 €. Die Verbindlichkeiten gegenüber dem Finanzamt betragen 155,42 €, gegenüber den Sozialversicherungen 356,03 €.

Buchung der Vorauszahlung der Sozialversicherungsbeiträge von Arbeitgeber und Arbeitnehmer:

Buchungssatz	Soll	Haben
SV Vorauszahlung	688,81 €	
an Bank		688,81 €

Buchung der Gehaltsauszahlung:

Buchungssatz	Soll	Haben
Gehaltsaufwendungen	1 710,00 €	
Sonstige Personalaufwendungen	12,00 €	
an Bank		1 170,55 €
an SV-Vorauszahlung		356,03 €
an Verbindlichkeiten gegenüber Finanzamt		155,42 €
an Verbindlichkeiten aus vL		40,00 €

Buchung des Arbeitgeberanteils zur Sozialversicherung:

Buchungssatz	Soll	Haben
Arbeitgeberanteil zur Sozialversicherung	332,78 €	
an SV-Vorauszahlung		332,78 €

Buchung der Überweisung der einbehaltenen Steuer an das Finanzamt:

Buchungssatz	Soll	Haben
Verbindlichkeiten gegenüber dem Finanzamt	155,42 €	
an Bank		155,42 €

Buchung der Überweisung der einbehaltenen Sparrate für die vermögenswirksamen Leistungen:

Buchungssatz	Soll	Haben
Verbindlichkeiten aus vL	40,00 €	
an Bank		40,00 €

Buchung von Vorschüssen

Wenn der Arbeitgeber seinem Mitarbeiter einen Vorschuss gewährt, so muss dieser auf dem Konto **Forderungen gegenüber Mitarbeitern** erfasst werden. Der Vorschuss wird dann bei der nächsten Gehaltszahlung bei der Berechnung des Nettogehalts berücksichtigt.

Beispiel
Ein Angestellter eines PC-Fachgeschäftes erhält von seinem Arbeitgeber einen Vorschuss auf sein nächstes Gehalt in Höhe von 500,00 € bar ausgezahlt.

Buchung des Vorschusses:

Buchungssatz	Soll	Haben
Forderungen gegenüber Mitarbeitern	500,00 €	
an Kasse		500,00 €

Am Ende des Monats wird der Vorschuss mit der Gehaltszahlung verrechnet. Der 35-jährige Angestellte ist konfessionslos, geschieden und hat ein Kind. Sein Bruttogehalt beträgt 2 300,00 €.

Buchung der Vorauszahlung der Sozialversicherungsbeiträge von Arbeitgeber und Arbeitnehmer:

Buchungssatz	Soll	Haben
SV Vorauszahlung	914,26 €	
an Bank		914,26 €

Buchung der Verrechnung des Vorschusses und der Gehaltsauszahlung:

Buchungssatz	Soll	Haben
Gehaltsaufwendungen	2 300,00 €	
an Bank		1 106,97 €
an SV-Vorauszahlung		469,78 €
an Verbindlichkeiten gegenüber Finanzamt		223,25 €
an Forderungen gegenüber Mitarbeitern		500,00 €

Buchung des Arbeitgeberanteils zur Sozialversicherung:

Buchungssatz	Soll	Haben
Arbeitgeberanteil zur Sozialversicherung	448,48 €	
an SV-Vorauszahlung		448,48 €

Buchung der Überweisung der einbehaltenen Steuer an das Finanzamt:

Buchungssatz	Soll	Haben
Verbindlichkeiten gegenüber dem Finanzamt	223,25 €	
an Bank		223,25 €

AUFGABEN

Führen Sie für alle Mitarbeiter die Gehaltsberechnung und die entsprechenden Gehaltsbuchungen einschließlich der Buchungen des Arbeitgeberanteils und der Überweisungen an das Finanzamt und die Sozialversicherungen durch. (Alle verheirateten Arbeitnehmer sind in Steuerklasse III eingruppiert, eventuelle Kinderfreibeträge sind nicht aufgeteilt.)

a) *Aslan, Arthur*
   47 Jahre, verheiratet, keine Kinder, katholisch, Gehalt 2 500,00 €, Provision 1 800,00 €

b) *Brieser, Klaus*
   29 Jahre, geschieden, ein Kind, konfessionslos, 1 950,00 €, Vorschuss 400,00 €

c) *Deich, Petra*
   54 Jahre, verheiratet, drei Kinder, evangelisch, 2 900,00 €, Steuerfreibetrag 1 200,00 € jährlich

AUFGABEN

d) *Engels, Heinz*
42 Jahre, verwitwet, 2 Kinder, katholisch, vL des AG 13,00 €, Sparrate gesamt 39,00 €, Gehalt 1 800,00 €, Provision 2 000,00 €, Bonus 250,00 €

e) *Fischer, Norbert*
30 Jahre, ledig, keine Kinder, evangelisch, 1 600,00 €

f) *Geis, Irene*
53 Jahre, ledig, keine Kinder, katholisch 3 600,00 €

g) *Heinrich, Richard*
28 Jahre, verheiratet, keine Kinder, evangelisch, 1 500,00 €

h) *Jutschke, Harald*
49 Jahre, verheiratet, ein Kind, katholisch, 2 800,00 €, vL des AG 13,00 €, Sparrate gesamt 40,00 €

i) *Klein, Sabine*
36 Jahre, ledig, keine Kinder, konfessionslos, 3 200,00 € , Vorschuss 300,00 €

j) *Korner, Marie*
32 Jahre, verheiratet, 2 Kinder, evangelisch, 2 100,00 €, vL des AG 13,00 €, Sparrate gesamt 40 €

k) *Kraijek, Ales*
31 Jahre, geschieden, ein Kind, katholisch, Gehalt 1 250,00 €, Provision 800,00 €

l) *Scheurer, Daniel*
27 Jahre, ledig, keine Kinder, konfessionslos, 2 700,00 €, vL des AG 13,00 €, Sparrate gesamt 40,00 €

m) *Siebel, Stefan*
58 Jahre, verheiratet, ein Kind, katholisch, 5 500,00 €

4.2.4 Organisation der Buchführung

Die Vielzahl der Wertschöpfungsprozesse und deren unterschiedliche Erfassung im Rechnungswesen des Unternehmens verlangen nach einem Ordnungsinstrumentarium, damit das Rechnungswesen seine Aufgaben in Übereinstimmung mit den Zielen des Unternehmens wahrnehmen kann.
Als Ordnungsinstrument sind sogenannte **Kontenrahmen** entwickelt worden, die je nach Branche unterschiedlich strukturiert sein können. Sie enthalten in verschiedenen Kontenklassen alle Konten, die durch die Vielzahl der Wertschöpfungsprozesse angesprochen werden können und gleichzeitig für die Aufbereitung der Gewinn- und Verlustrechnung und der Bilanz notwendig sind.

Der Kontenrahmen ist nach dem Dezimalsystem aufgebaut. In der Regel erhält jedes Konto eine vierstellige Kontonummer, wobei jede einzelne Ziffer unterschiedliche Informationen enthält.

Folgende Informationen sind in der Kontonummer 1221 enthalten:

Erste Ziffer	Zweite Ziffer	Dritte Ziffer	Vierte Ziffer
Kontenklasse	Kontengruppe	Kontenart	Kontenunterart
Finanzkonto	Bankkonto	Girokonto	bei Kreissparkasse
1	2	2	1

Betriebsindividuell können auf Grundlage der allgemeinen Kontenrahmen Kontenpläne abgeleitet werden, die die speziellen Anforderungen der jeweiligen Unternehmen berücksichtigen.

4.2.5 Bücher der Buchführung

Die Aufzeichnungen von Wertschöpfungsprozessen müssen jederzeit nachprüfbar sein. Neben dem bereits erläuterten **Grundbuch** (vgl. S. 317), das die Geschäftsfälle in zeitlicher Reihenfolge erfasst, und dem **Hauptbuch** (vgl. S. 315), welches die einzelnen Geschäftsfälle nach sachlichen Gesichtspunkten ordnet, dient eine Reihe von **Nebenbüchern** der Finanzbuchhaltung dazu, bestimmte Wertschöpfungsprozesse durch entsprechende Aufzeichnungen zu erläutern.

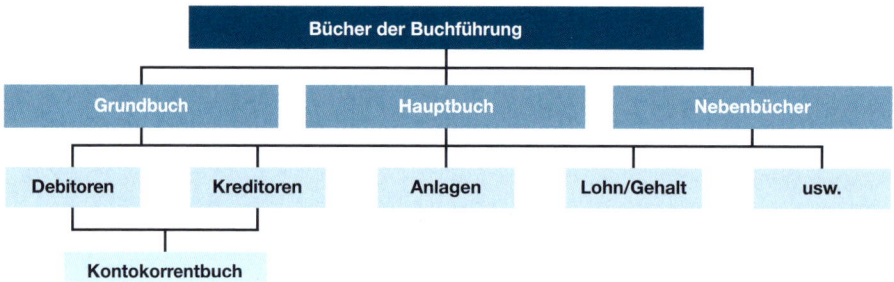

Nebenbücher am Beispiel des Kontokorrentbuches

Das Kontokorrentbuch erfasst die bargeldlosen und auf Ziel abgeschlossenen Wertschöpfungsprozesse mit jedem einzelnen Kunden (= **Debitoren**) und Lieferanten (= **Kreditoren**). Da auf den Sachkonten Forderungen aus Lieferung und Leistung und Verbindlichkeiten aus Lieferung und Leistung nicht zu ersehen ist, wie hoch die Forderungen gegenüber den **einzelnen Kunden** und die Schulden gegenüber den **einzelnen Lieferanten** sind, werden diesen Sachkonten **Debitoren-** bzw. **Kreditorenkonten** zugeordnet, die einen Überblick über die ausstehenden Zahlungseingänge bzw. die noch auszuführenden Zahlungen ermöglichen.

Beispiel
Sachkonto „2400 Forderungen aus Lieferungen und Leistungen"

Nummer				Bezeichnung des Sachkontos		
2	4	0	0	Forderungen aus Lieferungen und Leistungen		

Nr.	Datum	Beleg-Nr.	Buchungstext	€	
				Soll	Haben
1	16 – 12 – 02	AR: 82-P	Verkauf Workstation an Kordes GmbH	4 899,00	
2	16 – 12 – 03	AR: 83-S	Softwareinstallation bei Müller KG	480,00	
3	...	...	...	...	

Da dieses Konto im Laufe einer Geschäftsperiode eine Vielzahl von Buchungen aufweist, die einen schnellen Überblick über die Forderungen gegenüber einem einzelnen Debitor nahezu unmöglich machen, wird es durch entsprechende **Debitorenkonten** weiter erläutert. Auf diesen Konten, die in der Regel eine fünfstellige Kontonummer aufweisen, werden die Kunden einzeln aufgeführt.

Beispiel
Debitorenkonto „24005 Forderungen Kordes GmbH"

Nummer					Bezeichnung des Debitorenkontos
2	4	0	0	5	Debitor: Kordes GmbH

Nr.	Datum	Beleg-Nr.	Buchungstext	€		Saldo	
				Soll	Haben	Soll	Haben
1	16 – 12 – 02	AR: 82-P	Verkauf Workstation	4 899,00		4 899,00	
2	...	...	...			...	

Der Saldo in der letzten Spalte des Debitorenkontos zeigt den aktuellen Stand der Forderungen gegenüber dem Kunden an. So ist eine regelmäßige Überwachung der Zahlungseingänge und ein permanenter Abgleich mit dem Sachkonto möglich.

Beispiel
Sachkonto „4400 Verbindlichkeiten aus Lieferungen und Leistungen"

Nummer				Bezeichnung des Sachkontos
4	4	0	0	Verbindlichkeiten aus Lieferungen und Leistungen

Nr.	Datum	Beleg-Nr.	Buchungstext	€	
				Soll	Haben
1	16 – 12 – 01	ER: 782	Einkauf bei Electronic GmbH		9 476,98
2	16 – 12 – 01	ER: 783	Einkauf bei Media AG		876,99
3	...	...	...	...	

Kreditorenkonto „44002 Verbindlichkeiten Electronic GmbH"

Nummer				Bezeichnung des Kreditorenkontos				
4	4	0	0	2	Kreditor: Electronic GmbH			
Nr.	Datum		Beleg-Nr.	Buchungstext	€		Saldo	
					Soll	Haben	Soll	Haben
1	16 – 12 – 01		ER: 782	Einkauf PC-Komponenten		9 476,98		9 476,98
2	...		...	...			...	

Als Zusammenfassung der Debitoren- und Kreditorenkonten werden in regelmäßigen Abständen **Offene-Posten-Listen** erstellt. Diese Listen enthalten die entsprechenden Salden aller Debitoren und Kreditoren zu einem bestimmten Zeitpunkt, die es dem Unternehmen ermöglichen, einen Gesamtüberblick über die zu erwartenden Zahlungen bzw. der noch zu tätigenden Zahlungen zu erhalten.

4.2.6 Ergebnis der Wertschöpfungsprozesse

Die im Laufe eines Geschäftsjahres anfallenden Wertschöpfungsprozesse führen zu einer Veränderung der Vermögens- und Kapitalstruktur des Unternehmens. Diese Veränderungen müssen nach dem HGB im **Jahresabschluss** festgehalten werden. Dabei bestimmen die Rechtsform und die Größe des Unternehmens den jeweiligen Umfang des Jahresabschlusses. Bei allen Einzelunternehmen und Personengesellschaften besteht der Jahresabschluss aus der Bilanz und der Gewinn- und Verlustrechnung. Kapitalgesellschaften haben den Jahresabschluss gegenüber Einzelunternehmen und Personengesellschaften um den Anhang und den Lagebericht zu erweitern.

- Der Anhang dient der Erläuterung einzelner Posten der Bilanz und der Gewinn- und Verlustrechnung.
- Der vom Gesetzgeber geforderte Lagebericht für Kapitalgesellschaften ist kein Bestandteil des Jahresabschlusses. Er beinhaltet Informationen über den Geschäftsverlauf und die wirtschaftliche Lage des Unternehmens.

Neben der Erstellungspflicht besteht für Kapitalgesellschaften zusätzlich eine durch das Gesetz geforderte Veröffentlichungs- und Prüfpflicht für den Jahresabschluss. Zum Schutz kleiner und mittelständischer Unternehmen vor Konkurrenzeinblick sowie zur Vermeidung von Kosten richten sich jedoch Art und Umfang der Veröffentlichung und Prüfung nach der Größe der Kapitalgesellschaft.

4.2 Dokumentation von Wertschöpfungsprozessen

Buchmäßige Erfassung und Fortschreibung der Wertschöpfungsprozesse

❶ Eröffnungsbilanz

A		€		P	€
BGA		280 000,00	Eigenkapital		200 000,00
Kasse		5 000,00	Darlehen		70 000,00
Bank		65 000,00	Verb. a. LL.		80 000,00
		350 000,00			350 000,00

Grundbuch: ❷

	€
1. BGA an Kasse	500,00
2. Bank an Provisionserträge	5 000,00
3. Gehälter an Bank	3 000,00
4. Verb. a. LL an Bank	25 000,00

Hauptbuch: ❸

S	BGA		H
AB	280 000,00	SBK	280 500,00
Kasse	500,00		
	280 500,00		280 500,00

S	Kasse		H
AB	5 000,00	BGA	500,00
		SBK	4 500,00
	5 000,00		5 000,00

S	Bank		H
AB	65 000,00	Verb.	25 000,00
Prov.ert.	5 000,00	Gehälter	3 000,00
		SBK	42 000,00
	70 000,00		70 000,00

S	Provisionserträge		H
GuV	5 000,00	Bank	5 000,00
	5 000,00		5 000,00

S	EK		H
SBK	202 000,00	AB	200 000,00
		EK	2 000,00
	202 000,00		202 000,00

S	Darlehen		H
SBK	70 000,00	AB	70 000,00
	70 000,00		70 000,00

S	Verb. a. LL		H
Bank	25 000,00	AB	80 000,00
SBK	55 000,00		
	80 000,00		80 000,00

S	Gehälter		H
Bank	3 000,00	GuV	3 000,00
	3 000,00		3 000,00

S ❹	GuV		H
Gehälter	3 000,00	Prov.ert.	5 000,00
EK	2 000,00		
	5 000,00		5 000,00

S	SBK		H	❺
BGA	280 500,00	EK	202 000,00	
Kasse	4 500,00	Darl.	70 000,00	
Bank	42 000,00	Verb.	55 000,00	
	327 000,00		327 000,00	

Schlussbilanz ❻

A			P
BGA	280 500,00	EK	202 000,00
Kasse	4 500,00	Darlehen	70 000,00
Bank	42 000,00	Verb. a. LL.	55 000,00
	327 000,00		327 000,00

❶ Ergebnis der Inventur
❷ zeitliche Erfassung der Wertschöpfungsprozesse
❸ sachliche Erfassung der Wertschöpfungsprozesse
❹ Ergebnis der erfolgswirksamen Wertschöpfungsprozesse
❺ Buchmäßiger Bestand am Ende des Geschäftsjahres
❻ Inventurbestand am Ende des Geschäftsjahres

Zeitliche Abgrenzung

Ausgaben oder Einnahmen im laufenden Geschäftsjahr, die für Aufwendungen oder Erträge nach dem Bilanzstichtag getätigt werden, oder Aufwendungen und Erträge des laufenden Geschäftsjahres, denen in diesem Zeitraum keine entsprechenden Zahlungen entgegenstehen, sind als Posten der Rechnungsabgrenzung zu erfassen, damit sie sich nur auf den Erfolg des tatsächlich betroffenen Geschäftsjahres auswirken und somit eine periodengerechte Erfolgsermittlung ermöglichen. Man unterscheidet vier Arten der zeitlichen Abgrenzung:

1. Aktive Rechnungsabgrenzung

Ausgaben im laufenden Geschäftsjahr, die sich ganz oder zum Teil auf eine Leistung beziehen, die erst im nächsten Jahr erfolgt, sind als Aufwand erst im folgenden Geschäftsjahr zu erfassen. Am Bilanzstichtag wird die Ausgabe in der entsprechenden Höhe auf dem aktiven Bestandskonto **Aktive Rechnungsabgrenzung (ARA)** erfasst und zu Beginn des neuen Jahres aufgelöst.

Beispiel

Die Kfz-Versicherungsprämie in Höhe von 600,00 €, die am 1. April im Voraus für ein Jahr fällig ist, wird per Überweisung am 25. März bezahlt.

Aufwand im alten Jahr: April bis Dezember   = 9 Monate = 450,00 €
Aufwand im neuen Jahr: Januar bis März   = 3 Monate = 150,00 €

Buchung der Überweisung der Versicherungsprämie (altes Jahr):

Buchungssatz	Soll	Haben
Versicherungsaufwendungen an Bank	600,00 €	600,00 €

Buchung der zeitlichen Abgrenzung am Geschäftsjahresende (altes Jahr):

Buchungssatz	Soll	Haben
ARA an Versicherungsaufwendungen	150,00 €	150,00 €

Abschlussbuchung des Kontos Versicherungsaufwendungen (altes Jahr):

Buchungssatz	Soll	Haben
GuV an Versicherungsaufwendungen	450,00 €	450,00 €

Abschlussbuchung des Kontos ARA (altes Jahr):

Buchungssatz	Soll	Haben
SBK an ARA	150,00 €	150,00 €

Buchung der Auflösung des Kontos ARA und Zuordnung des Aufwands zum neuen Jahr:

Buchungssatz	Soll	Haben
Versicherungsaufwendungen	150,00 €	
an ARA		150,00 €

2. Passive Rechnungsabgrenzung

Einnahmen im laufenden Geschäftsjahr, die sich ganz oder zum Teil auf eine Leistung beziehen, die erst im nächsten Jahr erfolgt, sind als Ertrag erst im folgenden Geschäftsjahr zu erfassen. Am Bilanzstichtag wird die Einnahme in der entsprechenden Höhe auf dem passiven Bestandskonto **Passive Rechnungsabgrenzung (PRA)** erfasst und zu Beginn des neuen Jahres aufgelöst.

Beispiel

Die Miete für einen vermieteten Lagerplatz in Höhe von 720,00 €, die jährlich im Voraus am 1. September zu entrichten ist, wird per Bankscheck bezahlt.

Ertrag im alten Jahr: September bis Dezember = 4 Monate = 240,00 €
Ertrag im neuen Jahr: Januar bis August = 8 Monate = 480,00 €

Buchung der Bezahlung der Miete (altes Jahr):

Buchungssatz	Soll	Haben
Bank	720,00 €	
an Mieterträge		720,00 €

Buchung der zeitlichen Abgrenzung am Geschäftsjahresende (altes Jahr):

Buchungssatz	Soll	Haben
Mieterträge	480,00 €	
an PRA		480,00 €

Abschlussbuchung des Kontos Mieterträge (altes Jahr):

Buchungssatz	Soll	Haben
Mieterträge	240,00 €	
an GuV		240,00 €

Abschlussbuchung des Kontos PRA (altes Jahr):

Buchungssatz	Soll	Haben
PRA	480,00 €	
an SBK		480,00 €

Buchung der Auflösung des Kontos PRA und Zuordnung des Ertrags in das neue Jahr:

Buchungssatz	Soll	Haben
PRA	480,00 €	
an Mieterträge		480,00 €

3. Sonstige Forderungen

Noch nicht erhaltene Zahlungen für Erträge des laufenden Geschäftsjahres müssen als Ertrag dieses Geschäftsjahres erfasst werden. Dazu wird am Ende des Geschäftsjahres der Betrag von dem entsprechenden Ertragskonto auf das Bestandskonto **Sonstige Forderungen** gebucht. Beim Eingang dieses Betrages wird das Konto wieder entlastet.

Beispiel

Die Mietzahlung eines Mieters in Höhe von 800,00 € für den Monat Dezember wird vereinbarungsgemäß mit der Miete für den Monat Januar am 31.01. überwiesen.

Buchung der zeitlichen Abgrenzung im alten Jahr:

Buchungssatz	Soll	Haben
Sonstige Forderungen	800,00 €	
an Mieterträge		800,00 €

Abschlussbuchung des Kontos Mieterträge (altes Jahr):

Buchungssatz	Soll	Haben
Mieterträge	800,00 €	
an GuV		800,00 €

Abschlussbuchung des Kontos Sonstige Forderungen (altes Jahr):

Buchungssatz	Soll	Haben
SBK	800,00 €	
an Sonstige Forderungen		800,00 €

Buchung der Einzahlung im neuen Jahr zum Ausgleich der Forderungen und für die Miete im Januar:

Buchungssatz	Soll	Haben
Bank	1 600,00 €	
an Sonstige Forderungen		800,00 €
an Mieterträge		800,00 €

4. Sonstige Verbindlichkeiten

Noch nicht geleistete Zahlungen für Aufwendungen des laufenden Geschäftsjahres müssen als Aufwand dieses Geschäftsjahres erfasst werden. Dazu wird am Ende des Geschäftsjahres der Betrag von dem entsprechenden Aufwandskonto auf das Bestandskonto **Sonstige Verbindlichkeiten** gebucht. Beim Eingang dieses Betrages wird das Konto wieder entlastet.

> **Beispiel**
> Die halbjährlichen Zinszahlungen vom 1. September bis zum 28. Februar in Höhe von 1 200,00 € für ein aufgenommenes Darlehen werden vereinbarungsgemäß erst am 28. Februar des neuen Jahres per Banküberweisung gezahlt.
>
> Aufwand im alten Jahr:
> September bis Dezember = 4 Monate = 800,00 €
> Aufwand im neuen Jahr:
> Januar bis Februar   = 2 Monate = 400,00 €
>
> Buchung der zeitlichen Abgrenzung im alten Jahr:
>
> | Buchungssatz | Soll | Haben |
> |---|---|---|
> | Zinsaufwendungen | 800,00 € | |
> | an Sonstige Verbindlichkeiten | | 800,00 € |
>
> Abschlussbuchung des Kontos Zinsaufwendungen (altes Jahr):
>
> | Buchungssatz | Soll | Haben |
> |---|---|---|
> | GuV | 800,00 € | |
> | an Zinsaufwendungen | | 800,00 € |
>
> Abschlussbuchung des Kontos Sonstige Verbindlichkeiten (altes Jahr):
>
> | Buchungssatz | Soll | Haben |
> |---|---|---|
> | Sonstige Verbindlichkeiten | 800,00 € | |
> | an SBK | | 800,00 € |
>
> Buchung der Auszahlung im neuen Jahr zum Ausgleich der Verbindlichkeiten und für die Zinsen im neuen Jahr:
>
> | Buchungssatz | Soll | Haben |
> |---|---|---|
> | Sonstige Verbindlichkeiten | 800,00 € | |
> | Zinsaufwendungen | 400,00 € | |
> | an Bank | | 1 200,00 € |

5. Rückstellungen

Sind Aufwendungen in ihrer Höhe und/oder ihrer Fälligkeit am Ende des Geschäftsjahres noch nicht bekannt, so müssen für diese Aufwendungen zur periodengerechten Ermittlung Rückstellungen gebildet werden. Nach § 249 HGB gelten als Gründe für Rückstellungen:

- ungewisse Verbindlichkeiten,
- drohende Verluste aus schwebenden Geschäften,
- unterlassene Aufwendungen für Instandhaltungen oder Abraumbeseitigung,
- Gewährleistungen ohne rechtliche Verpflichtung,
- Pensionsverpflichtungen.

Der zurückgestellte Betrag wird also im laufenden Geschäftsjahr berücksichtigt, ohne dass es eine Ausgabe in diesem Jahr gegeben hat. Dazu wird der nach vernünftiger kaufmännischer Beurteilung geschätzte Betrag dem entsprechenden Aufwandskonto belastet und den passiven Bestandskonten

- **Pensionsrückstellungen**,
- **Steuerrückstellungen** oder
- **Sonstige Rückstellungen** (z. B. für Prozesse oder Gewährleistungen)

gutgeschrieben. Die Rückstellung wird aufgelöst, wenn die Verpflichtung erfüllt oder die Maßnahme durchgeführt wurde oder der Grund dafür weggefallen ist. Je nachdem, ob die geschätzte Höhe dem tatsächlichen Betrag entspricht, kleiner als dieser Betrag oder größer ist, werden bei der Auflösung der Rückstellung unterschiedliche Konten angesprochen:

Beispiel

Für eine erwartete Nachzahlung an das Finanzamt werden im Dezember 7 000,00 € als Rückstellung gebucht.

Buchung der Bildung der Rückstellung im alten Jahr:

Buchungssatz	Soll	Haben
Steueraufwendungen an Steuerrückstellungen	7 000,00 €	7 000,00 €

Im Januar müssen aufgrund der Zahlungsaufforderung des Finanzamtes
1. 7 000,00 € ⇒ geschätzter Betrag = tatsächlich zu entrichtender Betrag (Fall 1),
2. 8 000,00 € ⇒ geschätzter Betrag < tatsächlich zu entrichtender Betrag (Fall 2),
3. 6 500,00 € ⇒ geschätzter Betrag > tatsächlich zu entrichtender Betrag (Fall 3)

per Banküberweisung gezahlt werden.

Buchung der Auflösung der Rückstellung, Fall 1:

Buchungssatz	Soll	Haben
Steuerrückstellungen an Bank	7 000,00 €	7 000,00 €

Buchung der Auflösung der Rückstellung, Fall 2:

Buchungssatz	Soll	Haben
Steuerrückstellungen	7 000,00 €	
Periodenfremde Aufwendungen	1 000,00 €	
an Bank		8 000,00 €

Buchung der Auflösung der Rückstellung, Fall 3:

Buchungssatz	Soll	Haben
Steuerrückstellungen	7 000,00 €	
an Periodenfremde Erträge		500,00 €
an Bank		6 500,00 €

AUFGABEN

1. Bilden Sie für nachstehende Geschäftsfälle jeweils die Buchungssätze

    - im alten Geschäftsjahr,
    - zum Bilanzstichtag am 31.12.,
    - im neuen Geschäftsjahr (ohne EBK).

    a) Die Miete für einen von uns gemieteten Lagerraum beträgt monatlich 500,00 € und wird jeweils für drei Monate bezahlt. Die Miete für Dezember bis einschließlich Februar wird erst Ende Februar überwiesen.

    b) Am 1. November wird die Kfz-Versicherung November – April für den Lkw in Höhe von 660,00 € überwiesen.

    c) Am 1. Oktober erhalten wir die Halbjahresmiete für einen Lagerraum durch Banküberweisung im Voraus, 3 600,00 €.

    d) Die Jahrespacht für einen Parkplatz überweisen wir am 1. Oktober im Voraus durch Bank, 2 400,00 €,

    e) Wir erhalten am 31. März die Darlehenszinsen für die Monate Oktober bis März durch Banküberweisung, 600,00 €.

    f) Unser Darlehensschuldner hat die laut Vertrag zu zahlenden Jahreszinsen am 31. März des folgenden Jahres zu zahlen, 4 800,00 €.

    g) Am 21. Dezember zahlen wir die Januarmiete für die Geschäftsräume im Voraus durch Bankscheck, 1 500,00 €.

    h) Der Handelskammerbeitrag für das letzte Quartal beträgt 750,00 € und wird von uns im Januar des neuen Jahres bezahlt.

4.3 Wirtschaftlichkeit von Wertschöpfungsprozessen

Die Überwachung der Wirtschaftlichkeit von Wertschöpfungsprozessen erfolgt im Rahmen des Rechnungswesens durch die **Kosten- und Leistungsrechnung** (KLR). Die KLR bezieht sich auf die eigentliche Stätte des Leistungsprozesses, den Betrieb.

Die im Zielsystem des Unternehmens festgelegten, dem eigentlichen betrieblichen Zweck dienenden Tätigkeiten verursachen einen Werteverbrauch **(Kosten)** und führen zu einem Wertezuwachs **(Leistungen)**, der durch die KLR erfasst wird. Die Gegenüberstellung von Kosten und Leistungen in der KLR ermöglicht die Berechnung des Betriebsergebnisses, also die Aussage über den durch die Betriebstätigkeit verursachten Gewinn oder Verlust.

Die zentrale Aufgabe der Kosten- und Leistungsrechnung im Rahmen des gesamten Rechnungswesens besteht darin, die in einer Abrechnungsperiode, z. B. Monat oder Geschäftsjahr, anfallenden **Kosten** und **Leistungen** korrekt zu erfassen.

Die gesammelten Daten (Istwerte) werden mit den geplanten Werten (Sollwerte) fortlaufend verglichen, um eine Kontrolle der Entwicklung von Kosten und Leistungen zu gewährleisten. Die erhaltenen Informationen werden zur Planung zukünftiger Abrechnungsperioden eingesetzt.

Neben diesen zentralen Aufgaben übernimmt die Kosten- und Leistungsrechnung aber auch noch weitere wichtige Aufgaben:

- Ermittlung von Preisuntergrenzen für das Absatzmarketing
- Ermittlung von Preisobergrenzen für das Beschaffungsmarketing
- Festlegung von Budgets
- Vergleich von Planvorgaben mit der Istsituation
- Überwachung der Wirtschaftlichkeit der Geschäftsprozesse
- Zurechnung der Kosten auf Kostenträger (Produkte, Dienstleistungen)
- Zurechnung der Kosten auf Kostenstellen (Abteilungen, Filialen)
- Informationsbereitstellung für Entscheidungen über Eigen- oder Fremdfertigung
- Dokumentation und Information für Eigen- und Fremdkapitalgeber
- Information öffentlicher Institutionen (Finanzamt)
- Ermittlung der Selbstkosten für öffentliche Aufträge
- Ermittlung von Herstellungskosten zur Aktivierung von Bestandsveränderungen und Eigenleistungen

Um all diesen Aufgaben gerecht zu werden, müssen innerhalb der Kosten- und Leistungsrechnung folgende drei Fragen geklärt werden.

1. Welche Kosten sind entstanden? ⇒ **Kostenartenrechnung**
2. Wo sind die Kosten entstanden? ⇒ **Kostenstellenrechnung**
3. Wofür sind die Kosten entstanden? ⇒ **Kostenträgerrechnung**

4.3.1 Grundbegriffe der Kosten- und Leistungsrechnung

Auswahl von Geschäftsprozessen der Power PC GmbH:

1. Verkauf von 25 Computern auf Ziel
2. Einkauf verschiedener Hardwarekomponenten auf Ziel
3. Zinszahlung für einen aufgenommenen Geschäftskredit
4. Zinsgutschrift für das Guthaben auf dem Geschäftskonto der Dresdner Bank
5. Verluste aus dem Verkauf von Wertpapieren
6. Eingang der Mietzahlung für vermietete Lagerräume
7. Installation einer EDV-Anlage für die Hollmann GmbH, Zahlungsziel 30 Tage

Einnahmen und Ausgaben

Jedes Unternehmen besitzt eine bestimmbare Summe jederzeit verfügbaren Geldes in Form des Kassenbestandes und der Guthaben bei Kreditinstituten (liquide Mittel). Wird dieser Bestand an Zahlungsmitteln und der Bestand an kurzfristigen Forderungen/Verbindlichkeiten (beides zusammen ergibt das Geldvermögen) verändert, so spricht man von **Einnahmen** und **Ausgaben**. Der Verkauf von Waren auf Ziel (Ausgleich der Rechnung durch den Kunden erfolgt zu einem späteren Zeitpunkt) führt zu einer Erhöhung des Geldvermögens (siehe Beispiel, 1.), da sich dadurch die Forderungen erhöhen. Auch eine Veränderung der kurzfristigen Verbindlichkeiten (siehe Beispiel, 2.) wirkt sich auf das Geldvermögen aus, da sie ebenso wie die Forderungen einen Bestandteil des Geldvermögens darstellen.

Einnahmen	Alle Geschäftsprozesse, die das Geldvermögen erhöhen
Ausgaben	Alle Geschäftsprozesse, die das Geldvermögen vermindern

Erträge und Aufwendungen

Alle Geschäftsprozesse, die erfolgswirksam sind und somit das Eigenkapital verändern, werden in der Kosten- und Leistungsrechnung als **Erträge** und **Aufwendungen** bezeichnet. Die Zahlung von Zinsen für einen Geschäftskredit (siehe Beispiel, 3.) führt zu einer Verminderung des Eigenkapitals. Eine Zinsgutschrift (siehe Beispiel, 4.) führt zu einer Erhöhung des Eigenkapitals.

Erträge	Alle Geschäftsprozesse, die das Eigenkapital erhöhen
Aufwendungen	Alle Geschäftsprozesse, die das Eigenkapital vermindern

Das Gewinn- und Verlustkonto eines Unternehmens erfasst alle erfolgswirksamen Geschäftsprozesse, aus denen sich eine Vielzahl von unterschiedlichen Erträgen und Aufwendungen ergeben. Für die Zwecke der Kosten- und Leistungsrechnung müssen diese weiter unterteilt werden, denn nur die Aufwendungen und die Erträge, die aus dem eigentlichen Betriebszweck entstanden sind, werden in die Kosten- und Leistungsrechnung übernommen und dort als **Kosten** und **Leistungen** bezeichnet.

Erträge		Aufwendungen	
betriebliche Erträge ⇒ Leistungen	neutrale Erträge	betriebliche Aufwendungen ⇒ Kosten	neutrale Aufwendungen
sind das Ergebnis der eigentlichen betrieblichen Tätigkeit (Geschäftsfall 1, vgl. Beispiel S. 363)	stehen in keinem direkten Zusammenhang mit dem eigentlichen Betriebszweck (Geschäftsfall 6, vgl. Beispiel S. 363)	stehen in direktem Zusammenhang mit der betrieblichen Leistungserstellung (Geschäftsfall 2, vgl. Beispiel S. 363)	stehen in keinem direkten Zusammenhang mit dem eigentlichen Betriebszweck und fallen i. d. R. unregelmäßig in außergewöhnlicher Höhe an (Geschäftsfall 5, vgl. Beispiel S. 363)

Aufwendungen und Kosten

Der im Laufe einer Abrechnungsperiode durch die Geschäftsprozesse entstandene gesamte Werteverzehr wird als **Aufwand** bezeichnet. Für die Zwecke der Kosten- und Leistungsrechnung werden die Aufwendungen in **betriebliche** und **neutrale Aufwendungen** eingeteilt. Während betriebliche Aufwendungen in einem unmittelbaren Zusammenhang mit dem eigentlichen Betriebszweck (siehe Beispiel, 3.) stehen, ist dieser Zusammenhang bei den neutralen Aufwendungen nicht ersichtlich (siehe Beispiel, 5., vgl. S. 363). Nur die auch als **Kosten** bezeichneten betrieblichen Aufwendungen werden in der Kostenrechnung des Unternehmens übernommen.

Aufwendungen	Alle Geschäftsprozesse, die das Eigenkapital vermindern und somit den gesamten Werteverzehr einer Abrechnungsperiode darstellen. Man unterscheidet betriebliche und neutrale Aufwendungen.
Kosten	Betriebliche Aufwendungen, die durch den Verzehr von Gütern, Diensten und Abgaben zum Zwecke der Leistungserstellung im Rahmen von Geschäftsprozessen anfallen. Sie sind im Gegensatz zu den neutralen Aufwendungen Gegenstand der Kosten- und Leistungsrechnung des Unternehmens.

Erträge und Leistungen

Alle durch Geschäftsprozesse entstandenen erfolgswirksamen Wertezuflüsse in das Unternehmen innerhalb einer Abrechnungsperiode werden als **Erträge** bezeichnet. Ebenso wie die Aufwendungen werden auch die Erträge für die Zwecke der Kosten- und Leistungsrechnung in **betriebliche** und **neutrale Erträge** eingeteilt. Betriebliche Erträge stellen dabei das Ergebnis der eigentlichen betrieblichen Tätigkeit dar (siehe Beispiel, 7., vgl. S. 363). Sie werden in der Kosten- und Leistungsrechnung als **Leistungen** bezeichnet. Neutrale Erträge stehen ähnlich wie die neutralen Aufwendungen in keinem direkten Zusammenhang zum eigentlichen Betriebszweck und werden nicht in die Kosten- und Leistungsrechnung übernommen (siehe Beispiel, 6., vgl. S. 363).

Erträge	Alle Geschäftsprozesse, die das Eigenkapital erhöhen und somit den gesamten Wertezuwachs eines Unternehmens innerhalb einer Abrechnungsperiode darstellen. Man unterscheidet neutrale und betriebliche Erträge.
Leistungen	Betriebliche Erträge, die durch den Verkauf von Waren und Dienstleistungen im Rahmen von Geschäftsprozessen anfallen. Sie sind im Gegensatz zu den neutralen Erträgen Gegenstand der Kosten- und Leistungsrechnung des Unternehmens.

4.3.2 Kostenartenrechnung

Die Kostenartenrechnung bildet die erste Stufe der Kosten- und Leistungsrechnung und stellt somit das wesentliche Bindeglied zwischen der Kostenrechnung und der Buchführung dar. In ihr werden die im Rahmen von Geschäftsprozessen anfallenden Kosten und Leistungen erfasst und für die jeweiligen Zwecke der Kostenrechnung aufbereitet. Sie gibt Auskunft über die betragsmäßige Entwicklung einzelner Kostenarten im Zeitablauf und über die Kostenstruktur des Unternehmens.

Zur Erfüllung dieser Aufgaben ist die Übernahme des Zahlenmaterials der Finanzbuchführung erforderlich. Dabei werden aber nur die **betriebsbedingten Aufwendungen** als **Kosten** und die **betriebsbedingten Erträge** als **Leistungen** unter Beachtung folgender Grundsätze in die Kosten- und Leistungsrechnung übernommen.

Eindeutigkeit	Sämtliche Kostenarten müssen klar definiert werden, damit über ihren Inhalt kein Zweifel aufkommen kann.
Überschneidungsfreiheit	Die Zuordnung von Kostenbeträgen zu den Kostenarten darf keinerlei Überschneidungen aufweisen.
Vollständigkeit	Jeder Kostenbetrag muss einer bestimmten Kostenart zuzuordnen sein.

Voraussetzung für die Kostenartenrechnung ist somit zunächst die genaue Abgrenzung aller Aufwendungen und Erträge. Diese Aufgabe wird von der **Abgrenzungsrechnung** in zwei Schritten übernommen.

- In einem ersten Schritt werden alle **neutralen Aufwendungen** und **Erträge** von den **betrieblichen Aufwendungen** und **Erträgen getrennt**.

Beispiel
Im GuV-Konto der Power PC GmbH sind unter anderem Mieterträge einer nicht selbst genutzten Lagerhalle aufgeführt. Da diese mit dem eigentlichen Betriebszweck der Power PC GmbH in keinerlei Zusammenhang stehen, werden sie als neutrale Erträge von den übrigen Erträgen abgegrenzt.

- Da es nicht immer zweckmäßig ist, den in der Finanzbuchhaltung ermittelten betrieblichen Aufwand in die Kostenrechnung zu übernehmen (z. B. bilanzmäßige Abschreibung), werden in einem zweiten Schritt diesen **korrekturbedürftigen betrieblichen Aufwendungen kalkulatorische Kosten** gegenübergestellt.

> **Beispiel**
> Für den Wertverlust des Firmenwagens werden jährlich 8 000,00 € abgeschrieben. Da der tatsächliche Wertverlust des Firmenwagens jedoch 9 500 € beträgt, werden diese kalkulatorischen Kosten anstelle der Abschreibungen aus dem GuV-Konto in die KLR übernommen.

Die im ersten Schritt der Abgrenzungsrechnung durchzuführende Trennung der neutralen Aufwendungen und Erträge von den betrieblichen Aufwendungen und Erträgen wird mithilfe einer **Ergebnistabelle** vollzogen.

> **Beispiel**
>
> | Ergebnistabelle ||||||
> |---|---|---|---|---|---|
> | **Finanzbuchhaltung** | | **Kosten- und Leistungsrechnung** ||||
> | Unternehmensergebnis | | Abgrenzungsrechnung || Betriebsergebnisprüfung ||
> | Aufwendungen € | Erträge € | Neutrale Aufwendungen € | Neutrale Erträge € | Kosten € | Leistungen € |
> | Löhne 89 000,00 | Mieterträge 123 000,00 | | 123 000,00 | 89 000,00 | 430 000,00 |
> | Gehälter 67 000,00 | Warenverkauf 430 000,00 | | | 67 000,00 | 23 000,00 |
> | Verluste aus dem Abgang von AV1 18 000,00 | Provisionserträge 23 000,00 | 18 000,00 | | 345 000,00 | 90 000,00 |
> | Wareneinkauf 345 000,00 | Dienstleistungserträge 90 000,00 | 43 000,00 | | | 78 000,00 |
> | sonstige betriebsfremde Aufw. 43 000,00 | Sonstige betriebliche Erträge 78 000,00 | | | | |
> | 562 000,00 | 744 000,00 | 61 000,00 | 123 000,00 | 501 000,00 | 621 000,00 |
> | 182 000,00 | | 62 000,00 | | 120 000,00 | |
> | 744 000,00 | 744 000,00 | 123 000,00 | 123 000,00 | 621 000,00 | 621 000,00 |

Das Ergebnis der Abgrenzungsrechnung wird auch als **neutrales Ergebnis** bezeichnet. Das neutrale Ergebnis ist ein Bestandteil der gesamten Unternehmenstätigkeit und führt zusammen mit dem **Betriebsergebnis** als Ergebnis des eigentlichen Betriebszweckes zum Unternehmensergebnis. Das Unternehmensergebnis ergibt sich aus dem Saldo des GuV-Kontos, in dem alle Aufwendungen und Erträge des Unternehmens aufgeführt sind. Aus dem Beispiel folgt daher:

	neutrales Ergebnis	62 000,00 €
+	Betriebsergebnis	120 000,00 €
=	Unternehmensergebnis	182 000,00 €

Diese im ersten Schritt der Abgrenzungsrechnung ermittelten Kosten entsprechen den Anforderungen der Kosten- und Leistungsrechnung und können direkt aus der Ergebnistabelle übernommen werden. Sie werden als **Grundkosten** bezeichnet.

Die im zweiten Schritt der Abgrenzungsrechnung vorgenommenen kostenrechnerischen Korrekturen ergeben sich aus zwei Gründen:

- Im Betrieb fallen Kosten an, denen kein Aufwand aus der Finanzbuchführung zugrunde liegt. Diese als **Zusatzkosten** bezeichneten Kosten stellen einen bewertbaren Güter- und Dienstverbrauch dar, der in der KLR erfasst werden muss.

> **Beispiel**
> Vorstände von Aktiengesellschaften (vgl. S. 51) oder der Geschäftsführer einer GmbH (vgl. S. 51) erhalten Bezüge, die als Personalkosten in der Finanzbuchführung erfasst werden und somit auch in die KLR eingehen. Einzelunternehmer (vgl. S. 51) und Teilhaber von Personengesellschaften (vgl. S. 51) erhalten ihre Vergütung über den Gewinn. Da aber die Arbeitsleistung dieser Einzelunternehmer und Teilhaber auch einen Dienstverbrauch darstellt, muss auch dieser in der KLR erfasst werden. Dies geschieht durch die Kalkulation eines Unternehmerlohns, der dann als Zusatzkosten in die KLR einfließt.

- Die in der Finanzbuchführung ermittelten Abschreibungswerte gehen von den Anschaffungs- bzw. Herstellungskosten des entsprechenden Anlagegutes aus. Da aber mithilfe der erwirtschafteten Abschreibungswerte nach Ablauf der Nutzungsdauer ein neues Anlagegut erworben werden soll, geht die KLR vom Wiederbeschaffungswert des Anlagegutes aus. Diese höheren Abschreibungsbeträge werden als Anderskosten bezeichnet und in die KLR anstelle der AfA-Werte aus der Finanzbuchführung übernommen.

Folgende Aufwendungen aus der Finanzbuchführung werden für die Kosten- und Leistungsrechnung korrigiert:

Finanzbuchführung	Kosten- und Leistungsrechnung
– bilanzmäßige Abschreibungen – Fremdkapitalzinsen	⇒ kalkulatorische Abschreibungen (vgl. S. 368) ⇒ kalkulatorische Zinsen (Zinsen für das Kapital, welches nur für den eigentlichen betrieblichen Zweck notwendig ist)
Einzelwagnisse	⇒ kalkulatorische Wagnisse (das Risiko des Unternehmers in Form von Forderungsausfällen, Schäden am Anlagevermögen, Diebstahl u. a. wird mit Durchschnittswerten kalkuliert)
Anschaffungspreise für Waren	⇒ Verrechnungspreise (geplante Preise, um störende Einflüsse auf die Kostenkontrolle in Form von Preisschwankungen auszuschließen)
periodenfremde Aufwendungen	⇒ periodengerecht verteilte Kosten (Kosten, die dem Abrechnungszeitraum – Monat, Quartal, Jahr – genau zugerechnet werden können)

Das **Ergebnis der Abgrenzungsrechnung** sieht dann wie folgt aus:

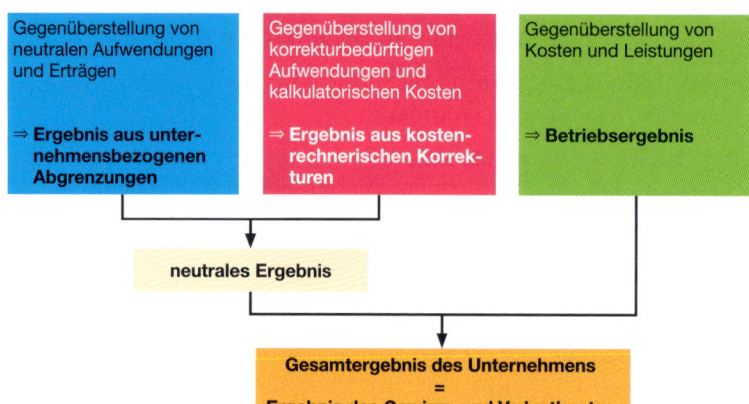

Am Beispiel der kalkulatorischen Abschreibung soll exemplarisch auf die kalkulatorischen Kosten eingegangen werden.

Kalkulatorische Abschreibung

Das Unternehmen möchte mit der **Kosten- und Leistungsrechnung** unter anderem ein **realistisches Bild des Betriebes** im Hinblick auf den durch die Geschäftsprozesse ausgelösten Werteverzehr erhalten. Die sich nach den gesetzlichen Möglichkeiten ergebenden Abschreibungsbeträge entsprechen in der Regel nicht dem tatsächlichen Werteverzehr. Eine Maschine mit einer steuerlichen Nutzungsdauer von fünf Jahren wird im Betrieb u. U. für zehn Jahre eingesetzt, bevor sie durch eine neue ersetzt wird. Die längere Nutzungsdauer erlaubt es aber nun, den Werteverzehr dieser Maschine auf zehn Jahre statt auf fünf Jahre zu verteilen. Damit werden die jährlichen Kosten niedriger als die in der Buchführung ausgewiesenen Aufwendungen.

Aus steuerlichen Überlegungen heraus ist die durch den Gesetzgeber ermöglichte **degressive Abschreibung** für das Unternehmen eine zu bevorzugende Abschreibungsmethode. Sie erlaubt es dem Unternehmen, in den ersten Jahren einer Investition höhere Aufwendungen steuerlich geltend zu machen als in den späteren Jahren. Da die **Kosten- und Leistungsrechnung** ebenfalls ein **Bild des betrieblichen Ablaufs** des Unternehmens geben soll, wäre eine **gleichmäßige Verteilung** des durch die Abschreibung berücksichtigten Werteverzehrs, z. B. durch die lineare Abschreibungsmethode, sinnvoller. Diese Abschreibungsmethode wäre ebenso wie die Anwendung der leistungsbedingten Abschreibung zur Erfassung des tatsächlichen Werteverzehrs geeigneter, um dieses Ziel der Kosten- und Leistungsrechnung zu erreichen.

Grundlage für die Berechnung der jährlichen Abschreibungsbeträge bilden die **Anschaffungs- oder Herstellungskosten**. Werden diese bilanzierten Beträge in der Kalkulation berücksichtigt, fließen dem Unternehmen im Abschreibungszeitraum durch die Geschäftsprozesse die Anschaffungskosten wieder zu. Theoretisch wäre das Unternehmen wieder in der Lage, mit den zurückgeflossenen Mitteln eine neue Maschine zu erwerben. Da aber im Zeitablauf aufgrund von technischen Entwicklungen die Maschine teurer oder preiswerter werden kann, geht man in der **Kosten- und Leistungsrechnung** vom Wiederbeschaffungswert **der Maschine** aus.

Kostenarten

Die Vielzahl der sich aus den Geschäftsprozessen ergebenden Kosten bedarf einer Strukturierung, damit die Kosten- und Leistungsrechnung ihre Aufgaben im Rahmen der Zielsetzung des Unternehmens wahrnehmen kann. Diese Strukturierung kann nach verschiedenen Gesichtspunkten erfolgen.

Hauptkostengruppen nach dem Kontenplan
- Materialkosten
- Personalkosten
- Abschreibungen

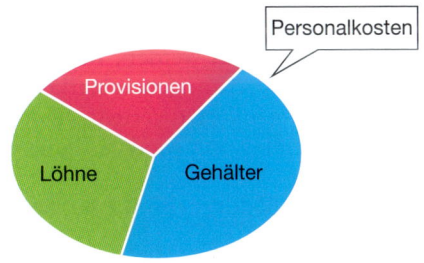

Zurechnung zu den betrieblichen Funktionsbereichen
- Beschaffungskosten
- Lagerhaltungskosten
- Vertriebskosten
- u. a.

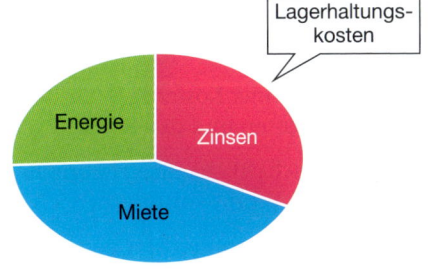

Zurechenbarkeit der Kosten
- **Einzelkosten:** Sie lassen sich direkt einer betrieblichen Kostenstelle (Vertrieb) oder einem Kostenträger (Produkt) zurechnen.
- **Gemeinkosten:** Sie lassen sich nicht direkt einzelnen Kostenstellen und Kostenträgern zurechnen, sondern werden durch mehrere oder alle Kostenträger und Kostenstellen verursacht.

Kosten in Abhängigkeit vom Beschäftigungsgrad
- **Variable Kosten:** Sie verändern sich bei einer Veränderung des Beschäftigungsgrades (Maßzahl für die Auslastung der vorhandenen Kapazitäten, z. B. wenn von zehn vorhandenen Firmenwagen im Abrechnungszeitraum acht durchschnittlich genutzt wurden, so entspricht der Beschäftigungsgrad achtzig Prozent).
- **Fixkosten:** Sie bleiben bei einer Veränderung des Beschäftigungsgrades konstant (z. B. Kraftfahrzeugsteuer).

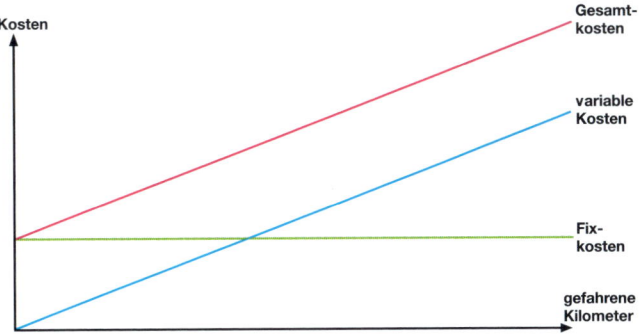

4.3.3 Kostenstellenrechnung

Aufgaben der Kostenstellenrechnung

Durch die Beziehungen des soziotechnischen Systems Unternehmen zu seiner Umwelt und durch die hierdurch entstehenden Geschäftsprozesse wird eine Vielzahl von Kosten verursacht. Von diesen Kosten können nur die Einzelkosten den verschiedenen betrieblichen Leistungen unmittelbar zugerechnet werden. In der Kostenstellenrechnung muss nun die Frage geklärt werden, wie die anfallenden Gemeinkosten auf die Kostenträger (Produkte, Dienstleistungen) übertragen werden. Durch die Bildung von **Kostenstellen**, auf die die Gemeinkosten verteilt werden, können die betrieblichen Leistungen mittelbar mit den Kosten belastet werden, die sie verursacht haben.

Prinzipien der Bildung von Kostenstellen

Kostenstellen sind als Orte der Kostenentstehung nach verschiedenen Kriterien rechnungsmäßig abgegrenzte institutionelle Teile des Gesamtbetriebs (Abteilungen, Filialen), für die Kosten separat erfasst werden. Für ihre Bildung im Unternehmen sollten folgende Kriterien berücksichtigt werden, damit die Kostenstellenrechnung die ihr zugedachten Aufgaben erfüllen kann:

- Innerhalb einer Kostenstelle sollte stets eine eindeutige Beziehung zwischen den anfallenden Kosten und den erzeugten Leistungen bestehen.
- Zur Wirtschaftlichkeitserzielung und -kontrolle sollte eine Identität zwischen Kostenstelle und Verantwortungsbereich im Betrieb bestehen.
- Kostenstellen sollten klar voneinander abgegrenzt sein.
- Der Grad der Kostenstellendifferenzierung sollte Gegenstand einer Wirtschaftlichkeitsüberlegung sein.

Die Einrichtung von Kostenstellen im Unternehmen kann nach verschiedenen Gesichtspunkten erfolgen.

funktionale Einteilung	Einteilung der Kostenstellen nach Funktionsbereichen im Unternehmen – Kostenstelle Material (Materialbeschaffung, -prüfung, -lagerung, -ausgabe) – Kostenstelle Fertigung (Herstellung der Produkte) – Kostenstelle Verwaltung (Rechnungswesen, Sekretariat, Geschäftsleitung) – Kostenstelle Vertrieb (Absatzlager, Verkauf, Kundenbetreuung, Transport) – Kostenstelle Forschung und Entwicklung (Konstruktion, Materialprüfung, Anfertigung, Musterherstellung) – allgemeine Kostenstellen (Kostenstellen, die von allen anderen Kostenstellen in Anspruch genommen werden wie z. B. soziale Einrichtungen des Unternehmens, der Werkschutz oder der Unfallschutz) Eine weitere Aufgliederung innerhalb der genannten Kostenstellen ist bei Bedarf möglich.
leistungstechnische Einteilung	– Hauptkostenstellen, in denen die Kosten für die eigentliche betriebliche Leistung anfallen – Nebenkostenstellen, in denen Kosten für Leistungen des Betriebes anfallen, die nur zum Randsortiment des Unternehmens zählen – Hilfskostenstellen, in denen Kosten anfallen, die nicht zur Erstellung der eigentlichen betrieblichen Leistung dienen (Verwaltung, Rechnungswesen etc.)

rechentechnische Einteilung	– Vorkostenstellen, die ihre Leistungen für andere Kostenstellen erbringen (Energie, Kantine etc.) – Endkostenstellen, die die Kosten der Vorkostenstellen übernehmen (Fertigung, Vertrieb)

Die Einteilung der Kostenstellen im Unternehmen wird im **Kostenstellenplan** dokumentiert.

Betriebsabrechnungsbogen

Der Betriebsabrechnungsbogen (BAB) ist das organisatorische Hilfsmittel zur Durchführung der Kostenstellenrechnung. Die im Rahmen der Kostenartenrechnung auf Grundlage der Geschäftsprozesse ermittelten Gemeinkosten werden nun auf die im Vorfeld gebildeten Kostenstellen verteilt.

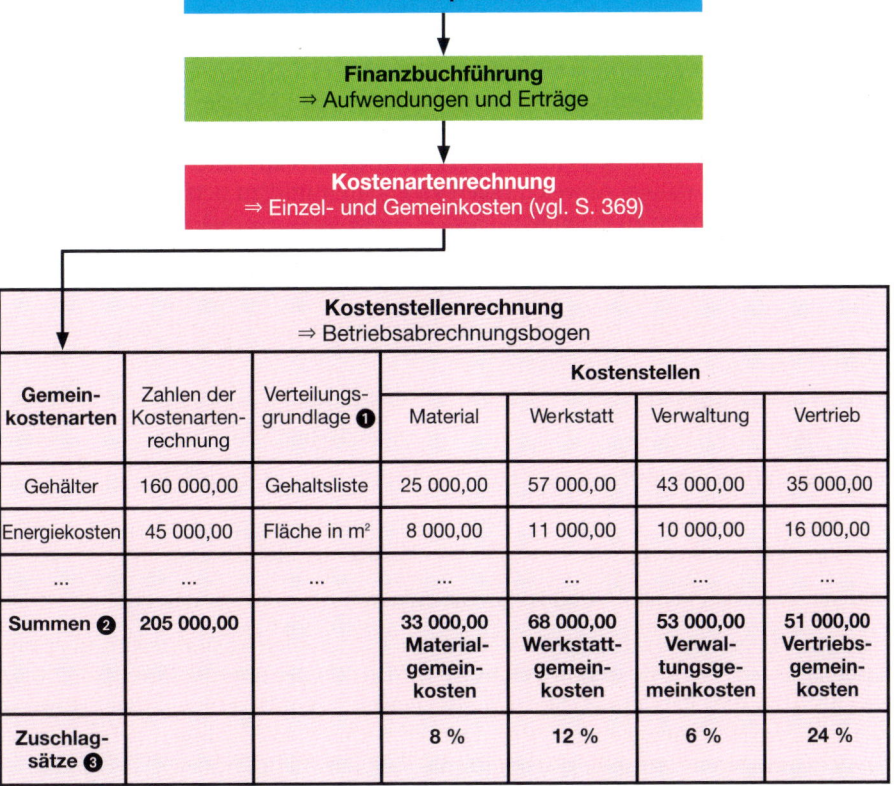

❶ Die **Verteilungsgrundlage** der Gemeinkosten bilden in der Regel Kostenbelege oder betriebsinterne Belege wie z. B. Gehaltslisten oder Anlagenkarteien.
❷ Die Addition der auf die Kostenstellen aufgeteilten Gemeinkosten ergibt die **Summe** der den einzelnen Kostenstellen zuzurechnenden Gemeinkosten.
❸ Die **Zuschlagsätze** dienen der Verrechnung der Gemeinkosten mit den Kostenträgern. Sie werden ermittelt, indem die Summen der einzelnen Kostenstellen einer bestimmten Bezugsgröße (z. B. Materialeinzelkosten, Werkstatteinzelkosten) zugeordnet werden. Die ermittelten Zuschlagsätze werden als **Istzuschläge** bezeichnet, da für ihre Berechnung die tatsächlich angefallenen Kosten der Abrechnungsperiode herangezogen werden.

Beispiel
In der Power PC GmbH wird für die Materialgemeinkosten als Zuschlaggrundlage der gesamte Verbrauch an Material in der Abrechnungsperiode gewählt.
Materialgemeinkosten: 33 000,00 €
Materialverbrauch gesamt: 412 500,00 €

Berechnung

$$\text{Istzuschlagsatz} = \frac{33\,000{,}00\,€ \times 100}{412\,500{,}00\,€} = 8\,\%$$

Der **Istzuschlagsatz** stellt nun den Zuschlagsatz dar, der sich aus den für diesen Abrechnungszeitraum tatsächlich angefallenen Kosten (**Istkosten**) ergibt. Er kann nun als Grundlage für weitere Kalkulationen in zukünftigen Abrechnungsperioden (**Sollzuschlagsatz**) genutzt werden.

Die mithilfe des Betriebsabrechnungsbogens ermittelten Gemeinkosten ergeben sich aus den Daten der in der Abrechnungsperiode angefallenen Geschäftsprozesse. Sie stellen also vergangenheitsbezogene Werte dar. Die Kostenhöhe einer Kostenstelle kann nun mit den Vergangenheitsdaten derselben Stelle oder mit den Daten einer vergleichbaren Kostenstelle verglichen werden. Durch die Berechnung des Durchschnitts aus einer Reihe von Einzeldaten ist es möglich, zufällige Abweichungen zu erklären und zu betriebswirtschaftlich sinnvollen Entscheidungen zu gelangen.

Beispiel
Die Power PC GmbH rechnet für die **Vorkalkulation** eines Auftrags mit folgenden Sollzuschlagsätzen:

- Materialgemeinkosten: 8 %
- Verwaltungsgemeinkosten: 6 %
- Werkstattgemeinkosten: 12 %
- Vertriebsgemeinkosten: 24 %

Die **Nachkalkulation** des Auftrags ergibt für die Gemeinkosten folgende Istzuschlagsätze:

- Materialgemeinkosten: 7 %
- Verwaltungsgemeinkosten: 8 %
- Werkstattgemeinkosten: 10 %
- Vertriebsgemeinkosten: 25 %

Der Vergleich zwischen den Soll- und Istzuschlagsätzen führt zu folgenden Erkenntnissen:

- Die Sollzuschlagsätze für die Material- und Werkstattgemeinkosten liegen über den Istzuschlagsätzen. Diese **Kostenabweichung** wird als **Kostenüberdeckung** (Sollkosten größer als Istkosten) bezeichnet. Sie ist für die Power PC GmbH ein wichtiger Hinweis, da die in diesen Kostenbereichen evtl. vorgenommenen Veränderungen sich nun positiv in den geringeren Istzuschlagsätzen für die Kalkulation des Auftrags auswirken.

	Sollzuschlagsatz	Istzuschlagsatz	Kostenabweichung
Materialgemeinkosten	8 %	7 %	–1 %
Werkstattgemeinkosten	12 %	10 %	–2 %

- Die Sollzuschlagsätze der Verwaltungs- und Vertriebsgemeinkosten liegen unter den Istzuschlagsätzen. Diese als **Kostenunterdeckung** (Sollkosten kleiner als Istkosten) bezeichnete Kostenabweichung muss nun für die Power PC GmbH ein Ansatzpunkt für betriebswirtschaftliche Maßnahmen (z. B. Kosteneinsparungen durch Rationalisierungen in Form von Reorganisationsmaßnahmen) sein, da langfristig betrachtet diese Kostenunterdeckung zu Wettbewerbsnachteilen führen kann.

	Sollzuschlagsatz	Istzuschlagsatz	Kostenabweichung
Verwaltungsgemeinkosten	6 %	8 %	–2 %
Vertriebsgemeinkosten	24 %	25 %	+1 %

4.3.4 Kostenträgerrechnung

Aufgaben und Aufbau

Die Kostenträgerrechnung hat auf der Grundlage der Ergebnisse der Kostenartenrechnung und der Kostenstellenrechnung die entstandenen Kosten auf die **Kostenträger** verursachungsgerecht zu verteilen. Als Kostenträger können z. B. einzelne Kundenaufträge, Produkte, Dienstleistungen, innerbetriebliche Leistungen etc. bezeichnet werden.

Die Kostenträgerrechnung

- liefert mithilfe von Kalkulationsverfahren Informationen für die **Ermittlung des Verkaufspreises**,
- dient der **Kostenkontrolle** durch die Bereitstellung von Informationen durch Vor- und Nachkalkulation,
- gibt Aufschluss, wie hoch der **Anteil des einzelnen Kostenträgers** am Betriebsergebnis ist und
- ermöglicht durch einen **Zeitvergleich, die Entwicklung der Kostenträger** im Hinblick auf den Erfolgsanteil oder die Kosten- und Leistungsentwicklung.

Entsprechend ihren Aufgaben besteht die Kostenträgerrechnung aus zwei Komponenten, der Kostenträgerstückrechnung (Kalkulation) und der Kostenträgerzeitrechnung (Betriebsanalyse).

Kostenträgerstückrechnung – Aufgaben und Arten

Die Kostenträgerstückrechnung hat die Aufgabe, die Kosten, die bei der Erstellung der betrieblichen Leistungen im Rahmen von Geschäftsprozessen angefallen sind, auf die einzelnen Kostenträger zu verteilen. Da die Märkte für Gebrauchs- und Verbrauchsgüter in der Mehrzahl polypolistisch (vgl. S. 84) strukturiert sind, dient die Kalkulation hier der Ermittlung von Preisuntergrenzen, die nicht unterschritten werden dürfen, wenn durch die Annahme eines Auftrages keine Erfolgseinbußen entstehen sollen. Somit kontrolliert die Kostenträgerstückrechnung die Preise, die am Markt aufgrund der speziellen Marktverhältnisse verlangt werden können.

Je nach Zeitpunkt der Durchführung der Kostenträgerrechnung werden drei Arten der Kostenträgerstückrechnung unterschieden.

- **Vorkalkulation:** Sie wird vor der eigentlichen betrieblichen Leistungserstellung durchgeführt, um mit ihren Ergebnissen über die Annahme oder Ablehnung von Aufträgen zu entscheiden oder um Angebote im Rahmen einer Ausschreibung zu erstellen.

- **Zwischenkalkulation:** Sie dient der Überwachung der Kostenentwicklung bei Aufträgen, die über einen längeren Zeitraum Teile der betrieblichen Kapazitäten binden. Sie soll auftretende Verlustquellen rechtzeitig entdecken.

- **Nachkalkulation:** Sie wird nach Abschluss des Leistungserstellungsprozesses durchgeführt, um einen Vergleich der tatsächlich angefallenen Kosten mit den Ergebnissen der Vorkalkulation zu ermöglichen. Fehleinschätzungen können so erkannt werden und neue Anhaltspunkte für die künftige Vorkalkulation gewonnen werden.

Verfahren der Kostenträgerstückrechnung

Die unterschiedliche Zusammensetzung des Produktionsprogramms bzw. des Sortiments und die besondere Struktur des jeweiligen Unternehmens führen zu verschiedenen Verfahren der Kostenträgerstückrechnung, die diese Besonderheiten berücksichtigen.

In Betrieben, in denen das Sortiment verschiedenartige betriebliche Leistungen umfasst, findet das Verfahren der **Zuschlagskalkulation** Anwendung. Auf der Grundlage der erfassten Einzel- und Gemeinkosten können im Rahmen der Kostenträgerstückrechnung und mithilfe der Zuschlagskalkulation die Einstands- und Verkaufspreise für die betrieblichen Leistungen ermittelt werden.

Die im Rahmen der **Bezugskalkulation** (vgl. S. 324) ermittelten Einstandspreise dienen dem Unternehmen als Grundlage für den Vergleich von Angeboten verschiedener Lieferanten, um das preisgünstigste Angebot zu bestimmen.

Die **Verkaufskalkulation** (vgl. S. 353) in Form der Zuschlagskalkulation hat dann das Ziel, den Preis für die betrieblichen Leistungen zu bestimmen, der unter Berücksichtigung der Ergebnisse der Bezugskalkulation und aller anteiligen Gemeinkosten und eines im Sinne der Ziele des Unternehmens angemessenen Gewinns vom Kunden zu fordern wäre. Von der Konkurrenzsituation auf dem jeweiligen Absatzmarkt hängt es dann ab, ob dieser Preis auch tatsächlich gefordert werden kann oder ob Korrekturen an der Kalkulation vorgenommen werden müssen. Bis zu welcher unteren Grenze eine eventuelle Preiskorrektur vorgenommen werden kann, lässt sich mit der **Deckungsbeitragsrechnung** (vgl. S. 377) bestimmen.

> **Beispiel**
> Die Media AG erbittet für die Ausstattung, Installation und Konfiguration ihres Großraumbüros mit 25 Workstations von der Power PC GmbH ein Angebot. Der gesamte Auftragswert darf nach Angabe der Media AG ein Gesamtvolumen von 35 000,00 € nicht überschreiten.

Für die Power PC GmbH stellt sich nun die Frage, ob sie diesen Auftrag annehmen kann. Grundlage für ihre Entscheidung können hierbei die Ergebnisse der **Bezugskalkulation**, der **Verkaufskalkulation** und der Deckungsbeitragsrechnung sein, die nun mithilfe des Beispiels erläutert werden sollen.

Beispiel

Bezugskalkulation
Der Power PC GmbH liegt von einem Lieferanten für den Auftrag der Media AG folgendes Angebot für die Lieferung von 25 Workstations vor:

- Workstation, inkl. Betriebssystem
- Mindestabnahme 25 Stück
- 10% Lieferrabatt
- 2% Liefererskonto
- Versandpauschale 350,00 €

	€
Listeneinkaufspreis	16 250,00
− Lieferrabatt 10%	1 625,00
= **Zieleinkaufspreis**	14 625,00
− Liefererskonto 2%	292,50
= **Bareinkaufspreis**	14 332,50
+ Bezugskosten	350,00
= **Einstandspreis**	14 682,50

Die **Einzelkosten** sind durch die **Bezugskalkulation** bereits zum Teil ermittelt worden. Sie entsprechen für die Ware dem berechneten Einstandspreis von **14 682,50 €**. Für die im Auftrag enthaltenen Dienstleistungen in Form der Installation und Konfiguration der Computer geht die Power PC GmbH von direkt zurechenbaren Lohnkosten von **850,00 €** aus.

In der **Verkaufskalkulation** müssen nun neben den **Einzelkosten** auch die **Gemeinkosten** berücksichtigt werden. Die Gemeinkosten, auch **Handlungskosten** genannt, müssen nun mithilfe der Zuschlagskalkulation ermittelt werden. Der **Handlungskostenzuschlagsatz** gibt an, wie viel Prozent die Handlungskosten einer Abrechnungsperiode bezogen auf die Warenaufwendung dieser Abrechnungsperiode betragen. Dadurch ist es möglich, jede Ware oder Warengruppe mit genau dem Teil der Handlungskosten zu belasten, der ihrem Anteil an den Warenaufwendungen entspricht (vgl. auch Kapitel 3.7.2 Preispolitik sowie 3.8.7 Verkaufskalkulation).

Beispiel

Berechnung des Handlungskostenzuschlagsatzes
Folgende Kosten aus der Ergebnistabelle müssen in der Verkaufskalkulation Berücksichtigung finden:

	€
Warenaufwendung	650 000,00
Löhne	88 000,00
Gehälter	167 000,00

Soziale Aufwendungen..	45 000,00
Versicherungen	8 000,00
Steuern	22 000,00
Mieten...	30 000,00
Werbekosten...	15 000,00
Provisionen	10 000,00
Betriebskosten	41 000,00
Kalkulatorische Kosten	75 000,00
Kosten insgesamt	**1 151 000,00**

Berechnung:

Warenaufwendungen der Rechnungsperiode:	650 000,00 €
Handlungskosten der Rechnungsperiode:............................	501 000,00 €

$$\text{Handlungskostenzuschlagsatz} = \frac{\text{Handlungskosten} \cdot 100\%}{\text{Warenaufwendung}}$$

$$= \frac{501\,000{,}00\,€ \cdot 100\%}{650\,000{,}00\,€} = 77{,}08\,\%$$

Für den vorliegenden Auftrag ergeben sich nun folgende Handlungskosten:

Einstandspreis der 25 Workstations.....................................	14 682,50 €
77,08 % Handlungskosten	11 317,27 €

Die Power PC GmbH hat für ihre Geschäftspartner in den AGB u. a. folgende Zahlungsbedingungen festgelegt:
- 10 % Kundenrabatt
- 2 % Kundenskonto bei Zahlung innerhalb von 10 Tagen nach Rechnungsdatum

Sie geht bei ihrer Kalkulation von einem Gewinnzuschlag von 15 % aus, der auf die Selbstkosten berechnet wird.

Verkaufskalkulation		€
Einstandspreis...		14 682,50
+ direkt zurechenbare Lohnkosten.......................		850,00
+ Handlungskosten	77,08 %........................	11 317,27
= **Selbstkostenpreis**	....	**26 849,77**
+ Gewinn	15 %...........................	4 027,47
= **Barverkaufspreis**	....	**30 877,24**
+ Kundenskonto	2 %.............................	630,15
= **Zielverkaufspreis**	....	**31 507,39**
+ Kundenrabatt	10 %...........................	3 500,82
= **Angebotspreis**	....	**35 008,21**

Ergebnis der Berechnung:

Der Auftrag kann zu einem Angebotspreis von **35 000,00 €** angenommen werden.
Die Media AG teilt der Power PC GmbH kurze Zeit später mit, dass sie ein Angebot eines Mitbewerbers der Power PC GmbH erhalten habe, das die gesamten von ihr erwarteten Leistungen zu einem Angebotspreis von 32 000,00 € beinhaltet.
Da die Power PC GmbH diesen Auftrag nicht an ihren Mitbewerber verlieren will, werden Überlegungen angestellt, wo die **Preisuntergrenze** für diesen Auftrag liegt.

Für die Ermittlung der Preisuntergrenze ist aber die bisherige Kostenrechnung, in der alle Einzel- und Gemeinkosten berücksichtigt wurden (**Vollkostenrechnung**) wenig hilfreich. Da die Gemeinkosten, die zumeist fixe Kosten darstellen, mithilfe fester Zuschlagsätze auf die Kostenträger verteilt wurden, ist diese Art der Kostenrechnung relativ starr und verhindert die Anpassung an veränderte Marktlagen.

Die **Teilkostenrechnung** verzichtet nun darauf, alle Kosten auf die betrieblichen Leistungen zu verrechnen. Sie beschränkt sich auf die Verrechnung aller variablen Kosten (vgl. S. 369) und stellt diese Kosten den tatsächlich erwirtschafteten Umsatzerlösen gegenüber und prüft, ob die verbleibende Differenz (**Deckungsbeitrag**) zur Deckung der fixen Kosten und zur Erzielung eines angemessenen Gewinns ausreicht (vgl. auch Kapitel 3.7.2 Preispolitik sowie 3.8.7 Verkaufskalkulation).

Beispiel
Deckungsbeitragsrechnung
Der Power PC GmbH liegen nun für die Deckungsbeitragsrechnung folgende Daten vor:

- Angebotspreis (Barverkaufspreis) bei veränderter Marktlage .... 32 000,00 €
- Einstandspreis .... 14 682,50 €
- **variable Stückkosten**[1] .... 7 762,50 €

Barverkaufspreis	32 000,00 €
– Einstandspreis	14 682,50 €
= Gewinn	17 317,50 €
– variable Stückkosten	7 762,50 €
= **Deckungsbeitrag**	**9 555,00 €**

Die Power PC GmbH kann den Auftrag auch für einen Preis von 32 000,00 € annehmen, da die Annahme des Auftrages zu einem Deckungsbeitrag von 9 555,00 € führt, der zur Deckung der fixen Kosten und zur Erzielung von Gewinn führt.

Ein positiver Deckungsbeitrag trägt immer zur teilweisen Deckung der ohnehin anfallenden fixen Kosten bei, sodass die Power PC GmbH kurzfristig ihren Verkaufspreis noch weiter senken könnte, bis der Barverkaufspreis gerade die Kosten des Wareneinkaufs und die variablen Stückkosten deckt.

Dies bedeutet, dass die Power PC GmbH den Verkaufspreis sogar bis auf 22 445,00 € senken könnte, wenn dies die Marktsituation (z. B. Konkurrenzdruck) oder Marketingüberlegungen (z. B. Vergrößerung des Marktanteils durch den Verkauf zu geringeren Preisen) erforderlich machen würden. Bei diesem Preis wären die gesamten Warenaufwendungen und alle anfallenden variablen Stückkosten für diesen Auftrag gedeckt.

Diese Art der Preisgestaltung im Rahmen der Preispolitik eines Unternehmens kann sich aber nicht auf alle Produkte des Sortiments (vgl. S. 190) beziehen. Langfristig wird jedes Unternehmen versuchen, die Preise für seine Produkte auf dem Markt zu erzielen, die auch seinen Gewinnvorstellungen entsprechen.

---

[1] Kosten, die sich aus Belegen, z. B. Rechnungen u. Ä., ergeben und direkt dem einzelnen Produkt zuzurechnen sind. Sie werden wie folgt berechnet:

$$\text{variable Stückkosten} = \frac{\text{variable Kosten insgesamt}}{\text{gesamte Stückzahl}}$$

Daher wird es im Sortiment immer Produkte geben, die aufgrund der Marktsituation nur zu ihrer Preisuntergrenze kalkuliert und angeboten werden können, andere Produkte wiederum werden in der Lage sein, den in der Kalkulation berechneten Gewinn auch auf dem Markt zu erzielen (**Mischkalkulation** vgl. S. 213).

Kostenträgerzeitrechnung

Die **Kostenträgerzeitrechnung** (Betriebsergebnisrechnung) führt zu einer Aufteilung des Ergebnisses der Rechnungsperiode auf die Kostenträger. Kostenträger können dabei auf Grundlage der Arten der Geschäftsprozesse und der Entscheidungen des Unternehmens einzelne Produkte, Produktgruppen, Kundenaufträge und Absatzgebiete sein. Mithilfe der Kostenträgerzeitrechnung können folgende Informationen ermittelt werden:

- Die Selbstkosten der einzelnen Kostenträger
- Der Anteil der einzelnen Kostenträger am Umsatzergebnis
- Das monatliche Betriebsergebnis (kurzfristige Erfolgsrechnung)
- Die Gewinnzuschläge für die Kostenträger

Diese Informationen können dann für betriebswirtschaftliche Entscheidungen, wie z. B. den Verbleib eines Produktes im Sortiment, genutzt werden.

Beispiel

Die Power PC GmbH stellt mithilfe der von ihr ermittelten Handlungskostenzuschlagsätze für ihre verschiedenen Produkte (Kostenträger), der angefallenen Aufwendungen und der Umsatzerlöse für diese Produkte ein **Kostenträgerblatt** zur Ermittlung der Selbstkosten und des Betriebsgewinnes auf. Die nachträgliche Kalkulation der Gewinnzuschläge erlaubt die Kontrolle, ob die geplanten Gewinnzuschläge tatsächlich auf dem Markt zu realisieren waren.

Kostenträgerblatt					
Kalkulations-schema	Warengruppe Drucker	Warengruppe Rechner	Warengruppe Bildschirme	Warengruppe Software	Kostenträger insgesamt
Waren-aufwendungen + Handlungskosten	295 000,00 € 60 % 177 000,00 €	650 000,00 € 80 % 520 000,00 €	350 000,00 € 70 % 245 000,00 €	190 000,00 € 40 % 76 000,00 €	1 485 000,00 € 1 018 000,00 €
= Selbstkosten	472 000,00 €	1 170 000,00 €	595 000,00 €	266 000,00 €	2 503 000,00 €
Umsatzerlöse	460 000,00 €	1 350 000,00 €	680 000,00 €	310 000,00 €	2 800 000,00 €
Umsatzergebnis	–12 000,00 €	180 000,00 €	85 000,00 €	44 000,00 €	297 000,00 €
= Betriebsgewinn					297 000,00 €
Gewinnzuschläge	–2,54 %	15,38 %	14,29 %	16,54 %	11,87 %

AUFGABEN

1. Definieren Sie die Begriffe Kosten und Leistungen.
2. Erklären Sie die wesentlichen Aufgaben der Kostenrechnung.
3. Erläutern Sie die Berechnung des neutralen Ergebnisses, des Betriebsergebnisses und des Unternehmensergebnisses.
4. Nennen Sie drei kalkulatorische Kostenarten.
5. Begründen Sie die Notwendigkeit der Berücksichtigung von kalkulatorischen Kosten innerhalb der Kostenartenrechnung.
6. Begründen Sie die Notwendigkeit einer Kostenstellenrechnung für ein Unternehmen.
7. Erklären Sie den Aufbau und die Ergebnisse eines Betriebsabrechnungsbogens.
8. Beschreiben Sie den Aufbau und die Aufgaben der Kostenträgerrechnung.
9. Erläutern Sie den Unterschied zwischen einer Vollkostenrechnung und der Teilkostenrechnung.
10. Zeigen Sie den Zusammenhang zwischen dem Deckungsbeitrag, den variablen und den fixen Kosten auf.
11. Erläutern Sie, worin sich Einzelkosten und Gemeinkosten unterscheiden.
12. Nennen Sie jeweils zwei Einzelkostenarten und Gemeinkostenarten.
13. Die IT-Consulting GmbH kalkuliert für einen Kundenauftrag die Preise für die erforderlichen Softwarelizenzen. Benötigt werden je 10 Lizenzen. Dafür hat sie bei der Soft & Sell OHG und der Orgasoft GmbH folgende Angebote eingeholt.

	Soft & Sell OHG	Orgasoft GmbH
Listenpreis netto für eine Lizenz	2400,00 €	2385,00 €
Rabatt	3 %	2 %
Skonto	2 %	2 %
Frachtkosten des Frachtführers	30,00 €	35,00 €

a) Berechnen Sie den jeweiligen Bezugspreis für eine Lizenz unter Inanspruchnahme von Skonto.

b) Die IT-Consulting GmbH hat sich für das Angebot der Soft & Sell OHG entschieden.

Berechnen Sie den Zielverkaufspreis für eine Lizenz; gehen Sie von einem Bezugspreis (netto) von 2300,00 € aus und kalkulieren Sie mit folgenden Zuschlagssätzen:

- 20 % Gewinn
- 20 % Allgemeine Handlungskosten
- 2 % Kundenskonto

AUFGABEN

14. Weshalb erfolgt bei der Verkaufskalkulation (Vorwärtsrechnung) die Berechnung von Kundenskonto und Kundenrabatt als „Im-Hundert-Rechnung"/Berechnung mit vermindertem Grundwert?

15. Ihre Mitbewerber bieten ein Produkt für 1 198,00 € (brutto) an. Sie arbeiten in Ihrem Unternehmen mit einem Handlungskostenzuschlag von 95 % und möchten 12 % Gewinn erwirtschaften.

    Ihren Kunden gewähren Sie i. d. R. 3 % Skonto. Ermitteln Sie den maximalen Bezugspreis für dieses Produkt (Preisobergrenze für Beschaffung).

16. Bei der Vorkalkulation eines Produkts wurde mit einem Gewinnzuschlag von 10 % gerechnet. Überprüfen Sie anhand folgender Daten rechnerisch nachvollziehbar, ob dieser Prozentsatz erreicht wurde.

    Angeboten wird zum Listenpreis netto von 25 000,00 €; nach Berücksichtigung der Einkaufskalkulation und des Handelswarengemeinkostenzuschlags von 25 % werden Selbstkosten in Höhe von 26 250,00 € ermittelt.

    Mit dem Kunden war ein Brutto-Listenverkaufspreis von 37 120,00 € sowie 10 % Rabatt vereinbart; in den Zahlungsbedingungen wird dem Kunden 2 % Skonto eingeräumt. Gehen Sie in Ihrer Berechnung davon aus, dass Skonto immer in Anspruch genommen wird.

17. Ein Systemdienstleister der IT-Branche erzielt mit dem Geschäftsfeld Webhosting Bruttoverkaufserlöse von 476 000,00 € und mit dem Geschäftsfeld Webdesign Bruttoverkaufserlöse in Höhe von 595 000,00 €. Folgende Kosten fallen ebenfalls an:

	Webhosting	Webdesign
variable Kosten vom Netto-Verkaufspreis	25 %	30 %
Geschäftsfeldfixkosten	78 000,00 €	430 000,00 €

    Die Bereichsfixkosten betragen 180 000,00 €. Ermitteln Sie anhand dieser Daten

    a) den Erfolg des Unternehmens in diesen beiden Geschäftsfeldern und

    b) den Bereichserfolg.

4.4 Controlling

Begriff und Aufgaben des Controllings

Die Vielzahl der Geschäftsprozesse in allen Funktionsbereichen und auf allen Ebenen eines Unternehmens macht ein Steuerungssystem erforderlich, das ein möglichst durchgängiges Verhalten aller Aufgaben- und Entscheidungsträger im Sinne der Ziele der Unternehmung aller an den Geschäftsprozessen beteiligten Mitarbeiter auf allen Unternehmensebenen gewährleistet. Ein solches Steuerungssystem ist das **Controlling**.

Da jedes Unternehmen in einer ganz spezifischen Umwelt eingebettet ist und auch im Rahmen seines Zielbildungsprozesses individuelle Ziele festlegt, ist eine allgemeingültige Definition des Controllings nur durch die Festlegung typischer Aufgaben möglich.

| Controlling | Bereitstellung von Methoden und Informationen für arbeitsteilig ablaufende Planungs- und Kontrollprozesse sowie die funktionsübergreifende Unterstützung und Koordination solcher Prozesse |

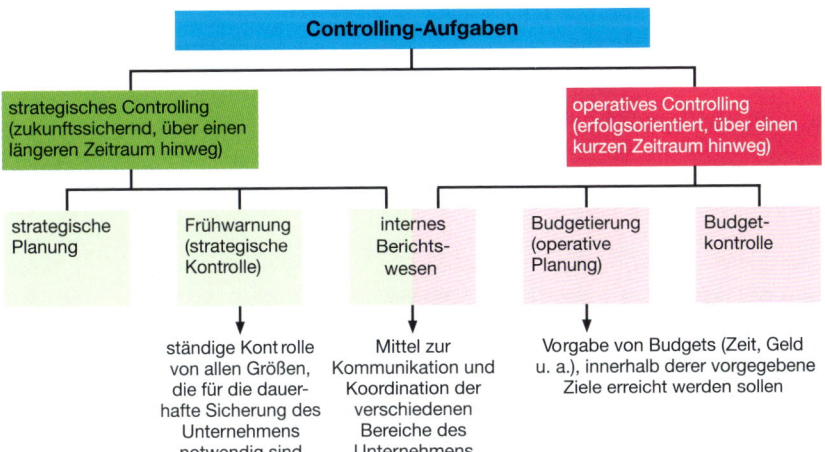

Die Grundlage für die Aufgaben des Controllings stellen dabei die aus der Finanzbuchführung und der Kosten- und Leistungsrechnung ermittelten **betriebswirtschaftlichen Kennzahlen** dar. Ebenso stellen die **Plankostenrechnung** in Verbindung mit der **Abweichungsanalyse** und die **Prozesskostenrechnung** wichtige Verfahren zur Erfüllung der Aufgaben des Controllings dar.

4.4.1 Betriebswirtschaftliche Kennzahlen

Begriff und Aufgaben

Betriebswirtschaftliche Kennzahlen sind als **Steuerungsinstrument** in Form von **Messgrößen** oder **Messzahlen** in der Praxis von Unternehmen in vielseitiger Anwendung anzutreffen. Kennzahlensysteme und Kennzahlen ermöglichen dem Unternehmen in einfacher und konzentrierter Form, wirtschaftliche Tatbestände, Zusammenhänge und Entwicklungen über Analysen, Planungen und Kontrollen transparent zu machen. Entsprechend aufbereitet unterstreichen sie eine ganzheitliche Unternehmensführung und tragen dazu bei, Entscheidungen zu objektivieren sowie mehrstufige Entscheidungsprozesse in Unternehmen zu unterstützen.

Kennzahlen stellen für die Erfassung und Steuerung wirtschaftlicher Aktivitäten sowie für die nachhaltige Sicherung der Existenz des Unternehmens ein bedeutendes Instrument dar. Sie dienen dazu, eine strategische und operative Zielorientierung zu fixieren und zu gewährleisten. Auf einer durch die Geschäftsprozesse gewonnenen breiten Grunddaten-Basis kann dieses auf **wesentliche Kennzahlen** wie **Rentabilität**, **Liquidität**, **Kapitalstruktur** und **Cashflow** abgestellt sein.

Rentabilität

Unter Rentabilität versteht man das **Verhältnis** des **Ergebnisses** aus der unternehmerischen Tätigkeit zu dem **eingesetzten Kapital**, ausgedrückt in einem Prozentsatz des Kapitals. Ein wesentliches Unternehmensziel ist das Streben nach einer möglichst hohen Rentabilität im Vergleich zu der Verzinsung von Kapitalanlagen bei den Banken und der zu erreichenden Zinssätze bei festverzinslichen Wertpapieren. Da das im Unternehmen eingesetzte Kapital Risikokapital darstellt, muss die Verzinsung dieses Kapitals deutlich höher als bei den sicheren Kapitalanlagen liegen, um weitere Kapitalanlagen und damit verbundene Investitionen zu ermöglichen.

Folgende Rentabilitätsziffern können unterschieden werden:

Beispiel

(Zahlen in €)

S	Gewinn- und Verlustkonto		H	Aktiva	Bilanz zum 31.12.20..		Passiva
Aufwendungen	340 000,00	Umsatzerlöse	600 000,00	Anlagevermögen	900 000,00	Eigenkapital	800 000,00
Zinsen	50 000,00			Umlaufvermögen	400 000,00	Fremdkapital	500 000,00
Gewinn	210 000,00				1 300 000,00		1 300 000,00
	600 000,00		600 000,00				

Kapitalrentabilität

1. Eigenkapitalrentabilität (EKR)

Der Gewinn wird als Prozentsatz des Eigenkapitals ausgedrückt. Die EKR wird auch als **Unternehmerrentabilität** bezeichnet und drückt die Verzinsung des Eigenkapitals aus.

Beispiel

$$\text{EKR} = \frac{\text{Gewinn} \cdot 100}{\text{Eigenkapital}} \qquad \text{EKR} = \frac{210\,000 \cdot 100}{800\,000} = 26{,}25\,\%$$

⇒ Mit 1,00 € eingesetztem Eigenkapital erzielt das Unternehmen 0,26 € Gewinn.

2. Gesamtkapitalrentabilität (GKR)

Der Gewinn und die Zinsaufwendungen für das Fremdkapital werden als Prozentsatz des Gesamtkapitals ausgedrückt. Die GKR wird auch als **Unternehmungsrentabilität** bezeichnet und drückt die Verzinsung des Gesamtkapitals aus.

Beispiel

$$\text{GKR} = \frac{(\text{Gewinn} + \text{Fremdkapitalzinsen}[1])}{\text{Gesamtkapital}} \cdot 100$$

$$\text{GKR} = \frac{(210\,000 + 50\,000) \cdot 100}{1\,300\,000} = 20\,\%$$

⇒ Mit 1,00 € eingesetztem Gesamtkapital erzielt das Unternehmen 0,20 € Gewinn.

Umsatzrentabilität (UR)

Der Gewinn wird als Prozentsatz der Umsatzerlöse ausgedrückt. Die Umsatzrentabilität ermöglicht einen Vergleich mit anderen Betrieben oder die Analyse der geschäftlichen Entwicklung über mehrere Jahre und wird auch als **Gewinnquote** bezeichnet.

Beispiel

$$\text{UR} = \frac{\text{Gewinn} \cdot 100}{\text{Umsatzerlöse}} \qquad \text{UR} = \frac{210\,000 \cdot 100}{600\,000} = 35\,\%$$

⇒ Mit 1,00 € Umsatz erzielt das Unternehmen 0,35 € Gewinn.

Return on Investment (ROI)

Diese auch als **Kapitalertragszahl** bezeichnete Rentabilitätskennziffer zeigt die Zusammenhänge zwischen der Umsatzrendite und dem Kapitalumschlag auf.

---

[1] *Fremdkapitalzinsen müssen bei dieser Berechnung addiert werden, da sie bei der Ermittlung des Gewinns im GuV-Konto zunächst als Aufwand den Gewinn verringerten. Da aber durch die Geschäftsprozesse auch diese Zinsen erwirtschaftet wurden, müssen sie nun wieder berücksichtigt werden, um u. a. auch eine Vergleichsmöglichkeit dieser Kennzahl z. B. mit der EKR zu erhalten.*

> **Beispiel**
>
>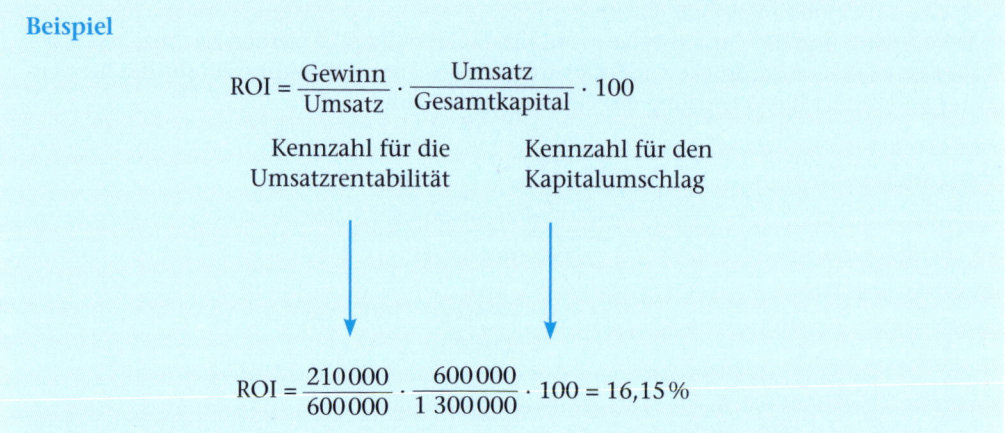
>
> Der erste Bruch zeigt den **Umsatzerfolg**, der zweite den **Kapitalumschlag** an. Durch die Multiplikation beider Brüche erhält man die **Rentabilität** des **investierten Kapitals**. Hat ein Unternehmer nun die Möglichkeit, sein Kapital in verschiedene Geschäftsbereiche zu investieren, so wird er die Entscheidung treffen, die ihm den größten ROI erbringt.

Im **DuPont-Kennzahlensystem** wird die Kapitalrentabilität als Beurteilungskriterium für die Leistungsfähigkeit eines Unternehmens eingesetzt und ihre Entstehung genauer analysiert. Verschiedene Kennzahlen werden zum **ROI** zusammengeführt. Die Gewinngröße wird näher bestimmt durch die Erfassung von Umsatz- und Kostengrößen. Das investierte Kapital setzt sich aus Anlage- und Umlaufvermögen zusammen. Die Kostenrechnung liefert die entsprechenden Kostendaten für dieses System.

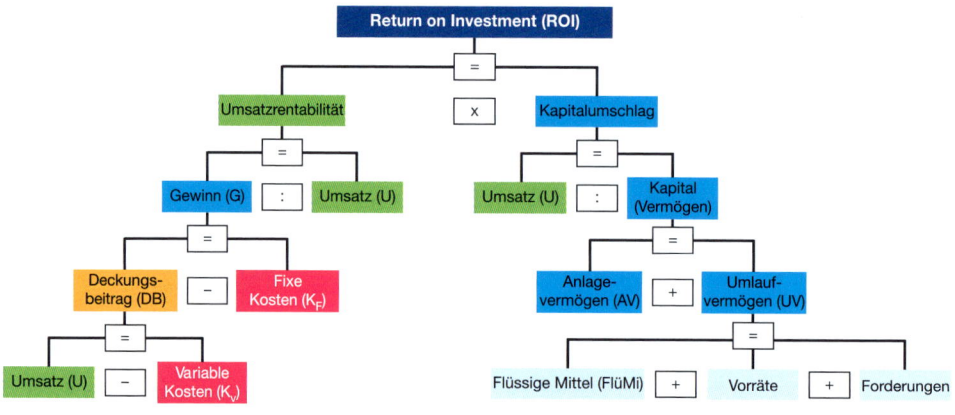

DuPont-Kennzahlensystem

Die **Liquidität** als weitere Kennzahl eines Unternehmens gibt Auskunft darüber, inwieweit das Unternehmen in der Lage ist, seinen kurzfristig fälligen Verbindlichkeiten fristgerecht nachzukommen. Da für die Berechnung der Liquidität die Daten der letzten Bilanz zugrunde gelegt werden, bezeichnet man die Liquidität auch als **Stichtagsliquidität**. In Abhängigkeit der für den Ausgleich bestehender Verbindlichkeiten zur Verfügung stehenden Mittel werden drei **Liquiditätsgrade** unterschieden:

Beispiel
(alle Zahlen in €)

Aktiva		Bilanz zum 21.12.20..		Passiva
I. Anlagevermögen	850 000,00	I. Eigenkapital		760 000,00
II. Umlaufvermögen		II. Fremdkapital		
Waren	290 000,00	Langfr. Verbindl.		410 000,00
Forderungen	160 000,00	Kurzfr. Verbindl.		230 000,00
Bank	90 000,00			
Kasse	10 000,00			
	1 400 000,00			1 400 000,00

Liquidität 1. Grades $= \dfrac{\text{flüssige Mittel} \cdot 100}{\text{kurzfristige Verbindlichkeiten}}$

flüssige Mittel:
Kasse, Postgiroguthaben, Guthaben bei Kreditinstituten, Schecks, diskontfähige Wechsel und börsengängige Wertpapiere

kurzfristige Verbindlichkeiten:
Verbindlichkeiten mit einer Restlaufzeit bis zu einem Jahr

Beispiel
Liquidität 1. Grades $= \dfrac{100\,000 \cdot 100}{230\,000} = 43{,}48\,\%$

Liquidität 2. Grades $= \dfrac{(\text{flüssige Mittel} + \text{kurzfristige Forderungen}) \cdot 100}{\text{kurzfristige Verbindlichkeiten}}$

kurzfristige Forderungen:
Forderungen mit einer Restlaufzeit bis zu einem Jahr

Beispiel
Liquidität 2. Grades $= \dfrac{(100\,000 + 160\,000) \cdot 100}{230\,000} = 113{,}04\,\%$

Liquidität 3. Grades $= \dfrac{\text{Umlaufvermögen} \cdot 100}{\text{kurzfristige Verbindlichkeiten}}$

Umlaufvermögen:
flüssige Mittel, kurzfristige Forderungen und alle nicht zum Anlagevermögen zählenden Forderungen und Vorräte

---

Beispiel
Liquidität 3. Grades $= \dfrac{500\,000 \cdot 100}{230\,000} = 239{,}13\,\%$

Die Liquidität ist eine der Existenzbedingungen des Unternehmens, die auch kurzfristig immer gesichert sein muss, um eine Zahlungsunfähigkeit und die damit verbundene Gefahr für den Fortbestand des Unternehmens zu vermeiden. Je höher der Prozentsatz der verschiedenen Liquiditätsgrade eines Unternehmens ist, desto eher ist es in der Lage, seine kurzfristigen Verbindlichkeiten zu begleichen.

Kapitalstruktur

Die **Kapitalstruktur** einer Unternehmung gibt Auskunft über die Zusammensetzung ihrer Finanzierung. Sie ist auf der Passivseite der Bilanz erkennbar (vgl. Bilanz S. 312). Die Kapitalstruktur kann mit folgenden Kennziffern gemessen werden:

Beispiel

$$\text{Eigenkapitalquote} = \frac{\text{Eigenkapital} \cdot 100}{\text{Gesamtkapital}}$$

$$\text{Eigenkapitalquote} = \frac{760\,000 \cdot 100}{1\,400\,000} = 54{,}29\,\%$$

$$\text{Fremdkapitalquote} = \frac{\text{Fremdkapital} \cdot 100}{\text{Gesamtkapital}}$$

$$\text{Fremdkapitalquote} = \frac{764\,000 \cdot 100}{1\,400\,000} = 45{,}71\,\%$$

$$\text{Verschuldungsgrad} = \frac{\text{Fremdkapital} \cdot 100}{\text{Eigenkapital}}$$

$$\text{Verschuldungsgrad} = \frac{640\,000 \cdot 100}{760\,000} = 84{,}21\,\%$$

Bedeutung aus **unternehmensexterner** Sicht (Banken, Lieferanten):
Unternehmen mit hoher Eigenkapitalquote (= geringe Fremdkapitalquote)

- sind in der Lage, längere Zeit Umsatzrückgänge zu tragen, ohne in Überschuldung zu geraten,
- verfügen über Fremdfinanzierungsreserven, die zur Überbrückung eines Liquiditätsengpasses und bei Auftreten eines dringlichen Finanzierungsbedarfs genutzt werden können und
- unterliegen weniger der Gefahr der Zahlungsunfähigkeit.

Differenziertere Überlegungen hinsichtlich der Gestaltung der Kapitalstruktur unter Beachtung externer Beobachtungen stehen hier im Vordergrund.
Wird unterstellt, dass die Unternehmung die größte Eigenkapitalrentabilität anstrebt, so verlangt die Realisierung dieses Ziels ein optimales Verhältnis zwischen Eigenkapital und

Fremdkapital. Unabhängig von der Gewinn- und Umsatzsituation des Unternehmens muss das Fremdkapital verzinst werden.

Liegt der Fremdkapitalzins jedoch unter der Gesamtkapitalrentabilität, so erzielt das Unternehmen einen Überschuss. Wird in dieser Situation mehr Eigenkapital durch Fremdkapital ersetzt, so steigt die Eigenkapitalrentabilität, solange dieser Überschuss noch erzielt werden kann. Die Eigenkapitalrentabilität ist somit eine Funktion des Verschuldungsgrades, d. h. des Verhältnisses von Fremd- und Eigenkapital.

Cashflow

Der Cashflow gibt an, welchen Mittelzufluss ein Unternehmen in einer Periode aus dem Wertschöpfungsprozess erwirtschaftet hat. Diese Mittel stehen dem Unternehmen dann für Investitionen, Tilgungen und Gewinnausschüttungen zur Verfügung. Der Cashflow ist daher ein Maßstab für die Selbstfinanzierungskraft eines Unternehmens und Kennzahl für die finanzielle Unabhängigkeit von außenstehenden Geldgebern.

```
Jahresüberschuss vor Steuern
   +   Abschreibungen
   −   Zuschreibungen
 +/−   Nettoänderungen der langfristigen Rückstellungen
   =   Cashflow I
   −   Gewinnausschüttungen
   −   Steuern vom Einkommen, Ertrag und Vermögen
   =   Cashflow II
```

Je größer der Cashflow, desto größer ist die Reaktions- und Anpassungsfähigkeit der Unternehmung an veränderte Umwelt- und Wettbewerbsbedingungen. Gleichzeitig ermöglicht ein hoher Cashflow die Erschließung neuer Erfolgspotenziale durch verstärkte Ausgaben für z. B. Forschung und Entwicklung und die Erschließung neuer Märkte. Die Bereitschaft von Fremd- und Eigenkapitalgeber, zusätzliche Finanzmittel zur Verfügung zu stellen, wird durch einen großen Cashflow ebenfalls gefördert.

Kennzahlen als Grundlagen des Benchmarkings (vgl. S. 172)

Je nach Zielrichtung des Benchmarkings stehen hierfür neben den bereits angesprochenen Kennzahlen weitere Kennzahlen zur Verfügung. Sie werden nach **Risikokennzahlen** und **Bereichskennzahlen** unterschieden.

Risikokennzahlen

Diese Kennzahlen geben Auskunft darüber, inwieweit sich das Unternehmen im Vergleich zum Branchendurchschnitt bzw. zum Branchenbesten in Bezug auf die Ergebnisse der Kennzahlen in einer betriebswirtschaftlich gesunden oder bedenklichen Situation befindet. Neben den bereits erläuterten Kennzahlen **Liquiditätsgrad** (vgl. S. 384) und **Verschuldungsgrad** (vgl. S. 386) zählen hierzu folgende Kennzahlen:

- **Anlagenintensität (AI)**
  Sie gibt den Anteil des langfristig gebundenen Vermögens am Gesamtvermögen an und ermöglicht so eine Aussage über die Möglichkeit, wie viel Prozent des Gesamtvermögens relativ frei disponibel ist.

Beispiel

$$\text{Anlagenintensität} = \frac{\text{Anlagevermögen}}{\text{Gesamtvermögen}} \cdot 100 \qquad AI = \frac{850\,000}{1\,400\,000} \cdot 100 = 60{,}71\,\%$$

- **Anlagendeckungsgrad (AD)**
  Der Anlagendeckungsgrad gibt an, inwieweit das langfristige Vermögen durch langfristiges Kapital abgedeckt ist.

Beispiel

$$\text{Anlagendeckungsgrad} = \frac{\text{Eigenkapital} + \text{langfristiges Fremdkapital}}{\text{Anlagevermögen}} \cdot 100$$

$$AD = \frac{760\,000 + 410\,000}{850\,000} \cdot 100 = 137{,}65\,\%$$

Bereichskennzahlen

Diese Kennzahlen beziehen sich auf einzelne Funktions- bzw. Kostenbereiche des Unternehmens. Auch sie erlauben im Vergleich zum Branchendurchschnitt bzw. zum Branchenbesten in Bezug auf die Ergebnisse der Kennzahlen Aussagen darüber, ob betriebswirtschaftliche Maßnahmen und Entscheidungen zur Verbesserung dieser Kennzahlen notwendig sind.

Lagerkennzahlen

$$\text{durchschnittlicher Lagerbestand} = \frac{\text{Anfangsbestand} + \text{Endbestand}}{2}$$

oder bei monatlicher Inventur

$$\text{durchschnittlicher Lagerbestand} = \frac{\text{Anfangsbestand} + 12 \text{ Endbestände}}{13}$$

Diese Kennzahl kann sowohl mengenmäßig als auch wertmäßig ermittelt werden.

$$\text{Umschlagshäufigkeit} = \frac{\text{Wareneinsatz}}{\text{durchschnittlicher Lagerbestand}}$$

Hierbei gibt der Wareneinsatz den Wert der verkauften Waren zu Einstandspreisen an.

$$\text{durchschnittliche Lagerdauer} = \frac{360}{\text{Umschlagshäufigkeit}}$$

Arbeitsproduktivität

$$\text{Personalleistung} = \frac{\text{Umsatz pro Woche (Monat/Jahr)}}{\text{Anzahl der Mitarbeiter}}$$

$$\text{Stundenumsatzleistung} = \frac{\text{Umsatz pro Woche (Monat/Jahr)}}{\text{Anzahl der bezahlten Stunden pro Tag (Woche/Monat/Jahr)}}$$

Die Aussagekraft dieser Berechnung kann noch erhöht werden, indem anstelle der bezahlten Stunden die tatsächlich geleisteten berücksichtigt werden. So erhält das Unternehmen Informationen darüber, inwieweit die Stundenumsatzleistung z. B. durch Urlaubsanspruch, Krankheit oder durch den Berufsschulbesuch der Auszubildenden erhöht ist.

$$\text{Stundenumsatzleistung} = \frac{\text{Umsatz pro Woche (Monat/Jahr)}}{\text{Anzahl der geleisteten Stunden pro Tag (Woche/Monat/Jahr)}}$$

4.4.2 Plankostenrechnung – Begriff, Ziele und Aufgaben

Traditionelle Kostenrechnungsverfahren wie die Vollkostenrechnung (vgl. S. 377) können Planungs- und Kontrollaufgaben nicht erfüllen, da sie keine geplanten, sondern nur die tatsächlich angefallenen Kosten (**Istkosten**, z. B. Vertriebsprovisionen) bzw. auf Vergangenheitswerten basierende Daten zur Verfügung stellen. Die **Plankostenrechnung** als eine spezielle Form der Kostenrechnung ermöglicht es dem Unternehmen, dass die Gesamtkosten für eine bestimmte Planungsperiode im Voraus nach Kostenarten, Kostenstellen und Kostenträgern differenziert geplant werden können und somit die Defizite der herkömmlichen Verfahren der Kostenrechnung ausgeglichen werden. Sie liefert konkrete Kostenvorgaben für die zu erwartenden Einzel- und Gemeinkosten und stellt somit ein zukunftsorientiertes Kostenrechnungssystem für Marketing und andere Entscheidungen dar.

Vorrangiges **Ziel** der Plankostenrechnung ist die Vorhersage der effektiv zu erwartenden Kosten. Den Ausgangspunkt für die Planung bilden daher die tatsächlich zu erwartenden Kosten für den Werteverzehr, sodass Preisschwankungen voll in die Kostenrechnung einbezogen werden. Die Ergebnisse der Plankostenrechnung als **Prognosekostenrechnung** können als Grundlage für betriebswirtschaftliche Entscheidungen genutzt werden, da sie eine Gegenüberstellung von prognostizierten Kosten und Erlösen ermöglichen und somit Vorhersagen über den künftigen Erfolg des Unternehmens zulassen. Als ein Instrument der Planung liefert die Prognosekostenrechnung der Unternehmensleitung Informationen über die Auswirkungen unterschiedlicher Handlungsalternativen.

Diese Ziele erfüllt die Plankostenrechnung durch die Wahrnehmung folgender wesentlicher **Aufgaben**:

- Aufstellung von Kostenvorgaben für Kostenstellen,
- Ermittlung von zweckmäßigen Bezugsgrößen je Kostenstelle,
- Festlegung von Soll-Ist-Abweichungen,
- Durchführung von Abweichungsanalysen zur Ermittlung von Abweichungsursachen und
- Zuordnung der Abweichungen zu den betroffenen Kostenstellen.

Aufbau der Plankostenrechnung

Ausgangspunkt für die Plankostenrechnung bilden die zu erwartenden Kosten, die **Plankosten**, die für eine bestimmte Abrechnungsperiode als **Richtgröße** festgelegt werden. Diese Vorgehensweise macht es erforderlich, **Verbrauchsmengen**, z. B. Material und Energie, und den möglichen **Beschäftigungsgrad** (vgl. S. 369), z. B. Servicestunden, für diese zukünftige Abrechnungsperiode festzulegen.

Vergleicht man nun am Ende der Abrechnungsperiode die jeweils mit **Festpreisen** bewerteten Istkosten und Plankosten, so erhält man als Ergebnis eine von Preisschwankungen bereinigte **Verbrauchsabweichung** in den einzelnen Kostenstellen. Mithilfe dieser **Abweichungsanalyse** kann die Wirtschaftlichkeit einer Kostenstelle festgestellt und gegebenenfalls die Verantwortlichkeit des entsprechenden Kostenstellenleiters überwacht werden.

Beispiel

	Richtgröße	Kosten je Stunde	Ergebnis
geplante Servicestunden	4 000	65,00 €	260 000,00 €
tatsächliche Servicestunden	3 900	65,00 €	253 500,00 €
		Abweichung	6 500,00 €

Systeme der Plankostenrechnung

Innerhalb der Plankostenrechnung können zwei verschiedene Systeme unterschieden werden:

Bei der **starren Plankostenrechnung** werden die Kosten der Kostenstellen jeweils nur für eine Durchschnittsbeschäftigung (der Begriff Beschäftigung kann auch mit dem Grad der Kapazitätsauslastung (vgl. S. 369) gleichgesetzt werden) geplant und nicht an Beschäftigungsschwankungen angepasst, auch eine Aufteilung in fixe und variable Kosten unterbleibt in dieser Ausprägung der Plankostenrechnung. Daher liefert diese Form der Plankostenrechnung nur dann aussagefähige Ergebnisse, wenn der Beschäftigungsgrad unverändert bleibt. Eine echte und laufende Kostenkontrolle ist wegen der fehlenden Planung der Kosten in Abhängigkeit von der Beschäftigung noch nicht möglich.

Das charakteristische Merkmal der **flexiblen Plankostenrechnung** besteht darin, dass die Kosten der Kostenstellen in fixe und variable Kostenbestandteile unterschieden werden. Weiterhin werden in diesem Verfahren der Plankostenrechnung die Kosten jeder Kostenstelle zwar für einen bestimmten Beschäftigungsgrad geplant, innerhalb der Abrechnungsperiode werden aber Anpassungen an die jeweils realisierte Istbeschäftigung zum Zwecke der Kontrolle vorgenommen. Die flexible Plankostenrechnung ist sowohl auf Vollkostenbasis als auch auf Teilkostenbasis (Grenzplankostenrechnung (vgl. S. 393)) möglich. Aufgrund ihrer größeren Bedeutung wird im Folgenden nur die flexible Plankostenrechnung näher erläutert.

Flexible Plankostenrechnung auf Vollkostenbasis

Im Rahmen der **flexiblen Plankostenrechnung auf Vollkostenbasis** werden zunächst die Plangemeinkosten in ihre fixen und variablen Bestandteile aufgegliedert. Anschließend werden die variablen Kosten pro Stück mit der tatsächlich vorhandenen Beschäftigung **(Istbeschäftigung)** multipliziert. Da die variablen Kosten pro Stück sowohl variable

Einzelkosten als auch variable Gemeinkosten beinhalten, ergeben sich durch die Addition der fixen Plangemeinkosten die **Sollkosten**. Zieht man nun die Sollkosten von den Istkosten ab, so erhält man die nach Kostenarten und Kostenstellen differenzierten Kostenabweichungen.

Beispiel
Für die Kostenstelle Netzwerk-Administrator sind im Rahmen der Plankostenrechnung folgende Kosten und Beschäftigungen geplant:

- Einzelkosten pro Servicestunde 400,00 €
- Gemeinkosten 200 000,00 €, davon fixe Kosten 150 000,00 €
- Planbeschäftigung 1 000 Stunden

Die Abrechnung der Kostenstelle am Ende dieser Planungsperiode liefert folgende Daten:
- Isteinzelkosten pro Servicestunde 400,00 €
- Istgemeinkosten 198 000,00 €
- Istbeschäftigung 920 Stunden
- Istgesamtkosten 566 000,00 €

Abweichungsanalyse

1. Gesamtabweichung

Plangesamtkosten	600 000,00 €
− Istgesamtkosten	− (920 · 400 + 198 000)
= Gesamtabweichung	= 34 000,00 €

2. Gemeinkostenabweichung

Plangemeinkosten	200 000,00 €
− Istgemeinkosten	− 198 000,00 €
= Gemeinkostenabweichung	= 2 000,00 €

3. Ermittlung der Sollkosten
(variable Einzelkosten pro Std. + variable Plangemeinkosten pro Std.) · Istbeschäftigung (400,00 + 50,00) · 920 Std.

+ fixe Plangemeinkosten	+ 150 000,00 €
= Sollkosten	= 564 000,00 €

4. Ermittlung der Verbrauchsabweichung

Sollkosten	564 000,00 €
− Istkosten	− 566 000,00 €
= Verbrauchsabweichung	= − 2 000,00 €

5. Ermittlung der Beschäftigungsabweichung

variable Plangesamtkosten	450 000,00 €
− variable Istgemeinkosten	− 414 000,00 €
= Beschäftigungsabweichung	= 36 000,00 €

6. Überprüfung der Gesamtabweichung

Beschäftigungsabweichung	360 000,00 €
+ Verbrauchsabweichung	− (− 2 000,00) €
= Gesamtabweichung	= 34 000,00 €

Auswertung

- Die variablen Kosten pro Stunde von 450,00 € ergeben sich aus den variablen Einzelkosten in Höhe von 400,00 € und den variablen Gemeinkosten von 50,00 € pro Stunde bei einer geplanten Beschäftigung von 1 000 Stunden. Die tatsächlich eingetretenen variablen Kosten entsprechen den geplanten variablen Kosten pro Stunde.
- Die im Vergleich zu den Plankosten um 36 000,00 € niedriger liegenden Istkosten ergeben sich aus der gesunkenen Beschäftigung. Von den geplanten 1 000 Stunden wurden nur 920 Stunden tatsächlich in Anspruch genommen, daher fallen die Istkosten geringer als die Plankosten aus.
- Die Istgemeinkosten sind im Vergleich zu den geplanten Gemeinkosten um 2 000,00 € gesunken. Da die Beschäftigung um 80 Stunden zurückgegangen ist, hätten sich die Gemeinkosten um insgesamt 4 000,00 € vermindern müssen (80 Std. · 50,00 € variable Gemeinkosten). Diese Differenz lässt sich unter Umständen durch einen unwirtschaftlichen Einsatz der vorhandenen Produktionsfaktoren erklären und wäre somit ein Ausgangspunkt für eventuelle Handlungsalternativen der Unternehmensleitung.

Die Aufteilung der Kosten in fixe und variable Kosten ermöglicht eine Kostenkontrolle im Rahmen eines Soll-Ist-Vergleichs. Das Kontrollergebnis liefert der Unternehmensleitung wichtige Informationen zur Beurteilung der Kostenstellen. Die regelmäßigen und in kurzen Zeitabständen (z. B. monatlich) erfolgende Überprüfung der Istkosten lässt bei Planabweichungen rechtzeitig lenkende betriebswirtschaftliche Maßnahmen der Unternehmensführung zu. Ein weiterer positiver Aspekt der durch die Plankostenrechnung ermittelten Planvorgaben ist in der Motivation der Mitarbeiter zu sehen. Die Einhaltung vernünftiger Planvorgaben kann ein wichtiges Kriterium für die Bewertung der Mitarbeiterleistung darstellen. Da jeder einzelne Mitarbeiter in der Lage ist festzustellen, was der Einzelne zu verantworten hat und was nicht, wird sich dieses System der Planvorgaben hoher Akzeptanz erfreuen, da es Bewertungen transparent gestalten kann.

Flexible Plankostenrechnung auf Teilkostenbasis

Die Vorgehensweise der **flexiblen Plankostenrechnung auf Teilkostenbasis** (auch als **Grenzkostenrechnung** bezeichnet) entspricht in weiten Teilen der Arbeitsweise der flexiblen Plankostenrechnung auf Vollkostenbasis. Auch hier erfolgt eine Trennung zwischen fixen und variablen Kosten, nur werden zum Zwecke der Kontrolle und Kalkulation lediglich die variablen Kosten herangezogen, während die fixen unberücksichtigt bleiben. Jede Kostenstelle erhält eine Planvorgabe für die jeweilige Beschäftigung und eine entsprechende Vorgabe für die variablen Kosten. In der sich regelmäßig anschließenden Abweichungsanalyse werden die Plankosten mit den Istkosten verglichen und Abweichungen und ihre Ursachen ermittelt. Ebenso wie bei der flexiblen Plankostenrechnung auf Vollkostenbasis wird bei der flexiblen Plankostenrechnung auf Teilkostenbasis ein besonderes Augenmerk auf die Ursachen von eventuellen Verbrauchsabweichungen gelegt.

Beispiel
Für eine Kostenstelle sind im Rahmen der Plankostenrechnung folgende Kosten und Beschäftigungen geplant:

- variable Einzelkosten pro Stunde   400,00 €
- variable Gemeinkosten pro Stunde   50,00 €
- Planbeschäftigung   1 000 Stunden

==> variable Planungskosten   450 000,00 €

Am Ende der Planungsperiode werden bei einer Beschäftigung von 920 Stunden variable Istgesamtkosten von 416 000,00 € ermittelt.

Abweichungsanalyse

1. **Gesamtabweichung**

variable Plankosten	450 000,00 €
− variable Istkosten	− 416 000,00 €
= Gesamtabweichung	= 34 000,00 €

2. **Ermittlung der Sollkosten**
(variable Einzelkosten + variable Gemeinkosten)
· Istbeschäftigung (400,00 + 50,00) · 920 = **414 000,00 €**
= Sollkosten

3. **Ermittlung der Verbrauchsabweichung**

variable Istkosten	416 000,00 €
− Sollkosten	− 414 000,00 €
= Verbrauchsabweichung	= 2 000,00 €

Auswertung

- Die Abweichungsanalysen der flexiblen Plankostenrechnung auf Teilkostenbasis und auf Vollkostenbasis führen zu dem gleichen Ergebnis.
- Im Gegensatz zur flexiblen Plankostenrechnung auf Vollkostenbasis kann bei der flexiblen Plankostenrechnung auf Teilkostenbasis auf die Berechnung der Beschäftigungsabweichung verzichtet werden, da hier nur die variablen Plankosten Berücksichtigung finden.
- Durch den Vergleich der Sollkosten mit den Istkosten gelangt man zu der Verbrauchsabweichung, die nun wiederum den Ausgangspunkt für betriebswirtschaftliche Entscheidungen bilden kann.

Mithilfe der Grenzplankostenrechnung können wichtige Informationen gewonnen werden, die im Hinblick auf eine differenzierte Preiskalkulation von Bedeutung sein könnten. Die Umsetzung ihrer Ergebnisse in die Ermittlung der lang- und kurzfristigen Preisuntergrenze stellt ein wichtiges Hilfsmittel für die Preisfindung dar. Die Unternehmensleitung hat somit die Möglichkeit, im Rahmen ihrer Sortiments- und Produktionspolitik fundierte Entscheidungen zu treffen.

4.4.3 Prozesskostenrechnung

Begriff

Die **Prozesskostenrechnung**, auch als **Vorgangskalkulation** bezeichnet, stellt kein grundsätzlich eigenständiges Kostenrechnungssystem dar. In allen traditionellen Kostenrechnungssystemen wie z. B. der Vollkostenrechnung, der Plankostenrechnung oder den verschiedenen Formen der Deckungsbeitragsrechnung ist die Prozesskostenrechnung realisierbar. Ihren Anwendungsschwerpunkt hat sie zurzeit im System der Vollkostenrechnung. Sie versucht, eine analytische und mengenmäßige Kostenplanung im Gemeinkostenbereich zu erreichen.

Ansatzpunkt für die Prozesskostenrechnung bilden die Mängel der Vollkostenrechnung bei der Behandlung von Gemeinkosten. Innerhalb der Vollkostenrechnung werden alle Kosten einer Periode dem Produkt oder der Dienstleistungseinheit zugerechnet. Dabei werden die fixen Kosten den variablen Kosten in der Hinsicht gleichgesetzt, dass sie ebenfalls als Stück- und nicht als Periodenkosten angesehen werden. Da die Fixkosten aber nicht von den erbrachten Leistungen eines Unternehmens abhängig sind, sondern von vielfältigen Entscheidungen im Rahmen von Geschäftsprozessen, fehlt hier ein direkter Zusammenhang zwischen der erbrachten Leistung und den fixen Kosten. Besonders für die der eigentlichen Leistungserstellung vor- und nachgelagerten Dienstleistungsbereiche, wie z. B. den Einkauf, die Lagerung und die Verwaltung, existieren in der Vollkostenrechnung nur sehr grobe, pauschale Verrechnungsmethoden.

Beispiel

Für die Erstellung eines Angebotes über den Verkauf von zehn Workstations rechnet die Power PC GmbH mit folgenden Zahlen:

Vollkostenrechnung		Prozesskostenrechnung (vereinfachte Vorgehensweise)	
− Einstandspreis je Workstation	1 500,00 €	− Kosten für die Einholung von Angeboten (Gehälter, Porto etc.)	200,00 €
− anteilige Gemeinkosten je Workstation	900,00 €	− Kosten für die Durchführung eines Angebotsvergleichs (Gehälter, Büromaterial etc.)	180,00 €
⇒ **Selbstkosten je Workstation**	2 400,00 €	− Einstandspreise je Workstation (Bezugskosten etc.)	1 500,00 €
⇒ **Gemeinkostenzuschlagsatz**	60 %	− Kosten für die Lagerung (Energie, Löhne etc.)	300,00 €
		− Kosten für den Transport (Verpackung, Spedition etc.)	220,00 €
		⇒ **Selbstkosten je Workstation**	2 400,00 €

Eine Erhöhung der Einstandspreise je Workstation von 10 % führt zu folgenden Ergebnissen:

Vollkostenrechnung	Prozesskostenrechnung (vereinfachte Vorgehensweise)	
– Einstandspreis je Workstation 1 650,00 € – 60 % Gemeinkostenzuschlag 990,00 € ⇒ **Selbstkosten je Workstation 2 640,00 €**	– Kosten für die Einholung von Angeboten (Gehälter, Porto etc.)	200,00 €
	– Kosten für die Durchführung eines Angebotsvergleichs (Gehälter, Büromaterial etc.)	180,00 €
	– Einstandspreise je Workstation (Bezugskosten etc.)	1 650,00 €
	– Kosten für die Lagerung (Energie, Löhne etc.)	300,00 €
	– Kosten für den Transport (Verpackung, Spedition etc.)	220,00 €
	⇒ **Selbstkosten je Workstation**	**2 550,00 €**

Erläuterung:
Es wird ersichtlich, dass durch die undifferenzierte Zuschlagskalkulation im Rahmen der Vollkostenrechnung die Selbstkosten wesentlich stärker gestiegen sind als bei der vergleichsweise differenzierten Prozesskostenrechnung. Eine Steigerung der Einzelkosten, hier um 10 %, führt nicht zwangsläufig auch zu steigenden Gemeinkosten, wie es die Vollkostenrechnung durch ihre Kalkulation vorgibt (Steigerung der Gemeinkosten von 900,00 € auf 990,00 €). Da die Prozesskostenrechnung die Teilprozesse der gesamten vor- und nachgelagerten Dienstleistungsbereiche der Leistungserstellung detailliert betrachtet und mit Gemeinkosten ausweist, führt hier eine Erhöhung der Einstandspreise nicht automatisch zu einer Steigerung der Gemeinkosten und somit zu einer realitätsnäheren Kostenkalkulation.

Vorgehensweise

Die Prozesskostenrechnung geht davon aus, dass die Erstellung von Leistungen (z. B. die Herstellung von PCs) von Geschäftsprozessen (vgl. S. 149) abhängt. Bezugsgrößen sind dabei nicht mehr nur die Einzelkosten in den Kostenstellen, sondern unter anderem auch die Anzahl und Kosten der zu bearbeitenden Teilprozesse innerhalb der einzelnen Geschäftsprozesse.

Ausgangspunkt der Prozesskostenrechnung ist die Differenzierung in Einzel- und Gemeinkosten. Im Rahmen einer **Prozessanalyse** werden zunächst innerhalb aller Gemeinkostenbereiche die Dienstleistungen bestimmt, die dem jeweiligen Gemeinkostenbereich zuzurechnen sind, da sie für die Erfüllung der dort anfallenden Aufgaben notwendig sind. Dabei können bereits gesammelte Erfahrungen aus den verschiedenen Bereichen oder die Verfahren der Gemeinkostenanalyse[1] die notwendigen Informationen liefern. So können z. B. innerhalb der Gemeinkostenstelle „Lager" innerhalb des Prozesses „Kundenauftrags-

---

[1] *Verfolgt das Ziel, Kosten und Nutzen von Leistungen zu beurteilen und unnötige Leistungen bzw. Kosten zu reduzieren.*

abwicklung" die Dienstleistungen „Auftragsdisposition" oder „Kommissionierung" als ebenfalls zu berücksichtigende Prozesskosten ermittelt werden. Die Einzelkosten werden direkt auf die Kostenträger verrechnet, die Gemeinkosten als Produkt aus **Prozessmengen** und **Prozesskostensätzen** ermittelt und anschließend auf die Kostenträger verrechnet.

Prozessmengen sind die Mengen, die in einem einzelnen Teilprozess erbracht werden, so z. B. die Anzahl der eingeholten Angebote im Teilprozess „Angebotsvergleich". **Prozesskostensätze** werden in **leistungsmengeninduzierte** und **leistungsmengenneutrale** Sätze unterschieden. Leistungsmengeninduzierte Prozesskostensätze sind abhängig von der jeweiligen Prozessmenge, z. B. 200,00 € für die Einholung eines Angebotes (vgl. Beispiel S. 395), leistungsmengenneutrale Prozesskostensätze sind unabhängig von der Prozessmenge, so z. B. die Koordinations- und Kontrollaufgaben des Abteilungsleiters der Einkaufsabteilung.

Für die leistungsmengeninduzierten Prozesskosten müssen geeignete Bezugsgrößen gefunden werden, die die Inanspruchnahme der entsprechenden Leistungen bestimmen, sogenannte **Kostentreiber** (Cost Driver). Ein Kostentreiber kann z. B. die Anzahl der Mitarbeiter sein, die an einem bestimmten Prozess (beispielsweise dem Prozess der Teiledisposition für einen Kundenauftrag) beteiligt sind. Zwischen den Kostentreibern und den in dieser Kostenstelle insgesamt anfallenden Gemeinkosten muss ein Zusammenhang bestehen, um eine Zuordnung und Aufteilung der entstehenden Kosten auf die vom Unternehmen erbrachten Leistungen zu ermöglichen. Wie viele Kostentreiber im Einzelnen benötigt werden, hängt unter anderem davon ab, wie genau die Produktkosten erfasst werden müssen bzw. wie genau die Kostentreiber bestimmt werden können.

Sind alle benötigten Kostentreiber festgelegt, kann der leistungsmengeninduzierte Prozesskostensatz (PKS_{lmi}) als Quotient aus Prozesskosten und der jeweiligen Prozessmenge des Kostentreibers berechnet werden:

$$\text{Leistungsmengeninduzierter Prozesskostensatz (PKS}_{lmi}) = \frac{\text{Prozesskosten}}{\text{Prozessmenge des Kostentreibers}}$$

⇒ PKS_{lmi} = Leistungsmengeninduzierte Kosten des Kostentreibers

Beispiel
Für den Teilprozess „Angebote einholen" ist die „Anzahl der Angebote" als Kostentreiber definiert worden.

Prozessmenge (= Anzahl der Angebote):   400 Stück
leistungsmengeninduzierte Prozesskosten: 10 000,00 €

$$PKS_{lmi} = \frac{1\,000}{400} = 25,00 \,€$$

⇒ Der leistungsmengeninduzierte Prozesskostensatz beträgt für die Einholung eines Angebotes 25,00 €.

Bestehen im Rahmen des betrachteten Prozesses auch leistungsmengenneutrale Kosten, so können diese als leistungsmengenneutrale Prozesskostensätze (PKS$_{lmn}$) wie folgt berechnet werden:

> Leistungsmengenneutraler Prozesskostensatz (PKSl$_{mn}$) =
>
> $PKS_{lmi} \cdot \dfrac{\text{leistungsmengenneutrale Prozesskosten}}{\text{leistungsmengeninduzierte Prozesskosten}}$
>
> $\Rightarrow$ PKS$_{lmn}$ = ein Umlagesatz für das Verhältnis der leistungsmengenneutralen Kosten zu den gesamten leistungsmengeninduzierten Kosten

Beispiel

Im Rahmen des Teilprozesses „Angebote einholen" werden als leistungsmengenneutrale Kosten die Kosten der Abteilungsleitung wie folgt definiert:

Leistungsmengenneutrale Prozesskosten: 3 000,00 €

$PKS_{lmn} = 25 \cdot \dfrac{3\,000{,}00}{10\,000{,}00} = 7{,}50\,€$

$\Rightarrow$ Der leistungsmengenneutrale Prozesskostensatz beträgt 7,50 €.
Somit betragen die gesamten Prozesskosten des Teilprozesses „Angebote einholen"

$$25{,}00\,€\ (PKS_{lmi}) + 7{,}50\,€\ (PKS_{lmn}) = 32{,}50\,€,$$

d. h. für die Kalkulation eines Auftrages müssen für den Teilprozess „Angebote einholen" Prozesskosten in Höhe von 32,50 € Berücksichtigung finden.

In der **Prozesskostenkalkulation** werden dann die Prozesskosten den Produkten im Rahmen der Kostenträgerrechnung zugerechnet. Im Gegensatz zur bisherigen Kostenrechnung verrechnet die Prozesskostenrechnung nun ihre Kosten nicht auf die jeweilige Gemeinkostenstelle, sondern direkt auf die einzelnen Produkte. Dieser Schritt verursacht i. d. R. erhebliche Erfassungs- und Planungskosten, da für jedes Produkt ermittelt werden muss, wie viele Prozessmengeneinheiten von diesem in Anspruch genommen wurden.

Ziele

Durch eine verbesserte Durchdringung der Gemeinkostenbereiche versucht die Prozesskostenrechnung,

- eine Erhöhung der **Kalkulationsgenauigkeit** und eine **verursachungsgerechte Kostenzurechnung** der Gemeinkosten zu erreichen,
- durch eine erhöhte **Kostentransparenz** eine effizientere Planung und Kontrolle der Gemeinkosten zu gewährleisten, um somit die Mängel der Vollkostenrechnung zu beseitigen und
- **Kostentreiber** in einzelnen Prozessen zu identifizieren und durch geeignete betriebswirtschaftliche Maßnahmen diese Prozesskosten zu reduzieren.

> **Beispiel**
> In der Beschaffungsabteilung der Power PC GmbH fallen pro Jahr 10 000 Beschaffungsvorgänge an.
>
> Dabei entstehen folgende Kosten:
>
> | | |
> |---|---:|
> | Personalkosten | 500 000,00 € |
> | + Sachkosten (Miete, Energie, Abschreibungen u. a.) | 100 000,00 € |
> | = Summe der angefallenen Kosten | 600 000,00 € |
> | ⇒ **Kosten je Beschaffungsvorgang (600 000,00/10 000,00)** | **60,00 €** |
>
> Ergebnis:
> Unabhängig vom Beschaffungswert des jeweiligen Produktes fallen je Beschaffungsvorgang 60,00 € als Kosten an. Jeder Beschaffungsvorgang besteht aus mehreren Teilprozessen mit folgenden prozentualen Kostenanteilen:
>
> | | |
> |---|---:|
> | ▪ Markterkundung (Informationsbeschaffung) | 10 % |
> | ▪ Angebotseinholung | 5 % |
> | ▪ Angebotsvergleich | 75 % |
> | ▪ Bestellung | 10 % |
> | | 100 % |
>
> Konsequenz:
> In der Beschaffungsabteilung der Power PC GmbH werden die höchsten Kosten durch die Durchführung der Angebotsvergleiche verursacht (75 % Anteil an den Gesamtkosten). Diese Identifikation des Kostentreibers ermöglicht es nun der Power PC GmbH, betriebswirtschaftliche Veränderungen durchzuführen. So wären ein höherer Grad der Standardisierung durch den Einsatz einheitlicher Formulare und die Anwendung PC-gestützter Berechnungen Möglichkeiten, die Kosten in diesem Teilprozess des gesamten Beschaffungsvorgangs zu reduzieren.

AUFGABEN

1. Definieren Sie den Begriff Controlling und erläutern Sie die Aufgaben des Controllings.
2. Welche Informationen können mit der Berechnung der Eigenkapital- und Gesamtkapitalrentabilität gewonnen werden?
3. Erläutern Sie die betriebswirtschaftliche Bedeutung des Return on Investment.
4. Warum sind die Ergebnisse der Berechnung der Liquiditätsgrade für ein Unternehmen von besonderer betriebswirtschaftlicher Bedeutung?
5. Erläutern Sie den Begriff, die Ziele und die Aufgaben der Plankostenrechnung.
6. Unterscheiden Sie die starre und die flexible Plankostenrechnung.
7. Erläutern Sie die Ergebnisse und die möglichen betriebswirtschaftlichen Konsequenzen der Abweichungsanalyse der Plankostenrechnung auf Vollkostenbasis.
8. Welche betriebswirtschaftlich bedeutsamen Informationen können mit der Grenzplankostenrechnung gewonnen werden?
9. Erläutern Sie den Begriff, die Ziele und Voraussetzungen der Prozesskostenrechnung.
10. Erläutern Sie den Begriff Kostentreiber im Rahmen der Prozesskostenrechnung.
11. Erläutern Sie die Vorgehensweise der Prozessanalyse im Rahmen der Prozesskostenrechnung.

Sachwortverzeichnis

A
ABC-Analyse 200, 237, 300
Abgrenzungsrechnung 365
Ablaufkontrolle 171
Ablauforganisation 21, 129, 161
Ablaufsicht 155
Abnehmergruppe 177
Abrufe 195
Absatzplan 291
Abschreibung 339
Abzahlungskauf 266
Administrationssystem 126
Adressat 251
Advertising Models 232
AGB 273
AGB-Vorschriften 274
A-Gruppe 300
Akteur 233
Aktiengesellschaft (AG) 55
Aktion 149
aktive Rechnungsabgrenzung 356
Aktivkonto 321
Aktiv-Passiv-Mehrung 314
Aktiv-Passiv-Minderung 314
Aktivseite 312, 314
Aktivtausch 314
Aktualität 221
A-Kunde 237
Allgemeine Geschäftsbedingungen 273
Analyse 130
Analyseebenen 198
Änderungsmanagement 234, 290
Anfechtung 47
Anfrage 297
Anfragebearbeitung 234
Angebot 83
Angebotsabgabe 234
Angebotserstellung 259
Angebotskalkulation 234
Angebotspreis 256, 257
Angebotsvergleich 298
Anlagevermögen 311, 339
Annahme 263
Annahmeverzug 268
Anpassung 176
ANSI 216
Anspruchswandel 238
Antrag 263
Anwendungssystem 126

Arbeitsauftrag 339
Arbeitsfortschrittsdiagramm 137
Arbeitsgerichtsbarkeit 79
Arbeitskraft 17, 287
Arbeitslosenversicherung 77
Arbeitsmarkt 287
Arbeitsmethode 339
Arbeitsmittel 17
Arbeitspaket 119
Arbeitsrecht 61
Arbeitsschutz 80
Arbeitsstoff 17
Arbeitsteilung 30, 130
Arbeitsvertrag 61
ARIS 156
ARIS-Konzept 162
Arten des Kaufvertrages 265
Artikel 205
Atmosphäre-Typ 237
Aufbauorganisation 21, 129, 130
Aufgaben 15
Aufgabenanalyse 130
Aufgabenträger 15
Auftragsabklärung 234
Auftragsannahme 234
Auftragsbestätigung 234
Auftragsbündelung 292
Auftragsgewinnung 234
Auftragsgewinnungsprozess 233
Auftragsstreuung 292
Aufwandskonto 319, 344, 346
Aufwendungen 324, 334
Ausbildungsordnung 25
Auslaufsortiment 205
Ausschreibung 297
Außendienstmitarbeiter 220
außergerichtliches Mahnverfahren 283
außergewöhnliche Belastungen 67
Austauschformat 216
Auszubildendenvertretung 75

B
B2B 231
B2C 231
B2G 231
BAB 371
Balkendiagramm 122, 137
Banner 225

bargeldlose Zahlung 280
Barkauf 266
Barzahler 236
Barzahlung 279
Bedarf 37
Bedarfsermittlung 288, 289, 293
Bedarfssituation 241
Bedürfnisse 36
Befragung 182
Befragungsart 182, 183
Befragungsprozess 185
belegloser Datenaustausch 280
Benchmarking 387
Beobachtung 185
Bereichskennzahlen 387
Berufsausbildung 23
Berufsbildungsgesetz 24
Beschaffungsentscheidung 291
Beschaffungskosten 303, 369
Beschaffungsmarketing 287
Beschaffungsmarktforschung 292
Beschaffungsobjekt 287
Beschaffungsplan 291
Beschaffungsprozess 287, 288
Beschaffungsstrategie 291
Beschaffungsteilprozess 289
Beschreibungssicht 154
Beschwerdemanagement 190
Besitz 46
Bestandsaufnahmeprozess 241
Bestandsführung 289
Bestandsoptimierung 305
Bestandsplanung 289
Bestellabwicklung 290
bestellfixe Kosten 303
Bestellmenge 303
Bestellung 302
Betrieb 11, 12
Betriebliche Mitbestimmung 72
betriebliches Rechnungswesen 187
Betriebsabrechnungsbogen 371
Betriebsmittel 17, 287
Betriebsorganisation 128
Betriebsrat 63, 73
Betriebsstoff 17
Betriebsvereinbarung 65
Betriebsverfassungsgesetz 72
Betriebsversammlung 74
Betriebswirtschaftslehre 11
Beweissicherung 264

Bezugskalkulation 324
Bezugspreis 254
Bezugsquelle 295
B-Gruppe 300
Bilanz 310, 312
B-Kunde 237
Black Box 14
Bonus 331
Brainware 125
Branchenpreis 212
Brandschutzzeichen 80
Bruttoinlandsprodukt 33
B-to-B 231
B-to-C 231
B-to-G 231
Bücher der Buchführung 352
Buchung 353
Buchungssatz 317, 356
Bumerang-Methode 248
bürgerlicher Kauf 265
Business 231
Business Process 150
Business Process Reengineering (BPR) 114

C
C2B 231
C2G 231
CAS 193
CEFIC 216
C-Gruppe 300
Chat 225
Checkliste Kundenansprüche 239
C-Kunde 237
CLI 197
Communities 225
Computer-aided Selling 193
Controlling 190
CPM 138
Cross Promotion 225
CSI 197
C-to-B 231
C-to-G 231
Customer 231
Customer Loyalities Index 197
Customer Relationship Management 112
Customer Satisfaction Index 197

D
Data Marts 192
Data Mining 192
Data Warehousing 192
Datenaustausch mit EDI 191
Datenbank 190

Datenerhebung 181
Datenübersetzung 215
Deckungsbeitrag 206
Deckungsbeitragsrechnung 374
degressive Abschreibung 339
Delivery-on-Demand 293
demografische Segmentierung 199
Dienstleistung 257, 287
Dienstleistungsbeschaffungsmarketing 287
Dienstleistungsmarkt 287
Differenzierung 176
digitale Signatur 222
Dimensionen von Geschäftsprozessen 160
direkter Absatz 220
direktes Leasing 271
Disposition 128
Dispositionssystem 126
Distribution 219
Distributionspolitik 204, 219
Down-Line-Strategie 210
duales System 23
DuPont-Kennzahlensystem 384
durchschnittliche Lagerdauer 306
durchschnittlicher Lagerbestand 306, 388

E
EANCOM 216
E-Auction 232
E-Business 220, 228
E-Commerce 220, 228
EDI 215, 276
EDI-Anwendung 217
EDI-Austauschformat 216
EDIBDB 216
EDIFACT 216
EDIFICE 216
EDIFURN 216
EDIOFFICE 216
EDITEX 216
eEPK 164
Eigenfertigung 292
Eigentum 46
Eigentumsvorbehalt 262, 266
Einliniensystem 133
einseitiger Handelskauf 265
Einstandspreis 254
Einzelbeschaffung 292
Einzelhandel 220
Einzelkosten 369
Einzelunternehmung 55
Electronic Cash 281
Electronic-Cash-System 281

Electronic Commerce 194
Electronic-Data-Interchange 215
elektronischer Markt 282
elektronische Zahlungsarten 280
Element 8
E-Mail 224, 230
E-Mall 232
Entscheidungsdezentralisation 132
Entscheidungszentralisation 132
Entwicklung 202
EPK 163
E-Procurement 232
Equipmentleasing 270
ereignisgesteuerte Prozesskette 163
Ergebniskontrolle 171
Ergebnistabelle 366
Erhebungsart 181
Erhebungsbereich 181
Erhebungsmethoden 182
Erlösberichtigung 334
Ersatzlieferung 267
Ersatzteilbereitstellung 269
Erstnennung 247
Ertragskonten 319
erweiterte Ereignisgesteuerte Prozesskette 164
E-Shop 232
Experiment 186
Experte 236
externe Quelle 296
EZB 99

F
Fakturierung 275
Fälligkeit der Lieferung 267
Fälligkeitstermin 265
Fernabsatzvertrag 222
Fertigungsauftrag 256
Fertigungseinzelkosten 256
Fertigungsgemeinkostenzuschlag 256
Fertigungskosten 256
Financeleasing 271
Finanzbuchhaltung 189
Finanzierung 260
Finanzierungsbedarf 236
Finanzmarkt 287
Finanzmittel 287
Finanzmittelbeschaffungsmarketing 287
Firma 51
Fiskalpolitik 101

Fixgeschäft 265
Fixkosten 369
flexible Plankostenrechnung 390
formfrei 264
Formularliste 195
Formvorschrift 47
Franchising 220
freier Puffer (FP) 143
Freizeichnungsklausel 260
Fremdbezug 292
FTP 225, 230
Führungsstil 134
Füllsortiment 205
funktionsorientiert 21
funktionsorientierte Organisation 135
Funktionsorientierung 120
Fusion 92
Fusionskontrolle 96

G
G2B 231
G2C 231
G2G 231
Garantie 215
Gattungskauf 266
Gattungsmangel 266
Gattungsschuld 264
Gebotszeichen 81
Gebrauchsdauer 208
Geldkarte 281
Geldpolitik 100
Geldstrom 19
Gemeinkosten 369
Gemeinkostenabweichung 391
geografische Segmentierung 199
geplante Obsoleszenz 208
gerichtliches Mahnverfahren 283
Gesamtabweichung 391
Gesamtnutzen 299
Gesamtpuffer (GP) 143
Geschäftsbeziehungsmanagement 229
Geschäftsfähigkeit 43
Geschäftsprozess 149, 150, 158, 229
Geschäftsprozessorientierung 149
gesellschaftliche Veränderung 238
Gesellschaft mit beschränkter Haftung (GmbH) 55
Gesellschaftsordnung 28
Gesetz gegen Wettbewerbsbeschränkungen 95

gesprächseröffnende Fragen 244
Gestaltungsebene 157
Gestaltungsmethode 162
Gestaltungsvariable 157
Gewinn- und Verlustrechnung 309
Gewinnziel 253
Gewinnzuschlag 254, 255
Globalisierung 110
GoB 321
Government 231
Grenzkostenrechnung 392
Großhandel 220
Grundbuch 318, 352
Grundfunktion 18
Grundnutzen 205
Grundsätze ordnungsgemäßer Buchführung 321
G-to-B 231
G-to-C 231
G-to-G 231
Güter 37
Güterbeschaffungsmarketing 287
Gütermarkt 287
Güterstrom 19

H
Haben 323
halbbare Zahlung 279
Handelsregister 50
Handelsvertreter 220
Handelswaren 287
Händlerpromotion 226
Handlungskosten 375
Handlungskostenzuschlag 254
Handlungskostenzuschlagsatz 375
Handlungsvollmacht 54
Hardware 125
Hauptbuch 352
Hemmung 285
Herstellkosten 256
Hilfsstoff 17
Hinweisschild 81
Hits 195
Hochpreispolitik 213
Höchstbestand 306
hoher Preis als Verkaufsargument 247

I
Identifikationskriterien 159
Imagevergleich 202
Immobilienleasing 270
Improvisation 128

indirekter Absatz 220
indirektes Leasing 271
Information 15, 17, 122, 123, 287
Information Broking 232
Informationsbeschaffungsmarketing 287
Informationsbroker 193
Informationsmanagement 122, 154
Informationsmanagementsicht 155
Informationsprozess 153
Informationsquelle 187
Informationssystem 124
Informationswirtschaft 123
Inhalte der Rechnung 276
Innovator 236
Instanz 130
Interaktivität 221
interne Quelle 187, 295
Internet 220, 224, 296
Interstitial 225
Interviewereinfluss 183
Inventar 310, 311
Inventur 310, 311
IRC 230
Istanalyse 241

J
Ja-Aber-Methode 248
Jahresabschluss 309
Journal 317
Jugendarbeitsschutzgesetz 26
Just-in-time-Belieferung 293
Just-in-time (JiT) 111

K
Kaizen (KVP) 111
Kalkulation von Handelswaren 254
kalkulatorische Abschreibung 367, 368
kalkulatorische Zinsen 367
Kanban 111
Kapitalbindung 306
Kapitalertragszahl 383
Kapitalrentabilität 384
Kapitalstruktur 386
Kapitalumschlag 383
Kartell 91
Kauf auf Probe 266
Kaufbereitschaft 236
Kaufmannseigenschaft 50
Kaufmotiv 175
Kauf nach Probe (Muster) 266
Kauf nach Sicht 266

Sachwortverzeichnis

Kaufverhalten 176
Kaufvertrag 263
Kauf zur Probe 266
Kennzahl 384
Kennzahlenvergleich 202
Kernprozess 152
Kernsortiment 205
Key-Account-Kunde 200, 237
Klicks 195
KLR 309
Knoten 138
Koalitionsfreiheit 64
Kommanditgesellschaft (KG) 55
Kommissionskauf 266
Kommunikation 126, 223
Kommunikationsart 182
Kommunikationspolitik 204, 223
Konditionenpolitik 215
Konjunkturindikator 97
Konjunkturschwankung 96
Konkurrent 176
Konkurrenzanalyse 202
Konkurrenzbeobachtung 239
Konkurrenzdaten 202
konkurrenzorientierte Preisbildung 212
Konkurrenzverhalten 202
Konsument 175
Kontaktaufnahme 241, 243
Konten 316
Kontenplan 352
Kontokorrentkredit 262
Kontrahierungspolitik 204
Kontrolle 119
Kontrolle von Geschäftsprozessen 170
Kontrollsystem 126
Konzentration 89, 91
Konzern 92
Kooperation 89
Kostenarten 365
Kostenartenrechnung 365
Kostenbudget 184
kostenorientierte Preisbildung 212
Kostenplan 138
Kostenstelle 369
Kostenstellenrechnung 370
Kostenträgerblatt 378
Kostenträgerrechnung 397
Kostenträgerstückrechnung 373
Kostenträgerzeitrechnung 373
Kostentreiber 396
Kostenüberdeckung 372
Kosten- und Leistungsrechnung 309

Kostenunterdeckung 373
Krankenversicherung 77
Kredit 261
Kreditinstitut 279
Kreditkarte 281
Kreditsicherung 262
kritischer Weg 138
Kulanz 215
Kunde 235
Kundenanforderung 238
Kundenanspruch 238
Kundenbindung 236
Kundendienst 215
Kundendienstbericht 190
Kundeneinwand 247
Kundeninformationssystem 193
Kundenkarte 281
Kundenorientierung 109, 152, 196, 235
Kundensegmentierung 199
Kundenstruktur 199, 235
Kundenverhalten 199
Kundenzufriedenheit 197
Kündigung 62
Kündigungsschutz 62

L
Lagerhaltung 305
Lagerkennzahlen 388
Lagerreichweite 306
Laie 236
LCA 198
Leasing 262
Leasinggeber 270, 271
Leasingnehmer 270
Leasingobjekt 270
Leasingrate 271
Leasingvertrag 270
Lebenszyklus 206
Leistungsart 264
Leistungskette 21
Leistungsort 265
Leistungsverzug 266
Leistungszeit 265
Leitungsinstanz 108
Leitungssystem 132
Lieferantenauswahl 289
Lieferantenbewertung 298
Lieferantenkredit 261
Lieferbedingungen 215
Liefererbenchmarking 298
Lieferungsverzug 267
lineare Abschreibung 339
Liquidität 382
Listenverkaufspreis 254
Lohnaufwendung 346
Lohnsteuer 66

Looser-Liste 195
Lost Customer Analysis 198

M
Mahnwesen 283
Management 108
Managementaufgabe 108
Management by delegation 135
Management by exception 134
Management by objectives 135
Managementebene 108
Managementkreislauf 109
Managementtechnik 134
Mangel (arglistig verschwiegen) 266
Mängelarten 266
mangelhafte Lieferung 266
Marketing 175
Marketingmanagement 178
Marketing-Mix 204
Marketingplan 176
Marketingstrategie 176
Marktabschöpfungspolitik 213
Marktanalyse 179
Marktanteil 202, 203
Marktarten 83
Marktbeobachtung 179
Marktdurchdringung 176
Marktdurchdringungspolitik 214
Markterschließung 177
Marktform 84
Marktforschung 178
Marktforschungsaktivität 179
Marktforschungsziel 179
Marktkräfte 177
Marktmacht 177
Marktorientierung 175
Marktpotenzial 203
Marktprognose 179
Marktsegment 177
Marktsegmentierung 177
Marktveränderung 291
Marktvolumen 203
Marktwirtschaft 29
Materialbedarfsarten 294
Materialeinzelkosten 256
Materialgemeinkostenzuschlag 256
Materialkosten 256
Materialprozess 153
Matrixorganisation 133
Medien 251
Medienbrüche 170
Mehrliniensystem 133
Meilenstein 121

Sachwortverzeichnis

Meilensteindiagramm 121
Meldebestand 306
Metadatenbank 192
Methode 381
Me-too-Kunden 236
Microsites 225
Minderung 267
Mindestbestand 306
Mindestreserve 101
Minus-Plus-Methode 248
Mischkalkulation 213
Mitbestimmung 76
Mobilienleasing 270
Modell 11, 124, 154
Modellierung 156

N
Nachbesserung 267
Nachfrage 37, 83
nachfrageorientierte Preisbildung 212
Nachfragepotenzial 199
Nachfrist 268
Nachfristsetzung 268
Nachkalkulation 372
Nachlass 267
Nachzügler 236
Navigationspräferenzen 195
NCA 198
Net-Phoning 230
Netzplan 122, 137
Netzplantechnik 137
Neubeginn der Verjährung 285
Neuerer 236
Neukunde 236
neutrale Aufwendungen 364
neutrales Ergebnis 366
Newsgroups 225, 230
Nichtigkeit 47
Niedrigpreispolitik 213
Non Customer Analysis 198
Nutzungseigenschaft 245
Nutzwertanalyse 172, 299

O
Objektorientierung 120
Objektprinzip 130, 131
Objektzentralisation 131
ODETTE 216
Offene Handelsgesellschaft (OHG) 55
offener Mangel 266
offener Marktzutritt 221
Offenmarktgeschäft 100
Öffentlichkeitsarbeit 223
ökologisches Ziel 13
ökonomisches Prinzip 38

OLAP-Tool 192
Online Analytical Processing-Tool 192
Onlinebefragung 183
Onlinebezahlsystem 282
Onlinemarketing 194, 228
Operate-Leasing 271
Operator 164
optimale Bestellmenge 304
Organigramm 132
Organisation 128
Organisationssicht 155
Organisationsstruktur 154
Orgware 125
Ortslosigkeit 221
Outsourcing 112, 292

P
passive Rechnungsabgrenzung 357
Passivkonto Umsatzsteuer 321
Passivseite 313
Passivtausch 314
Penetrationspolitik 214
Personalbeschaffungsmarketing 287
Personalleasing 270
Persönlichkeitsmerkmal 238
Pflegeversicherung 77
Phasen der Marktforschung 179
PIN 281
Plankostenrechnung 381
Plantleasing 270
Planung 118
Planungssystem 126
Plastikgeld 280
Platzierungstest 186
Polypol 84
post-test 186
Powershopping 232
Präsentation 250
Preisargumentation 246
Preisbildung 84
Preisdifferenzierung 213
Preisermittlung 257
Preisfeilscher 237
Preisführer 213
Preisgruppe 177
Preis-Leistungs-Verhältnis 176, 213
Preispolitik 212
Preisstrategie 213
Preisuntergrenze 213
Preisverhandlung 246
Premiumpolitik 213
Pressearbeit 227

pre-test 186
Primärbedarf 294
Primärerhebung 181
Privateinlage 336
Privatentnahme 336
Privatkunde 236
Probesortiment 205
Problemlösung 241
Produktanalyse 208
Produktdifferenzierung 211
Produktelimination 207
Produktentwicklung 207
Produktgruppe 177
Produktinnovation 206
Produktionsfaktoren 16
Produktivität 39
Produktkenntniss 242
Produktlebenszyklus 206
Produktnische 209
Produktpolitik 204, 207
Produktportfolio 208
Produktpositionierung 208
Produktrelaunch 206
Produktstrategie 210
Produktvariation 206
Prognosekostenrechnung 389
Projekt 116
Projektabwicklung 137
Projektantrag 117
Projektmanagement 116
Projektphase 117
Projektplanung 119
Projektsteuerung 119
Projektstruktur 118, 139
Projektstrukturplan 119
Projektverlauf 117
Prokura 52
Promotionpolitik 213
Prozess 21, 149
Prozess-Ablauf 154
Prozessart 152
Prozessbreite 160
Prozessergebnis 171
prozessgebundene Querschnittsfunktion 135
Prozessgestaltungsebene 173
Prozesshierarchie 150, 161
Prozessidentifikation 159
Prozesskette 150
Prozesskosten 290
Prozesskosten AGP 234
Prozesskostenrechnung 381
Prozesskostensatz 396
Prozesslänge 160
Prozessmanagement 115
Prozessmenge 396
Prozessmodellierung 164, 174

Prozessnetz 150
Prozessoptimierung 306
prozessorientierte
  Ablauforganisation 161
prozessorientierte Organisation
  136
Prozessorientierung 112, 113,
  152
Prozessqualität AGP 234
Prozesstiefe 161
prozessungebundene
  Querschnittsfunktion 135
Prozesswegweiser 164
Prozesszeiten AGP 234
Prozesszeiten BEP 290
psychologische Preisfestsetzung
  213
Public Relations 223
Puffer 140

Q
qualitative Marktforschung 179
Qualitätsfan 237
quantitative Marktforschungsaktivität 179
Quantitätsmangel 266
Querschnittsfunktion 135

R
Rahmenbedingungen der
  Werbung 226
Rahmenlehrplan 25
Ramschkauf 266
Randsortiment 205
Ratengeschäft 261
Ratenkauf 261, 266
Rechnungserstellung 276
Rechnungspreis 254
Rechtsfähigkeit 43
Rechtsfolgen 268
Rechtsform 54
Rechtsordnung 29
Regel 129
Regelung 128
Reingewinn 334
Reinvermögen 311
Reisender 220
Relaunch 211
Rentabilität 40
Rentenversicherung 77
Ressourceneinsatz 138
Ressourcenplanung 138, 144
Rettungszeichen 81
Risikokennzahlen 387
Rohstoff 17
Rückfrage-Methode 248

Rücklaufquote 183
Rückwärtsrechnung 141

S
Sachmangel (Beschaffenheit)
  266
Sachmangel (Qualität) 266
Sachmittel 15
Sachziel 13
Sales Promotion 223, 226
Sandwich-Methode 246
Schadenersatz 267
Schlechtleistung 266
Schlüsselprozess 159
Schnittstelle 171, 172
Schulden 311
SCM 288
SEDAS 216
Sekundärbedarf 294
Sekundärerhebung 181
Selbstkosten 256
Selbstkostenpreis 254
Service 215
Service-Fan 237
Serviceleistung 247
Servicepolitik 215
Serviceprozess 152
Servicevertrag 269
Signaturgesetz 222
Skimmingpolitik 213
Software 125
Solidarprinzip 78
Soll 316, 323
Sollkosten 391
Sonderausgaben 67
Sondereinzelkosten des
  Vertriebes 256
Sonstige Forderungen 358
Sonstige Verbindlichkeiten 359
Sorte 205
Sortiment 205
Sortimentsaufbau 205
Sortimentspolitik 204
soziales System 7, 14
soziales Ziel 13
Sozialgerichtsbarkeit 79
sozialpsychologische
  Segmentierung 199
Sozialstaatsprinzip 30
Sozialversicherung 77
soziografische Veränderung 238
soziotechnisches System 7, 13,
  14
Spartenorganisation 132
Spezifikationskauf 266
Staatsquote 103

Stab-Linien-System 133
Stabsstelle 130
Stammkunde 236
ständige Fazilität 100
Stelle 130
Stellenbildung 130
Stepwise Refinement 8
Steuern 104
Störungsbehebung 269
Strategie 183
Streugebiet 224
Streukreis 224
Streuzeit 224
Stückkauf 266
Stückliste 294
Stückschuld 264
Subsystem 10
Suchmaschinen-Hits 195
Supply Chain Management
  172, 288
System 7
Systemansatz 8
Systemmerkmale 9

T
Taktik 183
Tarifautonomie 64
Tarifpartner 64
Tarifrecht 61
Tarifvertrag 64
technisches System 7, 14
Teilerhebung 181
Teilkostenrechnung 377
Teilmarkt 177
Teilnutzen 299
Teilzahler 236
Teilzahlung 261
Termin-Fan 237
Termingeschäft 265
Tertiärbedarf 294
Testbefragung 184
Testmarkt 186
Top-Ten 202
Top-Ten-Liste 195
Total Quality Management
  (TQM) 111
Trend 202
Trends 199

U
Überorganisation 129
Umlaufvermögen 311, 384
Umsatzplan 291
Umsatzrentabilität 383
Umsatzsteuer 254
Umschlagshäufigkeit 306

Umwandlungsmethode 248
Unfallversicherung 77
Unlauterer Wettbewerb 96
Unternehmen 175, 236
Unternehmensform 54
Unternehmensprozess 22
Unternehmensstrategie 110
unternehmensübergreifender Geschäftsprozess 172
Unternehmung 11, 12
Unterorganisation 129
Unterstützungsprozess 152
Up-Line-Strategie 210
UWG 226

V
variable Kosten 369
Variation 210
Verbotszeichen 80
Verbraucherpromotion 226
Verbrauchsabweichung 390
Verbrauchsschwankung 294
verhaltensbezogene Segmentierung 199
Verhaltensmaßnahme 243
Verjährung 284
Verjährungsfrist 284
Verkaufsbericht 190
Verkaufsförderung 223, 226
Verkaufsgespräch 245
Verkaufskalkulation 253
Verkaufsmitarbeiter 242
Verkaufspromotion 226
Verpackungstest 186
Verrichtungsprinzip 130, 131
Verrichtungszentralisation 131
Verschulden des Lieferers 267
versteckter Mangel 266
Vertragsarten 48
Vertragsfreiheit 274
Vertragshändler 220
Vertriebsgemeinkostenzuschlag 256
Vertriebssteuerungssoftware 193

Verwaltungsgemeinkostenzuschlag 256
Verzögerungsmethode 246
Verzug der Leistung 265
View-time 195
Virtual Community 232
virtuelles Unternehmen 111, 173
Visits 195
VKD 167
Volkswirtschaftliche Gesamtrechnung (VGR) 33
Vollerhebung 181
vollkommener Markt 83
Vollkostenrechnung 394
Vollmacht 52
Vorgangskalkulation 394
Vorgangskettendiagramm 167
Vorkalkulation 372
Vorratsbeschaffung 292
Vorschuss 349
Vorsteuer 321
Vorteil-Nachteil-Methode 247
Vorwärtskalkulation 254
Vorwärtsrechnung 140

W
Wandlung 267
Warengruppe 205
Warenwirtschaftssystem 190
Warnschild 81
Wartung 269
Wechsel 262
Werbeagentur 223
Werbebotschaft 224
Werbeform 225
Werbeintensität 224
Werbemittel 224
Werbeplan 223
Werbeträger 224
Werbung 223
Werbungskosten 66
Werkstoff 17
Wertkreislauf 19

Wertschöpfung 20, 151, 152, 159, 171
Wertschöpfungsbereich 151
Wertschöpfungskette 162
Wertschöpfungskettendiagramm 162
Wertschöpfungsprozess 19, 308
Wertverlust 339
Wettbewerbsfaktoren 110
Wettbewerbspolitik 94
Wettbewerbssituation 179
Winner 197
Win-Win-Situation 197, 288
wirtschaftliches Ziel 13
Wirtschaftlichkeit 40
Wirtschaftskreislauf 32
Wirtschaftsordnung 29
WKD 162
Workflow 157, 158
WWW 230

X
XYZ-Analyse 294, 300

Z
Zahlungsart 279
Zahlungsbedingungen 215
Zahlungserinnerung 283
Zahlungsverzug 268
Zahlungsvorgang 279
Zahlungsziel 266
Zeitanalyse 140
zeitliche Abgrenzung 356
Zentralverwaltungswirtschaft 29
Ziel 12
Ziele der Werbung 223
Zielgruppenanalyse 208
Zielkauf 266
Zielsystem 12
Zusatznutzen 205
Zuschlagskalkulation 374
Zweckkauf 265
zweiseitiger Handelskauf 265

Bildquellenverzeichnis

Umschlag: www.istockphoto.com (Warchi)

Innenteil:

Bergmoser + Höller Verlag AG, Aachen: S. 95

Dr. Ing. h.c.F. Porsche AG, Stuttgart: S. 7.3

dpa-infografik GmbH, Hamburg: S. 34, 98, 99, 103, 270, 280

Heinrich Klar Schilder- und Etikettenfabrik GmbH & Co. KG, Wuppertal: S. 80–82

Kuka Robotor GmbH, Augsburg: S. 7.2

MEV Verlag GmbH, Augsburg: S. 7.1, 7.4, 7.5